Kursbuch Religion Oberstufe

Lehrermaterialien

herausgegeben von Hartmut Rupp und Andreas Reinert

unter Mitarbeit von Kurt Konstandin, Martin Lilje, Ulrich Löffler,
Helmut Mödritzer, Joachim Weinhardt

Calwer Verlag

Diesterweg

Bild- und Textnachweise sind jeweils an entsprechender Stelle vermerkt.
Leider war es nicht möglich, alle Urheber zu ermitteln. Betroffene Inhaber(innen) von
urheberrechtlichen Ansprüchen bitten wir, sich beim Verlag zu melden.

© 2006 Calwer Verlag GmbH Bücher und Medien, Stuttgart und
Bildungshaus Schulbuchverlage Westermann Schroedel Diesterweg
Schöningh Winklers GmbH, Braunschweig

www.calwer.com
www.diesterweg.de

Das Werk und seine Teile sind urheberrechtlich geschützt. Jede Nutzung in anderen als den gesetzlich zugelassenen Fällen bedarf der vorherigen schriftlichen Einwilligung eines der Verlage. Hinweis zu § 52a UrhG: Weder das Werk noch seine Teile dürfen ohne eine solche Einwilligung gescannt und in ein Netzwerk eingestellt werden. Dies gilt auch für Intranets von Schulen und sonstigen Bildungseinrichtungen.
Auf verschiedenen Seiten dieses Buches befinden sich Verweise (Links) auf Internet-Adressen. Haftungshinweis: Trotz sorgfältiger inhaltlicher Kontrolle wird die Haftung für die Inhalte der externen Seiten ausgeschlossen. Für den Inhalt dieser externen Seiten sind ausschließlich deren Betreiber verantwortlich. Sollten Sie bei dem angegebenen Inhalt des Anbieters dieser Seiten auf kostenpflichtige, illegale oder anstößige Inhalte treffen, so bedauern wir dies ausdrücklich und bitten Sie, uns umgehend per E-Mail davon in Kenntnis zu setzen, damit beim Nachdruck der Verweis gelöscht wird.

Druck A²/ Jahr 2007

Alle Drucke der Serie A sind im Unterricht parallel verwendbar.

Layout, Satz und Herstellung: Kurt Thönnes, die Werkstatt, Liebefeld-Bern
Umschlaggestaltung: Mann + Maus oHG, Karsten Henke, Hannover
Druck und Bindung: AZ Druck und Datentechnik, Kempten

ISBN 978-3-7668-**3875**-9 (Calwer)
ISBN 978-3-425-**00800**-4 (Diesterweg)

Inhalt

- 5 **Einleitung**
- 7 **Zu den Methodenseiten**
- 17 **Wirklichkeit**
- 55 **Kirche**
- 95 **Gerechtigkeit**
- 131 **Gott**
- 171 **Jesus Christus**
- 211 **Mensch**
- 245 **Bibel**
- 269 **Materialien zu den Kapiteln ...**
- 269 Methoden
- 274 Wirklichkeit
- 300 Kirche
- 317 Gerechtigkeit
- 326 Gott
- 336 Jesus Christus
- 351 Mensch
- 378 Bibel

Einleitung

1. Die Konzeption des Schülerbuches

Die Themen
Kursbuch Religion Oberstufe versteht sich als ein »*Grundbuch*« für die Kursstufe. Das Schülerbuch konzentriert sich auf die grundlegenden Themen der Kursstufe, nämlich *Wirklichkeit, Kirche, Gerechtigkeit, Gott, Jesus Christus, Mensch* und bietet dafür erprobte Materialien für einen überschaubaren, konzentrierten und nachhaltigen Kursunterricht.

Bewusst wurden die Themen der Qualifizierungsstufe außer acht gelassen. Es wird davon ausgegangen, dass mit der Kursstufe ein neuer Unterricht beginnt. Die Einheit »Bibel« ist als Wiederholungseinheit konzipiert und bietet die Möglichkeit je nach Unterrichtssituation wiederholend und verstärkend biblisches Grundwissen zu vermitteln. Die Einheit »Grundwissen Christentum« ist als Zusammenfassung geplant und eignet sich am besten als Abschlussthema der Kursstufe.

Bewusst wurde auf *Übersichtlichkeit und Kürze* geachtet. Alle Kapitel bestehen aus 32 Seiten. Ein Hauptproblem des Oberstufenunterrichts besteht u.E. nicht darin, dass zu wenig Materialien zur Verfügung stehen, sondern dass man sich schwer tut, in einer bestimmten Zeit mit einem bestimmten Thema fertig zu werden. Aus diesem Grund werden knappe Einheiten vorgelegt, die jedoch den Vorzug haben, die wichtigsten Ziele erreichen zu lassen. Dies sollen die vorgeschlagenen Kursverläufe belegen.

Layout
Das ganze Buch ist auf der *Oberfläche* sehr ruhig gehalten. Es will eine bedachte Arbeitsatmosphäre anregen.

Bei der *Bildkonzeption* verfährt das Buch sehr zurückhaltend. Bewusst werden nur wenige (pro Kapitel drei Bilder), dafür aber bedeutsame Kunstwerke der christlichen Ikonografie angeboten. Sie lesen zu können (vgl. Methodenseite »Bilder betrachten«, S. 64) gehört zu den Grundkompetenzen eines gebildeten Zeitgenossen. Zusammen genommen bilden diese Bilder gleichsam eine »Bilderdogmatik« des christlichen Glaubens. Wer sie am Ende der Kursstufe explizieren kann, hat viel gelernt.

In die einzelnen Einheiten sind grün unterlegte *Methodenseiten* eingearbeitet, die Grundmethoden eines eigenständigen Lernens vermitteln. Der Lehrerkommentar schlägt vor, die Kursstufe mit einem Methodentraining zu beginnen und so methodische Kompetenz gezielt aufzubauen. Dabei geht es einmal um die Fähigkeit, eigenständig ein Thema erschließen und darstellen zu können (»Recherchieren«, S. 136, »Visualisieren«, S. 61, »Präsentieren«, S. 98), dann aber auch darum, Texte interpretieren (S. 49), Miteinander sprechen (S. 15) und Bilder betrachten (S. 164) zu können. Im Religionsunterricht besonders wichtig ist die Fähigkeit, ethische Urteile bilden zu können (S. 86) und biblische Texte selbständig erarbeiten zu können (S. 111).

Der Aufbau der Kapitel
Die einzelnen Kapitel des Schülerbuches haben stets den gleichen *Aufbau*:
1) Sie gehen aus von zwei *Bildern*, die in einer gewissen Spannung zueinander stehen. Sie erlauben vorhandenes Wissen zu dem Thema abzurufen, aber auch den Ertrag gemeinsames Lernens darzustellen. Die Schlussseiten enthalten jeweils Möglichkeiten das Gelernte noch einmal in den Blick zu nehmen und so zu bündeln.
2) Die Kapitel bieten eingangs *elementare Fragen*, die ein Theologisieren mit Jugendlichen eröffnen, einen Zugang zu den theologischen Grundthemen des Kapitels eröffnen und am Ende eines Kurses noch einmal die Chance geben Neugelerntes festzustellen. Diese Fragen sind selbstverständlich ergänzbar. Eine Schülerin oder ein Schüler kann zum »Fragenwächter« ernannt werden, der im Kursverlauf darauf achtet, dass die wichtigen Fragen tatsächlich auch bearbeitet werden.
3) Jedes Kapitel bietet einen intensiven *biblisch-theologischen Zugang* zu den einzelnen Themen und macht so deutlich, dass evangelische Theologie immer eine biblisch orientierte und begründete Theologie sein will.
4) Ganz selbstverständlich ist jedes Mal der dialogische Bezug zur *Lebenswelt* der Schülerinnen und Schüler sowie zu *Wissenschaft und Philosophie*.
5) In jedem Kapitel sind Bezüge zu anderen *Weltreligionen* eingearbeitet, sodass sich Türen zum interreligiösen Dialog öffnen können. Diese Teilthemen sind mit der Leitfarbe Blau hervorgehoben.
6) In ganz besonderer Weise kennzeichnend ist der Einbezug katholischer Positionen im Sinne »konfessioneller Fenster«. In jedem Kapitel sind wesentliche Aspekte *katholischen Glaubens* eingearbeitet und mit der Leitfarbe Gelb gekennzeichnet, die bei aller Gemeinsamkeit auf bedeutsame Differenzen hinweisen und evangelische Theologie als eine bestimmte Möglichkeit christlichen Glaubens erkennbar machen. Zusammen lesen sich die einzelnen »Fenster« wie ein kleine katholische Dogmatik.
7) Die Kapitel bieten im wesentlichen zwei *Textsorten*: Quellentexte und zusammenfassende Autorentexte. Im Hintergrund steht das Interesse an einem gemeinsamen, entdeckenden Lernen, aber auch an zusammenfassenden Bündelungen. So soll der Lernertrag gesichert werden.

Vernetzung und Zusatzmaterialien
Wer nach *Vernetzung* fragt und zusätzliche Materialien sucht, kann problemlos in den anderen Kapiteln Elemente zur Ergänzung und Vertiefung finden. Das Buch ist vielfach vernetzt. Der Vorzug eines solchen Buches besteht

ja gerade darin, dass alle wichtigen Themen des Oberstufenunterrichts bereit liegen und jederzeit Inhalte aus anderen, aber letztlich doch auch verwandten Themen einbezogen werden können. Denkbar ist im Rahmen der Kursstufe einen erheblichen Anteil des ganzen Buches zu bearbeiten und so die Exemplarität der Grundthemen der Kursthemen für den christlichen Glauben wahrzunehmen. Ferner finden sich entsprechende Hinweise auf *Zusatzmaterialien* im Lehrerkommentar; zu jedem Kapitel gibt es eine Vielzahl von zusätzlichen Materialien, die es ermöglichen, an einzelnen Stellen den Unterrichtsgang zu vertiefen.

Anhang
Das Buch schließt mit einer Zusammenstellung von *Vorschlägen für Referate, Präsentationen, Hausarbeiten und Projekte*. Dabei wird ein Unterricht vorausgesetzt, in dem Schülerinnen und Schüler selbständig Beiträge erarbeiten und einbringen. Hier können sich Schülerinnen und Schüler selbst Anregungen holen und daraus eigene Projekte entwickeln.

Das Personen- und Sachregister will die eigenständige Arbeit mit dem Buch ermöglichen und wissenschaftspropädeutisches Arbeiten eröffnen.

2. Die Konzeption des Lehrerhandbuches

1. Das Lehrerhandbuch bietet zu jedem Kapitel einleitend eine theologisch-didaktische Reflexion des Themas. Hier werden die theologischen und didaktischen Entscheidungen des Schulbuchkapitels expliziert und begründet sowie die Bezüge zur Schülerwelt aufgezeigt.
2. Bei jedem Kapitel wird anschließend der Aufbau und die Gliederung des Schülerbuches erläutert. Hier ist »der rote Faden« des jeweiligen Themas erkennbar.
3. Beim jedem Thema wird dann ein exemplarischer Kursverlauf einbezogen, der belegen will, dass mit Hilfe des Buches und unter Einbezug seiner Vielfalt ein überschaubarer Kurs gestaltet werden kann, der die Schülerinteressen und die Vorgaben der Bildungspläne berücksichtigt.
4. Die einzelnen Seiten (oder Doppelseiten) des Schülerbuches werden dann in ihrer Abfolge einzeln kommentiert. Dabei gibt die vorangestellte Nummer die Seitenzahl des Schülerbuches an, sodass ein rasches Auffinden und Zuordnen ermöglicht wird. (5) Jeder Teilkommentar zu einer einzelnen Seite (oder Doppelseite) setzt mit einem Blick auf den Zusammenhang ein. Damit soll jedes Mal verständlich gemacht werden, warum der Inhalt ausgewählt wurde, warum er gerade hier zu stehen kommt, dann aber auch welche Inhalte aus anderen Kapiteln vergleichend, vertiefend oder kontrastierend herangezogen werden können. Hier wird deutlich, dass das Schülerbuch vielfach vernetzt ist.
6. Es folgt dann jeweils eine Hintergrundinformation zum Text/zum Bild. Die Texte und Bilder werden jedes Mal sorgfältig erschlossen. Die Literaturangaben eröffnen die Möglichkeit der Vertiefung.
7. Die Unterrichtsideen sind als Vorschläge zu verstehen, wie in intensiver Bearbeitung der Seite ein nachhaltiger Lernerfolg wahrscheinlich gemacht werden kann. Immer werden Zusatzmaterialien angeboten, darunter visualisierende Tafelbilder, organisierende Lernhilfen (advanced organizer), unterstützende Bilder und ergänzende Texte.

Hartmut Rupp und Andreas Reinert

Zu den Methodenseiten

Methodenlabor

Wir schlagen vor, zu Beginn der Oberstufe ein »Methodenlabor« durchzuführen. Zeitbedarf sind 2 bis 3 Stunden. Davon unabhängig werden für jede Methodenseite eigene Vorschläge unterbreitet, wie man im Laufe der Kurshalbjahre die Methodenseiten für sich erarbeiten kann.

Das Methodenlabor ist so angelegt, dass Teilnehmer/innen im zweistündigen oder im vierstündigen Religionskurs damit arbeiten können. Das Ziel besteht zum einen darin, an all die spezifischen methodischen Kenntnisse des Religionsunterrichts, aber auch aus anderen Fächern zu erinnern, die im Lauf der zurückliegenden Schuljahre erworben wurden. Neben dem Bewusstmachen geht es zum anderen aber auch darum, die Fähigkeiten und Fertigkeiten zu systematisieren und das methodische Instrumentarium für den Unterricht in der Oberstufe zu sichern und eventuell auch noch zu erweitern. Es ist klar, dass die hier zu vertiefenden Methoden das absolute Minimum darstellen und nicht mehr, aber auch nicht weniger als ein Vademecum für den Religionsunterricht in der Oberstufe bilden können.

Wir schlagen zur Durchführung ein Gruppenpuzzle vor. Es wird unten in seiner ausführlichen Form vorgestellt, kann jedoch auch vereinfacht werden, indem die Gruppenergebnisse direkt im Plenum vorgestellt werden. Voraus geht ein Zusammentragen des schon erworbenen Methodenwissens auf acht Plakaten:

Was muss ich beachten
- beim Recherchieren,
- bei der Lösung eines ethischen Problems,
- bei der Arbeit mit biblischen Texten,
- bei der Interpretation von Texten,
- bei der Betrachtung von Bildern,
- beim Visualisieren von Themen,
- beim Präsentieren von Themen,
- bei der Diskussion in der Klasse?

Das Gruppenpuzzle schließt sich an. Nach Bedarf kann die Anzahl der Gruppen verringert werden.

Wir gehen davon aus, dass mittlerweile in jeder Schule das Thema Präsentieren und das Thema Visualisieren breit erarbeitet werden. Darum schlagen wir vor, dass sich eine mögliche siebte Gruppe mit beiden Methoden zusammen beschäftigt und die Ergebnisse im Rahmen des Gruppenpuzzles einbringt. Die Ergebnisse können entweder fachspezifisch oder fachunabhängig erarbeitet werden.

Das Gruppenpuzzle

I Basisgruppen
Die Schülerinnen und Schüler teilen sich in der ersten Stunde in sieben gleich große Gruppen auf. Jede Gruppe erarbeitet einen Baustein/ein Puzzleteil des Methodencurriculums und verwendet dazu eine der Vorgaben (M 1).
Die Hausaufgabe besteht darin, die gewonnenen Erkenntnisse so aufzubereiten, dass sie im Lauf der nächsten Stunde aufs Wesentliche konzentriert und in wenigen Minuten präsentiert werden können.

II Expertengruppen
Die Schülerinnen und Schüler setzen sich in der zweiten Stunde in Siebener-Gruppen zusammen. In jeder der neuen Gruppen ist jeweils ein Experte/eine Expertin der einzelnen Basisgruppen dabei. Die Expertinnen und Experten berichten, zeigen, demonstrieren die erworbenen Erkenntnisse.

III Plenum
In einer Abschlussrunde bestimmen die Schülerinnen und Schüler zu jeder Methode eine Methodenexpertin/einen Methodenexperten, die/der die Beachtung der Methoden im Unterricht beobachtet, kritisiert oder anleitet. Die Expertinnen und Experten bekommen einen Ausweis.
Alternativ: Die Schülerinnen und Schüler formulieren, was man tun muss, damit der Unterricht garantiert chaotisch wird.

Zu den einzelnen Methodenseiten

15 Miteinander sprechen

15.1 Der Zusammenhang
Der Dialog ist eine grundlegende Kulturtechnik, die gerade im Zusammenhang der gymnasialen Oberstufe vertieft werden kann. Die Qualifikationen, die die Schülerinnen und Schüler in dieser Hinsicht mitbringen (schulspezifisches Methodencurriculum), können hier ausgebaut und zu einer Technik weiterentwickelt werden.

Man kann grundsätzlich unterscheiden zwischen den rhetorischen Fähigkeiten, die jemand persönlich im Verlauf seiner Schulkarriere erwirbt und den Möglichkeiten, die er im geschulten Dialog gewinnt. Oft hat das eine natürlich mit dem anderen zu tun. Dennoch ist die Unterscheidung wichtig: Was die erste Kompetenz angeht (persönliche Rhetorik einer gelungenen, möglichst frei gehaltenen Rede), so kann dies hier nicht breit ausgeführt werden. Einen ersten Zugang verschafft M 4 »Rhetorik«. Was den geübten Dialog angeht, der besonders in Gruppenarbeiten, Streitgesprächen, Präsentationen, aber auch im schlichten Unterrichtsgespräch wichtig ist, wird häufig vorausgesetzt, dass »man ja über alles reden kann«. Dabei wird oft übersehen, dass es gar nicht so leicht ist, »miteinander zu reden«. Häufig ist das Miteinander eher ein Gegeneinander, manchmal redet man lange miteinander, ohne sich zu verstehen usw. Ziel dieser Übung jedoch soll ein »kultiviertes Gespräch« sein.

15.2 Miteinander sprechen als Kulturtechnik
Der auf SB S. 15 gemachte Vorschlag für ein »kultiviertes Gespräch«, das die grundlegende Kulturtechnik des Dialogs einzuüben versucht, geht in einem Vierschritt vor, der – auf den ersten Blick – womöglich lächerlich erscheint: Üben wir diese vier Schritte (*Zuhören – Nachvollziehen – Überlegen – Sprechen*) nicht jeden Tag ein? Brauchen wir dafür wirklich noch Hilfestellung? – Ich meine: Ja. Denn in allen vier Schritten sind eine Vielzahl von Fangschlingen verborgen, die einen kultivierten Dialog stören können.

Was zunächst das *Zuhören* angeht: Zuhören lernen ist gar nicht so einfach (siehe die Übungen bei »Unterrichtsideen«). Zuhören können wird durch viele innere und äußere Faktoren erschwert. Zu den inneren Faktoren gehören alle Elemente, die mich persönlich im Augenblick des Zuhörens prägen, also z. B. mein hermeneutischer Verstehenshorizont (wie verstehe ich etwas?), mein Interesse (will ich das wissen?), aber auch banale Dinge wie mein persönliches Aufmerksamkeitsdefizit (z. B. wegen Müdigkeit). Zu den äußeren Faktoren gehört die Ablenkung, die ich erfahre (Geräusche, Räume, Menschen …) und die mich hindert, konzentriert zuzuhören. Die besten Seelsorger und Psychotherapeuten sind nicht diejenigen, die die besten Ratschläge erteilen, sondern die am besten zuhören können.

Was das *Nachvollziehen* angeht: Wir neigen dazu, das Gehörte (oder was wir dafür halten) schnell umzusetzen und in unser eigenes Denken integrieren zu wollen. Das Nachvollziehen des Gesagten ist deshalb zwar ein kleiner, aber wichtiger Zwischenschritt, der das Gehörte vom eigenen Überlegen trennt und in gewisser Weise sogar schützt.

Was das *Überlegen* angeht: Sehr häufig überlegen wir schon während des Hörens, was wir unserem Gegenüber entgegnen wollen. Strategische Überlegungen spielen schon während des Hörens eine große Rolle und verderben deshalb das richtige *Zuhören* und *Nachvollziehen*. Deshalb ist es so wichtig, nicht den dritten Schritt vor den ersten beiden zu tun. Dennoch: Wenn zugehört und nachvollzogen wurde, kann überlegt werden. Die eigenen Gedanken zu einem bestimmten Thema sind dann in Beziehung zu bringen mit dem Gehörten und Nachvollzogenen. Das braucht Zeit – Zeit, die wir oft nicht haben, denn während wir noch nachvollziehen oder überlegen, spricht ein anderer aus der Runde schon wieder. Das ist misslich, aber wohl unvermeidlich – es sei denn, man übt den »kontrollierten Dialog« (siehe unten!).

Was das *Sprechen* angeht: Wir sprechen oft zu schnell, zu viel, zu unstrukturiert und zu polemisch. Wir man »richtig« spricht, ist nun wieder eine Frage der persönlichen Rhetorik. M 4 »Rhetorik« hat dazu einige Tipps bereit.

15.3 Unterrichtsideen
»Miteinander sprechen« kann besonders gut in einem »kontrollierten Dialog« eingeübt werden.
Setting: Die Schülerinnen und Schüler teilen sich in Vierergruppen auf (keine Neigungsgruppen, sondern gelöste Gruppen (z. B. durch Quartettkarten). Sie sitzen sich ohne Tische auf Stühlen gegenüber. Folgende Übungen sollen durchgeführt werden:

Übung zum Zuhören
- Zunächst werden alle für 30 Sekunden still und versuchen sich zu konzentrieren. Alle äußeren Faktoren (s. o.) sollen ausgeblendet sein.
- Dann konzentriert sich jede/r auf sich selbst und schärft seine Aufmerksamkeit. Es ist hilfreich dazu die Augen zu schließen.
- Danach sagt jede/r einen Satz, der ein Problem beschreibt und eine Begründung mitliefert, z. B. »Ich meine, dass die Menschen der sog. Dritten Welt deshalb so schnell leben, weil es uns so gut geht« oder »Ich denke, dass an unserer Schule zu viel Gewalt herrscht, weil die Lehrer zu viel durchgehen lassen und die Disziplin mangelhaft ist«. Diese Sätze können natürlich auch vorgegeben werden (z. B. durch »Satzkarten«, also DIN A 6-Karten, auf denen diese Sätze stehen).
- Die Sch sollen möglichst den Wortlaut des Satzes im Kopf behalten. Nachdem jeder seinen Satz gesagt hat, kommt der nächste Schritt, das Nachvollziehen.

Übung zum Nachvollziehen
- Die Phase des Nachvollziehens ist eine Stillephase. Jede/r versucht das Gehörte zunächst in Gedanken nachzuvollziehen. Es schadet keineswegs, wenn man versucht, das Gehörte wörtlich zu memorieren.
- Dann ist die Zeit nachzufragen: »Habe ich dich richtig verstanden, dass Du gesagt hast: …«. Diese Phase gibt dem »Autor« des Satzes die Möglichkeit, Korrekturen anzubringen. Damit wird geklärt, was mit dem Satz gemeint war.

Übung zum Überlegen
- Danach überlegt jede/r, wie er auf die Aussage des jeweils anderen reagieren will. Eine Antwort wird überlegt. Dabei werden a) die Argumente für diese Aussage und b) die Argumente gegen diese Aussage gegeneinander abgewogen.
- Darauf formuliert man im Kopf sein eigenes Statement zur Botschaft der anderen Sch.

Übung zum Sprechen
- Beim Sprechen versucht jeder, in Aufnahme des Gehörten, Nachvollzogenen und Bedachten seine eigene Position zur jeweiligen Aussage zu formulieren.
- Dabei ist es hilfreich, zunächst die Dinge zu nennen, die für die jeweilige Aussage sprechen und anschließend die Argumente, die dagegen sprechen. Das muss aber nicht so sein: Man kann einer Aussage ja auch uneingeschränkt zustimmen.
- Nach dem Für und Wider formuliert man seine eigene These, die dann wiederum den Anfang des kontrollierten Gesprächs einläutet, denn die eigene, neue These muss nun wieder von den anderen Schülerinnen und Schülern gehört werden.

Manchem mag dieser »kontrollierte Dialog« artifiziell vorkommen. Das ist er in der Tat. Dennoch ist die in gewisser Weise übersteigerte/überzogene Übung ja eben eine *Übung*, bei der man Dinge, die später selbstverständlich ablaufen sollen, einzuüben beginnt.

15.4 Zusatzmaterialien
M 4 Rhetorik

49 Texte interpretieren

49.1 Der Zusammenhang
Neben der Arbeit mit biblischen Texten (S. 111) ist die Arbeit mit philosophischen, theologischen sowie literarischen Texten und historischen Quellen für den Religionsunterricht der Oberstufe bestimmend. Die Nähe zum Fach Deutsch ist nicht zu übersehen.
Gerade auch im Religionsunterricht wird es darum gehen müssen, die methodische Fertigkeit, sich eigenständig einen Text erschließen zu können, zu entwickeln. Hier geht es um die so wichtige Lese- und Studierfähigkeit. Das sinnerschließende Lesen und der aktive Gebrauch des Gelesenen gilt es im Religionsunterricht immer wieder zu üben und auch als Methodik zu reflektieren.

49.2 Textinterpretation als Lerntechnik
In Deutsch sowie anderen philologischen Fächern wird gerne mit der sog. Fünf-Schritt-Lesetechnik gearbeitet. Es steht zu erwarten, dass die Schülerinnen und Schüler diese kennen. Sie enthält fünf Regeln:
1. Den Text überfliegen und eine erste Vorstellung von dem Textinhalt gewinnen
2. Fragen an den Text formulieren
3. Den Text gründlich lesen
4. Die Hauptgedanken zusammenfassen
5. Das Wichtigste wiederholen

Die vorgelegte Methodenseite ist an dieser Lesemethode orientiert, differenziert diese jedoch im Blick auf den Oberstufenunterricht und verweist darüber hinaus auf einzelne Methoden. Das Moment der Wiederholung ist hier weggelassen, kann aber leicht ergänzt werden.

49.3 Unterrichtsideen
Die Methodenseite fordert auf, die Schrittfolge an einem Text einfach einmal anzuwenden z. B. S. 51. Denkbar ist auch die Anlage eines »Spickzettels« zur Textinterpretation. Möglich erscheint auch ein Vergleich mit der o.g. Lesemethode. Es geht dann darum, die fünf Schritte in der Methodenseite wiederzufinden.

49.4 Zusatzmaterialien
M 2 Texte erschließen und lesen lernen

61 Visualisieren

61.1 Der Zusammenhang
Kursbuch Religion Oberstufe bietet eingestreut in die einzelnen Kapitel immer wieder Methodenseiten, die für das Lernen insgesamt von Bedeutung sind. Im Religionsunterricht geht es nicht nur um den Erwerb sachlicher Kompetenz, sondern auch um methodische Kompetenz. Dabei spielt neben der Arbeit an Texten (S. 49, 111) und der Betrachtung von Bildern (S. 164) der Zusammenhang von Recherchieren (S. 136), Präsentieren (S. 98) das Visualisieren eine besondere Rolle.
Diese Methoden spielen gerade dann eine wichtige Rolle, wenn die Schülerinnen und Schüler sich selber aktiv einen Zusammenhang aneignen und dem Eindruck »Ausdruck« geben und andere an ihrem Lernerfolg beteiligen.

61.2 Visualisieren als Lerntechnik
Nur wenige Menschen lernen gut über das Hören von gesprochenen Worten. Die allermeisten brauchen neben dem Hören auch das Sehen und sind deshalb auf bildhafte Darstellungen angewiesen. Nach einschlägigen Untersuchungen erinnern Menschen in der Regel 20 Prozent des Gehörten; sehen sie die Lerngegenstände, erinnern sie zusätzlich 30 Prozent dessen, was sie wahrgenommen haben. Das Lernen wird jedoch erst dann »ganzheitlich«, wenn auch die Bewegung oder das Tun hinzu kommt. Offenbar lernen Menschen besonders gut, wenn sie sich auch selbst bewegen.

Kursbuch Religion bietet elf unterschiedliche Methoden zur Visualisierung an, die je nach Lerngegenstand ausgewählt werden sollten. Nicht jede Methode der Visualisierung eignet sich für jeden Unterrichtsabschnitt. Zu achten ist grundsätzlich neben der Differenzierung auch auf eine Konzentrierung der Methoden. Nicht alle Texte, die bunt angemalt sind, wurden auch verstanden – nicht jede animierte Power-Point-Präsentation wird automatisch der darzustellenden Thematik gerecht.

61.3 Literatur
Josef W. Seifert, Visualisieren, Präsentieren, Moderieren, Offenbach 1994.
Hartmut Wille, Seminarfach. Grundkenntnisse für wissenschaftliche Arbeitsweisen in der Oberstufe, Donauwörth 2000.

61.4 Unterrichtsideen
Auch wenn die Seite zum nützlichen Gebrauch angeboten sind, bietet sich jedoch auch die Möglichkeit am Beginn eines Kurses diese Methodenseite eigens zu erarbeiten, indem man durch Mindmapping visualisiert.

86 Schritte ethischer Urteilsbildung

86.1 Der Zusammenhang
Die Schritte ethischer Urteilsbildung sind als Methodenbaustein ausgewiesen und können in verschiedenen Zusammenhängen eingeführt werden (z. B. bei der Bewertung der Ausstellung »Körperwelten« S. 187, der Vermischung von Kirche und Staat in der Reformationszeit, S. 54, oder bei der Frage, ob Kirche arm oder reich sein soll, S. 51).
Im Kontext des Themas Gerechtigkeit eröffnet dieser Methodenbaustein die systematische Auseinandersetzung mit aktuellen sozialen Problemen (Immobilienfonds S. 90f.; Arbeitslosigkeit S. 92f.; Sozialhilfe S. 97f.). Er will in diesem Zusammenhang einen theologisch begründbaren Weg aufzeigen, wie Menschen ihre ethischen Urteile gewinnen oder zumindest überprüfen können. Dafür sind wichtige Grundentscheidungen Voraussetzung, die hier für sich nachvollzogen werden können. Im Sinne eines Metalernens kann der Nachvollzog ethische Kompetenz befördern.

86.2 Die Schritte auf dem Weg zu einem verantwortlichen ethischen Urteil
Die sieben Schritte orientieren sich an Heinz Eduard Tödt, Schritte der ethischen Urteilsbildung, wie sie 1977 vorgelegt und 1988 weiterentwickelt worden sind. Die Schritte sind 1988:
1. Wahrnehmung, Annahme und Bestimmung eines Problems als sittlichen Konflikt
2. Situationsanalyse
3. Herausarbeiten und Beurteilen von Verhaltensalternativen
4. Prüfung von Normen, Gütern und Perspektiven in den Verhaltensoptionen
5. Prüfung der sittlich-kommunikativen Verbindlichkeit
6. Urteilsentscheid.

Ein etwas schlichteres Verfahren findet sich bei dem Weltrat der Kirchen. Es operiert mit drei Schritten, nämlich Sehen, Urteilen und Handeln, die jedoch Tödts Schritte aufnehmen:

Sehen   Problemfeststellung, Situationsanalyse
Urteilen   Verhaltensalternativen; Normenüberprüfung; prüfender Rückblick
Handeln   Urteilsentscheid

Die vorgelegte Schrittfolge lässt sich auch vereinfacht darstellen, nämlich als *Situation* Schritt eins bis drei, *Reflexion* Schritt vier bis fünf und *Urteil* Schritt sechs bis sieben.

Tödts Schema operationalisiert eine theologische Verantwortungsethik, die Einsichten von Max Weber (S. 85) und der Güterethik (S. 192, 72) aufnimmt, ohne die Rückbindung an biblisch theologische Grundgebote (deontologische Ethik, S. 72) aufzugeben. So entsteht ein Ansatz, der bewusst nicht deduktiv verfahren will, sondern die konkrete Situation differenziert aufnehmen will. Er will zum anderen die Vielfalt ethischer Urteilsmöglichkeiten in Blick nehmen und damit rechnen, dass verantwortliches Handeln nicht immer neu gefunden werden muss.

Das Schema von Tödt wendet sich an unterschiedliche ethische Subjekte. Es eignet sich für Einzelne als auch für Institutionen.

In das vorgelegte Schema sind weitergehende Aspekte aufgenommen worden, die noch einmal herausgehoben werden sollen:

1. Problemdefinition: Aufgenommen wird, dass das ethische Problem immer erst der Bestimmung bedarf. Angenommen wird weiterhin, dass es sofort zu einem ersten intuitiven Urteil kommt, das häufig erst noch nachträglich begründet wird. Dies soll beachtet, aber auch bearbeitet werden.

2. Situationsanalyse: Wie auch bei Tödt sollen die synchronen und diachronen Zusammenhänge beachtet werden. Von Anfang an soll aber auch die vorrangige Option für die Armen einbezogen werden (S. 76, 96).

3. Verhaltensalternativen: Weil Urteile nicht deduktiv erschlossen werden können, bedarf es der Klärung vorhandener Lösungsvorschläge für das ethische Problem. Hier kommen auch die Folgen in den Blick, die Max Weber in seinem berühmten Vortrag »Politik als Beruf« (1919) Politikern vor Augen stellte. Mit dem Blick auf die Schwächsten soll erneut die Option für die Armen eingearbeitet werden.

4. Normenreflexion: Hier soll bewusst es darum gehen, Vielfalt zu erzeugen und zu ersten Urteilen auf Distanz zu gehen. Philosophische Ansätze finden sich im Utilitarismus (S. 84), bei Hans Jonas (S. 192), bei John Rawls (S. 78f.) aber auch bei Aristoteles (S. 73). Für die anderen Religionen können Hinduismus (S. 88) und Islam (S. 89) herangezogen werden.

Mit dem Einbezug von drei prinzipiell ergänzbaren Verträglichkeitskriterien werden Überlegungen der ökumenischen Sozialethik (Oldham; Bennett u. a.) aufgenommen. Sie setzen voraus, dass sich christliche Prinzipien wie Nächstenliebe oder auch die Option für die Armen nicht direkt in konkrete ethische Urteile umsetzen lassen, sondern »mittlerer Axiome« bedarf, die Sachbezug und Relevanz sichern. Die drei Axiome sind dem gemäß als Ausdruck christlichen Glaubens zu verstehen. Mit Hans Jonas (S. 192) wäre auch eine Zukunftsverträglichkeit einzubeziehen, die auf die künftigen Generationen achtet. Mit der katholischen Soziallehre wäre auch eine »internationale Verträglichkeit« zu fordern, die den Zusammenhang der Einen Welt beachtet. Ein weiteres Kriterium könnte in der Demokratieverträglichkeit bestehen und dem gemäß die Frage aufwerfen, ob das gefundene Urteil mit einer demokratischen Gesellschaft vereinbar ist.

5. Prüfung der kommunikativen Verbindlichkeit: Leitend ist die Einsicht, dass ethische Urteile prinzipiell auf Konsens ausgerichtet sind. Dieser Konsens betrifft zunächst und vor allem die Betroffenen, die in Schritt 2 aufgenommen worden sind.

6. Urteilsentscheid: Hier wird noch einmal die folgenethische Ausrichtung betont.

7. Vertreten: Mit dem 7. Schritt wird nicht einfach der didaktischen Aufgabe Rechnung getragen, ein gefundenes Urteil vorzustellen. Der Schritt verdankt sich vielmehr der Einsicht der Technologiefolgenabschätzung, dass Urteile häufig fachlich sachlich abgefasst sind, aber von den Beteiligten und Betroffenen nicht verstanden werden können oder sogar Irritation oder Angst auslösen. Deshalb bedarf die Kommunikation gefundener ethischer Urteile (z. B. bei Bürgerinitiativen) eine eigene Besinnung. Entscheidend ist aber, dass öffentlich bedeutsame Urteile auch gemeinsam getragen werden müssen.

86.3 Literatur
Heinz Eduard Tödt, Versuch zu einer Theorie ethischer Urteilsbildung, ZEE 21, 1977, S. 81-93.

Heinz Eduard Tödt, Versuch einer Theorie sittlicher Urteilsbildung, in: ders. Perspektiven theologischer Ethik, 1988, S. 21-48.

Eckhart Marggraf, Sittliche Urteilsfindung – konkretisiert an der Frage der Organspende, in: G. Adam/F. Schweitzer (Hg.), Ethisch lernen in der Schule, Göttingen 1996, S. 281-297.

86.4 Unterrichtsideen
1. Wie man ein sozialethisches Problem löst
a) Sch erhalten ein beliebiges sozialethisches Problem, z. B.: Soll man Sozialhilfe einfrieren?
b) L definiert die Rolle der Sch als politische Partei, als Vorstand eines Diakonischen Werkes o.ä. Sie bestimmen in GA, wie sie vorgehen müssen, um dieses Problem zu lösen.
c) Austausch der Schritte, TA, Suche nach einem gemeinsamen Modell. Formulieren von Begründungen für die Schritte und ihre Abfolge.

2. Textarbeit
a) Vergleich mit den Schritten S. 86. Was ist gleich? Was ist anders? Kann man die Schritte noch einmal zusammenfassen?
b) In PA herausfinden, inwiefern es sich hier um eine christliche Verantwortungsethik handelt.
c) Anwenden der Schritte auf ein selbst gewähltes ethisches Problem. Bedenken, was man jedes Mal tun muss.

98 Präsentieren

98.1 Der Zusammenhang
Eindruck braucht Ausdruck, Vorstellung braucht Darstellung. Aufgrund dieser lernpsychologische Einsicht geht es beim Präsentieren nicht einfach um die Darstellung einer Erkenntnis für andere, sondern gleichzeitig und vor allem um die Nachhaltigkeit eigenen Lernens. Dabei rückt Präsentieren in einen Zusammenhang mit dem Recherchieren (S. 136) und nimmt Impulse des Visualisierens (S. 61) auf. Darüber hinaus hat Präsentieren Bedeutung für die Entwicklung der Persönlichkeit, geht es doch um personale und kommunikative Kompetenz. Insoweit geht es beim Präsentieren auch darum, mit anderen zu sprechen (S. 15).

98.2 Präsentieren als Lerntechnik
Präsentation kann verschiedenen Zielen dienen. Sie kann über Neues informieren, für eigene Überzeugungen gewinnen, für einen gemeinsame Aufgabe motivieren oder eine Entscheidung herbeiführen wollen. Je nachdem gewinnt die Präsentation einen anderen Charakter.
Dem gemäß spielt die inhaltliche Vorbereitung eine wichtige Rolle. Sie lässt sich in drei Schritte aufteilen:
1. Stoff sammeln und selektieren (S. 136)
2. Auf das Wesentliche komprimieren
3. Visualisieren (S. 61).

Auf dem Hintergrund geklärter Inhalte und Ziele setzt die methodische und persönliche Vorbereitung an, die hier skizziert wird. Hilfreich ist darüber hinaus die Anlage eines Spickzettels und einer Checkliste, die auch beinhalten sollte, welche Materialien die Teilnehmerinnen und Teilnehmer erhalten.

98.3 Unterrichtsideen
Zur Vorbereitung von Präsentationen könnte es interessant sein, anhand des Textes festzustellen, was man tun muss, dass eine Präsentation garantiert »in die Hose geht«.

111 Arbeit mit biblischen Texten

111.1 Der Zusammenhang
Die verstehende Auseinandersetzung mit biblischen Texten ist für das Kursbuch Religion Oberstufe und den Religionsunterricht insgesamt konstitutiv. Daher gehört zu dem Schulbuch eine Bibel, was zur Folge hat, dass generell biblische Texte nicht abgedruckt werden.
Zur Erfahrung mit Schülerinnen und Schülern gehört, dass sie häufig nicht in der Lage sind, biblische Texte eigenständig und methodisch bedacht zu erschließen. Es fehlt an einer altersgemäßen hermeneutischen Kompetenz. Die Folgen sind fatal: die Bibel gerät zum unverständlichen Buch.
Die Methodenseite ist vielfach mit anderen Texten vernetzt – so mit den Ausführungen zur Hermeneutik (S. 31), zur historisch kritischen Methode (S. 32f.), der Interpretation von Texten (S. 49) und mit der Darstellung unterschiedlicher Auslegungsmethoden (S. 206f.).

111.2 Schritte für die Auslegung biblischer Texte
Leitend für die angebotenen fünf Schritte der Bibelauslegung ist die historisch-kritische Schriftauslegung. Sehr betont ist in diesen Zusammenhang jedoch das Vorverständnis einbezogen sowie der Zuspruch und der Anspruch für das eigene Leben. Die Bibel wird von daher als Heilige Schrift (S. 214f.) wahrgenommen, jedoch nicht einfach autoritativ gesetzt, sondern diskursiv ins Spiel gebracht.
Die fünf Schritte orientieren sich an den fünf Fingern der Hand. Es geht also um eine elementare Form zur Auslegung der Bibel, die als Vademecum gebraucht werden kann. Im Hintergrund wirkt die Ansicht mit, dass das differenzierte Instrumentarium der historisch-kritischen Methode zwar für Theologinnen und Theologen geeignet ist, aber weder dem Verstehenshorizont junger Erwachsener noch einem alltäglichen Umgang mit der Bibel (S. 212f.) entspricht.

111.3 Unterrichtsideen
Am einfachsten ist es, die Schritte an einem biblischen Beispiel wie z. B. Ex 3 auszuprobieren. Denkbar ist jedoch auch, die fünf Schritte auf die Schritte der Textinterpretation zu beziehen und miteinander zu vergleichen. So können beide Methodenseiten füreinander fruchtbar gemacht werden.

136 Recherchieren

136.1 Der Zusammenhang
Nachhaltiges Lernen ist auf eine aktive, eigenständige Erarbeitung und die zusammenfassende Darstellung angewiesen. Zwar gehört die Arbeit mit Nachschlagewerken zur Selbstverständlichkeit im Oberstufenunterricht, die Erfahrung zeigt jedoch, dass die Fähigkeit, sich Sachverhalte selbstständig zu erschließen und immer wieder neueren Medien anzupassen, zu wünschen übrig lässt. Deshalb sollen dazu auf dieser Methodenseite Anregungen gegeben werden.

136.2 Recherchieren als Methodik
Bevor Schülerinnen und Schüler eine Recherche beginnen, sollten sie sich darüber klar geworden sein, was sie suchen.
Was wie eine Binsenweisheit klingt, gewinnt angesichts der Überfülle an leicht verfügbaren Informationen vor allem im Internet an besonderer Bedeutung. Nicht selten füllen Schülerinnen und Schüler ihre Ordner mit einer großen Zahl an ausgedruckten Blättern – und ertrinken gewissermaßen in der Flut der Texte und Bilder. (In Mittelstufenklassen bewährt sich dabei übrigens die Anordnung, dass nur eine vorher festgelegte Zahl an Textseiten aus dem Netz ausgedruckt werden darf. Das zwingt Schülerinnen und Schüler schon im Vorfeld zur Auswahl an Seiten bzw. zum Nachdenken über Kriterien zur Auswahl.)
Um die Informationsflut zu bewältigen, ist es spätestens in der Oberstufe des Gymnasiums unerlässlich, die Schülerinnen und Schüler dazu anzuhalten, eine sehr präzise Fragestellung zu formulieren.
Die sechs Schritte lassen sich in ein Drei-Phasen-Modell zusammenfassen:
1. Vorbereiten
2. Durchführen
3. Auswerten.

Bei der Auswertung verdient die Formulierung eines Ergebnisses und dessen Reflexion aber auch das Nachdenken über den gegangenen Lernweg Beachtung.
Angesichts der großen Bedeutung der Internetrecherche sei noch einmal auf die große Bedeutung von Experten hingewiesen und vor allem auf die Arbeit mit Nachschlagewerken. Schülerinnen und Schüler wissen oft nicht, dass ihre Bibel ein sorgfältiges Register enthält, das eine Fülle von Informationen zugänglich macht. Unter den Nachschlagewerken verdienen RGG[4], das Calwer Bibellexikon, Symbole-Lexika sowie der Evangelische und der Katholische Erwachsenenkatechismus Beachtung.
Bei der Internet-Recherche stehen verschiedene Möglichkeiten zur Verfügung.

Quellen
a. Direkte Netzadressen (z. B. www.zeit.de oder eine kirchliche Wochenzeitschrift www.publik-forum.de)
b. Bildungsserver (z. B. www.dbs.schule.de für allgemeine Recherche oder www.comenius.de für spezielle Recherche im RU)
c. Kirchliche Adressen (z. B. www.ekd.de – Nachrichten, Infos, Grundlagentexte, Links; www.relinet.de – Religionspäd. Insitute der Landeskirchen)
d. Schuladressen (z. B. www.zum.de – Zentrale für Unterrichtsmaterialien)
e. Besonders für religionswissenschaftliche Fragestellungen www.religionswissenschaft.de oder www.reliinfo.ch

Suchmaschinen
a. Suchmaschinen, die Dokumente im Netz nach Suchbegriffen durchforsten (z. B. www.altavista.com und www.google.de)
b. Metasuchmaschinen, die parallel in mehreren Suchmaschinen suchen (z. B. www.highway61.com)
c. Kataloge, die redaktionell bearbeitet und nach Themengruppen gegliedert sind (z. B. www.yahoo.de bzw. yahoo.com)

Datenbanken
a. Zeitungsarchive, in denen Zeitungen oder Zeitschriften weltweit mit direkten Links verzeichnet und verbunden sind (z. B. www.onlinenews-paper.com)
b. Bibliothekskataloge (z. B. www.dbi-berlin.de)

136.3 Unterrichtsideen
Es bietet sich an, die Seite in ein Schaubild mit drei Phasen umzusetzen und dabei einzelne Teilschritte zu vertiefen (z. B. Nachschlagewerke) und zu ergänzen (Ergebnisformulierung, Reflexion). In das Schaubild können symbolische Zeichen eingearbeitet sein (vgl. Visualisieren).

164 Bilder interpretieren

164.1 Der Zusammenhang
Wir leben in einem visuellen, ja, in einem multimedialen Zeitalter. Wir leben mit Bildern: im Fernsehen, in Computerspielen, im Internet ... aber können wir die Bilder, die wir sehen, auch »lesen«, verstehen wir ihren Informationsgehalt und ihre »Botschaft«? Die Bilder des Kursbuch Religion Oberstufe versuchen aus einer fernen Zeit zu den Schülerinnen und Schülern zu sprechen. Bewusst haben wir auf moderne Darstellungen verzichtet und uns auf wesentliche Bildprogramme der Kunstgeschichte konzentriert. Diese Bilder zu entschlüsseln ist Aufgabe in jedem Kapitel des Kursbuches.

164.2 Bilder erschließen und lesen lernen
Der folgende Text liegt auch als Kopiervorlage vor, sodass er als Zusammenfassung an die Sch abgegeben werden kann. Grundsätzlich kann man zwei verschiedene Arten der Bildbetrachtung unterscheiden:
1. Die bildimmanente Interpretation: Hier geht es um einen Dialog zwischen dem Betrachter und dem Bild.
2. Die kontextuelle Bildauslegung: Hier geht es darum, Informationen zu sammeln, die aus dem Bild selbst nicht zu erschließen sind.

1. Der Dialog zwischen Betrachter und Bild (bildimmanente Interpretation)

Der erste Eindruck
Das Bild wirkt unmittelbar auf den Betrachter, ein erster Eindruck entsteht. Bilder lösen zum Beispiel häufig Emotionen aus – und irgendwie kann jede/r sofort sagen, ob ihm/ihr ein Bild »gefällt« oder nicht.

Die formale Analyse des Bildes
Der Eindruck wird erweitert – das heißt auch: bestätigt oder korrigiert – durch die formale Analyse des Bildes:
- Was ist zu sehen?: Bildhandlung, Bildelemente; Vordergrund und Hintergrund; Zentrum und Rand ...
- Wie ist das Bild gegliedert?: Achsen, Symmetrien, Größenverhältnisse, große und kleine Flächen; hell und dunkel; runde und eckige Formen ...
- Welche Farben werden verwendet? Wie wirken sie zusammen? Gibt es Farbkontraste?
- Welche Raumwirkung erzielt das Bild? Ist es eher flächig, zweidimensional? Wie ist die Raumtiefe, Perspektive, Fluchtpunkt, Horizont ...
- Wie wirkt das Bild? Eher dynamisch, eher statisch? Wodurch entsteht Ruhe, wodurch Bewegung im Bild?

Der Gesamteindruck des Bildes
- Welche Wirkung ergibt sich aus dem Zusammenspiel all dieser Punkte?
- Welche Wechselwirkung entsteht zwischen mir, dem Betrachter, und dem Bild?: Kann ich meine Lebenswelt, meine Erfahrung, Erziehung usw. mit diesem Bild in Einklang bringen? Wie wirkt es auf mich mit meiner Lebenswelt, wie würde es auf jemand wirken, der aus einem ganz anderen Kulturkreis kommt?

2. Kontextuelle Bildauslegungen
Die Aufgabe der kontextuellen Bildauslegung besteht darin, sich zum Bild Zusatzinformationen zu beschaffen. Im Internet und/oder in Kunstkatalogen kann man nach Informationen zum Künstler und zum Kunstwerk schauen. Diese können zum Beispiel sein folgende sein:

- *Motivgeschichtliche Betrachtungen*: Welches Motiv wird verwendet (z. B. »Auferstehung«) und in welcher Tradition steht dieses? Wollen Sie motivgeschichtliche Vergleiche anstellen, etwas der Art, dass Sie die Interpretation »Ihres« Bildmotivs innerhalb der Motivgeschichte mit anderen Interpretationen anderer Bilder vergleichen?
- *Politisch-soziale bzw. sozialgeschichtliche Interpretationen*: Möchten Sie »Ihr« Bild in den politischen und sozialgeschichtlichen Hintergrund seiner Entstehung einbetten?
- *Biografische Zugänge*: möchten Sie versuchen, die Entstehung des Bildes in der Biografie des Künstlers zu verankern? Warum hat er gerade dieses Bild in jener Zeit gestaltet? Ist sein Bild ein Ausdruck einer »Autobiografie«?
- *Psychologische Interpretationen*: haben Sie Vorkenntnisse in Psychologie und möchten Sie diese bei der Interpretation »Ihres« Bildes einbringen? Spiegelt das Bild evtl. seelische Konflikte des Künstlers?
- *Geistes- und glaubensgeschichtliche Interpretation*: Ist das Weltbild des Künstlers in seinem Bild erkennbar? Gibt es Ansätze, die eine geistes- und/oder glaubensgeschichtliche Interpretation des Bildes überhaupt erlauben?

3. Bilddidaktik
- Überlegen: Wenn ein Bild erschlossen, also gelesen werden soll: warum möchte ich dieses Bild einsetzen? Ist ein Einsatz nur bei dem von mir ausgesuchten Thema oder auch in anderen Themen möglich? (Letzteres trifft meistens zu.)
- Was möchte ich mit dem Einsatz dieses Bildes erreichen? Was ist mein *Lernziel* bei meinen Zuhörer/innen? Welchen Gewinn sollen meine Klassenkamerad/innen davon haben? Was ist mein *Lehrziel*?
- Grundfrage: Was will ich durch dieses Bild *lehren*?

4. Bildmethodik und Bildmethoden
Grundlegend gilt: *Jedes Bild braucht »seine« Methode*: Die Methode (griech. *methodos* – »der Weg, etwas zu erreichen«) wird durch *das Bild* bestimmt, denn nur *der Weg*, der mich in das Bild hineinführt, ist der gute Weg, andere werden dem Bild nicht gerecht. Überprüfe also sorgfältig, welche Methode Du wählen willst.

Bildmethoden
Bei Bildern, die viele einzelne Informationen transportieren und deshalb »entdeckt« werden müssen, um sich dem Betrachter zu erschließen, bieten sich z. B. folgende Methoden an:
- *»Ich sehe was, was du nicht siehst«*: Das bekannte Spiel wird als lockerer Wettbewerb unter Einbeziehung der Teilnehmer/innen durchgeführt. (Bild entdecken)
- *»Bilddetektive«*: Mit großer Pappe, darin in der Mitte

ein rundes oder viereckiges Loch, wird das Bild verdeckt, die Aufmerksamkeit richtet sich auf den Ausschnitt der Pappe. Langsam streicht man über das Bild und entdeckt auf diese Weise Details (eignet sich gut für Folienprojektion).
- »*Bildinterview*«: Gruppe in zwei Halbplena aufteilen, die erste Hälfte stellt »Fragen an das Bild«, diese werden notiert (in der Schule: Tafel oder Flipchart), die andere Hälfte beantwortet daraufhin die Fragen.
- »*Verzögerte Bildbetrachtung*«: Aufmerksamkeit auf ein Detail lenken. Von dort aus das Bild nach und nach entdecken ...

Bei Bildern, die auf den »ersten Blick« klar scheinen in ihrer Botschaft (das ist allerdings fast nie der Fall ...), kann man zu folgenden Methoden greifen:
- »*Gelenkte Bildbeschreibung*«: Den Teilnehmer/innen wird ein Lückentext ausgeteilt, den sie nur ausfüllen können, wenn sie das Bild genau betrachten. (In der Schule: bei Schüler/innen ist oft die Vorgabe der zu findenden Wörter hilfreich).
- »*Details nachzeichnen*«: Nach einer Vorlage werden Bildelemente nachgezeichnet.
- »*Bildvergleich*« – beim motivgeschichtlichen Zugang (s.o.) sehr gut zu machen. Das vorliegende Bild wird als Interpretation des Motivs mit einem anderen Bild aus einer anderen Epoche verglichen, das das gleiche Motiv interpretiert.
- »*Schreibmeditation*«: Teilnehmer/innen-Gruppe in Kleingruppen aufteilen. Jede/r erhält ein Blatt und schreibt einen Eindruck auf das Blatt. Wenn jede/r fertig ist, werden die Blätter im Uhrzeigersinn an den/die Nachbar/in weitergegeben. Diese schreiben dann einen Kommentar zu dem ersten Eindruck, dann wandern die Blätter im Kreis herum, bis sie wieder am Ausgangspunkt sind.
- »*Bild/Text – Vergleich*«. Zu einem Bild wird ein (passender oder unpassender!) Text ausgeteilt, zum Beispiel ein Bibeltext. Die TN versuchen diesen in Spannung oder in Einklang mit dem Bild stehenden Text auf das Bild zu beziehen und zu interpretieren.

164.3 Unterrichtsideen
Aus den genannten Überlegungen, bilddidaktischen und -methodischen Hinweisen kann zu jedem Bild die jeweils passende Zugangsform gesucht werden. Bei einem Bild sind in der Regel zwar nicht alle, aber mehrere Zugänge möglich, die Aufgabe, den richtigen Zugang zu finden ist schon Teil des Lernprozesses, ein Bild zu erschließen und zu lesen.

164.4 Zusatzmaterialien
M 3 Bilder erschließen und lesen lernen

Wirklichkeit

Das Thema

Allgemeine Einführung in die Thematik
Das Thema »Wirklichkeit« stellt sich philosophie- und kulturgeschichtlich sehr komplex dar. Aktuelle Bezüge wie etwa die neueren Erkenntnisse zur Hirnforschung sind ebenso zu berücksichtigen wie grundlegende Überlegungen der Philosophie- und Kulturgeschichte. Der Komplex kann zunächst in verschiedene Aspekte, etwa in ästhetische, ethische, logische, sächliche, philosophische, theologische usw. Wirklichkeit gegliedert werden.

Wirklichkeit philosophiegeschichtlich
Der Begriff »Wirklichkeit« (»realitas«: die »Sachhaltigkeit« einer Sache (res)) selbst hängt eng mit dem Begriff der »Wirksamkeit« (»actualitas«) zusammen. Metaphysisch ist nach *Aristoteles* »Wirklichkeit« als verwirklichter und erreichter Zweck (»Realitas«) vom potentiellen Vermögen (»Dynamis«) als Möglichkeit (Eventualis) zu unterscheiden. Die Wirklichkeit wird dabei als gleich bleibende, an sich seiende Konstante aufgefasst. *Kant* unterscheidet »Wirklichkeit« als eine der drei Kategorien von »Modalität« (neben Wirklichkeit noch Möglichkeit und Notwendigkeit). Nach *Wittgenstein* ist eine Sache »wirklich«, wenn die sie darstellende Aussage »wahr« ist. Insofern hängt der Begriff von »Wirklichkeit« immer auch mit dem Begriff von »Wahrheit« zusammen.

Wirklichkeit naturwissenschaftlich
Die entstehenden Naturwissenschaften haben die Auffassung von »Wirklichkeit« nachhaltig beeinflusst. Zunächst war die Trennung von res extensa (die »ausgedehnte Sache«: das Objekt) und res cogitans (die »erkennende Sache«: das Subjekt) wichtig (*Descartes*). Anders aber als in der Antike war damit nicht mehr die an sich gleich bleibende, »objektive Realität« im Sinne der »realitas« gemeint (s. o.), vielmehr wird der erkennende, konstruierende und handelnde Einfluss des Menschen (Subjekt) als die die Wirklichkeit (Objekt) verändernde Größe eingeführt: Der Beobachtungsvorgang des Subjekts hat auf das Beobachtete des Objekts einen entscheidenden Einfluss und verändert dieses.

Theologisch-didaktische Entscheidungen
Beim Thema »Wirklichkeit« reflektieren die Schüler/innen, ausgehend von ihrer eigenen Wirklichkeits-Wahrnehmung (Wahrnehmungsübungen) die Vieldimensionalität menschlicher Wahrnehmung, vergleichen dabei natur- und geisteswissenschaftliche sowie religiöse Zugänge zur Wirklichkeit und thematisieren das Verhältnis von Glaube und Theologie. Anhand der vorgelegten Texte und Bilder haben sie die Möglichkeit, philosophische, theologische, ethische sowie religions- und kulturgeschichtliche Fragestellungen vertieft zu behandeln.

Aufbau und Gliederung

Teil 1: Eröffnung
Die Doppelseite, die die Unterrichtseinheit eröffnet, möchte anhand zweier zentraler Bilder aus der Kunstgeschichte und der elementaren Fragen in dieses Kapitel des Buches einführen und Lust machen, sich mit diesem Thema zu beschäftigen (siehe dazu auch die Bilderklärungen S. 37 des Schülerbands). Die elementaren Fragen versuchen dabei den Horizont abzustecken, in dem das Thema verortet werden kann (wenn dieses Thema überhaupt in einem »Horizont« zu begrenzen ist!). Sie führen in die folgenden Unterkapitel ein und eröffnen das Panoptikum von Fragen, die durch die sich anschließenden Texte wenn nicht einer Lösung, so doch einer vertieften Reflexion zugeführt werden sollen.

Teil 2: Wahrnehmung und Wirklichkeit
Das zweite Unterkapitel greift das grundlegende Problem von »Wahrnehmung und Wirklichkeit« unter verschiedenen Aspekten auf: zunächst führt der klassische Text von *Platons* Höhlengleichnis das Problem selektiver Wahrnehmung eindrücklich vor Augen (S. 8). Wenn dadurch klar wird, dass »Wirklichkeit« mehr ist als unsere Sinne wahrnehmen können, stellt sich die Frage, ob es zum Beispiel so etwas wie eine »Hölle« geben könnte und wie wir sie uns vorzustellen hätten; dieser Frage widmet sich S. 9 mit einem Bild von *Luca Signorelli* aus dem Dom zu Orvieto. Nach dieser Reflexion führt der Text von Gerhard Roth (S. 10) in die unter Gehirnforschern vorgenommene Unterscheidung von »Realität« und »Wirklichkeit« ein, die dann durch eine kurze Charakteristik der Theorie des Konstruktivismus (S. 11) ergänzt wird. Wirklichkeit ist aber nicht nur etwas, das unsere Sinne (begrenzt) wahrnehmen können, sondern Wirklichkeit wird auch durch Sprache geschaffen, etwa durch Gleichnisse oder metaphorische Rede. Der Text von *Eberhard Jüngel* (S. 12) führt in diesen Gedankengang ein und reflektiert zugleich den Zusammenhang von »Wirklichkeit« und »Wahrheit«, indem er verdeutlicht, dass metaphorische Wahrheit der Wirklichkeit einen »Mehrwert« hinzufügt. Vertieft wird diese Überlegung durch den Text von *Paul Tillich* zum Religiösen Symbol (S. 13), der das Symbol neben der Metapher als wesentliche Ausdrucksform religiöser Rede thematisiert und verdeutlichen will, dass (religiöse) Symbole transparent für Wirklichkeit(en) sind. Die Bedeutsamkeit mythologischer Rede schließlich wird durch den Text von *Jacques Lacarrière* betont (S. 14) und erinnert daran, dass Metapher, Symbol und Mythos nicht nur Sprachformen vergangener Zeiten, sondern auch für unsere gegenwärtige Gesellschaft prägende Größen sind (z. B. in »modernen Mythen«: Coca Cola ...). Gleichzeitig führt dieser Text auch hinüber zum folgenden Unterkapitel, das sich besonders den vergangenen und gegenwärtigen Weltbildern widmet. Nach dem Dreiklang »Metapher, Symbol und Mythos« macht es Sinn, auch über Redeformen und

das »gelungene Gespräch« nachzudenken – dazu soll die Methodenseite »Miteinander sprechen« S. 15 anleiten.

Teil 3: Woher kommt die Welt? – Weltbilder

Dieses Unterkapitel führt in aller Kürze in das sog. Altorientalische Weltbild Mesopotamiens (*Jean Bottéro*, S. 16–17; zur Problematik dieses Begriffs s. u.), das altägyptische Weltbild (*Jean Yoyotte*, S. 18–19) und das biblische Weltbild (*Erich Zenger, Jürgen Moltmann*, S. 20–21) ein. Es ist klar, dass diese wenigen Seiten die mit diesen Komplexen verbundenen Vorstellungen nur annäherungsweise anreißen können, dennoch sollte – anknüpfend an den Mythosbegriff – wenigstens die Absicht und der Verstehenshorizont der angesprochenen Kulturen in ihren Weltbildern deutlich werden. Der Text von *Jürgen Moltmann* mit der Unterscheidung von »Natur« und »Schöpfung« (S. 21) dient – wie auch das Bild auf S. 23 – gleichzeitig wieder als Brücke zum folgenden Unterkapitel, das sich der Wahrnehmung von Wirklichkeit(en) in den Wissenschaften widmet. Zuvor jedoch folgt in Ergänzung zu den genannten Weltbildern ein Blick in den Hinduismus (*Ram Adhar Mall*, S. 22).

Teil 4: Wahrnehmung und Wirklichkeit in den Wissenschaften

Dieses Unterkapitel wird, anknüpfend an die durch den Text von Jürgen Moltmann geschaffene Vorgabe zwischen »Theologie und Naturwissenschaft« (S. 21) und/oder das Bild auf S. 23, wieder durch einen klassischen Zugang eröffnet, der mit der Beschreibung der Entdeckung der Fallgesetze durch *Galileo Galilei* (S. 24) eine neue Phase der Wirklichkeitsbeschreibung einläutet, nämlich die naturwissenschaftliche. S. 25 bietet im Anschluss daran einen Überblick über die wissenschaftstheoretischen Modelle, die die unterschiedlichen naturwissenschaftlichen Zugänge zur Wirklichkeit seit dieser Zeit beschreiben. Auf die vor allem im 19. Jahrhundert verhandelten Fragen, die mit der Entwicklung der Evolutionstheorie angestoßen wurden, weist der Text von *W. Bange* hin (S. 26); er verdeutlicht ebenso wie der zum modernen Klassiker avancierte Text von *H.-P. Dürr* (S. 27) aber auch die Begrenztheit allen Erkennens und weist darauf hin, dass die »Netze« unserer Erkenntnismöglichkeiten sehr begrenzt sind. Eine zusammenfassende Zusammenstellung naturwissenschaftlicher Erkenntnis schließlich wird mit S. 28 geboten.

Die Wahrnehmung von Wirklichkeit in den Geisteswissenschaften – das ist schon durch S. 12–14 deutlich geworden – unterscheidet sich von der naturwissenschaftlichen. Die folgenden Seiten zu Glauben (*Hans Küng*, S. 29) und Theologie (*Dorothee Sölle*, S. 30) machen auf diesen Umstand aufmerksam. Dass aber auch in den geisteswissenschaftlichen Disziplinen wissenschaftlich gearbeitet und gedacht wird, soll durch die zusammenfassenden Seiten zur Hermeneutik (S. 31), zum Verstehen biblischer Texte und zur Historisch-Kritischen Methode (S. 32–33) deutlich werden. Das Unterkapitel wird abgeschlossen durch einen Blick in die Katholische Theologie (Text von *Johannes Paul II.*), der das Verhältnis von Vernunft und Glaube reflektiert (S. 34).

Teil 5: Verantwortung für die Wirklichkeit dieser Welt

Die beiden letzten Seiten des Kapitels Wirklichkeit schließlich fordern auf doppelte Weise heraus: der Text von *Fulbert Steffensky* (S. 35) fordert nachdrücklich dazu auf, die verschiedenen Welterklärungen und das »Erklärungswissen« unter dem Titel »Wissen und Humanität« auch ethisch-moralisch zu reflektieren. Der Text von *Jostein Gaarder* (S. 36) möchte abschließend Mut machen, ergebnisoffen zu denken, indem er an unsere Vorstellungskraft appelliert und ermutigt, das gewohnte Denken zu verlassen und selbst Wunder als Möglichkeit zuzulassen.

Möglicher Kursverlauf/Stoffverteilungsplan

Der nachfolgende Plan stellt nur *eine* der Möglichkeiten dar, mit dem Thema »Wirklichkeit« und den angebotenen Materialien zu arbeiten. Er ist allerdings in der Praxis erprobt und auch im Hinblick auf die (in Baden-Württemberg) zu erreichenden Bildungsstandards/Kompetenzen der Schüler/innen ausgerichtet. In der nachfolgenden Übersicht des Stoffverteilungsplans werden deshalb den vier Teilen der Unterrichtseinheit nicht nur die Seitenzahlen des Schülerbandes zugeordnet, sondern diese auch ergänzt durch Richtstunden-Angaben (Std.) sowie die in den einzelnen Teilen zu erreichenden Kompetenzen. Die Unterrichtseinheit ist auf ein Schulhalbjahr konzipiert (ca. 25 Unterrichtsstunden).

Möglicher Kursverlauf

Teile	Inhalte	Std.	Kompetenzen
Teil 1	*Wahrnehmung und Wirklichkeit* 1. Wahrnehmungsübungen, oder: Wie wirklich ist die Wirklichkeit? (S. 8f.) 2. Gehirnforschung und Konstruktivismus (S. 10f.) 3. Mataphorische Wahrheit (S. 12) 4. Virtuelle Welten: Matrix	4	Ästhetische Kompetenz Hermeneutische Kompetenz Sachkompetenz Methodische Kompetenz Medienkompetenz
Teil 2	*Woher kommt die Welt? – Weltbilder* 1. Mythos (S. 14) 2. Das sog. Altorientalische und das Altägyptische Weltbild (S. 16–19) 3. Biblisches Weltbild (S. 20) 4. Weltbilder im Wandel 5. Die Welt als Natur und als Schöpfung (S. 21) 6. Hinduistische Weltwahrnehmung (S. 22)	8	Hermeneutische Kompetenz Sachkompetenz Methodische Kompetenz Kommunikative Kompetenz
Teil 3	*Wahrnehmung von Wirklichkeit in den Wissenschaften* 1. Methodik naturwissenschaftlicher Erkenntnis (S. 23f.) 2. Wissenschafts- und Erkenntnistheorie (S. 25ff.) 3. Hermeneutik (S. 31) 4. Glaube und Theologie (S. 29f.) 5. Methodik theologischer Erkenntnis (S. 32f.) 6. Die Wahrnehmung der Wirklichkeit in Naturwissenschaften und Theologie (S. 28f.)	8	Hermeneutische Kompetenz Sachkompetenz Methodische Kompetenz
Teil 4	*Verantwortung für die Wirklichkeit dieser Welt* 1. Vernunft und Glaube in der Katholischen Theologie (S. 34) 2. Wunder (S. 36) 3. Wahrheitssuche und ethische Prinzipien (S. 35) 4. Bio- und Medizinethik	5	Ethische Kompetenz Soziale Kompetenz Personale Kompetenz Hermeneutische Kompetenz Sachkompetenz

6/7 Turmbau zu Babel – Erschaffung der Tiere

6/7.1 Der Zusammenhang

Die beiden Bilder repräsentieren zwei wesentliche Themenstellungen, die sich mit der Einheit »Wirklichkeit« verbinden. Zum ersten geht es im Bild von *Meister Bertram: Die Erschaffung der Tiere* um das Thema Schöpfung durch Gott, zum zweiten, in *Pieter Breughels Turmbau zu Babel* um das Thema der Lebensbewältigung des Menschen, die er in der Gestaltung seiner Welt vollzieht. Beide Themen stehen in Spannung zueinander, da der Mensch in der Gestaltung seiner Welt notwendig in die Schöpfung Gottes eingreift und sie verändert. So stellt sich die grundlegende Frage, in wieweit Menschen heute die uns umgebende Wirklichkeit in der Natur überhaupt noch als Schöpfung Gottes identifizieren, welche Maßstäbe sich gegebenenfalls für menschliches Handeln daraus ergeben und welche Folgerungen dies zeitigen könnte. Die auf S. 7 gestellten Fragen, ob die Evolutionstheorie den Glauben an einen Schöpfergott ausschließe bzw. ob Gott stirbt, wenn wir alles erklären können zielen in diese Richtung. Aber auch die Frage ist wichtig, welche Instanz für menschliches Handeln in der Welt einsteht, welche Werte und Normen zum Tragen kommen und welche Rolle dabei der christliche Glaube spielen könnte?

6/7.2 Der Turmbau zu Babel

Der Turmbau zu Babel von Pieter Breughel (siehe S. 37) ist ein Hauptwerk christlicher Kunst, das jede Schülerin und jeder Schüler in Verbindung mit der Erzählung in Gen 11,1-9 kennen sollte. Dieses Bild ist nicht nur von kunstgeschichtlichem Interesse ist, sondern auch in historischer, philosophischer, religiöser Hinsicht bemerkenswert. Interessant ist in unserem Zusammenhang natürlich nicht in erster Linie der kunstgeschichtliche, sondern der religionsgeschichtliche und biblische Hintergrund:

1. Die Zikkurat
Die biblische Erzählung in Gen 11,1-9 fußt auf altorientalischen Überlieferungen und steht im Zusammenhang mit Erkenntnissen, die die Archäologie herausgearbeitet hat[1]. Archäologisch nachgewiesen sind gestufte Tempeltürme (»*Zikkurat*«)nur aus Mesopotamien, wobei sich auch Parallelen zu den frühen Pyramiden (ca. 3200-2800 v. Chr.) finden, etwa zur gestuften *Djoser*-Pyramide. Religiöse Bedeutung erlangen sie aber v.a. in Babylon, wo sie zu Ehren des Gottes *Marduk* erstellt wurden. Immer wieder wurden sie abgetragen und durch neue ersetzt bzw. weitere kamen hinzu. Das jüngste Exemplar muss eine Höhe von etwa 90 Metern gehabt haben. Ihre genaue Zweckbestimmung scheint geklärt: wie in Ägypten, so bildet auch in Mesopotamien der Tempel/das Heiligtum einen Teil der uranfänglich erstandenen Welt (»Schöpfung«). Jedes Heiligtum besitzt einen *du-ku*, einen »reinen Hügel«, der den Urhügel der in der großen Urflut entstandenen Welt repräsentiert. So wird zum Beispiel der Bau des Haupttempels von Babylon, *Esagila*, nicht bei der Erzählung der Erschaffung Babylons, sondern im Rahmen des Weltschöpfungsmythos *Enuma elisch* erzählt. Wohin die riesigen Stufen der Zikkurat führten scheint klar zu sein: durch die gestuften Türme sollte eine sinnfällige und vor allen Dingen religiöse und kultische Verbindung zwischen Götterwelt und Menschen symbolisiert werden sollte, die eng mit der Vorstellung vom »Mittelpunkt/Nabel der Erde«, an der eine Verbindung zum Himmel gesucht wurde, korrespondierte[2]. (Auch im Alten Testament findet sich z. B. mit der Jakobsleiter das Motiv einer solchen Verbindung zwischen Gott in der Höhe des Himmels und der Erde). In den Tempeln der Zikkurat begegneten sich Himmel und Erde, ja es gingen diese beiden Bereiche ineinander über und waren an dieser einzigen Stelle nicht voneinander zu trennen, wenn auch zu unterscheiden. Deswegen kann die Zikkurat auch »Haus der Grundlegung des Himmels und der Erde« genannt werden[3].

Damit unterscheidet sich die *Zikkurat* als mit dem Übersinnlichen verbindende Kultstätte deutlich von den ägyptischen Pyramiden, die aus den fruchtbaren Erdkegeln abgeleitet werden, welche nach den Überschwemmungen durch den Nil als erste Male den Menschen das alljährlich neu entstehende Schwemmland anzeigten, auf dem sich die Fruchtbarkeit von neuem fortsetzen konnte.

2. Der »Turm bis in den Himmel«
Sicher kann angenommen werden, dass zur damaligen Zeit Bauwerke dieser Dimension die Aufmerksamkeit der umliegenden Völker in besonderer Weise erregt haben. Tatsache ist auch, dass das babylonische Großreich wegen seiner Völker- und Sprachenvielfalt zwar lange Zeit die Vorstellung von einem Weltreich bedienen konnte, schließlich aber doch nicht auf Dauer zusammen gehalten werden konnte. Den jüdischen Gläubigen mag der hohe göttliche Anspruch als gotteslästerlich erschienen sein, mit dem die babylonischen Großherrscher ihre irdische Macht legitimierten. Tatsächlich ist es aber wohl genau umgekehrt:
Der Anspruch, einen »Turm bis an/in den Himmel« zu bauen (die hebräische Vokabel in Gen 11,4 b^{e}schamajim lässt beide Übersetzungen zu) ist in mesopotamischem Kontext keines gotteslästerliche, sondern eine gottgefällige Vorgabe: mit dem Turmbau sollte ja gerade die Verbindung zwischen himmlischer und irdischer Welt gewahrt, Gott geehrt und nicht in Frage gestellt werden. Die Autoren von Gen 11 haben dies offensichtlich nicht (mehr?) gewusst und in diesem Anspruch gerade die Gotteslästerung entdeckt (oder entdecken wollen). So ist aus der ursprünglichen, sich in den assyrischen und babylonischen Texten niederschlagenden guten Absicht in biblischem Kontext das Gegenteil erwachsen: hier wird der Bau des Turms als Gotteslästerung, als Hybris der Menschen empfunden[4].

3. Die »babylonische Sprachverwirrung«
Nach Gen 11,1 ist die »einheitliche Sprache« (wörtlich: »eine Lippe«) nicht einfach naturgegeben, sondern schon

---

[1] Vgl. zum Zusammenhang von altorientalischen und biblischen Vorstellungen Othmar Keel: Die Welt der altorientalischen Bildsymbolik und das Alte Testament. Am Beispiel der Psalmen, 6. Aufl. Göttingen 1996, S. 13-52 und 100-156.
[2] Vgl. Mircea Eliade: Kosmos und Geschichte, 1953 (Düsseldorf 1994), S. 25-30.
[3] Keel, S. 101, vgl. auch S. 153.
[4] Vgl. zum Ganzen Christoph Uehlinger: Weltreich und »eine Rede«. Eine neue Deutung der sogenannten Turmbauerzählung (Gen 11,1-9), OBO 101, Fribourg/Göttingen 1990.

eine kulturelle Errungenschaft nach der »Sintflut«. Während »unterschiedliche Sprachen häufig auch unterschiedliche Zugangs- und Erschließungsweisen der Wirklichkeit verinnerlichen«[5], war dies in Gen 11,1 als eine einheitliche Bewegung gedacht. Der einheitlichen Sprache entsprechen der einheitliche Wohnsitz und das gemeinsame Unternehmen, *einen* Turm (für alle) zu erbauen. Nach Vers 6 könnte man in Anlehnung an Paulus geradezu formulieren: eine Sprache, ein Turm, ein Volk (11,6!). Diese in mesopotamischer Absicht geradezu als gottesverehrende Absicht wird im Alten Testament nun umgekehrt als gotteslästerlich dargestellt, die Folge ist in 11,6b–9 beschrieben. Mit der »Sprachverwirrung«, die, biblisch-theologisch gesehen, erst wieder im Pfingstgeschehen (Apg 2) aufgehoben werden wird, und dem Abbruch des Turmbaus, sind dem Menschen seine Grenzen, auch die Grenzen seiner Wirklichkeitswahrnehmung gesetzt. Zusätzlich markiert diese Geschichte im Wesentlichen den Wendepunkt von der Universalgeschichte bzw. von einem Bund Gottes mit der Menschheit hin zu der Auserwählung eines Volkes, auf dessen Beschreibung sich in der Folge das Interesse richtet – wie das sich unmittelbar anschließende »Geschlechtsregister« (Toledot) von Sem bis Abram (Gen 11,10–31) zeigt.

6/7.3 Die Erschaffung der Tiere

1. Meister Bertram[6]

Meister Bertram gehört zu den ersten mittelalterlichen Künstlern, die wir mit Namen kennen und denen wir ein Werk sicher zuweisen können. Zahlreiche Nennungen in alten Hamburger Urkunden liefern ein ungefähres Bild seiner Biographie.
Um 1340 wurde Bertram in Minden geboren, seit 1367 lebt er sicher in Hamburg. Er wird z. B. 1376 in der Liste der Meister des Maleramtes erwähnt. 1383 vollendete er den Hochaltar für St. Petri.
Die Kunsthalle besitzt einige seiner Werke, wozu auch der Marienaltar aus der Klosterkirche von Buxtehude und ein kleiner Altar aus dem Zisterzienserinnenkloster Hervardeshude gehört. Weitere bekannte Werke seiner Hand befinden sich im Niedersächsischen Landesmuseum in Hannover, im Victoria & Albert-Museum, London, und im Musée des Arts Décoratifs in Paris. Es wird auch vermutet, dass Meister Bertram als der verantwortliche Werkstattleiter am Projekt des Petri-Altars auch an dem früher entstandenen Retabel in Doberan mitgearbeitet hat. Thema und Aussage des der beiden Altäre scheinen vergleichbar, wenn auch jeweils unterschiedlich erzählt wird.

2. Der Hochaltar von St. Petri

Der Nachweis über die Autorschaft des Künstlers ist in einer Hamburger Chronik zu lesen: »Anno 1383 wort de tafel des hogen altares tho S. Peter tho Hamborch gemaket. De se makede, hetede mester Bertram van Mynden«. Mit einer Breite von 7,26 m im aufgeklappten Zustand und einer Höhe von 2,77 m beherrschte der Hochaltar den Chor der Pfarrkirche St. Petri, einer Hallenkirche, die beim großen Hamburger Brand 1842 zerstört wurde.
Die vier bemalten Flügel des Retabels breiten in zwei Registern übereinander auf 24 Bildfeldern Gottes Schöpfungsplan aus. An hohen Feiertagen, wenn alle Flügel geöffnet waren, blickte man dann auch auf die geschnitzte Seite mit 44 Figuren unter Maßwerkbaldachinen und 12 unter den Dreipässen der Predella. Hier wird das Heilsgeschehen mit der Verkündigung an Maria und dem Tod Christi am Kreuz inmitten einer Versammlung von Heiligen, Aposteln und Propheten fortgesetzt. Eine Ergänzung des theologischen Programms eröffnet die Darstellung der Verkündigung an Maria in der Mitte der Predella, die sich in der zentralen Achse des Retabels direkt unter der geschnitzten Kreuzigungsgruppe befindet.
Predella und Schrein bilden also eine zeitliche Achse mit den zentralen Stationen des göttlichen Heilsplans. Die gemalten Episoden auf den äußeren Flügeln beschreiben den Teil des Plans, der das Geschehen im Schrein vorbereitet. In der als besonders bedeutend angesehenen Verkündigung an Maria überschneiden sich die Erzählstränge der gemalten und der geschnitzten Ansicht. Die übrigen Figuren der Predellenvorderseite und ihre Spruchbänder, die jetzt erstmals vollständig entziffert werden konnten, ergänzen das theologische Programm des Retabels. Sie verweisen zudem auf das Geschehen während einer Messe. Wird doch in der Messe, die vor dem Retabel abgehalten wurde, der Kreuzestod Christi unblutig erneuert.
Auf den gemalten Bildfeldern breitet Bertram den Schöpfungsplan Gottes aus. Er beginnt mit dem Sturz der Engel, von dem im Alten und Neuen Testament mehrfach die Rede ist, wodurch er einen festen Platz in der mittelalterlichen Ikonographie der Schöpfungsgeschichte einnimmt. Die gestürzten Engel werden von Luzifer, charakterisiert durch sein affenähnliches Äußeres und den Schwanz, angeführt. Auf die auf zwei Tafeln gezeigte Schöpfung der Pflanzen und Tiere folgt die Erschaffung des ersten Menschenpaares. In beiden Fällen gliederte Meister Bertram den biblischen Text für das Retabel neu: so wird etwa die an einem Tag vollzogene Erschaffung Adams und Evas auf zwei getrennten Tafeln in der Mitte des Retabels dargestellt und von der Erschaffung der Tierwelt abgetrennt. Tatsächlich wird jedes Bild des oberen Registers im Petri-Altar von einem aus der unteren Reihe ergänzt. Die Bilder von der Erschaffung des ersten Menschenpaars, von Isaak und von der Verkündigung beziehen Adam und Eva auf Christus und Maria. Die Tafeln bilden gemeinsam das formale und inhaltliche Zentrum der gemalten Seite. Dahinter verbirgt sich bereits die Kreuzigung, die den Heilsplan vollendet. Dazu passt auch der besondere Akzent mit dekorativen Elementen, den Bertram auf den beiden Bildern mit der Erschaffung Adams und Evas setzt. Auf den Sündenfall und die Vertreibung aus dem Paradies folgen dann Episoden aus dem Leben der Erzväter im Alten Testament. Die gemalte Seite schließt mit Szenen aus der Kindheit Christi.
Das Skulpturenprogramm setzt die Geschichte der Welt und das Ende der Zeit fort. Den Abschluss bilden dabei die Medaillons oben auf dem Schrein des Altars mit der Wiedergabe der klugen und törichten Jungfrauen. Sie sind ein Sinnbild des Weltgerichts (Matthäus 25,1–13) und markieren damit das Ende der irdischen Zeit und den Beginn der Ewigkeit.
Das Bildprogramm des Petri-Altars erzählt somit in weni-

---

[5] Horst Seebass: Genesis I. Urgeschichte (1,1–11,26), S. 275 und Exkurs »Die eine Lippe« S. 280–282).
[6] Vgl. dazu die Ausführungen von Martina Sitt: http://www.hamburger-kunsthalle.de/bilder/bertram.htm

gen Bildern eine Geschichte der Menschen und parallel dazu eine Geschichte der Engel mit einem Anfang und einem Ende: Sinn und Ziel der Schöpfung ist die Erlösung der Menschheit durch Christi Opfer am Kreuz, ihr Ende das Weltgericht.

3. Die Erschaffung der Tiere
In meisterlicher Weise wird besonders die Erschaffung der Tiere dargestellt. Meister Bertram stellt die der damaligen Welt bekannten Tiere dar. Rechts oben im Bild sind Repräsentanten der Vogelwelt abgebildet, rechts unten Fische. Während bei den Vögeln keine ungewöhnlichen Tiere auftauchen, scheint am rechten Bildrand unten ein »Ungeheuer« abgebildet zu sein, das mit seinen langen Zähnen vielleicht den hiobschen Behemot oder Leviathan assoziiert. Die linke Hälfte neben dem zentral abgebildeten Schöpfer nehmen die Erd- und Kriechtiere ein, sodass in diesem Bild alle drei Bereiche der Tierwelt vorkommen. Die zentrale Stellung des Schöpfers ist durch den Bildaufbau evident, die segnende Geste der rechten Hand und die öffnende Geste seiner linken Hand machen den Schöpfungs- und Segnungsakt deutlich. Der goldene Hintergrund, der mit einzelnen ornamentalen Verzierungen geschmückt ist schließlich verdeutlicht die Erhabenheit des dargestellten Augenblicks.

6/7.4 Literatur
Manfred Kwiran: Der Turmbau ist nie fertig, in: Braunschweiger Beiträge Heft 3-2001, S. 1–6 (als pdf-Datei unter http://www.arpm.org/Down/ru_ku/Kwiran_1_97.pdf).
Peter Spangenberg: Das Geheimnis von Himmel und Erde. Die Bibel zum Lesen und Vorlesen, illustriert von Astrid Vohwinkel, Hamburg 2001.
Der Turmbau zu Babel. Animationsfilm von Jörg Zink, Bundesrepublik Deutschland 1968, 16 Min., Farbe, FSK: Ab 16 Jahre.
Informationen zur »Erschaffung der Tiere« siehe http://www.hamburger-kunsthalle.de/seiten/bertram.htm.
Hoimar von Ditfurth: Im Anfang war der Wasserstoff, München, 16. Aufl. 1999.

6/7.5 Unterrichtsideen
1. Einführung in die UE Wirklichkeit
a) Um auf angemessene Weise in die Unterrichtseinheit einzuführen, könnte mit »Wahrnehmungsübungen« begonnen werden. Hierzu bieten sich verschiedene Wege an, gute Erfahrungen haben wir jedoch mit so genannten 3-D-Bildern gemacht, die es in jeder Buchhandlung zu kaufen gibt. Anhand dieser einfachen Bilder wird klar, dass Menschen unterschiedlich Mühe haben, in diesen Bildern überhaupt etwas zu erkennen (manche erkennen das Bild nicht); zweitens wird auch deutlich, dass Sinneseindrücke täuschen können und unser Gehirn Bilder und damit Wahrnehmung und Wirklichkeit »konstruiert«.

b) Als Einstimmung kann der Text von Hoimar von Ditfurth: »Wie wirklich ist die Wirklichkeit?« (M 6/7.1) in einer verzögerten Textbetrachtung (dazwischen kurze Diskussionsphasen) eingebracht werden (siehe auch Unterrichtsideen zu Seite SB S. 8).

Möglicher Tafelanschrieb:
TA: Wahrnehmung und Wirklichkeit
»Unsere Sinnesorgane bilden die Welt nicht für uns ab. Sie legen sie für uns aus« (Hoimar von Ditfurth)
Wir vermuten, dass es außerhalb unseres Erkennens eine Außenwelt gibt. Unser Erkennen der Außenwelt ist nicht unbedingt die Eigenschaft derselben.
Die Außenwelt mag auch Eigenschaften haben, die wir nicht wahrnehmen können.

2. Der Turmbau zu Babel
Dieses Bild bietet sich wie kaum ein zweites für einen multiperspektivischen Zugang an, denn die detailreiche Darstellung einzelner Szenen eignet sich hierfür besonders. Dabei sind verschiedene Methoden denkbar:

a) Methode »Bilddetektive« (Plenum)
Das Bild wird eingescannt und abgedruckt auf einer Folie[7], die am TLP aufliegt. Ein/e Schüler/in erhält eine Pappendeckel-Schablone, die größer ist als das Bild auf der Folie und mit einem Loch (rund oder viereckig) in der Mitte der Schablone versehen ist. Diese Schablone wird langsam über das Bild bewegt. Die anderen Schüler/innen rufen »Stopp!«, wenn eine bestimmte Stelle sie besonders interessiert. Gemeinsam wird dann versucht, diese Stelle zu entschlüsseln.

b) Methode »Bild-Text-Vergleich«
Nachdem das Bild erkundet ist, bietet sich ein Vergleich mit Gen 11,1–9 an. Mögliche Fragestellungen:
- Welche Szene wird in dem Bild dargestellt?
- Welche Informationen gibt das Bild, die der Text nicht enthält?
- Wie legt das Bild den Text aus?

c) Methode »Bild-Bild-Vergleich«
Auch ein Vergleich verschiedener Darstellungen des Turmbaus zu Babel ist möglich und aufschlussreich. So kann das Bild z.B. mit der Adaptation eines Kühlturms einer Atomkraftwerks-Anlage verglichen werden[8]. Ebenfalls möglich ist einen Bezug zu den Twin-Towers des ehemaligen World Trade Centers herzustellen[9].

d) Animationsfilm
Schließlich kann der »Turmbau zu Babel« durch die Meditation, die der Animationsfilm von Jörg zink bietet, erschlossen werden. Das Gemälde »Der Turmbau zu Babel« selbst ist Handlung und Szenerie dieses Films. Was die Menschen seit Urzeiten bis heute bewegt, ihre Wünsche und Pläne, ihre Unterwürfigkeit und Strebsamkeit, hat Breughel im Bild festgehalten und Zink mit meditativen Aspekten reflektiert.

---

[7] Es gibt im Kunsthandel auch sehr schöne und große Darstellungen des Turmbaus zu Babel, oft in Poster-Format, aber auch als DIN A 4-große Abbildung.
[8] Vgl. dazu die bekannte Fotocollage von Pierre Brauchli, in dem der »Turmbau zu Babel« von Breughel mit einem Kühlturm eines Atomkraftwerkes kombiniert wurde.
[9] Vgl. dazu den Beitrag von Manfred Kwiran.

3. Die Erschaffung der Tiere
Das Bild von Meister Bertram eignet sich aufgrund seines ruhigen Gesamtaufbaus gut für eine Schreibmeditation. Dabei betrachten die Schüler/innen in Kleingruppen schweigend das Bild. Wer zuerst einen Eindruck aufschreiben möchte, schreibt einen Satz auf ein Blatt und reicht das Blatt an seinen Nachbarn weiter, der seinerseits einen Kommentar zu diesem Satz oder einen eigenen Eindruck notiert. So wandert das Blatt im Kreis, bis keiner mehr etwas beitragen möchte. Man kann der stillen Schreibphase eine Gesprächsrunde in der Kleingruppe folgen lassen. Die Eindrücke können schließlich auch im Anschluss im Plenum auf einer Wandzeitung oder an der Tafel gesammelt werden.

4. Elementare Fragen
Bevor die Unterrichtseinheit begonnen (und das Buch aufgeschlagen) wird, können in einem allerersten Brainstorming zum Thema »Wirklichkeit« die Fragen der Schüler/innen gesammelt werden. Anschließend ist es möglich, das sich in diesen Fragen ausdrückende Interesse mit den elementaren Fragen auf SB S. 7 zu vergleichen. Wo ergeben sich Übereinstimmungen, wo Abweichungen und Erweiterungen?

6/7.6 Zusatzmaterialien
M 6/7.1 Hoimar von Ditfurth: »Wie wirklich ist die Wirklichkeit?«
M 3 Bilder erschließen und lesen lernen

8 Platons Höhlengleichnis

8.1 Der Zusammenhang
Das Problem selektiver Wahrnehmung von Wirklichkeit kann anhand des Textes von Platon sicher leicht herausgearbeitet werden. Als klassischer Einstieg in diese Problematik eignet er sich schon deshalb, weil er, obwohl er über 2400 Jahre zu uns kommt, in der etwas geglätteten Version unmittelbar verständlich und einleuchtend ist.

8.2 Der Hintergrund
Platons Höhlengleichnis steht, das ist einigermaßen verwunderlich, nicht etwa in einem Essay über ein erkenntnistheoretisches Problem, sondern zentral in seiner Ausarbeitung zur Staatstheorie[10]. Anders als seine Mythen[11] wird dieses Gleichnis als solches kenntlich gemacht durch die Einführung: »Vergleiche ... Schau an als ...« sind die einleitenden Aufforderungen. Nicht Vision oder Fiktion jedoch, sondern rationale Visualisierung von metaphysischen Inhalten sind das Ziel. Man kann durch die sich anschließende Auslegung des Gleichnisses, die Platon selbst vornimmt, das ganze Konstrukt auch als »Parabel« bezeichnen (Paul Friedländer).
Platon verdeutlicht mit diesem Gleichnis die conditione humaine: Gefangen in dunkler Distanz zum wahren Wesen der Dinge, die Mühsamkeit seiner erkenntnisgeleiteter Beobachtungen und die Begrenztheit ihrer Möglichkeiten, aber auch die mögliche Befreiung aus dieser Begrenztheit durch das reflektierende Denken in der Philosophie. Der nach-denkende Geist des Menschen ist so nicht nur *durch* die Dinge bestimmt, sondern kann auch *in* die Dinge selbst vordringen, und, mehr noch, *über* die Dinge reflektieren.

8.3 Unterrichtsideen
Für viele Schüler/innen ist es auch noch in der Oberstufe sehr schwierig, sich Texte genügend gründlich zu erschließen, zu verstehen und wiederzugeben. Deswegen haben wir auf SB S. 49 einige grundsätzliche Erwägungen zur Interpretation von Texten beigesteuert. Diese können ergänzt und vertieft werden durch M 2: »Texte erschließen, verstehen und aneignen«, ein Arbeitsblatt, das den Oberstufenschüler/innen den Grundbestand des Textverstehens sichern soll.

a) Texterschließung nach Leitfragen
(Gruppenarbeit und Plenum)
Gruppenarbeit: Der Text »Platons Höhlengleichnis« (SB S. 8) wird in Gruppen nach den angegebenen Aufgaben bearbeitet (zur Person → Platons siehe Stichwort SB S. 241).

---

[10] Vgl. Platon: Der Staat, Buch VII (514A–517A). Verwendete Ausgabe: Platon: Πολιτεια – der Staat. Bearbeitet von Dietrich Kurz, griechischer Text von Emilie Chambry, deutsche Übersetzung von Friedrich Schleiermacher, in: Werke in acht Bänden, griechisch und deutsch, Hg. von Gunther Eigler, Band 4, Wiss. Buchgesellschaft Darmstadt 1971, 2. Aufl. Darmstadt 1990, S. 555–562 (Deutung des Gleichnisses ebd. S. 563–567 (517B–518B).
[11] Bernhard Kytzler: Platons Mythen, ausgewählt und eingeleitet von B. Kytzler, Frankfurt a. M. 1997. Das Höhlengleichnis dort S. 183–187.

Die Schüler/innen können hierzu *arbeitsteilig* vorgehen, z. B.:
Gruppe 1 erarbeitet die zentrale Aussage des Textes und hält sie als These auf einer Folie fest.
Gruppe 2 erarbeitet die Aufgaben 1 und 2 und halten die »Beispiele aus ihrem Leben« ebenfalls auf Folie fest.
Gruppe 3 erarbeitet Aufgabe 3 und überlegt sich, welche denkerischen und technischen Hilfsmittel es gibt, damit sich Menschen aus begrenzter Wahrnehmung befreien und notiert sich diese Ergebnisse ebenfalls.

Plenum: Anschließend stellen die Gruppen ihre Folienergebnisse vor. Diskussion der These Platons (Gruppe 1) im Plenum und der Ergebnisse der Gruppen 2 und 3. Ziel: Tafelanschrieb.

Möglicher, elementarisierter Tafelanschrieb:
TA: Platons Höhlengleichnis
Wir sind »Gefangene« unserer Sinneswahrnehmungen
- Menschen »befreien« sich aus begrenzter Wahrnehmung durch Reflexion und Erweiterung der Information sowie mit Hilfe von Maschinen, z. B. Echolot, TV, Internet, Messgeräte, Kameras ...
- Die Grenzen dieser Befreiung sind im Laufe der Menschheit immer wieder gesteckt worden; die letzte Grenze ist die menschliche Erfindungskraft und für den Einzelnen der Tod.

b) Verzögerte Textbetrachtung (Plenum)
Ergänzend zu SB S. 8 kann ein Text von Hoimar von Ditfurth: »Wie wirklich ist die Wirklichkeit?« (M 6/7.1) in einer verzögerten Textbetrachtung (dazwischen kurze Diskussionsphasen) eingebracht werden. Dabei lesen die Schüler/innen im Plenum zunächst Abschnitt 1 und diskutieren diesen Abschnitt. Anschließend wird der zweite, im Text gekennzeichnete Abschnitt gelesen und diskutiert. Ziel ist wiederum ein Tafelanschrieb.

Möglicher Tafelanschrieb:
TA: Wahrnehmung und Wirklichkeit
»Unsere Sinnesorgane bilden die Welt nicht für uns ab. Sie legen sie für uns aus« (Hoimar von Ditfurth)
1. Wir vermuten, dass es außerhalb unseres Erkennens eine Außenwelt gibt.
2. Unser Erkennen der Außenwelt ist nicht unbedingt die Eigenschaft derselben.
3. Die Außenwelt mag auch Eigenschaften haben, die wir nicht wahrnehmen können.

8.3 Zusatzmaterialien
M 6/7.1 Hoimar von Ditfurth: »Wie wirklich ist die Wirklichkeit?«
M 2 Texte erschließen und lesen lernen

9 »Wie wirklich ist die Hölle?« – Luca Signorelli: Die zur Hölle Verdammten

9.1 Der Zusammenhang/Der Hintergrund
Höllenvorstellungen beherbergt nicht nur die Petrus-Apokalypse, die etwa um 135 n. Chr., vermutlich in Ägypten, entstanden ist (M 9.1)[12]. Sie ziehen sich durch die gesamte Geschichte des Christentums und Judentums, durch die Schriften des Neuen und des Alten Testaments, sind in den altorientalischen Kulturen ebenso zu Hause wie in Ägypten und dem antiken Griechenland. Überblickt man die Vielzahl der Texte und der (vor allem mittelalterlichen) Darstellungen der Kunst, so zeigt sich ein ebenso faszinierendes wie erschreckendes Ausmaß, auch was zum Beispiel die Vorstellung von einem »Teufel« betrifft[13]. Beschäftigt man sich mit diesen Texten und Bildern, so lernt man zu differenzieren zwischen Unterwelt und Totenwelt, Hölle und Jenseits. Es würde sich lohnen, diesen verschiedenen Spielarten der Vorstellungen in einer größer angelegten Lehrplaneinheit nachzusinnen – um so mehr erstaunt, dass die »Hölle« in unserem evangelischen Lehrplan überhaupt nicht vorkommt, obwohl schon einige (fast ausschließlich katholische) Unterrichtsmaterialien und Einzelbeiträge dieses Feld beackert haben[14]! Dies ist möglicherweise ein spätes Erbe der protestantisch-aufklärerischen Prägung (auch) der Dialektischen Theologie und des eminenten Einflusses von Karl Barth, der bekanntlich einer »Allversöhnungslehre« (apokatastasis panton) zuneigte. Freilich: biblisch sind die Texte und Bilder zur »Hölle« allemal – und deshalb auch und gerade für evangelische Christ/innen Anlass, sich mit ihnen zu beschäftigen!

Das Thema »Hölle« innerhalb des Themas »Wirklichkeit« an einigermaßen prominenter Stelle zu behandeln ist deshalb nicht verkehrt. Wie »wirklich« unsere Vorstellungen von (Himmel und) Hölle sind, inwiefern sie unser Leben prägen – das mag alles sehr unterschiedlich ausgeprägt sein. Es ist jedenfalls ein weites Feld aus Texten und Bildern unterschiedlichster Zeiten, und ich traf bei meinen notdürftigen und in keiner Weise erschöpfenden Bemühungen auf durchweg motivierte und interessierte Schüler/innen, die das Thema nicht gleichgültig ließ. Gerade das Fremde an diesem Thema schien sie zu reizen und herauszufordern. Tatsächlich haben Schüler/innen sehr konkrete Vorstellungen von »der Hölle«, ja es ist

---

[12] Vgl. Herbert Vorgrimler: Geschichte der Hölle, München 1993, S. 79–82, hier: 80. Die wissenschaftliche Bearbeitung des Textes hat Ch. Maurer, Die Apokalypse des Petrus. Übersetzung des äthiopischen Textes durch H. Duensing, in: Edgar Hennecke/Wilhelm Schneemelcher: Neutestamentliche Apokryphen in deutscher Übersetzung, 4. Aufl. Tübingen 1971, Band II: Apostolisches, Apokalypsen und Verwandtes, S. 468–483 durchgeführt.

[13] Vgl. dazu etwa Peter Stanford, Der Teufel. Eine Biografie. Aus dem Englischen von Peter Knecht, Frankfurt/Leipzig 2000.

[14] Zu bildlichen Darstellungen vgl. B. Brenk/A. Brulhart (Art.) »Hölle« in: Lexikon der christlichen Ikonographie (LCI) Bd. 2, Sp. 313–321 und H. Vorgrimler, Geschichte der Hölle (Anm. 12), S. 354–369.

[15] Vgl. den gleichnamigen Titel der Rolling Stones. Stimmen von Kindern und Jugendlichen zum Thema »Hölle und Teufel« hat Herbert Vorgrimler, Geschichte der Hölle (Anm. 12), S. 430–441, zusammengetragen.

manchmal sogar von einer gewissen »Sympathy for the devil«[15] zu sprechen, ohne dass die Lehrkraft argwöhnisch neosatanistische Neigungen bei seinen Schüler/innen meint entdecken zu müssen[16].

Aus der Fülle der Aspekte habe ich für das Kursbuch Oberstufe zwei herausgegriffen:
- eine bildliche Darstellung der »Hölle« durch Luca Signorelli im Dom von Orvieto (SB S. 9)
- einen Überblick über die sich unterscheidenden biblischen und mittelalterlichen Konzeptionen einer Hölle (M 9.2).

9.2 Luca Signorelli: Die zur Hölle Verdammten

Die paradiesische Toskana ist reich an Höllenvorstellungen, die in malerischer Landschaft abscheuliche Vorstellungen vom Jenseits ins Fresko setzten, aber auch Weltliteratur entstehen ließen – man denke nur an Dante Alighieri (1265-1321), der in Florenz, nicht weit von Luca Signorelli (ca. 1445-1523), wenn auch weit vor ihm, wirkte. Die über 30 Jahre hin entstandenen 100 Gesänge der »Divina Commedia« (»Die Göttliche Komödie«) Dantes führen in 33 Gesängen in die Tiefen der Hölle hinab, bis hin zu Luzifer in der »unteren Hölle«[17].

Luca Signorelli mag diese dantesk-literarischen Bilder vor Augen gehabt haben, als er von den Verantwortlichen des Domkapitels in Orvieto im April 1499, »reif an Jahren und an Ruhm« als »famosissimus pictor in tota Italia« beauftragt wurde, die Cappella della Madonna di S. Brizio im Dom zu Orvieto mit Fresken auszumalen[18]. Sein Ruhm, den er sich mit den Fresken der Sixtinischen Kapelle (1482-83) erworben hatte, mag dazu beigetragen haben, ihn um diesen Auftrag zu bitten. Aus dem gesamten Bildpanorama (das in einer Abfolge die Szenen »Vom Weltuntergang – Auferstehung des Fleisches – Die zur Hölle Verdammten – Predigt und Taten des Antichrist – Die Auserwählten werden in den Himmel berufen – Engel geleiten die Seligen gen Himmel« zeigen) ist die Darstellung der dantesken Hölle sicherlich das eindrucksvollste und ausdrucksstärkste Fresko. Signorelli fasst darin den Schmerz und die Verzweiflung der Verdammten in einer einzigen Szene: Die Dämonen stürzen sich auf die entsetzte Menge, die um ihre ewige Strafe weiß. Es entbrennt ein ebenso furchtbarer wie ungleicher Kampf: vergebens versuchen die Verdammten, sich ihren Peinigern zu entziehen. Rechts oben zücken drei Engel ihre himmlischen Säbel, um beide, Dämonen und Verdammte, zu bedrohen. In der Mitte schleppt ein Dämon auf seinen Schultern eine junge Frau (das »Freudenmädchen der Apokalypse«) weg; der Überlieferung nach soll es sich um ein naturgetreues Konterfei einer von Signorelli geliebten, dann aber verstoßenen Frau handeln. Andere Dämonen schleudern zwei neue Verdammte auf die dahin kriechende Masse, die sich gegen die Dämonen zu wehren versucht: die nackten Körper des Gemenges erinnern in ihrer fast skulpturenen Geschlossenheit an eine monolithische Gruppe. Allein die Gestaltung der Dämonen, die sich auf die Verdammten stürzen! Das Farbenspiel von kalten Grün-, Azurblau-, Rot- und Gelbtönen stehen im Kontrast zu den weichen Farben der schutzlosen Nackten – ein Entkommen ist ausgeschlossen. Die schönen Körper der durchweg jungen Verdammten sind in ihrer Erotik geradezu betont und besonders gelungen – sodass selbst Michelangelo hier Studien zu seinen eigenen Bildern abgemalt haben soll.

9.3 Biblische und mittelalterliche Vorstellungen von einer Hölle

Es ist interessant und wenig bekannt, dass im Neuen Testament zwischen Matthäus und Johannes bzw. Johannes-Apokalypse durchaus unterschiedliche Konzeptionen von »Hölle« angelegt sind. Interessant ist auch, dass wir weder bei Markus (auch nicht in der sog. Mk-Apokalypse Mk 13), noch bei Lukas (auch nicht in der jesuanischen Rede von der Endzeit, Lk 21,5-36) eine ähnliche Vorstellung finden. Dieser Befund wird durch die mittelalterliche Höllenkonzeption bzw. die Fegfeuer-Lehre und die mit ihr zusammenhängende Vorstellung eines Partikulargerichtes weiter differenziert. Diese Unterscheidungen deutlich zu machen ist didaktisch sinnvoll, weil sich daran zeigt, dass mit einer einheitlichen Vorstellung gar nicht zu rechnen ist und die vorliegenden Nachrichten als Interpretationen eines apokalyptischen Geschehens verstanden werden müssen, dem auch Jesus in seinen Äußerungen zuneigte (z.B. Mk 13). Mit M 9.2 wird versucht diese verschiedenen Vorstellungen aufzugreifen und in einen fruchtbaren Dialog zu bringen.

9.4 Literatur

entwurf 3/2002: Themenheft »Hölle, Teufel und Dämonen«

P. Jezler (Hg.), Himmel – Hölle – Fegefeuer, Das Jenseits im Mittelalter, Ausstellungskatalog, München, 2. Aufl. 1994.

B. Bosold, Himmelsklänge – Teufelszauber. Hölle, Tod und Teufel in der Rockmusik, in: Katechetische Blätter 117. Jg. 1992, München 1992, S. 188-197.

H. Gorbauch/A. Rieder, Bilder und Vorstellungen von »Hölle« und »Himmel«. Eine Unterrichtseinheit ab Klasse 10 des Gymnasiums, in: Notizblock, Heft 23/1998, S. 40-53 (vor allem zu Sartres »Die Hölle, das sind die andern«).

A. Kall, Hölle – In Teufels Küche kommen?, in: Religion betrifft uns, Nr. 5/1995, Aachen 1995.

9.5 Unterrichtsideen

Die Bilddidaktik und -methodik ist nicht jedermanns Sache. Deshalb haben wir versucht, im SB selbst (S. 164), aber vor allem durch M 3 »Bilder erschließen und lesen lernen« ein kleines Vademecum der Bildinterpretation zu

---

[16] Wenngleich das Thema »Hölle« in okkulten und neosatanischen Bereichen eine große Rolle spielt, auch in heutiger Rockmusik, vgl. B. Bosold: Himmelsklänge – Teufelszauber. Hölle, Tod und Teufel in der Rockmusik, in: Katechetische Blätter 117. Jg. 1992, München 1992, S. 188-197.

[17] Dante Alighieri: Die Göttliche Komödie (La Divina Commedia), vollständige Ausgabe. Aus dem Italienischen übertragen von Wilhelm G. Hertz. Mit einem Nachwort von Hans Rheinfelder, mit Anmerkungen von Peter Amelung und mit Zeichnungen von Sandro Botticelli, München 1957.

[18] Zu den Hintergründen und zur Entstehungsgeschichte des Freskos siehe »Die Fresken von Luca Signorelli in der San Brizio-Kapelle im Dom von Orvieto«, Veröffentlichung zum 700jährigen Bestehen des Doms von Orvieto, Plurigraf Narni, Terni 1990. Zum Dom von Orvieto insgesamt vgl. Loretta Santini: Orvieto. Kunst – Geschichte – Folklore, Narni, Terni 1995, S. 12-37, siehe auch Loretta Santini: Städte Italiens: Orvieto, Narni – Terni 1997.

formulieren, das nicht nur bei diesem, sondern hoffentlich auch bei noch vielen anderen Bildern hilfreich sein kann. Die nachfolgenden Überlegungen beziehen sich in ihrer Methodik hierauf.

a) Luca Signorelli: Die zur Hölle Verdammten
- Aufwärmphase mit einem Brainstorming oder einer kleinen Mindmap zum Begriff »Hölle«. Die Mindmap hat den Vorteil, dass die Begriffe geordnet und zu einem Gesamtbild gestaltet werden können. Zeit: ca. 20 Minuten. Bei meinen Schüler/innen wurde deutlich, dass alle klassischen Bilder der Hölle vorhanden sind, auch wenn die Sch auf Nachfrage nicht mehr sagen konnten, von wem sie diese überliefert bekommen haben (im Religionsunterricht jedenfalls nicht).
- Kurze Einführung durch L in das Leben Signorellis und seine Zeit, den Dom von Orvieto und speziell zur Kapelle S. Brizio. (Zeit: ca. 10 Minuten)
- Zur Erschließung des Bildes bieten sich mehrere Möglichkeiten an (s. u.). Vorschlagen möchte ich einen Dreischritt:
  1. Gesamteindruck: das Bild SB S. 9 wird entweder als Folie auf den TLP gelegt oder im Buch betrachtet und in der Komposition wahrgenommen. Zunächst 1 Minute schweigend betrachten, dann einzelne Äußerungen und Vermutungen. (Die Folie hat dabei den Vorteil, dass man einzelne Details für alle sichtbar zeigen kann.) Zeit: 10 Minuten
  2. Erarbeitung: in vier Gruppen werden vier von den Schüler/innen ausgewählte Szenen in Gruppenarbeit erschlossen.

Arbeitsaufgaben
1. Betrachtet schweigend und in aller Ruhe den vor euch ausgewählten Ausschnitt ca. 3 Minuten lang.
2. Überlegt euch: wie würdet Ihr empfinden als die Gepeinigten?
Die Arbeisaufgaben zielen auf die emotionale Befindlichkeit – diese soll mit den Fragen herausgestrichen werden. Zeit: 25 Minuten
3. Vertiefung: die Sch überlegen in der Gruppe, welches Verhältnis sie persönlich zu einer »Höllenvorstellung« haben: Glauben sie daran? Inwiefern? und tauschen sich über ihre Vorstellungen aus. Zeit: 20 Minuten.

Weitere Bildmethoden
Zur Erschließung dieses Bildes bieten sich allerdings auch andere Varianten an:
1. *»Bilddetektive«:* Das Bild liegt auf dem TLP, ist aber durch eine Schablone teilweise verdeckt. Ein/e Sch lenkt die Schablone, die aus zwei rechtwinkligen Pappwinkeln bestehen kann, die beweglich sind, über das Bild, die anderen Sch erkunden die gezeigten Ausschnitte z. B. unter einem bestimmten Suchauftrag, etwa »Was drücken die Gesichter auf diesem Bild aus?« Diese Methode eignet sich gut zur detailgenauen Erschließung eines Bildes. Am Ende kommt die Schablone weg und die Sch versuchen einen Gesamteindruck zu artikulieren. Zeit: 20 Min.
2. *»Ich sehe was, was du nicht siehst«.* Spielerischer Zugang nach dem bekannten Muster. Zeit: 10 Min. oder eben solange es gefällt.

3. »Schreibmeditation/-gespräch«: Sch betrachten in Gruppen schweigend das Bild. Wer einen Eindruck aufschreiben will, schreibt ihn auf ein Blatt und reicht ihn schweigend an den Nachbarn weiter, der seinerseits einen Eindruck aufschreibt. Zeit: 20 Min.
4. »Bild nachstellen«. Ziel hierbei ist es, den Stimmungsgehalt mancher Szenen durch Inszenierung zu erfassen. Bei den zur Hölle Verdammten bietet es sich an, dass versch. Gruppen unter Anleitung eines gewählten »Regisseurs« versch. Szenen nachstellen, die anderen Gruppen raten. Zeit: 20–30 Min.

b) Konzeptionen des Jüngsten Gerichts und der Hölle im Neuen Testament und Mittelalter
- Hinführung: Hinweis auf verschiedene Vorstellungen des Jüngsten Gerichts und der Hölle im Neuen Testament und in der mittelalterlichen Theologie.
- Erarbeitung: Gruppen analysieren drei biblischen Texte (Bibeln): Mt 25,31–46 »Vom Weltgericht«; Joh 5,24–29 und Offb 20,11–15.
- Methode: »Textlöschung«: Wenn die drei Texte auf ein Arbeitsblatt kopiert werden, kann auch die Methode »Textlöschung« angewandt werden: Dabei lesen die Schüler/innen den Text in der Bibel und »löschen« anschließend aus den drei Texten (Vorsicht! nicht der Bibel!) alle für sie uninteressanten Informationen, indem sie sie mit einem schwarzen Filsstift ausstreichen, bis nur noch die Kerninformation übrig bleibt.
- Sch diskutieren anschließend die unterschiedlichen Konzeptionen in der Gruppe.
- Plenum: Vertiefung: M 9.2 als Informationsblatt erweitert den Horizont und fügt den biblischen Texten noch die mittelalterlichen Vorstellungen hinzu.
- Diskussion: wie sollen wir uns das »Jüngste Gericht« vorstellen? Wie die Hölle? Anknüpfung an die eigenen Vorstellungen des ersten Unterrichtsbausteines.

9.6 Zusatzmaterialien
M 9.1 Die Petrus-Apokalypse
M 9.2 Konzeptionen des Jüngsten Gerichts und der Hölle im Neuen Testament und Mittelalter
M 3 Bilder erschließen und lesen lernen

10 Gerhard Roth: Die Unterscheidung von Realität und Wirklichkeit

10.1 Der Zusammenhang

In seinem Buch »Das Gehirn und seine Wirklichkeit« von 1997 stellt Roth die neuesten Kenntnisse über die (evolutions-)biologischen und neurobiologischen Grundlagen von Wahrnehmung und Erkenntnisleistungen, von Bewusstsein und Geist dar[19]. Er entwickelt – ganz im Sinne des Konstruktivismus (vgl. Kursbuch S. 11; Roth: Gehirn S. 349–351; 358–362) – ein philosophisch-erkenntnistheoretisches Konzept des menschlichen Erkenntnisvermögens, das zugleich einen nicht reduktionistischen Physikalismus vertritt. Dieser nimmt im Gegensatz zu einem Dualismus die Einheitlichkeit der Natur auch für die Gehirn-Geist-Beziehung an, ohne zugleich »Geist« auf die Aktivität von Nervenzellen reduzieren zu wollen. Dennoch wird versucht, mit den heute möglichen neurophysiologischen und visuellen Verfahren Geist »sichtbar« zu machen bzw. Hirntätigkeiten zu lokalisieren. Für unseren Zusammenhang wichtig wird auf die Frage nach der Herkunft und Natur unserer Erlebniswelt – der *Wirklichkeit* – eingegangen sowie auf die Frage nach ihrer Beziehung zu einer bewusstseinsunabhängigen *Realität* (S. 314–338) – woraus auch der abgedruckte Text stammt (S. 324f.). Die Beantwortung dieser Fragen hat weitreichende Konsequenzen für den erkenntnistheoretischen Status (natur-)wissenschaftlicher Aussagen. Ein Anspruch auf *Wahrheit* im Sinne objektiv gültiger Aussagen muss verneint werden (S. 339–363) – im Wissenschaftsalltag wird ein solcher ja aber auch nicht erhoben. An Roth anschließend haben andere Forscher seine Erkenntnisse versucht weiter zu entwickeln, so z. B. der Ulmer Psychiater Manfred Spitzer, der ein weithin beachtetes Buch zum Thema »Lernen« veröffentlicht hat[20].

10.2 Unterrichtsideen

a) Gruppenarbeit
Die Schüler/innen erarbeiten in Kleingruppen die vorgegebenen Aufgaben. Die erste Aufgabe bezieht sich auf das Verstehen des Textes selbst, die zweite Aufgabe abstrahiert von dieser Vorgabe und wirft den Blick nach vorne auf das »naturwissenschaftliche Erkennen«. Die Schüler/innen halten ihre Ergebnisse auf Folien fest und stellen diese im Anschluss an die Gruppenarbeit im Plenum vor. Die Ergebnisse werden verglichen, anschließend wird daraus ein Tafelanschrieb hergestellt.

b) Wahrnehmungsübungen:
3-D-Bilder/Optische Täuschungen
Um diese Erkenntnisse auf angemessene Weise zu vertiefen könnten »Wahrnehmungsübungen« ergänzt werden. Hierzu bieten sich verschiedene Wege an, gute Erfahrungen werden jedoch mit so genannten *3-D-Bildern* gemacht, die es in jedem Buchladen zu kaufen gibt. Anhand dieser einfachen Bilder wird klar, dass erstens Menschen unterschiedlich Mühe haben, in diesen Bildern überhaupt etwas zu erkennen (manche erkennen das Bild nicht), zweitens wird auch deutlich, dass Sinneseindrücke täuschen können und unser Gehirn Bilder und damit Wahrnehmung und Wirklichkeit »konstruiert«. Möglich ist auch, mit Bildern zur »Optischen Täuschung« zu arbeiten. Auch hierbei wird deutlich, wie unser Gehirn Wirklichkeit »konstruiert«.

---

[19] Gerhard Roth: Das Gehirn und seine Wirklichkeit. Kognitive Neurobiolgie und ihre philosophischen Konsequenzen, Frankfurt a. M. 1994, 5. Aufl. 1996.
[20] Manfred Spitzer: Lernen. Gehirnforschung und die Schule des Lebens, Spektrum Akademischer Verlag, Heidelberg/Berlin 2002; Ders., Der Mandelkern und die metakognitive Kernkompetenz. Gehirnforschung für die Schule, in: entwurf 2/2003, S. 3–7.

11 Der Konstruktivismus

11.1 Der Zusammenhang

A. New Philosophy of Science
Thomas Samuel Kuhn (1922–1996), amerikanischer Wissenschafts- und Philosophiehistoriker kritisierte in seinem Hauptwerk »The structure of scientific revolutions« (1962)[21] die Auffassung, dass Wissenschaft rational und kumulativ sei. Er unterschied zwischen »normaler« und »revolutionärer« Wissenschaft.

Kennzeichen *normaler Wissenschaft* sei, dass bestimmte Fragen innerhalb eines bestimmten Paradigmas (einer Vorgabe, einer Norm) gelöst würden. Dies sei aber insuffizient, da sich innerhalb eines vorgegebenen Paradigmas Abweichungserscheinungen oder Anomalien (Devianzen) nicht erklären ließen. Allenfalls gebe es, abweichend von der Norm, noch erklärbare Varianzen, Devianzen hingegen wären unerklärlich.

Kennzeichen *revolutionärer Wissenschaft* sei es dagegen, solche Paradigmen aufgrund der devianten Erscheinungen zu hinterfragen; so könne es zu einer wissenschaftlichen Revolution und zum *Paradigmenwechsel* kommen. Mit dieser Philosophie übte Kuhn einen nachhaltigen Einfluss auch auf einzelne Theologen aus, so z. B. auf Hans Küng[22] oder Nancey Murphy[23].

B. Der Konstruktivismus
Der Konstruktivismus[24], der in der Wissenschaftsphilosophie des 20. Jahrhunderts eine große Rolle spielt, hat seinen Ursprung in einem Streit um die adäquate Grundlegung der Mathematik, nach dem mathematische Objekte erst dann als »existierend« gelten können, wenn man für sie ein effektives Konstruktionsverfahren nachweisen oder angeben kann. An diesen Begriff von »Konstruktion« anknüpfend entstand eine Vielfalt zeitgenössischer Positionen zum »Konstruktivismus«, die den Begriff der »Konstruktion« in den Mittelpunkt aller Theorien um menschliche (Kultur-) Produkte stellen und unterschiedlichste Wissenschaftsgebiete, seien es naturwissenschaftliche, humanwissenschaftliche oder auch geisteswissenschaftliche, reflektieren. Nach Peter Janich lassen sich die gegenwärtigen Positionen, die dem Konstruktivismus zuzurechnen sind, in *kulturalistische* und *naturalistische* unterscheiden[25]:

1. Der kulturalistische Konstruktivismus
a) *Der methodische Konstruktivismus*: Die so genannte »Erlanger philosophische Schule«, in den sechziger Jahren von Paul Lorenzen und Wilhelm Kamlah begründet[26], fordert in ihrem wissenschaftstheoretischen Programm, dass die Abgrenzungen und Inhalte der verschiedenen Wissenschaften sich an lebensweltlichen Praxen orientieren und ihre Konstruktion von dort her gewinnen müssten (deshalb wird der Methodische Konstruktivismus auch Konstruktive Wissenschaftstheorie oder Methodische Philosophie genannt). Davon hebt sich der von Peter Janich (ursprünglich ebenfalls ein Vertreter der Erlanger philosophischen Schule), begründete kulturalistische Konstruktivismus ab.

b) *Der kulturalistische Konstruktivismus* wird auch kurz *Kulturalismus* genannt. Diese Spielart des Konstruktivismus, die im sog. »Marburger Kreis« um Peter Janich entstand, möchte herausarbeiten, dass alles menschliche Handeln in kulturellen Kontexten die Basis für die (Re-)Konstruktion aller Erkenntnisleistungen überhaupt bildet. Damit wendet sich diese Spielart auch vermehrt philosophischen Themen zu ist nicht so ausschließlich an einer Wissenschaftstheorie interessiert, wie dies der Methodische Konstruktivismus versuchte.

2. Der naturalistische Konstruktivismus
a) *Der radikale Konstruktivismus:* Im Anschluss an → Immanuel Kant (siehe M 11.1) geht es dem radikalen Konstruktivismus darum mit der Erkenntnis ernst zu machen, dass »wir die Welt so erkennen, wie sie uns *erscheint*«[27]. Der vielleicht bekannteste Vertreter dieser Richtung ist Paul Watzlawick[28]. Was wir als Wirklichkeit ansehen, entsteht in unserem Kopf, eine gemeinsame Wahrnehmung von »Wirklichkeit« entsteht demnach nur über gemeinsame »Interpretation von Wirklichkeit«.

b) *Der neurobiologische Konstruktivismus:* Nach Gerhard Roth, einem Hauptvertreter dieser Spielart, unterstreicht (neuro-)biologisches Wissen die Konstruktivität von Erkenntnisleistungen. Für Roth, der zwischen der *Außenwelt*, einer *Welt der neuronalen Ereignisse im Gehirn* und der *subjektiven Erlebniswelt* unterscheidet, ist unsere Wirklichkeit, die er *Erlebniswelt* nennt, in einem nicht trivialen Sinne konstruiert, insofern sie Geschehnisse in der Außenwelt in Elementarereignisse zerlegt und dann (in diesem Gedanken an → Sigmund Freud anschließend) nach teils phylogenetischen, teils ontogenetischen Prinzipien durch das Gehirn zu bedeutungshaften Wahrnehmungsinhalten neu zusammensetzt. Demnach sei die »Wirklichkeit« nicht ein Konstrukt unseres jeweiligen »Ich«, vielmehr sei unser jeweiliges »Ich« selbst ein Konstrukt unseres Gehirns – eine These, die ihm viel Spott eingetragen hat, da seine Kritiker dann nicht mehr unterscheiden wollten zwischen dem, was das »Ich Gerhard Roth« und das »Gehirn Gerhard Roth« meint.

---

[21] Kuhn, Thomas S.: The Structure of Scientific Revolutions, 1962, dt. 1967; Vgl. ferner Ders.: The Essential Tension, 1977. Darstellungen der Philosophie Kuhns: Conant, J./Hängeland, J. (Hg.): The Road Since Structure, 2000; Horwich, P. (Hg.): World Changes: Thomas Kuhn and the Nature of Science, 1993; Fuller, S.: Thomas Kuhn, 2000.
[22] Vgl. Küng, Hans: Paradigm Change in Theology, 1989.
[23] Murphy, Nancey: Theology in the Age of Scientific Reasoning, 1990.
[24] Überblick zum Konstruktivismus z. B. bei Heinz von Foerster u. a.: Einführung in den Konstruktivismus, München: piper 2004.
[25] Vgl. Janich, Peter (Hg.): Wechselwirkungen. Zum Verhältnis von Kulturalismus, Konstruktivismus und Phänomenologie, 1999.
[26] Mittelstraß, Jürgen (Art.): Erlanger Schule, II. Erlanger philosophische Schule, in: RGG⁴, Tübingen 1999, Sp. 1420–1423.
[27] Schmidt, Siegfried J.: Der Radikale Konstruktivismus: Ein neues Paradigma im interdisziplinären Diskurs, in: Ders. (Hg.): Der Diskurs des Radikalen Konstruktivismus, 7. Aufl. Frankfurt a. M. 1996, S. 11–88.
[28] Vgl. z. B. Paul Watzlawick: Wie wirklich ist die Wirklichkeit, München 1995. Wenn dieses Buch nicht mehr greifbar ist, kann man auch in seinen neueren Veröffentlichungen das Gleiche lesen: Paul Watzlawick, Die erfundene Wirklichkeit, München 2002, oder auch Paul Watzlawick: Die Unsicherheit unserer Wirklichkeit, München 2003.

3. »Religionspädagogischer Konstruktivismus«
Die Erkenntnisse v.a. des Radikalen Konstruktivismus erschließt man auch für die Religionspädagogik (z. B. Anton Bucher, Friedrich Schweitzer, s. Literatur), indem man sie mit den Erkenntnissen der Entwicklungspsychologie verbindet und in der so genannten »Kindertheologie« – ein überaus unglücklicher Begriff[29] – fruchtbar zu machen versucht (siehe Literatur).

11.2 Literatur
1. Zum Konstruktivismus
Paul Janich (Hg.), Wechselwirkungen. Zum Verhältnis von Kulturalismus, Konstruktivismus und Phänomenologie, Würzburg 1999.
H. R. Maturana, Erkennen. Die Organisation und Verkörperung von Wirklichkeit, Wiesbaden 1985.
R. A. Rasmussen, Die Erlanger Schule, in: A. Hügli/P. Lübcke, (Hg.): Philosophie im 20. Jahrhundert, Bd. 2, Berlin 1993, S. 514–551.
Paul Watzlawick: Wie wirklich ist die Wirklichkeit?, München 1995.
Gerhard Roth, Das Gehirn und seine Wirklichkeit. Kognitive Neurobiologie und ihre philosophischen Konsequenzen, Frankfurt a. M., 5. Auflage 1996.
Heinz von Foerster u. a. (Hg.), Einführung in den Konstruktivismus, München 2004.

2. Zum »Religionspädagogischen Konstruktivismus«
Anton Bucher, Gleichnisse verstehen lernen, Fribourg 1990.
Friedrich Schweitzer u. a., Religionsunterricht und Entwicklungspsychologie, Gütersloh 1995.
Gerhard Büttner, Wie kommen Glaubensvorstellungen in unsere Köpfe?, in: entwurf 1/2000, S. 30–33.

3. Zu Matrix
www.entwurf-online.de

4. Zum Thema »Zeit«
Heinz Gumin/Heinrich Meier (Hg.), Veröffentlichungen der Carl Friedrich von Siemens- Stiftung München, Bd. 2: Die Zeit, München, 3. Auflage 1992.
Mike Sandbothe/Walther Ch. Zimmerli (Hg.), Klassiker der modernen Zeitphilosophie, Darmstadt 1993.

11.3 Unterrichtsideen
a) Gruppenarbeit: Thesenpapier
Im Anschluss an die auf den Seiten 8–10 des SB erarbeiteten Erkenntnisse kann mit Hilfe der Aufgaben auf S. 11 SB ein erstes Zwischenergebnis formuliert werden. Darauf zielt die erste Frage: »Was ist im konstruktivistischen Denken ›wirklich‹?« Die Schüler/innen diskutieren dies in Kleingruppen und versuchen eine Definition zu formulieren.
Auch die zweite Frage »Können Sie eine Unterscheidung treffen zwischen ›Wirklichkeit‹ und ›Wahrheit‹?« zielt in diese Richtung. Wenn eine Unterscheidung zwischen der durch das Gehirn konstruierten Wirklichkeit und der Realität getroffen werden muss – wie ist es dann mit »der Wahrheit«? Hier kommt etwas Neues ins Spiel, das, über den in engerem Sinne verstandenen, physikalischen erkenntnistheoretischen Diskurs hinaus, die »Metaphysik« im weiteren Sinne berührt. Worauf kann ich mich verlassen? Die Schüler/innen diskutieren dies ebenfalls in Kleingruppen und versuchen ein Thesenpapier/-folie von den Begriffen Wirklichkeit, Realität und Wahrheit zu formulieren.

b) Vertiefung: Text von Michael Welker zu Immanuel Kant (M 11.1)
Als Vertiefung/Ergänzung oder im schon Vorlauf hierzu kann auf die Bedeutung von Immanuel Kant in diesem erkenntnistheoretischen Forschen hingewiesen werden. Denn die Erkenntnisse von Roth, Watzlawick u.v.a. gehen letztlich auf seine Grunderkenntnis in der »Kritik der reinen Vernunft« zurück. Da es aber überaus schwer ist, diesen Text direkt in der Oberstufe einzusetzen, habe ich gute Erfahrungen mit der Paraphrase von Michael Welker gemacht, der die Gedanken Kants meisterhaft umsetzt. Vertiefend hierzu sind auf M 11.1 dann noch – quasi als Appetithappen – kurze Stücke aus der »Kritik der reinen Vernunft« integriert.
Der Text kann auf verschiedene Weise eingesetzt werden: erstens in Kleingruppenarbeit mit Arbeitsaufträgen, aber auch als Hausaufgabe. Wer an dieser Stelle noch vertiefen will, kann auch ein Referat/eine GFS zu Kant vergeben, das/die in der Stunde vorgetragen, dann durch diesen Text für alle Schüler/innen erweitert wird.
Wer beim Thema »Zeit«, das sich oft als Hauptproblem herausstellt, noch weiter in die Tiefe gehen will, kann gute Schlüsseltexte über die Literaturangaben erschließen.

c) Vertiefung: Text von Cord-Hendrik Urbild (M 11.2)
Cord-Hendrik Urbild hat mit M 11.2 die Erkenntnisse des Konstruktivismus auf das Feld der »Kommunikation« bezogen. Neben einer kurzen Einführung in kommunikationswissenschaftliche Grundlagen wird Sprache als Regelsystem menschlicher Verständigungsbemühungen hier am Beispiel »Baum« reflektiert – ein für Schüler/innen sehr gut nachvollziehbares Instrument. An diesem Beispiel wird sehr schön klar, dass »Verstehen« gemeinsame Interpretation der »Wirklichkeit« voraussetzt. Wer über eine Bilddatei verfügt, kann anhand verschiedenster Bilder von Bäumen (vielleicht sogar zu unterschiedlichen Jahreszeiten..) die gemeinsame Verständigungsbemühung in der Klasse reflektieren; einfache Frage: Wie kommt es dazu, dass wir die »Eiche im Winter« alle als »Eiche im Winter« charakterisieren können?

d) Der Film »Matrix – Wirklichkeit in virtuellen Welten« (M 11.3)
Um den Film Matrix[30] im Unterricht analysieren zu können, sollte er zunächst außerhalb angeschaut werden. Die meisten Schüler/innen werden ihn schon kennen.
Einen gut verständlichen und leicht zugänglichen Unter-

---

[29] Inzwischen hat sich auch schon ein »Jahrbuch für Kindertheologie« etabliert.
[30] »Matrix«, 1. Folge © 1999. Die beiden weiteren Folgen »Matrix Reloaded«(© 2003) und »Matrix Revolution« (© 2003) eignen sich m. E. nicht mehr so gut für den Einsatz im Unterricht. Matrix 1: Regie: Andy & Larry Wachowski, mit Keanu Reeves (Neo), Laurence Fishburne (Morpheus), Carrie-Ann Moss (Trinity), Hugo Weaving (Agent Smith) und Joe Pantoliano (Cypher), Warner Bros. USA 1999, FSK 16, 131 Minuten, Farbe, erhältlich in Deutschland seit 2001 als Video und DVD.

richtsentwurf zu diesem Film bieten Uwe Böhm und Marc Lenz unter www.entwurf-online.de an.

Ein möglicher Unterrichtsverlauf könnte sein:
- Szene aus Matrix zum Thema »Wirklichkeit«. Als Einstieg bietet sich der Filmausschnitt »Du wolltest wissen, was die Matrix ist ...« an (0:37 bis 0:41), in der Morpheus mit der Frage »Was ist die Wirklichkeit?« ins Zentrum des Films führt.
- Gruppenarbeit: Es bietet sich an, die empfohlenen vier Arbeitsgruppen für unser Thema auf drei AGs zu beschränken. Alle Gruppen erhalten ein Filmprotokoll, das den Nachvollzog des Films erleichtert.
- Gruppe 1 kann den Namen nachgehen, Gruppe 2 den Dingen und Farben, Gruppe 3 den verwendeten Zitaten.
- Zusammenfassung im Plenum. Diskussion zu den verwendeten Begrifflichkeiten.

11.4 Zusatzmaterialien
M 11.1 Michael Welker: Immanuel Kants Kritik der reinen Vernunft (vgl. auch SB S. 180 »Die Befreiung des Menschen aus seiner selbstverschuldeten Unmündigkeit« und Kurzbiographie Kants SB S. 238)
M 11.2 Cord-Hendrik Urbild: Begrenzte Kommunikation
M 11.3 Der Film Matrix – Szenenprotokoll

12 Eberhard Jüngel: Metaphorische Wahrheit

12.1 Der Zusammenhang
Wirklichkeit ist nicht nur etwas, das unsere Sinne (begrenzt) wahrnehmen können (Platon, Kant, Roth, SB S. 8–11), sondern Wirklichkeit wird auch *durch Sprache geschaffen* (vgl. auch M 11.2) z.B. durch Metaphern[31] (zur Definition vgl. M 12.2). Die wirksamste Weise solcher Rede in biblischer Hinsicht sind die Gleichnisse, die in ihrer metaphorischen Rede – konstruktivistisch gesprochen – die Wirklichkeit der Zuhörer verändert. Der Text von Eberhard Jüngel (SB S. 12)[32] führt in diesen Gedankengang ein und reflektiert zugleich und darüber hinausgehend den Zusammenhang von »Wirklichkeit« und »Wahrheit«, indem er verdeutlicht, dass *metaphorische Wahrheit der Wirklichkeit einen »Mehrwert« hinzufügt*. Der Vorteil dieses (zugegebenermaßen nicht leichten) Textes besteht darin, dass Jüngel die Idee des Aristoteles von Wahrheit als »adaequatio intellectus et rei« zugleich aufgreift und weiterführt.

12.2 Unterrichtsideen
a) Textarbeit
Gruppenarbeit: Die drei Aufgaben auf SB S. 12 bieten das Gerüst für eine Erarbeitung des Textes nach den gegebenen Leitfragen. Zunächst geht es nur um das Verstehen des Textes überhaupt. Dabei muss die Lehrkraft vermutlich in den einzelnen Gruppen nach der Lektüre des Textes Hilfestellungen leisten.

Plenum: Zur Ergebnissicherung werden die drei Fragen auf eine Overhead-Folie kopiert. Zutreffende Antworten werden im Laufe der Erörterung eingetragen, die Schüler/innen können ihre Antworten korrigieren oder ergänzen.

Plenum: Die Idee im Anschluss an die Aufgaben wäre, dem zentralen Satz »Achill ist ein Löwe« die drei Begriffe »Wirklichkeit«, »Realität« und »Wahrheit« zuzumessen. Daraus kann ein Tafelbild entstehen, bei dem der Satz im Mittelpunkt steht, während die Begriffe zugeordnet werden. »Achill« kann dabei mit dem Begriff *Wirklichkeit* konnotiert werden, da Achill offenbar zur vorfindlichen Wirklichkeit gehört. Da Achill aber in seiner Wirklichkeit auch immer mehr ist, als wir von ihm erkennen können, ist die *Realität* Achills größer als seine Wirklichkeit. Die dem Achill zugeschriebene *Metapher* »Löwe« birgt insofern eine *Wahrheit*, weil Eigenschaften, die man gemeinhin einem Löwen zuschreibt (z.B. Kraft, Schnelligkeit, Mut ...)

---

[31] Zur Differenzierung innerhalb des Metapher-Begriffs in literaturwissenschaftlicher Hinsicht vgl. Löser, Philipp: (Art.) Metapher I. Literaturwissenschaftlich, in: RGG⁴ Bd. 5, Tübingen 2002, Sp. 1165–1166. Der philosophische Gebrauch von Metapher ist zusammengestellt durch Figal, Günter: (Art.) Metapher II. Philosophisch, in: RGG⁴ Bd. 5, Tübingen 2002, Sp. 1166–1167.

[32] Eberhard Jüngel: Metaphorische Wahrheit. Erwägungen zur theologischen Relevanz der Metapher als Beitrag zur Hermeneutik einer narrativen Theologie, in: Ders., Entsprechungen: Gott – Wahrheit – Mensch. Theologische Erörterungen, München 1986, S. 103–157 (in Auswahl S. 103–111).

auch auf Achill zutreffen. (Natürlich gilt dies auch für »negative Metaphern«, etwa in dem Satz, »Felix Du bist ein Esel« o.ä.) Da die *Wirklichkeit* weniger ist als die Realität, selbst die Realität aber weniger aussagt als die metaphorische Wahrheit, wird der Wert von metaphorischer Rede plausibel.

→ Von hier aus kann auch ein Querverweis zur Behandlung der Gleichnisse Jesu innerhalb der Unterrichtseinheit »Jesus Christus« gewagt werden.

b) Aphorismen zuordnen
Eine gute Übung zur Vertiefung stellt das Auswählen und Zuordnen von Aphorismen dar. Auf M 12.1 sind einige angeboten, und zwar zum Thema »Wahrheit«. Diese zwölf Aphorismen können noch beliebig verringert werden. Das Problembewusstsein der Schüler/innen wird auch durch wenige Sprüche aktiviert, weil sie dadurch ihre Vorstellungen in der Auseinandersetzung mit den Aphorismen klären und vertiefen.

Plenum: Den Schüler/innen wird diese Liste M 12.1 mit Aphorismen, die thematisch mit »Wahrheit« verwandt sind, ausgehändigt. Sie erhalten den Auftrag, *einen* Aphorismus auszuwählen (fällt erfahrungsgemäß sehr schwer).

Gruppenarbeit: Nach der Auswahl arbeiten die Schüler/innen zusammen, die den selben Aphorismus ausgewählt haben und begründen schriftlich, warum ihnen und inwiefern dieser Satz zum Text von Jüngel passend erscheint.

Plenum: Ergebnissicherung (Austausch der Ergebnisse – Tafelanschrieb etc.)

12.3 Zusatzmaterialien
M 12.1 Wahrheit – Aphorismen
M 12.2 Was ist eine Metapher?

13 Paul Tillich: Das religiöse Symbol

13.1 Der Zusammenhang
»Metapher, Symbol und Mythos als Sprache der Religion« – so lautet eine Formulierung im baden-württembergischen Lehrplan zum Thema »Wirklichkeit«. Mit dieser Formulierung ist angezeigt, dass die vorfindliche Wirklichkeit sich nicht nur in Erscheinungen darstellt, die durch unsere Sinne wahrgenommen werden können (SB S. 8–11). Es drückt sich auch darin aus, dass Wirklichkeit sich in Sprache und in Bildern manifestiert, die, mit diesem Interpretament versehen, von Menschen »gelesen« werden können. War das Thema »Metapher« von Eberhard Jüngel auf SB S. 12 angesprochen (vgl. M 12.2), so wird nun das Thema »Symbol« von Paul Tillich behandelt, einem der bekanntesten evangelischen Forscher auf diesem Gebiet.

13.2 Das religiöse Symbol
Die hohe Differenzierung, die Tillich in seinen Arbeiten vornimmt, kann in dem abgedruckten Text natürlich nur fragmentarisch zum Ausdruck gebracht werden[33]. Dennoch werden die grundlegenden Unterscheidungen (auch zwischen religiösen und anderen Symbolen), die auch durch die Informationen von M 13.1 ergänzt und vertieft werden können, deutlich. Die überragende Bedeutung des Hinweis- und des Repräsentationscharakters bei religiösen Symbolen zu erkennen ist Aufgabe und didaktisches Ziel dieses Arbeitsschrittes. Im Hinweis- und Repräsentationscharakter spiegelt sich gleichsam eine *Wirklichkeit*, die durch das Symbol »präsent« wird oder präsent gehalten wird. Insofern sind religiöse Symbole Anknüpfungspunkte für jene andere Wirklichkeit, die sie *re*-präsentieren.

Z. 1–12 beinhaltet eine Hinführung zu den dann folgenden Differenzierungen innerhalb des religiösen Symbols. Die Unterscheidung zwischen »Religion« (Z. 5) und dem »Religiösen selbst« (Z. 9) ist dabei nicht zu übersehen. Der »Sinn der religiösen Symbole« (Z. 13) wird im Folgenden zunächst von anderen »Zeichen« abgehoben (Z. 13–28) und die »echten Symbole« als »repräsentative Symbole« identifiziert (Z. 24f.). Die Merkmale solcher repräsentativen Symbole werden dann in vierfacher Weise dargeboten (Z. 29–55): Symbole besitzen die Eigenschaft, über sich hinauszuweisen (Z. 31; Symbol als *Hinweis auf* das Bezeichnete, vgl. M 13.1), und nehmen teil an der Wirklichkeit, die sie repräsentieren, (Z. 33f.; Symbol als *Repräsentanz des* Bezeichneten, vgl. M 13.1). Sie können, das ist das dritte Merkmal, »nicht willkürlich erfunden werden« (Z. 38), sondern sind eine Artikulation des Wesens des Bezeichneten. Das vierte Merkmal schließlich besteht in ihrer »Macht, Dimensionen der Wirklichkeit zu erschließen, die gewöhnlich durch die Vorherrschaft anderer Dimensionen verdeckt sind« (Z. 42–44) – eine für unsere Zwecke beim Thema »Wirklichkeit« höchst brauchbare Differenzierung! Der letzte Abschnitt (Z. 45–55) fasst

---

[33] Vgl. dazu Paul Tillich: Sinn und Recht religiöser Symbole, in: Ders.: Symbol und Wirklichkeit, Göttingen 1966, S. 3–27. (Original: The meaning and Justification of religious Symbols, in: Religious Experience and Truth. A Symposium, ed. Sidney Hook, New York 1961).

diese Unterscheidung noch einmal unter einem wichtigen Kriterium, der »Authentizität des Symbols« (Z. 51), zusammen. Die Fähigkeit, die genannten vier Merkmale abzubilden, entscheidet über die Glaubwürdigkeit, die Authentizität des Symbols.

Die überragende Bedeutung der Symbole für den christlichen Glauben ist zu betonen: Hier wird der Begriff »Symbol« zuerst (und nicht zuletzt!) zur Bezeichnung der Entscheidung der Zugehörigkeit zum Christentum bezeichnet – und zwar im Glaubensbekenntnis, das, griechisch verfasst, spätestens seit dem Nicaeno-Constantinopolitanum (381 n. Chr.), aber auch schon früher, mit dem Titel »*Symbolon*« (griech.: Erkennungs-/Beglaubigungszeichen) versehen wurde[34].

13.3 Literatur

Ernst Cassirer, Wesen und Wirkung des Symbolbegriffs, Darmstadt, 7. Auflage 1977.

Ernst Cassirer, Philosophie der symbolischen Formen, Bd. 2 (1924), Darmstadt, 5. Auflage 1964.

Mircea Eliade, Die Religionen und das Heilige, Salzburg 1954.

Claude Lévi-Strauss: Strukturale Anthropologie I, Paris 1958, Frankfurt a. M. 1977.

Paul Ricœur, Die Interpretation. Ein Versuch über Freud, Frankfurt a. M., 4. Auflage 1999.

Paul Tillich, Sinn und Recht religiöser Symbole, in: Ders.: Symbol und Wirklichkeit, Göttingen 1966, S. 3–27. (Original: The meaning and Justification of religious Symbols, in: Religious Experience and Truth. A Symposium, ed. Sidney Hook, New York 1961).

13.4 Unterrichtsideen

a) Textarbeit

1. *Plenum: Textbegegnung: Vorlesen:* Da der Text von hohem Niveau ist, bietet es sich an, als Lehrkraft den Text zunächst vorzulesen. Dadurch können Betonungen richtig gesetzt, Schwerpunkte verdeutlicht werden; auch der innere Zusammenhang wird möglicherweise dadurch schon klar.

2. *Gruppenarbeit: Texterschließung*: Im zweiten Schritt sollen die Sprachgestalt und der Inhalt des Textes so erschlossen werden, dass die Schüler/innen den Text verstehen und sich sachgerecht mit ihm auseinandersetzen können. Dazu sollen die Schüler/innen den Text a) gliedern, b) – wenn möglich – Teile markieren und unterstreichen (dazu müsste ein eigenes Arbeitsblatt hergestellt werden) und c) den Text durch die angegebenen Leitfragen auf S. 13 erarbeiten. Das Lernziel ist zu verstehen, dass repräsentative Symbole durch vier Merkmale gekennzeichnet sind, und zu erkennen, dass speziell bei echten religiösen Symbolen der Hinweis- und Repräsentationscharakter charakteristisch ist.

3. *Auseinandersetzung mit dem Text*: In diesem dritten Schritt sollen die Schüler/innen versuchen, den Text auf ihre Lebenswelt anzuwenden. Beispiel: was bedeutet es, wenn ich als Schüler/in ein Kreuz um den Hals trage? Was möchte ich damit ausdrücken, worauf hinweisen (was bedeutet es *für mich*), was wird durch das Kreuz repräsentiert (was bedeutet es *für andere*)?

4. *Plenum: Ergebnissicherung (möglicher TA)*
Nach P. Tillich haben Symbole ein vierfaches Wesen:
- Hinweis-Charakter: Symbole besitzen die Eigenschaft, über sich hinauszuweisen
- Repräsentanz-Charakter: Symbole nehmen teil an der Wirklichkeit, die sie repräsentieren
- Wesens-Charakter: Symbole sind Artikulationen des Wesens des Bezeichneten und können deshalb nicht einfach »erfunden« werden
- Erschließungs-Charakter: Symbole haben die Macht Dimensionen der Wirklichkeit zu erschließen, die gewöhnlich durch die Vorherrschaft anderer Dimensionen verdeckt sind

5. *Mögliche Vertiefung/Hausaufgabe*
Erarbeitung von M 13.1

b) Symbole suchen und Thesen formulieren

1. Gruppenarbeit: *brainstorming und clustern:* In einem *brainstorming* werden zum zentralen Begriff »Symbol« auf einem großen Papier/Plakat Assoziationen genannt und diese zu Assoziationsketten/-straßen *ge*clustert (cluster = Knoten).

2. Gruppenarbeit: *Besprechung*: Was ist beim Sammeln der Begriffe aufgefallen? Was überrascht mich am meisten? Was fiel uns sofort ein? (kenntlich machen, z. B. mit grüner Farbe). Was war nur schwer einzuordnen (ebenfalls kenntlich machen, z. B. mit roter Farbe).

3. Plenum: *Präsentation*: Die Ergebnis-Plakate werden den anderen Gruppen präsentiert, z. B. mit der Methode »Marktplatz«, bei der die Plakate wie auf einem »Marktplatz« aufgehängt werden und dann von den anderen Schüler/innen »besucht« werden. Jeweils ein/e Schüler/in steht dabei, um evtl. auftauchende Rückfragen zu klären.

13.5 Zusatzmaterialien

M 13.1 Was ist ein Symbol?

---

[34] Vgl. Henrici Denzinger: Enchiridion symbolorum definitionum et declarationum de rebus fidei et morum (Heinrich Denzinger: Kompendium der Glaubensbekenntnisse und kirchlichen Lehrentscheidungen), 37. Aufl. Freiburg/Basel/Rom/Wien 1999, speziell zum Nicaeno-Constantionpolitanum Nr. 150, S. 83f.

14 Was sind Mythen?

14.1 Der Zusammenhang

Als dritter Teil der Aufgabe, »Metapher, Symbol und Mythos als Sprache der Religion« zu begreifen, geht es um den Mythos – ein nicht weniger schillernder Begriff als die beiden vorangegangenen (siehe M 14.1). Auch der Mythos ist, wie die Metapher und das Symbol, eine sprachliche Ausdrucksform, in der »religiöse Sachverhalte« angemessen artikuliert werden können. Nicht umsonst gibt es in allen Religionen und religiösen Spielarten mythologische Erzählungen, die häufig grundlegenden, »gründenden« Charakter haben, weil in ihnen die Ur-Anfänge einer Religion, einer Idee, oder noch allgemeiner: einer Bewegung formuliert sind. Deshalb gibt es auch »moderne Mythen«, die sich, um nur ein Beispiel zu nennen, etwa um die Marke »Coca Cola« ranken.

In den Religionen bringen Mythen eine uranfängliche Zeit, eine Zeit und einen Raum vor aller Zeit und vor allem Raum zur Darstellung, sie sind Gründungsdokumente. Mit der von ihnen beschriebenen »Ur-Zeit« treten sie dadurch aber auch aus unserem Verstehenshorizont und aus unserer Wirklichkeit, die durch Raum und Zeit gekennzeichnet sind, heraus und sind insofern eine Herausforderung für unser Verstehen. Sie verlassen die vorfindliche Wirklichkeit und sind doch gleichzeitig Erklärungsmuster für diese vorfindliche Welt, in der Menschen leben. Mit der Erkenntnis der Welt und ihrer Wirklichkeit durch die Menschen ändern sich deshalb natürlicherweise auch die Voraussetzungen für das Verstehen der Mythen, ohne dass sie selbst deshalb an Kraft und Aussagefähigkeit verlieren. Denn Mythen dringen in einen Bereich vor, über den im Grunde genommen nichts gewusst werden kann, der aber für die Orientierung und die Identifikation von Menschen in ihrer jeweiligen Welt wichtig ist. »Entmythologisierungsprogramme«, wie sie in der Theologie, aber auch in den so genannten »Exakten Wissenschaften« des 19. und bis Mitte des 20. Jahrhunderts aufgelegt wurden, führen deshalb nur vordergründig in eine »Aufklärung« hinein. So kommt es in den letzten zwei Jahrzehnten zu einer Wiederentdeckung des Mythos, ja geradezu zu seiner Renaissance[35].

Der Text von Jacques Laccarière bringt dies zur Sprache, in Vorbereitung auf die mesopotamischen und ägyptischen Schöpfungsmythen (SB S. 16–19) zunächst auf diesen Bereich bezogen. Schon an diesem Beispiel aber wird klar: Mythen sind, auch wenn sie so angelegt sind, auch unsere heutigen Mythen, keine allgemeingültige Antwort auf die Frage nach dem Ursprung der Welt, sondern partikuläre und spezifische Antworten, die zugunsten der Identifikation von bestimmten Menschen zu einer bestimmten Zeit formuliert wurden. Sie gelten in einer bestimmten Zeit für eine bestimmte Gruppe von Menschen, und sie müssen tradiert werden, um ihre Wirksamkeit zu behalten.

14.2 Die Welt der Schüler/innen und die mythologische Welt

Für manche Schüler/innen entsteht hier eine Schwierigkeit. Sie haben Mühe, die Aussagen des Textes, der ja als informierender Sachtext angelegt ist, zu verstehen, weil die dort enthaltenen Informationen nur schwer in ihr bisheriges Weltbild passen. Da im hermeneutischen Prozess bei der Erarbeitung von Texten (siehe SB S. 31) neue Einsichten in das bisherige Weltverständnis integriert werden (müssen), das Neue aber so integriert werden muss, dass das bisherige Verstehen der Welt nicht einstürzt, findet an dieser Stelle häufig ein komplizierter Prozess der Assimilation und der Akkomodation statt: Das Neue wird zwar angeeignet und anschließend »gewusst«, es ist auch für Klausuren reproduzierbar, es finden sich aber bei den Schüler/innen unterschiedliche Niveaus der Aneignung durch verschiedene Modifikationen, die zum Einbau in das je eigene Weltbild vorgenommen werden. Im besseren Falle (beim Gelingen der Assimilation) werden die neuen Einsichten so aufgenommen, dass sie zu einer Reflexion des bisherigen Weltbildes führen werden, das sich durch eine höhere Differenzierung auszeichnen wird. Im schlechteren Falle (beim Scheitern der Assimilation) wird es dazu führen, dass die Mythen durch einzelne Schüler/innen weiterhin als, wie Laccarière schreibt, »kuriose Geschichten«, die irgendwie nicht mehr zeitgemäß sind, angesehen werden.

14.3 Unterrichtsideen

a) Textarbeit

1. Plenum: *Textbegegnung:* Vor diesem Hintergrund, aber auch aufgrund der Tatsache, dass dieser Text den Grund legt sowohl für das Verstehen der beiden folgenden Texte zu den mesopotamischen und ägyptischen Schöpfungsmythen, als auch zum Verstehen des biblischen Schöpfungsmythos, empfiehlt es sich, ihn gründlich zu erarbeiten und die Bedeutung mythologischer Rede herauszustreichen. Zur Begegnung mit dem Text kann dieser zunächst von der Lehrkraft vorgelesen werden, weil er als Sachtext Informationen bietet, die verstanden werden sollen. Empfehlenswert ist auch eine Rückfragerunde zum Verständnis einzelner schwieriger Wörter, die die Schüler/innen vielleicht noch nie gehört haben sowie erweiterte Informationen zum Hintergrund der altorientalischen und ägyptischen Kulturen[36].

2. Gruppenarbeit: *Texterschließung und -erarbeitung:* Anhand der drei Aufgaben wird die sachlich-informative Ebene der Texterschließung erarbeitet. Dies macht in der Regel noch keine Schwierigkeiten, da der Text relativ leicht verständlich ist. Die Gruppen halten ihre Ergebnisse auf einer Folie fest und stellen sie anschließend im Plenum vor. Um eine Vergleichs- und Ergänzungsmöglichkeit zu haben ist es gut, wenn alle Gruppe zunächst Aufgabe 1, dann alle Gruppen Aufgabe 2 usw. vorstellen.

---

[35] Vgl. die wegweisenden Arbeiten zur Wiederentdeckung des Mythos etwa bei: R. Brandt/St. Schmidt (Hg.): Mythos und Mythologie, Berlin 2004 und darin besonders die Beiträge von Jan Assmann, Klaus Koch und Stephan Maul; H. Irsigler (Hg.): Mythisches in biblischer Bildsprache, Quaestiones disputatae, Freiburg/Basel/Wien 2004 oder auch J. Assmann (Art.): Mythos, in: Handbuch religionswissenschaftlicher Grundbegriffe (HRWG).

[36] Ausgezeichnet geeignet ist hierzu das in der Zeitschrift »Welt und Umwelt der Bibel« entstandene Heft zum Thema »Schöpfung« (Stuttgart 1998). Aus diesem Heft können auch die im Schülerband gekürzten Texte sowie weitere Informationen gelesen werden.

3. Plenum: *Ergebnissicherung*: Sind die Ergebnisse aus den Gruppen abgerufen, können mit Hilfe eines Tafelanschriebs die nötigsten Informationen zusammengefasst werden (siehe auch die Ergänzungen, die sich aus M 14.1 ergeben!) Der TA kann an dieser Stelle aber auch noch verschoben werden und erst nach der Erarbeitung von SB S. 16–19 zusammenfassend formuliert werden.

b) Die zwei wichtigsten Fragen der Welt
4. Einzelarbeit/Partnerarbeit: *Auseinandersetzung mit dem Text/Textaneignung und Textweiterführung (Vertiefung)*: In Partner-, besser noch in Einzelarbeit geschieht dann eine tiefer führende Aneignung der Botschaft des Textes. Anknüpfend an die im Text gestellte Frage »Warum existiert diese Welt, in der ich lebe, und warum existiere ich selbst, so wie ich bin?« kann jede/r Schüler/in eine existentielle Auseinandersetzung suchen. Dazu eignen sich auch die beiden Fragen, die Jostein Gaarder in seinem Roman Sofies Welt an den Anfang seiner kleinen Geschichte der Philosophie stellt: »Woher kommt die Welt?« und »Wer bin ich?«[37]. Mit genügend Zeit kann in einer Stillarbeitsphase eine schriftliche Antwort versucht werden; dazu kann M 14.2 helfen. In der Regel wird man diese Versuche im Anschluss nicht zum Gegenstand des Unterrichts machen, es sei denn, das Vertrauensverhältnis ließe einen Austausch über die gefundenen Antworten zu.

14.4. Zusatzmaterialien
M 14.1 Was ist ein Mythos?
M 14.2 Die zwei wichtigsten Fragen der Welt

16–20 Mesopotamische und ägyptische Schöpfungsvorstellungen

16–20.1 Der Zusammenhang
Nach diesen Vorklärungen über den Mythos im Allgemeinen können sich die Schüler/innen die mesopotamischen und ägyptischen Vorstellungen als Voraussetzung zum Verstehen der biblischen Weltbilder aneignen. Natürlich ist dies in begrenzter Unterrichtszeit und mit begrenzten Texten nur ansatzweise möglich. Es geht in diesem Zusammenhang nicht um einen, womöglich enzyklopädischen *Überblick*, sondern lediglich um einen verallgemeinernden, kleinen und selektiven *Einblick* in das, was wir in unseren Schulmaterialien gemeinhin das »altorientalische Weltbild« nennen.

Hierzu ist allerdings zweierlei zu sagen:
Erstens ist in unseren Materialien viel zu wenig differenziert zwischen den mesopotamischen und ägyptischen Vorstellungen, und häufig werden beide Kulturkreise unter dem Etikett »Alter Orient/altorientalisches Weltbild« zusammengefasst. Dies ist nicht sachgemäß, da Ägypten mit seiner ganz eigenen Geschichte nicht zum »Alten Orient« gerechnet werden sollte. Mit »Alter Orient« ist die Gegend, die wir heute »Vorderer Orient« nennen plus Kleinasien (in etwa die heutige Türkei) gemeint. Ägypten ist – bei allem kulturellen Austausch mit Sumer, Assur, Babylonien und Hatti – demgegenüber eine »eigene Welt«.
Zweitens geht man oft von einem über die Zeiten einheitlichen »Weltbild« aus, das man dann »*das* altorientalische Weltbild« nennt, ohne die zeitliche Differenzierung zu berücksichtigen. Sowohl in Mesopotamien wie auch in Ägypten haben wir aber eine Zeitspanne von mindestens 2000 Jahren vor uns, in denen sich die Vorstellungen natürlich auch fortentwickelt und zu ganz unterschiedlichen Weltbildern geführt haben, die berücksichtigt werden müssen, will man den damaligen Vorstellungen gerecht werden und seine Schüler/innen sachgerecht informieren.

Diese beiden Differenzierungen scheinen notwendig zu sein[38] und sind hoffentlich mit den beiden im SB S. 16–20 abgedruckten Texten etwas näher gebracht worden.
Im Anschluss daran und in Ergänzung dazu ist das Zusatzmaterial gedacht: M 16–20.1, das die Merkmale des altorientalischen und ägyptischen Weltbildes in ihrer jeweiligen und über die Jahrhunderte differierenden Charakteristik beschreibt und thetisch zusammenfasst, will mit falschen Vorstellungen (»Käseglockenmodell«) aufräumen und in einer kurzen Darstellung das Wesentliche des altorientalischen und ägyptischen Mythen verdeutlichen.
Ferner kann hierzu mit dem Oberstufenheft »Glaube und Naturwissenschaft« von Veit-Jakobus Dieterich die Ent-

---

[37] Jostein Gaarder: Sofies Welt. Roman über die Geschichte der Philosophie, München/Wien 1993
[38] Vgl. Bernd Janowski/Beate Ego (Hg.): Das biblische Weltbild und seine altorientalischen Kontexte, FAT Bd. 32, Tübingen 2004. Zusammenfassend: Hans-Peter Müller (Hg.): Babylonien und Israel. Historische, religiöse und sprachliche Beziehungen, WdF Bd. 633, Darmstadt 1991. Ferner Hartmut Schmökel (Hg.): Kulturgeschichte des Alten Orient. Mesopotamien, Hethitherreich, Syrien-Palästina, Urartu. In Zusammenarbeit mit H. Otten, V. Maag und Th. Beran Hg. von H. Schmökel, Augsburg 1995.

wicklung der Weltbilder durch 4000 Jahre Zeitgeschichte nachvollzogen werden[39].

16–20.2 Die Welt der Schüler/innen und »versunkene Welten«

Für viele unserer Schüler/innen mögen der Alte Orient und das Alte Ägypten, aber auch die Schöpfungsgeschichten der Bibel (der »Garten Eden«) etwa so weit weg sein wie der Jurassic Park. Bedeutsamkeit kann dieser Unterrichtsgang über Weltbilder vergangener Kulturen deshalb nur dann gewinnen, wenn er nicht nur informierend über »versunkene Welten« berichtet (so notwendig das ist!), sondern die damalige Sicht auch mit unserer aktuellen Weltsicht verbindet. Erst dann wird deutlich, dass sich Grundstrukturen des Erkennens der damaligen wie der heutigen Welt oft nicht in ihrem Wesen, sondern lediglich in ihrer Ausformung unterscheiden[40]. Dann wird auch deutlich, dass das Weltbild des 20. Jahrhunderts nach Christus für einen Menschen des 60. Jahrhunderts nach Christus ebenso skurril erscheinen mag wie das Weltbild des 20. Jahrhunderts vor Christus für uns Heutigen. Am Thema »Weltbilder« kann für die Schüler/innen deshalb vor allem eines klar werden: Dass die Erkennbarkeit der Welt und ihrer Wirklichkeit an die Voraussetzungen gebunden ist, mit der das Erkennen den Menschen zu ihrer jeweiligen Zeit möglich ist.

16–20.3 Literatur

Horst Klaus Berg, Altes Testament unterrichten. Neunundzwanzig Unterrichtsvorschläge, München/Stuttgart 1999, S. 13–53 (Weitere Unterrichtsmöglichkeiten zum Thema Schöpfung).

Veit-Jakobus Dieterich: Glaube und Naturwissenschaft. Oberstufe Religion Heft 2, Stuttgart 1996, S. 6–15.

Welt und Umwelt der Bibel, Heft 2/1996: Schöpfung.

Peter Kliemann/Andreas Reinert, Thema Mensch. Texte, Hintergründe, Informationen, Stuttgart 1999, S. 97–103, 129–137, 158–161 (Grundinformationen zur Schöpfungsgeschichte der Bibel).

Hans-Peter Müller (Hg.): Babylonien und Israel. Historische, religiöse und sprachliche Beziehungen, Darmstadt 1991.

Wolfgang Zwickel: Die Welt des Alten und Neuen Testaments. Ein Sach- und Arbeitsbuch, Stuttgart 1997.

16–20.4 Unterrichtsideen

1. Erarbeitung: Textarbeit SB S. 16–20

Die Texte von S. 16–19 eignen sich nachgerade ideal für ein *Gruppenpuzzle*[41]. In den drei Abschnitten Ägypten – Mesopotamien – Israel werden die drei für das Verstehen der Weltbilder interessierenden Weltgegenden erarbeitet.

Erster Schritt: Drei/Sechs Expertengruppen

Je nach Kursgröße werden entweder drei oder sechs Expertengruppen gebildet, die je *einen* der drei Texte mit Hilfe der unten angegebenen Aufgaben bearbeiten. Die Gruppen sollten nicht größer als 4 bis 5 Personen sein. Die Ergebnisse werden auf Folien zur späteren Präsentation festgehalten. Die Lehrkraft fungiert als Berater/in und Moderator/in. Wer möchte, kann aus dem Themenheft »Schöpfung« des Katholischen Bibelwerks noch weitere Informationen zuspielen (Lit. s. o.).

Zweiter Schritt: Integrationsgruppen

Im zweiten Schritt werden die Gruppen neu zusammengewürfelt. Die »Experten« der ersten Gruppenphase bilden neue Gruppen und zwar so, dass in den neuen Gruppen je ein/e Vertreter/in der Expertengruppen sitzt. Die Schüler/innen informieren sich nun gegenseitig über die Ergebnisse der Expertengruppen. Im Idealfall hat anschließend jede/r Schüler/in die Gesamtinformationen aus allen drei Expertengruppen gelernt.

Dritter Schritt: Zusammenfassung der Ergebnisse/Ergebnissicherung

Wenn die gegenseitige Information in den Integrationsgruppen schwierig ist, weil entweder die Erarbeitung in den Expertengruppen oder die Darstellung in den Integrationsgruppen mangelhaft war (was bei mit dieser Methode ungeübten Schüler/innen manchmal der Fall ist), bietet es sich an, sich die Ergebnisse noch einmal vor Augen zu führen. Das kann mit den Folien geschehen, die nun von den Schüler/innen auf den TLP gelegt und entsprechend erläutert werden. Zur Ergebnissicherung des gesamten Lerngangs kann die Lehrkraft die Folien anschließend mitnehmen und für alle bis zur kommenden Unterrichtsstunde kopieren.

2. Vertiefung: M 16–20.1

Zur Vertiefung der gewonnenen Erkenntnisse dient M 16–20.1, das noch einmal die wesentlichen Ergebnisse des Lerngangs zusammenfasst.

3. Erarbeitung: Grundinformationen zu den biblischen Schöpfungstexten

Die Informationen zu den biblischen Schöpfungstexten, die der Text von Erich Zenger bietet (SB S. 20), können ergänzt werden durch weitere Texte, die das Verständnis vertiefen sollen[42]. Diese können ebenfalls in Gruppepuzzle-Arbeit (s. o.) oder als Hausaufgabe erarbeitet werden. Eine solche Kurzkommentierung der biblischen Schöpfungsberichte ist notwendig und häufig erhöht sich dadurch das Verständnis der biblischen Überlieferungen sehr[43].

---

[39] Veit-Jakobus Dieterich: Glaube und Naturwissenschaft. Oberstufe Religion Heft 2, Stuttgart 1996, S. 6–15.

[40] Emma Brunner-Traut: Frühformen des Erkennens. Am Beispiel Altägyptens, 2. Aufl. Darmstadt 1992. Vgl. auch Jan Assmann: Das kulturelle Gedächtnis. Schrift, Erinnerung und politische Identität in frühen Hochkulturen, München, 2. Auflage 1999.

[41] Zur Methodik vgl. z. B. Peter Kliemann: Impulse und Methoden. Anregungen für die Praxis des Religionsunterrichts, Stuttgart 1997, S. 40–46.

[42] Grundinformationen zu den Schöpfungsgeschichten der Bibel, Gen 1,1–2,4a; 2,4b–25; 3,1–24; 4,1–16 vgl. Peter Kliemann/Andreas Reinert: Thema Mensch. Texte, Hintergründe, Informationen, Stuttgart 1999, S. 97–103, 129–137, 158–161.

[43] Weitere Möglichkeiten zum Thema Schöpfung: Horst Klaus Berg: Altes Testament unterrichten. Neunundzwanzig Unterrichtsvorschläge, München/Stuttgart 1999, S. 13–53. Manches kann auch (obwohl für Sekundarstufe I konzipiert) aus Dieter Balzer (Red.): Lehren und Lernen mit dem Alten Testament. Unterrichtsentwürfe für Primarstufe und Sekundarstufe I. Theologische Arbeitsbücher Band 4, Münster 2001, S. 19–37 gewonnen werden.

4. Weltbilder im Wandel

Eine weitere Ergänzung kann mit den durch Veit-Jakobus Dieterich zusammengestellten Materialien erreicht werden. Der Wandel in den Weltbildern vom 2. Jahrtausend vor bis zum 2. Jahrtausend nach Christus ist dort gut aufgearbeitet.

16–20.5 Zusatzmaterialien

M 16–20.1 Merkmale des altorientalischen und ägyptischen Weltbildes und unser naturwissenschaftliches Weltbild

21 Jürgen Moltmann: Die Welt als Natur und als Schöpfung

21.1 Der Zusammenhang

Mit dem Text von Jürgen Moltmann wird an die vorausgegangenen Seiten angeknüpft, gleichzeitig eröffnet sich aber auch ein neuer Zugang zum kommenden dritten Teil des Unterrichtsganges: Die Gedanken des Textes von SB S. 20 voraussetzend und diesen Teil abschließend, wird mit diesem Text – wie auch mit dem Bild SB S. 23 – der Dialog zwischen Naturwissenschaften und Theologie eröffnet. Hier werden grundlegende und für die jeweilige Wissenschaft wesentliche Charakteristika verhandelt und damit das jeweilige Verstehen der Einzeldisziplin, aber auch der Dialog zwischen Naturwissenschaft und Theologie vorbereitet. Die Geschichte des Konfliktes zwischen den beiden Wissenschaften steht dabei im Mittelpunkt, Sinn des Textes ist aber die Vorbereitung auf den Dialog.

21.2 Die Welt als Natur und als Schöpfung

Einleitend (Z. 1–12) wird zunächst kurz der *Konflikt* (Z. 3) angedeutet und mit bestimmten Stichworten (Bruno, Galilei ...) versehen, anschließend (Z. 13–23) auch die schiedlich-friedliche *Konfliktlosigkeit* (Z. 16) und Trennung beider Wissenschaften thematisiert. Dieser Konflikt und die interesselose Trennung beider Disziplinen, die je für sich eine längere Bearbeitung erfordern, sind in der religionspädagogischen Literatur schon gut aufgearbeitet und brauchen hier nicht wiederholt zu werden, können gleichwohl aber im Unterricht thematisiert werden[44]. Spannender sind für unsere Zwecke die in den folgenden Zeilen getroffenen Charakterisierungen von »Naturwissenschaft« und »Theologie« und die damit Definition von Wirklichkeit als »Natur« und als »Schöpfung«: Während Z. 30–50 die beiden Schwerpunktsetzungen in den Wissenschaften beschreibt, fassen die Z. 51–55 noch einmal zusammen.

21.3 Literatur

Jürgen Moltmann: Wissenschaft und Weisheit. Zum Gespräch zwischen Naturwissenschaft und Theologie, Gütersloh 2002.

Hoimar von Ditfurth: Im Anfang war der Wasserstoff, München, 16. Auflage 1999.

---

[42] Grundinformationen zu den Schöpfungsgeschichten der Bibel, Gen 1,1–2,4a; 2,4b–25; 3,1–24; 4,1–16 vgl. Peter Kliemann/Andreas Reinert: Thema Mensch. Texte, Hintergründe, Informationen, Stuttgart 1999, S. 97–103, 129–137, 158–161.

[43] Weitere Möglichkeiten zum Thema Schöpfung: Horst Klaus Berg: Altes Testament unterrichten. Neunundzwanzig Unterrichtsvorschläge, München/Stuttgart 1999, S. 13–53. Manches kann auch (obwohl für Sekundarstufe I konzipiert) aus Dieter Balzer (Red.): Lehren und Lernen mit dem Alten Testament. Unterrichtsentwürfe für Primarstufe und Sekundarstufe I. Theologische Arbeitsbücher Band 4, Münster 2001, S. 19–37 gewonnen werden.

[44] Vgl. dazu zum Beispiel die von Veit-Jakobus Dieterich: Glaube und Naturwissenschaft, Oberstufe Religion Heft 2, S. 16–31 zusammen gestellten Materialien.

	Theologie	**Naturwissenschaft**
Zeilen 30–34	• Auslegung der Tradition • Zitat	• Experiment • Wiederholbarkeit des Experiments
Zeilen 35–50	• lange Tradition (Christentum, biblische Überlieferungen) • Hermeneutik als Deutemittel • Primat der Vergangenheit	• vorfindliche Natur als Gegenstand • Experiment als Deutemittel • Primat der Gegenwart
Zeilen 51–55	• zeitliche Tradition • Erinnerung • Bibliothek • arts and humanities	• zeitlose Natur • Experiment • Labor • science and technology

21.4 Unterrichtsideen

1. Text erschließen

Der vorliegende Text eignet sich ideal für die Methoden »Mindmap« oder »Vom Text zur Tabelle«[45], die unterschiedlich angewendet werden können.

a) Die Schüler/innen nehmen sich anhand der Aufgabe 1 in Gruppen die Absicht vor, eine Mindmap zu entwickeln, auf der anhand der beiden Begriffe »Natur« und »Schöpfung« die beiden Aufgaben von Naturwissenschaft und Theologie beschrieben werden. Dies kann auf einer Folie oder (besser) auf einem Plakat entstehen. Anschließend werden die Plakate der Gruppen im Unterricht vorgestellt und im Plenum diskutiert: Welche Mindmap bringt die Begriffe am besten »auf den Punkt«, welche Beschreibungen und Zuordnungen treffen zu/treffen nicht zu.

b) Die Schüler/innen lesen in Gruppen den Text und erarbeiten sich selbst die Struktur des Textes, indem sie eine Tabelle anlegen und die jeweiligen Charakteristika eintragen. Dies kann auf einer Folie mit Folienstiften oder auf einem Wandplakat geschehen.

c) Die Schüler/innen bekommen den Text auf einem Arbeitsblatt mit vorgefertigter Tabelle, die zur logischen Struktur des Textes passt sowie eine Arbeitsanweisung, die erklärt, welche Informationen die Schüler/innen in die Tabelle übertragen sollen.

2. Diskussion

Anhand von Aufgabe 2 sollen die Schüler/innen – praktisch in einem Vorgriff auf noch zu Erwerbendes – in Gruppen überlegen, wie die beiden Wissensgebiete in einen Dialog treten könnten. Hilfreich ist es, die Ideen dann fest zu halten, entweder auf Folie oder auf einem Plakat. Anschließend werden die Ergebnisse dem Plenum vorgestellt und dort auf »Herz und Nieren« geprüft.

3. Position vertreten

Wenn der Text erschlossen ist, können aus den Gruppen zwei Halbplena gebildet werden, die sich je eine Position zu eigen machen, und, vom Text ausgehend, unterstützende, vor allem aber *weitere* Argumente für die eine oder andere Weltsicht sammeln. Dazu kann auch M 21.1 helfen. Die einzelnen Argumente werden (am besten auf DIN A 6-Karteikarten) notiert. Dann wählt jede Gruppe einen Sprecher/eine Sprecherin, die das Halbplenum in der Diskussion vertritt. Es werden mit Stühlen zwei gegeneinander offene Halbkreise gebildet, in deren Mitte je ein Stuhl für jeden Sprecher/jede Sprecherin steht. Diese beiden setzen sich gegenüber und diskutieren nun die jeweilige Weltsicht. Wenn dabei einem der beiden Sprecher/innen »die Luft« (oder die Argumente) ausgehen, kann eine andere Schülerin bzw. ein anderer Schüler dessen Position einnehmen.

Ziel der Aktion ist die Vertiefung der Charakteristika der beiden Wissenschaften und die Stärkung der Kompetenz zur Präsentation von Argumenten bei den Schüler/innen.

21.5 Zusatzmaterialien

M 21.1 Naturwissenschaft und Theologie – Positionen

---

[45] Vgl. z. B. Heinz Klippert: Methodentraining. Übungsbausteine für den Unterricht, 11. Aufl. Weinheim/Basel 1994, S. 112–113 oder auch Franz Wendel/Arthur Thömmes: Methoden für den Religionsunterricht, München 1998, S. 123.

22 Weltwahrnehmung im Hinduismus

22.1 Der Zusammenhang
Mit Seite 22 öffnen wir ein »interreligiöses Fenster« in den Hinduismus, um dessen Weltwahrnehmung zu thematisieren. Ziel dieses Exkurses ist die Sensibilisierung der Schüler/innen für eine neue Perspektive auf Wirklichkeit. Der Ausflug in den Hinduismus steht hier lediglich stellvertretend, denn alle Religionen kennen unterschiedliche Zugänge zur Welt, haben eigene Wirklichkeitswahrnehmungen und Weltbilder entwickelt. Es wäre Aufgabe eines religionswissenschaftlichen Exkurses, auch die anderen Religionen darauf hin zu überprüfen und miteinander zu vergleichen.

Der Hinduismus wurde von uns wegen seiner Fremdartigkeit ausgewählt: während das Judentum dem Islam und dem Christentum in dieser Frage sehr verwandt ist, zeigen Buddhismus und Hinduismus hier größere Abweichungen. Es ist reizvoll, sich mit dieser ganz anderen, fremden Perspektive auseinander zu setzen, um die eigene Position zu überdenken. Der Text muss nicht an dieser Stelle des Unterrichtsganges zum Thema »Wirklichkeit« behandelt werden, er kann auch ganz an seinem Ende gelesen werden oder nach dem Exkurs zu den Weltbildern.

22.2 Die Weltwahrnehmung im Hinduismus
Zunächst stellt der Text in Z. 1–17 die uns vertraute Sicht der Evolutionsbiologie und der Theologie dar; allerdings erscheint dieser »fremde Blick von außen« Eingeweihten schon recht holzschnittartig zu sein – möglicherweise ein Hinweis darauf, dass wir mit ähnlichen »Holzschnitten« in der Aufnahme anderer Religionen agieren.

Wie dem auch sei: Z. 18–54 werden dann eine ganze Reihe von Gemeinsamkeiten und Unterschiede zwischen Hinduismus und Christentum genannt, die danach verlangen, herausgefiltert zu werden. Bedeutsam scheint uns im Unterschied zum Christentum die Multiperspektivität, die »Föderation verschiedener Wege« (Z. 22) zu sein, die der Hinduismus anbietet. Der wesentliche Unterschied besteht natürlich darin, dass der Hinduismus kein lineares Zeitverständnis kennt bzw. dem zyklischen Zeitverständnis[46] in einem »endlosen Kreislauf des Weltentstehens und Weltvergehens« den Vorzug vor einem teleologischen, womöglich eschatologisch-apokalyptisch geprägten Ziel der Welt gibt.

Die damit zusammenhängenden Auffassungen von Reinkarnation und Karma können in einem Exkurs thematisiert werden[47].

Hier wie dort sollte aber bedacht sein, dass das lineare Zeitverständnis im Hinduismus ebenso vorkommt wie das zyklische im Christentum (z. B. Jahreskreis-Feste!). Die Differenzierung besteht mehr in einer Schwerpunktsetzung denn in einer Exklusion der jeweils anderen Vorstellung.

22.3 Literatur
Ram Adhar Mall: Der Hinduismus. Seine Stellung in der Vielfalt der Religionen, Darmstadt 1997.

Cornelia Götz/Brigitte Müller/Volker Possinger/Frieder Spaeth: Hinduismus, in: Unterrichtsideen Religion 9/10, 3. Teilband, Stuttgart 2003, S. 5–81.

Peter Kliemann: Das Haus mit den vielen Wohnungen. Eine Einführung in die Religionen der Welt, Stuttgart 2004, S. 76–82.

22.4 Unterrichtsideen
1. Fragen- und Antworten-Spiel
(Gemeinsamkeiten und Unterschiede entdecken)
Die Schüler/innen suchen in Kleingruppenarbeit zunächst Gemeinsamkeiten und Unterschiede in der Welt- und Wirklichkeitswahrnehmung zwischen Christentum und Hinduismus und halten diese auf einem Blatt Papier (in Tabellenform oder als Mindmap) fest (Aufgabe 1 S. 22). Anschließend entwickeln sie Fragen, die die verschiedenen Inhalte thematisieren und schreiben diese auf DIN A 6-Karten auf. Jede Gruppe kommt mit diesen Fragen ins Plenum, die Fragen werden vorgelesen und an die Tafel geheftet (Magnet oder Kreppband). Dann wird im Plenum versucht, eine Antwort auf die jeweilige Frage zu finden. Diese Antwort wird auf Folie am TLP festgehalten. Sind alle Antworten dort versammelt (Ergebnissicherung), nimmt die Lehrkraft diese Folie mit und kopiert bis zur kommenden Stunde die Ergebnisse für alle Schüler/innen.

2. Thesen entwerfen
Eine weitere Möglichkeit, mit dem Text umzugehen ist ihn in Thesenform umzuarbeiten. Dazu werden ebenfalls entsprechend Aufgabe 1 zunächst wieder in Kleingruppen die Gemeinsamkeiten und Unterschiede herausgearbeitet und so in kleinere Einheiten »zerlegt«. Dann erhalten die Schüler/innen die Aufgabe, je drei Thesen zu den genannten Einheiten zu formulieren. Hilfreich ist es manchmal, vorher die Frage zu suchen, bevor man die These formuliert. Die Thesen werden dann ebenfalls ins Plenum eingebracht (DIN A 6-Karteikarten) und vorgestellt. Die anderen Schüler/innen entscheiden dann, ob die Thesen »brauchbar« sind oder nicht. Eine Sammlung der Thesen ergibt dann das Gesamtergebnis.

3. Diskussion
Ein endloser Kreislauf des Weltentstehens und des Weltvergehens, eine immer fortschreitende und (nach menschlichem Ermessen) »ewig« wiederkehrende Reinkarnation kann nicht nur ein tröstlicher Gedanke sein, sondern auch erschrecken: Soll das denn nie aufhören? Die Schüler/innen versuchen in Kleingruppen zu reflektieren, ob diese Vorstellung für sie eher erschreckend oder tröstlich ist. Für beide Auffassungen werden Argumente gesammelt. Anschließend werden diese mit der christlichen Vorstellung einer endlichen Welt verglichen und Für und Wider beider Vorstellungen gesammelt (Folie, Tabelle).

22.5 Weitere Ideen
Dieses Thema eignet sich mit der unten angegebenen Literatur auch hervorragend für ein vertiefendes Referat/eine Hausarbeit/eine GFS. Interessierte Schüler/innen werden davon profitieren, wenn sie sich in diesem Zusammenhang weiter in den Hinduismus einarbeiten und dessen Wirklichkeitsverständnis mit der christlichen Weltsicht vergleichen.

---

[46] Vgl. Kliemann, S. 80–82.
[47] Vgl. die sehr gute Zusammenstellung bei Götz/Müller/Possinger/Spaeth, S. 8–9 mit den dazu gehörigen Materialien M 1 bis M 10.

23 Der Schöpfer als Architekt

23.1 Der Zusammenhang
Die aus dem 13. Jahrhundert stammende Buchmalerei (Beschreibung siehe unten) eignet sich wie der Text von Jürgen Moltmann (SB S. 21) für einen Abschluss des Gedankengangs über die Weltbilder (Teil 3: Woher kommt die Welt? – Weltbilder) ebenso wie für einen Auftakt zum Verhältnis von Naturwissenschaft und Theologie (Teil 4: Wahrnehmung und Wirklichkeit in den Wissenschaften). Die Verknüpfung von Schöpfungsgedanken einerseits und naturwissenschaftlicher Vorgehensweise (Planen, Messen, Bauen ...) andererseits, die in diesem Bild als Sinnbild beider Denkschemata gegeben sind, kann dazu dienen, nun den Zusammenhang von biblischer und naturwissenschaftlicher Weltdeutung gemeinsam zu erarbeiten.

23.2 Das Bild[48]
Das Bild aus der Österreichischen Nationalbibliothek Wien ist ein Zeugnis gotischer Buchmalerei.

Was den *Bildaufbau* und die *Farben* angeht, so fällt zunächst die dominierende Gestalt in der Mitte des Bildes auf: Sie scheint zu groß für dieses Bild zu sein, denn Fuß und Mantel (Obergewand) müssen über den angedeuteten Rahmen hinausreichen. Dies ist kein Zufall: Gott ist größer als das Bild, das ihn bannen könnte, er ist, obwohl er sich in die mit dem Rahmen angedeutete Wirklichkeit hineinbegibt, dennoch größer als sie und bleibt auch in dieser Immanenz transzendent. Die herabbeugende Haltung ist Ausdruck seiner Zuwendung zur erschaffenen Welt, der seine ganze Aufmerksamkeit gilt. Vermutlich aufgrund des Bilderverbotes ist Gott in der Gestalt Jesu Christi dargestellt, wie an dem Nimbus, der mit einem goldbraunen Kreuz hinterlegt ist, gut zu erkennen ist. Auch die Barfüssigkeit, die Gesichtszüge und die Haare verstärken den Eindruck eines ca. 30-jährigen Mannes, ebenso das Gewand. Das Unterkleid in Blau (Innenseite Rot) und das Obergewand in Rot unterstreichen die Majestät Gottes, die Ränder sind in Gold abgesetzt. Der unterhalb des Halses angedeutete Halbkreis scheint eine Entsprechung zum Nimbus zu sein, die Rundungen des roten Obergewandes erinnern an eine die gesamte Gestalt in ihrer Heiligkeit einhüllende Mandorla.

In seiner linken Hand hält er die im Entstehen begriffene Welt nicht wirklich, vielmehr scheint die Geste darauf hinzudeuten, dass Gott diese Scheibe (Kugel?) gleich ins Rollen bringen wolle. Jedenfalls ist eine große Leichtigkeit in dieser Bewegung, die Dynamik und Halt zugleich ausdrückt. Die rechte Hand hält noch den ebenfalls goldenen Zirkel, mit dem die Welt genau abgemessen wird, indem ihr Radius von der Mitte zum äußeren Rand definiert wird. Die Welt selbst ist offenbar im Augenblick ihrer Entstehung geschildert: Dargestellt ist der gesamte Kosmos, der wie der Nimbus Christi in Grün gehalten ist und damit die »kosmische Größe«, das »kosmische Ausmaß« dieses Schöpfungsaktes andeutet. Die Größe, die sich im Nimbus des »Kosmos' Christi« versinnbildlicht, wiederholt sich im Schöpfungsakt in der Darstellung des Kosmos – deshalb sind beide kreisrund, deshalb sind beide Grün. Man fühlt sich unwillkürlich am Joh 1,10 erinnert: »Er war im Kosmos, und der Kosmos ist durch ihn geworden, und der Kosmos hat ihn nicht erkannt«. Von außen nach innen beschrieben fällt zunächst der nach außen abgemessene und abgegrenzte Rand des Kosmos auf, definiert durch den Radius des Zirkels. Klar wird dadurch: Gott hätte, wie der rote Führungsstab des Zirkels andeutet, den Kosmos auch noch wesentlich größer gestalten können, hätte er nur den Zirkel weiter aufgezogen. Ausgedrückt werden soll: Selbst durch die Erschaffung dieses unendlich großen, sich über unseren Köpfen wölbenden Kosmos sind die Möglichkeiten Gottes noch lange nicht erschöpft. Innerhalb des Kosmos befindet sich die Erde, abgegrenzt nach außen durch eine feine weiße Linie, darunter das Blau des Himmels, an dem sich Wolken bewegen. Innerhalb dieses Kreises scheint noch einiges im Fluss zu sein, wie der schwarze Grundton mit den daran schon befindlichen Sternen zeigt. Auffallend ist der rote Planet (der Mars?, wahrscheinlicher aber die Sonne – siehe die Inschrift unten), der auch weiter differenziert ist durch weiße Striche, während der kleine goldene, kreisrunde Kreis wohl den zur Erde gehörenden Mond (deshalb ist er auch golden) andeutet. Die Schwärze der die Erde umgebenden, noch ungestalteten Größe lässt ahnen, dass das Ungestaltete, das Chaos, die Elemente (vgl. Inschrift unten) die Grundlage und der Hintergrund ist, auf dem die Erde entsteht. Diese selbst ist noch nicht weiter differenziert, auch noch nicht in ihrer kreisrunden Form angelegt (wie der Mond), sondern noch ungeformt. Man ahnt aber schon die spätere Gestalt. Als gutes Schöpfungswerk Gottes ist sie natürlich Gold gehalten.

Die *Überschrift des Bildes* ist auf dieser Abbildung nicht zu sehen. Über dem Bild steht in mittelalterlichem Französisch »ICI CRIE DEX [= DEUS] CIEL ET TERRE SOLEIL ET LUNE ET TOZ ELEMENZ«. Übersetzt bedeutet dies: »Hier erschafft Gott Himmel und Erde, die Sonne, den Mond und alle Elemente«.

23.3 Literatur
Erich Eßlinger/Hartmut Rupp/Uwe Schott: Gottes verborgene Gegenwart. Oberstufe Religion Heft 10, Stuttgart 1988, S. 3 und Lehrerheft, ebd. 1989, S. 13

23.4 Unterrichtsideen
Es gibt verschiedene Wege, dieses Bild im Unterricht zu erschließen (hier sind nur zwei der Möglichkeiten angegeben – vgl. ausführlich und grundsätzlich zu Bilddidaktik und -methodik M 3).

a) Bildimmanente Methoden
1. Bildinterview
Die Schüler/innen werden in zwei Halbplena eingeteilt. Die erste Hälfte stellt Fragen an das Bild, die an der linken Hälfte der Tafel notiert werden (gleichzeitig schreibt ein/e Schüler/in die Fragen mit auf ein DIN A 4-Blatt). Wenn sich die Fragen erschöpft haben, ist die andere Hälfte der Schüler/innen gefragt: Sie formulieren nun Antworten auf die notierten Fragen, die Antworten werden auf der rechten Seite der Tafel (mit anderer Farbe) aufgeschrieben (und ebenfalls von dem/der Schüler/in notiert). Der Vorteil dieser Methode liegt darin, dass viele Augen mehr sehen als nur zwei und so viele auch ungewöhnliche Fragen

---
[48] Vgl. dazu auch Eßlinger/Rupp/Schott, S. 3, Lehrerheft, S. 13.

zustande kommen, auf die ein/e Einzelner so gar nicht gekommen wäre. Ferner ist es schön, sich ein Bild langsam aber sicher zu vergegenwärtigen und durch die Fragen der anderen auch auf Details aufmerksam zu werden, die einem sonst entgangen wären. Wenn die Antworten alle zufrieden stellend waren, kann die Lehrkraft noch weitere Details erklären (siehe Bildbeschreibung oben 22.2) oder diese vorher auf ein Informationsblatt abdrucken. Das DIN A 4-Blatt, auf dem die Fragen und Antworten notiert sind, wird von der Lehrkraft bis zur nächsten Stunde für alle Schüler/innen kopiert (Ergebnissicherung).

2. Schreibmeditation (vgl. S. 164 SB)
Die Schüler/innen teilen sich in Kleingruppen (nicht mehr als 3 bis 4 Leute) auf. Jeder nimmt ein Blatt Papier und notiert sich auf seinem Blatt einen Gedanken, eine Frage, eine These ... Dieses Blatt wird dann im Uhrzeigersinn weitergereicht. So erhält jede/r das Blatt des Nachbarn, dessen Notiz er dann kommentieren kann. Dann wird das Blatt wieder weiter gegeben, bis es ein Mal im Kreis gewandert wieder zum Absender kommt. Jede/r liest dann die Kommentare der anderen zu seiner Notiz. Anschließend wird diskutiert unter der Fragestellung: »Ist Gott Naturwissenschaftler?«. Jede Gruppe formuliert dazu eine These, die sie aufschreibt (Folienstück oder DIN A 6-Zettel) und später ins Plenum einbringt.

b) Bildkontextuelle Methoden
1. Bild-Text-Vergleich
Die Schüler/innen vergleichen nach der Erschließung des Bildes (s. o.) in Kleingruppen das Verhältnis von Bild und Bibeltext, hier Gen 1,1–2,4a. Folgende Fragestellungen legen sich nahe:
- Welche Szene wird in dem Bild dargestellt? (Warum diese?)
- Welche Informationen gibt das Bild, die der Text nicht hat? (Was bedeutet das?)
- Welche Informationen aus dem Text fehlen in dem Bild? (Was ist die Absicht?)
- Wie legt das Bild den Text aus? (Wie kommt diese Interpretation zustande?)

Auf einer vorbereiteten Folie mit einer Tabelle zu den vier Fragen werden die Antworten aus den Gruppen abgerufen und am TLP eingetragen. Das Ergebnis wird bis zur kommenden Stunde von der Lehrkraft für die Schüler/innen kopiert (Ergebnissicherung).

2. Bildinformation (Vertiefung)
Wenn dann noch Fragen offen sein sollten: M 23.1 austeilen und das Bild aufgrund dieser Beschreibung langsam gemeinsam entdecken (in Abschnitten vorlesen und besprechen).

23.5 Zusatzmaterialien
M 23.1 Bildinformation zu »Der Schöpfer als Architekt«

24 Die Entdeckung des Fallgesetzes

24.1 Der Zusammenhang
Mit dem Text über die Präzisierung der Fallgesetze durch Galileo Galilei beginnt der Teil 4 der Unterrichtseinheit: Die Wahrnehmung und Wirklichkeit in den Wissenschaften, hier zunächst die Eröffnung mit der naturwissenschaftlichen Sicht der Dinge. Der klassische Text eignet sich gut, um grundsätzliche Erwägungen und Vorgehensweisen der Naturwissenschaften zu verdeutlichen – deswegen steht er hier am Anfang von Teil 4.

24.2 Der Hintergrund
Im Jahr 1590/91 führt Galileo Galilei in Pisa Experimente über das Fallgesetz an einer schiefen Ebene durch. Der Text S. 24 beschreibt diesen Versuch und die Schlussfolgerungen, die Galilei damals zog. Durch diese Experimente war es erstmals gelungen, die Thesen des Aristoteles zu erschüttern (Z. 1–14). Die Beschreibung der Vorüberlegungen Galileis (Z. 15–36) und des Experimentes selbst (Z. 36–57) machen anschaulich, wie Naturwissenschaftler vorgehen. Didaktisches Ziel dieses Textes ist es, die Schüler/innen diesen induktiven Weg selbst entdecken und beschreiben zu lassen und sich damit einen wesentlichen Verstehensbaustein zu erarbeiten.

24.3 Literatur
Hartmut Rupp/Uwe Schott/Erich Eßlinger/Dieter Marwinsky/Hartmut Schmogro/Dieter Wietershofer: Wege zur Wirklichkeit – Glaube und Naturwissenschaft. Oberstufe Religion Heft 2, Stuttgart, 12. Auflage 1990, S. 13 und Lehrerheft, ebd. 1979 S. 20–26.

Veit-Jakobus Dieterich: Glaube und Naturwissenschaft. Oberstufe Religion Heft 2, Stuttgart 1996, S. 47 (Nachfolge-Heft) und Lehrerheft, ebd. S. 1996, S. 88 (Nachfolge-Kommentar).

24.4 Unterrichtsideen
1. Texterschließung: Erarbeitung des Textes nach Leitfragen
a) Die Schüler/innen werden zunächst über den Hintergrund des Versuches und über den zu lesenden Text und die sich damit verbindende Absicht informiert (s. o.). Die Aufgabenstellungen werden *vor* der Lektüre des Textes gelesen.
b) Gemeinsames Lesen des Textes, Rückfragen zum Verstehen einzelner Wörter.
c) Die Schüler/innen bilden Kleingruppen, in denen sie zunächst nachvollziehen, wie Galilei vorgegangen ist (Aufgabe 1). Dies ist am besten möglich, wenn der Text in drei Abschnitten (s. o.) noch einmal vorgelesen und dann die einzelnen Überlegungen und Arbeitsschritte Galileis von einem Schreiber der Gruppe festgehalten werden.

2. Transfer
Die Kleingruppe überlegt sich dann den 2. Teil der Aufgabe 1: Kann aus diesem Vorgehen Galileis ein allgemeiner Weg zur Erschließung von Wirklichkeit abgeleitet werden? Die Frage wird diskutiert und auf einer vorbereiteten Folie mit zwei Spalten werden das Für und das Wider dieser Überlegung notiert. Damit hängt auch die Aufgabe 2 zusammen: Gibt es Schwächen in dieser Vorgehensweise? Diese sollen ebenfalls benannt und auf der Folie notiert werden.

3. Diskussion
Die Gruppenschreiber bringen ihre Folienergebnisse ins Plenum ein. Zunächst wird von jeder Gruppe nur der erste Teil der Aufgabe 1 abgerufen und hierüber Einigkeit hergestellt (das ist nicht so schwer). Dann stellen die Gruppen ihre Lösungen der Frage in Aufgabe 1 und für Aufgabe 2 in Tabellenform vor (anhand der Folie auf TLP). Diese werden diskutiert. Ein Tafelanschrieb sichert das erreichte Wissen.

25 Zugänge zur Wirklichkeit – Wissenschaftstheoretische Modelle

25.1 Der Zusammenhang
Der Text auf 25 sichert das bisher erreichte Wissen. In denkbar knapper Form sind hier die wichtigsten wissenschaftstheoretischen Modelle zusammen gestellt und kurz erläutert. Im Zusammenhang mit der Unterrichtseinheit »Wirklichkeit« soll damit ein erster Informations-Input gegeben werden, auf den die Schüler/innen später zurückgreifen können.

25.2 Literatur
Veit-Jakobus Dieterich: Glaube und Naturwissenschaft, Oberstufe Religion Heft 2, Stuttgart 1996, S. 46.

25.3 Unterrichtsideen
1. Visualisierung
Der Text ist in seiner klaren Struktur leicht zu erschließen. Er eignet sich besonders gut zur Visualisierung (siehe SB S. 61) bzw. zur grafischen Gestaltung. Der Text wird dabei in seinen wesentlichen Aussagen auf einer Folie so gestaltet, dass er leicht zu erfassen und zu bearbeiten ist. Dazu ist es notwendig, erst die wesentlichen Informationen zu eruieren, dies geschieht am besten in einer kleinen Gruppe.
Wichtig ist, dass die Schüler/innen den Zusammenhang und die Weiterentwicklung zwischen dem (Klassischen) Empirismus und dem Logischen Empirismus (Positivismus) einerseits zu unterscheiden lernen vom Rationalismus und seiner Weiterentwicklung zum Kritischen Rationalismus. Diese Unterscheidung und Weiterentwicklung sollte sich auch grafisch auf der Folie niederschlagen.

2. Hausaufgabe
Der Text eignet sich darüber hinaus gut als Hausaufgabe zur Wiederholung.

26 Schöpfung oder Evolution?

26.1 Der Zusammenhang
Mit der Frage nach den verschiedenen Zugängen zur Wirklichkeit verbindet sich klassischerweise schon immer die Frage nach der Entstehung der Welt: Für viele Schüler/innen auch der Oberstufe ist diese Frage keineswegs entschieden. Die bei den »Elementaren Fragen« (SB S. 7) formulierte Frage: »Schließt die Evolutionstheorie den Glauben an einen Schöpfergott aus?« soll nun an dieser Stelle thematisiert werden. Sie ist grundlegend für das Verständnis von Wirklichkeit, weil sie an einer zentralen Stelle entscheidet, wie weit das Abstraktionsniveau der Schüler/innen reicht. Dies ist nicht vorauszusetzen, sondern soll mit Hilfe dieses Textes erschlossen werden.

26.2 Schöpfung oder Evolution?
Der Text beginnt mit schon bekannten Voraussetzungen (Z. 1-13) und einem einfachen Beispiel, das die nebenstehende Grafik verdeutlicht. Das damit benannte erkenntnistheoretische Problem ist einsichtig und bietet keine Schwierigkeiten. Schwieriger gestaltet sich jedoch die Übertragung dieser Denkfigur auf das »Paradebeispiel« (Z. 17f.) »Evolution und Schöpfung« (Z. 14-19). Der Text bleibt hier aber nicht im Allgemeinen, sondern greift sich als Spezialproblem die »Entwicklungsgeschichte des Menschen« (Z. 22f.) heraus, an der er die unterschiedlichen Denkfiguren beschreibt (Z. 20-35), ehe er dann in einer Schlussfolgerung die nötigen Konsequenzen zieht (Z. 35-41).

26.3 Literatur
Wilhelm Gräb (Hg.): Urknall oder Schöpfung? Zum Dialog von Naturwissenschaft und Theologie, Gütersloh 1995.
Günter Altner: Charles Darwin – und die Dynamik der Schöpfung. Natur – Geschichte – Evolution – Schöpfung, Gütersloh 2003.
Wolf-Rüdiger Schmidt: Der Schimpanse im Menschen – das gottebenbildliche Tier. Menschenaffen – Evolution – Schöpfung, Gütersloh 2003.
Michael Welker: Schöpfung: Big Bang oder Siebentagewerk? Themenheft »Naturwissenschaft und Glaube«, in: Glaube und Lernen. Zeitschrift für theologische Urteilsbildung, Heft 2/1994, Göttingen 1994, S. 126-140.

26.4 Unterrichtsideen
1. Texterschließung
In einem ersten Schritt soll der Text erschlossen werden. Dazu kann er im Plenum von der Lehrkraft langsam vorgelesen werden (um wichtige Betonungen nicht zu versäumen). Unklare Worte (z. B. »metaempirisch«, Z. 33) können erklärt werden. Der Gedankengang wird anschließend nachvollzogen.

2. Textbearbeitung
Der Text soll anschließend in Einzelarbeit markiert und unterstrichen werden. Dazu ist der Text als solcher zur besseren Bearbeitung als M 26.1 noch einmal abgedruckt.

Sollten die Schüler/innen die Methode »Texte markieren und unterstreichen«[50] noch nicht internalisiert haben, bietet sich folgende Vorgehensweise an:
- Bleistift, Lineal, Textmarker, dünnen roten Filzstift und Radiergummi bereitlegen
- Wichtige Stellen zunächst mit Bleistift unterstreichen, damit der gedankliche Aufbau durchsichtig wird. Überprüfen, ob auch wirklich das Wichtige unterstrichen wurde. Überflüssige Unterstreichungen wieder ausradieren.
- Schlüsselbegriffe (nur diese!) mit dem Textmarker hervorheben. Nicht den Text »anmalen«.
- Wichtige Erläuterungen zu den Schlüsselbegriffen rot unterstreichen (Lineal!).
- Schlüsselbegriffe geordnet auf einen zweiten Zettel schreiben und überlegen, ob man mit ihrer Hilfe den Text rekonstruieren könnte. Wenn das nicht der Fall ist: noch mal den Text lesen und erneut Begriffe hervorheben.

3. Text aneignen
Wenn diese Arbeitsschritte vollzogen sind, bilden sich Kleingruppen, die die beiden auf SB S. 26 genannten Aufgaben bearbeiten. Gemeinsam wird nun zunächst der scheinbare Widerspruch zwischen Evolutionstheorie und Schöpfungsglaube geklärt, am besten wird dazu eine kurze These aufgeschrieben. Diese Aufgabe ist die Vorarbeit zur zweiten Aufgabe, die dann im Plenum bearbeitet wird.

26.5 Zusatzmaterialien
M 26.1 Schöpfung oder Evolution – Arbeitstext

---

[50] Vgl. Heinz Klippert: Methodentraining. Übungsbausteine für den Unterricht, 11. Auflage Weinheim/Basel 1994, S. 105-108.

27 Das Netz des Physikers

27.1 Der Zusammenhang
Der Text von Hans-Peter Dürr darf beim Thema »Wirklichkeit« zu den Klassikern gezählt werden, da er sehr einsichtig und an einem schönen Beispiel noch einmal die naturwissenschaftliche Erkenntnisweise erklärt und damit die schon gewonnenen Ergebnisse der Seiten SB S. 24 und 25 vertieft. Er steht als letzter Text vor dem zusammenfassenden Überblick auf SB S. 28.

27.2 Texterschließung
Der stark gekürzte Text aus dem unten angegebenen Buch beschreibt in einer Einleitung (Z. 1–15) die wesentliche und zentrale Fragestellung: Was meint ein Naturwissenschaftler, wenn er von Erkenntnis, von Wissen spricht und wie steht dies in Beziehung zur »eigentlichen Wirklichkeit« (Z. 7.18)?
Dieser Fragestellung nähert sich Dürr mit einer Parabel, die der englische Astrophysiker Sir Arthur Eddington erzählt hat (Z. 16–32). Die daraus zu ziehenden Schlussfolgerungen sind schwerwiegend: Der beschriebene Ichthyologe benennt »Grundgesetze« (Z. 33), denen ein »Metaphysiker« (Z. 39) widerspricht. Die durch die vorhandenen Daten gezogenen Schlussfolgerungen seien keineswegs sicher, sondern hingen von den Voraussetzungen des genannten Fisch-Experimentes ab (Z. 33–49). Der Ichthyologe aber kontert: er bestimmt selbst, was und wie ein Fisch zu sein hat (Z. 50–57).

27.3 Literatur
Hoimar von Ditfurth: Im Anfang war der Wasserstoff, München, 16. Auflage 1999.
Hans-Peter Dürr: Das Netz des Physikers. Naturwissenschaftliche Erkenntnis in der Verantwortung, München 2000.

27.4 Unterrichtsideen
Der Text kann in Kleingruppen unter den angegebenen Aufgabenstellungen gut erarbeitet werden (Methode »Erarbeitung eines Textes nach Leitfragen«).

1. Aufgabe 1a: Die Schüler/innen lesen den Text und stellen sich auf einem Blatt Papier in einer linken Spalte die Bedingungen zusammen, die der Ichthyologe vornimmt, um sein Ergebnis zu erzielen. In der mittleren Spalte wird versucht, daraus eine Regel (»ein allgemeines Gesetz«) zu entwickeln, in der rechten Spalte wird die Vorgehensweise kommentiert (Beispiel: M 27.1: Das Netz des Physikers). Die Lehrkraft weist die Schüler/innen darauf hin, dass sie sich zu diesem Zweck zunächst auf die Zeilen 25–32 beschränken sollen.

2. Aufgabe 1b: Ist diese Aufgabe getan, versuchen die Schüler/innen ein »allgemeines Gesetz« für einen Versuchsaufbau zu formulieren.

3. Die Aufgabe 2 ist als Transferfrage zugleich eine kritische Distanzierung von den gefundenen Antworten der Tabelle. Sie zielt gleichzeitig auf das Nicht-Wahrhaben-Wollen des Ichthyologen (Z. 50–57). Offensichtlich will der Ichthyologe selbst definieren, was ein Fisch ist und wie ein Fisch beschaffen sein muss. Von hier aus müsste es möglich sein, diese Vorgehensweise auch auf andere Erkenntnisbereiche zu übertragen.

4. Eine Ergänzungsaufgabe könnte darin bestehen, weitere Erkenntnisbereiche zu benennen, in denen wir mehr oder weniger wie der Ichthyologe vorgehen und *unsere Definition des Erkannten zum Maßstab des erst noch zu Erkennenden machen*. Eine sich

5. anschließende Diskussion über die Ergebnisse der Arbeitsgruppen im Plenum könnte genau zu diesem Ergebnis kommen und diesen als Tafelanschrieb sichern.

27.5 Zusatzmaterialien
M 27.1 Das Netz des Physikers (Übersicht)

28 Wirklichkeitswahrnehmung in den Naturwissenschaften

28.1 Der Zusammenhang
S. 28 ist eine Zusammenfassung, die die wichtigsten bisherigen Erkenntnisse zur Wirklichkeitswahrnehmung in den Naturwissenschaften bündeln soll. Sie ist deshalb nicht mit einem Arbeitsauftrag verbunden und nicht mit Zeilennummerierung versehen. Das didaktische Ziel ist einzig, zur Ergebnissicherung einen zusammenfassenden Merktext zu haben.

28.2 Wie forschen die Naturwissenschaften?
Der Text ist so verdichtet, dass er nicht weiter gekürzt werden kann. Nur die wichtigsten Informationen sind festgehalten. Neben den Voraussetzungen, unter denen die Naturwissenschaften arbeiten und dem Interesse, das sie damit verfolgen, sind natürlich der Gegenstand und der Anspruch der Naturwissenschaften zu thematisieren. Die Methoden stehen bei diesem Text allerdings im Vordergrund. Die Grenzen zeigen die Redlichkeit naturwissenschaftlichen Forschens.

28.3 Unterrichtsideen
1. Nach der gemeinsamen Lektüre des Textes und inhaltlichen Verstehensfragen kann man den Text grafisch aufbereiten, entweder in Tabellenform oder als Beziehungsgeflecht.

2. Danach kann vom Abschnitt *Methoden der Naturwissenschaften* aus auf verschiedene Texte zurückgegriffen werden; dieser Arbeitsschritt eignet sich ideal, um noch einmal die bisherige »Wirklichkeits-Einheit« Revue passieren zu lassen:
- auf SB S. 24 Gibt es einen Unterschied im Vorgehen Galileis zu dem des Ichthyologen und wenn ja: Worin besteht er?
- auf SB S. 25 Es können der deduktive und der induktive Weg noch einmal in den wissenschaftstheoretischen Modellen verortet werden.
- auf SB S. 8, 10, 11 Was hat diese Zusammenfassung auf S. 28 mit den Thesen von Platon, Gerhard Roth und mit dem Konstruktivismus zu tun?

29 Hans Küng: Was heißt glauben?

29.1 Der Zusammenhang
Mit dem Text von Hans Küng wird der zweite Abschnitt des 4. Teiles zur Wahrnehmung von Wirklichkeit in den Wissenschaften eröffnet. Die Schüler/innen sind hierauf insofern schon vorbereitet, als schon durch SB S. 12-14 deutlich geworden war, dass die Wahrnehmung von Wirklichkeit in den Geisteswissenschaften sich von der naturwissenschaftlichen Weise sehr unterscheidet.
Die Differenz zwischen dem an dieser Stelle einzuführenden Begriff »Glauben« zu der nüchternen Beschreibung der Wirklichkeitswahrnehmung in den Naturwissenschaften ist aber gar nicht so groß, wie man auf den ersten Blick wähnen könnte. Gerade der Text von Hans-Peter Dürr (SB S. 27), der den Ichthyologen »glauben« lässt, alle Fischer, die er finge, seien nur Fische, weil er es so definiere, und die (Selbst-)Begrenzung der Naturwissenschaft (SB S. 28) weisen auf einen Bereich außerhalb des naturwissenschaftlichen Erkennens hin, der jedenfalls durch diese Methoden nicht erfasst und nicht definiert werden kann. Genau auf diesem Umstand macht Hans Küng aufmerksam und stellt diesem Denken eine andere Art zu denken an die Seite.

29.2 Was heißt glauben?
Die Naturwissenschaft kann ihren »Gegenstand: Natur« definieren. Dies kann die Theologie nicht in gleicher Weise, weil Gott als der »Gegenstand« der Theologie (Theo-Logie: »Rede von Gott«) nicht einfach verobjektiviert werden kann (Z. 1-6). Denn Gott, so die These von Hans Küng, ist nicht »irgendeine weitere Dimension unserer vieldimensionalen Wirklichkeit« (Z. 6-8), sondern außerhalb dieser (erkennbaren!: Gerhard Roth) Wirklichkeit anzusiedeln.
Diese für uns nicht definierbare Wirklichkeit ist aber dennoch präsent (Z. 10) und wirkmächtig innerhalb der Wirklichkeit (»in unserem alltäglichen Rechnen verborgen präsent«, Z. 9-10). Daraus ergibt sich die Frage, wie dann diese Wirklichkeit Gott »angenommen« (im doppelten Sinn des Wortes) werden kann (Z. 12-15). Hier antwortet Küng zunächst mit dem Imperativ der praktischen Vernunft von Immanuel Kant (Z. 14-19, vgl. M 11.1 und Namensregister SB S. 238 sowie den Text von Kant SB S. 180), jedoch möchte Küng den Menschen nicht auf seinen Verstand reduziert sehen, sondern von einem »Akt des Menschen insgesamt« (Z. 19-20) reden. Die sich anschließende Definition des Glaubens als »*Akt vernünftigen Vertrauens*« ist m. E. sehr tragfähig, da sie sich nicht – was im übrigen auch nicht ginge – auf ein rationales Beweisen (Z. 25) zurückzieht, noch einem »irrationalen Fühlen« (Z. 26) vertrauen muss, noch auch ein »Akt des Willens« (Z. 26f.) ist. Der von Küng verstandene Akt vernünftigen Vertrauens schließt eben den Verstand, den Willen und das Gemüt mit ein (Z. 30f.). Der biblische Sinn von »Glauben« umfasst so den ganzen Menschen, der sich auf diese andere »Wirklichkeit Gottes selbst« einlässt (Z. 35f.). Die dann angefügte Definition Augustins vertieft diesen Gedankengang (Z. 36-42) noch.
Schön ist auch die Abgrenzung des christlichen »Urwortes« »Glauben« gegenüber bestimmten Entwicklungen der Kirchen beschrieben (Z. 43-51); alle drei Abgrenzungen

verbindet – durch die angegebenen Elemente (Bibel – Tradition – Autoritarismus) hindurch – der Hinweis auf den Gott, den diese zu »bezeugen« versuchen (Z. 53). Das Glaubensbekenntnis als Ausdruck, als *Artikulation* des Glaubens und nicht als Glaube selbst, gehört ebenfalls in diese Grenzziehungen hinein (Z. 54–57).

29.3 Unterrichtsideen
Der Text von Hans Küng ist bei aller Klarheit sehr dicht und präzise, was ein genaues Lesen nötig macht. Deshalb wird in einem

1. Schritt der Text durch die Lehrkraft vorgelesen. »Vorlesen« hört sich einfach an, ist aber oft gar nicht so einfach. Folgende Elemente können zu einem gelungenen Vorlesen beitragen:
- den Text vorher zu Hause selbst mehrmals laut vorlesen
- den Text bearbeiten durch Querstriche (Sinnabschnitte – auch wichtig für das Atmen) und Akzente (Haltepunkte). Sinntragende Wörter unterstreichen
- beim Vorlesen selbst stehen (wegen Atmung) und an einem Platz stehen, an dem alle den Vorleser sehen können (Vorne, Mitte)
- die Stimme variabel einsetzen: man kann zwischen dynamischem Einsatz (schneller – langsamer; lauter – leiser) und einem melodischen Einsatz der Stimme (höher – tiefer; mit Nachdruck – ohne Nachdruck) variieren
- Pausen (an der richtigen Stelle) fördern die Aufmerksamkeit
- Wenn möglich Blickkontakt suchen.

2. Text gliedern
In einer Arbeitsgruppe können die Schüler/innen sich anschließend den Text zunächst gliedern. Damit sie mit dem Text arbeiten können, empfiehlt sich die Ausgabe als Arbeitsblatt (M 29.1). Nach diesem Arbeitsschritt können die Schüler/innen an die Inhalte gehen:

3. Text mit Leitfragen erarbeiten und in der Gruppe diskutieren. Anschließend Ergebnissicherung im Plenum (Tafelanschrieb).

4. Weitere Aufgabenstellung
Vergleich der von Küng formulierten Definition von Glauben mit Hebräer 11,1 (in Kleingruppen). vorbereitete Folie mit 3 Spalten (Gemeinsamkeiten – Unterschiede – Widersprüche?). Anschließend Vorstellung im Plenum und Diskussion.

29.4 Zusatzmaterialien
M 29.1 Was heißt glauben? – Arbeitstext

30 Dorothee Sölle: Was ist Theologie?

30.1 Der Zusammenhang
Der Text von Dorothee Sölle bietet gegenüber dem Text von Hans Küng (SB S. 29) eine entscheidende Erweiterung. Er reflektiert nicht allein über den Glauben als »Akt vernünftigen Vertrauens«, sondern hebt diese Definition gleichsam in den Stand wissenschaftlicher Reflexion, indem dem Begriff »Glaube« der Begriff der wissenschaftlichen »Theologie« an die Seite gestellt wird. Diese Erweiterung ist notwendig, auch hinsichtlich der Frage, ob Theologie überhaupt so etwas wie »Wissenschaft« sein will und kann? In seinem deutlichen Ja zu dieser Frage ist dieser Text auch die ideale Vorbereitung auf die Frage nach den Methoden, derer sich die Theologie bedient (SB S. 31: Hermeneutik; S. 32 und 33: Historisch-Kritische-Methode).

30.2 Gott denken
Dorothee Sölle hat ihr Buch »Gott denken«, aus dem dieser Text stammt, als »Einführung in die Theologie« unterschrieben. Es ist aus einer Vorlesung entstanden, die eine solche Einführung leisten wollte. Dieser Vorlesungscharakter prägt auch diesen Auszug nach wie vor.
Im ersten Teil wird der Begriff, ausgehend von seinen philologischen Elementen, zunächst reflektiert und wie bei Hans Küng (SB S. 29) der »Gegenstand der Theologie« (Z. 12) von den Gegenständen der Mineralogie (Z. 3) und Ossologie (Z. 10) unterschieden. Dieser von Küng schon bekannte Gedanke sollte keine Schwierigkeiten bieten, sondern diesen im Gegenteil sogar bestätigen und bekräftigen.
Wichtiger aber ist in diesem Text, wie Sölle zwischen Glauben und Theologie unterscheidet und wie die beiden Größen dennoch miteinander zusammenhängen und sich gegenseitig bedingen. Dabei ist die beschriebene »kreisende Bewegung« (Z. 53) das Ziel des Textes. Zuvor jedoch gibt Sölle zwei Gründe an, warum Theologie notwendig sein könnte: Theologie als notwendiger zweiter Schritt der reflektierenden Selbstverständigung über den Glauben (Z. 17–22) muss nach innen und außen kommunizierbar bleiben (Z. 24–31). Die danach eingeführt Formel Anselms von dem Glauben, der nach Verstehen sucht lässt sich sehr schön erschließen mit den drei von Sölle angebotenen Begriffen (Z. 36–48).

30.3 Unterrichtsideen
a) Der Text kann vorzugsweise in einer Arbeitsgruppe, aber auch in Einzelarbeit erschlossen werden. Dazu bieten sich unterschiedliche Wege an:

1. Einzelarbeit: Methode »Text löschen«
Für diese Methode ist kennzeichnend, dass die Schüler/innen die Elemente des Textes, die nach ihrer Vorstellung nicht zentral oder relevant sind, ausstreichen, löschen. Dazu bedarf es aber eines vorbereiteten Arbeitsblattes mit dem Text (bitte nicht im Buch »löschen«! – siehe M 30.1). Die Arbeitsaufgabe:
a) Lesen Sie den Text mehrmals sehr sorgfältig durch.
b) Unterstreichen Sie Ihnen wichtig scheinende Passagen

c) Nehmen Sie einen (möglichst) schwarzen Filzstift zur Hand und »löschen« Sie die Ihnen weniger wichtigen Textpassagen, indem Sie nur noch die Rohinformationen/die wichtigsten Definitionen übrig lassen und alles andere ausstreichen.
d) Vergleichen Sie Ihre Ergebnisse mit denen Ihres Nachbarn/Ihrer Nachbarin.

2. Gruppenarbeit: Erarbeitung nach Leitfragen
In einer Kleingruppe können die beiden Aufgaben bearbeitet werden.
Die Ergebnisse von Aufgabe 2 können grafisch auf einem Plakat festgehalten werden, indem beide Begriffe gegenüber gestellt und jeweils definiert werden. Eine andere Lösung wäre die »kreisende Bewegung« grafisch nachzuvollziehen.

b) Weitere Ideen
1. »Vorlesung halten«
Da dieser Text aus einer Vorlesung Dorothee Sölles stammt, bestünde auch die Möglichkeit, die »wissenschaftspropädeutische Kompetenz« der Schüler/innen zu stärken, indem die Lehrkraft nach der Erarbeitung des Textes (s. o.) das erste Kapitel des Buches[51], das mit dem Titel »Was ist systematische Theologie« überschrieben ist, vorliest. Dauer: ca. 20 Minuten mit Tafelanschrieb am Schluss. Notwendige Hinweise:
- Schüler/innen brauchen Stift und Papier
- Hinweis, nur das mitzuschreiben, was sie als wichtig erachten
- Hinweis der Möglichkeit zur Unterbrechung durch Strecken. Gleichzeitig die Aufforderung, dies nur im äußersten Notfall zu tun
- Nach der »Vorlesung«: Vergleich der Mitschriften und Klärung des Gedankengangs.
- Reflexion über die Schwierigkeit, das Wichtige vom Unwichtigen zu unterscheiden.

2. Lektüre der Ganzschrift
Wie bei Hans Küngs Buch Credo (s. o.) ist auch eine Lektüre der Ganzschrift von Dorothee Sölle möglich, da beide nicht überaus umfänglich sind. Vielleicht eine Möglichkeit in der zweiten Hälfte von Klasse 13?

30.4 Zusatzmaterialien
M 30.1 Was ist Theologie? – Arbeitstext

[51] Dorothee Sölle: Gott denken. Einführung in die Theologie, Stuttgart 1990

31 Was ist Hermeneutik?

31.1 Der Zusammenhang
Nachdem mit den Texten von Hans Küng (SB S. 29) und Dorothee Sölle (SB S. 30) die Definition des Glaubens, die Unterscheidung zwischen Glauben und Theologie und die Interdependenz beider erarbeitet ist, kommt es darauf an, die Methoden darzustellen, mit denen die Theologie arbeitet. In unserem Buch haben wir als grundlegende Technik und Kunstfertigkeit aller mit Texten (aber nicht nur mit ihnen) befassten Wissenschaften die Hermeneutik (SB S. 31) und die Historisch-Kritische Methode (SB S. 32f.) ausgewählt, weil sie uns für unseren Gedankengang essentiell erschienen. Natürlich gibt es neben der Historisch-Kritischen Methoden noch weitere, ebenfalls für die Erschließung von (biblischen) Texten notwendige Methoden[52]. Sie schienen uns aber nicht dieselbe Nachhaltigkeit entwickelt zu haben und sind in der wissenschaftlichen Forschung nicht mit gleichem Nachdruck verfolgt worden. Unter der Maßgabe, in diesem Buch nur die wichtigsten Dinge darstellen zu können Kraft, haben wir uns auf das Ausgewählte reduziert.

31.2 Hermeneutik als Auslegungskunst
Der von uns verfasste Text trägt natürlich nicht den Anspruch auf Vollständigkeit, sondern versucht lediglich die zentralen Erkenntnisse des sog. »Hermeneutischen Zirkels« wiederzugeben. Der erste Abschnitt (Z. 1-6) führt ein mit einer philologischen Erklärung des Begriffs, um dann in seinem zweiten Abschnitt die Aufgaben der Hermeneutik, aber auch die Schwierigkeit, denen sie sich gegenüber sieht, zu benennen (Z. 7-31). Die Hermeneutik als Auslegungskunst von *Texten* ist dabei nur eine der Funktionen von Texten – im Grund genommen trifft die Notwendigkeit zur Auslegung auf *alle Formen der Kommunikation* zu (Z. 7-17). Sind Kommunikationsstrukturen schon in der Gegenwart schwierig, dann umso mehr bei den biblischen Texten, die in biblischer Zeit und damit unter ganz anderen Lebensumständen formuliert wurden (Z. 17-19; vgl. auch SB S. 32). Nicht aber nur der »garstige Graben« (siehe dazu auch M 32-33.1), sondern auch die Haltung (»Grundeinstellung«, Z. 21) den biblischen Texten gegenüber ist für das Verstehen derselben wichtig (Z. 20-22). Daher kann die Auslegung biblischer Text selbst in der theologischen Wissenschaft trotz Anwendung der gleichen Methoden zu höchst unterschiedlichen Ergebnissen führen, die mehr über die Haltung der Interpreten als über die auszulegenden Texte offen legt (Z. 22-31). Deshalb ist es wichtig zu erkennen, dass Hermeneutik kein einfacher, sondern ein komplexer Vorgang ist, der mit Kategorien von Aneignung und Deutung einen komp-lizierten Prozess befördert, der jedoch im besseren Falle zu einem vertieften Verstehen beiträgt (Z. 32-39). Der hermeneutische Zirkel selbst wird dabei im Folgenden in drei Phasen unterschieden (Z. 40-47), die zu unterscheiden, jedoch nicht voneinander zu trennen sind und nur als Ganzes dem Anspruch hermeneutischen Vorgehens entsprechen.

[52] Vgl. zum Beispiel das für den Unterricht nützliche Werk von Manfred Tiemann: Bibel kontrovers.

Die nebenstehende Grafik kann hoffentlich die erklärenden Sätze (Z. 40-47) visualisieren und hilft dem Verstehen. Wichtig ist zu unterscheiden zwischen dem – wenn man so will – ersten hermeneutischen Zirkel zwischen Hermeneut und Text und dem zweiten hermeneutischen Zirkel zwischen Hermeneut und Hörer. Der Hermeneut, der mit seinem *Vorverständnis* (Verstehenshorizont 1) an den Text herangeht (1. Stadium: Hermeneutischer Entwurf), gewinnt über den Bedeutungshorizont, den der Text einbringt eine *Sinnerweiterung* (2. Stadium: Hermeneutische Erfahrung), die er dann an den Hörer mit seinem Verstehenshorizont 2 weitergibt (3. Stadium: Verbesserter Entwurf; zweiter hermeneutischer Zirkel).

31.3 Literatur
Manfred Tiemann: Bibel kontrovers. Unterschiedliche Wege der Auslegung. Arbeitsmaterial Religion Sekundarstufe II, Frankfurt a. M. 1993.

31.4 Unterrichtsideen
1. Schritt: Begegnung mit dem Text
Erarbeitung des Textes nach Leitfragen. In einer Kleingruppe sollte zunächst der Text gelesen und anschließend mit Hilfe der beiden Aufgaben bearbeitet werden. Für die erste Aufgabe sollte natürlich die Grafik, die hoffentlich hinreichend klar ist, hinzugezogen werden.

2. Schritt: Übung
Fremde Texte, neu gelesen. Die im hermeneutischen Zirkel zu machende Erfahrung soll geübt werden. Dazu eignen sich kurze biblische Texte, die durch weitere Texte verfremdet werden und so neue Verstehenshorizonte eröffnen. Dies hat zweierlei zur Folge: Die Schüler/innen merken zunächst, dass gemeinhin bekannte Texte (zum Beispiel die Weihnachtsgeschichte, die jeder kennt), mit ihrem eigenen Verstehenshorizont gelesen (Hermeneutischer Entwurf/Vorverständnis) an eine Grenze des Verstehens stoßen. Der neu gelesene Text bringt zwar eine Erweiterung, ein zusätzlicher fremder Text kann jedoch bei den Schüler/innen eine neue hermeneutische Erfahrung hervorrufen. Werden dann die gewonnenen Erkenntnisse an Dritte weitergegeben, so werden diese weitergegebenen Informationen höchst unterschiedlich sein, je nach gewonnenem, erweiterten Verstehenshorizont.
Dies soll nun geübt werden. Das Arbeitsblatt M 31.1 ist ein Beispiel dafür[53], wie die Weihnachtsgeschichte, schon oft gelesen, durch weitere, verfremdete Texte neue Bedeutungs- und Verstehenshorizonte eröffnen kann:

- Zunächst wird innerhalb der schon bestehenden Kleingruppe, aber in Einzelarbeit die Weihnachtsgeschichte Lk 2,1-20 gelesen.
- Dazu werden Notizen gemacht: was habe ich verstanden, was nicht? – am besten auf einem DIN A 4-Blatt in zwei Spalten.
- Dann wird M 31.1 hinzugenommen und daran das eigene Verstehen geschärft. Dieser erweitere Verstehenshorizont wird ebenfalls auf das DIN A 4-Blatt geschrieben.
- In einer kleinen Runde in der Kleingruppe werden dann die Erkenntnisse gegenseitig vorgestellt. Es wird sich das Ergebnis einstellen, dass neben den unterschiedlichen Vorverständnissen auch unterschiedliche Sinnerweiterungen eingetreten sind.
- Der letzte Schritt, diese noch an Schüler/innen in anderen Kleingruppen weiterzugeben bzw. mit diesen zu kommunizieren kann virtuell (im Kopf) oder tatsächlich (in der Tat) durchgeführt werden.

3. Schritt: Diskussion
Die Diskussion um Aufgabe 2, ob in einem hermeneutischen Prozess überhaupt »objektive« Ergebnisse erreicht werden können, kann im Plenum geführt werden. Das Ergebnis wird als Tafelanschrieb gesichert. In mehreren Lerngruppen habe ich die Erfahrung gemacht, dass das Ergebnis lautete:
»Ein einheitliches Ergebnis kann auch dann nicht erreicht werden, wenn der unwahrscheinliche Fall einträte, dass mehrere Schüler/innen mit den exakt gleichen Verstehensvoraussetzungen (Vorverständnis) an den Bibeltext und den Erweiterungstext herangehen würden. In keinem Fall wird durch einen hermeneutischen Prozess ein objektives Ergebnis erreicht. Dies ist nicht einmal wünschenswert, weil einheitliche Entwicklungen von Verstehenshorizonten gefährlich sind (Ideologisierungen!).«

31.5 Zusatzmaterialien
M 31.1 Biblische Texte verfremdet

---

[53] Natürlich ist auch jede andere bekannte biblische Geschichte denkbar (Adam & Eva; Mose im Schilfkörbchen; Noah; Jesus am Kreuz etc.). In der Reihe »Biblische Texte verfremdet« haben Sigrid und Horst Klaus Berg m.W. insgesamt 12 Bände veröffentlicht, die allesamt »verfremdete Bibeltexte« enthalten. Für das Beispiel M 31.1 habe ich zur Weihnachtsgeschichte Lk 2,1-20 den Text von Arnim Juhre, Wenn das Vollkommene kommt, ausgewählt. Jeder andere Text aus diesem Bändchen von Sigrid und Horst Klaus Berg: Warten, dass er kommt. Advent und Weihnachten. Biblische Texte verfremdet Bd. 2, Stuttgart und München 1986, S. 48-49, sind möglich. Außerdem können mit geringem Aufwand natürlich auch weitere Verfremdungsgeschichten aus anderen Bänden der Reihe anderen biblischen Texten zugeordnet werden.

32/33 Vom Verstehen biblischer Texte/ Die Historisch-Kritische Methode

32/33.1 Der Zusammenhang
SB S. 32-33 bietet die Historisch-Kritische Methode, reduziert auf das Wesentlichste. Möglicherweise kann bei diesem Arbeitsschritt schon auf Gelerntes aus Klasse 11 (Thema: Bibel) zurückgegriffen werden.

Diese Seiten dienen dazu, den Schüler/innen mit der wichtigsten wissenschaftlichen Methoden der Theologie vertraut zu machen. Wie die Naturwissenschaften (SB S. 24-25, 27-28) bedient sich auch die wissenschaftliche Theologie bestimmter Methoden und geht von bestimmten Voraussetzungen aus, die mit diesen Seiten erschlossen werden sollen. Dazu ist es hilfreich, die beiden zusätzlichen Materialblätter M 32/33.1 (die Erklärung der einzelnen Schritte der Historisch-Kritischen Methode) bzw. M 32/33.2 zur Entstehungsgeschichte von Texten heranzuziehen. Ersteres Blatt entspricht in seinem Aufbau genau der Grafik auf SB S. 33, bietet aber zu jedem einzelnen Schritt kurze, hoffentlich hinreichende Erklärungen. Freilich gilt auch für die Historisch-Kritische Methode die Erkenntnis von Hans-Peter Dürr (SB S. 27): »Kein Netz fängt alle Fische«[54].

32/33.2 Literatur
Helmut Kurz: Entdeckungen in der Bibel. Tips, Informationen, Methoden, München 1988.

32/33.3 Unterrichtsideen
1. Sich einen Überblick verschaffen
S. 32/33 dient zunächst dem Überblick über die Historisch-Kritische Methode. Deshalb kann der Text ruhigen Gewissens im Plenum gelesen werden. Es empfiehlt sich, beim Vorlesen den Text zu gliedern und sich langsam einzuarbeiten:
a) Die Einleitung (Z. 1-12) zunächst lesen, danach Suche nach Worten, die sich in ihrer Semantik verändert haben: z.B. war das Wörtchen »toll« zu Luthers Zeiten noch mit »verrückt« gleichzusetzen, heute bedeutet es »prima«. Ebenso ist der Ausruf »Verrückt!« heute unter Umständen nicht Ausdruck einer bemitleidenswerten Charakterisierung, sondern Ausdruck von Bewunderung. In einem kurzen Brainstorming können solche und ähnliche Worte gesucht werden, um den Wandel der Semantik von Worten zu verdeutlichen.
b) Der zweite Abschnitt (Z. 13-31) macht darauf aufmerksam, dass die *Kritik* der Historisch-Kritischen Methode(n) nicht negativ gemeint ist und auch unabhängig von den Bibeltexten angewandt werden kann. So war seinerzeit die Entlarvung der angeblichen »Tagebücher Hitlers«, die die Zeitschrift »Stern« veröffentlicht hatte, nicht zuletzt ein Erfolg historisch-kritischer Recherche.
c) Die Arbeitsschritte der HKM sind Z. 34-63 natürlich nur sehr reduziert beschrieben. Es schadet jedoch nichts, die einzelnen Schritte zunächst einmal so wahrzunehmen und erste Fragen zu klären sowie die Grafik dazu gemeinsam zu erschließen. Danach sollte aber unbedingt M 32/33.1 eingesetzt werden, da hier die Zusammenhänge noch klarer werden. Da M 32/33.1 sich im Aufbau genau an die Grafik von SB S. 33 anlehnt, sollte der Zusammenhang deutlich werden können.

Grundsätzlich gilt m. E. für die Historisch-Kritische Methode im Unterricht der Oberstufe: Wir sind nicht in einem neutestamentlichen Proseminar und brauchen die HKM nicht »aus dem Eff-Eff« beherrschen. Wer dennoch Spaß daran hat, einzelne Schritte der HKM auszuprobieren bzw. wer hier noch vertiefen will – ich kenne bis Heute nichts Besseres als die zwar schon in die Jahre gekommenen, aber immer noch kurzweiligen und gut gelungenen Zugänge, die Helmut Kurz hier gefunden hat[55].

2. Wie entstehen eigentlich Texte? (M 32/33.2)
Dieser Zugang kann vertieft werden mit M 32/33.2, das in die eine Richtung die Entstehung von Texten beschreibt (von oben nach unten) und in umgekehrter Richtung die Arbeitsschritte der Historisch-Kritischen Methode aufzeigt (von unten nach oben).

Die Entstehung der biblischen Texte wird in folgende Schritte gegliedert:
- Ein *Vorgang/ein Ereignis*, das mit einem *Erleben* verbunden ist, findet statt (zum Beispiel: Mose und der Auszug aus Ägypten). Dies ist der Ausgangspunkt aller Texte.
- Durch das *Weitererzählen* dieses Ereignisses entsteht ein erster, *mündlicher Text*, der durch die *Lebenswelt des Erzählers und des Hörers* geprägt ist.
- In einem weiteren Schritt wird der mündliche Text zu Papier gebracht, es kommt zur »*Verschriftung*«. Natürlich spielt auch hier die *Lebens- und Verstehenswelt des Autors* eine Rolle.
- Im Laufe der Zeit finden *Bearbeitungen* überlieferter Texte statt, sie werden bearbeitet durch *Redaktoren*, *deren Lebenswelt* ebenfalls eine Rolle spielt bei ihrer Redaktionstätigkeit.
- Die Phase der *Sammlung*, in denen Texte »fortgeschrieben« werden, schließt sich an. Es steht außer Frage, dass der *Verstehenshorizont des Sammlers* für die Zusammenstellung seiner *Sammlung* von enormer Bedeutung ist.
- Schließlich sind die biblischen Texte (um beim Beispiel zu bleiben: über Mose und den Auszug aus Ägypten) über einen »*garstigen Graben*« von mindestens 2000 Jahre in die *Übersetzungen* gelangt, die z. B. die Deutsche Bibelgesellschaft herausgibt. Es versteht sich von selbst, dass der Leser bzw. die Leserin des 21. Jahrhunderts diese Texte mit seinen/ihren Verstehensvoraussetzungen liest (siehe Hermeneutischer Zirkel).

---

[54] Vgl. dazu die Ausführungen von Helmut Kurz: Kein Netz fängt alle Fische – oder warum es mehrere Methoden der Texterschließung geben muss, in: Ders.: Entdeckungen in der Bibel, S. 79.

[55] Vgl. Helmut Kurz: Entdeckungen in der Bibel. Für die Textkritik: S. 11, 35-42; für die Redaktionsgeschichte: S. 44f.; für den Religionsgeschichtlichen Vergleich: S. 46-47; für die Literarkritik (Zwei-Quellen-Theorie): S. 51-54 und, besonders empfehlenswert für die Formgeschichte: S. 57-59.

Die Historisch-Kritische Methode ist, ausgehend von der Gegenwart, genau umgekehrt orientiert:
- Sie beginnt auf der Ebene des vorfindlichen Textes mit der *Textkritik* (der Ursprachen der Bibel: Hebräisch (AT) und Griechisch (NT).
- Über den »garstigen Graben« hinweg untersucht sie die *Wirkungsgeschichte* eines Textes.
- Die *Formgeschichte*, der *Religionsgeschichtliche Vergleich* und die *Redaktionsgeschichte* sind auf der Ebene der Sammlung und Bearbeitung der Texte angesiedelt.
- Die *Literarkritik* dringt vor bis in die ersten Phasen der Verschriftlichung von Texten.
- Die *Traditionsgeschichte* untersucht auf der Ebene der mündlichen Überlieferung semantische Feinheiten einzelner Wörter und ihrer Traditionen zu erschließen.
- Die *Überlieferungsgeschichte* schließlich versucht bis in die vormündliche Tradition des tatsächlichen Ereignisses vorzustoßen – was selten gelingt.

3. SB S. 206/207: Die Bibel auslegen
Ergänzend zu diesem Unterrichtsgang kann die SB-Seiten 206/207 »Die Bibel auslegen« herangezogen werden, die die Erkenntnisse der Hermeneutik mit denen der HKM zu verbinden versucht.

32/33.4 Zusatzmaterialien
M 32/33.1: Die Schritte der Historisch-Kritischen Methode
M 32/33.2: Die Entstehungsgeschichte von Texten

34 Vernunft und Glaube in der Katholischen Theologie

34.1 Der Zusammenhang
Der 4. Teil der Unterrichtseinheit »Wirklichkeit« wird abgeschlossen mit Reflexionen des Papstes zum Thema »Vernunft und Glaube«, einem zentralen Thema erkenntnistheoretischer Erwägungen katholischer Provenienz, das für die Verhältnisbestimmung zwischen Theologie und Naturwissenschaften auch für evangelische Christ/innen essentiell ist, zumal diese Überlegungen an eine breite und lange Tradition des gesamten Christentums anknüpfen. Die Differenz und der Zusammenhang von Glaube und Vernunft ist über konfessionsgegebene Abgrenzungen hinweg einer der zentralen Topoi des Verhältnisses von Naturwissenschaft und Glaube. Deswegen steht es dem Papst durchaus zu, als Abschluss dieses 4. Teils zitiert zu werden.

34.2 Glaube und Vernunft in der Katholischen Theologie[56]
1. Der Glaube als Geschenk und als menschlicher Akt
Der Glaube ist, wie im protestantischen Christentum, nach Mt 16,17 zunächst ein Geschenk Gottes: »Damit dieser Glaube geleistet werden kann, bedarf es der zuvorkommenden und helfenden Gnade Gottes[57] und der inneren Hilfen des Heiligen Geistes, der das Herz bewegen und zu Gott umkehren, die Augen des Verstandes öffnen und allen die Freude verleihen soll, der Wahrheit zuzustimmen und zu glauben«[58]. Dennoch ist der Glaube – hier unterscheiden sich katholische und evangelische Theologie fundamental – »wahrhaft menschlicher Akt«, denn es widerspricht weder der Freiheit noch dem Verstand des Menschen, Gott Vertrauen zu schenken. Es verstößt nicht gegen die Würde des Menschen, »dem offenbarenden Gott im Glauben vollen Gehorsam des Verstandes und des Willens zu leisten«[59].

2. Der Glaube und der Verstand
Nach katholischer Auffassung glauben Christen nicht deshalb, weil die Wahrheit Gottes im Licht unserer natürlichen Vernunft wahr und einleuchtend erscheint, sondern allein »wegen der Autorität des offenbarenden Gottes

---

[56] Vgl. Katechismus der Katholischen Kirche, München u.a. 1993, S. 74–76 (Nr. 153–159).
[57] Der Begriff stammt ursprünglich von Augustinus, der als »doctor gratiae« (Lehrer der Gnade) gegen den Pelagianismus eingewendet hat, dass nicht der Mensch aus eigener Kraft das Heil und den Glauben erlangen könne, sondern allein die gratia irresistibilis (die unwiderstehliche Gnade) dies bewirke. Sie ist nicht an Bedingungen geknüpft, sondern reines Geschenk: »gratia [...] nisi gratia est, gratia non est« (Die Gnade ist nicht Gnade, wenn sie nicht ›gratis‹ (unentgeltlich) ist) – vgl. F. Loofs: Dogmengeschichte Bd. II, 1953, S. 304–308.
[58] Enzyklika Dei Verbum, 5.
[59] 1. Vatikanisches Konzil, vgl. Henrici Denzinger: Enchiridion symbolorum definitionum et declarationum de rebus fidei et morum (Heinrich Denzinger: Kompendium der Glaubensbekenntnisse und kirchlichen Lehrentscheidungen), 37. Aufl. Freiburg/Basel/Rom/Wien 1999, Nr. 3008 (De fide – Über den Glauben).

selbst«[60]. Dennoch stimmt der christliche Glaube mit der Vernunft insofern überein, als die Wunder Christi und der Heiligen (Mk 16,20; Hebr 2,4) und die Ausbreitung und der Fortbestand der Kirche »ganz sichere und dem Erkenntnisvermögen aller angepasste Zeichen der göttlichen Offenbarung«[61] seien.

Der Glaube ist gewiss, gewisser als jede menschliche, aus Vernunft gewonnene Erkenntnis, denn er gründet auf dem Wort Gottes, nicht auf Wahrnehmung. Zwar können die offenbarten Wahrheiten des Glaubens der menschlichen Vernunft und Erfahrung als dunkel und nicht zutreffend erscheinen, aber die »Gewissheit durch das göttliche Licht ist größer als die Gewissheit durch das Licht der natürlichen Vernunft«[62]. Der Aquinate (1225/26-1274) knüpft damit an den Gedanken Anselms von Canterbury (1033/34-1109) an, der im Proömium seines »Proslogion« die berühmt Formulierung vom »Glauben, der zu verstehen sucht« (fides quarens intellectum) gebraucht hat (vgl. SB S. 30 – Text von Dorothee Sölle): Wer glaubt, sucht den, dem er vertraut, immer besser zu verstehen; umgekehrt wird ein tieferes Verstehen einen tieferen Glauben hervorrufen. Damit liegen Thomas und Anselm ganz auf der Linie des späten Augustinus: »Ich glaube, um zu verstehen, und ich verstehe, um besser zu glauben«[63].

3. Der Glaube und die Wissenschaft
Ausgehend von diesen Überlegungen wird im 1. Vatikanischen Konzil folgende Verhältnisbestimmung formuliert: »Auch wenn der Glaube über der Vernunft steht, so kann es dennoch niemals eine wahre Unstimmigkeit zwischen Glauben und Vernunft geben: Denn derselbe Gott, der die Geheimnisse offenbart und den Glauben eingießt, hat in den menschlichen Geist das Licht der Vernunft gelegt; Gott aber kann sich nicht selbst verleugnen, noch [kann] jemals Wahres Wahrem widersprechen«[64]. »Deshalb wird die methodische Forschung in allen Disziplinen, wenn sie in einer wirklich wissenschaftlichen Weise und gemäß den sittlichen Normen vorgeht, niemals dem Glauben wahrhaft widerstreiten, weil die profanen Dinge und die Dinge des Glaubens sich von demselben Gott herleiten. Ja, wer bescheiden und ausdauernd die Geheimnisse der Dinge zu erforschen versucht, wird, auch wenn er sich dessen nicht bewusst ist, gleichsam an der Hand Gottes geführt, der alle Dinge trägt und macht, dass sie das sind, was sie sind«[65].

4. Der Text des Papstes[66]
knüpft genau an dieser Stelle an: wenn er am Ende seiner Ausführungen (Z. 44-55) noch ein »Wort an die Naturwissenschaftler« richtet, so liegt es genau auf dieser Linie: Die philosophischen und sittlichen Werte sind die Flanken (Leitplanken) der wissenschaftlichen Forschung, die in diesem »Weisheitshorizont« verbleiben soll.

Der Papst beginnt mit einem wunderschönen Bild des menschlichen Geistes, der sich mit den beiden Flügeln des Glaubens und der Vernunft erhebt zur Betrachtung der Wahrheit (Z. 1-4). Der Freimütigkeit des Glaubens muss die Kühnheit der Vernunft entsprechen (Z. 42-44), damit Glaube und Philosophie eine »tiefe Einheit« (Z. 38) wiedererlangen können. Dazu ist auf Seiten der Menschen nötig, sich selbst zu erkennen (Z. 5-12), auf Seiten der Kirche ist es nötig, sich um die erworbenen Gewissheiten des Glaubens zu kümmern (Z. 13-24). Letztlich gerate der Glaube ohne Vernunft ebenso in eine »ernsthafte Gefahr« wie »eine Vernunft, die keinen reifen Glauben vor sich hat« (Z. 25-35).

34.3 Unterrichtsideen
Der Text lässt sich mit den angegebenen Leitfragen in Kleingruppen gut erarbeiten. Die Fremdworte sind erklärt und sollten keine Probleme bereiten.

1. Grafik erstellen/Marktplatz
Bei diesem Text mit seinen beiden Polen Glaube und Vernunft drängt sich eine grafische Gestaltung (z. B. einer Ellipse mit den beiden Polen) geradezu auf. Die Schüler/innen erhalten dazu Plakatmaterialien und dicke Filzstifte und erhalten den Auftrag, nach der Lektüre des Textes und der Beantwortung von Aufgabe 1 die Differenzen und Zusammenhänge von Glaube und Vernunft grafisch darzustellen. Die Grafik soll so gestaltet werden, dass ein Unbeteiligter die Grafik ohne weiteres nachvollziehen und verstehen kann. Als zusätzliche Information zur Arbeitserleichterung kann M 34.1: Informationen angeboten werden.

Diese Plakate werden an der Tafel aufgehängt (Kreppband, Magnete). Mit der Marktplatzmethode, bei der die Teilnehmer der Gruppen die jeweiligen anderen Plakate zu »lesen« probieren, indem sie wie auf einem Marktplatz sich die präsentierten Ergebnisse anschauen, werden die Plakate von allen wahrgenommen. Mögliche Rückfragen an Gruppenmitglieder sind zugelassen.

Am Ende entscheidet die Gesamtgruppe, welche Darstellung die beste ist (und begründet dies). Möglicherweise muss auch noch nachgebessert werden. Anschließend wird eine Schüler/in beauftragt, diese Grafik bis zur kommenden Stunde auf ein DIN A 4-Blatt zu zeichnen und der Lehrkraft zum Kopieren zu bringen.

2. Thesenbildung/Abschließende Reflexion
Die Thesen des Papstes hinsichtlich des Verhältnisses von Glaube und Vernunft, aber auch zur Rolle der Naturwissenschaftler innerhalb der »durch die philosophischen und sittlichen Werte« abgegrenzten Flanken mögen nicht bei allen Schüler/innen auf Zustimmung stoßen, vielleicht sogar bei den wenigsten.

In einer erneuten Kleingruppenarbeit werden deshalb Argumente für uns gegen diese These des Papstes gesucht und eigene Thesen formuliert. Hier ist der Ort, an dem die Erkenntnisse der Unterrichtseinheit nun zum Tragen kommen können (M 34.1: Anfragen):
- Was bedeuten die Thesen des Papstes hinsichtlich der Möglichkeit zur Erkennbarkeit von Wirklichkeit? – Sollen hier Erkenntnismöglichkeiten beschnitten werden?

---

[60] Ebd.
[61] Ebd. Nr. 3009.
[62] Thomas von Aquin: Summa theologiae, quaestio 2-2,171,5, obj. 3.
[63] Sermones, 43,7,9 (418/19 geschrieben).
[64] 1. Vatikanisches Konzil, vgl. Henrici Denzinger: Enchiridion symbolorum definitionum et declarationum de rebus fidei et morum (Heinrich Denzinger: Kompendium der Glaubensbekenntnisse und kirchlichen Lehrentscheidungen), 37. Aufl. Freiburg/Basel/Rom/Wien 1999, Nr. 3017 (De fide et ratione – Über den Glauben und den Glauben).
[65] Enzyklika Gaudium et spes 36,2.
[66] Enzyklika Fides et ratio vom 14. September 1998.

- Was bedeuten die Thesen des Papstes hinsichtlich der sich damit verbindenden Weltbilder? – Sollen hier Festlegungen auf ein bestimmtes Weltbild vorgenommen werden?
- Was bedeuten die Thesen des Papstes hinsichtlich der durch die Methoden der Naturwissenschaften und der Theologie vorgegebenen Forschungswege? – Sollen hier Beschränkungen eingeführt werden, die sich weder die Naturwissenschaft noch die Theologie leisten können, wenn sie sich selbst ernst nehmen wollen?

Die Schüler/innen formulieren ihre Thesen und einigen sich auf eine These, die sie ins Plenum einbringen wollen. Diese These stellen sie gemeinsam vor und verteidigen sie vor dem Plenum, das kritische Fragen zu stellen aufgefordert ist.

34.4 Zusatzmaterialien
M 34.1 Glaube und Vernunft in der katholischen Theologie – Informationen und Anfragen

35 Fulbert Steffensky: Wissen und Humanität

35.1 Der Zusammenhang
Mit dem Text von Fulbert Steffensky beginnt der abschließende 5. Teil des Unterrichtsganges. In diesem rückblickenden Teil soll im Unterricht vor allem das Gelernte reflektiert und gebündelt, es sollen aber auch noch einmal neue Perspektiven eröffnet werden – und dazu dient der (kritische) Text von Steffensky, ergänzt durch den (Mut machenden) Text von Jostein Gaarder.

35.2 Wissen und Humanität
Fulbert Steffensky fordert nachdrücklich dazu auf, die verschiedenen Welterklärungen und das »Erklärungswissen« unter dem Titel »Wissen und Humanität« auch ethisch-moralisch zu reflektieren: In seinem einleitenden Abschnitt (Z. 1–14) konstatiert er, dass die »angewachsenen Welterklärungen«, das »neue Wissen« den Menschen zwar »eine Zeit lang optimistisch« (Z. 6) gemacht habe, dass aber umgekehrt dieser Fortschritt nicht in gleicher Weise im Bereich »der Humanität und der Lebensgewissheit des Menschen« (Z. 9f.) nachvollzogen und umgesetzt werden konnte. Im Gegenteil: »die Lebensrätsel und das Gefühl der Unwirtlichkeit der Welt« scheinen zu wachsen.
Steffensky sieht den Grund für diese Entwicklung in dem Charakter des erworbenen Wissens. Es sei ein »Wissen ohne Moral« (Z. 16–26), ohne »Güte« (Z. 21) und »Weisheit« (Z. 22). Das ständig steigende Wissen sage dem Menschen »nicht über sein Ziel und seine Humanität« aus (Z. 19f.), und nicht zuletzt deswegen wende der Mensch dieses Wissen in erschreckendem Maße »gegen seine eigene Gattung und gegen die Natur« (Z. 24f.) an: so entstehe »Tötungswissen« (Z. 26) bzw. »Todeswissen« (Z. 29). Dieses Wissen erreicht nicht das Wesen der Dinge – es sagt uns nicht, »*was die Dinge sind*« (Z. 33) –, sondern es denkt sie nur von ihrem Zweck her – es lehrt uns, »*wie man die Dinge benutzt*« (Z. 34). So kommt es dazu, dass Menschen und Dinge nur noch eine »Bedeutung hinsichtlich ihrer Verwertbarkeit« haben können (Z. 43f.).
Die Analyse: Der Mensch setzt sich selbst absolut, er »ist sich Gott geworden« (Z. 46), weil er außer sich keine andere Absolutheit mehr anerkennt.

34.3 Unterrichtsideen
1. Text in Tabelle umwandeln
Der Text wird gemeinsam gelesen und abschnittsweise besprochen. Dann wird versucht, den Text ab Zeile 15 in eine Tabelle umzuwandeln, die etwa so aussehen könnte:

»Wissen mit Güte«	»Wissen ohne Güte«
• orientiert sich an Güte, Weisheit, Moral • sagt etwas über das Ziel des Menschen und seine Humanität • will das Wesen der Dinge erkennen (uns sagen, *was sie sind*) • denkt den Menschen als absolute Größe: Der Mensch ist Gott	• orientiert sich an Profit, Eigeninteresse • sagt etwas aus über des Menschen Profit und sein Interesse • will den Nutzen der Dinge erkennen (uns lehren, *wie wir sie uns nutzbar machen können*) • anerkennt die Begrenztheit des Menschen und die Größe Gottes

Die eruierten Kennzeichen eines »Wissens ohne Güte« (Aufgabe 1 SB S. 35) bedürfen der Diskussion in einer Kleingruppe.

2. Diskussion in der Kleingruppe
Fragestellungen:
1. Ist die von Steffensky aufgeworfene Alternative nicht moralinsaure »Schwarz-Weiß-Malerei«?
2. Suchen Sie Beispiele, die den Autor veranlasst haben, so zu urteilen (Aufgabe 2 SB S. 35).
3. Sind die Schlussfolgerungen, die Steffensky trifft, »der Weisheit letzter Schluss«? Gibt es dazu Alternativen?
4. Diskutieren Sie den Satz: »Machet euch die Erde untertan!« (Gen 1,28).

Halten Sie die Ergebnisse von Frage-/Aufgabenstellung 3 und 4 auf einer Folie fest!

3. Austausch im Plenum
Im Plenum werden die am TLP aufgelegten Folienergebnisse diskutiert und eine Ergebnissicherung erstellt (Tafel).

36 Jostein Gaarder: Gibt es Wunder?

36.1 Der Zusammenhang
Der Text von Jostein Gaarder schließt die Unterrichtseinheit Wirklichkeit und möchte zum Schluss dazu ermutigen, ergebnisoffen zu denken, indem er an unsere Vorstellungskraft appelliert und ermutigt, das gewohnte Denken zu verlassen und selbst Wunder als Möglichkeit zuzulassen. Im Text spiegeln sich noch einmal die Sachverhalte der vorausgegangenen Seiten zum Thema »Wirklichkeit« wider: Die Diskussion um die Naturgesetze, die im Hintergrund dieses ganzen Abschnittes mitschwingt, macht dies deutlich.

36.2 David Hume und die Wunder
Der Textausschnitt aus »Sofies Welt« beginnt mit der Ansicht *David Humes* (1711–1776), der einen radikalen Empirismus vertritt (vgl. SB S. 25). *Hume* war der Ansicht, »dass alles Wissen letztlich auf Sinneseindrücke oder Eindrücke der Selbstwahrnehmung (»impressions«) und deren Bilder (»ideas«) zurückführbar sein muss«[67]. Kausalzusammenhänge wie etwa das (von uns postulierte) Naturgesetz, dass Steine aufgrund der Gravitation immer zu Boden fallen, können wir streng genommen nicht *erkennen*, sondern nur *erfahren* – wir orientieren uns gewohnheitsmäßig an bestimmten Regelmäßigkeiten und ziehen daraus unsere Schlüsse. Aufgrund dieses strengen Empirismus kritisiert *Hume* in seiner Religionsphilosophie den Glauben an Wunder[68]. Aufgrund unserer Erfahrung (allerdings nicht unseres Erkennens) verletzten Wunder die von uns postulierten Naturgesetze. Es hat viel höhere Wahrscheinlichkeit, die Existenz der Naturgesetze anzunehmen (eben aufgrund mannigfacher Erfahrung) als die Existenz von Wundern. Wunder anzuerkennen würde bedeuten, den viel unwahrscheinlicheren Fall als das Wahrscheinlichere zu postulieren. Würden Wunderberichte aber – etwa durch die Häufigkeit eintretender Wunder – gleiche oder sogar höhere Wahrscheinlichkeit als die Naturgesetze erlangen, würden wir sie auch nicht mehr als Wunder identifizieren, da sie dann gewöhnlich geworden wären.

36.3 Der Text: »Ist es vorstellbar, dass der Stein nicht zu Boden fällt?«
An diesen Gedanken von *David Hume* knüpft der Text in »Sofies Welt« an. Wichtig ist schon der Auftakt: »*Hume* lehnte Wunder einfach deshalb ab, weil er keine erlebt hat« (Z. 7–8); die gegenteilige Schlussfolgerung ist aber auch zu ziehen: »Aber er hat auch nicht erlebt, dass es keine Wunder geben kann« (Z. 8–9). Dem strengen Empirismus verpflichtet (s. o.) musste er diese Schlussfolgerung ziehen, da wir auch nicht behaupten können, »die Natur-

---

[67] Jens Kulenkampff: Art. Hume, David, in: RGG⁴, Bd. 3, Tübingen 2000, Sp. 1955–1956.
[68] Vgl. das philosophische Hauptwerk: David Hume: Treatise on Human Nature, Edinborough 1739/40 bringt hier die ersten und grundlegenden Erkenntnisse. Im Abschnitt X und XI: Of Miracles, Of a Particular Providence and a Future State, in: An Enquiry Concerning Human Understanding, Edinborough 1756, baut er diese Thesen weiter aus.

gesetze erfahren« zu haben (Z. 13). Wenn der Stein nicht zu Boden fiele, »würden wir das auch erfahren« (Z. 16f.) – und dann hätten »Wunder« eine gewisse Plausibilität.
Die Begründung Sofies für die Annahme dessen, dass der Stein »jedes Mal zu Boden fällt« (Z. 23f.) ist dieselbe wie von *Hume*: es ist die Häufigkeit (»Ich habe es oft gesehen«, Z. 26), die zu dieser Annahme drängt. Der Einwand hingegen ist ebenso schlagfertig wie richtig: »Hume würde sagen, dass du oft erfahren hast, dass ein Stein zu Boden fällt. Aber du hast nicht erfahren, dass er *immer fallen wird*.« (Z. 28–30). Diese für den Empirismus (vgl. SB S. 25) typische Haltung, die zwar der Erfahrung Plausibilität zubilligt, aber sich nicht anschickt zu erklären, »*warum das so ist*« (Z. 50), bestätigt Sofie auf eindrucksvolle Weise: Sie wäre überraschter als das einjährige Kind: Warum? – Aus Erfahrung! (Z. 50–55).

36.4 Unterrichtsideen
1. Textstudium und Reflexion
a) Plenum: Der Text ist leicht verständlich und kann im Plenum gelesen werden. Auch die damit verbundene Aufgabe 1 ist leicht zu bewerkstelligen und die Ergebnisse können in einem Tafelanschrieb festgehalten werden. Die Antwort auf die erste Hälfte der Frage lautet: »aus Erfahrung«; die Antwort auf die zweite Hälfte der ersten Frage lautet: »nein«.

b) Kleingruppenarbeit: Dann werden die Schüler/innen in Kleingruppen aufgeteilt mit der ergänzenden Aufgaben, für diese Antworten Begründungen zu finden, und zwar nicht nur aus dem Text von *Jostein Gaarder*, sondern aus der gesamten Wirklichkeits-Unterrichtseinheit.
Die Aufgabenstellung könnte lauten: »*Begründen Sie aus dem in der Unterrichtseinheit »Wirklichkeit« Gelernten Ihre antworten auf die 1. Aufgabe im SB S. 36«.*
Hierzu können sie auf alles Mögliche zurückgreifen und dies entsprechend begründen. Folgende Möglichkeiten bieten sich an:
- *Platons* Höhlengleichnis (SB S. 8): Die Naturgesetze sind nicht sicher, weil unser Erkennen an unsere Sinne gebunden ist.
- *Gerhard Roth* und Konstruktivismus (SB S. 10, 11): Die Naturgesetze sind Konstrukte unseres Gehirns und keineswegs sicher.
- *Eberhard Jüngel* (SB S. 12): Unsere Erfahrung gibt keine ausreichende Auskunft über die »Wahrheit« unseres Erkennens – deswegen ist sie keine Antwort auf die Fragen nach dem »Warum?« (Z. 50 des Textes SB S. 36).
- *Galileo Galilei* (SB S. 24): Der Weg der empirischen Wissenschaft, wie ihn Galilei mit seinem Experiment eingeschlagen hat, ist zwar ein Weg der Erfahrung und hoher Wahrscheinlichkeit (»über 100 widerspruchsfreie Versuche«, Z. 55 SB S. 24) – vgl. Sofie: »Ich habe es oft gesehen«, Z. 26 SB S. 36 –, aber ist nicht »objektiv sicher«.
- *Zugänge zur Wirklichkeit* (SB S. 25): Hier kann der Zusammenhang von Sofies Argumentation mit dem klassischen und logischen Empirismus hergestellt werden.
- *Hans-Peter Dürr:* So wenig wie »das Netz des Physikers« alle Fische fangen kann, so wenig ist der immerwährende Fall des Steins ein Erweis für das Naturgesetz der Gravitation (Schwerkraft).
- *Naturwissenschaft und ihre Voraussetzungen* (SB S. 28): Die Naturwissenschaft heute versucht nicht mehr, Wunder zu widerlegen. Sie beschränkt sich auf das, was sie experimentell nachweisen, wenn auch nicht beweisen kann.
- *Hans Küng: Was heißt Glauben?* (SB S. 29): Glauben heißt vertrauen. Letztlich ist die Annahme, der Stein falle *immer* zu Boden, eine Frage des Glaubens.
- *Vernunft und Glaube* (SB S. 34): Zwar können die offenbarten Wahrheiten des Glaubens der menschlichen Vernunft und Erfahrung als dunkel und nicht zutreffend erscheinen, aber die »Gewissheit durch das göttliche Licht ist größer als die Gewissheit durch das Licht der natürlichen Vernunft« – trifft dieser Satz auch für den zu Boden fallenden Stein zu?

c) So schließt sich der Kreis der Unterrichtseinheit mit dem Versuch, auf die Problemstellung »Gibt es Wunder?« aus dem Kapitel »Wirklichkeit« heraus Antworten zu finden – eine gute Übung und Vorbereitung auf eine Klausur ...

2. Streitgespräch
Die Kleingruppe versucht nach diesem Durchgang und der Bewusstmachung der verschiedenen Argumentationsmuster diese in einem fiktiven Streitgespräch zu verifizieren: Es werden Argumente für die Auffassung »Es gibt keine Wunder« ebenso gesammelt wie für die Auffassung »Es gibt Wunder«. Danach bereiten sich einzelne Teilnehmer/innen aus der Kleingruppe auf das fiktive Streitgespräch vor, indem DIN A 6-Karteikarten mit den entsprechenden Argumenten bestückt werden. Danach treffen sich alle »Befürworter« der Wunder und alle »Gegner« der Wunder in einer neu zu bildenden Gruppe, die anderen Schüler/innen gesellen sich dazu. Jede Gruppe versucht »ihre« Argumentation durch Vergleich und Schärfung der Argumente »wasserdicht« zu machen. Jede Gruppe wählt eine/n Sprecher/in
Dann werden die Streitgespräche im Plenum vorgetragen.
Die dieser Diskussion zugrunde liegende Frage ist gleichzeitig die Aufgabe 2 zum Text auf SB S. 36: »Glauben Sie, dass man das Gewohnte überwinden kann? Falls ja: nur in Gedanken oder ›in Wirklichkeit‹«?

Kirche

Das Thema
Das Thema Kirche gehört in den meisten Bundesländern in der Oberstufe des Gymnasiums zu den Pflichtthemen im Religionsunterricht. Es repräsentiert die Frage nach Bedeutung und Bedarf der institutionalisierten Form der christlichen Religion in der Moderne (vgl. die Fragen auf S. 39). Dabei geht es weniger um eine nachgeholte oder ergänzende kirchliche Sozialisation, sondern vielmehr um eine bilanzierende Reflexion eigener Erfahrungen und persönlicher Einstellungen zur Institution Kirche am Beginn des Erwachsenenalters.
Die Bedeutung und der Bedarf der institutionalisierten Form christlicher Religion lässt sich nach innen – das heißt im Blick auf die christliche Gemeinde und die persönliche Frömmigkeit – und nach außen – das heißt im Blick auf Kultur und Gesellschaft – darstellen. Hinsichtlich der christlichen Gemeinde und der persönlichen Frömmigkeit bedarf die christliche Religion der Form und erkennbaren äußeren Gestalt, der Unterstützung und Vergemeinschaftung, der Stärkung und Reflexion, der Orientierung und Vergewisserung. Erst so entstehen Identität und Kontinuität im Wandel der Zeit. Hinsichtlich Kultur und Gesellschaft bedarf das Zusammenleben der Erinnerung und Darstellung grundlegender Orientierungen (wie z. B. Freiheit und Verantwortung, Barmherzigkeit und Gerechtigkeit) und des Angebots von Lebensformen und Lebensräumen, in denen freiheitsverbürgende und gemeinschaftsstiftende Einstellungen und Verhaltensweisen erworben und gepflegt werden.
Die vorliegende Einheit will beide Bewegungen aufnehmen. Sie will Raum geben für die Reflexion der Bedeutung und des Bedarfs institutionalisierter christlicher Religion im Blick auf den eigenen Glauben sowie der christlichen Gemeinde im Blick auf Kultur und Gesellschaft.

Die Schülerinnen und Schüler
Das Thema Kirche gehört in der Oberstufe zu den häufig negativ besetzten Themen der Lehrpläne. Schülerinnen und Schüler können recht vorurteilsbeladen argumentieren und sind rasch bereit, negative Erfahrungen zu schildern und diese auch zu verallgemeinern. Die durchaus vorhandenen positiven Erfahrungen können dabei rasch untergehen oder verschwiegen werden.
Diese eher negativen Einschätzungen der Kirche korrespondieren häufig mit einer allgemeinen Negativbeurteilung gesellschaftlicher Institutionen (wie auch Parteien oder Gewerkschaften), die aus dem lebensgeschichtlichen Bedürfnis nach Autonomie und Individualität zu erklären ist. Angesichts dieser Situation bedarf es in der Oberstufe einer differenzierenden, wissenschaftsgeleiteten Reflexion, die eine Distanzierung von eingelebten Vorurteilen erlaubt und sowohl theologische als auch kulturgeschichtliche Einsichten ermöglicht.

Aufbau und Gliederung
Das Thema Kirche kann in der Oberstufe lebensweltorientiert, phänomenologisch, soziologisch, historisch oder theologisch erschlossen werden.
Bei der lebensweltorientierten Erschließung stehen die persönlichen Erfahrungen und Beurteilungen sowie die im Alltag begegnenden Meinungen im Mittelpunkt (S. 40, 41). Sie werden analysiert und reflektiert.
Eine phänomenologische Erschließung wird auf die Erscheinungsweise der institutionalisierten Religion abheben und z. B. die Lebensbegleitung, die Begegnung mit dem Heiligen (S. 53), ihre diakonische Ausrichtung (S. 64ff.), ihren Gemeinschaftscharakter (S. 42f., 64) und ihre Begründung in Jesus Christus (S. 44) thematisieren.
Eine soziologische Erschließung könnte sich auf kirchen- und religionssoziologische Erkenntnisse konzentrieren (S. 41) und das Problem »Institution und Individuum« thematisieren (S. 42f.).
Eine theologische Erschließung wird sich um die theologische Selbstdeutung der Kirche bemühen (S. 44, 48, 55f.) und daneben andere Deutungsmodelle aus alternativen theologischen Traditionen oder anderen Religionen stellen (S. 62, 63).

Das vorliegende Kapitel folgt einem historischen Ansatz, der zwar von lebensweltlichen Erfahrungen ausgeht, aber einen Weg vom Neuen Testament (S. 44–48), über die Antike (S. 50), das Mittelalter (S. 51), die frühe Neuzeit (S. 54–57) zum 20. Jahrhundert (S. 59–60) bis hin zur Gegenwart (S. 64–66) beschreitet und dabei einen Blick auf die Zukunftsfähigkeit der Institution »Kirche« richtet.
Entscheidend und kennzeichnend für den hier vorgelegten Weg durch die Geschichte der Kirche (und damit auch des Christentums) ist, dass nicht einfach nur historische Ereignisse rekonstruiert werden, sondern Geschichte problemorientiert erschlossen wird. So geht es in der Auseinandersetzung mit Mt 5,14–16 (S. 45) um das Selbstverständnis von Christen und der christlichen Gemeinde in der Welt. In der Auseinandersetzung mit Mk 12,13–17 (S. 46) sowie Luthers Schrift von weltlicher Obrigkeit geht es um das Verhältnis des christlichen Glaubens zum Staat in seinen verschiedenen Erscheinungsformen. Die Auseinandersetzung mit der Konstantinischen Wende (S. 50) thematisiert die Frage nach den Privilegien der Kirche; die Beschäftigung mit den Positionen von Innozenz III. und Franz von Assisi stellt die Frage, ob Kirche heutzutage reich oder arm sein soll.
Die Auseinandersetzung mit der gotischen Kathedrale (S. 53), aber auch den Folgen Luthers (S. 58), behandelt das Verhältnis von Christentum und Kultur und die Kulturleistungen von Christentum und Kirche. Die Barmer theologische Erklärung (S. 59) dient als Ausgangspunkt für die Frage, was ein Staat soll und darf, das Grundgesetz von 1949 (S. 60), wie Religionsfreiheit zu verstehen ist und wie sich die Kirche zu dieser verhält. Nur so ist es im Übrigen zu rechtfertigen, dass historische Zusammenhänge und Hintergründe auf der Ebene des Schülerbuches weitgehend ausgeblendet sind.

Möglicher Kursverlauf

	Inhalte	Hinweise
1.	Meine Erfahrungen mit der Kirche a) Rekonstruktion eigener Erfahrungen anhand der Bilder S. 38, 39, 53 b) Vergleich mit Anna S. 40	Ergänzend: Berichte aus dem Leben in eigenen Gemeinden z. B. auch freie christliche Gemeinden oder charismatische Gemeinden. Vergleich mit Berichten aus katholischen Gemeinden. Alternativ: Westernhagen und Shell 2000, S. 41; Diskussion der Ausgangsfragen S. 39
2.	Brauchen Menschen Institutionen wie die Kirche? a) Diskussion der Frage und b) Auseinandersetzung S. 42–43	
3.	Biblische Grundlagen der Kirche a) Diskussion, Eigenart und Auftrag der Kirche b) Kirche und Reich Gottes S. 44 c) Christen als Licht der Welt und als Leib S. 45, 48 d) Kirche und Staat im NT S. 46, 47	Referat: Jesus Christus (vgl. entsprechendes Kapitel; Sölle/Schottroff
4.	Brennpunkte der Kirchengeschichte Auswahl eines Schwerpunktes: – Kirche und Konstantinische Wende S. 51 – Kirche und Franziskus S. 51 – Kirche und europäische Kultur S. 52 – Kirche und Kirchenbau S. 53 – Kirche in der Neuzeit S. 58 – Kirche im Dritten Reich S. 59	Referate zu Konstantin, Franziskus, Innozenz, Klöster und Orden (z. B. Zisterzienser); Kirche im Dritten Reich; Biografien Bonhoeffer, Barth u. a.
5.	Kirche und Staat bei Martin Luther S. 54–57	
6.	Religion und Kirchen im Grundgesetz S. 60 – Negative und positive Religionsfreiheit	Ergänzend: Klärung von Grundbegriffen: Staatskirche, Theokratie, Staatsreligion, laizistischer Staat, weltanschaulich neutraler Staat
7.	Die katholische Kirche S. 62 – Gespräch mit katholischem Kurs	Besuch eines kath. Pfarramtes und einer kath. Kirche
8.	Religion und Staat in Islam und Christentum S. 63	Besuch einer Moschee und Gespräch mit einem Imam
9.	Wie soll Kirche sein? Wie soll Kirche werden? a) Auseinandersetzung S. 64–66 b) Entwurf einer Werbekampagne oder einer Unternehmensberatung (im Sinne Jesu und der Jünger?)	Aufsuchen exemplarischer Schwerpunkte heutiger kirchlicher Arbeit z. B. Schuldnerberatung, Beerdigung, Krankenhausseelsorge, Kirchenkonzert, Kirchentag
10.	Rekapitulation des Kapitels anhand der Bilder und der Fragen: Was hat sich in der Sicht der Sch geändert?	Alternativ: Sch formulieren eigene Thesen zur Kirche

So erweist sich der historische Durchgang zugleich als problemorientierte Reflexion grundlegender Themen im Bereich Christentum–Kirche–Kultur–Gesellschaft, die Entscheidendes zur Bildung von selbständigen und kritischen Zeitgenossen beitragen will.

Literatur
Wilfried Härle, Dogmatik, Berlin 1995, S. 569–599.
Hans Martin Barth, Dogmatik, Evangelischer Glaube im Kontext der Weltreligionen, Gütersloh 2001, S. 662–678.

38/39 Leonardo da Vincis Abendmahl; Chor des Freiburger Münsters

38/39.1 Der Zusammenhang
Die beiden Bilder wollen zu Beginn eines Kurses »Kirche« unterschiedliche Facetten der Thematik »Kirche« präsentieren und Gelegenheit geben, das eigene Wissen über Kirche und ihre Kulturgeschichte sowie eigene Erfahrungen mit der Kirche zu rekonstruieren. Beide Abbildungen repräsentieren elementare Vollzüge des christlichen Glaubens, nämlich Abendmahl und Gottesdienst, und damit die Versammlung der christlichen Gemeinde sowie die Begegnung mit dem heiligen Gott in Gebet, Lied und Abendmahl. Beide verdeutlichen aber zugleich auch den Einfluss des Christentums auf die europäische Kultur, insbesondere auf die bildende Kunst und die Architektur, und bereiten die Beschäftigung mit den Kulturleistungen der Kirche (S. 52) vor. Beide beziehen sich auf elementare christliche Symbole: das Brot und das himmlische Jerusalem. Beide Bilder enthalten zugleich Anregungen für Referate und Präsentationen, nämlich als Themen Leonardo da Vinci, den gotischen Kirchenbau und den Kirchenbau insgesamt. Sie enthalten auch die Anregung zur kirchenpädagogischen Erschließung einer Kirche und die Rekonstruktion grundlegender Elemente des christlichen Glaubens mithilfe klassisch gewordener Gemälde, die in das Schülerbuch eingearbeitet sind.
Zum Blick in den Chorraum des Freiburger Münsters gehört der Blick auf die Außenansicht des Münsters (S. 53). Beide Bilder sind im Abschluss des Kapitels (S. 67) kurz erläutert.

38/39.2 Leonardo da Vinci, Das Abendmahl
Leonardo da Vinci, geboren am 15. April 1452 in Vinci/Toskana, gestorben am 2. Mai 1519 in Cloux/Tours, war Maler, Bildhauer, Architekt und Ingenieur. Er arbeitete in Mailand, Florenz, Rom und schließlich in Frankreich und schuf unter anderem die »Mona Lisa«, die »Leda« und die »Schlacht von Angliari«. Er verfertigte als einer der ersten im christlichen Abendland anatomische Studien. Leonardo schuf in Mailand das »Abendmahl« (420 x 910 cm) in Tempera auf Stein. Diese Technik führte zum baldigen Verfall des Bildes, sodass es nur durch modernste Restaurierungskunst gerettet werden konnte. Auf wichtige Details des Bildes verweist S. 67.

38/39.3 Das Freiburger Münster
Über 300 Jahre lang wurde am Freiburger Münster gebaut. Begonnen wurde der Bau um 1200 mit dem spätromanischen Querhaus, dem Choransatz (vgl. das romanische Innenfenster am rechten Bildrand) und der Vierungskuppel. Als letztes wurde zwischen 1471 und 1510 durch Johannes von Gmünd der hochgotische Chor errichtet, dessen Netzdecke bereits Züge der Renaissance trägt. Der Chor diente der zahlreichen Priesterschaft des Münsters zum Chorgebet (vgl. das Chorgestühl), an dem alle Kapläne des Münsters regelmäßig in Chorkleidung teilnehmen mussten. Der Chor ist nahezu so lang wie das Mittelschiff (28,85 m) und etwa 1m höher als dieses (24,35 m). Der Chor ist geostet und mit einem Chorumgang und einem Kapellenkranz mit 13 Kapellen umgeben (vgl. Grundriss M 38/39.1). Im Fluchtpunkt des Chores steht der Hochaltar von Hans Baldung Grien (1512–1516).

Der Blick in den Chor lässt das theologische Konzept der gotischen Kathedrale als Sinnbild des himmlisches Jerusalems erkennen. Das Netzgewölbe will das Herabschweben der himmlischen Stadt (Offb 21,2) symbolisieren. Die Ausrichtung nach Osten soll zum Ausdruck bringen, dass dem menschlichen Leben durch Geburt, Tod und Auferstehung Jesu Christi die Rückkehr ins Paradies im Osten (Gen 2,8) verheißen ist. Wenn Menschen Richtung Osten beten, dann schauen sie dem gekreuzigten Christus ins Gesicht, der am Kreuz nach Westen geblickt hat, und beten in Richtung auf die verlorene Heimat. Damit bekennen sie, dass sie noch »jenseits von Eden« leben, aber mit dem ganzen Schiff der Kirche durch die Wogen der Welt zum Hafen des Paradieses im Osten unterwegs sind. Sie haben das Land des Todes, das Land der untergehenden Sonne hinter sich gelassen und »orientieren« sich am Land der aufgehenden Sonne.

Die Altäre (Volksaltar, Hochaltar, Seitenaltäre) sind als Stätten der Begegnung mit Gott zu verstehen. Hier wird in der Eucharistie an die Versöhnung Gottes mit den Menschen in Leib und Blut Jesus Christi erinnert und diese zugesprochen. Altarkreuz, Blumen, Kerzen und Altartuch weisen symbolisch auf den Gott hin, der sich in dem gekreuzigten und auferstandenen Herrn bekannt gemacht hat, der die Welt in ihrer Schönheit und Vergänglichkeit (Blumen) erschaffen hat, der sich in Jesus Christus als Licht der Welt erwiesen hat und sich dabei in Liebe verzehrt (Kerzen) und der in Jesus Christus für die Seinen gestorben ist (Grabtuch). Der Altar selbst wirkt wie ein mit einem weißen Tuch bedeckter Steinblock mit stipes (Unterbau) und mensa (Tischplatte) und dürfte so auf den Opfertod Christi zur Versöhnung Gottes mit den Menschen verweisen. Altäre können jedoch auch aus einem Tisch oder einem Hohlkasten mit einer Platte bestehen und erinnern dann an das Herrenmahl oder an Särge (Märtyrertod). Sie erzählen dann von dem oder von der heilbringenden Bedeutung des Todes Jesu und derer, die gleich ihm um ihres Glaubens willen gestorben sind. In der katholischen Tradition ist der Altar ein Symbol für Christus. Er ist der Stein, den die Bauleute verworfen haben, der aber zum Eckstein geworden ist. Damit verbunden ist der Brauch, am Altar fünf Kreuze anzubringen, die die fünf Wunden Jesu versinnbildlichen, »die Quellen des heilsbringenden Blutes«. Die evangelische Tradition versteht den Altar überwiegend als »Tisch des Herrn« und stellt ihn auch gern als einen solchen Tisch dar. Daneben findet man auch Steinblöcke oder die sargähnlichen Hohlkästen als Altäre.

Am Ambo (Lesepult) wird gepredigt, während die in der rechten Raummitte angebrachte Kanzel (von »cancella« = Schranke) heute nur noch selten benutzt wird. Vor dem Ambo erkennt man die Figur Marias mit dem Kind. Das gesamte Münster ist ihr gewidmet. Hinter den Chorschranken sieht man den weiß gehaltenen Volksaltar. Der ursprüngliche raumhohe Lettner, der das Allerheiligste vom Heiligen trennte, wurde 1790 ab- und in das nördliche und südliche Querschiff eingebaut. Rechts und links sind an den Säulen Christus und der Apostel Thomas angebracht, sie gehören zu den 14 Figuren, die an den zwölf

Ganz- und zwei Halbsäulen positioniert sind. Es handelt sich um die zwölf Apostel, um Paulus und Christus. Die beiden gehören zu den Säulen, die das Haus der Kirche in der Welt tragen.

Das durch die diaphanen (durchscheinenden) Fenster einströmende Licht gehört zu den wichtigen Symbolelementen gotischer Kathedralen. Es bringt auf sinnfällige Weise zum Ausdruck, dass nach dem Glaubensverständnis des Hochmittelalters hinter der materiellen Wirklichkeit eine geistige Wirklichkeit steht, die diese hervorbringt und durchdringt – das Licht. Nach 1. Joh 1,5 ist Gott Licht, Christus ist nach Joh 12,46 das Licht der Welt. Wenn die Gläubigen im Gottesdienst und im Kirchenraum in das Licht eintreten, erleben sie am eigenen Leib, was es heißt, Christus als das Licht der Welt wahrzunehmen und von ihm erleuchtet zu werden. Gleichzeitig werden sie in den Himmel als einem lichten Reich versetzt und erfahren so den Himmel auf Erden. Da es in Gott keine Finsternis gibt, wurden in gotischen Kathedralen alle dämonischen Zeichen außen angebracht.

Den katholischen Charakter des Kirchenraumes erkennt man an dem Hintereinander von Hoch- und Volksaltar, der Chorschranke, dem Chorgestühl, dem Marienbild vor dem Ambo, den Seitenaltären, dem Fehlen der Bibel auf dem Altar, dem Fehlen eines Taufsteines neben oder vor dem Altar sowie dem Gestühl im Altarraum. In evangelischen Kirchen gibt es im Altarraum in der Regel keine Bestuhlung. Der Platz des Predigers und Liturgen, wenn er gerade nicht seinem Amt nachkommt, ist inmitten der Gemeinde. Das Gegenüber von Priester und Laie wird so genommen.

Den Einfluss des 2. Vatikanischen Konzils ist an dem zweiten, der Gemeinde nahe gerückten Altar, erkennbar. So soll die Eucharistie als geistliche Mitte der Gemeinde verdeutlicht und einer bloß betrachtenden Verehrung entgegengewirkt werden. Dementsprechend befinden sich auch Tabernakel und ewiges Licht in einer Seitenkapelle (Alexanderkapelle), die durch das linke Portal in der Chorwand zu erreichen ist. In der im Tabernakel aufgehobenen geweihten Hostie zeigt sich durch den Leib Christi die Gegenwart Gottes im Kirchenraum, die durch das ewige Licht bezeichnet wird. Diese Gegenwart zeigt sich im evangelischen Kirchenraum in der geöffneten Bibel. Sie weist darauf hin, dass Gott in der Verkündigung des geoffenbarten und geschriebenen Wortes Gottes zur Gegenwart kommt.

38/39.4 Die beiden Bilder im Vergleich
Während sich das Abendmahlsbild auf die für die christliche Kirche konstitutive Geschichte Jesu Christi bezieht, verweist der Blick in das Innere eines Kirchenraums auf den Gottesdienst als Zeit und Ort der Begegnung mit Gott. Beide Bilder wollen aber auch etwas über den Menschen aussagen.

Im Abendmahl verdichtet sich das Bedürfnis menschlichen Lebens nach Gemeinschaft *(Gemeinschaftsmahl)*, nach Erinnerung *(Erinnerungsmahl)*, nach Hoffnung *(Verheißungsmahl)*, aber auch nach Vergebung und Versöhnung *(Versöhnungsmahl)*. Was hier immer schon christlich gedeutet ist, darf zunächst auch anthropologisch gelesen werden. Im Abendmahl finden sich deshalb auch elementare Fragen des menschlichen Daseins: Brauche ich andere? Was darf ich nie vergessen? Worauf hoffe ich? Was ist Schuld und wie kann ich damit umgehen?

Im Gottesdienstraum verdichtet sich der Bedarf des menschlichen Lebens nach Orientierung, nach Kraftquellen, nach deutenden Weltbildern, aber auch nach vergewissernden Zeichen. Auch hier melden sich elementare Fragen: Woran orientiere ich mich? Woher komme ich? Wohin gehe ich? Was gibt mir Kraft? Wie ist die Welt zu verstehen? Welche Zeichen passen zu mir?

38/39.5 Literatur
Liturgiekommission der Deutschen Bischofskonferenz: Leitlinien für den Bau und die Ausgestaltung von gottesdienstlichen Räumen Handreichung 25. Oktober 1988, 5., überarbeitete und erweiterte Auflage 2000 herausgegeben vom Sekretariat der Deutschen Bischofskonferenz, Kaiserstraße 163, 53113 Bonn/erschienen in der Reihe: Die deutschen Bischöfe: Kommissionen Nr. 9.

38/39.6 Unterrichtsideen
1. Bildbetrachtung Abendmahl
a) Sch nehmen die Methodenseite S. 164 zur Kenntnis.
b) Sch beschreiben die Szene (Was sehe ich?) und legen den dargestellten Personen Worte in den Mund. Evtl. sich so hinsetzen wie auf dem Bild.
c) Sch tragen ihr Wissen über den Künstler zusammen, evtl. Kurzreferat.
d) Sch überlegen, warum gerade dieses Bild im Refektorium eines Klosters angebracht worden sein könnte.

2. Eigene Erfahrungen mit dem Abendmahl
a) Sch erzählen einander von Erfahrungen mit dem Abendmahl und formulieren offene Fragen.
b) Sch bedenken, was das Abendmahl über das christliche Menschenbild sowie über Sinn und Aufgabe der Kirche aussagt.
c) Schriftliche oder grafische Zusammenfassung (z.B. »Kirchen erinnern an die Geschichte Jesu Christi, vermitteln die Hoffnung auf eine Zukunft im Reich Gottes, sprechen die Vergebung Gottes zu, stiften eine Gemeinschaft, in der Menschen sich als Geschwister erfahren können und nehmen ein Leben in der Nachfolge Jesu Christi in Anspruch«).

3. Bildbetrachtung Chorraum Freiburger Münster
a) Sch beschreiben das Bild: Was sehe ich? Was sehe ich nicht? Was gehört noch dazu? Was ist anders als in unserer eigenen Kirche? Wie sieht wohl der Grundriss aus? (vgl. M 38/39.1)
b) Sch entschlüsseln das Bild und bestimmen den Baustil bzw. die Baustile sowie die Eigenart des Chorraumes. Sie suchen nach der symbolischen Bedeutung des Altars und seiner Bestandteile, des Lichtes, des Ambo, der Chorschranke, der Ostung, des Netzgewölbes, der Stufen vor dem Altarraum, des Gestühls im Altarraum, des Tabernakels und des ewigen Lichts.
c) Sch arbeiten heraus, woran das Katholische erkennbar ist und bestimmen das typisch Evangelische (geöffnete Bibel auf dem Altar, kein Gestühl im Kirchenraum, Taufstein neben dem Altar, Kanzel neben dem Altar).

4. Eigene Erfahrungen mit dem Kirchenraum
a) Sch berichten von ihren Erinnerungen, Gefühlen, Einstellungen gegenüber dem Kirchenraum.
b) Sch bestimmen, was der Kirchenraum über Aufgabe und Sinn der Kirche zum Ausdruck bringen kann (z. B.: »Kirchen sind dazu da, den Menschen zu helfen, dem heiligen Gott zu begegnen, und so in ihrem Alltagsleben Kraft und Orientierung zu finden«).

5. Auseinandersetzung mit den elementaren Fragen
a) KGA zu jeweils einer der sieben Fragen.
b) Ein Vertreter jeder Gruppe hält einen Kurzvortrag und formuliert dabei die Antworten der Gruppe auf die jeweilige Frage. Die Person wird ausgelost.
c) Klassendiskussion, die von einem anderen Mitglied der Gruppe moderiert wird.
d) Festhalten der Antworten, um sie am Ende des Kurses noch einmal überprüfen zu können.

38/39.7 Zusatzmaterialien
M 38/39.1 Grundriss des Freiburger Münsters

40 »Meine Methode ist die Beste«

40.1 Der Zusammenhang
Der vorliegende Text zeigt eine distanzierte, aber dennoch grundsätzlich wohlwollende Haltung eines jungen Menschen gegenüber der Kirche und ihren Vollzügen. Er wurde deshalb ausgewählt, weil kein Ventil geöffnet werden soll für möglicherweise ausschließlich negative Vorurteile und sämtliche negativen Erfahrungen mit Kirche und Gottesdienst. Es ist vielmehr beabsichtigt, die Schülerinnen und Schüler – angeregt durch die Erfahrungen von Anna – entdecken zu lassen, worin das Geheimnis und der Schatz von Kirche und Gottesdienst stecken könnten. Anna ist eben keine »Totalverweigerin«, sondern eine offenbar lebensbejahende und zugleich nachdenkliche junge Frau, deren Gefühle manches bei den Schülerinnen und Schülern auslösen kann. Demgegenüber steht eine Haltung, wie die von Marius Müller-Westernhagen, der Religion bejaht, aber ohne die Kirche auskommen kann (S. 41).

40.2 Anna, 18 Jahre
Die Schülerinnen und Schüler können am Beispiel von Anna entdecken, dass außer ihnen auch andere junge Menschen von Zeit zu Zeit das Bedürfnis nach Ruhe und Kontemplation verspüren, um sich und die Welt zu begreifen (»manchmal muss ich einfach weinen«). In Annas Umgebung wird dieses Bedürfnis auf ganz unterschiedliche Art gestillt (»S-Bahn fahren, Walkman hören ...«). Diese und andere säkulare Formen der Suche nach Innerlichkeit und Abstand zum Alltag sind den Schülerinnen und Schülern sehr vertraut.
Gemeinsam mit Anna können sie weiterhin entdecken, dass der (regelmäßige) Besuch von Gottesdiensten für einzelne Menschen ein Ritual mit großer Kraft und Ausstrahlung sein kann, auch wenn die Befürchtung mitschwingt, die Motivationslage zum Besuch des Gottesdienstes sei zweifelhaft oder unangemessen (»keine besondere Beziehung zu Gott«, »kühler Raum«, »dem Pfarrer nur bedingt zuhören«, »sündig?«).
Die im Text geschilderten Erfahrungen von Anna thematisieren implizit eine Kritik an Gottesdienstformen, die auch von den Schülerinnen und Schülern als wortlastig oder predigtzentriert wahrgenommen werden (»Wortteppich«, »langweilig«). Es wird geradezu zum Gespräch eingeladen über andere Gottesdienstformen, die einigen der Schülerinnen und Schülern vertraut sein müssten (Taizéandachten, Kirchentagsgottesdienste, Schulgottesdienste in der eigenen Schule, besondere Kasualgottesdienste ...).
Der Text öffnet kurz den Blick in den Kirchenraum (»feierlich«, »große Kirche«) und deutet an, dass zum Gelingen von Gottesdiensten die sorgfältige Beachtung des architektonischen und des liturgischen Rahmens gehören. Die Schülerinnen und Schüler erleben mit den Augen und dem Herzen Annas bei aller kritischen Distanz zu Kirche und Gottesdienst den ästhetischen Rahmen einer Gottesdienstfeier als wohltuend, ja geradezu als seelsorglich.
Der Text endet mit Annas Beobachtung, dass eine Stunde Gottesdienst offenbar ausreicht, um zu sich selbst, zur Ruhe (zu Gott?) zu finden und »festen Boden unter die Füße« zu bekommen. Das Auftauchen aus dem Geschehen des Gottesdienstes und der Übergang in die Alltagswelt wirft die Frage auf, worin der qualitative Un-

terschied zwischen einem Gottesdienst- und etwa einem Kinobesuch, einem Besuch im Fußballstadion oder dem eines Rockkonzertes besteht (»Erfahrung/Begegnung mit dem Heiligen«).

40.3 Unterrichtsideen

1. Textarbeit (Aufgabe 1)
a) Unterrichtsgespräch: Wie finde ich Ruhe? Warum ist das wichtig? Welche Methode ist die beste?
b) Eine Schülerin liest den Text laut vor.
c) Gespräch: Ist Anna fromm? Warum gewinnt Anna in der Kirche Boden unter den Füßen?

2. Unterrichtsgespräch (Aufgabe 2)
a) Was hindert mich, sonntags in die Kirche zu gehen?
b) Was würde ich Anna gerne entgegnen?
c) Was erlebe ich ähnlich wie Anna?
d) Was wünsche ich mir im Gottesdienst?

3. Mögliche Vertiefungen (Aufgabe 3)
a) Gemeinsamer Besuch eines Gottesdienstes und anschließendes Unterrichtsgespräch über das Verhältnis von Predigt und Liturgie; Bewertung des Gottesdienstes nach dem Fünf-Sterne-Schema aus der Zeitschrift Chrismon (Rubrik »Mein Kirchgang« unter den Kategorien: Liturgie, Predigt, Musik, Atmosphäre).
b) Gemeinsamer Besuch einer katholischen Messfeier/ eines orthodoxen Gottesdienstes/eines Synagogengottesdienstes/eines Freitagsgebets in der nächstgelegenen Moschee.
c) Besuch mit dem Kurs in einer menschenleeren Kirche. Impuls: Jede(r) sucht sich ihren bzw. seinen Lieblingsplatz in der Kirche – Absprechen mit einem Organisten, der währenddessen 20 Min. improvisiert, anschl. Gespräch
d) Kritische Betrachtung des Filmes »Sister Act«. Impuls: Welche (Zerr-)bilder über die (katholische) Kirche werden verwendet und ausgeschlachtet? Wie könnte Kirche sein? Wie ist sie wirklich?
e) Gemeinsames Gestalten eines Gottesdienstes im Rahmen der Schule (Adventsandacht, regulärer Schulgottesdienst ...)
f) »Zur Ruhe finden«: TA, auf dem durch Zuruf weitere Methoden/Verhaltensweisen notiert werden, mit denen Sch ihre Ruhe zu finden versuchen (»S-Bahn fahren, Walkman hören, Gottesdienst besuchen ...«), evtl. durch Punktabfrage evaluieren
g) Stilleübung »Zur Ruhe finden« nach einer Meditationsanleitung von B. Wilde »Ich komme zur Ruhe« mit anschließendem Gespräch (ku-praxis 22, Gütersloh 1986, 61).

41 Jesus, Marius und die Kirche

41.1 Der Zusammenhang

»Religion Ja – Kirche Nein« ist eine weitverbreitete Haltung unter heutigen Zeitgenossen – auch unter Schülerinnen und Schülern. Sie findet in dem Interview des »Focus« mit Marius Müller-Westernhagen ihre jugendkulturelle Darstellung. Die persönlichen Aussagen des Rock- und Popstars sollen dazu herausfordern, am Beginn eines Kurses »Kirche« die eigene Sichtweise zu rekonstruieren und zu begründen. Dabei ist die Kenntnis des Liedes »Jesus« (Aufgabe 1) nicht zwingend notwendig.

Die Rekonstruktion der eigenen Einschätzungen soll durch Ergebnisse der empirischen Jugendforschung erweitert und differenziert werden. Ergänzend können Ergebnisse der Studie von Klaus Peter Jörns aus dem Jahre 1997 herangezogen werden (S. 102). Zur Frage könnte werden, wie langjährige Veränderungsprozesse zu erklären sind und wie es mit der Kirche wohl weiter geht.

41.2 Interview mit Marius Müller-Westernhagen

Das Lied »Jesus« (www.superlyrics.de) auf der CD »Radio Maria« bot 1998 Anlass, Marius Müller-Westernhagen Gotteslästerung vorzuwerfen. Im Mittelpunkt standen die zweite und die letzte Strophe seines Liedes (»Jesus, spende mir Blut bevor die Sonne mich tötet, Jesus, spende mir Blut, bevor der Tag beginnt« und »Jesus, wir sind die Helden, es geht, du musst es nur wollen. Jesus sei nicht so feige. Wir werden's der Welt schon zeigen. Wir werden's der Welt beweisen.«).

Der Liedtext selbst lässt sich als dreistrophiges Bittgebet begreifen, dem eine Aufforderung in der Abschlussstrophe folgt. Das Lied lässt sich durchaus als ernsthaftes Anliegen interpretieren. Die rockige Musik mit dem fordernden Abschluss (»Yeah, Yeah«) vermittelt einfühlsame, bittende, aber auch aggressive Emotionen. Der dazugehörende Videoclip liefert eine Interpretation des Liedes, die christologische Perspektiven aufweist. Der Clip zeigt eine moderne Passionsandacht (vgl. Böhm/Buschmann, Popmusik – Religion – Unterricht, S. 147–162).

Der 1948 geborene Sänger, Musiker und Schauspieler Marius Müller-Westernhagen versteht sich nach dem Focus-Interview (und auch nach anderen Interviews) als gläubiger Mensch, der wie seine Frau abends betet und im Gebet Halt und Kraft findet. Für ihn ist Gott Energie, und diese Energie ist in jedem Menschen. Infolgedessen kann jeder Mensch wie Jesus göttlich sein. Die (katholische) Kirche vertritt nach seiner Auffassung das Schreckensbild des strafenden und rächenden Gottes und verdient deshalb Ablehnung, ebenso wie der sonntägliche Kirchgang. Westernhagen glaubt an eine höhere Gerechtigkeit, die das ganze Universum durchwaltet und Parallelen zum hinduistischen Karmaglauben (S. 88) aufweist. »Jede Handlung eines Einzelnen (hat) Einfluss auf das ganze Universum.« »Was wir austeilen, bekommen wir irgendwann wieder zurück.« Ein gelungenes Leben wird darin gesehen, »in sich zu ruhen« und – so darf wohl ergänzt werden – von nichts mehr berührt zu werden. Hier zeigen sich Anklänge an die Lehre von den vier edlen Wahrheiten und dem Wunsch ins Nirvana zu gelangen (S. 128).

41.3 Tabelle aus der Shell-Jugendstudie 2000
Die Shell-Jugendstudie 2000 untersuchte Ende der neunziger Jahre 4564 Jugendliche im Alter zwischen 15 und 24 Jahren auf ihre persönlichen, politischen und religiösen Einstellungen und Handlungsweisen. In dieser Stichprobe waren 33 Prozent katholisch, ebenso viele evangelisch, 6 Prozent muslimisch, 3 Prozent gehörten einer anderen Religion an, 25 Prozent gehörten keiner Religionsgemeinschaft an.

Da diese Studie alle fünf Jahre durchgeführt wurde und bestimmte Themen immer wieder abgerufen wurden, lässt sich feststellen, dass seit 1984 – mit Ausnahme eines kleinen »Höhenfluges« 1991 – Gottesdienstbesuch, Beten und der Glaube an ein Weiterleben nach dem Tode deutlich zurückgegangen sind. So gaben 1984 noch 36 Prozent der Jugendlichen aus dem Westen Deutschlands an zu beten, 1991 39 Prozent und 1999 nur noch 28 Prozent (vgl. Shell-Jugendstudie 2000, 162 M 41.2). Die Frage ist, wie dies zu erklären ist und wie die Entwicklung wohl weitergeht.

Die vorliegende Tabelle greift die religiösen Praktiken und Einstellungen evangelischer und katholischer Jugendlicher heraus und differenziert dabei nach männlich und weiblich (ganze Tabelle Shell-Studie 2000, 158 M 41.3). Sie lädt ein, auch in der Klasse eine entsprechende Befragung durchzuführen.

Auffallend ist, dass mehr als die Hälfte der Befragten sich ausdrücklich als religiös bezeichnen – allerdings kann dieser Aussage nahezu der gleiche Anteil von Kirchenzugehörigen nicht zustimmen. Wie steht es mit deren Religiosität?

Auffallend ist auch, dass nahezu alle Jugendlichen sich eine kirchliche Hochzeit wünschen und ca. 40 Prozent ihre Kinder religiös erziehen will. Wie ist es zu verstehen, wenn der Kirchgang bei Evangelischen deutlich unter 20 Prozent liegt? Wie ist es überhaupt zu verstehen, dass Beten als religiöse Praxis höher ausfällt als der Gottesdienstbesuch? Wie ist es zu verstehen, dass 60 bis 70 Prozent der zur Kirche Gehörenden nicht an ein Weiterleben nach dem Tode glauben?

Auffallend sind die Unterschiede zwischen männlichen und weiblichen sowie zwischen evangelischen und katholischen Jugendlichen. Zeigen sich in den Unterschieden unterschiedliche Einstellungen zur jeweiligen Kirche?

41.4 Literatur
Uwe Böhm, Gerd Buschmann, Popmusik – Religion – Unterricht, Münster 2000.
13. Shell-Jugendstudie, Opladen 2000.

41.5 Unterrichtsideen
1. Diskussion I
a) Sch stellen einander Lied und Text von »Jesus« vor
b) Sch diskutieren: Handelt es sich hierbei um Gotteslästerung?
c) Sch prüfen: Passt dieses Lied zu Westernhagen?

2. Textarbeit Focus Interview
a) Sch lesen das Interview mit verteilten Rollen und beurteilen die Glaubwürdigkeit Westernhagens (Stufen 1–10)
b) Sch formulieren in PA das persönliche Credo Westernhagens »Ich glaube, dass ...«
c) Zusammenfassung TA und HE
d) Sch beurteilen das Credo: Welcher Aussage kann ich zustimmen? Was würde ich anders sagen? Woher kommt diese Sichtweise?

3. Diskussion II
a) Sch diskutieren: Hat Westernhagen Recht mit seiner Kritik an der Kirche?
b) Sch benennen bestätigende und widersprechende Erfahrungen

4. Analyse der Tabelle
a) Sch führen in der Klasse eine eigene Untersuchung durch. Drei Blätter mit den Kategorien der Shell-Studie werden herumgereicht, Sch tragen ihre Meinung anonym durch Striche ein
b) Sch vergleichen ihre Ergebnisse mit der Shell-Studie
c) Sch interpretieren die Ergebnisse der Shell-Studie
   – Was fällt auf? Welche Fragen stellen sich?
   – Wie geht es voraussichtlich weiter?
   – Welche Mechanismen sind hier am Werk?
   – Was kann Kirche dagegen tun?

41.6 Zusatzmaterialien
M 41.1 Diagramm Shell-Studie
M 41.2 Tabelle Shell-Studie

42/43 Gemeinschaft und Individuum

42/43.1 Der Zusammenhang
In doppelter Weise soll der Text eine Brückenfunktion zwischen den autobiografisch bzw. an jugendlicher Lebenswelt orientierten Einführungen in die Thematik »Kirche« (S. 40, 41) und den biblischen, historischen und theologischen Passagen des Kirchenkapitels (S. 44–67) einnehmen. Zum einen kann deutlich werden, dass die dem Text vorausgehenden Statements (vgl. S. 40, 41) nicht auf zusammenhanglosen Einzelerfahrungen beruhen; es sind vielmehr Indikatoren und Ausformungen von gesellschaftlichen Entwicklungen (Individualisierung, Pluralisierung), die reflektiert werden müssen und auch reflektiert wurden (vgl. die vielfältigen und kontroversen Debatten um die Postmoderne). Zum anderen wird die im Text thematisierte Polarität von Individualität und Gemeinschaft z. B. auch in wichtigen Bibeltexten (vgl. S. 48; besonders die Ausführungen zu 1. Kor 12) in neueren theologischen Äußerungen (vgl. S. 44) oder in grundlegenden Rechtsquellen (vgl. S. 60) angesprochen. Wer hier Entsprechungen wahrnehmen und für den Unterricht fruchtbar machen will, muss allerdings berücksichtigen, dass es nicht darum geht, biblische, historische oder theologische »Beispiele für das Thema« einfach aneinander zu reihen. Lohnender ist es, Spiegelungen, Variationen oder Vorläuferphänomene des aktuell durchlebten und diskutierten Komplexes »Individuum und Gemeinschaft« zu suchen und dabei auch Differenzen und Differenzierungen deutlich zu benennen.

42/43.2 Enjoy the community
Einleitend (Z. 1–14) wird in dem Autorentext die Kurzfassung eines statistischen Teilergebnisses aus der neuesten Shell-Jugendstudie (vgl. Literaturangabe) präsentiert; die große Bedeutung des Faktors »Gemeinschaft« für die Freizeitgestaltung von Jugendlichen wird hier deutlich.
Z. 15–28 thematisiert die Belastungsfaktoren, die einer uneingeschränkten Freude des Individuums an der Gemeinschaft immer wieder entgegenstehen.
Diese zunächst als Negativposten verbuchten Fraglichkeiten werden in Z. 29–45 als Indizien für einen grundsätzlichen gesellschaftlichen Wandel gedeutet. Dieser Wandel verbindet für die Menschen der Gegenwart die Faktoren »Individualisierung« und »Pluralisierung«. Der Mensch muss als Individuum an einem möglichst »stimmigen Design« der eigenen Biografie arbeiten. Dies geschieht indem – auf den unterschiedlichen Lebensfeldern! – aus einer Vielzahl konkurrierender Möglichkeiten ausgewählt werden muss.
Z. 46–72 skizziert in knappen Verweisen einige mentalitäts- und geistesgeschichtliche Entwicklungslinien auf dem Weg zum Individualitätsgedanken. Die skizzierten Faktoren und Prozesse verweisen auf Grundbestände der jüdischen und der christlichen Religion, also auch auf Faktoren, die evtl. explizit oder implizit kritisch (Kant, Renaissancedenken) gegenüber dem jüdisch-christlichen Traditionszusammenhang aufgestellt sind.
Z. 73–101 nimmt das Motiv des Individuums noch einmal auf und stellt es in den Kontext der von Norbert Elias so bestimmten Größe einer »Gesellschaft der Individuen«. Dadurch wird die wechselseitige Bezogenheit der beiden Schlüsselbegriffe noch einmal in neuer Brechung und Variation deutlich.
Z. 90–117 geht abschließend auf gegenwärtige Gefährdungen (Stichwort: Ungleiche Ausgangschancen von Individuen in einer globalisierten [Welt]Gesellschaft) und zukünftige Aufgaben im Wechselspiel von Gemeinschaft und Individuum ein.

42/43.3 Literatur
Erhard Bahr [Hg.], Was ist Aufklärung? Thesen und Definitionen, Stuttgart 1986.
Ingolf U. Dalferth, »Was Gott ist, bestimme ich!«, in: Ders., Gedeutete Gegenwart, Tübingen 1997, S. 10–35.
Norbert Elias, Die Gesellschaft der Individuen? Frankfurt a. M. 2001.
Klaus Hurrelmann, Mathias Albert, Jugend 2002. 14. Shell-Jugendstudie, Frankfurt a. M. 2002.
Christoph Schwöbel, Religiöser Pluralismus als Signatur unserer Lebenswelt, in: Ders., Christlicher Glaube im Pluralismus. Tübingen 2003, S. 1–24.
Wolfgang Welsch, Topoi der Postmoderne, in: Hans Rudi Fischer, Arnold Retzer, Jochen Schweitzer [Hg.], Das Ende der großen Entwürfe, Frankfurt 1992, S. 35–55.

42/43.4 Unterrichtsideen
1. Hausaufgabe
Sch suchen aus Werbeanzeigen, Zeitschriftenbildern etc. Symbole, Szenen und Situationen zu den Stichwörtern »Individuum« und »Gemeinschaft« aus.

2. Textgliederung
Sch lesen den Text und gliedern in anschließend in GA und bestimmen Überschriften.

3. Texterschließung
a) Sch stellen in GA ein »Gliederungsposter« (Plakatkartons DIN A2) her und verwenden dazu das vorhandene Bildmaterial.
b) Ein bis zwei Lösungen werden von der jeweiligen Gruppe vorgestellt (Präsentationsübung!).
c) Diskussion der vorgestellten Ergebnisse in der Gesamtgruppe:
   – Was ist überzeugend?
   – Was überzeugt nicht?
   – Welcher Entwurf bringt den Inhalt des Textes präziser »auf den Punkt«?
   – Welche Lösung regt zur weiteren Debatte an?

4. Alternatives Vorgehen
a) Sch lesen z. B. eine Seite (höchstens zwei!) aus dem Kapitel Kirche. Mögliche S.: 40, 41, 44, 48, 60. Inwiefern finden sich »Anklänge«, aber auch »Gegenstimmen« zum Text »Individuum und Gemeinschaft«?
b) Sch betrachten und diskutieren die unter 2. vorgestellten Lösungsvorschläge unter neuer Perspektive: Geben die ausgewählten Bilder Anstöße für Antworten zu den Schlussfragen des Textes? Kommt in diesen Antworten die Perspektive »Kirche« vor? Wenn ja: Wie?

44 Gottes Reich und die Kirche

44.1 Der Zusammenhang
Der Text von Dorothee Sölle setzt sich mit einer Position wie der von Marius Müller-Westernhagen auseinander (S. 41) und nimmt die Einsichten in die Bedeutung der Institution für gemeinsames Leben auf (S. 42, 43). Er will aufzeigen, dass die Institution Kirche sich auf die Verkündigung Jesu berufen kann und sich deshalb »Kirche Jesu Christi« nennen kann. Die Konsequenzen für eine lebendige Kirche werden später gezogen (S. 64).
Die Reich Gottes Botschaft Jesu wird in verschiedenen Zusammenhängen (S. 81; S. 148, 149) thematisiert, sodass der Text von dorther vertieft und differenziert werden kann.

44.2 Der Text
Der hier dargebotene Text stammt aus D. Sölle: Gott denken. Einführung in die Theologie. Stuttgart 1990, S. 180-181 i.A. Das Buch ist aus einer zwei Jahre zuvor gehaltenen Vorlesung an der Gesamthochschule Kassel mit dem Ziel »feministische Befreiungstheologie weiterzuentwickeln« (S. 7) entstanden. Der Abschnitt »Gottes Reich und die Kirche«, aus dem unser Text stammt, steht gegen Ende ihrer Ausführungen. Zuvor werden einzelne Topoi systematischer Theologie jeweils unter orthodoxem, liberalem und befreiungstheologischem Blickwinkel betrachtet (z.B. Bibelverständnis, das Verständnis von Schöpfung, Sünde und Gnade).
Dorothee Sölle (1929-2003) gilt als die bekannteste deutschsprachige Theologin. Von 1975-1987 war sie Professorin am Union Theological Seminary in New York. Über Jahrzehnte hinweg vertrat sie eine politische Theologie bzw. eine befreiungstheologische Position, und das nicht nur mit Blick auf die so genannte »Dritte Welt«, sondern auch bei uns: Die Stellung der Frauen in einer immer noch männlich dominierten westlichen Welt lag ihr besonders am Herzen. Auf diese Weise integrierte sie die von ihr verfochtene feministische Theologie nahtlos in die politische bzw. befreiungstheologische. In ihren letzten Lebensjahren versuchte sie verstärkt das Christentum des dritten Jahrtausends als ein »mystisches« zu verstehen. Persönlich ist dies wohl als Versuch zu anzusehen, ihr politisches Engagement in den Tiefen des Christentums zu fundieren. Denn die Mystik ersetzt für sie nicht das politische Engagement, sondern gibt dem »Widerstand aus Gottesliebe« die für sie notwendige Tiefe (vgl. hierzu auch D. Sölle: Mystik und Widerstand. »Du stilles Geschrei«. München, 4. Auflage 2001).
Dorothee Sölle erlitt im Frühjahr 2003 auf einer Tagung in Bad Boll (Baden-Württemberg) einen Schlaganfall und verstarb in derselben Nacht an dessen Folgen.

Der Text veranschaulicht zwei Grundgedanken der Verfasserin Sölle: Zum einen legt sie dar, dass sich Kirche von ihren Anfängen an in »Gemeinschaft vollzog« (Z. 8). Damit wendet sie sich gegen einen »extremen Individualismus, der unsere Kultur beherrscht« (Z. 23/24). Und zum anderen wendet sie sich gegen ein vorfindliches »Misstrauen gegen Organisiertheit und Verfasstheit« (Z. 20/21) seitens der Kirche. Kirche realisiert sich nach Sölle stets in einem doppelten Sinn – als Gnade und Institution, in Amt und Geist. Maßstab bei alledem ist und bleibt das Reich Gottes, wie es Jesus verkündigte und die Kirche – mitsamt dem politischen Charakter – weiterzutragen hat.

Im Text selbst setzt sich Sölle unausgesprochen mit dem unter 44.3 genannten Satz von Alfred Loisy auseinander (s.u.): Loisy, 1857-1940, war katholischer Priester und Professor am Institut catholique in Paris. Im Jahr 1902 erschien sein Buch »L'Evangile et l'Eglise« (deutsch: Evangelium der Kirche, München 1904). Hierin stellt er die Entwicklung vom historischen Jesus hin zum Dogma der frühen Kirche als legitim und notwendig dar. Sein bekannter Satz (s.u.) war – anders als von späteren Auslegern unkritisch behauptet – nicht negativ gemeint, sondern ist Ausdruck seines Verständnisses dieser Entwicklung. Sein Buch versteht sich entsprechend auch als Gegenschrift zu Adolf von Harnacks »Das Wesen des Christentums« (1900), der diese Entwicklung als Fehlentwicklung und Hellenisierung des christlichen Glaubens verurteilte. Nach Loisy war diese Entwicklung jedoch der einzige Weg, die Botschaft Jesu in einer weitergehenden Geschichte lebendig zu halten. Mit v. Harnack hält der Autor fest an der Differenz zwischen dem historischen Jesus und dem kirchlichen Dogma. Auch deshalb geriet er mit seiner Schrift in ernsthafte Schwierigkeiten gegenüber seiner Kirche – entgegen seiner ursprünglichen Absicht! Am 7. März 1908 wurde Loisy exkommuniziert; er selbst sagte sich daraufhin nicht nur vom Katholizismus, sondern auch vom Christentum los. 1908 übernahm er eine Professur für Religionsgeschichte am College de France in Paris.

44.3 Literatur
Alfred Loisy, L'Evangile et l'Eglise, Paris 1902.
Adolf von Harnack, Das Wesen des Christentums, München/Hamburg 1964.
Dorothee Sölle, Gott denken, Stuttgart 1990.

44.4 Unterrichtsideen
1. TA und Diskussion (Anknüpfen an Empfindungen der Sch bzw. an ihr Lebensgefühl)
a) TA: Entweder »Jesus verkündete das Reich Gottes und gekommen ist die Kirche« (Alfred Loisy) oder: »Jesus Christus Ja – Kirche Nein!«
b) Austausch: Wie ist dieser Satz zu verstehen? Welches Verständnis von Kirche drückt sich in ihm aus? Stimmt der Satz?

2. Textarbeit I
a) Lesen der Z. 1-30.
b) Gespräch: Welche Haltung gegenüber obigen Zitaten nimmt die Verfasserin hier ein? Herausarbeiten des Ortes der Kirche »Zwischen den Zeiten« (Z. 10/11).

3. Textarbeit II (die folgenden Zeilen)
a) Welche Kriterien entwickelt Sölle für das, was Kirche ist?
b) Visualisierungsübung: Sch visualisieren den Ort der Kirche »zwischen den Zeiten«.

4. Ergebnissicherung
a) Sch definieren in zwei Gruppen Kriterien, wann Kirche »Kirche Jesu Christi« ist und wann sie sich selbst verfehlt.
b) Austausch der Ergebnisse.
c) Zusammenfassender Tafelanschrieb.

45 Ihr seid das Licht der Welt

45.1 Der Zusammenhang
Die Reich Gottes Botschaft Jesu (S. 44 vgl. auch S. 140, 141) stellt die Jüngerinnen und Jünger Jesu in die Nachfolge und spricht ihnen darin eine bestimmte Identität zu. Die ethischen Handlungsaspekte werden insbesondere mit dem Liebesgebot verdeutlicht (vgl. S. 146, 147, 77, 78f. vgl. auch 203). Die Identitätsbestimmung wird hier im Blick auf die Welt vorgenommen, während Bestimmungen wie »Leib Christi« (S. 48) die Identität der christlichen Gemeinde primär unter dem Gesichtspunkt der Beziehungen untereinander expliziert. Das Licht- und Salzsein findet seine systematisch-theologischen Konkretionen in Luthers Zweiregimenterlehre (S. 55f.), in der Barmer Theologischen Erklärung (S. 59), den Aufgaben einer lebendigen Kirche (S. 64), im Selbstverständnis der katholischen Kirche (S. 62) und in dem Eintreten der Kirche für eine gerechte Gesellschaft (vgl. S. 94f. und 96f.), aber auch in dem Meditationsbild des Nikolaus von der Flüe mit seinen sieben Werken der Barmherzigkeit (S. 87).
Der Text liefert gleichzeitig einen Zugang zur Bergpredigt als Grunddokument der Ethik Jesu.

45.2 Nachfolger Jesu als Licht der Welt
Gerd Theißen, geboren 1943, Dr. theol., ist seit 1980 Professor für Neues Testament an der Universität Heidelberg. Theißen ist der wohl bedeutendste Vertreter sozialgeschichtlicher Forschung am NT. In jüngster Zeit erregte er durch eine Predigtlehre und eine Bibeldidaktik (»Zur Bibel motivieren«) Aufsehen innerhalb der praktischen Theologie. In beiden Büchern versucht er seine sozialgeschichtlichen Erkenntnisse über die Religion der ersten Christen für die heutige Zeit homiletisch bzw. religionspädagogisch zu konkretisieren. Seine 1994 erschienene Predigtlehre »Zeichensprache des Glaubens« versteht sich als wissenschaftliche Reflexion seiner vor allem in der Heidelberger Peterskirche gehaltenen Predigten.
Der hier auszugsweise aufgenommene Predigttext zu Mt 5,14–16 ist seinem zweiten Predigtband »Lichtspuren. Predigten und Bibelarbeiten« entnommen.
Der Vorteil einer Predigt als Textgrundlage für eine im Lehrplan verbindlich zu behandelnde Bibelstelle besteht darin, dass sie – anders als beispielsweise ein Kommentar zu dieser Stelle – den Textsinn nicht distanzierend zu beschreiben versucht, sondern ein interaktionelles Geschehen anstrebt.

Im vorliegenden Textauszug geht es um zwei Dinge, sie sind allerdings nicht gleich gewichtet – Zuspruch und Anspruch. Licht der Welt zu sein ist eine hohe Auszeichnung, zugleich aber auch eine kräftige Zumutung. Der Eingangsvers des Abschnittes rekurriert auf die Lichtverheißung Jesajas (Jes 9,1), die in Mt 4,16 als typisch matthäisches Erfüllungszitat begegnet. Das Licht Gottes ist bereits aufgegangen, wir Menschen müssen es nicht schaffen – wir müssen es lediglich annehmen. Denn in Jesus selbst ist das Licht Gottes. Gott ist das Licht. Dieser Zuspruch begegnet hier vor allem Anspruch. Als Licht der Welt (und kurz vorher als Salz der Erde) angesprochen zu werden, wertet die Zuhörerinnen und Zuhörer Jesu enorm auf, handelte es sich doch um gesellschaftlich unterprivilegierte Menschen, zu denen Jesus hier spricht, unter ihnen Besessene und Kranke. Diesen Menschen wird von Jesus, was typisch für seine Verkündigung ist, ein hoher Status zugesprochen. Man kann mit Blick auf andere Bilder und Begriffe für Kirche und die ersten Christen geradezu von einem Statusbewusstsein der ersten Christen sprechen: Hier begegnet ein Selbstbewusstsein, das um seinen Status weiß.

Im Fortgang der Predigt werden die Zuhörerinnen und Zuhörer als Stellvertreter des Lichtes eingesetzt. Der Text entfaltet im Folgenden, was es heißt, Licht der Welt zu sein. Es geht vor allem um ein Sichtbar-Werden des Lichtes in der Welt. Christsein ist keine private oder quietistische Angelegenheit, sondern geschieht öffentlich. Dies entfaltet der Autor zum einen, indem er klärt, was man im Frühjudentum unter »guten Werken« verstand (Krankenbesuche, Trösten, Beherbergung von Fremden usw.) und zum anderen mit Hilfe der Bildworte, die im Zusammenhang mit dem Lichtwort begegnen: Licht für die Welt, Stadt auf dem Berge und Leuchter im Hause. All dies zeigt, dass Christsein sich nicht auf einen Bereich frommer Innerlichkeit beschränkt; vielmehr soll das Handeln der Christenmenschen in alle gesellschaftliche Bereiche ausstrahlen. Der biblische Text sowie dessen Auslegung werden zum Beleg für den Öffentlichkeitsauftrag der Christen. Unberücksichtigt bleibt das Verhältnis von der Bedeutsamkeit guter Werke, wie sie für Matthäus wichtig und typisch ist (vgl. auch Mt 25: Das Gleichnis vom Weltgericht), und der Rechtfertigung allein aus Glauben, wie sie bei Paulus begegnet und in der reformatorischen Tradition besonders wirkmächtig wurde. Gegebenenfalls lässt sich dies zu einem eigenen Exkurs entfalten.

45.3 Lichtsein in der Bergpredigt

Der Aufbau der Bergpredigt ist ringförmig. In der Mitte steht das Vaterunser (Mt 6,7–15), das durch die Themen Beten (6,1–6) und Fasten (6,16–18) eingerahmt wird. Der äußere Rahmen der Bergpredigt wird durch 5,1f. und 7,28–8,1a gebildet. Die Einleitung besteht in den Seligpreisungen (5,3–16), der Schluss in den Worten von der engen Pforte, vom Baum und den Früchten und den falschen Propheten sowie vom Hausbau (7,12–27).

Der eigentliche Hauptteil wird von den Antithesen (5,21–28) und den Geboten zum Besitz, zum Richten und Bitten (6,19–7,11) gebildet. Das Salz- und Lichtwort (5,17–20) leiten diesen Teil ein, die Goldene Regel (7,12) schließt ihn ab. Die Komposition betont also den inneren Zusammenhang von Beten und Handeln. Christliches Handeln wurzelt im Gebet. Im Vaterunser verdichtet sich christliche Existenz.

Die Bergpredigt ist zunächst einmal jüdische Ethik. Sie gehört in die jüdische Toraauslegung und ist als Beitrag zu einem innerjüdischen Dialog zu verstehen. Dabei wird zum einen die Tora verschärft, zum anderen aber entschärft (vgl. S. 147). Die Normverschärfung soll die Identität nach außen stärken und das Profil der Jesusanhänger verdeutlichen. Die Normentschärfung soll die Integration im Inneren stärken und verhindern, dass in der Jesusgemeinschaft Menschen an den Rand gedrängt werden (Zöllner, Sünder).

In der Geschichte der Kirche hat es verschiedene Auslegungsmodelle für die Bergpredigt gegeben. Die Einen wollten die Bergpredigt nur den »Vollkommenen« zuschreiben und sich bei den Unvollkommenen mit den Geboten des Dekalogs begnügen. Luther verwies die Bergpredigt an die Privatpersonen und schrieb den Dekalog den Amtspersonen zu. Die liberale Theologie wollte nur die implizite Gesinnung der Bergpredigt gelten lassen. Das Luthertum erkannte in der Bergpredigt einen Beichtspiegel, der die Erlösungsbedürftigkeit der Menschen aufdeckt. Albert Schweitzer sah in der Bergpredigt eine Interimsethik, die nur für die Ausnahmesituation eines bevorstehenden Weltendes gilt. Neben diesen »entschärfenden« Auslegungen gab es aber immer wieder Ausleger, die die Bergpredigt wortwörtlich verstanden und entsprechend lebten (Katharer, Waldenser, Täufer, Mennoniten, Quäker, Tolstoj).

In der heutigen Diskussion bieten sich vor allem zwei Auslegungsmodelle an:

Ulrich Luz sieht in der Bergpredigt »exemplarische Forderungen, die beispielhaft veranschaulichen, wie Gott Gehorsam verlangt«. Diese Forderungen verlangen immer wieder danach konkretisiert zu werden. Gerd Theißen sieht in der Bergpredigt den Lebensentwurf für Gruppen, die bereit sind, in der Gesellschaft eine marginale Position einzunehmen. Eine Richtschnur für alle kann sie nur werden, indem sie alle verpflichtet, eine Gesellschaft so einzurichten, dass Menschen die Chance haben, ein solches radikales Ethos zu verwirklichen.

Was es heißt, Licht der Welt und Salz der Erde zu sein, zeigt sich im Gesamtaufbau der Bergpredigt. Es geht um Beten und das Tun des Gerechten, um Kampf und Kontemplation, um ora et labora. Die praktischen Handlungsanweisungen entwickelt die Bergpredigt insbesondere in den Antithesen; dort vor allem im Gebot der Feindesliebe, das den Katalog der Antithesen abschließt (vgl. S. 77). Letztlich wird das Handeln der christlichen Gemeinde und des Volkes Gottes (»Ihr«) als Entsprechung zu Gott bestimmt (Mt 5,48). Wer Christen sieht, soll einen Eindruck davon bekommen, wie Gott ist und wie Jesus gelebt hat. Konkretionen, was es heißt Licht und Salz zu sein, kann auch an den Seligpreisungen herausgearbeitet werden (insbesondere Demut, Gewaltlosigkeit, Streben nach Gerechtigkeit, Frieden stiften).

45.4 Literatur

Gerd Theißen, Zur Bibel motivieren. Aufgaben, Inhalte und Methoden einer offenen Bibeldidaktik, Gütersloh 2003.

Gerd Theißen, Zeichensprache des Glaubens. Chancen der Predigt heute, Gütersloh 1994.

Gerd Theißen, Lichtspuren. Predigten und Bibelarbeiten, Gütersloh 1994.

Ulrich Luz, Das Evangelium des Matthäus, EKK I,1 Neukirchen-Vluyn 1985.

45.5 Unterrichtsideen

1. Unterrichtsgespräch
a) Tafelanschrieb: »Wem die Würde, dem die Bürde«.
b) Sch bedenken den Zusammenhang von Zuspruch und Anspruch. Es geht dabei um Zumutungen auf Grund von vorher ergangenen Auszeichnungen.

2. Textarbeit I
a) Sch arbeiten in PA heraus, an wen sich das Lichtwort richtet (Z. 9-17), worin gute Werke bestehen (Z. 18-34), auf welche Lebensbereiche sich das Licht bezieht (Z. 35-52).
b) Zusammenfassung mit TA: Was zeichnet Menschen aus, die Licht der Welt sind? (Aufgabe 1)
c) Gespräch: Kenne ich Menschen, die so sind? Möchte ich so sein? Braucht die Welt solche Menschen? Was gibt Menschen die Kraft so zu sein?

3. Textarbeit II
a) Sch lesen die ganze Bergpredigt und arbeiten heraus, was ihnen gefällt und was ihnen problematisch erscheint
b) Austausch der Ergebnisse
c) Rückbezug auf die Nachfolge Jesu: Wie sollen Christen sein? Wie sind sie?

4. Vergleich mit Mt 25,31-46
a) Sch betrachten das Meditationsbild des Nikolaus von der Flüe auf S. 87. Welche sieben (!) Liebeswerke werden hier ins Bild gesetzt?
b) Sch lesen Mt 25,31-46. Parallel dazu schlagen sie das zweite TOP-Bild der UE »Gerechtigkeit« auf. Möglicher Horizont: Wie könnten die im Bild nicht auftauchenden »Werke der Barmherzigkeit« aus Mt 25 ins Bild gesetzt werden?
c) Ergänzen des Tafelanschriebs.

46 Gott und Geld

46.1 Der Zusammenhang
Mit der Bestimmung der Jüngerinnen und Jünger Jesu als Licht der Welt (S. 45) und die Rückbindung der Kirche an die Königsherrschaft Gottes (S. 44) führt zu der Frage, wie sich Christen und die Kirche gegenüber politischer Herrschaft verhalten können und sollen. Grundlegend für die Antwort auf diese Frage (vgl. auch S. 39) ist zum einen die Botschaft Jesu (S. 47) und zum anderen das Zeugnis des gesamten Neuen Testaments (S. 47). Die unterschiedlichen Antworten in der Geschichte der Kirche (S. 50 Konstantinische Wende; S. 55f. Luthers Zweiregimentenlehre; das landesherrliche Kirchenregiment S. 57 und die Barmer Theologische Erklärung S. 59) sind daran zu prüfen. Die Bibel hat hier wie auch sonst normierende Kraft. Allerdings stellt sich die Frage, wie die Botschaft von Jesus und die anderen Stellen des Neuen Testaments zu verstehen sind.

46.2 Exegetische Hinweise zu Mk 12,13-17
Mk 12,13-17 gehört zu den wenigen Stellen des Neuen Testamentes, in denen der Bezug von Religion zu Politik von ethischen Forderungen und staatlichen Ansprüchen reflektiert wird. Das Problem ergab sich für das Judentum durch den Verlust der Eigenstaatlichkeit. Mit der Fremdherrschaft durch die Griechen und später die Römer, die keine Rücksicht auf religiöse Regeln nahmen, stellte sich die Frage nach der Loyalität gegenüber staatlichem Handeln.
Seit der Einsetzung des Statthalters Coponius im Jahr 6 n.Chr. mussten die Juden an die Römer Steuern zahlen. Viele Juden empfanden das Zahlen von Steuern als Zeichen der Unfreiheit. Der Zelot Judas nannte es einen Frevel, dass Juden mit der Steuer neben Gott sterbliche Herrscher anerkennen sollten. Wenn Pharisäer und Herodianer Jesus die Frage stellen, ob es erlaubt sei Steuern zu zahlen, versuchen sie Jesus hereinzulegen. Ein einfaches Ja übergeht die theologische Problematik, ein Nein stempelt Jesus zum Aufrührer. Jesus lässt sich einen Denar zeigen. Damit führt er vor Augen, dass die Fragesteller faktisch die Herrschaft des Kaisers anerkennen. Auf dem Denar befindet sich das Brustbild des Kaisers mit einem Lorbeerkranz verziert. Dieser symbolisiert ebenso die göttliche Würde wie die Aufschrift Tiberius Caesar Divi Augusti Filius Augustus (Kaiser Tiberius, des göttlichen Augustus anbetungswürdiger Sohn). Die Antwort Jesu ist offen und in der Folgezeit kontrovers diskutiert worden, als Ablehnung einer zelotischen Haltung ebenso wie als Ausdruck der Ablehnung kaiserlicher Macht.

46.3 Die Auslegung von Wolfgang Schrage
Die Auslegung von Schrage wendet sich sowohl gegen ein Bündnis von Thron und Altar (vgl. S. 57), gegen die Annahme einer Eigengesetzlichkeit staatlichen Handelns als auch gegen ein Glaubensverständnis, das den Glauben auf eine private Innerlichkeit reduziert. Es geht dem Text vielmehr um eine Relativierung staatlicher Macht, die im Konfliktfall auch zur Absage an den Staat werden kann. Die Auslegung kann im Zusammenhang mit der Barmer Theologischen Erklärung II betrachtet werden (S. 59).

46.4 Die Auslegung von Eugen Drewermann

Der ausgewählte Abschnitt beschreibt die Wirkungsgeschichte des Satzes: »Gebt dem Kaiser, was des Kaisers ist, und Gott, was Gottes ist« als korrekte bzw. verfehlte exegetische Interpretation des Wortes Jesu.

1. Korrekt ist die Auslegung, die staatliche Forderungen durch den Anspruch Gottes begrenzt sieht. Der Satz Jesu ist als Steigerung zu verstehen, die Betonung des zweiten Teils bringt eine Relativierung des ersten mit sich.
2. Falsch ist die beim Bündnis von Thron und Altar erfolgte Relativierung der Ansprüche Gottes durch die Ansprüche des Kaisers
3. Falsch ist auch eine Trennung zwischen privaten (religiösen) und öffentlichen (staatlichen) Ansprüchen an den Menschen.

Eugen Drewermann beschreibt in seinem Kommentar zum Markusevangelium Menschen, die in einem »Ghetto der Angst das Gegenteil dessen tun und erreichen«, was sie eigentlich möchten. Jesu Wirken besteht in der Befreiung aus dieser Angst vor falschen Mächten und verkehrten Einflüssen. Diese Polarisierung bestimmt auch die Interpretation von Mk 12,13–17. Ähnlich wie Schrage unterscheidet Drewermann ein »verkehrtes« Verhalten von einem Verhalten, das sich an Jesu befreiender Botschaft orientiert. Anders als Schrage geht es Drewermann dabei nicht in erster Linie um ethische Folgen der Worte Jesu, sondern um eine existenzielle Deutung des eigenen Lebens.

Drewermann unterscheidet:

Ein an menschlichen Autoritäten orientiertes Leben
- falsche Ehrfurcht vor staatlicher Macht
- falsche Ehrfurcht vor dem Abgott Geld

→ unmenschliches Handeln und Denken

Ein von Jesus befreites Leben
- neue Sicht der Mitmenschen als Ebenbilder Gottes

→ selbstbestimmtes Leben

46.5 Literatur

Wolfgang Schrage, Die Christen und der Staat nach dem Neuen Testament, Gütersloh 1971.
Eugen Drewermann, Das Markusevangelium. Bilder der Erlösung, 2 Bände, Olten 1988.

46.6 Unterrichtsideen

1. Diskussion: Was dürfen Christen – was nicht?
a) Sch erhalten Kärtchen, die das Spannungsfeld zwischen christlicher Ethik und christlichem Menschenbild auf der einen und politischen bzw. ökonomischen Forderungen auf der anderen Seite thematisieren (M 46.1).
b) In Kleingruppen sprechen Sch über die Fragen.
c) Auswertung: Welche Fragen wurden mit »nein« beantwortet? Worauf bezieht sich die Ablehnung?

2. Textarbeit Mk 12,13–17
a) Sch lesen den Bibeltext mit verteilten Rollen.
b) Betrachten des Denars M 46.2 und Klärung wichtiger Verstehensfragen: Warum ist es für Juden problematisch Steuern zu zahlen? Was steht auf der Münze, die sich Jesus zeigen lässt? Warum lässt Jesus sich die Münze zeigen? Was kennzeichnet die Position der Pharisäer, was die der Herodianer?
c) Interpretation des Satzes: »Gebt dem Kaiser, was des Kaisers ist, und Gott, was Gottes ist« Wie verhalten sich die Ansprüche des Staates (des Kaiser) und der Religion (Gottes) zueinander? Suche nach unterschiedlichen Auslegungsmodellen.
d) Zusammenfassung Tafelanschrieb M 46.3.

3. Textarbeit S. 46
a) Sch überprüfen in arbeitsteiliger Gruppenarbeit jeweils einen der beiden Texte danach, welchem Interpretationsmodell er folgt und welche Modelle abgelehnt werden. Sie fassen die Position des Autors in einem Satz zusammen und schreiben die Argumentation auf eine Plakatbahn bzw. auf eine Folie.
b) Auf farbigem Karton werden Schlagwörter aus den beiden Texten gegenübergestellt.
c) Im Unterrichtsgespräch werden die beiden Interpretationen von Schrage und Drewermann verglichen. Wo gibt es Übereinstimmungen, wo Differenzen? Argumentieren Schrage und Drewermann auf der gleichen Ebene?

4. Reflexion
Die Kleingruppen entwickeln Kriterien für mögliches Verhalten in der Gesellschaft: Christen ist in der Gesellschaft alles erlaubt, was … Christen sollen alles sein lassen, was …

46.7 Zusatzmaterialien
M 46.1 Was Christen dürfen
M 46.2 Abbildung Denar
M 46.3 Zusammenfassung Tafelanschrieb

47 Kirche und Staat im Neuen Testament

47.1 Der Zusammenhang

Dieser Autorentext sollte in Zusammenhang mit Mk 12 behandelt werden. Wurde Mk 12 auf einer eigenen Seite behandelt und begegneten hierbei Auslegungsalternativen, geht es bei den drei weiteren neutestamentlichen Texten, die das Verhältnis von »Obrigkeit« und »Kirche« behandeln, darum, einen Zusammenhang zwischen allen vier Texten (Mk 12, Röm 13, Apg 5, Offb 13) herauszuarbeiten. Ziel ist herauszufinden, dass alle vier Texte denselben Tenor haben und es deshalb problematisch ist, dass sich Röm 13 auslegungsgeschichtlich mit einer der Obrigkeit sehr nahe stehenden Kirche verband (bis hin zum Eid auf die Person Hitlers im Dritten Reich). Dabei wird es wichtig sein zu bedenken, ob vor dem Hintergrund des Neuen Testaments und insbesondere Röm 13,1-7 Widerstand möglich ist. Dabei könnte man zur Erkenntnis kommen, dass Widerstand dann legitim ist, wenn die Obrigkeit nicht als Anwältin Gottes und damit an Gottes Statt handelt. Die Attentäter vom 20. Juli 1944 beispielsweise verstießen mit ihrer Aktion nicht gegen Röm 13, sondern sie erkannten die Illegitimität der Regierung und wollten diese durch eine neue, nunmehr legitime ersetzen. In Weiterführung dieses Gedankens stellt sich die Frage, mit welchen Mitteln christlicher Widerstand operieren darf. Geht das hin bis zum Tyrannenmord?

Der Text versucht einen »roten Faden« in den vier klassischen neutestamentlichen Texten, die das Verhältnis zwischen Staat und Kirche behandeln, zu erkennen und herauszuarbeiten. Letztendlich, so die hier vertretene These, liegen alle vier NT-Texte auf der gleichen Linie: Die Legitimität des Staates wird nicht in Frage gestellt, solange sich der Staat nicht in kirchliche Dinge und Angelegenheiten einmischt (s.u.). Mit dieser Auslegung werden die vier NT-Texte zu Kronzeugen aller weiteren Konfliktsituationen im Verhältnis zwischen Staat und Kirche, insbesondere für Martin Luthers Schrift »Von weltlicher Obrigkeit, wie weit man ihr Gehorsam schuldig sei« (1523), denn sein Gedankengang, wie weit der Arm der Obrigkeit reicht, orientiert sich an diesem Modell, ebenso das (durchaus ambivalente) Verhalten der Bekennenden Kirche in der Zeit des Nationalsozialismus bzw. Kirchenkampfes (vgl. Barmer Theologische Erklärung vom Mai 1934, insbesondere These 5).

47.2 Mk 12,13-17

Während Mk 12 ein friedliches Nebeneinander des römischen Staates und der Jesusbewegung voraussetzt und man hier von einer Nihilierung der Bedeutung des Staates angesichts der nahenden Gottesherrschaft sprechen kann, behandeln die drei weiteren Stellen Konfliktsituationen im Verhältnis zwischen Staat/Obrigkeit und Kirche bzw. Christenmensch.

47.3 Röm 13,1-7

Breiten Raum auf dieser Seite nimmt die Auslegung von Röm 13,1-7 ein. Dies scheint auch nötig, denn diese Stelle ist zum einem die wirkungsgeschichtlich bedeutsamste, zum anderen aber auch die, deren Auslegungsgeschichte am interessantesten ist.

Im deutschsprachigen Raum wurde in den fünfziger und sechziger Jahren des vergangenen Jahrhunderts von Rudolf Bultmann und seiner Schule die These vertreten, die Gegner des Paulus, gegen die dieser in seinen Briefen schreibt, seien so genannte »Enthusiasten« gewesen. Exemplarisch stellte er dies an den Gegnern des Paulus im 2. Korintherbrief dar (Exegetische Probleme des zweiten Korintherbriefes, S. 298-322). Enthusiasten in seinem Sinn waren christliche Gnostiker, die sich – qua Christen – bereits im Himmel wähnten und für die die Regeln dieser Welt keine Geltung mehr hatten. Paulus weist in seinen Briefen – so Bultmann – diese Gegner in die Schranken und die Christenmenschen zurück in diese Welt. Vom 2. Kor ausgehend wurden auch hinter den Gegnern des Paulus im Römerbrief diese »Enthusiasten« erkannt.

Dieses auf den ersten Blick stimmig anmutende Konzept hat in der neutestamentlichen Forschung immer wieder – und zwar von vielen Seiten – Widerspruch erfahren: So hat die Gnosisforschung u.a. erkannt, dass es christliche Gnostiker im von Bultmann beschriebenen Sinn nie gegeben hat, weder im ausgehenden 1. Jh. noch später. Spätere Forschung hat wahrscheinlich gemacht, dass die Gegner des Paulus viel eher andere urchristliche Missionare waren, insbesondere Missionare aus dem Kreis um Petrus, die Paulus sein Apostolat streitig machen. (Dieses hatte er ja durch eine direkte Offenbarung vom Auferstandenen erhalten und nie von Jesus zu dessen Lebzeiten oder von einem urchristlichen Gremium, wie der Jerusalemer Urgemeinde oder den drei Säulen). In diese Situation hinein schreibt Paulus seine so genannten Kampfbriefe und schlägt literarisch um sich, bis hin zur Unkenntlichkeit der Gegner, und das mit typischen rhetorischen Stilmitteln der Antike: Die Gegner rückt man immer dann in ein besonders schlechtes Licht, wenn man sie als libertinistisch, freizügig und sexbesessen hinstellt. Mancher NT-Forscher ist Paulus in dieser Polemik gefolgt ... und so lebt diese in der NT-Forschung längst aufgegebene Auslegung von Röm 13 noch heute in manchem Schulbuch (aber eigentlich auch nur noch da) fort. Überdies stellt die Gegenüberstellung: hier entrückte Enthusiasten – dort ein bodenständiger und »aufgeklärter« Paulus insofern eine Projektion dar, als Paulus hier für aufgeklärte Werte (Besonnenheit, Vernunft, Ausgeglichenheit) in Anspruch genommen wird, wo er doch selbst sehr enthusiastisch sein konnte: Paulus ist schon gekreuzigt, er selbst schildert eine Entrückung in den 3. Himmel (2. Kor 12,2) – was ist das, wenn nicht Enthusiasmus? Maßstab des historischen Paulus in seinen Briefen ist vielmehr die Frage: Was baut Gemeinde auf? bzw. Was schadet ihr? Zum heutigen Stand in der Gnosisforschung vgl. die gut lesbare und knappe Zusammenfassung von Christoph Markschies: Die Gnosis.

Von diesem oben beschriebenen Verständnis herkommend, versucht diese Auslegung den unmittelbaren Kontext von Röm 13 mit einzubeziehen, denn die Kapitel- und Verseinteilung der Bibel stammen aus dem Mittelalter und keineswegs von Paulus selbst. Bezieht man diesen Kontext mit ein, wird deutlich, dass es bei diesem Textabschnitt (der richtigerweise von Röm 12,9-13,10 reicht) um ein Verbot individueller Rache geht. (Die Einbeziehung des unmittelbaren Kontextes ist keine Willkür. Die Einteilung der biblischen Texte in Kapitel erfolgte erst im 13. Jahrhundert. Noch Martin Luther zitiert bspw. »Matthäi am Letzten« ohne Verseinteilung. Diese schuf

erst der Pariser Buchdrucker Robert Estienne im Jahre 1551.)
Der Grundtenor der Stelle ist jetzt: Christen sollen nicht richten, denn allein Gott gebührt die Rache Röm 12,19). Nicht zu richten ist für Paulus die eigentliche Konsequenz der Rechtfertigungslehre im Handeln der Menschen. Denn da Gott allein das Richten zukommt, ist jetzt kein Raum mehr für das Richten von Menschen über Menschen.
Vor diesem Hintergrund interpretiert Paulus auch die Nächstenliebe (Röm 12,21): Sie ist zunächst einmal Inbegriff einer Ordnung und nicht Ausdruck eines Gefühls. Nächstenliebe steht hier in Gegensatz zu gewalttätigen Affekten. Die staatliche Ordnung ist als Dienerin Gottes dazu da, Gottes Gerechtigkeit zur Geltung zu bringen. Der Christ kann deshalb auf Rache verzichten und den staatlichen Instanzen die Vergeltung überlassen. Es geht bei alledem nicht um eine Glorifizierung der staatlichen Gewalt. Diese ist und bleibt Dienerin Gottes (Röm 13,1.4). Vielmehr plädiert Paulus an dieser Stelle für eine Obrigkeit, die wirklich den öffentlichen und amtlichen Interessen dient. Gleichzeitig hilft die Obrigkeit auf diesem Wege, Gott die alleinige Rache zu überlassen, denn Gott handelt ja nur durch Stellvertreter. Es geht Paulus um einen Teil der neuen Gerechtigkeit Gottes: Frieden ist jetzt schon möglich, und er beginnt im Herzen all derer, die auf Rache verzichten, und im sozialen Miteinander überall und jederzeit dort, wo Gottes Geist ist. Zugleich sind der staatlichen Macht Grenzen gesetzt und damit auch ein Widerstandsrecht der Christen möglich (s. u.).

Hinweise zur historischen Situation des Römerbriefes:
1. Die für uns heute vielleicht wenig verständliche Hochschätzung gerichtlicher Instanzen des Paulus lässt sich besser verstehen, wenn man bedenkt, dass der Römerbrief wahrscheinlich im Jahr 56 n. Chr. in Korinth geschrieben wurde. Nicht lange Zeit davor war der Apostel im Gefängnis, wohl in Ephesus (vgl. 2. Kor 11,23). Paulus wurde aus dem Gefängnis entlassen und gerichtlich nicht belangt. Offensichtlich hatte er den römischen Staat hier als »Rechtsstaat« erfahren. Man kann also die Wesensbestimmung des Staates/der Obrigkeit als Gottes Dienerin als Ausdruck und Folge unmittelbarer Erfahrung verstehen.
2. Der Verzicht auf Vergeltung/Rache, zu der Paulus die Christen Roms ermutigt, fügt sich gut ein in ein Bild, das so oder ähnlich bereits im 1. Korintherbrief begegnet: Es geht ja im Abschnitt ab 12,1 um das Leben der Christen in der Welt, dazu gehört auch das Verhalten in der Öffentlichkeit. Was das öffentliche Leben angeht, so gewinnt man den Eindruck, dass hier ein Stück Pharisäismus bei Paulus begegnet: Besser leben als die anderen! Dieser Zug ist auch typisch für Jesus (vgl. Mt 5,20). Bereits in 1. Kor 4 geht es auch um einen ähnlichen Sachverhalt: Christen sollen nicht die öffentlichen Gerichte anrufen, sondern – wenn überhaupt! – den Rechtsstreit selbst beilegen. Das haben Juden in der Antike auch gemacht. Auch sie hatten eine eigene Gerichtsbarkeit.

47.4 Apg 5,17–33
Das Petruswort in Apg 5,29 richtet sich gegen eine lokale Macht (den jüdischen Hohen Rat). Petrus fühlt sich Gott als höherer Macht verpflichtet, sobald die staatliche Macht in die Verkündigung des Evangelium eingreifen möchte und damit ihre Kompetenzen überschreitet. Zugleich wird deutlich, dass Christentum und Glaube keine auf den häuslichen Bereich zu beschränkende Privatsache sind, sondern von Anfang an einen Öffentlichkeitscharakter haben.

47.5 Offb 13
Ähnlich ist die Situation in Offb 13. Konkreter Anlass für die Abfassung des Textes war die (drohende Zwangs-)Beteiligung der Christen am Kaiserkult, da sich Kaiser Domitian als erster Kaiser noch zu Lebzeiten als Herr und Gott verehren ließ. In diese Situation hinein schreibt der Seher Johannes seinen Brief (Formgeschichtlich ist die Offb keine Apokalypse, sondern ein Brief, vgl. den brieflichen Rahmen: 1,4f. Präskript, 22,21 Schlussgruß) ungefähr um das Jahr 96 n. Chr. Die Hure Babylon steht im Text als Deckname für Rom in Opposition zum himmlische Jerusalem. Die in 13,18 begegnende Zahl 666 ist vielen Schülerinnen und Schülern aus dem Satanskult bekannt, sollte hier aber historisch verortet werden – als Deckname für »NERON KASAR«, zu entschlüsseln mit Hilfe der Gematrie. Die Zahl lässt sich dann wie folgt aufschlüsseln:

Zahlenwert 50 im hebräischen Alphabet = N
  = hebr. נ (Nun)
Zahlenwert 200 im hebräischen Alphabet = R
  = hebr. ר (Resch)
Zahlenwert 6 im hebräischen Alphabet = O
  = hebr. ו (Waw, entspricht lautlich einem O)
Zahlenwert 50 im hebräischen Alphabet = N
  = hebr. נ (Nun)
Zahlenwert 100 im hebräischen Alphabet = K
  = hebr. כ (Koph)
Zahlenwert 60 im hebräischen Alphabet = S
  = hebr. ס (Samech)
Zahlenwert 200 im hebräischen Alphabet = R
  = hebr. ר (Resch)
666 = NERON KASAR (Kaiser Nero)

Die Verwendung dieses Decknamens lässt sich folgendermaßen erklären:
Im Jahr 96 ließ sich Kaiser Domitian als erster römischer Kaiser noch zu Lebzeiten als »Herr und Gott« (lat. dominus et deus) verehren. Für die Christen war dies eine unmögliche und nicht hinnehmbare Forderung (1. Gebot: Jesus Christus allein ist der Herr. Verfolgungen drohten. Man erinnerte sich an Kaiser Nero, der in den sechziger Jahren viele Christen in Rom verfolgen und umbringen ließ. Nero wurde 64 n. Chr. ermordet. Unter den Christen aber bestand in Anlehnung an die römische Überlieferung von »Nero redivivus« die Befürchtung, dass Nero gar nicht tot sei, sondern wiederkommen werde und den Christen noch viel Schlimmeres antun werde als beim ersten Mal! Als sich Domitian verehren ließ, schien für manche Christen dieser Zeitpunkt der Wiederkehr Neros gekommen.
Es kam unter den frühen Christen zu folgender Gleichung: Kaiser Domitian = zweiter Kaiser Nero = Tier aus dem Abgrund (Offb 13) = 666. Die Zahl 666 steht also für die historische Gestalt Domitians und ist nicht beliebig immer wieder neu auf jede andere Situation oder Person anzuwenden!

Zu Offb 13 vgl. den auch in der Oberstufe durchaus Gewinn bringenden Film »Begegnungen mit der Bibel. Geschichten und Gestalten des Alten und Neuen Testaments 4« (Dauer ca. 18 Minuten). Anhand dieses Filmes kann gut die Frage diskutiert werden, warum die frühen Christen nicht die »Äußerlichkeit« eines Opfers mitmachten, sondern statt dessen lieber das Martyrium auf sich nahmen.

47.6 Literatur
Rudolf Bultmann, Exegetische Probleme des zweiten Korintherbriefes. In: Ders.: EXEGETICA. Aufsätze zur Erforschung des Neuen Testaments. Tübingen 1967, S. 298–322.

Christoph Markschies, Die Gnosis. München 2001.

Begegnungen mit der Bibel. Geschichten und Gestalten des Alten und Neuen Testaments 4. Deutsche Bibelgesellschaft Stuttgart, 1993, Folge 12: Die Botschaft nach Philadelphia – Der Preis des Glaubens (Offb).

47.7 Unterrichtsideen
1. Textanalyse Röm 13,1–7.
a) Sch lesen Röm 12–13, gliedern den Zusammenhang und fragen nach der Bedeutung von Röm 13,1–7.
b) Sch vergleichen ihre Einsichten mit Z. 1–35.
c) Sie ordnen die Begriffe »Gott«, »Obrigkeit« und »Gehorsam« einander zu.
d) Zusammenfassung Tafelbild (M 47.1).

2. Diskussion
a) Runde 1: Dürfen Christen Wiederstand üben?
b) Runde 2: Können sie sich dabei auf Röm 13,1–17 berufen?
c) Runde 3: Welche Mittel dürfen sie dabei benutzen?
d) Sch formulieren eine eigene Zusammenfassung.

3. Textinterpretation Offb 13
a) L-Vortrag zum historischem Hintergrund der Offenbarung; alternativ: VHS »Die Botschaft nach Philadelphia«.
b) Gemeinsame Lektüre von Offb 13,1–18, eventuell mit besonderer Betonung auf 13,4–6.
c) Entschlüsselung der Form, der Symbole, Zahlen und der Intention.
d) Deutung von Offb 13,10. Wie sollen sich Christen gegenüber einem (solchen) Staat verhalten?

4. Textinterpretation Apg 5
a) L schreibt Apg 5,29 an die Tafel.
b) Sch vergleichen diese Aussagen mit Mk 12,17; Röm 13,1 und Offb 13,10. Was ist gleich? Was ist anders?
c) Sch fantasieren zu Apg 5,29 eine Geschichte und vergleichen sie dann mit Apg 5,17–33.

5. Abschließende Diskussion
a) TA: »Das Verhältnis von Kirche und Staat – wäre die Kirchengeschichte anders verlaufen, hätte sich Apg 5 oder Offb 13, nicht aber Röm 13 wirkungsgeschichtlich durchgesetzt.«
b) Sch diskutieren diese These
c) Sch formulieren den Zusammenhang der vier Bibelstellen und tragen ihn in ihr Heft ein (vgl. M 47.2).

47.8 Zusatzmaterialien
M 47.1 Tafelbild zu Röm 12–13
M 47.2 Das Verhältnis zum Staat in biblischen Texten

48 Begriffe und Bilder für die Kirche

48.1 Der Zusammenhang
Der Autorentext gibt Hinweise auf das Selbstverständnis der ersten Christen. Mit den Begriffen »Kirche« und »Ekklesia« beschreiben die ersten Gemeinden ebenso ihre Identität wie durch die Bilder vom Leib, vom Bauwerk und vom Gottesvolk. Begriffe und Bilder prägen sich Menschen oft leichter ein als langatmige Beschreibungen. Deshalb gehen moderne Unternehmen und Institutionen wie Schulen und Parteien dazu über eine eigene »corporate identity« zu entwickeln, ein »Leitbild« und eine eigene Philosophie. Damit sollen knapp und prägnant Herkunft, Selbstverständnis und Ziele der Organisation beschrieben werden. Der vorliegende Text kann helfen, ausgehend vom Selbstverständnis der ersten Christen, die »corporate identity« der heutigen Kirche zu beschreiben. Vorausgesetzt wird, dass die Begriffe bekannt sind; leider fehlt es oftmals an einem angemessenen Verständnis.

48.2 Zum Text
1. Begriffe »Kirche« und »Ekklesia«, »Volk Gottes«: Bezugspunkt von »Kirche« ist der »Kyrios«, der Herr. »Kirche« bezieht sich auf Jesus. Der Begriff »Ekklesia« wird in der Septuaginta für das Gottesvolk verwendet, im Neuen Testament steht er für die profane Volksversammlung (etwa Apg 19, 32.39), die gottesdienstliche Versammlung, die Ortsgemeinde oder die gesamte Kirche (Mt 16,18). Die etymologische Bedeutung als »Herausgerufene« lässt sich im Neuen Testament nicht nachweisen. Das Verständnis von Kirche im Sinne von: »Gott ruft Menschen aus der Welt heraus« erscheint daher problematisch. Mit dem Begriff »Kirche Gottes« grenzt sich die Urkirche vom Begriff »Synagoge« ab, der sich im jüdischen Bereich für die Ortsgemeinde und das Gebäude durchsetzt. Mit der Verwendung des Begriffs »Ekklesia« ist der Anspruch verbunden, wahre Kirche Gottes zu sein.

2. Das Bild vom Leib (1. Kor 12,12–31): Aus dem Text ergeben sich folgende Aspekte für das Leben in der Kirche
a) Wie ein Körper verschiedene Glieder und Organe braucht, lebt die Gemeinde von der Vielfalt ihrer Gemeindeglieder. Nicht Uniformität, sondern Pluriformität kennzeichnen christliche Gemeinden.
b) Es gibt kein von der Gemeinde isoliertes Christsein.
c) Es gibt innerhalb der Gemeinde keine durch bestimmte Fähigkeiten begründete Hierarchie.
d) Die Gemeinde ist eine charismatische Gemeinde, jeder verfügt über Gaben. Alle leisten ihren Beitrag und gehören zusammen, das Miteinander ist zugleich ein Füreinander.

Beim Bild vom kosmischen Leib (Kol 1,18; Eph 1,22) sind gegenüber dem bei Paulus verwendeten Bild folgende Aspekte zu betonen: Christus wird als Kopf des Leibes bezeichnet. Aber die Herrschaft Christi umfasst nicht nur die Kirche, sondern das ganze Weltall. In der Kirche wird seine Herrschaft sichtbar. Dass Christus Kopf des Leibes »Kirche« ist, ist als Geschenk an die Kirche zu verstehen.

3. Das Bild vom Bauwerk Kirche: Die metaphorische Rede von der Kirche als Bauwerk verknüpft zwei Aspekte der

Kirche: Stabilität und Dynamik. So werden in 1. Petr 2 zwei Bilder kombiniert. Die Bezeichnung der Christen als »lebendige Steine« lässt auf den Aufbau eines neuen Königshauses schließen. Christus als »Eckstein« des Gebäudes meint nicht den Abschlussstein oben am Gebäude, sondern den Grundstein, auf dem das Gebäude errichtet wird.

48.3 Unterrichtsideen

1. Hinführung
a) Impuls: Eine Werbeagentur erhält den Auftrag für die Kirche eine Werbeserie zu entwickeln. Womit kann Kirche beworben werden?
b) Sch entwickeln in PA 5 Begriffe bzw. Leitsätze, die in der Werbeserie Verwendung finden können.
c) Präsentation.

2. Textarbeit I
a) Sch zeichnen drei der im Text genannten Bilder.
b) Sch suchen das Bild heraus, das ihnen am meisten gefällt.
c) Sch vergleichen die biblischen Begriffe und Bilder mit ihren Impulsen für die Werbeagentur. Wo gibt es Übereinstimmungen, wo Abweichungen?

3. Textarbeit II
a) Sch lesen 1 Kor 12,12–31. Sie arbeiten heraus, wofür und wogegen Paulus eintritt.
b) Die Ergebnisse werden an der Tafel gesammelt (vgl. M 48.1).

4. Reflexion
a) Sch entwickeln ausgehend von 1 Kor 12 in Kleingruppen eine Werbeseite für die Kirche.
b) Alternative: Sch entwickeln ausgehend von den auf S. 48 beschriebenen Begriffen und Bildern Leitsätze für die Kirche.

5. Vertiefung I
Sch vergleichen ihre Ergebnisse mit Leitsätzen der Kirche, etwa Leitsätzen der Evangelischen Kirche in Baden (M 48.2) oder der Werbebroschüre »Sieben gute Gründe« (Oberstufe Religion 3, S. 4).

6. Vertiefung II
Sch überlegen: Was unterscheidet die »corporate identity« einer Kirche von der eines Unternehmens bzw. einer Schule? Gibt es Elemente, die gemeinsam sein könnten, gibt es genuin christliche Elemente? Entspricht die Kirche heute den Vorstellungen, die Paulus in 1 Kor 12 entwickelt?

48.4 Zusatzmaterialien
M 48.1 Tafelbild
M 48.2 Leitsätze der Evangelischen Kirche in Baden

50 Privilegien für die Kirche?

50.1 Der Zusammenhang
Mit dem Blick auf die Konstantinische Wende wird ein Gang durch die Geschichte der christlichen Kirche eröffnet, der anschließend durch das Mittelalter (S. 51), die Reformation (S. 54–58), die frühe Neuzeit (S. 57, 58), das Dritte Reich (S. 59) und Deutschland nach 1945 (S. 61) führt. Bewusst werden exemplarische »Brennpunkte der Kirchengeschichte« gesucht, die unter Einfügung ergänzender Elemente einen Längsschnitt erlauben. Hier wird vorgeschlagen, an exemplarischen Stationen der Christentums und der Kirchengeschichte wesentliche Aspekte des Themas »Kirche« aufzugreifen (Privilegien, Reichtum, Trennung vom Staat, Zusammenarbeit mit dem Staat, Grenzen staatlichen Handelns und Religionsfreiheit).

50.2 Die Konstantinische Wende
Die so genannte Konstantinische Wende ist eine der tiefsten Zäsuren in der Kirchengeschichte; sie wirkt noch heute gesamtgesellschaftlich nach. Die Religionspolitik des weströmischen Kaisers Konstantin brachte der verfolgten Kirche Frieden und leitete die Wende ein, in deren Folge das Christentum zur Staatsreligion im römischen Reich und in seinen Folgestaaten wurde. Die seit den Religionskriegen, spürbarer noch seit der Aufklärung anhebende Säkularisierung der europäischen Staaten ist zwar inzwischen weit fortgeschritten, aber der zeitgenössische Streit über den Umfang (»Gibt es eine nicht-religiöse Begründung der Menschenrechte?«) und die Geltung christlicher Werte in der Gesellschaft lässt sich nur vor dem Hintergrund des christlichen Staatskirchentums verstehen.

Konstantin beendete definitiv die Ära der Christenverfolgungen im Römischen Reich. Umstritten bleibt in der Forschung sein persönlicher Glaube. Interpretationsbedürftig ist in dieser Hinsicht vor allem die Tatsache seiner bis auf das Sterbebett aufgeschobenen Taufe: »Einige Autoren sind der Auffassung, dass Konstantin bereits lange vor 337 überzeugter Christ war und nur aus Rücksicht auf die pagane Reichsbevölkerung von einer frühzeitlichen Taufe abgesehen hat. Ein solches Verhalten entspräche seinem politischen Handeln, insbesondere seinem steten Bemühen, im Interesse der Einheit des Reiches den Anhängern der verschiedensten Religionen gerecht zu werden [...]. Andere Forscher vertreten die These, dass Konstantin die längste Zeit seines Lebens kein Christ oder zumindest kein überzeugter Christ war und tatsächlich erst gegen Ende seines Lebens im umfassenden Sinne bekehrt worden ist. Sie nehmen an, dass er hinsichtlich seines religiösen Verständnisses eine Entwicklung durchlaufen habe, die ihn erst allmählich von einem henotheistischen Gottesverständnis synkretistischer Färbung zu einer monotheistischen Auffassung geführt habe. [...] Eine dritte These, die in der älteren Forschung eine große Rolle gespielt hat und heute mit gewissen Modifikationen gelegentlich noch formuliert wird, besagt, dass Konstantin zu keiner Zeit eine persönliche Beziehung zum Christentum gehabt habe, sondern sich lediglich aus politischer Berechnung entschieden habe, die christliche Kirche zu fördern. Zur Taufe habe er sich nur auf den Druck der Bischöfe in seiner Umgebung hin entschlossen« (Piepenbrink, 123f.).

In seiner Gesetzgebung förderte Konstantin die Kirche, wobei er in mancher Hinsicht zunächst einmal lediglich eine Gleichstellung der christlichen Kirche und der paganen Kulte herstellte.

50.3 Die Gesetze Konstantins
Im Schülerbuch sind Gesetze Konstantins abgedruckt, die aus verschiedenen Zeiten stammen. Sie lassen sich wie folgt ordnen:

1. Z. 1–13 Sonntagsheiligung (Codex Justinianus 3, 12, 2).

2. Z. 14–19 Freistellungen von Klerikern
(Codex Theodosianus 16, 2, 2).
Die nicht-christlichen Priester waren schon immer befreit von Steuerzahlungen und von der Übernahme kommunaler Ehrenämter, die Zeit raubend und mit der Ausgabe von Privatvermögen verbunden waren. Die Amtsträger der Kirche werden diesen Priestern jetzt gleichgestellt.

3. Z. 20–31 Bischöfliche Gerichte
(Codex Theodosianus 1, 27, 1).
Schon lange war es Sitte, dass Kirchenmitglieder ihre juristischen Auseinandersetzungen nicht vor den staatlichen [heidnischen] Gerichten führten, sondern vor einem kirchlichen, bischöflichen Gericht [vgl. 1. Kor 6, 1–8]. Konstantin hat die Bischofsgerichte also nicht eingesetzt, wie oft zu lesen ist, sondern er hat den Instanzenweg geregelt: Selbst wenn ein Fall vor dem staatlichen Gericht eröffnet wurde, konnte er noch an ein bischöfliches Gericht transferiert werden, falls alle beteiligten Parteien damit einverstanden waren. Der staatliche Richter hatte dann den kirchlichen Richtspruch zu akzeptieren. Da die kirchlichen Gerichte im Ruf standen, weniger korrupt zu sein als die staatlichen, bevorzugten auch manche Nichtchristen diese Instanz.

4. Z. 32–36 Testamente zugunsten der Kirche
(Codex Theodosianus 16, 2, 4)
Die Kirche wird hier als Körperschaft anerkannt, die Testamente annehmen kann. Vorher war es den reicheren Christen nur möglich, ihre Gemeinde mit Almosen zu unterstützen, aber nicht, ihnen nach ihrem Tod Vermögenswerte – etwa wertvolle Stadthäuser – zukommen zu lassen. Auf Grund dieses Gesetzes hatte die Kirche bald hohe Einkünfte aus Testamenten, etwa von asketisch lebenden und daher kinderlosen Menschen.

5. Z. 37–42 Verbot von Brandmarkungen im Gesicht
(Codex Theodosianus 9, 40, 2)
Aus der biblischen Vorstellung vom Menschen als dem Ebenbild Gottes ließ sich das Verbot einer Entstellung des Gesichtes ableiten. Aber auch in der stoischen – in der Antike weit verbreiteten – Philosophie gab es den Gedanken, dass das menschliche Gesicht ein Abbild göttlicher Schönheit sei. Diesem Gesetz konnten also auch die meisten Nichtchristen zustimmen.

50.4 Literatur
Karen Piepenbrink, Konstantin der Große und seine Zeit [Geschichte kompakt – Antike], Darmstadt 2002.
Friedrich Prinz, Von Konstantin zu Karl dem Großen. Entfaltung und Wandel Europas, Düsseldorf/Zürich 2000.

50.5 Unterrichtsideen
1. Einstieg
a) Bild: Die Vision Konstantins (M 50.1). Der Legende nach erschien Konstantin vor einer entscheidenden Schlacht ein Lichtkreuz am Himmel mit der Inschrift: »In hoc signo vinces« – In diesem Zeichen siege! Dies sei der Anlass für seine Bekehrung gewesen.
b) alternativ: Gespräch über das Ladenschlussgesetz: Sonntags einkaufen und arbeiten? Woher kommt das heutige Verbot?

2. Textarbeit
Sch gliedern Text und versehen ihn mit Überschriften.

3. Sch versetzen sich in die Lage eines nicht-christlichen a) Richters, b) Städtischen Handwerkers, c) zu Gunsten der Kirche enterbten Neffen eines reichen Senatoren und entwerfen eine Petition an den Kaiser.

4. Aufgaben im Buch
a) Aufgabe 1 als Präsentationsthema.
b) Sch bearbeiten Aufgabe 2, evtl. in GA, unter Heranziehen von S. 60 (»Wie steht es mit der Religionsfreiheit?«).

50.6 Zusatzmaterialien
M 50.1 Bild: Die Vision Konstantins

51 Soll die Kirche arm oder reich sein?

51.1 Der Zusammenhang
Mit den Begegnungen zwischen Franz von Assisi und Papst Innozenz III. wird der Gang durch die Kirchengeschichte fortgesetzt. Nach der Konstantinischen Wende kommt hier die Entstehung der Bettelorden und der Machtanspruch der hochmittelalterlichen Kirche in den Blick. Damit wird Gelegenheit geboten, einen kirchengeschichtlichen Überblick zu erarbeiten, vor allem aber geht es darum, an einem bedeutsamen historischen Ereignis Grundfragen der christlichen Kirche einzuholen und zu thematisieren. Hier geht es um die Frage der Armut. Damit wird der Raum eröffnet, über den vermuteten Reichtum der Kirche(n) nachzudenken und gegebenenfalls auch über die Einkommensverhältnisse der Kirche(n) zu sprechen. Der Zusammenhang von Kirche und Armut kann darüber hinaus in einem Längsschnitt erarbeitet werden (S. 82f.).

51.2 Die Entstehung der Bettelorden
Die Kirche ist heute nicht mehr die mit verschwenderischer Pracht umgebene Institution des Mittelalters (und der frühen Neuzeit), gegen die sich die religiöse Armutsbewegung gewendet hat. Um die Kritik jener Strömungen in die Gegenwart abzubilden, müsste man eher auf den Gegensatz zwischen Globalisierungsgegnern (attac) und postmodernen Wirtschaftsliberalisten verweisen. »Die religiösen Bewegungen [...], die im Franziskanertum ihren Höhepunkt fanden, hielten mit ihrer Absage an die Macht des Geldes und die Herabwürdigung der Armut das christliche Menschenbild aufrecht« (David Flood, S. 91). Ähnliches ließe sich von den heutigen Kritikern des Kapitalismus sagen.

Zwischen dem 10. und 14. Jahrhundert verdreifachte sich die Bevölkerung Europas von 20 auf 60 Millionen Menschen. Hungerkatastrophen und Spekulationsgeschäfte mit Lebensmitteln führten große Bevölkerungsteile in bitterste Armut. Gleichzeitig entstanden reiche Handelsstädte, zuerst vor allem in Norditalien. In ihnen bildete sich eine neue bürgerliche Oberschicht, die Patrizier. Gerade in dieser Oberschicht formierte sich aber eine Armutsbewegung, die sich gegen die reichen Amtsträger der Kirche und das mit dem Adel verbundene alte Mönchtum wandte. Diese Armutsbewegung radikalisierte sich schnell. Die Katharer und andere Gruppen gingen von der Kritik an der Kirchenführung über zur Abwendung vom Christentum überhaupt. In dieser Situation entstanden im frühen 13. Jh. die Bettelorden, die wichtigsten sind die Dominikaner und die Franziskaner.

Franziskus (1181/82-1226) war der Sohn eines reichen Tuchhändlers im umbrischen Assisi. Er führte in seiner Jugend ein extravagantes, verschwenderisches Leben. Bei einer Auseinandersetzung zwischen Assisi und Perugia geriet er in Kriegsgefangenschaft und erkrankte schwer. Dann versuchte er, im päpstlichen Heer den Rittertitel zu erlangen. Er geriet in eine Existenzkrise, die schrittweise zu seiner Entscheidung führte, wie Jesus und dessen Jünger besitzlos und als Wanderprediger zu leben.

Mit Hilfe der Bettelorden gelang es, die Armutsbewegung in die katholische Amtskirche zu integrieren. Anders als im älteren benediktinischen Mönchtum lebten nicht nur die einzelnen Ordensmitglieder, sondern das gesamte Kloster in Armut (vgl. auch S. 82 des Schülerbuches: »Die Kirche und die Armen«). Allerdings kam es auch im Franziskanerorden bald nach dem Tod des Gründers zu heftigen Auseinandersetzungen darüber, wie radikal die Armut gelebt werden sollte. Die Päpste erlaubten dem Orden allmählich, von Franziskus' Idealen abzuweichen, was zu heftigen Flügelkämpfen zwischen den »Konventualen« und den »Observanten« (dem radikalen Zweig) führte.

Papst Innozenz III. erlaubte Franziskus im Jahr 1210, mit seinen Ordensbrüdern nach einer Regel zu leben, die im Wesentlichen die Nachfolge Jesu in Armut und Wanderpredigt forderte (vgl. das Bild im Schülerbuch. Diese mündliche Regel ist nicht überliefert, lediglich zwei spätere Regeln, eine von Papst Honorius III. nicht anerkannte [regula non bullata, 1221] und eine bestätigte [regula bullata, 1223]).

Politisch vertrat Innozenz einen universalen Machtanspruch, den er auch in vielen Ländern durchsetzte: Er sicherte die angegriffene politische Herrschaft des Papsttums im Kirchenstaat und in Süditalien. Er übernahm die Vormundschaft für den späteren Kaiser Friedrich II.; er verhängte über England ein jahrelanges Interdikt, zog das Königreich an sich und verlieh es dann als päpstliches Lehen zurück an Johann Ohneland. In Frankreich nahm er die Rolle eines Schiedsrichters zwischen dem englischen und dem französischen König ein.

51.3 Die Quellentexte
Der im Schülerbuch abgedruckte Franziskus-Text stammt vom Beginn der regula non bullata, die in manchen Punkte die Absichten des Franziskus klarer erkennen lässt als die regula bullata. Franz zitiert Aussprüche, in denen Jesus seine Jünger dazu aufruft, mit ihm als Wanderprediger ohne gesicherte materielle Existenz – also in Armut – zu leben. Dies erfordert auch die – zumindest zeitweilige – Lösung der sozialen Bindungen.

Der Text Innozenz' stammt aus einem Brief des Papstes an den Florentiner Ratsherren Acerbus. Die allegorische Deutung von Sonne und Mond auf Papsttum und Kaisertum hat nicht er entwickelt (schon Gregor VII. gebrauchte dieses Bild, um seine Machtansprüche zu begründen), aber in ihrer kirchenpolitischen Konsequenz am deutlichsten herausgestellt. Bei Innozenz sind diese Gedanken auch nicht nur eine utopische Option auf die Zukunft, sondern sie fassen die wirklichen politischen Errungenschaften dieses Papstes treffend zusammen.

51.4 Literatur
Kajetan Esser, Die Opuscula des Hl. Franziskus von Assisi. Neue textkritische Edition (Spicilegium Bonaventurianum XIII), Grottaferata 1976 (S. 373-404: regula non bullata).

David Flood, »Armut«. VI. Mittelalter, TRE 4, S. 88-98.

Thomas Frenz (Hg.), Papst Innozenz III., Weichensteller der Geschichte Europas, Stuttgart 2000.

Ulrich Horst, Evangelische Armut und päpstliches Lehramt. Minoritentheologen im Konflikt mit Papst Johannes XXII. (Münchener Kirchenhistorische Studien 8), Stuttgart 1996.

Carl Mirbt/Kurt Aland, Quellen zur Geschichte des Papsttums und des römischen Katholizismus, Bd. 1, Tübingen, 6. Auflage 1967 (S. 311: Brief Innozenz').

Oktavian Schmucki, »Franziskus von Assisi«, RGG⁴ 3, S. 250-254.

51.5 Unterrichtsideen

1. Einstieg
Sequenz aus dem Film »Der Name der Rose« nach dem gleichnamigen Roman von Umberto Eco (Fünfter Tag, Anfang), in zwei Teilen (DVD: Der Name der Rose, 1986, Constantin Filmproduktion GmbH/Kinowelt Home Entertainment GmbH, Best. Nr. 500025, Kap. 19, 1h 27' 50" – 1h 29' 20"):
a) Vom Anfang der Szene bis: »... die wichtige Frage: Waren sie sein Eigen oder waren sie nicht sein Eigen – die Kleider, die Jesus trug«. Anschl. Unterrichtsgespräch über die Frage, warum dies ein wichtiges Thema der Kirche gewesen sein könnte.
b) Fortsetzung: Die Frage ist nicht, ob Jesus arm war oder nicht, sondern ob die Kirche arm sein soll.

2. Textarbeit anhand der Fragen in GA oder PA (mögl. Tafelbild s. M 51.1).

3. L weist darauf hin, dass Jesus sowohl Jünger als ständige Begleiter hatte, die seine Lebensweise als Wanderprediger teilten, als auch solche Anhänger, die in ihren sozialen Bezügen blieben und ihn so unterstützten (vgl. Gerd Theißen/Annette Merz, Der historische Jesus. Ein Lehrbuch, Göttingen 1996, S. 198–203).

4. Diskussion
a) Wie soll die Kirche mit dem Geld umgehen, damit sie in der heutigen Zeit der Botschaft Jesu entspricht?
b) Wie sähe eine gerechte globale Wirtschaftsordnung aus? Müssten wir dabei Verzicht leisten?

51.6 Zusatzmaterialien
M 51.1 Tafelbild

52 Die Kulturleistungen der Kirche

52.1 Der Zusammenhang
Der vorliegende Autorentext will angesichts der verbreiteten Kritik am geschichtlichen Wirken der Kirche (Kreuzzüge, Hexenverfolgungen) die Kulturleistungen des Christentums und der Kirche ins Bewusstsein rücken, ohne diese Kritik abzuwehren. Sie kann ergänzend eingearbeitet werden.

Der Text will damit die Erkenntnis anbahnen, dass sich Zeitgenossen ganz selbstverständlich in Lebensverhältnissen bewegen, deren christliche Prinzipien und deren christliche Herkunft oft nicht bekannt sind. Geht es in einem Kurs »Kirche« um die Reflexion der Bedeutung und des Bedarfs institutionalisierter Religion in der Moderne, dann gilt es hier zu entdecken, dass der christliche Glaube die europäische Kultur maßgeblich geprägt hat, und zu erkennen, dass es einer gesellschaftlichen Institution wie der Kirche bedarf, um solche Hintergründe in Erinnerung zu behalten und dafür zu sorgen, dass wichtige Ressourcen gemeinsamen gesellschaftlichen Lebens gewürdigt und gefördert werden.

52.2 Christliche Kirche und Kultur
Der vorliegende Text geht von einem Kulturbegriff aus, das die Gesamtheit aller Zeichen umfasst, mit denen Menschen das zum Ausdruck bringen, was für sie selbst, ihr Leben und die Welt wichtig ist. Zur Kultur gehören Schulen und Krankenhäuser, Fernsehen und Auto, Werbeplakate und Graffitis, Kleidung und Essgeschirr, Stadtplanung und Bestattungsformen, Sozialversicherung und Grundgesetz, Fußball und Gottesdienst. Ein solcher, weiter Kulturbegriff unterscheidet sich deshalb von »Natur« und betont das intentionale Handeln des Menschen. Kultur geht deshalb über bildende Kunst, Musik, Literatur und Architektur (enger Kulturbegriff) hinaus, schließt diese aber ein.

Das Verhältnis von Christentum und Kultur ist differenziert zu sehen: Zum einen hat das Christentum die gegenwärtige Kultur beeinflusst und geprägt (Imprägnierungsmodell). Daran wird deutlich, dass der christliche Glaube auf kulturellen Ausdruck drängt. Zum anderen lässt sich das Christentum als substantieller Kern der europäisch-abendländischen Kultur sehen (Fundierungsmodell), das so grundlegende Vorstellungen wie die Sicht von Mann und Frau als Ebenbild Gottes, Verantwortung für die Schöpfung, Barmherzigkeit und Gerechtigkeit als Grundlage menschlichen Lebens eingebracht hat. Zum dritten lässt sich das Christentum als Instanz begreifen, das für die ganze Kultur die Reflexion ihrer Grundlagen und ihres Wesens übernimmt (Stellvertretungsmodell). Letztendlich tritt aber das Christentum immer wieder auch der Kultur kritisch gegenüber und konfrontiert die Lebensverhältnisse, die Pläne und die Handlungsweisen mit grundlegenden Fragen wie z. B. in der Biomedizin (Gegenmodell). Zusammengenommen wird deutlich, dass Christentum und Kultur auf keinen Fall miteinander identifiziert, aber auch nicht gegenübergestellt werden dürfen. Angemessener ist es, das Verhältnis mit den Begriffen »Gestaltung und Kritik« zu beschreiben, wie dies ein Text der EKD und der VEF im Jahre 1999 tut.

Der Text konzentriert sich auf die prägende Wirkung des Christentums und der christlichen Kirche und will zur Entdeckung kommen lassen, dass so unterschiedliche Bereiche wie Justiz, Sozialgesetzgebung, Wirtschaftsordnung, Bildung, Wissenschaft, Kunst oder Sprache nachhaltig vom christlichen Glauben geprägt sind und sich als kultureller Ausdruck des christlichen Glaubens begreifen lassen. So soll auch zur Einsicht kommen, dass unser Leben von Christentum und Kirche mit geprägt ist. Ohne sie würden unsere Lebensverhältnisse ganz anders aussehen.

Zu ergänzen sind der Wechsel von Arbeit und Ruhe (vgl. S. 66), die Rhythmisierung des Jahreslaufs durch die christlichen Gedenk- und Festtage, das Angebot von Ritualen und Symbolen für Gestaltung von Lebensübergängen (Geburt, Erwachsenenalter, Hochzeit, Tod), die Trennung von Staat und Religion in der Politik (vgl. S. 55f., 59) und damit verbunden die Grundgedanken von Gewissensfreiheit und Toleranz (vgl. S. 58) sowie der Einfluss auf die Literatur. Viele Motive in Romanen, Gedichten und Dramen, aber auch in Popsongs sind ohne die Bibel und die christliche Verkündigung nicht zu verstehen (z. B. Goethes Faust, Joseph Roths Hiob).

Nicht immer ist die christliche Kirche selbst der Ausgangspunkt solcher Prägungen. Eine ihrer wichtigen gesellschaftlichen Aufgaben liegt aber darin, solche Zusammenhänge aufzuzeigen und immer wieder neu produktiv werden zu lassen.

52.3 Literatur
EKD, VEF, Gestaltung und Kritik. Zum Verhältnis von Protestantismus und Kultur im neuen Jahrhundert, EKD Texte 64, Hannover 1999.

52.4 Unterrichtsideen
1. Gedankenexperiment
Ein Außerirdischer kommt nach Deutschland und wandert durch Städte und Dörfer. Er hat alle Bücher über das Christentum gelesen und sucht nach christlichen Motiven, Symbolen, Handlungsweisen. Was findet er?

2. Mindmapping
a) Sch erarbeiten in PA ein Mindmap zu S. 52 und ergänzen dieses selbständig.
b) Ein Tandem zeichnet sein Ergebnis an die Tafel (vgl. M 52.1). Die anderen ergänzen und erzählen von ihren eigenen Erfahrungen.
c) Sch fassen ihr Ergebnis zusammen.

3. Gedankenexperiment II
Wie sähe es in Europa/Deutschland ohne das Christentum aus? Was bedeuten diese Einsichten für Sinn und Aufgabe der Kirche?

52.5 Zusatzmaterialien
M 52.1 Mindmap

53 Kulturleistungen der Kirche – der christliche Kirchenbau

53.1 Der Zusammenhang
Die Darstellung des Freiburger Münsters als Beispiel für den christlichen Kirchenbau führt die Ausführungen zu den Kulturleistungen der Kirche (S. 52) fort und knüpft an das Einstiegsbild (S. 39) an. Deutlich werden soll, dass Christentum und Kirche entscheidend zur Weiterentwicklung der Architektur in Europa und damit der Kultur beigetragen haben. Der Bau von Kirchen nahm nicht nur neue Entwicklungen der Architektur auf, sondern war immer wieder der Impuls, die Baukunst weiterzuentwickeln. Baumeister konnten neue Konzepte verwirklichen sowie neue Skulpturen und Gemälde einbringen.
Am Kirchenbau wird deutlich, wie der christliche Glaube äußeren Ausdruck und kulturelle Gestalt gewonnen hat. Kapellen, Dome, Münster, Kathedralen und Kirchen wollen dem Glauben Raum geben, ihm zum Ausdruck verhelfen und Begegnungen mit dem heiligen Gott ermöglichen. Dabei verknüpfen sie die Sprache des Glaubens mit der Sprache der Kunst und werden zum Zeichen für eine Epoche, ganzer Generationen, eines Lebensgefühls und eines Zeitgeistes, aber auch einer konkreten Gemeinde. Kirchenbauten repräsentieren auf ihre Weise das, was für Menschen schon in früheren Generationen wichtig war und heute immer noch wichtig ist. Sie sind sichtbare Zeichen für kulturell prägende Traditionen und Bestandteil des kulturellen Gedächtnisses.
Das Bild des Freiburger Münsters ist Anlass und Gelegenheit, über die kulturelle Bedeutung von Kirchengebäuden zu sprechen und über Kirchen als Orte der Begegnung »mit dem, was uns unbedingt angeht« (Paul Tillich). Hier kann eine kirchenpädagogische Erschließung eines Gotteshauses anknüpfen.

53.2 Das Freiburger Münster
Die äußere Gestalt des Freiburger Münsters lässt viel von der Baugeschichte und dem architektonischen Konzept erkennen. In der seiner Mitte steht das spätromanische Querhaus, das in Anlehnung an das Basler Münster um 1200 errichtet wurde. Bis 1260 wurde dann in Anlehnung an das Straßburger Münster das Langhaus mit sechs Jochen im Basilikastil und drei Schiffen gebaut. Zwischen 1260 und 1340 wurde der ca. 115 m hohe Portalturm errichtet und die Langhausgewölbe fertiggestellt. Der Unterbau des Turmes wurde viereckig (Vier ist die Zahl der Welt), danach wurde er achteckig fortgeführt (Acht ist die Zahl der Erlösung). Der 45 m hohe Helm ist durchbrochen – damals eine weltweit einmalige Leistung. Die Einturmfassade ist auffallend, wurden doch in dieser Zeit eher Zweiturmfassaden gebaut (z.B. am Straßburger Münster). Der Grundstein für den hochgotischen Chor wurde 1354 gelegt, aber erst nach einer 100-jährigen Unterbrechung zwischen 1471 und 1510 fertiggestellt. 1513 wurde der Chor geweiht. Dass eine solche Kirche nie fertig ist, zeigt das Gerüst. Kriegs- und heute vor allem Witterungsschäden verlangen stete Weiterarbeit an dem architektonischen Meisterwerk. Erstaunlich ist, dass im frühen 13. Jahrhundert Menschen etwas begannen, von dem sie wussten, dass es erst viele Generationen später fertiggestellt sein würde.

Das Bauwerk enthält viele symbolische Details bis hin zu den verborgenen Zahlenverhältnissen, die das Denken, das Weltbild, die Hoffnungen, aber auch die Ängste früherer Generationen zum Ausdruck bringen. Die dämonischen Wasserspeier an der Außenfront sollen alles Böse abwehren und die Glaubenden in der Kirche vor Unheil bewahren. Die Darstellung der Tugenden und der Laster sollten einen anständigen Lebenswandel vor Augen stellen. Der quadratische Grundriss des Turmes und seine achteckige Fortführung verheißt, dass alles Weltliche erlöst und selig werden soll. Die Zahl Vier ist die Zahl der Welt (vgl. vier Jahreszeiten, vier Himmelsrichtungen); die Zahl Acht hingegen ist die Zahl der Erlösung und der Seligkeit (acht Personen wurden in der Arche gerettet, acht Seligpreisungen verkündigt Jesus und am achten Tag ist der Herr auferstanden).

Das ganze Münster ist auf dem Grundmaß von 3 x 7 Ellen errichtet. Der Turm zeigt in seinem Aufriss den goldenen Schnitt, den man einst als »göttliche Teilung« bezeichnete. Danach verhält sich die Gesamthöhe zum größeren Teil (dem Turm bis zum Helm) so wie dieser zum kleineren Teil (dem Helm). Man wollte in diesen harmonischen Maßen und Proportionen die Vollkommenheit und die Schönheit der Welt wiedergeben und bekennen »Du hast alles nach Maß, Zahl und Gewicht geordnet« (Weish 11,20). Die gotische Kathedrale ist auch als Sinnbild der göttlichen Schöpfung zu verstehen.

Das Freiburger Münster repräsentiert den so folgenreichen gotischen Kirchenbaustil, wie er in Frankreich insbesondere von Abt Suger von St. Denis entwickelt wurde. Der Kirchenbau in Deutschland (z.B. Straßburg, Limburg, Köln, Marburg, Magdeburg, Bamberg), Italien, Spanien und England wurde davon entscheidend beeinflusst.

Kennzeichnend für den gotischen Sakralbau ist die Ersetzung der tragenden Wand durch eine durchscheinende Fensterwand, wobei die Kräfte durch äußere Strebebögen und -pfeiler aufgefangen werden. Theologisches Grundkonzept ist das himmlische Jerusalem, die Stadt Gottes bei den Menschen. Von außen wird dies an den Dächern und Türmen erkennbar, die den Bau prägen und eine ganze Stadt symbolisieren. Innen wird das an den Buntglasfenstern deutlich, die die Edelsteine darstellen wollen, mit denen die Stadt Gottes gebaut ist (Offb 21,19; vgl. auch die Bedeutung des Lichts). Städtebaulich gesehen will die gotische Kathedrale eine Stadt in der Stadt bilden, wie dies auch durch die Lage im Mittelpunkt Freiburgs deutlich wird (vgl. Stadtplan M 53.1). Die Kirche stellt so der Bürger-Stadt das Bild der wahren Stadt Gottes vor Augen und gibt jener eine bestimmende Mitte.

Das theologische Konzept des himmlischen Jerusalem gilt grundsätzlich für alle Arten von Kirchengebäuden, wird jedoch immer wieder anders symbolisiert. So symbolisiert die frühchristliche Basilika die antike Stadt mit Stadttor, Hauptstraße mit Arkaden, Hauptquerstraße (Cardo) und kaiserlichem Thronsaal in der Apsis. Die romanische Kirche symbolisiert das himmlische Jerusalem als schützende Himmelsburg, die barocke Kirche als himmlischen Thronsaal. Leitend ist jedes Mal der Gedanke, dass derjenige, der eine Kirche betritt, einen Vorgeschmack auf das Himmelreich bekommt. Gerade dies macht ein Kirchengebäude aus. Wie das Bild zeigt, unterscheidet sich das Münster deutlich von den umgebenden Gebäuden. Mit Michel Foucault kann man Kirchen deshalb als »Heterotopien« bezeichnen. »Kirchengebäude sind irgendwie anders«. Das was hier zum Thema werden soll, ist wohl das Leben in den anderen Häusern, doch »irgendwie anders« – nämlich aus der Perspektive Gottes und der Verkündigung der biblischen Botschaft.

53.3 Literatur
Konrad Kunze, Himmel in Stein. Das Freiburger Münster, Freiburg 1980.
Margarete Luise Goecke-Seischab/Jörg Ohlemacher, Kirchen erkunden – Kirchen erschließen, Lahr 1999.
www.freiburg.de

53.4 Unterrichtsideen
1. Betrachten des Fotos
a) Sch formulieren, was ihnen auffällt und was anders ist als bei anderen Kirchengebäuden.
b) Sch tragen ihr Wissen über gotische Kathedralen zusammen.

2. Schülerreferat
Die Geschichte des christlichen Kirchenbaues (M 53.2) mit Bildern präsentieren.

3. Das theologische Konzept der gotischen Kathedrale
a) Sch lesen Offb 21,1–4.10–21 und beziehen diese Texte auf die Bilder S. 53 und S. 39.
b) KG: Welche Zusammenhänge zeigen sich?
c) RG Was sagt dies über Sinn und Aufgabe der Kirche?
d) Zusammenfassung TA (z.B: »Kirche soll Menschen einen Vorgeschmack auf das Himmelreich geben und ihnen dadurch Visionen und Perspektiven vermitteln für die Gestaltung ihre persönlichen Lebens und des Gemeinwesens«).

53.5 Zusatzmaterialien
M 53.1 Stadtplan von Freiburg
M 53.2 Die Geschichte des christlichen Kirchenbaues – Übersicht

54 Kirche und Staat bei Luther

54.1 Der Zusammenhang
Die Auseinandersetzung mit der Zweireichelehre Luthers ist entscheidend um die weitere Entwicklung der protestantischen Kirche, insbesondere in ihrem Verhältnis zum Staat, nachzuvollziehen und einordnen zu können. Gleichzeitig zeigen sich dabei Grundprinzipien des europäisch-neuzeitlichen Verhältnisses von Religion und Politik, die einerseits selbstverständlich geworden sind, heute aber durch den Islam in Frage gestellt werden (S. 63).
Diese Auseinandersetzung mit Luthers Zweireichelehre bedarf der »historisch-kritischen« Hinführung, um Inhalt und Intention angemessen rekonstruieren zu können.
Hilfreich für das Verstehen ist es, wenn auf Konstantins Religionsgesetzgebung (S. 50), auf die Bestimmung des Verhältnisses von Kirche und Staat bei Innozenz III (S. 51), aber auch auf die Ekklesiologie von Dorothee Sölles (S. 44) mit ihrem Hinweis auf die sozialen und politischen Implikationen der Reich Gottes Botschaft zurückgegriffen werden kann (vgl. dazu auch Gerechtigkeit S. 70-99).

54.2 Die historischen Hintergründe von Luthers Schrift
Der Autorentext beschreibt einen weiteren und einen engeren kirchenhistorischen Horizont für die Entstehung von Luthers Obrigkeitsschrift:
Dieser wird innerhalb des Textes folgendermaßen gruppiert:
- Z. 1-9 Skizze der geschichtlichen Entstehungsbedingungen von Luthers Obrigkeitsschrift. (»Engerer Horizont«).
- Z. 10-34 Mittelalterliche Konflikte und Probleme im Verhältnis von weltlicher und geistlicher Gewalt als Hintergrund für Luthers Kritik (»Weiterer Horizont«).
- Z. 35-53 Luthers Äußerungen im Bauernkrieg (»Engerer Horizont«).

Im Oktober 1522 hielt Luther zwei Predigten im Beisein Herzog Johanns von Sachsen, des Bruders von Luthers Landesherr, Kurfürst Friedrich dem Weisen; in ihnen hatte Luther bereits die Grundgedanken der Obrigkeitsschrift formuliert. Später hatte Herzog Johann den Reformator 1522 gebeten, die Grundlinien seiner politischen Ethik in einer eigenen Schrift zusammenzufassen. Die im Text erwähnte Konfliktlage um das Verbot des NT bezieht sich konkret auf einen Erlass von Luthers »bedeutendstem politischen Gegner« (Martin Brecht, Martin Luther Bd. 2, S. 111), Herzog Georg von Sachsen. Dieser hatte in einem Edikt vom 7. November 1522 den Kauf und den Verkauf von Luthers Übersetzung des NT untersagt. Bereits erworbene Exemplare mussten abgeliefert werden, der Kaufpreis wurde zurückgestattet. Besonderen Anstoß erregten papstkritische Randbemerkungen und Illustrationen in den Druckausgaben von Luthers Übersetzung.

Die Auseinandersetzung um die ungute Vermischung der Einflusssphären von Staat und Kirche gehörte von Anfang an zu den Konfliktlagen der Reformation. Der von Luther im Ablassstreit attackierte Peterskirchenablass diente bekanntlich zur Hälfte der Ämtersicherung eines Fürstbischofes. Mit den entsprechenden Einnahmen finanzierte Albrecht von Brandenburg-Hohenzollern seinen Schuldendienst beim Bankhaus Fugger. Mit Hilfe der Augsburger Großbankiers hatte Albrecht die Bezahlung spezieller Gebühren für die Erringung der Würde eines Erzbischofs von Mainz organisiert. Das Erzbistum von Mainz war territorial das größte der damaligen Christenheit. Das in den 95 Thesen kritisierte Ablasswesen wurde insgesamt »von den Landesherren [...] kontrolliert, abgelehnt oder bei landesinternen Ablässen auch begünstigt« (Martin Brecht, Martin Luther Bd. 1, S. 175-176). Das an sich schon fragwürdige Instrument kirchlicher Bußpraxis geriet damit in die Einflusssphäre staatlicher Machtinteressen.

Luthers Äußerungen zum Bauernkrieg konkretisieren sich in ihrer ganzen Ambivalenz und Härte in drei Schriften. Mitte/Ende April 1525 verfasste Luther die Schrift »Vermahnung zum Frieden auf die zwölf Artikel der Bauernschaft in Schwaben«. Hier kritisierte er einerseits Ausbetungsgesinnung und schwelgerischen Lebenswandel der Fürsten, verurteilte aber schon das Selbstverständnis der Bauern als »Evangelische Vereinigung«. Im Mai folgte die bekannte Schrift »Wider die räuberischen und mörderischen Rotten der anderen Bauern« mit der oft zitierten Forderung Luthers, die staatliche Gewalt möge in aller Härte gegen die Aufständischen vorgehen. Nach der vernichtenden und durch die Fürsten brutal herbeigeführten Niederlage der Bauern in der Schlacht bei Frankenhausen nahm Luther zwar nichts von seiner grundsätzlichen Kritik am (seiner Meinung nach eklatanten) politischen Missbrauch des Evangeliums durch die Bauern zurück. Allerdings lehnte er es ab, seine Position als Rechtfertigung blutrünstiger Massaker an den Bauern missbrauchen zu lassen (»Aber die wütenden und rasenden Tyrannen, die nach der Schlacht nicht können vom Blut satt werden und in ihrem ganzen Leben nicht viel fragen nach Christus, habe ich mir nicht zu belehren vorgenommen.« In: Ein Sendbrief von dem harten Büchlein wider die Bauern, S. 169). Immerhin sollte Luther später formulieren: »Ich habe im Aufruhr alle Bauern erschlagen; all ihr Blut ist auf meinem Hals« (Luther Tischreden Nr. 2911, zitiert bei: Brecht, Martin Luther Band 2, S. 192). Seine Reue bezog sich also nicht auf die theologische Grundkontur seiner Äußerungen, sondern auf die konkrete Wirkung seiner Äußerungen. Gerade diese Ambivalenz macht die tiefe Problematik von Luthers Äußerungen zum Bauernkrieg aus.

54.3 Literatur
Peter Blickle, Der Bauernkrieg, München 1998.
Peter Blickle, Horst Buszello, Rudolf Endres, Der deutsche Bauernkrieg, Stuttgart 1995.
Siegfried Bräuer, Luthers Beziehungen zu den Bauern in: Helmut Junghans [Hg.], Leben und Werk Martin Luthers 1526-1546, Bd. 1, Berlin 1983, S. 457-472.
Martin Brecht, Martin Luther. Bd. 1, Stuttgart 1981.
Martin Brecht, Martin Luther. Bd. 2, Stuttgart 1986.
Wolf Dieter Hauschild, Lehrbuch der Kirchen- und Dogmengeschichte. Bd. 2. Gütersloh ²2001, S. 92-98 (Zum Bauernkrieg).
Martin Luther, Vermahnung zum Frieden auf die 12 Artikel der Bauernschaft in Schwaben, in: Ders., Ausgewählte Schriften. Bd. 4, Frankfurt 1982, S. 100-131.
Martin Luther, Wider die räuberischen und mörderischen Rotten der anderen Bauern, in: Ders., Ausgewählte Schriften. Bd. 4, Frankfurt 1982, S. 132-143.

Martin Luther, Ein Sendbrief von dem harten Büchlein wider die Bauern, in: Ders. Ausgewählte Schriften. Bd. 4, Frankfurt 1982, S. 144–171.

54.4 Unterrichtsideen
Die enge Zusammengehörigkeit von S. 54 mit S. 55–56 legt eine unterrichtliche Verbindung nahe (vgl. dazu die Unterrichtsideen zu S. 55–56). Die Schritte 1–2 sollten wegen Schritt 3, wenn möglich, in mindestens drei Gruppen durchgeführt werden.

1. Textarbeit I
a) L zeichnet an die Tafel drei Horizonte zu Luthers Obrigkeitsschrift: einen weiten und zwei engere.
b) Sch versuchen in PA die drei Horizonte zu bestimmen.
c) ein Sch stellt sein Ergebnis vor, die anderen ergänzen
L gibt ergänzende Informationen

2. Textarbeit II
a) Sch erarbeiten in drei Gruppen
- die Kernthesen Luthers (vgl. M 54.1)
- die von Luther abgelehnten Positionen (vgl. M 54.1)
- ein Vergleich Luthers mit dem Staatsverständnis des Islam S. 63 (bes. Z. 24–49: die interreligiösen »Konfrontationslinien«).

b) Sch präsentieren ihre Ergebnisse (vgl. S. 98).

54.5 Zusatzmaterialien
M 54.1 Konfrontationslinien

55/56 Martin Luther: Von weltlicher Obrigkeit

55/56.1 Der Zusammenhang
Luthers Zweireichelehre hat das evangelische Kirchenverständnis nachhaltig geprägt und hat auch auf die Barmer Theologische Erklärung eingewirkt (S. 59). Ihre Grundgedanken gehören zum Selbstverständnis des modernen Staates (S. 58) und hatten zumindest indirekt auch Einfluss auf die Formulierung des Grundgesetzes (S. 60). Ihre politisch-gesellschaftliche Bedeutung wird im Vergleich mit dem Islam noch einmal einsehbar (S. 63). Verständlich werden kann, dass diese Schrift im Zusammenhang Luthers Rechtfertigungs- und Freiheitslehre steht (vgl. Z. 98–103 mit S. 172, 173). Die hermeneutischen Vorüberlegungen von S. 54 sind unbedingt zu empfehlen. Die Auseinandersetzung mit den Verhältnisbestimmungen von Kirche und Staat im Neuen Testament (S. 47) lässt besser erkennen, wie Luther mit dem biblischen Zeugnis umgeht.

55/56.2 Luthers Zweireichelehre
Der abgedruckte Text kann folgendermaßen gegliedert werden.

1. Zur biblischen Begründung des staatlichen Gewaltmonopols (Z. 1–17).
2. Die beiden Reiche: Ihre Gestalt und ihr Verhältnis (Z. 18–203).
   2.1 Die grundsätzliche Unterscheidung der beiden Reiche (Z. 18–22).
   2.2 Das Reich Gottes als die Gemeinschaft der »Glaubenden in Christus« (Z. 20–36).
   2.3 Gewaltlosigkeit und gesetzesfreie Liebe als soziale Ordnungsmächte in der Gemeinschaft der Glaubenden (Z. 37–50).
   2.4 Die Notwendigkeit des Gesetzes und seiner gewaltförmigen Durchsetzung im Reich der Welt (Z. 50–60).
   2.5 Die Minderheit der wahren Christen inmitten des Reiches der Welt (Z. 61–80).
   2.6 Reichweite und die unterschiedlichen Geltungsansprüche der beiden Reichte. (Z. 85–103).
3. Handlungsanweisungen für den (christlichen) Fürsten als Konkretion der Lehre von den beiden Reichen (Z. 104–115).

Die Unterscheidung der beiden Reiche, die durch die Textauswahl als spannungsvolles Gegenüber von Reich der Welt und Reich Jesu Christi (Kirche der wahren Glaubenden) dargestellt wird, hat natürlich auch in Luthers Schrift noch andere Konturen. Diese betreffen besonders die Existenz des Christen in weltlichen Handlungs- und Verantwortungszusammenhängen. Bereits der angedeutete Fürstenspiegel (vgl. oben Gliederung 3) zeigt, dass Luther keineswegs einen bloßen Rückzug aus dem Reich der Welt propagierte. Vielmehr geht es um die verantwortungsvolle Anerkennung der Tatsache, dass z.B. Regierende hart durchgreifen müssen, um die von Gott gewollten und inaugurierten Ordnungsstrukturen im gesellschaftlichen Zusammenhang zu verteidigen. Damit steht generell fest: Auch der Christ kann und soll

politische Leitungs- und Ordnungsfunktionen übernehmen, ohne dass seine christliche Identität irritiert oder gar zerstört werden muss.
Die Frage stellt sich, ob Luther noch Impulse für die »politische Klasse« in einem demokratischen Staatswesen bereithält.

55/56.3 Literatur
Martin Brecht, Martin Luther Bd. 1, Stuttgart 1981.
Martin Brecht, Martin Luther. Bd. 2, Stuttgart 1986.
Karl Friedrich Haag, Nachdenklich handeln [Studienbuch Religionsunterricht 4], Göttingen 1996, S. 186–190.
Reinhold Zippelius, Geschichte der Staatsideen, München 1994, S. 77–80.

55/56.4 Unterrichtsideen
1. Vorübung
a) Das Modell Kirche und Staat bei Innozenz III. (S. 51) an Tafel zeichnen.
b) Gespräch: Wie sieht das heute aus?

2. Textarbeit
a) Sch erhalten in arbeitsteiliger GA die Begriffe »weltliches Recht und Schwert«, »Adams Kinder«, »die beiden Regimente«, »die Fürsten«.
b) Sch formulieren zu den Begriffen Thesen.
c) Sch zeichnen in GA verschiedene Schemata zur Gestalt und Ausprägung der Zweireichelehre auf Papier oder OH-Folie.
d) Präsentation: Eine Gruppe präsentiert ihr Ergebnis durch einen entwickelnden Tafelanschrieb oder OH-Folie (S. 98)/(vgl. M 55/56.3).
e) Ergänzungen, Anregungen, Kritik durch die Gesamtgruppe.

3. Reflexion
a) Textlektüre von M 55/56.1: Grenzen einer grafischen Darstellbarkeit der Zweireichelehre.
b) Diskussion: Kann Ebelings Haltung am Text verifiziert werden? Könnte eine grafische Darstellung so verändert werden, dass der dynamische Aspekt der Zweireichelehre zum Tragen kommt?

4. Diskussion
a) Relektüre des kleinen Fürstenspiegels im Text (Z. 104–115).
b) Betrachtung des Bildes von Bartel Beham (M 55/56.2)
c) Evtl. Erläuterungen zur Ikonographie des Bildes durch die Lehrkraft ohne Nennung der positiven Stellung Behams zu den Bauern und des ursprünglichen Titels »1525«.
d) Gruppenarbeit zur Frage: Was müsste sich an dem Bild ändern, wenn ein gerechter Fürst nach Luthers Maßstäben zu herrschen begänne?
e) Kurze Informationen durch L: Bartel Behams positive Stellung zu den Bauern und zu Thomas Müntzer.
f) Alternativen
 - Gespräch in der Gesamtgruppe: Was hätte Beham zu Luthers Fürstenspiegel wohl gesagt?
 - Gespräch in der Gesamtgruppe: Kann man aus Luthers Perspektiven (Z. 104–115) trotz ihrer Ambivalenz (»Fürstentheorie« Luthers versus Tatsächliches Verhalten im Bauernkrieg) Orientierungen für die gegenwärtige politische Führung finden? Welche Transformationen in den Formulierungen müssten stattfinden?

55/56.5 Zusatzmaterialien
M55/56.1 Gerhard Ebeling: Luthers Zweireichelehre
M 55/56.2 Bartel Beham, Der Welt Lauf
M 55/56.3 Schema zur Zweireichelehre

57 Berufung auf Luther?

57.1 Der Zusammenhang
Heutigen Schülern ist ein religiös begründetes obrigkeitshöriges Denken fremd. Und sie teilen größtenteils auch nicht die Auffassung, die aus der Kirchengeschichte, vor allem aus dem Kirchenkampf, gewachsen ist: dass nämlich die christliche Kirche nicht nur nicht obrigkeitshörig, sondern geradezu staatskritisch zu sein hat, um ihrem Wächteramt zu genügen. Die Sensibilisierung der Schüler für diesen Sachverhalt wird sich – hoffentlich – bei der Behandlung der Barmer Theologischen Erklärung (S. 59) entwickeln. Insofern ist die Beschäftigung mit dem Modell »Thron und Altar« eine Vorbereitung für jenen Inhalt. Daneben dürften andere Inhalte des »Bündnisses von Thron und Altar« noch immer Zustimmung finden: die Sorge um die Seelen als primäre Aufgabe der Kirche (Z. 3–5) und komplementär dazu ein Unbehagen bei einer politisch argumentierenden Kirche und ein Insistieren auf Eigenständigkeit staatlichen oder wirtschaftlichen Handelns.

57.2 Verflechtung von Kirche und Staat
Die enge Verflechtung von Kirche und Staat in den deutschen protestantischen Territorien hat historischen Hintergrund.
Schon vor der Reformation versuchten die Landesherren und die Reichsstädte, auf die Kirche in ihrem Territorium Einfluss zu gewinnen. Je nachdem wie stark der Widerstand von Papsttum und Bischofsamt war, hatten sie dabei mehr oder weniger Erfolg. Während der Reformation blieben die Bischöfe der evangelisch gewordenen Länder entweder katholisch, oder sie verloren ihr Bischofsamt. So wurde den Fürsten – nach Luthers Willen als vorübergehende Notmaßnahme – die Leitung der evangelischen Kirchen in ihrem Land übertragen: das landesherrliche Kirchenregiment. Aber der vorübergehende Zustand etablierte sich dauerhaft. Das System des Episkopalismus (der Landesherr ist der Bischof der Kirche, weil er das vornehmste Mitglied dieser Kirche ist) wurde vom Territorialismus abgelöst (der Landesherr ist Herr der Kirche, weil er auf seinem Territorium in allen Dingen souverän ist). Die Kirche war im Staatswesen ein Ressort neben Finanzen, Außenpolitik etc. Die Fürsten instrumentalisierten die Kirche für ihre sonstigen politischen Zwecke: Neue Gesetze und Verordnungen etwa wurden im Gottesdienst verlesen. Gegen diese Vereinnahmung der Kirche durch den Staat regte sich natürlich theologischer Widerstand. Als Gegenposition zum Territorialismus entwickelte sich die Vorstellung des Kollegialismus, der sich jedoch gegen die Fürstenmacht nicht durchsetzen konnte (die Kirche ist eine Vereinigung von Menschen innerhalb eines Territoriums und soll sich im Rahmen des allgemeinen Rechtes selbständig entwickeln).
Im 19. Jahrhundert gab es in fast allen deutschen Landeskirchen Bestrebungen, der Kirche ein größeres Maß an Selbstbestimmung zu erstreiten. Die Macht sollte teilweise aus den Händen der Landesherren an gewählte Kirchenparlamente, die Synoden, übergehen. In vielen Territorien kam es dann zu einer Mischverfassung mit synodalen und landesherrlichen Strukturen. Erst die Aufhebung der Monarchie in Ländern und Reich nach dem Ende des Ersten Weltkrieges beendete das landesherrliche Kirchenregiment. Die Kirchen wurden in eine Freiheit gesetzt, die sie niemals gekannt hatten und die sie zum Teil nicht zu schätzen wussten.

Die neuere Forschung hat darauf aufmerksam gemacht, dass es die (kirchen-)politische Weichenstellung in das landesherrliche Kirchenregiment hinein gewesen ist, die sich im Kirchenkampf verhängnisvoll ausgewirkt hat, und nicht etwa die Theologie Luthers selbst. In Skandinavien etwa blieb die bischöfliche Verfassung der Kirche während der Reformation erhalten, und Bischof Berggrav, der lutherische Primas von Norwegen, begründete während des norwegischen Widerstandes gegen die Nationalsozialisten die »Pflicht zum Ungehorsam gegenüber der Obrigkeit« auf Luthers Theologie. Aus ihr lassen sich verschiedene Formen des Widerstands ableiten, »deren Skala von der bloßen Absonderung vom geistlichen Tyrannen sich über offene Gehorsamsverweigerung zur gewaltsamen individuellen Abwehr und schließlich zur ›Revolution um Gottes willen‹ im Kampf gegen den Welttyrannen steigern kann« (Erdmann S. 32f.).

57.3 Das landesherrliche Kirchenregiment
Zahrnts Text lässt sich folgendermaßen thesenartig zusammenfassen:
1. Die Kirche hat sich lange Zeit nur um die Seele des Menschen gekümmert, aber die sonstigen (materiellen, politischen ...) Aspekte der menschlichen Existenz vernachlässigt (Z. 1–13).
2. Für diese Trennung zwischen seelischer und sonstiger Existenz berief sich die Kirche auf Luthers Zweiregimentenlehre (Z. 13–20).
3. Die Folge der Aufgabentrennung zwischen Kirche und Staat war das System von »Thron und Altar«: eine obrigkeitshörige Kirche (Z. 20–32).
4. Die Kirche ließ sich dabei vom Staat für seine Zwecke einspannen (Bürgermoral, Krieg) (Z. 32–38).
5. Bei den Kirchenmitgliedern führte das zu einem passiven Untertanengeist (Z. 38–43).
6. Da es in dieser Hinsicht aber keinen Unterschied zwischen Katholiken und Protestanten gibt, erscheint es als fragwürdig, dass tatsächlich die lutherische Staatslehre die Ursache für das Phänomen »Thron und Altar« war (Z. 43–47).

57.4 Literatur
Karl Dietrich Erdmann, Luther und die Obrigkeit, Gehorsam und Widerstand, in: Hartmut Löwe/Claus-Jürgen Roepke [Hg.], Luther und die Folgen. Beiträge zur sozialgeschichtlichen Bedeutung der lutherischen Reformation, München 1983, S. 28–59.
Angelika Dörfler-Dierken, Luthertum und Demokratie. Deutsche und amerikanische Theologen des 19. Jahrhunderts, Göttingen 2001.
Manfred Jacobs, Confessio und Res Publica. Aufsätze zur neuzeitlichen Kirchengeschichte, Göttingen 1994.

57.5 Unterrichtsideen

1. Einstieg
Drei Aussagen zum Irak-Krieg 2003 (M 57.2) von George W. Bush, den deutschen katholischen Bischöfen und dem Rat der EKD (zitiert nach: Die Zeit, Nr. 12, 13. März 2003, S. 2; Schwäbisches Tagblatt, 22. Januar 2003; Dass., 25. Januar 2003):

»Gott hat uns aufgerufen, unser Land zu verteidigen und die Welt zum Frieden zu führen.«

»Ein präventiver Krieg ist eine Aggression, und er kann nicht als gerechter Krieg zur Selbstverteidigung definiert werden.«

»Krieg soll nach Gottes Willen nicht sein.«

a) Möglichkeit zur politischen Meinungsäußerung der Sch.
b) Diskussion: Haben sich die christliche(n) Kirche(n) schon immer in dieser Weise zum Krieg bzw. zur Regierungshaltung geäußert?

2. Textarbeit
a) Zusammenfassende Thesenreihe (vgl. o.).
b) Aufgabe 1 und 2 im SB.
c) Inszenierung einer Zusammenkunft des deutschen Kaisers und seines Beichtvaters im Vorfeld des Ersten Weltkrieges.

3. Weiterführende Fragestellung
Bei welchen Themen kann es heute zu Konflikten zwischen Kirche und Staat kommen?

57.6 Zusatzmaterialien
M 57.1 Protestanten und Demokratie
M 57.2 Drei Aussagen zum Irak-Krieg

58 Reformation und Neuzeit

58.1 Der Zusammenhang
Der Autorentext will im Zuge eines geschichtlichen Überblickes die Neuzeit genauer betrachten und analog der Frage nach den Kulturleistungen der Kirche (S. 52f.) nach der Wirkung von Luthers Auftreten und Werk auf den demokratischen Staat fragen. Damit soll gleichzeitig die Auseinandersetzung mit der Barmer Theologischen Erklärung von 1934 (S. 59) und mit dem Verhalten der evangelischen Kirche im Dritten Reich vorbereitet werden.

58.2 Geistesgeschichtliche Bezüge
Wenn die geistesgeschichtlichen Prognosen stimmen, befinden sich die westlichen Gesellschaften im Umbruch: Die Neuzeit (die Moderne, das im Wesentlichen von der Aufklärung bestimmte Zeitalter) steckt in einer Krise, die ein neues, nach-neuzeitliches Zeitalter erwarten lässt. Dabei könnten wesentliche Positionen der Aufklärung umstrukturiert werden: Das selbstbestimmte (autonome) Individuum ist nicht mehr Subjekt der Geschichte, es dient nur noch als Schnittstelle der Institutionen und ökonomischen Rahmenbedingungen, welche durch dieses Individuum hindurch die Geschichte bestimmen. Nicht mehr die Ethik setzt die Kriterien für gesellschaftliches Handeln fest, sondern es gilt der Primat des Ökonomischen. Es gibt kein utopisches Ziel des Weltprozesses mehr, auf das wir unser Verhalten ausrichten können; bei der Frage, was wir aus uns machen sollen, sind wir auf uns selbst bzw. auf die uns bestimmenden kontingenten Faktoren gestellt.
Wenn die genannten neuzeitlichen Positionen durch die entsprechenden postmodernen Gegenentwürfe abgelöst werden, handelt es sich vordergründig um einen Vorgang, der sich außerhalb des religiösen Lebens abspielt. Aber genauer betrachtet geht es dabei um die Frage, ob nicht die Aufklärung, die sich selbst in erster Linie als traditionskritische Bewegung gesehen hat, in Wirklichkeit sehr viel stärker von christlichen Traditionen lebte, selbst in ihrer Substanz, als sie selbst das wahrnehmen konnte. Diese Substanz ist es, welche die Postmoderne in Frage stellt.
Ohne den geistesgeschichtlichen Prozess zu verstehen, der sich gegenwärtig vollzieht, ist es nicht möglich, ein hinreichend reflektiertes Selbst- und Weltverständnis zu entwickeln.

58.3 Nachwirkungen der Reformation
Der Text im Schülerbuch hat folgende Struktur:
1. Luthers Berufung auf Gewissen und Vernunft ließen ihn in den Augen der Aufklärer als einen ihrer Vorkämpfer erscheinen.
   1.1 Die Betonung des Gewissens hat sicher dem Individualismus der Neuzeit vorgearbeitet, aber gegen Luthers Willen, denn
   1.2 Für Luther selbst war die Bibel eine Norm, die dem Gewissen und der Vernunft vorgeordnet war.
2. Die Reformatoren waren nicht tolerant, aber ihr Wirken erzwang die Toleranz.
   2.1 Sie wollten überall des reine, reformierte Christentum durchsetzen.
   2.2 Weil aber Katholiken und die beiden protestantischen Konfessionen sich nicht gegenseitig über-

zeugen und überwinden konnten, musste man tolerant werden (zuerst in der Praxis, dann auch in der Theorie).
3. Luther forderte in seiner Frühzeit demokratische Pfarrerwahlen.
   3.1 Davon rückte er zwar später wieder ab, aber
   3.2 Spätere antihierarchische Strömungen konnten sich auf diese Forderung berufen.
4. Durch Luthers Zweiregimentenlehre bekam der Staat ein relatives Eigengewicht der Kirche gegenüber. Dies erleichterte später das Zurückdrängen kirchlichen Einflusses auf die Gesellschaft.

Der Text korrigiert veraltete Auffassungen, nach welchen die Neuzeit mit dem runden Jahr 1500 beginnt, markiert durch die Ereignisse: Erfindung des Buchdrucks, Renaissance, Entdeckung Amerikas und Reformation. »Neuzeit« selbst galt als eine charakteristische Zeitperiode, als ein Zeitalter, das sich von den vorhergegangenen spezifisch unterscheidet. Natürlich war »Neuzeit« positiv zu bewerten, und insofern galt es als Auszeichnung der Reformation, zum ihrem Entstehen beigetragen zu haben.

Zunehmend hat sich aber herausgestellt, dass die tiefere Zäsur nicht mit dem Jahr 1500 (und also mit der Reformation), sondern mit der Aufklärung und der französischen Revolution bezeichnet wird. Theologiegeschichtlich unterschied man (Ernst Troeltsch) zwischen dem Altprotestantismus (die Reformatoren selbst und die orthodoxe Theologie der Barockzeit) und dem Neuprotestantismus, also dem von der Aufklärung in unterschiedlichem Maß beeinflussten evangelischen Christentum. Neuzeit wäre also dann die Zeit, die sich ihrem *Selbstverständnis* nach *gegen* die Tradition, also auch gegen die biblisch gereinigte Tradition des evangelischen Christentums, stellte.

Die Krise der Aufklärung zeigt nun neu – in der größeren zeitlichen Distanz – eine spannungsvolle Nähe von evangelischem Christentum und Aufklärung: Ersteres wollte das nach der Maßgabe der Heiligen Schrift wiederhergestellte Christentum sein. Die Aufklärung *intendierte* eine nach dem Maßstab der Vernunft konstruierte Religion. Was sie aber *faktisch* hervorbrachte, war die maximale Entwicklung der vernunftfähigen Elemente des Glaubens. Eine *durchgehende* Rationalisierung des Christentums ist nicht möglich, weil die Vernunft selbst an prinzipielle Grenzen stößt; diese Erkenntnis hat wesentlich zur genannten Krise der Aufklärung beigetragen.

58.3 Unterrichtsideen
1. Impuls
a) L zeigt ein englisches und ein deutsches Luther-Filmplakat oder notiert die Filmtitel an der Tafel: Luther-Filmplakate 2003 englisch und deutsch (vgl. M 58.2):

> Rebel, Er veränderte
> Genius, die Welt
> Liberator für immer

b) Bildbetrachtung und Gespräch
   - Wie wird Luthers auf dem jeweiligen Plakat dargestellt?
   - Welche Beschreibung passt besser auf Luther?
   - Gibt es Züge an Luther, die ihn als Rebellen und Freiheitskämpfer bzw. Befreier erscheinen lassen
   - und gibt es Züge an ihm, die sich dieser Beschreibung entziehen?

2. Textarbeit
Sch lesen in EA den Text und entwickeln eine grafische Gestaltung (vgl. S. 49).
Vorstellung der Ergebnisse (vgl. M 58.1). Ein Lösungsvorschlag: Die Aufklärung nimmt manche Impulse der Reformation auf und verstärkt sie; andere dagegen werden zurückgewiesen.

3. Diskussion
a) Sch diskutieren in Gruppen folgende Fragen auf Textkarten:
   - Wie weit darf und muss Toleranz gehen?
   - Wann ist das Ende der Toleranz erreicht?
   - Wie entstehen innere Freiheit und Toleranz?
   - Wie soll man damit umgehen, dass die Vernunft keine allumfassende Sicht der Welt und keine eindeutigen ethischen Prinzipien liefert, wie die Aufklärung dies voraussetzte?
b) Austausch im Plenum.

58.4 Zusatzmaterialien
M 58.1 Luther und die Aufklärung
M 58.2 Luther Filmplakate

59 Aufgaben und Grenzen des Staates

59.1 Der Zusammenhang
Die Auseinandersetzung mit der Barmer Theologischen Erklärung erlaubt die Fortführung des kirchengeschichtlichen Überblicks und eröffnet die Möglichkeit, das Auftreten und Wirken der evangelischen Kirche im Dritten Reich zu erarbeiten. Im Sinne exemplarischen Lernens wird hier der Vorschlag gemacht, an der Erklärung die Aufgaben und Grenzen des Staates zu thematisieren.

Die Barmer Theologische Erklärung stellt darüber hinaus als Bekenntnis in der Zeit des Nationalsozialismus allein schon durch die wiederkehrende innere Struktur ihrer einzelnen Abschnitte immer wieder einen unmittelbaren Bezug her zwischen Christologie und Ekklesiologie. Eine ausgewiesene christologische Konzentration prägt die Lehre von der Kirche. Dies wird auch in den hier ausgewählten Artikeln deutlich. Somit ergeben sich von den biblischen Eingangsworten zu Barmen 1 (Joh 14,6) und Barmen 2 (1. Kor 1,30) Querverbindungen zu Grundperspektiven christologischer Bekenntnisbildung im Neuen Testament (S. 155). Hierbei bildete die Zuordnung christologischer Hoheitsaussagen als »Christologie von oben« (S. 156) gerade in der Barmer Erklärung die kontroverstheologische Basislinie gegen die Theologie der Deutschen Christen.

Allemal wurde in der Barmer Erklärung »die Bibel als Grundlage des Glaubens« (S. 220) und als unhintergehbare Grundlage christlicher Selbstaussage zur Geltung gebracht. Diese doppelte Konzentration kann mit den Selbstaussagen der Patchwork-Religiosität (vgl. S. 41) auch dann interessante Kontraste bilden, wenn die Differenz der historisch und politisch völlig unterschiedlichen Situation reflektiert wird.

Aus ekklesiologischer und religionspolitischer Perspektive kann die Frage entstehen, ob sich Entsprechungen (nicht: Identitäten!) zwischen der grundgesetzlichen Bemühung um religiöse Neutralität des Staates (vgl. S. 60) und den Aussagen von Barmen 5 (S. 59, Z. 33-56) gegen die religiöse Selbstüberhöhung der staatlichen Gewalt bestehen. Die Barmer Erklärung wird mit den neutestamentlichen Verhältnisbestimmungen von Kirche und Staat (S. 47) ebenso gegenzulesen sein wie mit Luthers Konzeption von Kirche und Staat (S. 54-55); dieser letzte Vergleichspunkt führt sogar mitten hinein in die kirchenhistorischen Konfliktlagen ab 1934.

59.2 Historische Hintergründe der Barmer Theologischen Erklärung
Die Barmer Theologische Erklärung (BTE) entstand auf der so genannten ersten Bekenntnissynode in Barmen-Gemarke (29.-31. Mai 1934). Sie ist gewissermaßen die »Gründungsurkunde« der Bekennenden Kirche. Voraussetzung und letztlich auch Anlass der Versammlung war der Versuch der in Theologie und kirchenpolitischer Zielrichtung durch den Nationalsozialismus geprägten Glaubensbewegung »Deutsche Christen« (gegründet 1927) (DC) eine nach dem Führerprinzip organisierte protestantische Reichskirche zu schaffen, die dem stürmisch begrüßten »neuen Staat« (Richtlinien der Deutschen Christen vom 16. Mai 1933) eine adäquate Kirche zur Seite stellen wollte. Wesentliche historische Stationen und Elemente dieses rapide vollzogenen und mit den staatspolitischen Maßnahmen der Reichsregierung synchronisierten Gleichschaltungsprozesses waren u. a.: Sieg der Deutschen Christen bei den Allgemeinen Kirchenwahlen (27. Juni 1933), Übernahme des Arierparagraphen in die Kirchenverfassung der Altpreußischen Union (6. September 1933), Wahl des deutschchristlichen Pfarrers Ludwig Müller zum Reichsbischof (27. September 1933), Eingliederung des Evangelischen Jugendwerkes in die Hitlerjugend, durch Reichsbischof Müller per Vertrag vollzogen (19. Dezember 1933), »Maulkorberlass« von Reichsbischof Müller zum Verbot aller kirchenpolitischen Äußerungen von Pfarrern in der Öffentlichkeit (4. Januar 1934).

Die intensive Formierung des kirchlichen Widerstandes gegen die Deutschen Christen, die Entstehung der Bekennenden Kirche, beginnt mit der Gründung des Pfarrernotbundes (PNB) auf Initiative Berliner und Brandenburger Pfarrer am 11. September 1933. Diese Gründung war eine Reaktion auf die Einführung des Arierparagraphen (6. September 1933); der PNB, dessen Vorsitzender Martin Niemöller (1892-1984) wurde, entwickelte sich bald zum Sammelbecken der Protestbewegung gegen die DC-Kirchenführung.

Im Rheinland, in Westfalen und in Brandenburg bildeten sich so genannte freie Synoden als Gegenstrukturen zu den DC-bestimmten Synoden und Leitungsgremien. Die Bischöfe der »intakten Landeskirchen« (Württemberg, Bayern und Hannover) stellten sich auf die Seite der Bekennenden Kirche, ohne dass in diesen Gebieten ein flächendeckender Widerstand der DC entstand.

Das vorrangige kirchenpolitische Ziel der Bekenntnissynode war die Wahrung der Verfassung der Deutschen Evangelischen Kirche (DEK) gegen weitergehend rechtswidrige Eingriffe Müllers. *Dadurch* sollten die 139 Abgeordneten ihre Position gegen nationalsozialistische Verformungen christlicher Lehre deutlich formulieren. Es waren sowohl lutherische als auch reformierte Theologen auf dieser Synode vertreten, jedoch gewann die BTE ihre wesentliche theologische Kontur durch den reformierten Theologen Karl Barth (1886-1968). Diese im Textausschnitt deutlich sichtbare Kontur beleuchtet auch implizit die Haltungen und theologischen Entscheidungen der Deutschen Christen. Die BTE ist nach der den Bekenntnisschriften der Reformation das erste Dokument innerhalb der protestantischen Kirche, das den Status eines Bekenntnisses erreicht.

59.3 Theologische Argumentations- und Frontlinien
Alle Thesen der BTE haben folgende Grundstruktur: a) Biblisches Leitwort, b) Theologische These, c) Verwerfungssatz.

Barmen I betont die Singularität Jesu Christi als alleinige Inkarnation des für die christliche Kirche maßgebenden Offenbarungswortes Gottes. Damit wendet sich die These gegen theologische Überhöhung, ja Divinisierung Hitlers. *Beispiel:* »In Hitler ist die Zeit erfüllt für das deutsche Volk [vgl. Gal. 4,4!]. Denn durch Hitler ist Christus, Gott der Helfer und Erlöser mächtig unter uns geworden. [...]« [Was wir Deutsche Christen wollen, März 1934]). Barmen I war in den Barmer Verhandlungen zwischen Reformierten und Lutheranern heftig umstritten. Lutherische Theologie betonte nämlich die Duplizität des göttlichen Offenbarungshandelns in Gesetz *und* im Evangelium von Jesus

Christus. Außerdem wurde seitens strenger Lutheraner immer wieder betont, dass Gott auch in den natürlichen Ordnungen von Staat und Volk offenbarungsmächtig wirken kann. Im Kontext dieser durch die Zweireichelehre (vgl. S. 54–55) geprägten theologischen Grundentscheidung entstand zeitlich *nach* der BTE der so genannte Ansbacher Ratschlag (11. Juni 1934), in dem Hitler noch als von Gott geschenkter »frommer und getreuer Oberherr« bezeichnet werden konnte.

Barmen II formuliert innerhalb des ekklesiologischen Rahmens der BTE die Grundlagen christlicher Ethik der auf den Offenbarungsanspruch Jesu Christi verpflichteten christlichen Gemeinde. Jesus Christus ist so auch alleinige Quelle und einzig rechtmäßiger Initiator des ethischen Sollens der Christen in der Welt. Dieser auf universelle Geltung in der Lebenswelt ausgerichteten Konzeption steht der Versuch der Deutschen Christen gegenüber, eine ethisch relevanzstiftende Uminterpretation der christlichen Botschaft durch Annäherung an nationalsozialistische Fundamentalaussagen zu betreiben. *Beispiel: »Wir wissen etwas von der christlichen Pflicht und Liebe dem Hilflosen gegenüber, wir fordern aber auch Schutz des Volkes vor den Untüchtigen und Minderwertigen. Die Innere Mission [= Diakonie] darf keinesfalls zur Entartung unseres Volkes beitragen.« [Richtlinien der Deutschen Christen vom 26. Mai 1932, Punkt 8 – Zur Inneren Mission]*

Barmen V bestimmt die jeweiligen inneren Wertigkeiten und die wechselseitig zu respektierenden Grenzlinien von Kirche und Staat. Damit wird jede Alleinzuständigkeit des Staates für die Fundamentierung und Gestaltung des menschlichen Zusammenlebens ebenso abgewiesen wie eine Umwandlung der Kirche zu einem bloßen Organ des Staates. Diese strikten Zuweisungen implizieren nicht nur eine Kritik an dem durch die Deutschen Christen organisatorisch angestrebten Führerprinzip in der Kirche. Sie wenden sich, weitergehend, gegen eine ekklesiologische Grundfigur der DC, die in der nationalsozialistischen »Erhebung« auch eine offenbarungsanaloge Initialzündung für die Erneuerung der Kirche sah. *Beispiel: »Wir bekennen uns zu der Gottesoffenbarung der in Blut und Boden wurzelnden Volksgemeinschaft ... Für die Kirche gelten restlos die gleichen Lebensgesetze wie für den Staat: Dienst an unserem Volk ist Gottesdienst. Mitglied können nur Volksgenossen sein, die arischer Abstammung sind ...« [Richtsätze der Glaubensbewegung Deutsche Volkskirche vom 18. November 1933]*

Wolfgang Huber weist in seiner Interpretation von Barmen V auf mögliche Missverständnisse hin: »Im Ganzen ist Barmen V die am meisten missverstandene und missbrauchte These der ganzen Theologischen Erklärung. Sie sagt übrigens nicht, der Staat sei eine Anordnung Gottes, sondern sie spricht davon, dass der Staat nach göttlicher Anordnung für Recht und Frieden zu sorgen hat. Die göttliche Anordnung richtet sich also nicht auf den Staat als solchen, sondern darauf, dass Recht und Frieden zwischen den Menschen hergestellt und gewahrt werden sollen. Dem hat der Staat zu dienen. Er stellt also gerade nicht in sich selbst, unabhängig von seinem konkreten Handeln, eine göttliche Anordnung dar, sondern er muss in aller Eindeutigkeit an der Erfüllung seiner Aufgabe gemessen werden. Barmen V macht keine Aussage über ein göttliches Wesen oder eine durch Gott verliehene Würde des Staates; sondern die These schärft die dienende Funktion des Staates ein. Der Staat ist eben nur dann eine Wohltat Gottes, wenn er für Recht und Frieden sorgt. Er hört auf, eine solche Wohltat zu sein, wenn er das Recht vergewaltigt und den Frieden verspielt. Er setzt sich damit in Widerspruch zur Anordnung Gottes. Gerade dann aber geraten Christen in Situationen, in denen sie Gott mehr gehorchen müssen als den Menschen (Apostelgeschichte 5,29).

Wegen seiner Aufgabe verdient der Staat die Loyalität seiner Bürger; gerade um dieser Aufgabe willen können Bürger aber auch zum – entschiedenen – Widerspruch gegen bestimmte staatliche Entscheidungen genötigt sein. Das kann sie im Grenzfall bis dahin führen, dass sie bestimmten staatlichen Entscheidungen die Loyalität aufkündigen; doch in verantwortlichem Sinn geschieht gerade dies aus Loyalität gegenüber der Aufgabe des Staates selbst.«

Die nicht dokumentierten Thesen finden sich in M 59.1.

59.4 Literatur
Alfred Burgsmüller/Rudolf Werth [Hg.], Die Barmer Theologische Erklärung. Einführung und Dokumentation, Neukirchen 1984 [Gegenüberstellung aller Thesen der BTE mit Aussagen der Deutschen Christen].

Kurt Maier, Kreuz und Hakenkreuz, München 1992.

Wolf-Dieter Hauschild, Lehrbuch der Kirchen- und Dogmengeschichte, Bd. 2, Gütersloh 2001, § 20.9.

Wolfgang Huber, Folgen christlicher Freiheit. Ethik und Theorie der Kirche im Horizont der Barmer Theologischen Erklärung, Neukirchen 1983.

59.5 Unterrichtsideen
1. Der historische Rahmen der Barmer Theologischen Erklärung
a) Sch-Referat zu »Die evangelische Kirche nach der Machtergreifung bis zur Bekenntnissynode von Barmen«.
b) Sch verfertigen zehn Plakate mit zehn Schlüsselbegriffen zum Referat (nicht mehr als zwei Worte Pro Plakat).
c) Plakate werden für alle sichtbar im Raum platziert und nummeriert.

2. Textarbeit I
a) Sch erarbeiten in PA die Struktur der drei Thesen.
b) Austausch: Was sagt die Textstruktur über die Verfasser und die Bekennende Kirche? Welche theologischen Überlegungen stecken darin?

3. Textarbeit II: Vertiefte Analyse von Barmen V
a) PA: Wogegen und wofür plädiert Barmen V? (evtl. Einbezug des Zitates von W. Huber)
b) Zusammenfassung Tafelanschrieb
c) Gespräch: Konsequenzen für heute?

4. Assoziationen: Text-Historie herstellen
a) Vergleich mit den Textplakaten: Welche drei Plakate haben die größte »Nähe« zu den Aussagen von Barmen.
b) Gespräch über das Arbeitsergebnis

5. Vertiefung
a) Sch lesen Richtlinien der Deutschen Christen M 59.2.
b) Vergleich mit den drei Thesen der BTE.
c) Austausch: Wogegen wendet sich Barmen?
d) Gespräch: Welche der drei Thesen passt (als Mahnung) am ehesten in unsere heutige Zeit?

59.6 Zusatzmaterialien
M 59.1 Barmen, These 3, 4, 6
M 59.2 Richtlinien der Deutschen Christen von 1932

60 Wie steht es mit der Religionsfreiheit?

60.1 Der Zusammenhang
Die Auszüge aus dem Grundgesetz wollen die Auseinandersetzung mit dem Thema Kirche und Staat bzw. Religion und Staat in der Bundesrepublik Deutschland eröffnen, bieten aber an, sich ganz auf das Thema Religionsfreiheit zu konzentrieren. Damit wird der Ansatz fortgeführt, historische Quellen (vgl. S. 50, 51, 59) unter systematischen Gesichtspunkten zu befragen und gleichzeitig Kirchengeschichte nicht kursorisch, sondern exemplarisch zu behandeln. So knüpft das Thema Religionsfreiheit an die Themen Privilegien der Kirche, Reichtum der Kirche und Verhältnis zum Staat an. Insgesamt geht es darum, an dieser Stelle das verfassungsrechtliche System der Bundesrepublik im Blick auf die Religionsfreiheit kennen zu lernen und sich gleichsam mit der Religion des Verfassungsstaates zu beschäftigen. Zu bedenken ist, inwieweit dabei die Ausarbeitung der Zweireichelehre Luthers (S. 55, 56) als auch die Barmer Theologischen Erklärung (S. 59) Einfluss genommen hat. Zu bedenken ist weiterhin, ob das Prinzip der Subsidiarität, das gerade in der katholischen Soziallehre so bedeutsam ist (S. 95), mit dem Grundgesetz vereinbar ist.

60.2 Die Regelungen des Grundgesetzes
Die ausgewählten Artikel des Grundgesetzes wollen die weltanschauliche Neutralität des Staates (Artikel 3), die Religionsfreiheit (Artikel 4), den Religionsunterricht (Artikel 7), die Eigenständigkeit der Religionsgesellschaften und das System der Zuordnung und Koordination von Kirche und Staat in Deutschland (Artikel 140 GG) herausstellen.

Die innere Systematik zeigt, dass Artikel 3 und 4 die Grundlage für Artikel 7 und Artikel 140 Grundgesetz bilden. Es geht also nicht um eine Privilegierung der Kirchen und der christlichen Religion, sondern um eine Konkretion der weltanschaulichen Neutralität des Staates und der damit gesetzten Religionsfreiheit. Generell muss man herausstreichen, dass die Grundrechte sich primär auf den Staat beziehen und den Schutz bürgerlicher Freiheit vor dem Staat zum Ziel haben.

Zusammen mit Artikel 4 und Artikel 137, Abs. 1 Weimarer Reichsverfassung sowie Artikel 33, Abs. 3 Grundgesetz begründet Artikel 3,3 die weltanschauliche Neutralität des Staates. Die Einführung der Rasse reflektiert die Erfahrung im Dritten Reich. Abgewehrt wird ein totalitärer Staat, der selbst über die Gewissen und die Herzen regieren will. Aufgabe des Staates ist es demnach, für ein friedliches und gerechtes Zusammenleben unterschiedlicher Überzeugungen und Lebensformen zu sorgen. Aus dem Zusammenhang mit Artikel 4, Abs. 2 ergibt sich, dass die Neutralität eine fördernde Haltung gegenüber religiösen Bekenntnissen und Gemeinschaften einschließt. Implizit abgewehrt wird ein laizistisches Staatsmodell.

Artikel 4, Abs. 1 definiert die »negative Religionsfreiheit« und damit das Recht, von religiösen Einflüssen von Seiten des Staates verschont zu bleiben (vgl. das Kruzifix-Urteil). Diese negative Religionsfreiheit kann als ausdrückliche

Abwehr einer Staatsform angesehen werden, in der die Bürger die Religion der Regierenden übernehmen müssen (cuius regio, eius religio im Augsburger Religionsfrieden von 1555).

Artikel 4, Abs. 2 definiert die positive Religionsfreiheit. Sie verpflichtet den Staat dazu, sich fördernd für religiöses Leben als Teil bürgerlicher Freiheit einzusetzen. Von hier sind Artikel 139 WRV und Artikel 141 WRV, aber auch Artikel 7,3 GG zu verstehen.

Artikel 4, Abs. 3 kann als Konsequenz aus den Artikeln 1 und 2 gelesen werden. Er erklärt, warum Kriegsdienstverweigerung letztlich einer religiösen Begründung bedarf.

Artikel 7 setzt voraus, dass die Bürger des Staates überwiegend religiös sind und auch Wert darauf legen, dass Religion Teil von Bildung ist. Insoweit ist Artikel 7, Abs. 3 Reflex der positiven Religionsfreiheit in Artikel 4, Abs. 2. Der Staat gibt religiöser Bildung in öffentlichen Schulen Raum, hält sich aber aufgrund der weltanschaulichen Neutralität in der inhaltlichen Gestaltung zurück und sichert die Möglichkeit, von religiöser Beeinflussung verschont zu bleiben (Artikel 7, Abs. 2). Aus Artikel 4, Abs. 1 ergibt sich ebenso das Recht einer Lehrperson, nicht Religionsunterricht erteilen zu müssen. In Konsequenz dieser Regelung ergibt sich das Recht verschiedener Religionsgemeinschaften, in der Schule Religionsunterricht zu erteilen (z. B. auch jüdischen oder neuapostolischen Religionsunterricht), soweit sie in der Lage sind, Religionsunterricht als ordentliches Lehrfach und in Übereinstimmung mit den Grundsätzen der Religionsgemeinschaften auszugestalten und nach Artikel 137, Abs. 5 die Gewähr auf Dauer bieten. Dazu gehört die Erstellung eines Lehrplanes, die Ausbildung von Lehrerinnen und Lehrern, aber auch die Definition solcher Grundsätze.

Artikel 137, Abs. 1 WRV beendete 1919 alle Formen eines landesherrlichen Kirchenregimentes und wehrt ab, dass ein Staatsoberhaupt, Oberhaupt einer Kirche, Geistliche Staatsbeamte oder der Staat selbst in irgendeiner Weise Aufsichts-, Genehmigungs- oder Mitbestimmungsbefugnisse in den Religionsgemeinschaften hat. Staatskirchen gibt es bis heute in Schweden, Norwegen, Finnland, Dänemark, Großbritannien.

Artikel 137, Abs. 2–6 gewährleisten die Eigenständigkeit und Selbstbestimmung der Religionsgesellschaften. Dies betrifft Vereinigung, Ämtervergabe und Finanzierung. Diese Eigenständigkeit findet ihre Grenzen jedoch in »den Schranken des für alle geltenden Rechts«, womit unabdingbare Postulate des sozialen Rechtsstaates gemeint sind. Diese Eigenständigkeit bezieht sich auf die »eigenen Angelegenheiten«. Der Status der Körperschaft des öffentlichen Rechts unterscheidet Religionsgemeinschaften von Vereinen und schreibt ihnen die Wahrnehmung öffentlicher Aufgaben zu. Ihre Tätigkeiten liegen also im öffentlichen Wohl und verdienen von Staats wegen Unterstützung. Im Unterschied zu anderen Körperschaften des öffentlichen Rechts (Rundfunkanstalten, Feuerwehren, Krankenkassen, Handwerkskammern u. a. M.), unterliegen Kirchen keiner staatlichen Aufsicht. Dieser rechtliche Status will das Angewiesensein beider Größen sowie die Bedeutung der Religionsgemeinschaften für das öffentliche Leben deutlich machen.

Artikel 140 WRV regelt das Zusammenwirken der beiden Größen in »gemeinsamen Angelegenheiten«, wie Anstaltsseelsorge. Zu diesen gemeinsamen Angelegenheiten gehört auch der Religionsunterricht, die Theologischen Fakultäten. Artikel 139 WRV findet auf S. 66 Aufnahme. Nicht aufgenommen sind Regelungen der Subsidiarität (vgl. aber S. 95).

60.3 Unterrichtsideen

1. Diskussion der drei Eingangsfragen
Je ein/e Sch erhält eine Frage und entwickelt vor der Klasse die eigene Position. Die Klasse diskutiert die Position.

2. Textarbeit
a) »Gegen-Sätze« bilden: Sch bilden zu jedem Satz des Grundgesetzes einen Satz, der das Gegensätzliche zum Ausdruck bringt.
b) Sch formulieren die Intention des Grundgesetzes.
c) L gibt als TA M 60.1 vor. Sch vergleichen diese mit ihren Überlegungen.
d) ergänzend: Sch vergleichen die Regelungen des Grundgesetzes mit der 5. These der Barmer Theologischen Erklärung (S. 59). Welche Konvergenzen und Divergenzen zeigen sich hier? Sie fragen sodann, ob das Prinzip der Subsidiarität (S. 95) mit dem Grundgesetz vereinbar ist.

3. Nach-Denken
a) Sch klären noch einmal die Ausgangsfragen.
b) Sch bedenken weitere Fragen:
– Soll man Staat und Kirche vollständig trennen?
– Soll man den Sonntag für Einkaufen freigeben?
– Soll man einen muslimischen Religionsunterricht einführen?
– Soll eine muslimische Lehrerin im Unterricht ein Kopftuch tragen dürfen?
– Ist ein Kruzifix im Klassenzimmer statthaft?
– Dürfen Militärpfarrer vom Staat bezahlt werden?

60.4 Zusatzmaterialien
M 60.1 Tafelbild

62 Das Selbstverständnis der katholischen Kirche

62.1 Der Zusammenhang
Das Kursbuch Religion Oberstufe öffnet immer wieder ein Fenster für die katholische Theologie (vgl. S. 34, 94f., 126, 157, 175). So soll im Kontext der zunehmenden Pluralität in der Moderne ein interkonfessioneller Dialog eröffnet werden, der zu einem interreligiösen Dialog weiterentwickelt werden kann (z.B. mit dem Islam; vgl. S. 63). Durch den Blick auf die Theologie der katholischen Schwesterkirche soll der Blick für eigene konfessionelle Eigenheiten geschärft und das Verständnis für den anderen – hier katholischen Christen – angebahnt werden. Es bietet sich an, den Text in Kooperation mit dem katholischen Religionsunterricht zu bearbeiten. Die beiden Textauszüge gehören zu den grundlegenden Texten des katholischen Religionsunterrichts.

62.2 Lumen Gentium 8 und 13
Grundlegend für die katholische Theologie sind die Lehren des Zweiten Vatikanischen Konzils (1962–1965). Wesentlich für das Selbstverständnis der katholischen Kirche ist »Die dogmatische Konstitution über die Kirche ›Lumen Gentium‹« aus dem Jahre 1964. Sie ist in acht Kapitel gegliedert:

1. Das Mysterium der Kirche (1–8)
2. Das Volk Gottes (9–17)
3. Die hierarchische Verfassung der Kirche, insbesondere das Bischofsamt (18–25)
4. Die Laien (26–38)
5. Die allgemeine Berufung zur Heiligkeit der Kirche (39–42)
6. Die Ordensleute (43–47)
7. Der endzeitliche Charakter der pilgernden Kirche und ihre Einheit mit der himmlischen Kirche (48–51)
8. Die selige jungfräuliche Gottesmutter Maria im Geheimnis Christi und der Kirche (52–69)

Die zitierten Ausschnitte sind also den ersten beiden Kapiteln entnommen. Thesenhaft kann man die Textaussagen folgendermaßen zusammenfassen:

1. Die katholische Kirche verwirklicht die heilige Kirche Jesu Christi (LG 8, Z. 18–19). Sie ist von Jesus Christus gegründet, wird durch ihn getragen (Z. 4) und ist sein Werkzeug (Z. 5–6). Die katholische Kirche vergegenwärtigt Jesus Christus.
2. Die katholische Kirche ist eine einzige komplexe Wirklichkeit, sie ist sowohl menschlich als auch göttlich (LG 8, Z. 13–14). In ihrer irdischen Gestalt lebt sie die innige geistige Verbindung mit Jesus Christus, sie ist deshalb der sichtbare Leib Christi. Christus ist ihr geistiges Haupt.
3. Indem die katholische Kirche die Gemeinschaft mit Jesus Christus sichtbar lebt, entspricht sie Jesus Christus selbst, der die Gemeinschaft Gottes mit den Menschen sichtbar macht (LG 8, 15–17).
4. Außerhalb der katholischen Kirche (wie z.B. bei den Evangelischen) gibt es durchaus Gott entsprechendes Leben und wahre Erkenntnis, doch diese werden nur dann recht verstanden und gebraucht, wenn sie als Aufforderung an der katholischen Kirche teilzuhaben aufgenommen werden (LG 13, Z. 4–9).
5. Die katholische Kirche strebt mit aller Macht danach, die ganze Menschheit im Glauben an Jesus Christus in eine Einheit zu bringen, Das macht sie »katholisch« im Sinne von »allumfassend«, Dies bedeutet nicht die Nivellierung von Unterschieden und die Ignorierung von Besonderheiten, wohl aber die Entwicklung von eigenen Anlagen, Fähigkeiten und Sitten, Durch den katholischen Glauben wird Vorhandenes besser (LG 13, Z. 13–16).
6. Aufgabe des Papstes als Nachfolger des heiligen Petrus ist es, der Gemeinschaft der Kirche vorzustehen und angesichts der Verschiedenheiten und Besonderheiten der einzelnen Teilkirchen die Einheit der Kirche Jesu Christi darzustellen und zu gewährleisten (LG 13, Z. 22–27).

Kennzeichnend für die katholische Kirche ist also, was »Dominus Jesus« im Jahre 2000 noch einmal deutliche herausgestellt hat: In der katholischen Kirche, einschließlich ihrer Ämter, Strukturen und Rituale, verwirklicht (subsistit) sich die eine heilige katholische und apostolische Kirche: hier wird Jesus Christus gegenwärtig. Nur in der katholischen Kirche finden Menschen Heil und Wahrheit. Nur durch sie finden Völker und Kulturen zu sich selbst. Wer zu Jesus Christus gehören will, muss katholisch werden. Andere Kirchen sind keine Kirchen im eigentlichen Sinn. Getaufte anderer Kirchen stehen in einer gewissen, aber nicht in einer vollkommenen Gemeinschaft mit der katholischen Kirche (Dominus Jesus 16, 17).

Das Selbstverständnis der evangelischen Kirche ist programmatisch in CA VII von 1530 formuliert. Kirche ist demnach die Versammlung aller Gläubigen, bei denen das Evangelium rein gepredigt wird und die heiligen Sakramente dem Evangelium gemäß gereicht werden. Rechtliche, gottesdienstliche, zeremonielle Ordnungen sind dazu hilfreich und sinnvoll, sie sind aber nicht heilsnotwendig. Als Konsequenz davon gibt es verschiedene Kirchen, für die diese Kriterien gelten und die sich deshalb gegenseitig als vollwertige Kirchen und als Geschwister anerkennen können. Entscheidend ist und bleibt, dass das Evangelium von Jesus Christus verkündet wird – darin sind sich Evangelische und Katholiken im übrigen eins. Auf den Gedanken der Einheit der Kirche muss deshalb nicht verzichtet werden, er lässt sich jedoch nicht einheitlich darstellen (wie die katholische Kirche dies für sich in Anspruch nimmt). Sie kann als Bezug zu Jesus Christus verstanden und geglaubt werden. Das Bekenntnis zu dem einen Herrn der Kirche verträgt sich durchaus mit der ökumenischen Vielfalt der Kirchen, Noch nicht geklärt ist damit die Frage, wie andere Religionen von dem Glauben an Jesus Christus her gesehen und beurteilt werden müssen.

Nach Dorothee Sölle (S. 44, 46) ist Kirche dort, wo die Erinnerung an und die Hoffnung auf das Reich Gottes in Kerygma, Diakonia und Koinonia gelebt wird.

62.3 Literatur
Lumen Gentium, www.stjosef.at/konzil/suche
Dominus Jesus, www.vatican.vat
Katechismus der Katholischen Kirche (Weltkatechismus), 1993, S. 226–281.
Dt. Bischofskonferenz, Katholischer Erwachsenenkatechismus. Das Glaubensbekenntnis der Kirche, 1985, S. 256–329.

62.4 Unterrichtsideen
1. Unterrichtsgespräch
a) Sch formulieren, was für sie typisch katholisch ist und wie sie die katholische Kirche erleben.
b) Sch suchen gemeinsam nach Erklärungen und halten offene Fragen fest.

2. Textarbeit
a) L gibt an der Tafel sechs Stichwörter vor: verwirklichen, komplexe Wirklichkeiten, Analogie, außerhalb, weltweit, Stuhl Petri.
b) Sch formulieren zu den Stichwörtern aufgrund des Textes in PA sechs Thesen
c) Vorstellen der Ergebnisse.
d) Sch und L klären gemeinsam Hintergründe, Zusammenhänge und formulieren Fragen.

3. Gespräch mit dem kath. RL oder dem kath. Kurs
a) Ev. Sch stellen ihre Zusammenfassung von LG 8 und 13 vor.
b) Kath. Sch beurteilen die Zusammenfassung. Haben die Evangelischen die kath. Kirche angemessen verstanden?
c) Diskussion: was ist daran richtig und wichtig? Was ist problematisch?

4. Vergleich mit dem Selbstverständnis der ev. Kirche
a) L stellt CA VII als Grunddokument der ev. Kirche vor.
b) Sch analysieren CA VII (M 62.1): wofür oder wogegen wird argumentiert?
c) Gemeinsames Nachdenken: wie würde Melanchthon Lumen Gentium beurteilen? Wie sieht die ev. Kirche die kath., wie umgekehrt? Wie wirkt das? Wie könnte man das verändern?
d) Vertiefend: Vergleich mit der Position der ev. Theologin Dorothee Sölle (evtl. Sch-Referat).

62.5 Zusatzmaterialien
M 62.1 Die Augsburger Konfession, Artikel 7

63 Religion und Staat im Islam

63.1 Der Zusammenhang
Auf den Islam wird im Kursbuch Religion Oberstufe mehrmals eingegangen (vgl. S. 89 Gerechtigkeit im Islam, S. 158 Jesus im Koran, S. 214f. Heilige Schriften). Insbesondere die Gerechtigkeitsthematik (S. 89) kann hier herangezogen werden.
Dies soll Schülerinnen und Schüler zum einen besser bekannt machen mit einer Religion, die in Europa immer stärker vertreten sein wird. Zum anderen soll die Auseinandersetzung mit dem Islam aber auch dazu führen, dass mit der eigenen christlichen Identität bewusster umgegangen werden kann. So kann hier die Unterscheidung von weltlichem und geistlichem Regiment bei Luther (S. 55f.) in ihrer Tragweite ermessen werden.

63.2 Adel Theodor Khoury zu Religion und Staat im Islam
Der Autor stammt aus einer christlichen Gemeinde im Libanon. Er wurde 1930 geboren und war bis 1993 Professor an der Katholisch-theologischen Fakultät der Universität Münster. Khoury hat zahlreiche Monografien zum Islam und einen vielbändigen Kommentar zum Koran verfasst.
Der Text behandelt vier Gesichtspunkte des islamischen Verständnisses von Staat und Religion:

1. Die ideale islamische Gemeinschaft ist solidarisch, gerecht und egalitär.
    1.1 Die Solidarität der Muslime gründet im gemeinsamen Glauben; sie erfordert Almosen an die Armen und die Vermittlung zwischen streitenden Parteien.
    1.2 Alle Menschen, auch die Nichtmuslime, sollen gerecht behandelt werden.
    1.3 Alle Mitglieder der Gemeinschaft sollen gleichgestellt, alle Ämter für alle befähigten Gläubigen zugänglich sein.
2. Der Koran ist der Maßstab für Gesetzgebung, Rechtsprechung und politisches Handeln (Theokratie).
    2.1 Der islamische Staat soll die Rechte der Muslime sichern.
    2.2 und die Menschen zum Gehorsam gegen Gott bringen.
3. Eine Regierung, die den Vorschriften des Korans entsprechend handelt, muss von allen Muslimen anerkannt werden.
4. Der Islam will seinen Glauben und seine Normen allen Menschen zugänglich machen.

Zu dieser Beschreibung der idealen islamischen Gemeinschaft ist zu bemerken:
Erstens, der ideale islamische Staat muss keine Demokratie sein. Solange ein König oder ein Militärmachthaber die religiösen Vorschriften des Koran beachtet oder sie wenigstens offiziell aufrechterhält, muss er von den Untertanen anerkannt bleiben. Entsprechend gibt es bislang keine Demokratie in islamischen Territorien, abgesehen von den Anfängen in Afghanistan. In der gelenkten Demokratie Türkei musste wiederholt das Militär formal demokratische Prozesse drosseln, um das Entstehen eines

islamistischen, dezidiert nicht-demokratischen Staates zu verhindern. Im Unterschied dazu kennezeichnet den europäische Staat, dass er religiös weitgehend neutral ist (es gibt keine Entsprechung zu These 2.2).

Zweitens, der Koran kennt Regeln für die gerechte Behandlung von Nichtmuslimen in islamischen Staaten. Diese koranische Gerechtigkeit impliziert keine Gleichbehandlung der Nichtmuslime! Ihre Grundrechte werden geschützt gegen die Abgabe der Kopfsteuer; staatliche Ämter sind ihnen a priori nicht zugänglich, es sei denn, es gibt Zusatzvereinbarungen wie etwa im ehemaligen Irak. Christen und Juden dürfen ihre Religion in islamischen Ländern ausüben, aber nicht öffentlichkeitswirksam. Auch in der Türkei ist seit der Staatsgründung durch Atatürk keine christliche Kirche mehr gebaut worden. Der Übertritt vom Islam zum Juden- oder Christentum wird bestraft. Noch andere Religionen neben Judentum, Christentum und Islam sind nicht erlaubt. Im Unterschied dazu kennzeichnet die christliche Kirche, dass sie darauf verzichten kann, die Gesamtgesellschaft nach ihren Maßstäben einzurichten (so Luther).

63.3 Literatur
Faruk Sen/Hayrettin Aydin, Islam in Deutschland, München 2002.
Bassam Tibi, Fundamentalismus im Islam. Eine Gefahr für den Weltfrieden?, Darmstadt 2000.

63.3 Unterrichtsideen
1. Einstieg
Bild- oder Wortimpuls zu einem Reizthema des islamischen Lebens in Europa: Kopftuch, Schächten, Gebetsruf, Bestattungsrituale. Soll man einer muslimischen Lehrerin erlauben ein Kopftuch zu tragen? etc.

2. Textarbeit
a) Sch fassen den Text in PA in Thesen zusammenfassen (vgl. oben).
b) Austausch: Was ist mir sympathisch? Was ist mir fremd?
c) Sch entwickeln zwei Parallel-Thesenreihen: Der ideale europäische Staat ... Die ideale christliche Gemeinde ...
d) Vorstellen der Ergebnisse

3. Vertiefung
a) Sch zeichnen zum Islam eine Schaubild, das das Verhältnis von Religion und Staat deutlich macht und vergleichen dies mit der Grafik zu Luthers Zweireichelehre.
b) Vorstellen der Ergebnisse. Worin gibt es Gemeinsamkeiten? Worin liegen die Unterschiede?

64 Aufgaben einer lebendigen Kirche

64.1 Der Zusammenhang
Mit dem Text von Dorothee Sölle kommt eine pointierte evangelische Position zur Sprache, die dem Selbstverständnis der katholischen Kirche (S. 61) gegenübergestellt werden kann. Dorothee Sölle knüpft an die neutestamentlichen Begriffe Kerygma, Diakonia und Koinonia an, ihre Aussagen finden aber auch Entsprechungen in gegenwärtigen Formen kirchlichen Handelns, das geprägt ist durch neue Formen der Gemeinschaft (Thomasmesse, S. 65), die Sorge um Benachteiligte (Schwäbische Tafel, S. 65), das Gemeinschaftserlebnis auf dem Kirchentag (S. 66) und das Bemühen um den Erhalt des Sonntages (S. 66). Hier liegt ein Verständnis von Kirche vor, das nicht an bestimmte Strukturen, Ämter und Rituale orientiert ist, sondern an Aufgaben, die aus dem Neuen Testament abgeleitet sind (vgl. S. 44).

64.2 Der Text
Im Rahmen einer Gastprofessur in Kassel im Wintersemester 1987/88 hielt die 2003 verstorbene Theologin Sölle eine Einführungsvorlesung, in der sie zentrale christliche Themen behandelte. Bei ihrem Buch »Gott denken«, aus dem unser Abschnitt stammt, handelt es sich um eine Überarbeitung dieser Vorlesung, hier beschreibt sie den Gebrauch der Bibel aus orthodoxer, liberaler und befreiungstheologischer Sicht. Der Text bildet die Fortsetzung des Abschnittes auf S. 44. Sölle sieht die Beziehung zwischen dem Reich Gottes und der Kirche als ein Unterwegssein »zwischen den Zeiten«. In der Phase des »schon jetzt« und des »noch nicht« ergeben sich für die Kirche die drei Dimensionen Kerygma, Diakonia und Koinonia, die Sölle so charakterisiert:

Kerygma	Diakonia	Koinonia
Verkündigung, Predigt, Lehre	Dienst, Dienen	Gemeinschaft mit Gott und Gemeinschaft untereinander
Vermittlung der Botschaft durch Wort und Sakrament	Hilfeleistung für Menschen in Not	
Konkretion des Willens Gottes	soziale und politische Diakonie statt Theokratie	Gemeindeaufbau, neuer Lebensstil
Zeugnis ablegen vom Leben Christi	Für andere da sein	Lob und Feier
Martyria	Orthopraxie	Liturgie

Folgende Aspekte spricht Sölle im ausgewählten Abschnitt an:

Kerygma
1. Kerygma ist der Akt der christlichen Verkündigung und ihr Inhalt.
2. Kerygma verändert das Leben durch Ruf zur Umkehr sowie Ermutigung und Trost.
3. Zum Kerygma gehört auch das Zeugnis – bis hin zum Martyrium.

Diakonia
1. Kirche ist Gemeinschaft derer, die zum Dienen da sind.

2. Diakonie bedeutet auch, »Dienste« für Notleidende zu übernehmen.
3. Diakonie hat ihr Vorbild im Handeln Jesu.
4. Zum Dienen gehört auch Kritik am System, soweit es nötig ist.

Koinonia
1. Koinonia bedeutet Gemeinschaft untereinander und mit Gott.
2. Schon jetzt zeichnet sich diese Gemeinschaft durch einen Lebensstil aus, der durch Teilen und fehlendes Konkurrenzdenken bestimmt ist.
3. In der Liturgie, in Feier, Gesang und Tanz findet die Gemeinschaft sichtbaren Ausdruck.

64.3 Literatur
Dorothee Sölle, Gott denken. Eine Einführung in die Theologie, Stuttgart 1990.

64.4 Unterrichtsideen
1. Einstieg
a) Sch sammeln Aufgaben, die von der Kirche wahrgenommen werden und listen diese an der Tafel auf.
b) Sch bewerten die Aufgaben nach Wichtigkeit mit einer Skala zwischen +2 (unverzichtbar) und –2 (auf keinen Fall Aufgabe der Kirche).
c) Alternativ: D. Sölle bietet an, eigene Kirchenerfahrungen unter drei Gesichtspunkten zu reflektieren: Wo habe ich etwas für mein Leben gelernt? Wo wurde mir geholfen und wo wurde ich gebraucht? Wo wurde ich von einer Gemeinschaft getragen und fühlte mich »drin«?

2. Textarbeit
a) Sch lesen den Text und entwerfen zu jeder der drei Dimensionen ein Symbol. Die Symbole werden mit Kernaussagen des Textes beschriftet.
b) Evtl. Vergleich mit den Aufgaben der Kirche: Welche Aufgaben lassen sich gut einer oder mehreren Dimensionen von Kirche zuordnen? Bei welchen Aufgaben gibt es Probleme?

3. Vertiefung
a) L schreibt drei Kernaussagen des Textes an die Tafel:
   - Kirchesein bedeutet Umdenken.
   - Kirchesein bedeutet Dasein für andere.
   - Kirchesein heißt Teilen und Verzicht auf Konkurrenzdenken.
b) Sch entscheiden, mit welcher Aussage sie sich beschäftigen wollen und bilden drei Gruppen.
c) Sch diskutieren die Aussagen und erhalten dazu jeweils einige Fragen:
   - In welchen Bereichen des persönlichen Lebens und der Gesellschaft ist Umdenken angesagt? Welche biblischen Aussagen helfen bei einer Neuorientierung?
   - Steht »anderen dienen« bzw. »für andere da sein« für eine veraltete Form von Leben? Welche Form von Not werden in unserer Gesellschaft bislang übersehen?
   - Welche Ressourcen können geteilt werden (Geld, Zeit ...)? Mit wem teilen? Ist ein Leben ohne Konkurrenz vorstellbar? Was bedeutet das für das Zusammenleben in einer Klasse, Familie ...?
d) Vorstellen der wichtigsten Einsichten
e) Evtl. herausarbeiten, was die Kernaussage als Minimal- oder Maximalanforderung an das Christsein bedeuten können (»Christ sein light« oder »Christ sein ultra«).

64.5 Zusatzmaterialien
M 64.1 Tabelle zum Sölle-Text

65/66 Beispiele für eine lebendige Kirche

65/66.1 Der Zusammenhang
Nach der Bearbeitung der Geschichte der Kirche stellt sich die Frage nach ihrer Zukunft. Hat sie eine Zukunft? Wird sie auch in Zukunft bestehen? Was kann und soll die Kirche tun?
Wenn es wahr ist, dass das Reich Gottes nahe herbeigekommen ist (S. 44, 140, 141), ist die Zukunft zumindest zeichenhaft schon da. Ist es zudem wahr, dass die Kirche unterschiedliche Dimensionen zeigt (S. 64), dann hat eine zukunftsfähige Kirche ebenfalls verschiedene Aspekte.

65/66.2 Vier Beispiele einer zukunftsfähigen Kirche
Die Beispiele explizieren die auf S. 64 von Dorothee Sölle im Anschluss an das Neue Testament entwickelten Dimensionen einer lebendigen Kirche: Kerygma, Diakonia und Koinonia. Alle gewählten Beispiele beziehen sich jeweils auf mehrere Dimensionen. In der Thomasmesse geht es um Erneuerung der Verkündigung und lebendige Liturgie, der Gemeinschaftsgedanke und Zuwendung zu den Benachteiligten bestimmen das Handeln der Schwäbischen Tafel, Kirchentage bündeln alle Formen kirchlichen Handelns und im Ringen um den Sonntag geht es sowohl um die konkrete Umsetzung einer Verkündigung wie um das Ringen um eine gerechte Gesellschaft.

65/66.3 Thomasmesse
Der Text beschreibt in Kurzform 1. Entstehung, 2. Name, 3. Besonderheit und 4. Ablauf der Thomasmesse.
Ihren Ursprung hat die Thomasmesse in Finnland. Die Theologen Olli Valtonen und Miika Ruokanen initiierten 1987 in Helsinki eine Gottesdienstform, in der Christen unterschiedlicher Herkunft ihre Anliegen einbrachten: Evangelikale, charismatische Christen, Taizé-Bewegte und politisch Engagierte. Seit 1993 gibt es die Thomasmesse auch in Deutschland, inzwischen werden Gottesdienste in dieser Form in mehr als 50 deutschen Städten regelmäßig gefeiert.
Ihre besondere Anziehungskraft erhält die Thomasmesse durch folgende Elemente:

- Verbindung von traditionellen und modernen Gottesdienst-Elementen. Neben traditionelle Lesungen, Gebete und Lieder treten spontan formulierte Texte und Zeiten der Stille.
- eine große Zahl von Mitwirkenden statt eines Pfarrers. Etwa 20 Menschen, alle weiß gewandet, gestalten neben dem Liturgen den Gottesdienst.
- professionelle Gestaltung der Musik. Die Orgel wird durch professionelle Musikgruppen, Gospelchöre bzw. Taizé-Gesänge ersetzt.
- Bewegung und Begegnung im Gottesdienst durch Aktionen. Im Gebetsteil verlassen die Gottesdienstbesucher ihren Platz, formulieren Fürbitten, vertrauen anderen ihre Sorgen an und lassen sich salben.

65/66.4 Leo-Laden/Schwäbische Tafel
Der Text beschreibt 1. die Zielgruppe, 2. Idee und 3. Arbeitsweise des Leo-Ladens in Stuttgart. Der Leo-Laden ist eine von fünf Adressen des Vereins »Schwäbische Tafel« in Stuttgart. Dieser gehört zur Tafelbewegung, die aus den USA stammt, 1993 in Deutschland Fuß fasste und inzwischen an 300 Stellen in Deutschland Tafeln anbietet.
Angesprochen werden Menschen, deren Einkommen an der Grenze zur Sozialhilfe liegt. Die Bedürftigkeit der Bezieher wird beim ersten Besuch festgestellt. Sie erhalten frische Waren, die jedoch nicht mehr verkauft werden, etwa weil sie nur noch wenige Tage haltbar sind oder nicht mehr entsprechend aussehen. Es geht zum einen um Zuwendung zu materiell schwach gestellten Menschen, die in Würde einkaufen können, zum anderen um den bewussten Umgang mit Lebensmitteln. Beteiligt sind jeweils Firmen, die Waren oder Autos zur Verfügung stellen und zahlreiche ehrenamtliche Helfer. Außerdem wurden in Stuttgart 30 Arbeitsplätze für Menschen geschaffen, die auf dem traditionellen Arbeitsmarkt kaum eine Chance hätten.

65/66.5 Kirchentag
Der Text hebt drei Besonderheiten von Kirchentagen heraus:
1. Begegnung unterschiedlicher Gruppen – auf den Kirchentagen kommen Menschen miteinander ins Gespräch, die aus sehr unterschiedlichen Positionen kommen.
2. Fest und Feier statt Besserwisserei – nicht nur die Klärung von Positionen bestimmt die Kirchentage, genauso wichtig ist die gemeinsame Feier in einer lebendigen Liturgie.
3. Orientierung und Anregung – Kirchentage besitzen Multiplikatoren-Funktion. Gute Ideen und funktionierende Modelle kirchlicher Arbeit werden vorgestellt und regen zur Mitarbeit an.

65/66.6 Denkschrift für den Sonntag
Der Text stammt aus der gemeinsamen Erklärung des Rates der EKD und der katholischen Bischofskonferenz »Menschen brauchen den Sonntag« aus dem Jahr 1999. In der Diskussion um den Schutz des Sonntages und die Ausweitung der Sonntagsarbeit bezieht die Erklärung eindeutig Position und wirbt für den Sonntag.

1. Der Sonntag ist eine kulturelle Errungenschaft, weil er den Kreislauf von Arbeit und Konsum unterbricht und dem Leben einen wiederkehrenden Rhythmus zwischen Anstrengung und Erholung gibt.
2. Dem Sonntag kommt eine wichtige soziale Funktion zu, weil er einen Freiraum zur Entfaltung und Erhaltung von Beziehungen schafft.
3. Der Sonntag behält seinen theologischen Sinn als Erinnerung an die Schöpfung, an die Auferstehung und an die Hoffnung auf das Reich Gottes.

Zur Diskussion dieser Position kann ein Gespräch zwischen Bischof Huber und dem Unternehmer Dussmann beitragen (M 65/66.1).

65/66.7 Literatur
Tilmann Haberer, Die Thomasmesse: ein Gottesdienst für Ungläubige, Zweifler und andere gute Christen, München 2000.
Rüdiger Runge/Margot Käßmann (Hg.), Kirche in Bewegung: 50 Jahre Deutscher Evangelischer Kirchentag, Gütersloh 1999.
www.thomasmesse.de
www.tafel.de
www.ekd.de/ekd-texte/sonntag/sonntagstext.htm
www.sek-feps.ch/download/ise/diskussionsbeitraege/D-32-1994.pdf

65/66.8 Unterrichtsideen
1. Gruppenarbeit
Sch beschäftigen sich in Kleingruppen jeweils mit einem Beispiel und gestalten je ein Werbeplakat oder Einladungsschreiben für die entsprechende Aktivität, anschließend Präsentation der Ergebnisse. Die einzelnen Gruppen erhalten folgende Aufgaben:

Thomasmesse
a) Vergleich mit traditionellem Gottesdienst: Welche Elemente sind neu, welche traditionellen Elemente fehlen? Welche neue n Elemente sprechen Sch an, welche bereiten Schwierigkeiten?
b) Vergleich mit dem Sölle-Text: Welche Dimensionen von Kirche betont die Thomasmesse?
c) Überlegungen für den nächsten Schulgottesdienst: Lassen sich Elemente der Thomasmesse einbauen? Welche Ideen für die Gestaltung gibt es?

Leo-Laden
a) Zusammenstellung: Wem nützt der Leo-Laden? Hat das Projekt Nachteile?
b) Vergleich mit der Geschichte Jesu: Ist der Leo-Laden ein Reich-Gottes-Gleichnis? Sch messen das Projekt an der neutestamentlichen Überlieferung, z. B. an folgenden Texten: Der reiche Kornbauer (Lk 12,16–21), der reiche Mann und der arme Lazarus (Lk 16,19–31) oder die wunderbare Brotvermehrung (Mk 6,31–44). Welche Ideen Jesu werden im Leo-Laden verwirklicht?
c) Reflexion: Lässt sich das Beispiel Leo-Laden auf andere Lebensbereiche übertragen? Sch überlegen an einem Beispiel (Kleidung, Möbel, Kinderbetreuung), was nötig ist, um solch ein Projekt durchzuführen. Können sich die Sch eine Beteiligung an dem Projekt vorstellen?

Kirchentag
a) Klärung: Warum fahren so viele Menschen zu Kirchentagen und kehren »mit neuem Mut« nach Hause?
b) Einschätzung: Sch stellen ein Kirchentagsprogramm zusammen. Welche Veranstaltungen würden sie gerne besuchen, mit welchen Personen/Gruppen diskutieren?
c) Diskussion »Kirchentag findet nur jedes zweite Jahr statt – und dazwischen?«. Welche Themen kommen in der Ortsgemeinde zu kurz, welche Veranstaltungen fehlen? Was lässt sich nur auf dem Kirchentag durchführen?

Sonntag
a) Zusammenfassung: Sch fassen die angesprochenen Aspekte und Argumente aus unterschiedlichen Bereichen zum Erhalt des Sonntags unter jeweils einem Stichwort zusammen
b) Diskussion: Welche Argumente überzeugen? Welche nicht?
c) Analyse: »Am Sonntag soll jeder tun, was er will.« Sch stellen zusammen, wer bei einer Liberalisierung der Sonntagsarbeit zu den Gewinnern und wer zu den Verlierern gehört

B) Vorstellen der Ergebnisse
Gruppen diskutieren zusammenfassend die Ergebnisse.

2. Diskussion
Sch bedenken, was Kirche tun muss, um zukunftsfähig zu bleiben.

65/66.9 Zusatzmaterialien
M 65/66.1 Diskussion um den Sonntag

67 Leonardo da Vinci und das Freiburger Münster

67.1 Der Zusammenhang
Der Autorentext mit erschließenden Erläuterungen zu den Bildern dieses Kapitels kann am Abschluss des Kurses Gelegenheit geben, das Erarbeitete und das Erkannte noch einmal zu vergegenwärtigen und zu bündeln. Daran anschließend können die erweiterten Eingangsfragen wieder aufgenommen werden. Prinzipiell eignen sich auch die anderen Bilder im Buch, um daran Wesen und Aufgabe der christlichen Kirche aufzuzeigen.

67.2 Die Beschreibungen
Das Abendmahlsbild von Leonardo da Vinci stellt die Geschichte Jesu Christi als Grundgeschichte der Kirche vor Augen und erlaubt es, auf die zentrale Botschaft Jesu vom nahe herbeigekommenen Reich Gottes einzugehen. Leitend könnte die Frage sein, was Kirche zur Kirche macht. Zumindest drei Aspekte werden deutlich: der Bezug zu Jesus Christus, die zeichenhafte Antizipation des Reiches Gottes in Feier, gemeinsamem Leben und Handeln sowie die sich daraus ergebende Nachfolge (vgl. dazu auch das Meditationsbild von Nikolaus von der Flüe S. 87). Das Bild gibt Gelegenheit, die Geschichte Jesu zu rekonstruieren, bis hinein in die Auferstehung, da Christus im Abendmahl gegenwärtig sein will.

Die Bilder des Freiburger Münsters lassen noch einmal fragen, was Kirche in der Welt soll: Sie soll Seelen auf Gott ausrichten, einen Vorgeschmack auf das Himmelreich geben und elementaren Lebensbedürfnissen Raum geben. Die kritische Frage könnte sein, ob die Kirche dies auch leistet. Beiläufig wäre zu klären, worin sich Münster, Dom und Kathedrale unterscheiden und was die einzelnen Baustile zum Ausdruck bringen.

67.3 Unterrichtsideen
1. Bildbetrachtungen (Alternativen), vgl. S. 164
Sch suchen sich in dem Buch jenes Bild aus, das – ihrer Meinung nach – am besten zur Kirche passt und stellen es den anderen vor.

Oder: Sch lesen den Text, betrachten noch einmal das Bild, setzen sich dann wie auf dem Abendmahlsbild und bedenken, was das Bild einer klösterlichen Gemeinschaft sagen wollte und was es uns heute sagen kann. Wie ist Kirche? Wie soll sie sein?

Oder: Sch vergleichen das Freiburger Münster (S. 53) mit anderen Kirchenbauten, lesen den Text S. 67 und geben dem Münster in EA Sprache. Was spricht es? Sch stellen ihre Ergebnisse vor und benennen dabei auch, inwiefern der Kurs ihnen dabei neue Einsichten gebracht hat.

2. Fragekarten
a) Sch erhalten die Eingangsfragen auf Fragekarten. Ergänzt werden die Fragen: Soll Kirche arm oder reich sein? Sind Kirche und Religionsfreiheit ein Widerspruch?
b) Sch tragen ihre Sichtweisen und Antworten vor und stellen sie zur Diskussion.

Gerechtigkeit

Das Thema
Das Thema »Gerechtigkeit« behandelt die ethische Dimension des christlichen Glaubens, allgemeiner formuliert: die Dimension der religiösen Wirkungen (Charles Clock: »consequential dimension«). Hierbei geht es um die Frage, wie Christen die Herausforderungen des Lebens wahrnehmen und ihnen so begegnen, dass ihr Glaube an den Gott der Bibel sichtbar und das persönliche und gesellschaftliches Leben »gut« wird. Letztlich ist aus christlicher Perspektive ein verantwortliches Leben wichtig, das sich selbst zur »Antwort« auf das »Wort« Gottes bestimmt, in diesem Sinn das Leben gestaltet und das Handeln einschließlich der Folgen vor Gott verantwortet. Der Begriff »Verantwortung« enthält zumindest vier Elemente: das Subjekt des verantwortlichen Handels, das Gegenüber, vor dem man sich rechtfertigt, die Bereiche, in denen man überhaupt verantwortlich ist und schließlich die Maßstäbe verantwortlichen Handelns.

Diese ethische Selbstbestimmung, die nicht ohne das Gespräch und die Verständigung mit anderen zu denken ist, enthält unterschiedliche Aspekte:
- die Wahrnehmung herausfordernder Lebenssituationen (S. 70, 71, 72, 90f., 92f.) und dem gemäß auch die Bereiche verantwortlichen Lebens,
- die Besinnung auf Maßstäbe guten Handelns (S. 73, 74–79, 80, 81, 84, 88, 89, 94f., 96f., 192),
- die Klärung des Gegenübers (S. 78f., 80, 68, 69),
- die Auseinandersetzung mit Beispielen und Modellen »guten Handelns« (S. 82f., 65),
- die Struktur des Entscheidungsprozesses, in denen man zu verantwortlichem Urteilen gelangt (S. 88).

In, mit und unter diesen Aspekten geht es um die Frage, wie die Wirklichkeit konstruiert ist, mit welchen Möglichkeiten und Grenzen man rechnen darf und muss (vgl. S. 106, 107, 121, 141, 147), aber auch, wie es um die Person steht, die verantwortlich handeln soll und kann. Wer ist der Mensch (S. 168, 178, 179, 181, 182, 183)? Wofür ist er verantwortlich, wofür nicht (S. 169)? Wie steht es überhaupt mit seiner Verantwortungsfähigkeit (S. 174, 175, 180)? Was bedeutet es, wenn er scheitert oder schuldig wird (S. 170, 171, 106)?

Bei dem Thema »Gerechtigkeit« geht es im Näheren um Fragen der verantwortlichen Gestaltung des sozialen Lebens, sowohl im Blick auf die Eine Welt (S. 70) als auch im Blick auf das Leben in Deutschland (S. 71, 72, 90f., 92f.). Dabei soll deutlich werden, dass die »Sozialethik«, im Unterschied zu einer Individualethik, ihren Schwerpunkt auf jene gesellschaftlichen Strukturen legt, die die Rahmenbedingungen individuellen und sozialen Lebens bilden. Des weiteren geht es um die Frage, wie es um die Verteilung von Teilhabemöglichkeiten steht. Leitend ist dabei das Prinzip der »Parteinahme« für die Schwachen (vorrangige Option für die Armen), das biblischen Leitvorstellungen entspricht (vgl. S. 76, 78f.) und das 1968 bei der 2. Generalversammlung des lateinamerikanischen Episkopats in Medellin (Kolumbien) formuliert wurde.

Theologische Mitte dieses Kapitels ist die Besinnung auf die Gerechtigkeit Gottes (S. 80, 81), die aus christlicher Perspektive Rahmen, Begründung und Maßstäbe eines verantwortlichen Urteilens und Handelns im Blick auf die institutionellen Rahmenbedingungen einer Gesellschaft bildet. Wichtiges Anliegen dieses Kapitels ist deshalb die Auseinandersetzung mit den Grundlagen, Prinzipien, Verfahrensweisen einer evangelischen Sozialethik – in Unterscheidung und Zuordnung zur katholischen Soziallehre (S. 94f.), zu Konzepten praktischer Philosophie (S. 84, 85, 78f.) und im Vergleich mit Ansätzen sozialen Handelns in anderen Religionen (S. 88, 89).

Die Schülerinnen und Schüler
Nach James Fowler befinden sich 17/18-jährige junge Erwachsene im Übergang von einem synthetisch-konventionellen zu einem individuierend-reflektierenden Glauben. Ihr moralisches Urteilsvermögen öffnet sich einer gesellschaftsorientierten Perspektive. Nun kommt das soziale System und die damit verbundenen Regeln sowie die durch sie konstituierten Rollen und Beziehungen in den Blick. »Gut« ist, was der Aufrechterhaltung des sozialen Systems dient und den Pflichten eines Bürgers entspricht. Insoweit macht es Sinn, in dieser Lebensphase gültige Regeln und soziale Zusammenhänge zu entdecken und nachzuvollziehen. Solche Einblicke vermittelt der Blick in die christliche Sozialgeschichte (S. 82f.), die Auseinandersetzung mit der für die Bundesrepublik Deutschland so bedeutsamen katholischen Soziallehre (S. 94f.), aber auch die Bearbeitung der ethischen Probleme (S. 90f., 92f.).

Um die moralische Entwicklung offen zu halten, ist ein Blick auf eine postkonventionelle Moral hilfreich, in der es um universale Prinzipien geht, die ihrerseits gesellschaftliche Regeln und Gesetze begründen, aber auch in Frage stellen. In diesem Sinne geht es in diesem Kapitel um das lebensgeschichtlich vertraute Prinzip der Gerechtigkeit, das aus verschiedenen Blickwinkeln betrachtet wird.

Wichtige Ziele sind deshalb die Auseinandersetzung mit gesellschaftlich wirksamen Regeln und die Reflexion der Gerechtigkeit als leitendes Prinzip moralischen Urteilens und Handelns. Unterstellt wird, dass Schülerinnen und Schüler gerade für Fragen des Aktienhandels, aber auch der Sozialgesetzgebung ansprechbar sind. Unterstellt wird weiterhin, dass die theologisch geforderte Parteinahme für die Schwachen für die meisten Schülerinnen und Schülern ungewohnt ist und deshalb der Einübung bedarf. Es wird immer wieder darum gehen müssen, Herausforderungen nicht aus der Perspektive der Starken, sondern der Schwachen zu betrachten und dabei auch einmal eigene Interessen zurückzustellen.

Aufbau und Gliederung
Das Kapitel bietet mit den eröffnenden Bildern und den Fragen (S. 68, 69) eine Hinführung zu dem Thema. Die

95

beiden biografisch orientierten Texte wollen auf die sozialethischen Probleme im Horizont der Einen Welt (S. 70) und im Kontext deutscher Sozialgesetzgebung (S. 71) aufmerksam machen. Das Fallbeispiel (S. 72) und die Unterscheidung verschiedener Gerechtigkeitsbegriffe (S. 73) sollen für die Differenzen der Gerechtigkeit sensibilisieren und so die Auseinandersetzung mit den biblischen Grundlagen einer evangelisch-christlichen Sozialethik vorbereiten (S. 74–79, 87), die abschließend zusammengefasst werden (S. 80, 81). Ein Blick in das Kapitel Jesus Christus könnte hier vertiefend wirken (S. 146, 147). Der Blick in die Sozialgeschichte der christlichen Kirche soll entdecken lassen, wie die Bibel in der Geschichte des Christentums gewirkt hat (S. 82f.). Hier besteht Gelegenheit, christliche Modelle, wie z. B. Wichern, vertiefend einzubringen. Der Auszug aus der Denkschrift der EKD und der Deutschen Bischofskonferenz (S. 96–97) bietet eine Zusammenfassung und eine systematische Klärung des Ansatzes einer christlich-evangelischen Sozialethik.

Der Vergleich dieses Ansatzes und dieser Ansatzpunkte mit dem Utilitarismus (S. 84) und der Verantwortungsethik bei Max Weber (S. 85, vgl. auch Hans Jonas S. 192), aber auch bei John Rawls (S. 78f.) dient der Profilierung einer evangelischen Sozialethik im Kontext philosophisch-ethischer Diskussion, aber auch dem Kennenlernen bedeutsam ethischer Konzeptionen, die mit drei weiteren ergänzt werden können, nämlich der Tugendethik (S. 72, 73), der Güterethik (S. 72, 187) und einer deontologischen Ethik (S. 72, vgl. auch S. 180).

Der Vergleich der vorausgesetzten Konstruktion der Wirklichkeit und der darin gesetzten Prinzipien moralischen Handelns mit den Anschauungen anderer Religionen (S. 88, 89) soll den Einblick in die christliche Sozialethik vertiefen.

Im Folgenden werden Fallbeispiele angeboten, die dazu herausfordern wollen, ethische Einblicke anzuwenden und zu bewähren. Die Entscheidung für die Probleme des Aktienfonds und der Arbeitslosigkeit (S. 90f., 92f.) will der Bedeutung der Ökonomie gerecht werden und Lebensthemen aufgreifen, die auch jungen Erwachsenen beschäftigen. Aufgenommen werden kann auch das Thema Sozialhilfe (S. 71, 97). Andere Problemfelder einer christlichen Sozialethik sind z. B. die Sonntagsarbeit, die Rentenversicherung, Krieg und Frieden, Welthandel, Information oder die Bildungsbeteiligung. Zwei Grundtexte runden das Kapitel ab und geben Gelegenheit, evangelische und katholische Soziallehre zu differenzieren (S. 94f., 96f.).

Literatur

Wolfgang Huber, Gerechtigkeit und Recht, Grundlinien einer christlichen Rechtsethik, 1999.

Ulrich Körtner, Evangelische Sozialethik, Göttingen, 1999.

Püezer Dabrock, Kriterien der Gerechtigkeit. Begründungen – Anwendungen – Vermittlungen, FS Christofer Frey, Gütersloh 2003.

Frank Crüsemann, Maßstab: Tora. Israels Weisung für christliche Ethik, Gütersloh 2003.

Jan Assmann, Bernd Janowski, Michael Welker [Hrsg.], Gerechtigkeit, München 1998. [Sammelband zum Gerechtigkeitsverständnis in der abendländischen Tradition und im Alten Orient.]

Christofer Frey u. a., Repetitorium der Ethik, Waltrop 1997.

Martin Honecker, Einführung in die theologische Ethik, Berlin u. a. 1990.

Ottfried Höffe, Gerechtigkeit, München 2001.

Hans Kelsen, Was ist Gerechtigkeit? Stuttgart 2000 [Kritik an Aristoteles, Kant u. a. Die kleine Schrift [Reclam-Verlag].

Dieter Menath, Recht und Gerechtigkeit, München 1997 [Bes. S. 74–75. Auszüge aus den zentralen Passagen der Nikomachischen Ethik].

Eckart Otto, Theologische Ethik des Alten Testaments, Stuttgart u. a. 1994.

Gerhard Schweppenhäuser, Grundbegriffe der Ethik, Hamburg 2003.

Robert Spaemann, Moralische Grundbegriffe, München 1994.

Brian Hebblethwaite, Art. Sozialethik, TRE 31, Berlin/New York 2000, S. 497–527.

Heinrich Bedford-Stroh, Vorrang für die Armen, Gütersloh 1993.

Möglicher Kursverlauf

Schritt	Inhalt	Hinweise
1	Fragen, S. 69	
2	Wochenendseminar, S. 71	Zielt auf einen Schwerpunkt Sozialhilfe in Deutschland s. S. 97
3	Maßstäbe der Gerechtigkeit, S. 72	Vertiefung Mt 20,1–16
4	Gerechtigkeitsbegriffe in der Philosophie, S. 73	Referat: Was ist Gerechtigkeit? Anhand von Kelsen oder Höffe

5	Gerechtigkeit in der biblischen Tradition
	– Bilder, S. 68, 69, 87
	– Dekalog, S. 74
	  – Amos, S. 75
	  – Ex 22,24–26, S. 76
	  – Nächstenliebe, S. 77
	  – Weltgericht, S. 78–79
	  – Röm 4,5, S. 80
		Zusammenfassung, S. 81
		Ergänzung: Vergleich mit Gerechtigkeit im Hinduismus, S. 88, und im Islam, S. 89

6	Exkurs: Die Kirche und die Armen, S. 82f.	
7	Merkmale einer christlichen Sozialethik, S. 96	
8	Ansatz einer Verantwortungsethik, S. 85	Vergleich mit Struktur ethischer Urteilsbildung, S. 86
9	Zuordnung zu Ansätzen einer philosophischen Ethik: John Rawls, John Stuart Mill, S. 78f., 84	
10	Bearbeitung eines konkreten ethischen Problems – Grundeinkommen für alle, S. 92f. – Schritte ethischer Urteilsbildung, S. 86	Alternativ – Bankenskandal, S. 90f. – Sozialhilfe, S. 97
11	Normenreflexion und Überprüfung des eigenen Urteils – katholische Soziallehre, S. 96–97 – Sozialwort der Kirchen, S. 94–95	
12	Ertragssicherung	

68/69 Die Bilder und die Fragen

68/69.1 Der Zusammenhang
Die beiden zueinander in einer gewissen Spannung stehenden Darstellungen der klassisch-abendländischen Ikonographie wollen das Kapitel eröffnen, indem sie Maßstäbe ethischen Urteilens und Handelns, vor allem aber auch das Gegenüber moralischen Handelns, vor dem man sich zu rechtfertigen hat, in den Blick rücken. Ihnen geht es deshalb auch um die Konstitution eines ethischen Subjekts. Wem stehe ich gegenüber? Wem gegenüber bin ich für was verantwortlich? Wer bin ich eigentlich?

Auch die Fragen wollen die Thematik eröffnen und zu einem »Theologisieren von jungen Erwachsenen« verleiten. Sie bieten sich als Hilfe für die Bündelung des Kurses an; sie können und sollen selbstverständlich ergänzt werden.

68/69.2 Rogier van der Weyden, Das Weltgericht
Rogier van der Weyden (1399/1400-1464) war Schüler von Robert Campin (S. 115) in Tournai. Großen Einfluss auf ihn dürfte auch Jan von Eyck ausgeübt haben. 1450 hielt sich Rogier van der Weyden in Rom auf. Hier entsteht die Beweinung Christi. Nach seiner Rückkehr aus Italien erhält Rogier van der Weyden von Nicholas Rolin, dem Kanzler Herzog Philipps des Guten von Burgund, den Auftrag, für das Hospital in Bon mit dem Namen Hotel Dieu einen großen Altar mit dem Jüngsten Gericht zu gestalten (2,15 m x 5,50 m). Im Mittelpunkt steht der Erzengel Michael als Seelenwäger; über ihm Christus als Weltenrichter, der auf einem Regenbogen thront (Offb 4,3) und dessen Füße auf der Weltenkugel ruhen. Links befindet sich im blauen Gewand Maria, rechts daneben Johannes der Täufer. Sie sind als Betende bzw. Fürbittende dargestellt und bilden zusammen mit dem Christus, dem Weltenherrscher, den Engeln und den Aposteln die große »Deesis«. Dahinter und daneben befinden sich auf weiteren Tafeln die Apostel auf gleicher Höhe. Links außen wird die Himmelspforte, rechts außen die Hölle dargestellt. Links werden die Seeligen in den Himmel, rechts die Verdammten in die Hölle geleitet. Michael hält wie Anubis und Horus im Ägyptischen Totenbuch mit unbeweglicher Miene die Seelenwaage. Er trägt ein weißes liturgisches Gewand und ist als bartloser junger Mann dargestellt. Auf jeder Schale befindet sich je eine nackte Person; diese beiden Personen stellen jedoch den gleichen Menschen dar. Einer symbolisiert betend die guten Taten, der andere weinend die Sünden. Die Menschen, die aus der Erde kommen, erfahren gerade die Auferstehung. Die Engel blasen die Trompeten zum Jüngsten Gericht und wecken die Toten auf. Die Engel rechts und links von Christus zeigen die Leidenswerkzeuge Christi. Christus selbst ist als thronender Herrscher mit einem majestätischen Mantel dargestellt. Sein Oberkörper ist nackt und zeigt die Wundmale der Kreuzigung. Sein Kopf ist umgeben vom Nimbus als Zeichen der Zugehörigkeit zum göttlichen Licht. Aus seinem Mund kommt zum einen die Lilie, Symbol der Reinheit des göttlichen Lichts; sie ist Sinnbild der Gnade und der Auserwählung. Zum anderen kommt aus seinem Mund ein zweischneidiges Schwert, Sinnbild des göttlichen Richterspruches, der die Verdammten trifft (Offb 19,15). Die eine Hand ist segnend hoch erhoben, die andere weist auf das Spruchband, auf dem geschrieben steht: venite, benidicto, patris mehi posidete paratum vobis regnum (= Kommet ihr Gesegneten meines Vaters und nehmet in Besitz das Reich, das euch bestimmt ist). Die gesamte Szene, die in der gotischen Kathedrale im Tympanon über dem Hauptportal angebracht ist, weist hin auf das Weltgericht, wie es in Offb 20,11-15 und Mt 25,31-46 beschrieben wird. Es dramatisiert die letzte persönliche Verantwortung jedes Einzelnen vor Christus und Gott. Es enthält Kriterien für den rechten Lebenswandel, nämlich Mt 25,35-39: Hungrige speisen, Dürstenden zu trinken geben, Fremde aufnehmen, Nackte kleiden, Kranke besuchen, Gefangene aufsuchen (vgl. S. 78f., 87). Es hat aber auch bedrohliche Züge. Maria und Johannes symbolisieren die Möglichkeit von Erbarmen und Gnade. Die Wundmerkmale unterstreichen dies. Angebracht an einem Krankenhaus dürfte dieses Altarbild eher die einladenden und vergebenden als die drohenden, verdammenden Züge des Weltgerichtes herausstellen.

68/69.3 Lucas Cranach, Die Zehn Gebote
Lucas Cranach d.Ä. (1472-1553) fertigte 1516 zu den Zehn Geboten ein Wandbild in der Lutherhalle in Wittenberg. Die Szene, in der Mose die beiden Dekalogstafeln erhält, findet sich im linken oberen Teil des zehnteiligen Zyklus. Zu dem Bild gehört auch die Anbetung des Goldenen Kalbes. Diese Tafel ist also dem Bilderverbot gewidmet. Es folgen Tafeln zu dem 2. Gebot, den Namen Gottes nicht zu missbrauchen, dem 3. Gebot, den Feiertag zu heiligen, dem 4. Gebot, Vater und Mutter zu ehren, dem 5. Gebot, nicht zu töten, dem 6. Gebot, nicht unkeusch zu leben, dem 7. Gebot, nicht zu stehlen, dem 8. Gebot, kein falsches Zeugnis zu reden, dem 9. Gebot, kein anderes Gut zu begehren, dem 10. Gebot, keines anderen Gemahl zu begehren (vgl. zum Dekalog S. 74, der Erzählzusammenhang wird S. 197 entwickelt).

Der Zyklus ist in der christlichen Ikonographie relativ neu. Erst die Reformation entdeckte den katechetischen Wert einer solchen Darstellung. Die abgebildete Szene stellt die Übergabe der beiden Gesetzestafeln an den bärtig älteren Mose dar (Exodus 31,18). Die beiden ikonographisch so wirksamen Hörner gehen zurück auf eine missverständliche Übersetzung von Exodus 34,29 durch die lateinische Vulgata. Hervorgehoben wird das göttliche Glänzen Moses nach der Begegnung mit Gott. Die Wolken sind Zeichen der Theophanie (Ex 19,18) und damit sichtbare Zeichen Gottes Gegenwart. Sie begegnen auch in der Wolkensäule (Ex 13,21 sowie Ex 33,9). Die Herrlichkeit des Herrn erfüllt in Gestalt einer Wolke auch den von Salomon erbauten Tempel (1. Kön 8,10f.). Im Gegenüber Moses zu dem bärtig-väterlichen Gott zeigt sich die personal gedachte christliche Verantwortung.

68/69.4 Die Bilder im Zusammenhang
Beide Bilder erzählen von Normen christlichen Handelns, ordnen diese aber gleichzeitig in einen größeren Erzählrahmen, der die Welt und Gott deutet. Geht es bei dem Weltgericht um Normen aus dem Neuen Testament, so geht es bei Mose um Normen aus dem Alten Testament. Dabei werden Mose und Christus parallelisiert, wie dies ja auch im Matthäus-Evangelium geschieht. Deutlich wer-

den kann, dass die Normenkataloge sich nicht widersprechen, sondern sich ergänzen. Geht es bei Mose mehr um die Bewahrung der Freiheit, so geht es bei Christus um die Bewährung der Barmherzigkeit.

Beiden gemeinsam ist die Verortung von Maßstäben menschlichen Verhaltens in einem personalen Gegenüber, nämlich in Gott und Christus. Beide wollen so auf ihre Weise zur Konstituierung eines moralischen Subjektes beitragen.

68/69.5 Die Fragen
Bei den Fragen geht es um die strukturellen Gegebenheiten der Gesellschaft (Was zählt?), um eigene Einstellungen (Soll man Armen helfen?), um Grundprinzipien des gesellschaftlichen Lebens (Woran erkennt man, dass Gerechtigkeit herrscht? In welchem Verhältnis stehen Gerechtigkeit, Recht, Frieden, Freiheit, Gleichheit und Solidarität? Worin besteht gerechter Lohn?) sowie um elementare Lebensdeutungen (Warum gibt es Arm und Reich? Gibt es am Ende ein Jüngstes Gericht, in dem die endgültige Gerechtigkeit hergestellt wird?).

68/69.6 Unterrichtsideen
1. Bildbetrachtung »Weltgericht«
a) L unterteilt das Bild in drei Zonen (von oben nach unten) und in drei Streifen (links, Mitte, rechts).
b) Sch beschreiben arbeitsteilig die neuen Felder und entwickeln dazu eine entsprechende Geschichte.
c) L erläutert den Standort des Bildes.
d) Sch lassen in EA das Bild sprechen.
e) Austausch: Wie geht es mir mit dem Bild? Was bedeutet das für menschliches Handeln?

2. Bildbetrachtung »Gebotstafeln«
a) Sch stellen die Szene nach und legen Gott und Mose Worte in den Mund.
b) Sch bedenken, welches Verhalten dem Bild entspricht.
c) Gespräch: Kann, soll, muss man so sein?

3. Fragekarten
a) Ein Sch verteilt die Fragen auf Karten an die anderen Sch. Diese suchen allein oder zu zweit ihre Antwort und halten sie schriftlich fest.
b) Vorstellen und Diskussion der Antworten, dabei sortieren der Fragen.
c) Formulieren weiterer Fragen, die sich zeigen oder offen geblieben sind. Ein »question-master« achtet darauf, dass die Antworten nach und nach beantwortet werden.

70 Zwei Lebensläufe

70.1 Der Zusammenhang
Die hier dargestellten »Zwei Lebensläufe« von zwei Frauen stellen das Thema »Gerechtigkeit« sowohl in einen globalen als auch in einen persönlichen Kontext.
Scheinbar Normales kann vor einem entsprechenden Hintergrund zu einem Privileg werden. Ferner kann es durch die Gegenüberstellung den Charakter eines Appells zur Änderung bekommen. Die Gegenüberstellung der beiden Lebensläufe macht die Frage nach Gerechtigkeit zu einer Frage des Blickwinkels. Darüber hinaus wird deutlich, dass Lebenschancen und Teilhabe von wirtschaftlichen, kulturellen, medizinischen Rahmenbedingungen abhängig sind, die der eigenen Lebensentscheidungen vorausliegen. Insofern wird hier der Gegenstandsbereich einer Sozialethik thematisch.

70.2 Barbara und Bhanwari
Die dargestellten Lebensläufe stammen von einer Tafel in einem Pavillon auf der EXPO 2000 in Hannover zum Thema »Zukunft der Menschheit – Gesundheit und Entwicklung«.
Im Lebenslauf von »Barbara« (als Chiffre für Menschen auf der so genannten Sonnenseite des Lebens) können sich wohl die meisten Schülerinnen und Schüler wiederfinden – er hat in der dargestellten Form eher informativen Charakter, bis hin zur Angabe der jährlichen Gesundheitsausgaben.
Zu einer Anfrage in punkto Gerechtigkeit kann dieser Lebenslauf durch den nebenstehenden von »Bhanwari« (als Chiffre für Menschen auf der so genannten Schattenseite des Lebens) werden. Wie sehr Gesundheit, Bildung und Lebenschancen überhaupt eine Sache des (zufälligen) Ortes der Geburt bzw. Herkunft sind, wird hier fast schon dramatisch dargestellt.
Muss bzw. soll dies Konsequenzen haben? Philosophisch steht dahinter die Frage, ob aus einem »ist« ein »soll« geschlossen werden muss. Konkret heißt das: Soll es »Bhanwari«, weil es »Barbara« gut geht, auch gut gehen (müssen) und soll man ihr entsprechend helfen? Und wie verhalten sich eigentlich Gerechtigkeit und Barmherzigkeit zueinander?
Interessant kann vor diesem Hintergrund ein Austausch mit den Schülerinnen und Schülern über die Frage sein, welche Absicht diese Gegenüberstellung ihrer Meinung nach eigentlich verfolgt: Will sie primär informieren? Will sie zum Handeln zugunsten von »Bhanwari« animieren? Wenn ja – wer ist zum Handeln aufgerufen? Jede/r einzelne? Oder die (reichen) Staaten? Oder dient sie dazu, sich des eigenen »Glückes« zu vergewissern (ohne irgendwelche sozialethischen Folgen)?
Die korrekte Antwort auf diese Frage steht keineswegs fest. Die ursprüngliche Intention dieser Gegenüberstellung ist nicht bekannt – sie kann (inm Sinne der Rezeptionsästhetik) nur immer wieder neu – d.h. individuell – gefunden werden. Deshalb ist auch vor einer zu schnellen Festlegung einer Intention zu warnen; die Gegenüberstellung an dieser Stelle im Buch soll das Thema Gerechtigkeit »aufschließen« und nicht schon abschließend formulieren.

70.3 Unterrichtsideen

1. Textarbeit I

a) L liest Lebenslauf von »Bhanwari« und »Barbara« laut vor – anschließend kurze Stille. Was löst die Gegenüberstellung bei den Sch aus?

b) Sammeln der Antworten an der Tafel (z. B. »Betroffenheit« – »Pech für Bhanwari«– »Glück, da ich bessere Lebensbedingungen habe« – »Nichts«)

c) L informiert kurz über die Herkunft der Gegenüberstellung, anschließend folgt ein Gespräch/eine Diskussion: »Worin liegt die Intention der Gegenüberstellung?«

2. Transfer zum Thema »Gerechtigkeit«

a) Gespräch: »Geht es hier gerecht zu? Wenn nein: Wie kommt es zu mehr Gerechtigkeit?«. Gerecht/Gerechtigkeit als Frage einer Perspektive – von unten, von oben, aus meiner Sicht, Gerechtigkeit und/oder Barmherzigkeit ... mit entsprechenden sozialethischen Konsequenzen.

b) Ordnen der Überlegungen in einem TA. Dieser hat folgende Struktur:

Unterschiedliche Begriffe von Gerechtigkeit	Unterschiedliche Konsequenzen

71 Wochenendseminar zum Thema Arbeitslosigkeit

71.1 Der Zusammenhang

Die Geschichte vom Wochenendseminar (S. 71) soll wie die vorausgehende Gegenüberstellung der beiden Lebensläufe (S. 70) und das nachfolgende Fallbeispiel (S. 72) dazu dienen, Schülerinnen und Schüler für die Frage nach Gerechtigkeit zu sensibilisieren. Während die Lebensläufe der beiden Mädchen (S. 71) den Blick auf die globale Ungerechtigkeit lenken, beschäftigt sich die Geschichte von den Möbelpackern (S. 72) mit der Frage nach Gerechtigkeit innerhalb einer kleinen, überschaubaren Gruppe von Menschen.

Am Beispiel des Wochenendseminars zum Thema Arbeitslosigkeit sollen sich die Schülerinnen und Schüler mit der Tatsache auseinander setzen, dass Ungerechtigkeit ein Strukturmerkmal der sozialen Lebenswirklichkeit auch in ihrem eigenen Alltag darstellt.

Außer dass die Geschichte zum Nachdenken über den Begriff der Gerechtigkeit einlädt, bietet sie Anlass, die eigene Haltung zum Phänomen der Arbeitslosigkeit zu überprüfen.

Letztlich wird den Schülerinnen und Schülern deutlich, dass die Frage nach Gerechtigkeit (in der Arbeitswelt, aber auch darüber hinaus) theoretisch zwar zu besprechen und zu lösen sein mag, sobald aber konkrete, praktische Erfahrungen ins Spiel kommen, verändert sich die Lage merklich. Die Erzählung erweist sich als ausgezeichnetes Beispiel für die Erfahrung der Diskrepanz zwischen Anspruch (politisch korrekt fühlende junge Menschen, die sich ein Wochenende lang mit einem brisanten gesellschaftlichen Missstand auseinander setzen) und der Wirklichkeit (ein vom Leben und dessen Enttäuschungen gezeichneter Einzelner, der die jungen Menschen verunsichert).

71.2 Der Text

Der Text erzählt von Erlebnissen auf einem Wochenendseminar unter Studierenden, die sich die Aufgabe gestellt hatten, das Thema »Arbeitslosigkeit« zu verfolgen.

Im Laufe des Wochenendes kommt es zur Begegnung mit einem Arbeitssuchenden, der ungefragt und zunächst auch ungebeten den Verlauf der Tagung mitbestimmt.

Der arbeitslose Siegfried fragt nach Geld für eine Fahrkarte, wird stattdessen zum Kaffeetrinken eingeladen und willigt gerne ein. Die Studierenden erfahren kaum etwas über seine Biografie und zeigen sich irritiert über sein Auftreten.

Am nächsten Mittag taucht der selbst erklärte Gast rechtzeitig vor dem Essen wieder auf, benimmt sich unangemessen und ist erst nach einer deutlichen Aufforderung bereit, sich an den Pflichten der Gemeinschaft (Abwaschen) zu beteiligen. Über seine Geschichte erfahren die Mitglieder der Tagung auch auf Nachfrage wenig und schlagen ihm dementsprechend auch seinen Wunsch nach mehr Essen ab. Siegfried lässt sich anschließend in die Gruppenarbeit über das biblische Weingärtnergleichnis einbinden und beginnt im Verlauf der Bibelarbeit seine eigene Geschichte zu erzählen.

Im Anschluss an die Auskunft über Siegfrieds »Einkommen« kommt es zu einem Streitgespräch unter den Mitgliedern der Tagung über die Frage nach dem Wert von Arbeit und deren gerechter Entlohnung.

Die im Text geschilderte Erfahrung der Unsicherheit gegenüber Menschen, die nach Geld betteln, kennen die Schülerinnen und Schüler vermutlich nicht in dieser konkreten Form, aber sie werden – zumindest in den Städten des Landes – immer wieder mit bettelnden Menschen und ihrer eigenen Hilflosigkeit konfrontiert. Die meisten der Schülerinnen und Schüler fühlen sich moralisch verpflichtet zu helfen, sie erkennen aber längst, dass jeder spendierte Euro im Grunde genommen nur ein Tropfen auf den heißen Stein ist und sich die Situation für die Betroffenen nicht grundlegend ändert. Bestimmt haben einige der Jugendlichen in entsprechenden Situationen darüber nachgedacht, anstatt mit Geld lieber mit Lebensmitteln zu helfen. Implizit stellt sich dabei die Frage nach dem Zugeständnis der Autonomie von Hilfesuchenden (»der vertrinkt ja doch bloß das Geld ...«).

Schülerinnen und Schüler sind zur Aufbesserung ihres Taschengeldes und zur Finanzierung ihrer Ansprüche selbst vielfach in kleine und kleinste Arbeitsverhältnisse eingebunden, für die sie einen Teil ihrer Wochenzeit opfern. Die geschilderte Anspruchshaltung und die Unverschämtheit, mit der Siegfrieds Auftreten erlebt wird, werden bei vielen Jugendlichen auf Unverständnis und Ablehnung stoßen. Sie werden Siegfried als jemanden darstellen, der sich »nicht benehmen« kann und gewiss werden sie von eigenen Erfahrungen berichten, in denen Menschen ihnen auf ähnliche Weise begegnet sind.

Interessant an der Schilderung des Wochenendverlaufs ist, dass Siegfried erst in dem Augenblick über sich und seine Situation ausführlich zu berichten beginnt, als die biblische Geschichte von den Arbeitern im Weinberg Grundlage des Gespräches wird. Offenbar entdecken die jungen Menschen und er selbst seine Geschichte beispielhaft in der biblischen Erzählung dargestellt.

71.3 Unterrichtsideen

1. Haste ma'n Euro
Erzählrunde: »Wenn ich in der Bahnhofsunterführung um Geld angesprochen werde ...«

2. Einen Job haben
Top-Ten-Liste oder Statistik von Jobs erstellen, die Sch zur Aufbesserung ihres Taschengeldes ausüben. (Ordnungsprinzip wahlweise Stundenlohn, Wochenarbeitszeit, Dienstleistungsbereiche ...)

3. Geld ausgeben
Persönliche Monatsbilanz erstellen, aus der zu ersehen ist, wie viel Geld man zur Verfügung hat (Taschengeld, Job, Sonstiges) und wofür man wie viel Geld ausgibt (u.U. Umfrage innerhalb der Klassenstufe mit Auswertung über die Umsätze).

4. Mit dem Tagessatz zurecht kommen
Erkundigungen beim Sozialamt über Tagessätze für Obdachlose bzw. über Arbeitslosenhilfe für Menschen wie Siegfried. Überlegen, was man sich mit dem Geld leisten bzw. nicht leisten kann.

5. Hilfsangebote kennen lernen
Besuch einer diakonischen Einrichtung, die Anlaufstelle für Arbeitslose (vielleicht auch für Obdachlose) ist. Erstellen einer Reportage.

6. Biblische Geschichte neu schreiben
Mt 20 erläutert bekommen (Denar, Stundeneinteilung, Marktplatz als Jobbörse ...) und die Geschichte in die Gegenwart übertragen.

72 Wie würden Sie entscheiden?

72.1 Der Zusammenhang
Die Elemente auf dieser Seite verbinden formal zwei auf den ersten Blick weit entfernte Betrachtungsweisen oder Reflexionsebenen ethischer Konstellationen.
Diese Kombination entspricht einer Unterscheidung der ethischen Reflexionsstufen (nach Henry David Aiken): Gemäß einer Differenzierung von Henry David Aiken ergibt sich folgende Unterscheidung: Die Info-Box führt mit den Kurzdefinitionen dreier grundlegender Ethiktypen zu einem knapp formulierten metaethischen Horizont. Die metaethische Ebene thematisiert u. a. folgende Fragen: Was ist ein ethisches Urteil? Wozu ist es notwendig? Welches Gesamtgefüge aus ethischen Kriterien und Grundlagen wird in einem bestimmten ethischen System aufgebaut?
Der Blick in die Entscheidungsvorgaben und -notwendigkeiten der Möbelpackergruppe bewegt sich auf der moralischen Ebene. Auf der moralische Ebenen fragen Menschen angesichts konkreter Aufgaben: Was muss ich jetzt tun? Ist das gut, was ich jetzt tun will?
Die nach Kant letztlich nur scheinbaren Spannungsverhältnisse zwischen ethischer Theorie und moralischer Praxis werden auch innerhalb des Kapitels »Gerechtigkeit« immer wieder deutlich. Dann kann gefragt werden: Inwiefern und wie wurde prophetische Sozialkritik (vgl. S. 75) innerhalb der Ethikgeschichte des Christentums (vgl. S. 82–83) aktualisiert oder transformiert? Wie verwirklichen sich Grundentscheidungen ethischer »Großtheorien« (vgl. S. 72; Info-Box) oder Systematisierungsversuche (S. 86) in der Sphäre der Finanzwirtschaft (S. 90–91)? Was geschähe wenn unter den Möbelpackern ein bekennender Hindu (vgl. S. 88) oder Muslim (vgl. S. 89) wäre?

72.2 Der Text
Das Möbelpacker-Beispiel
Die beschriebene Situation lässt die Frage nach der Verteilungsgerechtigkeit aufkommen (vgl. S. 73). Der ethische Konflikt ergibt sich aus dem Problem, wie der Gesamtlohn aufzuteilen ist. Als Methode der ethischen Reflexion nähert sich ein solches Nachdenken anhand einer bestimmten moralischen Situation den berühmt gewordenen Dilemmageschichten von Lawrence Kohlberg. Allerdings geht es an dieser Stelle nicht wie bei Kohlberg explizit um eine entwicklungspsychologisch rückgekoppelte Erhebung ethischer Reflexionsstandards. Expliziter Problemstatus ist die Frage nach der Verteilungsgerechtigkeit. Implizit wird freilich immer auch die Frage mitschwingen, auf welchen ethischen Niveaus die Entscheidungen und Begründungen der Lerngruppe angesiedelt sind.

Info-Box (Grundlagen und Zielvorstellungen verschiedener Ethikkonzeptionen)
Seit Schleiermacher ist in der evangelischen Theologie die Unterscheidung zwischen Tugend, Güter- und Pflichtenethik geläufig. Sie fragt nach den letztinstanzlichen Grundlagen und Zielvorstellungen verschiedener ethischer Ansätze.

1) Tugendethik
Die prominentesten Vertreter einer Ethik der Tugend (griech. aréte; lat. virtus) sind in der griechischen Philosophie Platon und vor allem Aristoteles. Platon bindet seine Tugendlehre direkt an seine Anthropologie, deren Kern die Lehre von der immateriellen Seele ist. Platon ordnet dabei (in seiner Schrift Politeia [Der Staat]) verschiedenen Seelenteilen unterschiedliche Tugendelemente zu. Der Vernunft wird z. B. die Klugheit (griech. sophia), dem Begehren die Tugend der Mäßigung (griech. sophrosyne) zugeordnet; aus der Harmonie aller Seelenteile erwächst die Tugend der Gerechtigkeit (griech. dikaiosyne). Aristoteles betont in seiner Nikomachischen Ethik, dass vor allem auch die ethischen Tugenden (z. B. Tapferkeit, Freigiebigkeit, Gerechtigkeit) durch einübendes Tun erworben werden. Im sozialen Miteinander des konkreten Lebens geht es dann darum, eine Mitte (griech. Mesotes) zwischen zwei Verhaltensextremen zu finden (Beispiel: Tapferkeit als Mitte zwischen Feigheit und Tollkühnheit). Thomas von Aquin übernimmt die aristotelische Tugendlehre in seine Naturrechtslehre. Die vier Tugenden des natürlichen Menschen (Tapferkeit, Selbstbeherrschung, Gerechtigkeit, Weisheit) werden durch drei theologische Tugenden (Glaube, Hoffnung, Liebe) ergänzt.

2) Güterethik
(Teleologische Ethik, von griech. telos, das Ziel)
Die Güter- oder Werteethik wurde in der Moderne vor allem von Max Scheler (1874–1928) und Nikoali Hartmann (1882–1950) gestaltet. Ihr Ausgangspunkt ist, dass sich Moralität nur in einem beziehungsreichen Geflecht von unterschiedlichen Werten oder Gütern realisiert, an dem Menschen im Vollzug des moralischen Handelns teilhaben oder Orientierung finden. Dann stellt sich die Frage nach dem höchsten Wert oder Gut. Nikolai Hartmann postuliert einen Wertehimmel, dessen oberste Werte oder Güter (bei Hartmann: Werte im Unterscheidungsprozess zwischen »heilig und unheilig«) durch »subjektives Wertfühlen« erkannt, anerkannt und angenommen werden können.

3) Pflichtethik
(Deontologische Ethik, von griech. deon, die Pflicht)
Von Nikolai Hartmann als lebensfremder, weil undifferenzierter »Koloss aus Stahl und Bronce« bezeichnet, ist der von Immanuel Kant formulierte so genannte kategorische Imperativ die Urformel jeder Pflichtethik. Er lautet: »Handle nur nach derjenigen Maxime, durch die du zugleich wollen kannst, dass sie ein allgemeines Gesetz werde« (Grundlegung zur Metaphysik der Sitten, BA 1). Diese Verpflichtung hat überempirische und kategorische, nicht durch Handlungsfolgen begründete oder relativierte Gültigkeit. Sie behaftet den Menschen in seinen Handlungen bei seiner Autonomie. Das heißt, innerste Triebfeder des Handelns ist der reine gute Wille, der »die unbedingte, allgemeine Pflicht als sein Ureigenstes unbedingt will« (Christofer Frey).

72.3 Literatur

Christofer Frey u. a., Repetitorium der Ethik, Waltrop 1997.
James M. Gustafson, Situationen contra Prinzipien, ZEE 13 1969, S. 16 [Zu den Differenzierungen von Henry David Aiken].
Martin Honecker, Einführung in die theologische Ethik, Berlin u. a. 1990, bes. § 1 S. 3–19 [Ethik: Begriff und Fragestellung].
Immanuel Kant, Über den Gemeinspruch: Das mag in der Theorie richtig sein, taugt aber nicht für die Praxis, in: Ders., Schriften zur Anthropologie, Geschichtsphilosophie, Politik und Pädagogik 1 [Werkausgabe Bd. XI., hg. von Wilhelm Weischedel], Frankfurt 1977, S. 125–172.
Immanuel Kant, Metaphysik der Sitten, [Werkausgabe Bd. VII. Hrsg. von Wilhelm Weischedel], Frankfurt 1978.
Friedrich Schleiermacher, Grundlinien einer Kritik aller bisherigen Sittenlehre, 1803.
Friedrich Schweitzer [u. a.], Religionsunterricht und Entwicklungspsychologie, Gütersloh 1995, S. 212–215 [Übersicht zu den Stufen der moralischen Entwicklung nach Kohlberg].
Ernst Tugendhat, Vorlesungen über Ethik, Frankfurt 1993, bes. S. 79–97 [Würdigung, Kritik und Transformation von Kants kategorischem Imperativ].

72.4 Unterrichtsideen

1. Die Entscheidungssituation »Möbelpacker« in zwei Gruppen durchspielen (möglichst gründliche Kurzdokumentation der Entscheidungswege und der Entscheidungsgrundsätze)

a) Gruppe 1: Entscheidung über die unterschiedlichen Gehälter der Möbelpacker durch eine »selbst verwaltete« Umzugsgruppe, die alle Gewinne in der Diskussion klärt; Gruppe 2: Entscheidungen über die unterschiedlichen Gehälter der Möbelpacker durch eine Gruppe von Jungunternehmern.
b) Vergleich der beiden Entscheidungen und ihrer Gründe.

2. Untersuchung auf implizite Ethikansätze

a) TA: Nochmalige Formulierung der Entscheidungsgrundsätze in möglichst knappen Worten.
b) Überprüfung der Grundsätze an den drei Ethiktypen. Fragestellung: Welcher Typus ist evtl. erkennbar? Wenn keiner erkennbar ist: Warum nicht?

73 Gerechtigkeitsbegriffe

73.1 Der Zusammenhang

Die Diskussion über das Möbelpacker-Beispiel, die beiden Lebensläufe (S. 70) und über das Wochenendseminar (S. 71) dürfte gezeigt haben, dass der Begriff »Gerechtigkeit« unterschiedlich interpretiert wird und in der Regel eher unklar ist. Vor diesem Hintergrund will die Erläuterung unterschiedlicher Gerechtigkeitsbegriffe klärend wirken und darüber hinaus die philosophische Konzeption von Aristoteles zugänglich machen. Vor diesem Hintergrund können anschließend die Eigenart und Besonderheit des biblischen Gerechtigkeitsbegriffes verständlich werden.

73.2 Gerechtigkeit bei Aristoteles und in der heutigen Diskussion

Der Autorentext lässt sich folgendermaßen gliedern:

Z. 1–14 Aristoteles I:
Grundperspektiven der Tugendethik

Z. 15–30 Aristoteles II:
Ausdifferenzierungen des Begriffes Gerechtigkeit

Z. 31–39
Das »Suum Cuique« als Gerechtigkeitskriterium

Z. 40–56
Nacharistotelische Gerechtigkeitsdifferenzierungen

Z. 51–55
Wurzel und Gestalt der Iustitia legalis

Die im Text durchgeführte Unterscheidung findet sich im Buch V. der Nikomachischen Ethik. Aristoteles bestimmt die sozial unterschiedlich situierten Gerechtigkeitsbegriffe. Argumentativer Ausgangspunkt bleibt dabei gemäß des anthropologisch orientierten Ethik-Ansatzes zunächst die Tugend als Eigenschaft des Menschen. »Wir sehen tatsächlich, dass jedermann als Gerechtigkeit diejenige Charaktereigenschaft zu bezeichnen gesonnen ist, infolge derer man sich zur Ausübung dessen was gerecht ist eignet, im Handeln Gerechtigkeit übt und einen auf das Gerechte gerichteten Willen hat.« (Aristoteles, Nikomachische Ethik, S. 191. Digitale Bibliothek Band, S. 4883). Den Kernbestand der dann folgenden aristotelischen Differenzierungen kann man mit Menath verschiedenen sozialen Beziehungssphären zuordnen (vgl. M 73.1).
Entgegen solchen und ähnlich konkretisierenden Zuweisungen hat der Verfassungsrechtler Hans Kelsen (1881–1973) der aristotelischen (wie auch anderen!) Gerechtigkeitskonzeption den Vorwurf bloß formaler, inhaltlich also höchst unbestimmter Bedeutung gemacht (vgl. Kelsen S. 44–45). Kelsens Rechtspositivismus fordert hier größtmögliche Konkretheit in Verfahren und Handlungsbereich des gerechten Handelns.
Andere Alternativkonzepte bleiben der argumentativen Grundstruktur des Aristoteles verpflichtet (vgl. Z. 40–45). Die Beziehungsgerechtigkeit (iustitia connectiva) und die Beteiligungsgerechtigkeit (iustitia contributiva) definieren dabei Gerechtigkeitsverhältnisse nicht nur als formal bestimmte Ausgleichsbeziehungen. Gerechtigkeit wird hier zum sozial spürbaren Großklima einer Gesellschaft, das nicht einfach in aufrechenbaren (Zivil-)Rechtstatbeständen quantifizieren lässt. Die biblische Tradition der

zedaqa gründet dieses durch die Thora durchzusetzende und von den Propheten immer wieder eingeforderte Klima im Bundesverhältnis des rettenden und das menschenfreundliche Recht durchsetzenden Gottes. Konnektive Gerechtigkeit impliziert dabei ein soziales und kulturelles Gedächtnis einer Gesellschaft. Im Falle der biblischen Traditionen bedeutet Konnektivität denn stets auch die Bedingung für blühendes, gelingendes Leben (vgl. Ps 1,1-3; Jer 17, 7f. u.ö.).

73.3 Gerechtigkeitsbegriffe und Mt 20,1-15

Der in Aufgabe 3 vorgestellte Blick auf das Gleichnis widerspricht auf den ersten Blick deutlich etlichen üblicherweise getroffenen Grundaussagen über diesen Text. Hier wird der Gleichnistext nämlich auf seine (sozial-)ethischen Implikationen befragt. Etliche Ausleger insistieren trotz intensiver Analyse der im Gleichnis dokumentierten sozialen Realitäten auf einer theologischen Schlusspointe des Gleichnisses: der gütige Arbeitsherr entspricht dem gnädigen Gott. Eduard Schweizer erwähnt z.B. die genaue Beobachtung von Arbeitszeiten und der »Akquirierungsgewohnheiten« in den Mittags- und Abendstunden (Anwerbung von Zusatzarbeitern) oder die durchaus im Rahmen liegenden (absoluten, nicht relativ zur Arbeitszeit liegenden!) Löhne für die Arbeiterschaft. Joachim Jeremias spricht zwar das »Gespenst der Arbeitslosigkeit« (S. 92) als relevante soziale Realität zur Zeit Jesu an, macht diesen Bezug jedoch lediglich als Beobachtung zur sprachlichen Gestalt des Gleichnisses deutlich. Trotz dieses Befundes in älteren, aber prominenten Auslegungen zum Gleichnis lassen sich mit Schülerinnen und Schülern, unter deutlicher Berücksichtigung der intentio lectoris, die sozialethischen Implikationen des Gleichnisses thematisieren. Dies gilt umso mehr, als an diesem Text die ethisch brisante Außengestalt der Gleichnisse Jesu ablesbar ist, die den »Bauerndichter« Jesus (Gerd Theißen) wohl kaum nur als idyllischen »Bildgeber« aus der Alltagswelt verwendet.

Deutlich werden kann jedoch, dass das Gleichnis unterschiedliche Gerechtigkeitsbegriffe behandelt. So geht es in Mt 20,2 um Vertragsgerechtigkeit und damit um iustitia legalis. Sie wird ganz selbstverständlich eingehalten. In V. 4 geht es um Tauschgerechtigkeit, die iustitia commutativa; auch sie wird ganz selbstverständlich eingehalten. Zu dem Ausbruch aus den gewohnten Gerechtigkeitsvorstellungen kommt es allerdings in V. 9. Hier wird ganz bewusst die Verteilungsgerechtigkeit (iustitia distributiva) gebrochen. Allerdings geht es nicht bloß um einen Bruch, sondern um eine rettende oder heilende Gerechtigkeit (vgl. S. 81), die dann eintritt, wenn die selbstverständlichen Begriffe dem Leben nicht mehr dienen, sondern faktisch zerstörerisch wirken. Es geht also um eine »neue« Gerechtigkeit, doch keine, die die herkömmliche ignoriert, sondern eine solche, die eingelebte Gerechtigkeitsvorstellungen kritisch daran bemisst, ob sie zum Leben beitragen.

73.4 Literatur

Aristoteles, Nikomachische Ethik. Stuttgart 1969 [bes. S. 120-129. Differenzierungen in der Gerechtigkeitsterminologie].

Aristoteles: Nikomachische Ethik. Ins Deutsche übertragen von Adolf Lasson, Jena 1909 [= Digitale Bibliothek Bd. 2. Philosophie von Platon bis Nietzsche, Berlin 1998, S. 4693-5187].

Bernd Janowski, Konfliktgespräche mit Gott, Neukirchen-Vluyn 2003, S. 136 [Übersicht zum Thema Beziehungsgerechtigkeit].

Ottfried Höffe, Gerechtigkeit, München 2001 [Konzentrierte Einführung in das Gerechtigkeitsverständnis philosophischer Ethik(en)].

Joachim Jeremias, Die Gleichnisse Jesu, Göttingen [11]1996, S. 92-95 [Zum Gleichnis von den Arbeitern im Weinberg].

Hans Kelsen, Was ist Gerechtigkeit? Stuttgart 2000 [Kritik an Aristoteles, Kant u.a.].

Dieter Menath, Recht und Gerechtigkeit, München 1997 [bes. S. 74-75. Auszüge aus den zentralen Passagen der Nikomachischen Ethik].

Eckart Otto, Theologische Ethik des Alten Testaments, Stuttgart u.a. 1994.

Eduard Schweizer, Das Evangelium nach Matthäus, in: Das Neue Testament Deutsch [CD-Rom-Ausgabe], Göttingen u.a. 2000

73.5 Unterrichtsideen

1. Textarbeit

a) In PA die Gerechtheitsbegriffe bestimmen und in einer Mindmap ordnen.

b) Rundgespräch: Anwenden der Ergebnisse auf das Möbelpacker-Beispiel S. 72.

c) Erarbeitung einer gemeinsamen Kategorientafel für den weiteren Verlauf. Evtl. Einbezug von M 73.1.

2. Reflexion

a) Gespräch 1: Worauf kommt es heute besonders an?

b) Gespräch 2: Ist es wirklich gerecht, wenn man das suum cuique ausschließlich anhand der Leistung bemisst?

3. Auseinandersetzung mit Mt 20

a) Anwenden der Kategorientafel auf das Gleichnis: Welche Arten von Gerechtigkeit gibt es hier?

b) Einordnen von Mt 20,9: Ist das ungerecht? Warum ja, warum nein?

73.6 Zusatzmaterialien

M 73.1 Zuordnungen von Gerechtigkeitsbegriffen zu elementaren sozialen Konstellationen

74 Der Dekalog – Bewahrung der Freiheit

74.1 Der Zusammenhang
Die Schülerinnen und Schüler kennen den Dekalog aus dem Religions- und Konfirmandenunterricht als Grundlage einer christlichen Ethik oder sogar als Fundament der Grundwerte der Gegenwart, vergleichbar den Menschenrechten. Am Berg Sinai offenbarte Gott ein für alle Mal moralische Forderungen an alle Menschen.
Dieses Verständnis der Bergpredigt entspricht einer langen christlichen Tradition. Darin gilt der Dekalog, insbesondere die zweite Tafel, als Ausdruck des natürlichen Sittengesetzes, das von jedermann eingesehen werden kann und Grundlage jedes Gemeinwesens zu sein hat. Diese Tradition findet sich auch in dem Projekt Weltethos, in dem die zweite Tafel des Dekalogs als Ausdruck einer universalen Minimalethik angesehen werden kann.
Dieser Sicht des Dekalogs widersprechen jedoch theologische Erkenntnisse über Entstehung und Adressatenkreis der Zehn Gebote. Die sozialhistorische Interpretation sieht im Dekalog nicht die Zusammenfassung des israelitischen Ethos, sondern eine Klassenethik der späten vorexilischen Zeit.

74.2 Frank Crüsemann zum Dekalog
Zur Entstehung: Die Rahmengeschichte des Dekalogs in Ex 20 lässt auf eine vorstaatliche Entstehungszeit des Dekalogs schließen. Dem hält Crüsemann entgegen: Sprache und Form des Dekalogs sind nicht einheitlich. Eine Urform des Dekalogs, die nachträglich verändert wurde, lässt sich nicht ohne gewaltsame Eingriffe und Umformulierungen erreichen und erscheint deshalb unwahrscheinlich. Im 9. und 8. Jahrhundert v. Chr. war der Dekalog noch nicht endgültig zusammengestellt; Amos bezieht sich auf Gottesgebote, aber nicht auf den Dekalog als Ganzes, Hosea (4,2) zitiert eine Rechtsreihe, die Elemente des heutigen Dekalogs enthält. Spätestens zur Zeit des Königs Josia war die Bildung des Dekalogs abgeschlossen. Unterschiedliche Formen mit langen und kurzen, positiv und negativ formulierten Geboten lassen auf eine Zusammenstellung des Dekalogs aus unterschiedlichen alten Reihen schließen.

Zu den Adressaten: In Ex 20 werden Leute angeredet, die Eltern (V. 12) und Kinder (V. 10) haben, die Frauen begehren (V. 14, 17). Diese Leute haben Besitz und Sklaven (V. 10), eigene Äcker (V. 12) und Vieh (V. 10). Sie haben die Möglichkeit am kultischen Leben teilzunehmen (V. 3.5) und Götterbilde aufzustellen (V. 4f.). Sie können JHWHs Namen durch Eid missbrauchen (V. 7) und sie haben Nachbarn, die wie sie Frauen, Häuser, Tiere und Sklaven haben (V. 17). Der Dekalog wurde für Männer eines bestimmten Standes in Israel formuliert. Eine Übertragung auf Kinder, Frauen und Lohnarbeiter geschah nachträglich.
Im ausgewählten Text werden folgende Aspekte herausgegriffen:
Z. 1-12 Die im Dekalog aufgeführten Gebote stehen in engem inhaltlichen Zusammenhang mit dem Prolog, der auf Gottes Tat der Befreiung aus Ägypten Bezug nimmt. Angesprochen werden freie männliche Bürger in Israel.
Z. 13-17 Die ersten Gebote beziehen sich auf JHWH als Garanten der Freiheit.
Z. 18-23 Die letzten Gebote sichern die Freiheit des Mitbürgers.
Z. 24-34 Die Kurzgebote markieren die Grenzen der Freiheit.
Z. 35-49 Die positiven Gebote sind Beispiele für die Verwirklichung der Freiheit: am Sabbat wird Freiheit zelebriert, die Versorgung und Pflege der alt gewordenen Eltern garantiert deren Freiheit durch materielle Unabhängigkeit und Respekt.
Z. 50-58 Zusammenfassung: Der Dekalog formuliert elementare Bedingungen der Möglichkeit von Freiheit.

74.3 Literatur
Frank Crüsemann: Bewahrung der Freiheit: das Thema des Dekalogs in sozialgeschichtlicher Perspektive, Gütersloh 1993.
Eckart Otto, Theologische Ethik des Alten Testaments, Stuttgart/Berlin/Köln 1994.

74.4 Unterrichtsideen
1. Hinführung
a) L malt den Umriss der beiden Tafeln des Dekalogs auf.
b) Sch rekonstruieren die Zehn Gebote. Wie viele der Zehn Gebote können aus dem Stegreif genannt werden? Welche Gebote kennen die Sch, welche nicht?

2. Auseinandersetzung mit Ex 20,1-17
a) Sch formulieren fünf W-Fragen zur Entstehung der Zehn Gebote (Wann entstanden die Zehn Gebote? Wann wurden sie aufgeschrieben? Wer schrieb sie auf? Wie wurden sie verbreitet? ...).
b) Aus der biblischen Rahmenerzählung erarbeiten Sch im Klassengespräch Antworten, die an der Tafel festgehalten werden.
c) Alternativ: Sch erarbeiten in KGA den Dekalog mit Methodenseite 111.

3. Textarbeit I
a) Sch versuchen nach Ex 20,1-17 eine Zählung der Zehn Gebote. Welche Schwierigkeiten tauchen auf?
b) Vergleich unterschiedlicher Zählweisen (jüdische Zählweise, Luther, reformierte bzw. orthodoxe Kirchen – nach Kursbuch Religion 11+, S. 107).

4. Textarbeit II
a) Sch gestalten in PA zu S. 74 eine Mindmap. Dabei kann Schaubild M 74.1 entstehen.
b) Gespräch: Welche der erarbeiteten Aussagen über die Entstehung des Dekalogs müssen korrigiert werden?
c) Sch überlegen, welches Gut bzw. Rechtsgut durch die einzelnen Gebote geschützt wird. Sie formulieren die Gebote entsprechend der zu schützenden Güter für die heutige Zeit um.

5. Reflexion
a) Sch vergleichen im KG die Präambel des GG mit der Präambel des Dekalogs. Wie wird das Verhältnis zwischen »Gott« und »Mensch« in den beiden Präambeln bestimmt?
b) Diskussion über die kontroversen Thesen: »Normen schränken meine Freiheit ein« – »Normen schaffen einen Raum, in dem Freiheit möglich ist«.

74.5 Zusatzmaterialien
M 74.1 Schaubild Zehn Gebote

75 Amos klagt an

75.1 Der Zusammenhang
Wann muss ein Verhalten als »unfair«, »ungerecht« bezeichnet werden? Der Prophet Amos liefert einen besonderen Beitrag zu dieser Frage. Er beschreibt, wie Menschen sich in bestimmten Situationen verhalten. Die Geschehnisse liegen zwar schon mehr als 2700 Jahre zurück, sprechen aber dennoch unser Unrechtsbewusstsein an. Es leuchtet unmittelbar ein, dass Menschen nicht so miteinander umgehen dürfen, wie es Amos miterlebte und in seinen Anklagen zum Ausdruck brachte. Dabei fällt es nicht leicht, die Kriterien herauszuarbeiten, nach welchen wir »ungerechtes« Verhalten bemessen. Amos' Unrechtsbewusstsein bezieht sich nicht auf die Zehn Gebote, sie waren wohl zu seiner Zeit noch nicht ausformuliert (vgl. Kommentar zu S. 74). Die historische Situation zur Zeit des Amos ist in Israel durch folgende Faktoren geprägt: Solidarisches Verhalten, wie es in den älteren theologisch begründeten Normen gefordert wird (vgl. S. 76), führt zu gesellschaftlichem Misserfolg. Es dominieren diejenigen in der Gesellschaft, die sich über den Gotteswillen hinwegsetzen.

Die Auseinandersetzung mit Amos liefert entscheidende Voraussetzungen für eine auch gesellschaftskritische christliche Sozialethik (vgl. S. 94f., 96f.).

75.2 Hans Walter Wolff zu den Anklagen von Amos
Die soziale Anklage nimmt im Buch des Propheten Amos breiten Raum ein. In dem Kapitel »Kritik an der Gesellschaft« beschreibt Wolff fünf Kritiken von Amos an sozialem Unrecht.

Fall 1: Kritik an Missständen im Prozessverfahren (Am 5,7.12)

Fall 2: Kritik an der Ausbeutung armer Leute (mit legalen Mitteln) (Am 5,11)

Fall 3: Kritik am Rechtsinstitut der Schuldsklaverei (Am 2,6 und 8,6)

Fall 4: Kritik an der persönlichen Demütigung von Menschen (Am 2,6f.)

Fall 5: Kritik an schmutzigen Geschäften (Am 8,5)

Wie ist die soziale Anklage theologisch einzuordnen? Die benannten Missstände sind Symptome einer verfehlten Entwicklung. Diese lässt sich unter drei Gesichtspunkten beschreiben:

1. Verrat an den theologischen Normen
Die Anklagen des Amos sind im Zusammenhang der Überlieferung der Schriftpropheten des 8. und 7. Jh. v. Chr. zu sehen. Sie zeigt, dass sich theologisch begründete Normen in Israel nicht durchsetzen ließen. Eine Begrenzung des Pfandrechts (Mi 2,1f., Am 2,6.8) und die Abschaffung des Zinses zugunsten eines zinsfreien Notdarlehens ließ sich ebenso wenig realisieren wie ein Prozessrecht, das die Bestechung verhindert (Am 5,10–12) und die Sklavenfreilassung im siebten Jahr (Jer 34,8ff.). Eine soziale Differenzierung der Gesellschaft in Wohlhabende und Arme, bedingt durch eine neue Form des Wirtschaftens, war die Folge. Zunehmende Arbeitsteilung und Mobilität garantierten denjenigen wirtschaftlichen Erfolg, die sich über theologische Normen hinwegsetzten.

2. Kehrung von Heil in Unheil
Das religiöse Denken zur Zeit des Amos war geprägt von Heilserfahrungen. Die Erinnerung an den Auszug aus Ägypten und die Landgabe führte zu einer optimistischen Bewertung der Zukunft. Amos greift beide Traditionen auf, um die Schuld der Israeliten zu benennen. Weil die mit der Landgabe verbundene Rechtsordnung gebrochen wird, wird das Land wieder weggenommen. Aus dem Krieg, den JHWH für sein Volk führte, wird ein Krieg gegen Israel.

3. Entzug der Lebensgrundlage durch soziales Unrecht
Amos hat kein pädagogisches oder moralisches Interesse. Israel hat die Lebensgrundlage, die von JHWH gegeben wurde, zerstört. Der Mensch schafft nicht selbst sein Heil, er verdankt es JHWH. Das korrupte System muss zugrunde gehen, ohne dass bei Amos der Blick für einen Neuanfang sichtbar wird.

75.3 Literatur
Eckart Otto, Theologische Ethik des Alten Testaments, Stuttgart/Berlin/Köln 1994.
Hans Walter Wolff, Dodekapropheton 2, Joel und Amos, Neukirchen-Vluyn 1969.

75.4 Unterrichtsideen
1. Einstimmung
Gespräch: Was macht erlittenes Unrecht schlimm? Motivation/Absicht des Täters, die Folgen für die Opfer oder die Normverletzung? Sch erinnern sich an Beispiele von Unrecht, das sie selbst erlebt haben. Welcher der drei Faktoren spielte dabei eine große Rolle?

2. Textarbeit
a) Sch analysieren in PA, evtl. arbeitsteilig, den Text nach dem Schema »Absicht/Motivation des Täters – Folgen für die Opfer – Normverletzung«.
b) Die Ergebnisse werden an der Tafel gesammelt. Dabei kann M 75.1 entstehen.
c) Vertiefung: Sch erheben aus Am 2,6, Am 3,10 und Am 8,5 weitere Anklagepunkte und ordnen sie in ihrer Tabelle.

3. Reflexion
a) Sch bestimmen die Kriterien für gerechtes Handeln, das bei Amos zugrunde liegt. Sie formulieren fünf Sätze: »Gerecht ist Handeln, wenn ...« oder »Ungerecht ist Handeln, wenn ...«. Zusammenfassung TA.
b) Sch diskutieren den Satz: »Gott will, dass sich unser Handeln am Wohl der Schwächsten orientiert«. Ist damit das Anliegen des Amos getroffen? Wenn der Satz richtig ist, wie lässt er sich verwirklichen – im privaten Bereich – in der Schule – bei staatlichen Gesetzen – im Wirtschaftsleben?

4. Vertiefung
Sch diskutieren die Fallbeispiele aus M 75.2 entsprechend den aus dem Text ermittelten Kriterien des Amos. Welchen dieser Fälle würde Amos heute in seine Anklage übernehmen? Sch ergänzen Beispiele mit aktuellen Fällen aus dem Wirtschaftsleben.

75.5 Zusatzmaterialien
M 75.1 Unrecht: Motivation/Absicht – Folgen – Normverletzungen
M 75.2 Fallbeispiele

76 Das Ethos der Barmherzigkeit

76.1 Der Zusammenhang
Warum stehen Menschen anderen bei, wenn diese in Not geraten? Tun sie es, weil sie sich soziale Anerkennung versprechen? Helfen sie anderen, weil sie hoffen, selbst in einer ähnlichen Situation Unterstützung zu erfahren? Oder wenden sie sich anderen zu, weil sie sich einem Prinzip der Gerechtigkeit verpflichtet fühlen? Nächstenliebe als Unterstützung in Not geratener Mitmenschen kennen Schüler aus der Verkündigung Jesu, etwa aus dem Gleichnis vom barmherzigen Samariter. Menschen helfen anderen, weil Jesus selbst dies praktizierte und sie auffordert sie auffordert genau so zu handeln. Dieser Zusammenhang wird auf S. 77 reflektiert. Auf der vorliegenden Seite werden die Wurzeln helfenden Handelns im Alten Testament aufgedeckt. Menschen, die an JHWH glauben, helfen anderen, weil ihr Gott ein »Gott der Barmherzigkeit« ist. Dies weist voraus auf die Gerechtigkeit Gottes (S. 80) und die »Liebe des Vaters« (S. 108), die anthropologisch gesehen zur Gnade als Bedingung der Möglichkeit von Freiheit führt (S. 171). Hier findet die für die katholische Soziallehre so wichtige Solidarität (S. 94f.) ihre biblische Grundlegung.

76.2 Die Auslegung von Ex 22,24–26 von Eckart Otto
Der Text geht auf die »Theologische Ethik des Alten Testamentes« von Eckart Otto (S. 84, 88) zurück. Dabei ist von folgenden Prämissen auszugehen: Alttestamentliche Handlungsanweisungen können nicht unreflektiert als Normen für moderne Gesellschaften übernommen werden, da dies weder der theologischen Komplexität des AT noch den komplexen Verhältnissen moderner Gesellschaften gerecht wird. Eine theologische Ethik des AT kann keine unmittelbaren Handlungsanweisungen geben, sondern beschreibt den Zusammenhang zwischen Gottesglaube und Ethik. Welche Kriterien für gerechtes Handeln entwickeln Menschen aus ihrem Glauben? Welche Aussagen über Gott motivieren Menschen zu ethischem Handeln? Eckart Otto unterscheidet zur Klärung dieser Fragen zwischen »Rechtssätzen« und »Sätzen des Ethos«. Während Rechtssätze festlegen, welche Konsequenzen Fehlverhalten nach sich zieht, sind ethische Sätze ohne Bedingung formuliert.

In der vorliegenden Textauswahl arbeitet Eckart Otto folgende Gesichtspunkte heraus:
- Z. 9–12 In Ex 22,24–26 handelt es sich nicht um Rechtssätze, sondern um ethische Appellen. Dafür sprechen die direkte Anrede und die fehlenden Sanktionen bei Nichtbeachtung.
- Z. 12–28 Ethische Appelle zielen auf Einsicht und Freiwilligkeit: Die Solidarität mit dem Schwächeren ist ein Gemeinschaftshandeln.
- Z. 29–35 Nicht soziale Anerkennung, sondern ein Mitfühlen mit dem notleidenden Nachbarn ist Motivation für helfendes Handeln.
- Z. 37–41 Solidarität richtet sich an den wirtschaftlich Stärkeren.
- Z. 41–50 Aus dem Glauben an Gott entwickelt sich eine Ethik der Barmherzigkeit. Gott selbst ist barmherzig und setzt die Rechte der Schwächeren durch.

76.3 Zum Verständnis des Bundesbuches Ex 20,22–23,33
Das Bundesbuch gilt als die älteste Gesetzessammlung des Alten Testaments. Es dürfte in letzten Jahrzehnten des achten oder zu Beginn des siebten Jahrhunderts vor Christus entstanden sein. Die »Fremden« in 22,20 dürften Flüchtlinge aus dem 722 v. Chr. durch die Assyrer eroberten Nordreiches sein.

Träger dieses Gesetzbuches dürfte der Jerusalemer Gerichtshof gewesen sein, in dessen Verantwortungsbereich auch die Todesurteile lagen (21,12–17; 22,17–19).

Das ganze Buch enthält weitgehend kasuistische Rechtssätze (*Mischpatim*; wenn – dann), wie sie auch in anderen altorientalischen Gesetzeskorbara bekannt sind. Sie lassen die soziale Realität erkennen (z. B. Existenz von Sklaven, 21,2–12, Fremde, Witwen, Waisen, Arme, 22,20–26).

Das Buch insgesamt lässt sich als juristisch-theologische Komposition verstehen, die zwei Komplexe zusammenbringt und dabei inhaltliche eigene Akzente setzt: Zum einen enthält das Bundesbuch Rechtssätze in altorientalischer Tradition, in denen eine entstehende Klassengesellschaft auf massive Probleme reagiert (Sklavengesetz 21,2–12; Tötung und Verletzung 21,12–37; Eigentum 22,1–19), zum anderen enthält es Forderungen der religiösen Opposition des Nordreiches auf Alleinverehrung Jahwes (20,22–26; 23,14–19). Mit dem Schutz des Fremden (22,20f.; 23,9) und der Armen (22,24f.), mit der Korrektur des Sklavenrechtes (21,24f.) sowie mit der Formulierung von Regeln für das Gerichtsverfahren (23,1–8) werden rechtlich ethische Bestimmungen im Sinne des Erbarmens und der sozialen Gerechtigkeit eingeführt.

In dem Sklavengesetz (21,2–11) und den Rechtsbestimmungen zu Gewalttaten (21,12–36) sowie zu Eigentumsdelikten (21,37–22,19) geht es zweifellos um ein Klassenrecht, das letztlich Machtverhältnisse legitimiert, aber einen versöhnenden Täter-Opfer-Ausgleich zum Ziel hat. Arme, die aus Not stehlen, werden mit Sklaverei bedroht. Der Einbezug der Asylmöglichkeit (21,13f.) im Heiligtum soll dabei vor der schrankenlosen Anwendung der Blutrache schützen. Gerade hier wendet sich Gott (»Ich«) direkt an die richtende Person (»Du«).

Die Talionsformel (22,14f.) wirkt wie ein Protest gegen die finanzielle Ersatzleistungen, die Sklaven und Armen nicht aufbringen können. Mit 22,20–23,12 wird dem Block 21,1–22,19 eine Gerechtigkeit gegenübergestellt, die sich an dem rechtlich und sozial Schwachen bewährt (22,20–26) und deshalb das Rechtsverfahren prägen muss (23,1–8). Die Schwachen sind die Fremden, die Witwen, die Waisen und die Armen.

Die Regelung für die Armen bilden das älteste bekannte Wirtschaftsgesetz. Hier greift Gottes Recht unmittelbar in die wirtschaftlichen Gesetze ein (Leihen) und wehrt ein juristisch geregeltes Verfahren, das zur Ausbeutung und Abhängigkeit führt. Dem Armen, dem Nacktheit droht, wird Gottes Beistand zugesagt – so wie es das Volk in Ägypten erfahren hat.

In 23,1–8 wird noch einmal im Blick auf das Gerichtsverfahren darauf insistiert, dass Schwachen und Hilflosen zu helfen ist, unabhängig davon, ob es Menschen oder Tiere, Freunde oder Feinde sind.

Die Frage ist, ob diese Schutzbestimmungen jenseits der Rechtssphäre bloß anzusiedeln sind (so Eckart Otto in dem Text) oder ob es sich hier auch um grundlegende Rechtsprinzipien handelt, die ein Gericht bei ihrem Ermessensspielraum zu berücksichtigen hat (so Frank Crüsemann).

76.4 Literatur
Frank Crüsemann, Die Tora, München 1992, S. 132-234.
Eckart Otto, Theologische Ethik des Neuen Testaments, Stuttgart 1994, S. 18-116.
Jürgen Kegler, Art. Bundesbuch, Calwer Bibellexikon Bd. 1, Stuttgart 2003, S. 213f.

76.5 Unterrichtsideen

1. Unterrichtsgespräch
Müssen Menschen anderen helfen? Welche Gründe gibt es in Not geratene Mitmenschen zu unterstützen oder dies eben nicht zu tun? Sch erhalten Diskussionskärtchen mit typischen Positionen (M 76.1) Welche Positionen entsprechen der Einstellung der Sch? Welche Positionen erscheinen abwegig? Warum?

2. Textvergleich
a) L legt schreibt einen Rechtssatz und einen Satz des Ethos an die Tafel: »Wenn jemand ein Rind oder ein Schaf stiehlt und verkauft es oder schlachtet es, so soll er fünf Rinder für ein Rind und vier Schafe für ein Schaf wiedergeben« (Ex 21,27).
»Den Fremdling sollst du nicht bedrängen und bedrücken, denn ihr seid auch Fremdlinge in Ägypten gewesen« (Ex 22,20).
b) Sch analysieren die unterschiedliche Struktur der Sätze und arbeiten den Unterschied zwischen »Rechtssatz« und »ethische Anweisung« heraus (vgl M 76.2).

3. Textarbeit I
a) L gibt W-Fragen vor: Wer spricht wann zu wem, was, wie und wozu?
Alternativ: Anwendung des Methodenbausteines 111
b) Sch erarbeiten Z. 1-8 in PA
c) Auswertung
d) Vertiefung: Sch suchen in Exodus 21-22 Sätze, die zu 22,24-26 passen und solche, die dazu in Widerspruch stehen.
e) L informiert über das Bundesbuch. Evtl. Schülerreferat mit Calwer Bibellexikon.

4. Textarbeit II
a) Sch arbeiten aus dem Text die Begründung für ein Ethos der Barmherzigkeit heraus. Sie formulieren ausgehend von der Argumentation des Textes einen Aufruf zur Solidarität.
»Seid solidarisch mit den Schwächeren, denn ...«
b) Sch formulieren ein Update für heute.

5. Vertiefung
a) »Notleidende haben Anspruch auf Solidarität ihrer Mitmenschen«. Sch sprechen über Möglichkeiten und Grenzen gesetzlicher Regelungen für solidarisches Handeln.
b) Sch suchen Beispiele für die Konkretisierung eines Ethos der Barmherzigkeit in der heutigen Gesellschaft.

76.6 Zusatzmaterialien
M 76.1 Diskussionskarten
M 76.2 Rechtssätze und ethische Anweisungen

77 Die Ausweitung des Nächstenbegriffes

77.1 Der Zusammenhang
Der hier gebotene Text reiht sich ein in jene, die das Thema Gerechtigkeit aus biblischer Perspektive betrachten. Nachdem auf den Seiten zuvor die *alttestamentliche* »Option für die Armen« behandelt wurde, beginnt mit dieser Seite die *neutestamentliche* Beschäftigung mit dem Thema Gerechtigkeit. Diese Seite kann gut – im Sinne vernetzten Lernens – mit der entsprechenden im Jesuskapitel kombiniert werden (S. 147 Jesus der Lehrer, in beiden Texten geht es um das Liebesgebot als Zentrum der Verkündigung Jesu). Ja, die hier gebotene Seite kann nahtlos als Fortsetzung derjenigen aus dem Jesuskapitel gelesen und bearbeitet werden.
Bezüge finden sich aber auch in der Anthropologie (S. 173, 191). Das biblisch-jüdische Verständnis der Liebeswerke wird im Kapitel Kirche vorgestellt (S. 45).

77.2 Unterschiedliche Definitionen des Nächsten
Der Text aus dem Lehr- und Arbeitsbuch von Theißen/Merz lässt sich wie folgt gliedern:
Z. 1–8 Die Arbeit des Evangelisten
Z. 9–20 Kennzeichen der Komposition
Z. 21–34 Die Eigenart der Erzählung
Z. 35–39 Der Nächste in Lev 19,18
Z. 40–44 Der Nächste in Lev 33f.
Z. 45–57 Der Nächste im hell. Judentum.

Die beiden Autoren beschreiben die Ausweitung des Nächstenbegriffs durch Jesus hin zum Fremden. Gerechtigkeit ist hier ein Thema einer (universal verstandenen) Ethik, genauer: Es geht um den auch im Gleichnis beschriebenen Perspektivenwechsel, den Jesus im Gespräch mit dem Schriftgelehrten vollzieht. Nicht mehr die Frage »Wer ist mein Nächster?«, sondern »Wem kann ich zum Nächsten werden?« wird zum Maßstab ethischen Handelns. Diese Unterscheidung ist kein Sophismus oder keine Petitesse, sondern sie ist vielmehr zentral für die von Jesus vollzogene Ausweitung des Nächstenbegriffs.
Denn bei der Frage »Wer ist mein Nächster?« bleibt der Fragende in der Zuschauerrolle, er muss erst einmal nicht selbst aktiv werden. Anders bei der Frage: »Wem kann ich zum Nächsten werden?« Hier geht die Aktivität vom Hilfeleistenden aus, er ›sucht‹ seinen Nächsten regelrecht mit wachem Auge und verharrt nicht abwartend, bis er von jemandem gebraucht und in Anspruch genommen wird – vielmehr lässt er sich in Anspruch nehmen, da jeder Mensch Ebenbild Gottes ist.
Im Unterricht wird es wesentlich darum gehen, diesen jesuanischen Perspektivenwechsel herauszuarbeiten und verständlich zu machen. Es ist zu erwarten, dass dieser bei einer Nacherzählung der Geschichte von den Sch nicht erwähnt wird. Dem Perspektivenwechsel dient im Folgenden auch der Vergleich von Lk 10 mit Mt 5 und Lk 7: Radikalisiert Lk 10 das Liebesgebot als Liebe zum Fremden, so geht Mt 5 darüber noch hinaus und radikalisiert es als Liebe zum Feind – beiden Stellen ist aber gemein, dass die Reichweite der Nächstenliebe über den Volksgenossen hinaus ausgeweitet wird bis hin zum Feind. Dem entspricht letztlich auch der Hinweis auf Lk 7: Dieses aus Q stammende alte Traditionsstück bezeugt Jesu fast schon sprichwörtliche Zuwendung zu »Zöllnern und Sündern« und atmet damit denselben Geist wie Lk 10 und Mt 5.
Bei der Behandlung des Themas ist unbedingt darauf zu achten, dass der von Jesus vollzogene Perspektivenwechsel nicht antijüdisch missverstanden wird, wie der Hinweis auf Analogien im hellenistischen Judentum zeigt (Z. 45ff.). Eine Auflistung entsprechender Stellen aus jüdischen Schriften in hellenistisch-römischer Zeit bieten G. Theißen/A. Merz, Jesus, S. 342–343.

Überdies gibt diese Stelle auch Einblick in Jesu grundsätzlich verstandene Ethik: Er lehrt keine idealistischen Prinzipien (etwa selbst gewählte übergeordnete Werte), die für viele Entwicklungspsychologen (in der Nachfolge I. Kants) an oberster Stelle der Entwicklung des moralischen Gewissens stehen, sondern einen schlichten Utilitarismus – antwortet die Beispielgeschichte vom barmherzigen Samariter doch auf die Frage des Schriftgelehrten: »Was muss ich tun, dass ich das ewige Leben ererbe?« Auf derselben Linie liegt dann auch die »Goldene Regel« (Mt 7,12) oder das »Gleichnis vom Weltgericht« (Mt 25). Jesus beruft sich hier auf keine hehren Prinzipien, sondern eher auf einen gewissen »Tauschhandel«.

77.3 Nächstenliebe, Barmherzigkeit und soziale Gerechtigkeit
Der Text arbeitet sich am Begriff des Nächsten ab und gewinnt ein neues Verständnis: Der Nächste ist der, dessen Handeln von Liebe geprägt ist.

Das Gleichnis vom Barmherzigen Samariter (Lk 10,25–37) kann darüber hinaus deutlich machen, was diese Liebe kennzeichnet. Sie zeichnet sich aus durch
- Empathie (als er ihn sah, jammerte er ihn, V. 33),
- die Bereitschaft und Fähigkeit sich Zeit zu nehmen (und er ging zu ihm hin, V. 34),
- die Fähigkeit, das Notwendige zu erkennen, zu tun und dabei auch abzugeben (goss Öl und Wein auf seine Wunden, verband sie ihm hob ihn auf sein Tier, brachte ihn in eine Herberge, V. 34),
- die Übernahme von Verantwortung auf Zeit (pflegte ihn V. 34, gab sie dem Wirt und sprach ..., V. 35),
- die Fähigkeit und Bereitschaft etwas herzugeben (am nächsten Tag zog er zwei Silbergroschen heraus, V. 35),
- die Fähigkeit und Bereitschaft, Hilfe zu organisieren bis der Betroffene sich wieder selber helfen kann (V. 35).

Anzunehmen ist, dass der Samariter davon ausgeht, dass ihm in vergleichbarer Lage auch geholfen werden wird. Insoweit gründet Nächstenliebe in einem elementaren Vertrauen zur Wirklichkeit.

Nächstenliebe gehört im Judentum zu den guten Werken, die den Einsatz der eigenen Person verlangen (vgl. S. 45). Sie machen Juden und Christen zum Licht der Welt (Mt 5,14–16). Nächstenliebe und Barmherzigkeit sind gleichzusetzen (Spr 14,21). Grundlegend für die Bibel ist die Einsicht, dass menschliche Barmherzigkeit in Gottes Barmherzigkeit (Ex 34,6) gründet und diese zum Vorbild hat (Mt 5,48). In Jesus Zuwendung zu den Kranken und Verlorenen (vgl. S. 143) gewinnt die Barmherzigkeit Gottes anschauliche Gestalt.

Nächstenliebe hat demnach personalen Charakter und gründet in der Personalität menschlicher Existenz (S. 94). Soziale Gerechtigkeit hingegen meint Liebe in Strukturen. Es geht dabei um jene institutionellen Regelungen, die gewährleisten, dass in Not geratene Menschen letztlich aber auch Tiere, Pflanzen und ökologische Güter Barmherzigkeit erfahren.

77.4 Literatur
Gerd Theißen/Annette Merz, Der historische Jesus, Göttingen, 3. Auflage 2001, S. 345–347.
Gerd Theißen, Die Bibel diakonisch lesen. Die Legitimationskrise des Helfens und der barmherzige Samariter, in: G. Schäfer/Th. Strohm (Hg.), Diakonie – biblische Grundlagen und Orientierungen, Heidelberg 1998, S. 376.402.

77.5 Unterrichtsideen
1. Auseinandersetzung mit Lk 10,25–37
Sch lesen den Bibeltext (wahlweise: sie erzählen sie sich) und klären ggf. unklare Sachverhalte (z.B. »Samariter«, »Levit«) mit Hilfe der Sach- und Worterklärungen in der Lutherbibel.

2. Textarbeit I
a) Sch lesen Z. 1–20.
b) L schreibt währenddessen auf je eine Tafelhälfte die Sätze »Wer ist mein Nächster?« und »Wem kann ich zum Nächsten werden?«
c) UG: Was ist der Unterschied? Was bewirkt solch ein Perspektivenwechsel? Was bedeutet das für das Thema Gerechtigkeit – damals und heute?
d) Sch lesen Z. 21–34.

3. Textarbeit II
a) Vergleich von Jesu Verständnis des Nächsten mit dem der Tora (Lev 19,18). Steht Jesus (noch?) auf dem Boden der Tora? Wie weit reicht das Verständnis des biblischen Nächsten?
b) Sch lesen Z. 35–57.
c) Sch diskutieren die Frage, welches Gottes- und Menschenbild Jesus hat, wenn er den Nächsten weit fasst, ja geradezu universalistisch sieht (Gottebenbildlichkeit aller Menschen, imitatio dei-Vorstellung im Wort von der Feindesliebe Mt 5,45, universales Gottesbild).

4. Vertiefung
a) Sch lesen Mt 5,38–48.
In welcher Hinsicht verbindet, in welcher Hinsicht überbietet diese Stelle die Beispielgeschichte in Lk 10, 25–37?
b) Sch lesen Lk 7,31–35 – Wie lässt sich dieses alte Traditionsstück in das bisher Erarbeitete einfügen?
c) Sch klären die Begriffe Nächstenlieb, Barmherzigkeit, soziale Gerechtigkeit.

78/79 Das Weltgericht (Mt 25,31–46)

78/79.1 Der Zusammenhang
Der zweite hier gebotene neutestamentliche Text zum Thema Gerechtigkeit ist das so genannte Gleichnis vom Weltgericht (Mt 25,31–46). Ähnlich wie bei Jesu Ausweitung des Nächstenbegriffes in der Beispielgeschichte vom barmherzigen Samariter (siehe S. 77) ist auch hier die Motivation für gerechtes Tun und Handeln auf das Reich Gottes bezogen: Gerechtes Tun auf Erden ist mitentscheidend darüber, ob eine Person »das Reich Gottes ererbt« (V. 34). Das Weltgericht Christi wird von Rogier van Weyden ins Bild gesetzt (S. 68), die Werke der Barmherzigkeit begegnen im Radbild des Nikolaus von der Flüe (S. 87).

78/79.2 Exegetische Hinweise zu Matthäus 25,31–46
Die Gliederung des Bibeltextes ist überschaubar:

V. 31–33 Schilderung der Gerichtsszene

V. 34–40 Dialog I mit einleitendem Urteilsspruch (V. 34) und feierlichem Amenwort (V. 40)

V. 41–45 Dialog II mit einleitendem Urteilsspruch (V. 41) und feierlichem Amenwort (V. 45)

V. 46 Das endgültige Schicksal der Gerechten und Ungerechten

In der Auslegung geht es einmal um die Frage, ob dieses Gleichnis auf Jesus zurückzuführen ist, zum anderen um die Frage, wer mit »alle Völker« (V. 32) und wer mit den »geringsten Brüdern« gemeint ist (V. 40–45).

Die Frage der Authentizität des zum matthäischen Sondergut zählenden Gleichnisses ist historisch wohl nicht zu beantworten und darüber hinaus – zumindest für die Sch – wahrscheinlich auch irrelevant. Im Matthäusevangelium stammt es innerhalb der großen Komposition aus dem Mund Jesu und als solches Jesusgleichnis war und ist es auch wirkungsgeschichtlich wirksam.
In V. 31 spricht Jesus vom »Menschensohn«, wenn er kommen wird in seiner Herrlichkeit. Der Begriff »Menschensohn«, der unter den Hoheitstiteln Jesu am ehesten eine Selbstbezeichnung Jesu gewesen ist, wirft exegetisch die Frage der so genannten Menschensohnworte auf. In der Forschung wird unterschieden zwischen »Worten vom gegenwärtig wirkenden Menschensohn« (z.B. Mk 2,10; Mt^Q 8,28, Mt^Q 11,18), »Worten vom zukünftigen Menschensohn« (z.B. Mk 8,28; Lk 12,8) sowie »Worten vom leidenden Menschensohn« (z.B. Mk 9,31; 14,41). Sicher ist wohl, dass Jesus den Ausdruck »Menschensohn« selbst benutzt hat. Umstritten dagegen ist, welche Gruppe von Menschensohnworten Jesus zuzuschreiben ist, ferner auch, was und wen Jesus damit meinte.
Eine wahrscheinliche Theorie besagt, dass Jesus sowohl vom gegenwärtigen als auch vom zukünftigen Menschensohn sprach. Dabei verband er den alltagssprachlichen Ausdruck »Menschensohn« mit der visionssprachlichen von einem »menschensohnähnlichen« Himmelswesen. Durch diese Verbindung wurde der Alltagsausdruck aufgewertet, der visionssprachliche Vergleich mit einem Menschensohn aber durch die direkte Bezeichnung »Menschensohn« ersetzt. Kein Engel, kein himmlisches Wesen, niemand, der nur wie ein Mensch ist, sondern ein

ganz konkreter Mensch (nämlich Jesus selbst) wird dessen Rolle im hereinbrechenden Gottesreich übernehmen.
Aus diesen Überlegungen heraus spricht nichts dagegen, das Gleichnis Jesus zuzusprechen und es in den großen Kontext der eschatologischen Kapitel 24–25, der Apokalypse (Mt 24 nach der markinischen Vorlage Mk 13) sowie über das Gericht (Mt 25) zu stellen. Dabei stellt Matthäus hier drei Gleichnisse zusammen, die durch die Unwissenheit über das Gericht miteinander verbunden sind: Das Gleichnis von den klugen und törichten Jungfrauen (Mt 25,1–13) thematisiert die Unwissenheit über den Zeitpunkt des Gerichts (was seinerseits motivierend wirken soll), das Talentengleichnis (25,14–20) thematisiert die Unwissenheit über den Lohn (ebenfalls motivierend) und das abschließende Gleichnis vom Weltgericht (25,31–46) thematisiert die Unwissenheit in Bezug auf die Taten (motivierende Funktion).

Bei der Auslegung der Geringsten und der Adressaten gibt es unterschiedliche Deutungsmodelle. Versteht man die Geringsten als alle Not leidenden Menschen auf der Erde, so folgt man dem eher jungen universalistischen Deutungstyp, wie er heute favorisiert wird. Er macht die Gerichtsschilderung zu einem Grundtext der Diakonie und fordert die sechs (später sieben) Werke der Barmherzigkeit. Dieser Deutungstypus findet sich auch in der Befreiungstheologie und buchstabiert Glaube als Parteiergreifen für die Armen. Religionstheologisch öffnet sich so der Blick auf einen »anonymes Christentum«, das gute Werke tut, ohne von Jesus zu wissen. Letztlich plädiert Mt 25,31–46 für ein undogmatisches und praktisches Christentum.
Versteht man unter Geringsten die Not leidenden, christlichen Gemeindeglieder oder gar die urchristlichen Wanderradikalen, also die Jünger, die in besonderer Weise Jesus entsprechen und so eine Identifikation durch Jesus erlauben (V. 40), so folgt man dem klassischen Deutungstyp, der in der Geschichte des Christentums eine lange Tradition hat. Im Kontext des Matthäusevangeliums, insbesondere des Kap. 25, drängt sich diese Auslegung auf. Im Kontext dieser Auslegung wurden die Werke der Barmherzigkeit immer auch geistlich verstanden. Das Speisen wird damit zur Versorgung mit geistlicher Nahrung.

Die angesprochenen Völker (V. 32) wurden meist unter Einbeziehung der Christen gesehen. So kann sich die christliche Gemeinde in dem Gleichnis als Täter identifizieren.
Der exklusive Deutungstyp sieht in den Völkern jedoch die Heiden, denen auferlegt wird, sich um die Not leidenden christlichen Missionare zu kümmern. Geht man davon aus, dass der matthäische Text aufgrund seines Kontextes eher die klassische Deutung nahe legt (so Ulrich Luz), so ergibt sich die Frage, ob dennoch der universalistische Deutungsansatz heute möglich ist. Dafür spricht die Entgrenzung der Liebe in der Bergpredigt und die Einsicht, dass christliche Gemeinde im Gericht keine Sonderstellung innehat.
Die Trennung von Böcken und Schafen wirkt willkürlich. Sie ist leichter zu verstehen, wenn in den Böcken Opfertiere gesehen werden.
V. 46 vertritt einen doppelten Ausgang des Gerichts und des Weltendes. Dann folgt nichts mehr. Zweifellos hat dies bedrohliche Züge und lässt den Zusammenhang mit Gnade und Barmherzigkeit nicht erkennen. Doch hier ist zu bedenken, dass für die angesprochene Geschichte der Weltenrichter kein Unbekannter ist. Die Gemeinde kennt Jesus als den Botschafter der Liebe Gottes.

Formgeschichtlich lässt sich Mt 25,31–46 mit Klaus Berger als Gleichnis mit »symboleutischem Charakter« (S. 199f.) bestimmen, als »motivierende Mahnrede« mit der Intention, beim Hörer eine bestimmte Wirkung zu erzielen. Verhält es sich so, ist Mt 25,31ff. keine Schilderung des Weltendes, das genau so ablaufen wird, sondern vielmehr eine Erzählung, die erzählt wird, damit das Erzählte (hoffentlich) nie eintreten wird, da die Angeredeten den Appell, der in der Erzählung steckt, begriffen haben.

78/79.3 Die Theorie der Gerechtigkeit von John Rawls
Der amerikanische Philosoph John Rawls (vgl. S. 247) entwickelt seine Theorie der Gerechtigkeit in Auseinandersetzung mit der Theorie des Durchschnittsnutzens im Utilitarismus (Z. 52–54). Demnach geht es in einer Gesellschaft gerecht zu, wenn bei der Verteilung von Lebensgütern und Lebenschancen das Wohlergehen einer größtmöglichen Zahl von Menschen gesteigert wird. Für Rawls ist das nicht fair, weil damit eine Minderheit erheblich benachteiligt, ihre Lebensrechte eingeschränkt und die Stabilität einer Gesellschaft gefährdet werden könnten. Eine gerechte Gesellschaft muss dagegen so gestaltet sein, dass prinzipiell jeder auch unter der Voraussetzung sozialer und wirtschaftlicher Ungleichheiten zustimmen und so den Gesellschaftsvertrag (Locke und Rousseau, S. 179) unterzeichnen kann.

Um zu den Grundsätzen einer gerechten Gesellschaft zu gelangen, entwirft Rawls, ähnlich wie Hobbes und Rousseau, einen hypothetischen Urzustand, in dem Menschen in »desinteressierter Vernünftigkeit« Grundstrukturen der Gesellschaft aushandeln. Dabei agieren sie unter dem »Schleier der Unwissenheit«. Sie wissen also nicht, welchen Platz sie in der künftigen Gesellschaft einnehmen und sie kennen nicht die besonderen Verhältnisse dieser Gesellschaft. Sie wissen auch nicht, ob sie arm oder reich, krank oder gesund, intelligent oder dumm sind, auch nicht, in welcher Kultur und Zeit sie leben. Allerdings kennen diese Menschen politische Fragen, Grundzüge der Wirtschaftstheorie und gesellschaftliche Organisationen sowie die Psychologie der Menschen. Sie wissen, dass Menschen Interessen und Ziele haben.

Unter diesen Bedingungen gelangen Menschen, so Rawls, zu zwei Gerechtigkeitsgrundsätzen, die Kants kategorischem Imperativ gleichen und miteinander zusammenhängen.
1. Jede Person hat gleiches Recht auf das umfangreichste Gesamtsystem gleicher Grundfreiheiten, das für alle möglich ist.
2. Soziale und wirtschaftliche Gleichheiten müssen folgendermaßen beschaffen sein:
   - Sie müssen unter Einschränkung des gerechten Spargrundsatzes dem am wenigsten Begünstigten den größtmöglichen Vorteil bringen (Unterschiedsprinzip).
   - Sie müssen mit Ämtern und Positionen verbunden sein, die durch die Chancengleichheit aller jedermann offen stehen.

Eine gerechte Gesellschaft zeichnet sich demnach also dadurch aus, dass das aktive und passive Wahlrecht, die Rede- und Versammlungsfreiheit, die Gewissens- und Gedankenfreiheit, die Unverletzlichkeit der Person, das Recht auf persönliches Eigentum und der Schutz vor willkürlicher Festnahme und Haft gilt. Eine gerechte Gesellschaft ist zunächst einmal ein demokratischer Rechtsstaat.

Eine gerechte Gesellschaft zeichnet sich aber auch dadurch aus, dass bei der Verteilung von Lebensgütern gewährleistet ist, dass diese gleichzeitig auch die Chancen der am wenigsten Begünstigten verbessern. Die Vermehrung von Vorteilen für den Unternehmer ist also nur dann gerechtfertigt, wenn gleichzeitig die Aussichten eines Arbeiters verbessert werden. Da es sich bei der Verteilung von Lebensgütern um Verfahren handelt, muss gewährleistet sein, dass jeder Mann und jede Frau prinzipiell darin mitwirken kann.

78/79.4 Gerd Theißen, Bibelarbeit zu Mt 25,31-46

Der Text ist ein Auszug aus einer auf dem Münchener Kirchentag 1993 gehaltenen Bibelarbeit, die den neutestamentlichen Endzeitmythos mit dem modernen »Gerechtigkeitsmythos« von John Rawls (S. 241f.) verbindet (zum Begriff Mythos S. 201-14). Insofern kann anhand dieses Textes zugleich die wichtige und geschichtswirksame Gerechtigkeitstheorie von Rawls behandelt werden, freilich im Licht des neutestamentlichen Endzeitmythos.

G. Theißen geht es in dieser Bibelarbeit darum, den protologischen Ansatz Rawls' mit dem eschatologischen von Jesus zu verbinden, quasi eine »Synthese von Philosophie und Theologie« zu erreichen. Bei alledem verleugnet der Autor seine Sympathie für den eschatologischen Mythos nicht, hält ihn sogar für realistischer als den philosophischen (Z. 114-115). Dabei arbeitet er grundlegende Gemeinsamkeiten zwischen dem philosophischen und dem biblischen Gerechtigkeitsmythos heraus: Zum einen den »Schleier der Unwissenheit« (Z. 39-40), zum anderen die Perspektive von Gerechtigkeit, nämlich die Orientierung an den Geringsten (Z. 46-47). Mit diesen beiden Gemeinsamkeiten »spielt« der Autor, indem er die Mythen jeweils variiert, sie dadurch neu erzählt und damit in Einklang bringt (harmonisiert).

Der Text von Theißen lässt sich wie folgt gliedern:
Z. 1-7 Endzeitmythos - Urzeitmythos (zum Begriff des Mythos s. S. 200)
Z. 8-36 Der Urzeitmythos von John Rawls
Z. 37-56 Gemeinsamkeiten zwischen den beiden Mythen
    Z. 39-44 Schleier der Unwissenheit
    Z. 44-56 Das Schicksal der Geringsten als Maßstab der Gerechtigkeit
Z. 57-65 Der erste Unterschied zwischen den beiden Mythen: Das eigene Geschick oder das Geschick des anderen als Kriterium der Gerechtigkeit
Z. 67-99 Die Verbindung der beiden Gesichtspunkte
    Z. 68-76 Urzeitgeschichte
    Z. 77-88 Endzeitgeschichte
    Z. 89-99 Die Vereinbarkeit mit Bezug zur goldenen Regel, Mt 7,12
Z. 100-113 Der zweite Unterschied zwischen den beiden Mythen: Mitwirkung bei der Konstruktion der Welt oder Nichtmitwirkung
Z. 114-118 Abschließende Bewertung. Der Endzeitmythos ist realistischer.

78/79.5 Literatur

Klaus Berger, Formgeschichte des Neuen Testaments, Heidelberg 1984.

Ulrich Luz, Das Evangelium nach Mathäus (Mt 18-25), EKK I/3, Neukirchen-Vluyn 1997, S. 515-561.

John Rawls, Eine Theorie der Gerechtigkeit, Frankfurt a. M., 1975.

Gerd Theißen, Lichtspuren. Predigten und Bibelarbeiten, Gütersloh 1994, S. 102-116.

78/79.6 Unterrichtsideen

1. Auseinandersetzung mit Mt 25,31-46 (vgl. auch S. 111)
a) Bildbetrachtung: Rogier van der Weyden (S. 68) beschreiben und Geschichte dazu erzählen (evtl. erfinden).
b) Mt 25,31-46 dramatisch mit verschiedenen Sprechern inszenieren (Erzähler; König; die zur Rechten; die zur Linken).
c) Gefühle der betroffenen Personen evtl. in Rollenspiel (Richter, Schafe, Böcke) formulieren:
- Wie fühlt sich der Richter mit der ihm verliehenen Macht? Will er den Böcken eine zweite Chance geben? Weshalb? Weshalb nicht?
- Wie fühlen sich die Schafe? Erfahren sie Genugtuung? Widerfährt ihnen Gerechtigkeit? Auch hinsichtlich der Böcke?
- Wie fühlen sich die Böcke? Protestieren sie? Mit welchen Argumenten? Widerfährt ihnen (tatsächlich) Unrecht? Oder ist ihr Schicksal lediglich die (selbst gewählte) Konsequenz für ihr früheres Verhalten? Tut ihnen ihr Verhalten Leid? Was wünschen sie sich, was sind sie bereit dafür zu tun?

d) Gespräch.

2. Textarbeit
a) L gibt vor: Urzeitmythos und Endzeitmythos.
b) Erarbeitung in KGA.
c) Sicherung der Ergebnisse mit M 78/79.1.
d) Diskussion: Welcher Mythos ist »besser«? Warum?

3. Vertiefung: Diskussion der Grundsätze einer gerechten Gesellschaft von John Rawls
a) Kurzreferat zur Gerechtigkeitstheorie von John Rawls.
b) Erschließung von M 78/79.2. Warum stellt Rawls diese Prinzipien so auf?
c) Beurteilung von Theißens Sicht. Hat der Autor etwas bei Rawls übersehen?

78/79.7 Unterrichtmaterialien

M 78/79.1 Urzeitmythos und Endzeitmythos
M 78/79.2 Rawls: Gerechtigkeit als Fairness

80 Die Gerechtigkeit Gottes

80.1 Der Zusammenhang
Das Thema Gerechtigkeit lässt zunächst einmal danach fragen, ob es in einem Lebenszusammenhang gerecht zugeht. Gefragt wird deshalb im Sinne von iustitia distributiva nach der Verteilung von Gütern, Rechten, Pflichten und Teilhabemöglichkeiten. Hieraus wird der Zusammenhang des Themas Gerechtigkeit mit einer Sozialethik deutlich, der es um die Gestaltung institutioneller Rahmenbedingungen menschlichen Lebens geht. Ein christlich theologisches Nachdenken über Gerechtigkeit kann aber nicht vernachlässigen, dass im Neuen Testament immer wieder von der Gerechtigkeit Gottes (*dikaiosyne tou theou*) gesprochen wird (vgl. S. 171, 191). Was meint diese? Und was bedeutet sie für die Gestaltung gerechter Lebensverhältnisse?

80.2 Wolfgang Huber zur Gerechtigkeit Gottes
Der EKD-Ratsvorsitzende und Systematische Theologe Wolfgang Huber entwickelt sein Verständnis von der Gerechtigkeit Gottes in Auslegung der reformatorischen Entdeckung Martin Luthers (Z. 1–7) und der damit verbundenen kritischen Abkehr von der theologischen Tradition (Z. 8–18). Bestimmend ist die Erkenntnis, dass Gerechtigkeit keine Eigenschaft Gottes, sondern eine Gabe Gottes ist. Gott »ist« nicht gerecht, er »macht« vielmehr gerecht (S. 171, 191). Gerade darin ist er aber sich selber treu, denn der Gott, der in sich selbst Liebe und Gemeinschaft ist, kann und will nicht anders als Liebe und Gemeinschaft nach außen zeigen (S. 108, 114).

Das Geschenk der Gerechtigkeit besteht in dem bedingungslosen Zusprechen einer heilen Gemeinschaft (Schalom), die vor allem und gerade jenen gilt, die diese Gemeinschaft zerbrochen haben und es trotz intensiven Bemühens nicht vermögen, eine vertrauensvolle Gemeinschaft wiederherzustellen (vgl. dazu S. 81). Es handelt sich also um jene Gerechtigkeit, die dem »Sünder« (Z. 3) gilt (vgl. zur Sünde S. 170, 191) und diesen »rechtfertigt«, das heißt gerecht spricht und so als anerkennungswürdig definiert. Hintergründig geht es um das Verständnis Gottes. Gott ist kein kleinlicher Buchhalter, sondern ein Backofen voller Liebe (Luther).

Dem Verständnis Gottes entspricht ein neues Verständnis des Menschen vor Gott. Seine Eigenart bestimmt sich nicht an dem, was er ist und was er kann oder was er aus sich macht, sondern allein an dem, was er von Gott her ist. Er ist Gottes geliebtes Geschöpf, er ist der Mensch, dem Gottes Gemeinschaft gilt. Diese Sicht des Menschen hat ethische Konsequenzen. So gilt jeder Mensch als liebenswürdig, unabhängig davon, was er kann und macht. Niemand darf aus der Gemeinschaft ausgeschlossen werden, jeder verdient die Aufnahme in die Gemeinschaft, gerade auch derjenige, der schuldig geworden ist.

Gleichzeitig wird ethisches Handeln von dem Druck befreit, sich selbst ständig ins rechte Licht setzen zu müssen. Es kann sich also auf das Sach- und Menschengemäße konzentrieren. Im Sinne des biblischen Bildes vom Baum und seinen Früchten geht es hier um den Baum und dem gemäß um die Frage, wie der Mensch ist und wie es um ihn steht. Es geht um die Selbstsicht des Menschen und das sich daraus ergebende Verhältnis zu anderen, zur Welt insgesamt und zu Gott. Dieser Ansatz bei der Gerechtigkeit Gottes rückt die evangelische Ethik in die Nähe einer Tugendethik. Es geht um die Frage nach der Bedingung der Möglichkeit guten Handelns.

Nach Huber ist die reformatorische Entdeckung in der Neuzeit zunächst einmal verloren gegangen. Leitend wurde ein anthropozentrisches Bild des Menschen, wonach dieser sein Leben selbst verwirklichen müsse (Z. 36). Die Folgen sind ambivalent (Z. 45). Es gab zweifellos Fortschritte, aber auch Verbrechen. Der Versuch, sich selbst als »liebenswürdig« darzustellen, ist gescheitert. Doch die neueste Geschichte zeigt, dass Menschen durch ihr eigenes Handeln keine tragfähigen Lebensperspektiven finden. Sie sind und bleiben auf Zuspruch und bedingungslose Annahme angewiesen. Erst sie können die Angst nehmen, sich selbst rechtfertigen zu müssen.

80.3 Die Gerechtigkeit Abrahams
Paulus expliziert in Röm 3,21–4,25 die Gerechtigkeit Gottes. Dabei will er in Röm 4 einen Schriftbeweis führen und an Abraham deutlich machen, dass sich Juden nicht exklusiv als Kinder Gottes bezeichnen können, sondern nur diejenigen, die in ihrer Gottlosigkeit ganz auf Gott vertrauen.

Für Paulus kann die Gerechtigkeit Gottes und damit seine Anerkennung niemals durch Leistung, sondern nur durch Vertrauen erworben werden. Biblischer Beleg dafür ist für ihn Abraham und die Aussage in Gen 15,6 »Abraham hat Gott geglaubt, und das ist ihm zur Gerechtigkeit gerechnet worden« (vgl. Röm 4,3).

Paulus nimmt hier auf, dass nach jüdischer und später auch islamischer Sicht Abraham der Vater des Glaubens ist. Er ist auch für Christen Vorbild des Glaubens, aber auch Beleg, dass es das Verhältnis des treuen und gnädigen Gottes zu den Menschen immer schon gegeben hat. Zwar hat Abraham manches getan, was ehrenwert ist, doch dies schafft wohl Anerkennung beim Menschen, aber nicht bei Gott (Röm 4,2). Doch Abraham hat in dem Moment, als er nichts vorzuweisen hatte, ganz auf die Gnade Gottes vertraut (Röm 4,5) und so »Gerechtigkeit«, das heißt Anerkennung, Gemeinschaft bei Gott gefunden. Abraham setzte in seiner Gottlosigkeit auf den Gott, der die Frevler rettet und erneuert (Röm 4,17) und fand darin Gottes Ja. Abraham hatte, wie nach ihm Paulus, Augustinus und Luther, verstanden, wer Gott wesenhaft ist: der Barmherzige. Dieser Barmherzigkeit entspricht nicht die angestrengte Selbstdarstellung, sondern das auf Empfangen eingestellte Vertrauen. Zielpunkt der Argumentation von Paulus ist die Herausstellung des alles entscheidenden Vertrauens auf Jesus Christus, in dem der gnädige Gott sich selbst offenbar gemacht hat. Es geht ihm um die Entwicklung einer Lebenshaltung, die diesem rettenden Gott vertraut.

Nicht verschwiegen werden darf, dass Paulus Gen 15,6 anders als das Judentum seiner Zeit auslegte: Abraham wird von Paulus als Gottloser gedeutet – nicht als Gerechter, wie in der rabbinischen Tradition –, der sich von seiner heidnischen Umgebung abtrennt und den wahren Gott sucht. Dies wurde ihm in der rabbinischen Tradition als Leistung angerechnet, die zu Recht Anerkennung findet (vgl. Röm 4,4). Abraham hatte dort also gleichsam Anspruch auf Gottes Gnade.

80.4 Literatur
Ulrich Wilckens, Der Brief an die Römer, Röm 1–5, EKK VI/1, Neukirchen-Vluyn 1980.
Ernstpeter Maurer, Die Gerechtigkeit Gottes und die menschliche Gerechtigkeit. Die kritische Funktion der Rechtfertigungslehre in der evangelischen Ethik, in: Peter Dabrock u.a., Kriterien der Gerechtigkeit. Begründungen – Anwendungen – Vermittlungen, FS Christofer Frey, Gütersloh 2003, S. 106–120.

80.5 Unterrichtsideen
1. Schreibgespräch
a) Sch entwerfen in Vierergruppen ein Schreibgespräch zum Thema Gerechtigkeit Gottes.
b) Auswertungsgespräch: Sch denken über die Konsequenzen der Gerechtigkeit Gottes für das menschliche Leben und Handeln nach.

2. Textarbeit
a) L gibt als Leitwörter vor: Luthers umstürzende Kenntnis, Anthropozentrik, Übergang zum 21. Jahrhundert.
b) Sch erarbeiten diese Stichwörter arbeitsteilig in PA am Text.
c) Gemeinsame Klärung von Unklarheiten und offenen Fragen.
d) Anlage eines Tafelbildes M 80.1.

3. Vergleich Luther und Paulus
a) Sch tragen im KG zusammen, was sie von Abraham (noch) wissen (S. 198 wird einbezogen). Sch formulieren den Glauben Abrahams (vgl. auch S. 29).
b) Sch lesen in PA Röm 4,1–8 und klären gemeinsam, was nach Paulus das Besondere an Abraham ist (Einbezug Methodenseite 111).
c) Vergleich der eigenen Einsichten am Bibeltext mit Luther (Z. 1–18).

80.6 Zusatzmaterialien
M 80.1 Tafelbild: Gerechtigkeit Gottes

81 Gerechtigkeit in der Bibel

81.1 Der Zusammenhang
Der Autorentext will die biblisch-theologische Auseinandersetzung (S. 74–80) zusammenfassen, systematisieren und den einleitenden Gerechtigkeitsbegriffen aus der Philosophie (S. 73 und S. 78f.) Rawls eine eigenständige theologische Sicht der Gerechtigkeit gegenüberstellen, die die von Rawls nicht aufhebt, wohl aber kritisch differenziert. Eine Aufnahme zeigt sich in dem Sozialwort der Kirchen (S. 96f.).

Der Text rekapituliert den Dekalog und das Bundesbuch (S. 74, Z. 7–25), Amos (S. 75, Z. 25–33), die Verkündigung Jesu (S. 77–79, Z. 41–42) und Paulus (S. 80, Z. 48–59). Hinzu kommt der Einbezug eschatologischer Aussagen (Z. 33–40). Eingangs wird eine zusammenfassende Definition geboten (Z. 1–6), die in der Lehre von der Dreieinigkeit (S. 114) wiederkehrt. Der Vergleich mit dem Islam (S. 89) und dem Hinduismus (S. 88) lässt Analogien und Differenzen und damit auch das biblische Profil entdecken.

81.2 Der biblische Ertrag
Der Leitbegriff des Textes ist Gemeinschaft. Sinn und Ziel von Gemeinschaft ist die Gemeinschaft, in der es sich zu leben lohnt. Darin hat der biblische Gerechtigkeitsbegriff durchaus Nähen zu Aristoteles (S. 73), wie die Auseinandersetzung mit Mt 20,1–16 zeigt. Kennzeichnend für die Bibel ist jedoch der Einbezug der »rettenden Gerechtigkeit«, die in besonderer Weise die Schwachen berücksichtigt (vgl. auch Rawls S. 78–79) und die vorrangige Option für die Schwachen zum Maßstab gerechter Lebensverhältnisse macht. Kennzeichnend für die Bibel ist sodann die »empfangene Gerechtigkeit«, die in der Einsicht um die Zerstörung von Lebensverhältnissen gründet, um die Notwendigkeit einer unverdienten Gemeinschaft weiß und deshalb die dankbare und freudige Annahme eines solchen Geschenkes einführt.

81.3 Literatur
Frank Crüsemann, Maßstab: Tora, Gütersloh 2003, S. 49–56.

81.3 Unterrichtsideen
1. Arbeiten mit biblischen Texten
a) Sch erhalten Kopien von Röm 4,1–8; Ex 20,1–17; 22,24–26; Lev 19,18; Am 8,4–7; Mt 25,31–46; Jes 11,1–9; Mt 5,20; Mk 1,15 und suchen in Kleingruppenarbeit die Kernaussagen dieser Texte. Was haben alle Texte gemeinsam?
b) Sch zeichnen zu ihrem Ergebnis ein Textbild.
c) Auswertung mit Tafelbild: Welche Aussage passt zu allen Bibeltexten?

2. Textarbeit
a) Sch vergleichen ihre Kernaussage mit Text Z. 1–6.
b) Sch wenden die Einsichten auf die übrigen Bibeltexte an. Wie muss man jetzt die Texte sehen und verstehen?

c) Vergleich der eigenen Einsichten mit Z. 7–59.
d) Überprüfen des Textes an Bibeltexten.

3. Vergleich biblischer und philosophischer Gerechtigkeitsbegriffe
a) Sch suchen in PA zur philosophischen und zur theologischen Gerechtigkeit jeweils ein symbolisches Zeichen (z. B. Waage und Kreis).
b) Sch bestimmen Gemeinsamkeiten und Unterschiede.

82/83 Die Kirche und die Armen

82/83.1 Der Zusammenhang
Das Kursbuch Religion Oberstufe versucht an verschiedenen Stellen, den Blick für den geschichtlichen Entstehungsprozess gegenwärtiger kirchlicher Strukturen und Vorstellungen zu schärfen. An manchen Punkten ist dies unumgänglich, weil historische Vorgänge die Gegenwart direkt bestimmen. Dies betrifft etwa die Entwicklung der Christologie (S. 156) und die Reformation (S. 54–58). In anderen Wirklichkeitsfeldern sind historische kirchliche Strukturen abgelöst worden, und der Staat oder andere Institutionen sind an ihre Stelle getreten. Dies betrifft etwa die Kulturleistungen der mittelalterlichen Kirche (S. 52) und das hier behandelte Thema: die Kirche und die Armen. Die Armen-, Kranken- und Altenfürsorge lag wie die Bildung ehemals im Aufgabenbereich der Kirche; sie ist inzwischen in großem Ausmaß an staatliche Institutionen übergegangen. Die Beschäftigung mit der Kirchengeschichte führt hier also zu einer tieferen Einsicht in gesamtgesellschaftliche Strukturen.

An dieser Stelle sei darauf hingewiesen, dass die Übertragung kirchlicher (hier diakonischer) Elemente an den Staat nicht der logische Abschluss einer notwendigen historischen Entwicklung sein muss. Es könnte auch sein, dass der Sozialstaat in noch viel größerem Ausmaß ein christlicher Staat ist, als dies bislang angenommen wird. Vielleicht wird die Gesellschaft dieses christliche Erbe abstoßen – Ansätze hierzu sind erkennbar, z. B. wenn Solidargemeinschaften wie Kranken- und Pflegeversicherungen zugunsten der Leistungsstärkeren ausgehöhlt werden. Die Option für die Schwachen (S. 78f., 144) könnte auch in dieser Hinsicht in einer neoliberalen Weltordnung zunehmend als christlich-religiöser Fremdkörper wahrgenommen werden und die Diskussion um das Selbstverständnis der europäischen Kultur verschärfen.

82/83.2 Ein Blick in die Geschichte der Kirche
Der Autorentext ist chronologisch gegliedert:

Z. 1–23 Jesus, die Urgemeinde und die Alte Kirche
- Jesus rechnet weiterhin mit Armut, verheißt den Armen das Reich Gottes.
- Solidarität mit den Armen in der frühen Christenheit.

Z. 24–59 Mittelalterliche Kirche
- Radikaler Besitzverzicht im Mönchtum (benediktinisches Mönchtum → Bettelorden).
- Kritik an einer reichen Kirche (vgl. S. 51).
- häretische Armutsbewegung.
- Almosen als verdienstliches Werk.

Z. 60–74 Reformation
- Abschaffung des Bettels.
- Sozialfürsorge für unschuldig in Armut Geratene.

Z. 75–123 Neuzeit
- Probleme des vierten Standes sind auf der bisherigen Grundlage nicht zu lösen.
- Sozialisten und Kommunisten wollen radikalen Umbruch.
- Kirchen entwickeln reformerische Vorstellungen

115

- Bismarcks Sozialgesetzgebung verwirklicht diese Vorstellungen (bis heute).
- Kirche engagiert sich neben dem Staat auf nationaler Ebene weiterhin für sozial Benachteiligte.
- in internationaler Hinsicht sind die kirchlichen Institutionen nach wie vor führend.

Diese Entwicklung lässt über das immer wieder neue Infragestellen kirchlichen Besitzes folgende Tendenzen erkennen:
- Von der Botschaft Jesu zu konkretem Handeln.
- Von der Sorge für die eigenen Gemeindeglieder zur öffentlichen Fürsorge.
- Von der individuellen Hilfe zu institutionellen Vorkehrungen.
- Vom Almosen über die Hilfe zur Selbsthilfe.
- Von der kirchlichen Zuständigkeit zur Ergänzung der staatlichen Sozialhilfe.
- Von der kommunalen zur internationalen Hilfe.

82/83.3 Literatur
Kirchenamt der EKD (Hg.), Für eine Zukunft in Solidarität und Gerechtigkeit, Hannover 1997.
Bronislaw Geremek, Geschichte der Armut. Elend und Barmherzigkeit in Europa, Frankfurt a. M. 1988.
Ernst-Ulrich Huster, Reichtum in Deutschland. Die Gewinner in der sozialen Polarisierung, Frankfurt a.M., ²1997.
Ekkehard W. Stegemann/Wolfgang Stegemann, Urchristliche Sozialgeschichte. Die Anfänge im Judentum und die Christusgemeinden in der mediterranen Welt, Stuttgart ²1997.

82/83.4 Unterrichtsideen
1. Einstieg
a) Auseinandersetzung mit der Schwäbischen Tafel (S. 65). Warum machen Christen so etwas?
b) Gespräch mit einem Mitarbeiter des Diakonischen Werkes. Was geschieht vor Ort? Warum macht die Kirche so etwas?
c) Alternativ: (erneute) Auseinandersetzung mit S. 71.
   - Wie kam es zur Sozialhilfe? Sch formulieren Hypothesen.
   - M 82/83.1 Collage Sozialhilfeempfänger. Gespräch über Reaktionen: »Schmarotzer oder Schwächling?« Was trifft zu? Vielleicht keines von beiden? Soll Sozialhilfe abgeschafft werden?

2. Textarbeit
a) Grafische Darstellung des Verhältnisses zwischen der Kirche und den Armen in der Geschichte. Leitfrage: Wie hat sich im Lauf der Geschichte der Umgang mit Armut verändert?
b) Vorstellen der Ergebnisse. Entdecken von Grundsätzen.
c) Formulieren von Entwicklungstendenzen. Zusammenfassung TA.

3. Vertiefung: Johann Hinrich Wichern und die Innere Mission
a) Schülerreferat zu Wichern (vgl. Methodenbausteine Recherchieren S. 136, Präsentieren S. 98).
b) Schülerreferat zu Bismarcks Sozialgesetzgebung.

82/83.5 Zusatzmaterialien
M 82/83.1 Karikatur: Schmarotzer oder Schwächling?

84 Utilitarismus

84.1 Der Zusammenhang
Will eine christliche Sozialethik öffentlich Gehör finden, bedarf sie der Zuordnung zu philosophischen Konzepten, vornehmlich solchen, die in der Öffentlichkeit Aufmerksamkeit erregen. Zu diesen Konzepten gehört neben der Verantwortungsethik (S. 84) gewiss der Utilitarismus in seinen unterschiedlichen Facetten, der ethisches Urteilen an dem größtmöglichen Nutzen der größtmöglichen Zahl bestimmen will. Ein tieferes Verständnis einer christlichen Ethik wird nicht umhin können auch aufzuzeigen, wie sie ein solches anderes Konzept sieht. Worin liegen Gemeinsamkeiten? Worin liegen vor allem die Unterschiede?

84.2 Der Text und seine philosophiehistorischen Bezugspunkte
Der seit Peter Singers »Praktischer Ethik« (1979/dt. 1984) nicht nur in der Bioethik prominent und öffentlich umstritten diskutierte Utilitarismus (vgl. S. 165) wird hier in der Analyse von John Stuart Mills Grundgedanken präsentiert. Die Erwägungen der Ethikerin Bettina Düppgen zeigen in geraffter Darstellung zunächst (a) die darstellungsleitenden Begriffe und Denkansätze (Z. 1–14), sodann (b) – durch ein ausführliches Zitat! – Mills Perspektive auf die Kategorie des Glücks (Z. 18–38), schließlich (c) die wissenschaftstheoretischen Voraussetzungen von Mills Utilitarismus (Z. 41–52).
Durch diese Gewichtungen ergeben sich u.a. folgende Verbindungsmöglichkeiten zu anderen Themenhorizonten des Schülerbuchs:
Der Utilitarismus wurde neben Kants Ansatz als einziges »nicht auf transzendente Prämissen zurückgehendes ethisches Konzept« (Ernst Tugendhat, S. 321), hinsichtlich seiner immanenten, argumentativen Klarheit sogar als »the simplest of all [ethical] suggestions« (G. Warnock, S. 27) bezeichnet. Der vor allem in England seit dem 18. Jahrhundert hochwirksame Utilitarismus (abgeleitet von lat. utilis, nützlich) hat als argumentationsbestimmenden Grundimpuls die Frage nach dem größtmöglichen positiven Nutzen einer Entscheidung für die größtmögliche Zahl der (von der Entscheidung) Betroffenen. Historisch wurden solchen Gedanken erstmals bei Frederick Hutcheson (An Inquiry concerning the Originals of our Ideas of Virtues or moral Good, 1725), dann aber auch bei David Hume (An Enquiry Concerning the Principles of Morals, 1751) genannt. Seine voll ausgeprägte Form erreichte der englische Utilitarismus aber erstmals bei Jeremy Bentham (1748–1832). In seinem Werk »Principles of Morals and Legislation« (1789) begreift Bentham Lust und Schmerz als Grundkonstanten der menschlichen Natur, die als Kriterien für die Bestimmung von Glück eine zentrale Rolle spielen (vgl. dazu Z. 23–26 im Zitat von John Stuart Mill). Benthams Ansatz, den dieser vor allem auch als Propädeutik für die Rechtsphilosophie ansah, wurde von John Stuart Mill (1806–1873) weitergeführt. Mill gilt daher als prominentester Vertreter des Utilitarismus im 19. Jahrhundert. Ähnlich wie bei Bentham organisierten sich Mills Grundgedanken vor dem Hintergrund eines soziologisch zugespitzten Pathos des Empirischen. Ethisch grundlegend werden letztlich soziometrisch messbare Qualitäten von Handlungsfolgen innerhalb eines sozialen Systems

(vgl. Z. 1-17). Der wissenschaftstheoretische Hintergrund für diesen empiristischen Ansatz findet sich u. a. in Mills Schrift »A system of logic, ratiocinative and inductive, being a connected view of the principles and the methods of scientific investigation« (Dt. »System der deduktiven und induktiven Logik«) von 1845. Die Bevorzugung der Induktion gegenüber der Deduktion, das Insistieren auf die Evidenz von Experiment und analytischer Untersuchung auch in den Randfeldern ethischer Fragestellung wird deutlich. Dieser empirische Ansatz bildet die Möglichkeitsbedingung der ethischen Argumentationen Mills, wie er sie 1871 in seinem Buch »Utilitarianism« (Dt. »Der Utilitarismus«) darglegte. Das in Z. 18-37 angegebene Zitat entstammt dem zweiten Kapitel des Buches (»Was heißt Utilitarismus?«). Nach der gebotenen Definition setzt sich Mill sofort mit den Argumenten seiner Gegner auseinander, indem er sich gegen den Vorwurf wendet, der Utilitarismus gründe lediglich auf einem flachen Nützlichkeitsdenken. Dagegen insistiert Mill auf den anthropologischen Grundkonstanten »Freude« (engl. pleasure – von Bettina Düppgen mit »Freude«, in anderen Übersetzungen auch mit »Lust« übersetzt!) und Schmerz. Menschliches Verhalten ist danach in vielen Variationen auf die Erlangung von Freude und die Vermeidung von Schmerz ausgerichtet. Grundsätzlich gilt es, bei der Bewertung von Taten festzuhalten: »Die große Mehrzahl der guten Taten hat ihren Zweck nicht im Wohl der Welt, sondern im Wohl einzelner Individuen, aus dem sich das Wohl der Welt zusammensetzt.« (Mill, Utilitarimus. S. 32-33). Als »fundamentale Sanktion des Nützlichkeitsprinzips« (Überschrift Drittes Kapitel) sieht Mill das elementare, unbedingte Gefühl der Menschen, sich als soziale Wesen hinsichtlich der eigenen Gesinnungen und Ziele mit den anderen »im Einklang zu wissen« (Mill, Utilitarismus, S. 58). Auch der »Beweis für das Nützlichkeitsprinzip« (Überschrift des vierten Kapitels) argumentiert mit dem Gefühlsargument als ultima ratio zur Begründung von Ethik. Tugend ist danach ursprünglich »ein Mittel Lust [Pleasure] zu erlangen, und insbesondere, vor Unlust bewahrt zu werden.« Erst später wurde sie reflexiv mit Transzendenz verbunden (Mill, Utilitarismus, S. 65).

Der Utilitarismus wird in jüngster Zeit noch folgendermaßen ausdifferenziert:

a) Der Regelutilitarismus orientiert sich an der Überlegung: Was sind die Folgen, wenn alle in der gleichen Weise handeln? (Beispiel: Wenn ein einzelner, etwa bei Nacht, den Rasen heimlich überquert um den Weg zu verkürzen, schadet dies dem Rasen noch nicht; wohl aber, wenn dies viele tun.)

b) Der Handlungsutilitarismus fragt: Wem nützt eine einzelne Handlung?

c) Der Präferenzutilitarismus: Nach dem Präferenzutilitarismus ist eine Handlung, die der Präferenz irgendeines Wesens entgegensteht, ohne dass diese Präferenz durch entgegengesetzte Präferenzen ausgeglichen wird, moralisch falsch. Für die Annahme von Präferenzen wird zum Teil ein Maß an Rationalität vorausgesetzt, das nur Menschen zugeschrieben wird. Die Rationalitätskonzepte dieses Utilitarismus schließen dabei unter bestimmten Bedingungen schwerbehinderte Babys oder Sterbende aus (so bei Peter Singer, Praktische Ethik).

84.3 Der Utilitarismus in christlicher Perspektive

Die Bewertung des Utilitarismus durch die christliche Ethik wurde in jüngster Zeit vor allem durch die heftigen Auseinandersetzungen über die Praktische Ethik von Peter Singer geprägt. Singers präferenzutilitaristisch begründeten Thesen über den Umgang mit schwerstbehinderten Babys und Sterbenden wurde dabei das Konzept einer theologisch begründeten »Ethik der Unverfügbarkeit« (Miriam Zimmermann) und Heiligkeit des Lebens entgegengesetzt. Als Gründergestalt dieser ethischen Grundperspektive wird zu Recht immer wieder Albert Schweitzer angeführt. Schweitzer wandte sich bekanntlich immer wieder gegen eine relativierende »Kompromissethik«, die solche »Unverfügbarkeit« des Lebens vorschnell Verzweckungen und pragmatischen Scheinlösungen opfert. Der Kern der Argumentation plädiert im Gegensatz zu Singer für eine Nichtquantifizierbarkeit der menschlichen Würde; der theologisch bestimmbare Grund dieser Würde wird in der biblisch bezeugten Gottesebenbildlichkeit jedes Menschen gesehen. Soziometrisch abprüfbare Glücksquantitäten als Grundlage für ethisches Handeln unterliegen in diesem Falle dem Verdacht leichter Manipulierbarkeit. Denn: Wer bestimmt, was das »größtmögliche Glück« jeweils ist? Dieser immer wieder variierte kritische Argumentationsgestus gegenüber dem Utilitarismus bedarf auch aus theologischen Gründen einer Ergänzung. Die Heiligkeit des Lebens ist zum Beispiel als Begründungszusammenhang noch reichlich unbestimmt.

Demgegenüber muss die christliche Ethik an den Utilitarismus weitere kritische Fragen stellen: Kann die empiristische Zurückführung ethischer Entscheidungsmomente auf das Gefühl der Lust und der Unlust tatsächlich die Komplexität sittlicher Entscheidungen anschaulich machen? Gerade die christliche Ethik kann am Beispiel etwa an der Durchsetzung und Verweigerung des Liebesgebotes zeigen, dass sittliche Entscheidungsfindung stets im Kontext einer Begründungs- und Erzählgemeinschaft stattfindet, die die Zielrichtung der Entscheidung maßgeblich beeinflusst. Die christliche Ethik geht nämlich hinsichtlich ihrer biblisch orientierten Begründungszusammenhänge von der Annahme aus, dass sich ethisches Verhalten immer wieder von der Deutungskraft von Geschichten, Geboten und Symbolen einholen und begründen läst. Diese Grundannahme relativiert auch die scheinbar unangreifbare Singularität des ethischen Entscheidungsgrundes in den Lust- oder Unlustgefühlen.

84.4 Literatur

Bettina Düppgen, Der Utilitarismus. Eine theoriegeschichtliche Darstellung von der griechischen Antike bis zur Gegenwart. Dissertation, Köln 1996.

Stanley Hauerwas, Die Kirche in einer zerissenen Welt und die Deutungskraft der christlichen »Story«, in: Hans G. Ulrich, (Hg.) Evangelische Ethik, München 1990, S. 338-381.

Martin Honecker, Einführung in die theologische Ethik, Berlin 1990, § 6 [Der Utilitarismus].

John Stuart Mill: System der deduktiven und induktiven Logik. Übertragen von J. Schiel. Dritte deutsche, nach der fünften des Originals erweiterte Auflage. In zwei Teilen. Braunschweig 1868 [Digitale Bibliothek Band 2. Philosophie von Platon bis Nietzsche, Berlin 1998, 51901-53900].

John Stuart Mill, Der Utilitarismus, Stuttgart 1976.
G. Warnock, The Object of morality, London 1971.
Peter Singer, Praktische Ethik, Stuttgart 1984.
Robert Spaemann, Moralische Grundbegriffe, München 1994, S. 85-97 [»Das Unbedingte, oder: was macht eine Handlung gut?« Eine nichtutilitaristische Position zu einer Grundfrage Mills.]
Ernst Tugendhat, Vorlesungen über Ethik, Frankfurt 1993, S. 320-328 [Über den Utilitarismus].
Miriam Zimmermann, »Lebensethik« statt »Bioethik«, in: entwurf 2/2000, S. 9.

84.5 Unterrichtsideen

1. Hinführung: Was ist gut?
a) GA in höchsten drei Gruppen. Ergänzung des Satzes: »Eine menschliche Handlung ist moralisch gut, wenn ...«
b) Vergleich der Gruppenergebnisse. Mögliche Leitfrage: Welche Lösung kommt den christlichen Vorstellungen am nächsten?

2. Textarbeit
a) Vorgabe von Leitbegriffen: Grundprinzipien, Glück und Unglück, Pfad der Wissenschaft.
b) Definition der Leitbegriffe in PA.
c) Auswertung: Rückfragen, Ergänzungen, Erläuterungen.
d) GA: »John Stuart Mill liest Schülerdefinitionen« Kurzstatements zu den in 1a erarbeiteten Definitionen abgeben (Leitfrage: Was würde Mill dazu sagen?).

3. Was ist Glück? Zwei fiktive Antworten an John Stuart Mill
a) PA zu den beiden Lebensläufen auf S. 70. Was bedeutet jeweils Glück? Kurze Stichwortliste oder Kurztext verfassen.
b) Gespräch zur Frage: Inwiefern ist vor dem Hintergrund der beiden Lebensläufe die Glücksdefinition Mills als universales Bewertungskriterium von Verhalten »haltbar« oder nicht?

85 Gesinnungsethik und Verantwortungsethik

85.1 Der Zusammenhang

Auch die von Max Weber durchgeführte Unterscheidung zwischen Gesinnungsethik und Verantwortungsethik kreist um das Begründungsproblem von Ethik: Welche Letztbegründungen für Handlungen sind überhaupt möglich, welche sind darüber hinaus ethisch legitim? Webers Unterscheidung bestimmt sich also über eine metaethische Fragestellung. Die Differenzierung thematisiert insgeheim auch die Spannung zwischen Handlungssubjekt und Handlungsfolgen, mit denen jede Ethik umzugehen hat. Dies gilt auch jenseits christlicher Einflusssphären; der Hinduismus entwickelt aus diesem Zusammenhang ein der Weltwirklichkeit eingelagertes Prinzip (vgl. S. 88: Gerechtigkeit im Hinduismus). Eine lohnendes Objekt für eine Debatte zwischen einem Gesinnungs- und einem Verantwortungsethiker ist der Umgang mit Geld (vgl. S. 90-91). Auch der Argumentationszusammenhang Webers (Titel der Quellenschrift zu S. 85: »Politik als Beruf«) kann und wird in (gegenwärtigen) sozialpolitischen Krisenlagen (vgl. S. 92 und 96) politische Handlungsmotive deuten und kritisieren helfen. Die Schritte ethischer Urteilsbildung wollen als Konkretion einer theologischen Verantwortungsethik gelesen werden (S. 86). Das Prinzip Verantwortung wird im Kontext der Anthroplogie von Hans Jonas angegangen (S. 192).

85.2 Max Webers Ansatz einer Verantwortungsethik

Der Textausschnitt ist der kleinen Schrift »Politik als Beruf« entnommen; ihre Grundlage ist ein Vortrag, den Weber im Revolutionsjahr 1919 vor Studenten der Universität München im Rahmen einer Vortragsreihe (»Geistige Arbeit als Beruf«) gehalten hat. Der Vortrag ist von Webers Skepsis gegenüber den politischen Entwicklungen der deutschen Revolution gekennzeichnet. Diese Skepsis spiegelt sich in der Entstehung des Vortrages selbst. Weber erklärte sich erst dazu bereit, als er erfuhr, dass andernfalls ein Vertreter der von ihm angegriffenen »Gesinnungsethiker« sprechen sollte.

Der Gedankengang der gesamten Schrift lässt sich in drei Abschnitte gliedern (der hier wiedergegebene Text entstammt dem dritten Abschnitt):
1. Zur Entwicklung der Funktion des Berufspolitikers im Rahmen der modernen Staatsorganisation: Der Berufspolitiker lebt zunehmend nicht nur für die Politik, sondern auch von der Politik. Wandel des Politikers vom Diener eines politischen Herrschers zum (eigenverantwortlichen) Staatsmann.
2. Zur Etablierung von politischem Führertum im System der modernen (Massen-)Parteien: Hindernisse in Deutschland zur adäquaten Realisierung dieses Zieles: z.B. Machtlosigkeit der Parlamente, hohes Gewicht des Fachbeamtentums bei der Initiierung und Steuerung politischer Prozesse.
3. Zu den ethischen Konflikten und Basisorientierungen des Berufspolitikers: Politisches Handeln kann sich aufgrund einer gesinnungsethischen oder eines verantwortungsethischen Grundansatzes vollziehen. Verantwortungsethik ist der Gesinnungsethik unbedingt

vorzuziehen, besonders aber in politisch prekären Situationen.

Der vorliegende Textausschnitt selbst kann folgendermaßen gegliedert werden:

Z. 1-16 Grundsätzliche Definitionen und Differenzierungen zu den Begriffen Gesinnungsethik und Verantwortungsethik.

Z. 17-43 Beurteilungs- und Handlungsdefizite des Gesinnungsethikers gegenüber dem Verantwortungsethiker, z.B. Unterschätzung der negativen Folgen des eigenen Handelns, Abschieben von Handlungsfolgen auf den Zustand der »bösen« Welt.

Z. 46-54 Risiko und mögliches Dilemma des Verantwortungsethikers. Die Anwendung sittlich bedenklicher Mittel zur Erreichung »guter« Zwecke.

Z. 19-23 Weber bezieht sich hier auf konkrete politische Konstellationen von 1919. Vgl. z.B. Sammlung der extremen Linken im Spartakusbund, Spartakusaufstand, Ermordung von Rosa Luxemburg und Karl Liebknecht durch Freikorpsangehörige (Reaktion, extreme Rechte) im Januar 1919, Scheitern der beiden Münchner Räterepubliken und Sieg rechtsextremer Kräfte im Frühjahr 1919.

Z. 30-34 Bezug auf eine Passage in Johann Gottlob Fichtes »Versuch einer Kritik aller Offenbarung« (1792). Nach einer Definition von moralischer Vollkommenheit (höchste Vollkommenheit des Menschen und Gottesbezug bilden für Fichte eine Einheit) schreibt Fichte: »Es ist a priori unmöglich zu bestimmen, ob in concreto irgend ein Mensch dieser moralischen Vollkommenheit fähig sey, und es ist bei gegenwärtiger Lage der Menschheit gar nicht wahrscheinlich« (Fichte, S. 123 in: Digitale Bibliothek Band 2, S. 32201).

Der hohe Vernetzungsgrad der Argumentation Webers mit der konkreten politischen Situation des Jahres 1919 relativiert einen beliebten Vergleich. Weber stritt nämlich nicht unmittelbar, sondern mittelbar gegen den (gesinnungsethisch verstandenen) kategorischen Imperativ Immanuel Kants (»Handle nur nach derjenigen Maxime, durch die du zugleich wollen kannst, dass sie ein allgemeines Gesetz werde«, vgl. dazu auch Lehrerkommentar zu S. 72). Kants (gern als eine Art Urwort der Gesinnungsethik beschriebener) kategorischer Imperativ wird von dem Königsberger Philosophen selbst vom negativ bewerteten hypothetischen Imperativ unterschieden. Während der kategorische Imperativ ein apriorisch geltendes, unbedingtes Sittengesetz formuliert, agiert der hypothetische Imperativ unter Einbeziehung von empirisch bestimmbaren Einflüssen. Beispielsweise kann dann (im Sinne von Klugheitsregeln) formuliert werden: »Wenn du so und so handelst, ist es gut, weil dein Handeln dir diesen und jenen Vorteil verschafft.« Die Unterscheidung der beiden Imperative entspricht in Kants Terminologie ungefähr der Differenz zwischen Gesinnungsethik und Verantwortungsethik, wie sie von Weber vollzogen wurde.

Stärker als auf Kant bezieht sich Webers Text – wenigstens indirekt – auf die radikale ethische Gesinnung der Bergpredigt (vgl. Z. 9-10 und die futurisch-eschatologischen Perspektiven der Seligpreisungen Mt. 5,3-12); Weber will die axiomatische Radikalität der Bergpredigt durchaus wahren, da ihre Aussagen der apriorischen Gültigkeit der Kausalität in den (Natur-) Wissenschaften vergleichbar seien: »Sie ist kein Fiaker, den man beliebig halten lassen kann, um nach Befinden ein- und auszusteigen. Sondern: ganz oder gar nicht, das ist ihr Sinn« (Weber, Soziologie, S. 173).

85.3 Literatur

Johann Gottlob Fichte, Versuch einer Kritik aller Offenbarung in: Digitale Bibliothek Bd. 2: Philosophie von Platon bis Nietzsche, Berlin 1998, S. 32079-32346.

Martin Honecker, Einführung in die theologische Ethik, Berlin 1990.

Immanuel Kant, Der kategorische Imperativ, in: Norbert Hoerster (Hg.), Texte zur Ethik, München 1987, S. 236-253 [Ders.: Grundlegung der Metaphysik der Sitten, in: Ders., Werke, Bd. 4, Berlin 1903, S. 393-394, 396-399, 412-124, 427-429].

Ernst Tugendhat, Vorlesungen über Ethik, Frankfurt 1993, bes. S. 79-97 [Würdigung, Kritik und Transformation von Kants kategorischem Imperativ].

Max Weber, Politik als Beruf, Stuttgart 1976.

Max Weber, Soziologie, Weltgeschichtliche Analyse, Politik, ^{3}1964.

Max Weber, Soziologische Grundbegriffe, Tübingen 1984, § 16 [Macht, Herrschaft].

Heinrich August Winkler, Der lange Weg nach Westen. Bd. I, München 2000, bes. S. 396-398 [Zur politischen Situation, in der Webers Schrift entstand].

85.4 Unterrichtsideen

1. Textarbeit

a) Sch gliedern den Text in EA.

b) PA oder GA: Jeweils drei Schlagworte zur Gesinnungsethik und Verantwortungsethik finden. Zwei verschiedenfarbige Schriften und große Kartons verwenden.

c) Zuordnungsspiel: Alle Ergebnisse werden im Raum auf Nähe und Distanz einander zugeordnet.

2. Reflexion

a) Gespräch: Namen berühmter Persönlichkeiten auf Karton (Kant, Politiker, »ethisch agierende« Schauspieler, Mutter Theresa etc.) den Schlagwörtern zuordnen.

b) Informationen zur Entstehungssituation und Gesamtformation des Textes »Politik als Beruf« durch Sch oder L.

c) Verlesen von Kants Kategorischem Imperativ und Seligpreisungen der Bergpredigt. Was würde Weber jeweils dazu sagen? Abstimmung und anschließende Debatte.

87 Meditationsbild des Nikolaus von der Flüe

87.1 Der Zusammenhang
Das Meditationsbild des Nikolaus von der Flüe (um 1470) will zum einen die Auseinandersetzung mit den biblischen Grundlagen einer christlichen Sozialethik bündeln und zum anderen die Zuwendung zu den Armen in der Geschichte des Christentums (S. 82-83) exemplarisch darstellen. Weitere Beispiele finden sich im Kapitel Kirche (S. 65). Der dargestellte Zusammenhang Christus-Haupt – Christus-Erzählungen – Werke der Barmherzigkeit will auf den Zusammenhang von Gottes Liebe und Menschenliebe hinweisen, die in Jesus Christus konkret sichtbar wurde.

Darüber hinaus bietet das Bild eine Konkretion des Gleichnisses vom Weltgericht, Matthäus 25,31-46 (S. 78, 79, 110). Hier geht es um die Werke der Barmherzigkeit, die vor allem im Mittelalter immer wieder vor Augen gestellt wurden. Das Radbild kann auch als Zusammenfassung der Geschichte Jesu gelesen werden.

87.2 Das Radbild
Nikolaus von der Flüe (1417-1487) lebte bis zu seinem fünfzigsten Lebensjahr als Bauer, Landrat und Richter in Sachseln, Schweiz. Mit dem Einverständnis seiner Frau Dorothea zog er sich von ihr und seinen zehn Kindern in eine abgelegene Einsiedelei zurück. Nach anfänglichem Spott erwarb er sich bald den Ruf als geistlicher Lehrer und Ratgeber, der auch in politischen Konflikten (1481 das Abkommen von Stans) vermittelte. Das Radbild zeugt von seiner mystischen Frömmigkeit. Nikolaus hat es vermutlich im Bodenseegebiet im Elsass bei »Gottesfreunden« kennen gelernt und zum Zentrum seiner mystischen Spiritualität und Lehre gemacht.

In der Mitte des Bildes befindet sich ein gekröntes Christushaupt innerhalb eines kleinen Kreises mit rotem Hintergrund. Drei goldene Strahlen führen von der Mitte heraus, drei in die Mitte hinein, und zwar auf Ohr, Auge und Mund. Christus erscheint hier als Weltenrichter, der hört, sieht und danach sein Urteil spricht. Die sechs Medaillons erzählen die Geschichte Jesu Christi. In den Ecken des Bildes finden sich die Evangelistensymbole, nämlich Adler (links oben = Johannes), Engel (rechts oben = Matthäus), Stier (links unten = Lukas), Löwe (rechts unten = Markus). Sie weisen darauf hin, dass das gesamte Bild im Evangelium begründet ist.

Bild 1: unten Mitte: Mariä Verkündigung (Lukas 1,26-38)
Das Spruchband sagt: »Ave Maria, gratia plena dominus tecum« (»Sei gegrüßt, Maria, voll der Gnade, der Herr ist mir dir«). Zu ihren Füßen liegen zwei Krücken. Sie symbolisieren das erste Werk der Barmherzigkeit: die Kranken zu besuchen.

Bild 2: Geburt Jesu (Lukas 2,1-20)
Maria kniet mit gekreuzten Armen vor dem Jesuskind. Hinter der Krippe ist das Kreuz angedeutet. Im Vordergrund liegt ein Wanderstab, ein Hinweis auf das zweite Werk der Barmherzigkeit: Fremde zu beherbergen.

Bild 3: Predigt Jesu vom Weltgericht (Matthäus 25,31-46)
Man sieht den Menschensohn, der in seiner Herrlichkeit (Krone, Mantel) wiederkommt, dabei von seinen Engeln begleitet wird und die Völker – hier dargestellt als ein einzelner Mensch in weißem Gewand – in Schafe (rechts) und in Ziegenböcke (links) scheidet. Vor der Szene liegen Brot und eine Weinkanne, Hinweise auf das dritte und vierte Werk der Barmherzigkeit: die Hungrigen zu speisen und den Durst der Durstigen zu stillen.

Bild 4: Gefangennahme Jesu (Lukas 22,47-54)
Judas verrät Jesus und Petrus schlägt mit dem Schwert zu, Jesus heilt das Ohr des Malchus. Im Vordergrund des Bildes liegt eine Fessel, Hinweis auf das fünfte Werk der Barmherzigkeit: die Gefangenen zu erlösen.

Bild 5: Kreuzigung (Lukas 23,33-46)
Jesus hängt vollkommen verlassen am Kreuz. Am Fuße des Kreuzes liegt das Gewand Jesu als Zeichen für das sechste Werk der Barmherzigkeit: die Nackten zu bekleiden.

Bild 6: Die Eucharistie
Das sechste und letzte Medaillon zeigt einen Priester bei der Eucharistiefeier, der Feier der Gegenwart Christi. Auf dem Altar findet sich ein Maria-Königin-Bild mit dem Jesusbild. Hinter dem Priester steht ein Messdiener, in dem man den Stifter des Bildes vermutet. Hinter dem Altar steht eine Totenbahre, Hinweis auf das von Tobias 1,17 übernomme siebte Werk der Barmherzigkeit: die Toten zu begraben.

Das Radbild ist eine Hilfe für die christliche Meditation. Es geht darum, sich in die Mitte des christlichen Glaubens zu vertiefen (vgl. auch S. 160) und sich in Christus, dem auferstandenen Herrn, hineinzuversenken. Wer sich diesem Christus zuwendet, erfährt dessen Geschichte, die von Gottes Menschlichkeit und Sympathie erzählt. Dadurch wird im Betrachtenden die Nächstenliebe geweckt, sodass sich das Bild als Ineinander von Gottesliebe (sowohl in genitivus subjectivus als auch im genitivus objectivus) und Nächstenliebe verstehen lässt. Deutlich wird: Die Orientierung an dem gekreuzigten und auferstandenen Herrn führt in eine verantwortliche Existenz. Das Beten und das Tun des Gerechten (Dietrich Bonhoeffer) gehören zusammen.

Die sieben Werke der Barmherzigkeit reagieren auf Grundübel dieser Welt, auf Heimatlosigkeit, Krankheit, Hunger, Unterdrückung, Armut und Verlassenheit und repräsentieren deshalb auch Grundbedürfnisse aller Menschen, nämlich die nach Gesundheit, Heimat, Nahrung, Freiheit, Kleidung und Gemeinschaft.

37.3 Literatur
Bischöfliches Hilfswerk Misereor e.V., Das Misereor Hungertuch »Barmherzigkeit und Gerechtigkeit«, Aachen 1998.

87.4 Unterrichtsideen

1. Bildbetrachtung
a) Erstes Betrachten des Bildes, entdecken machen: Was kenne ich? Was kenne ich nicht?
b) Sch lesen die angeführten Bibelstellen.
c) Erneute Betrachtung, Identifikation der Symbole für die Werke der Barmherzigkeit.
d) Sch geben dem Bild in PA eine Gesamtüberschrift und tauschen sich anschließend darüber aus.

2. Meditation
Sch suchen Musik zu dem Bild aus und entwerfen meditative Texte zu den einzelnen Bildern. Sie recherchieren die Biografie des Nikolaus von Flüe und laden andere zu einer Meditation ein.

3. Diskussion
Trägt eine solche Meditation dazu bei, dass es in einer Gesellschaft gerechter zugeht?

88 Gerechtigkeit im Hinduismus

88.1 Der Zusammenhang
Der Bezug zur Welt der hinduistischen Religionen wird – neben der Beschreibung einer Vier-Stadien-Anthropologie (S. 185) – an dieser Stelle des Schülerbuches am deutlichsten sichtbar; allerdings gibt es auch grundsätzliche Hinweise auf die heiligen Schriften der hinduistischen Religionen (S. 214, Z. 33–64), in denen Elemente der (anthropologisch verorteten!) Gerechtigkeitsthematik aufscheinen.
Der Text formuliert eine fundamentale Frage einer jeglichen Auseinandersetzung mit dem Problem der Gerechtigkeit als Grundbedingung menschlicher Existenz: Wie können die vielen Ungleichheiten im menschlichen Leben begründet werden? Gibt es einen angemessenen Ausgleich? Der bei der Beantwortung zentrale Begriff lautet »Karman« (vgl. Z. 30). In anderen religiösen Kontexten rückt dabei das bundesstiftende oder eschatologische Handeln Gottes in den Blickpunkt (S. 81), das angesichts konkreter, äußerst schmerzlicher Ungleichheiten auch das prophetisch vermittelte Gerichtswort Gottes nach sich zieht (S. 75). Zwei in globalem Horizont hart kontrastierenden Lebenswege (S. 70; vgl. S. 71) gewinnen in der Unterschiedlichkeit ihrer Gefährdungs- und Mängellagen angesichts der Karman-Theorie an Brisanz. Die Differenz im Entwurf religiös bestimmter anthropologischer Konzeptionen mag mit einem vergleichenden Blick auf die Basisaussagen christlicher Anthropologie (S. 190) und hinsichtlich der Frage »Was kommt nach dem Tod?« (S. 188–189) deutlich werden.

88.2 Die Karmanlehre im Hinduismus
Der Text stammt aus dem von Hans Küng herausgegebenen Buch »Hinduismus« aus der Reihe »Christentum und Weltreligionen« (Tübingen 1984/1987). Der Band ist ein Bestandteil des von Hans Küng vielfältig bearbeiteten und publizistisch mannigfaltig präsentierten »Projekt Weltethos«. In diesem Projekt soll der Dialog und das gegenseitige Verständnis zwischen den großen Weltreligionen intensiviert und vertieft werden; Grundimpuls ist für Hans Küng die Einsicht, dass ein Weltfrieden ohne Dialog der Weltreligionen nicht möglich ist.
Verfasser des Textes über den Karman-Begriff ist der Indologe und Religionswissenschaftler Heinrich von Stietencron (geb. 1933). Der Abschnitt entstammt dem Kapitel »Mensch und Erlösung in den Religionen der Hindus«. Diese Kapitelüberschrift impliziert eine wichtige Differenzierung, die auch für das Verständnis der wiedergegebenen Textpassage bedeutsam ist. »Hinduismus« ist ein von Europäern geprägter Sammelbegriff, um die nichtmuslimischen Religionen der Inder kategorial zu erfassen (vgl. Küng/von Stietencron, S. 25–27). Entsprechend können Aussagen über »den Hinduismus« lediglich Näherungen beschreiben.

Zur Gliederung des Textes
- Z. 1–6 Elementare Fragen nach den Zurechnungsprinzipien für Positives und Negatives im Leben eines Menschen.
- Z. 7–16 Die theologische Grundentscheidung in allen großen Hindu-Religionen: Die Unterschiede zwischen

Lebewesen werden nicht durch Gott (Götter) zugewiesen, sondern von diesen selbst erworben.

Z. 17-40 Zur näheren Bestimmung des »Karman« (Handlungsfolge): Karman als handlungsübergreifendes, anthropologisch wirksames Grundgesetz des Lebens zwischen Vergangenheit, Gegenwart und Zukunft.

Die irritierend wirkende Einschränkung in Z. 7 (»gebildete Oberschichten«) reflektiert die Entwicklung innerhalb der Religionen der Hindus. An anderer Stelle beschreibt von Stietencron (vgl. Küng/von Stietencron, S. 38-44) den Prozess einer zunehmenden Spiritualisierung und Sublimierung bei der Gewichtung göttlicher Handlungen auf menschliches Geschick. Dieser Prozess spiegelt sich für von Stietencron vor allem in Grundlinien der beiden maßgeblichen Gruppierungen heiliger Schriften. Während die Veden (1500-500 v.Chr.) mit ihren auf rituelle Observanz bedachte Texte und Lieder (vgl. S. 214) eine unmittelbare Wirkung und mantische »Handhabbarkeit« des heiligen Wortes in der Beziehung zwischen Menschen und Göttern voraussetzen, kommt es in der Mitte des 1. vorchristlichen Jahrhunderts zu einer »Reformation und Integration« (Küng/von Stietencron, S. 42-43). Der rituell abgestützte Götterglaube tritt dann zugunsten einer stärker auf die Erlösung des Menschen zentrierten Religiosität zurück. In diesem Zusammenhang gewinnt der Karman-Glaube massiv an Bedeutung; dabei ist die daran anknüpfende Erlösungskonzeption einer »Selbsterlösung durch Wissen« soziologisch an (religiös geprägte) Oberschichten gebunden. Wesentliches Dokument dieser Erlösungskonzeption sind die Upanisaden, die literarisch zwar als Anhang zu den Veden (600-400 v.Chr.) gelten, in ihren Grundaussagen jedoch deutlich von diesen abweichen. Karman (abgeleitet von der Wurzel kr – »handeln«) bezieht sich in den Veden vor allem noch auf rituelle Handlungen. Die spätere Vorstellung eines Karman als allen Handlungen innewohnendes Grundelement ist weiter gefächert, als der Text durchscheinen lässt. Es gibt nämlich nicht nur eine Verbindung von Karman-Lehre und Wiedergeburtslehre. In der so genannten Satapatha-Brahmana werden beispielsweise dem Weisen Bhrgu die Qualen gezeigt, die Menschen wegen ihrer schlechten Taten in einer Art Hölle erleiden müssen.

Die Brhadaranyaka-Upanisad lehrt im Unterschied dazu, dass die Seele nach dem Tode entweicht und dabei von den Anhäufungen aller im Leben angesammelten Handlungen (karmasaya) begleitet wird. Die Anhäufungen und Art von guten bzw. schlechten Taten bestimmt die Form, die eine Seele bei der nächsten Geburt annehmen muss: »Wie er handelt und wie er wandelt, so kommt er [nach dem Tode] zur Entstehung. Einer der gut handelt, kommt als Guter zur Entstehung, einer der schlecht handelt, als Schlechter.« (Upanischaden, S. 63). Hier zeigt sich also die bekannte Konzeption der »Wiedergeburtslehre«. Diese sollte nach Günther-Dietz Sontheimer zwar deterministisch, keineswegs aber fatalistisch gedeutet werden. Das heißt: Es geht darin nicht um die Entgegennahme eines von außen (etwa den Göttern) verhängten Schicksals, sondern um die Anerkenntnis eines naturgesetzartigen Verlaufsprinzips des Lebens in der Welt.

Besonders wirkmächtig innerhalb der verschiedenen Karman-Vorstellungen ist jene der Jainas (von Sanskrit jina, Sieger). Die heute etwa 3 Millionen Menschen umfassende Religionsgemeinschaft mit strengen Mönchsorden inmitten liberal lebender Laien versteht »Karman« als feinstofflichen Komplex (eine Art »Bewusstseinsstoff«), der dem Leben anhaftet. Für einen Jaina gibt es eine Reihe von ethischen Prinzipien, die gutes Karman ansammelt. Die wichtigsten dieser Prinzipien sind die »Drei Juwelen« – richtiger Glaube, richtiges Wissen, richtiges Verhalten. Bemerkenswert ist, dass im Jainismus Gottesvorstellungen weitgehend in den Hintergrund treten; der rechte Umgang mit dem eigenen Karman wird stattdessen zum Leitaspekt religiöser Praxis.

88.3 Literatur

Hans Martin Barth, Dogmatik im Kontext der Weltreligionen, Gütersloh 2002, S. 504-505.

Hans Küng/Heinrich von Stietencron, Christentum und Weltreligionen. Hinduismus, München 1987.

John Browker (Hg.), Das Oxford-Lexikon der Weltreligionen, Düsseldorf 1999 [Art.: Hinduismus; Karma, Kamma].

Günther-Dietz Sontheimer, Die Ethik des Hinduismus, in: Carl-Heinz Ratschow, Ethik der Religionen, Stuttgart 1980, S. 349-436, bes. S. 355-372 [Karman-Prinzip und Ethik].

Upanischaden, Stuttgart 2002.

88.4 Unterrichtsideen

1. Fragen beantworten
a) L präsentiert die Fragen aus Z. 1-6.
b) Sch suchen Antworten nach dem in den Fragen thematisierten »Prinzip«.
c) UG zur Erfahrungen mit der Beantwortung der Fragen. Leitperspektiven des Gesprächs: Schwierigkeiten mit dem Finden eines »Prinzips«, Unmöglichkeit, ein »Prinzip« zu finden?

2. Textarbeit
a) Sch erarbeiten in PA die Antworten des Hinduismus auf die vorgestellten Fragen.
b) Austausch/Klären von Verständnisfragen.
c) Evtl. Erstellung eines Mandalas zur Symbolisierung der Grundaussagen der Karman-Lehre.

3. Differenzierung
a) GA: Sch entwerfen Bilder für die soziale Verhältnisse in hinduistischen Ländern (Einbezug von Lehrbüchern der Erdkunde und/oder Geschichte/Politik).
b) Vorstellen der Ergebnisse im Plenum. Bestimmen des impliziten Gerechtigkeitsprinzips.
c) Evtl. Bearbeitung des Mandalas aus 2b unter der Perspektive »Gerechtigkeit«. Leitfragen: Was bedeutet Gerechtigkeit? Wie kann sie im Mandala dargestellt werden?

89 Gerechtigkeit im Islam

89.1 Der Zusammenhang
Auch im Kapitel »Gerechtigkeit« öffnet das Kursbuch Religion Oberstufe ein Fenster zur islamischen Welt (vgl. SB S. 63, 158, 215). Bei diesem Thema sind sich die biblischen Religionen und der Islam bei weitem näher als etwa beim Thema »Kirche und Staat« und »Jesus Christus«. Die Forderung von sozialer Gerechtigkeit ist im Judentum (Prophetie), im Christentum und im Islam fest verankert.

89.2 Sozialabgaben im Islam
Die zakat (Sozialabgaben/»Almosen«) ist einer der fünf Pfeiler des Islam, neben der Pflicht zum Glaubensbekenntnis, dem fünfmaligen Gebet, dem Fasten und der Pilgerfahrt nach Mekka. Als Grundregel gilt, dass ein erwachsener, gesunder Mann 2,5 Prozent seines Besitzes und Gewinns aus Handwerk, Industrie oder Handel bezahlen soll beziehungsweise 10 Prozent seines Gewinns aus Ackerbau und Viehzucht. In manchen islamischen Staaten wird die zakat vom Staat wie eine Steuer eingezogen, die dann rein sozialen Projekten wie dem Bau von Krankenhäusern oder von Schulen zufließt. In anderen islamischen Ländern geben die Menschen das Geld direkt an einen angesehenen Geistlichen, der es dann weiterleitet. In nichtislamischen Ländern gilt die zakat als moralische Verpflichtung für die muslimische Minderheit. Moscheen in den Gastländern werden genauso unterstützt wie Menschen und Institutionen in den Herkunftsländern.

Überhöhte Verdienstspannen werden von Muslimen heute noch genauso abgelehnt wie im christlichen Mittelalter. Islamische Banken stehen daher vor der Schwierigkeit, keine Zinsen für Kapitaleinlagen anbieten zu dürfen, weil diese als ungerechtfertigter Wucher angesehen werden.

Der Text lässt sich folgendermaßen gliedern:
Z. 1–9 Es gibt im Islam freiwillige Almosen und eine gesetzlich vorgeschriebene Abgabe.
Z. 10–16 Wer Almosen gibt, erlangt von Gott Vergebung und Belohnung.
Z. 16–18 Die Höhe der gesetzlichen Abgabe variiert nach den Einkommensarten (vgl. oben).
Z. 18–28 Empfänger der Abgaben sind: Arme, Bedürftige, Amtsträger, die für Arme zuständig sind, Menschen, die für den Islam gewonnen werden sollen, Gefangene, Verschuldete, für die Religion engagierte Menschen, Reisende.

Auch im christlich geprägten Deutschland sind Sozialabgaben Pflicht. Dies zeigt sich an der Steuerfinanzierung der Sozialhilfe und des Arbeitslosengeldes. So sollen persönliche Schicksalsschläge solidarisch gemildert werden. Darüber hinaus gibt es auch hierzulande eine bemerkenswerte Bereitschaft, in Not geratenen Menschen freiwillig zu helfen. Dies zeigen die Spendenaktionen für Hungernde, Kranke oder Opfer von Kriegen, Terrorismus, Naturkatastrophen. Viele Mitmenschen haben sich verpflichtet, monatlich Einrichtungen wie z. B. Kinderheime in Ländern der dritten Welt finanziell zu unterstützen. Viele engagieren sich ehrenamtlich in Projekten wie die Schwäbische Tafel (S. 65). In den Kirchen wird für diakonische und karitative Aufgaben geopfert. Brot für die Welt und Misereor sind international beachtete Hilfswerke. Allerdings sind diese Spenden keine Pflicht, sie werden in der Regel auch nicht religiös begründet.

89.3 Literatur
Jamal J. Elias, Islam, Freiburg im Breisgau 2000.
Lutherisches Kirchenamt der Vereinigten Evangelisch-Lutherischen Kirche Deutschlands und Kirchenamt der Evangelischen Kirche in Deutschland (Hg.), Was jeder vom Islam wissen muss, Gütersloh ⁵1996.

89.4 Unterrichtsidee
1. Einstieg
a) TA: »Sieben Wochen ohne ... – das ersparte Geld an Brot für die Welt«.
b) Gespräch, wie Sch darüber denken. Hat man als Europäer die Pflicht, über Steuermittel hinaus freiwillige, private Spenden zu geben?

2. Textarbeit
a) Sch stellen in EA die wesentlichen Aspekte des islamischen Almosenwesens in Thesenform zusammen.
b) Sch erarbeiten in GA Poster mit Gemeinsamkeiten und Unterschieden zum deutschen Sozialwesen sowie zu Christentum und zum Hinduismus.
c) Präsentation der Ergebnisse: Poster ausstellen, still betrachten.
d) Vergleich der einzelnen Gruppenergebnisse im Rundgespräch.

90/91 Initiative Berliner Bankenskandal

90/91.1 Der Zusammenhang
Sozialethik beschäftigt sich unter anderem mit den institutionellen Rahmenbedingungen menschlichen Lebens und Zusammenlebens. Sozialethische Probleme wurzeln in kulturellen Regelungen, durch die Menschen bevorzugt oder benachteiligt werden. Eine christliche Sozialethik ist gerade dann herausgefordert, wenn Schwache benachteiligt werden und das Gemeinwohl in Frage steht.

Zu den Bedingungen wirtschaftlichen Handelns gehören u. a. gesetzliche Steuerentlastungen und daher auch Abschreibungsmöglichkeiten. Der Staat will damit bei den Gewinninteressen seiner Bürger einsetzen und Geldströme so lenken, dass sie öffentlich bedeutsamen Zielen zugute kommen. Die Frage aber ist, ob dadurch gerade den »Geringsten« Lebensvorteile geschaffen werden (S. 78, 79).

90/91.2 Zur Situation
Der offene Brief der Initiativgruppe (Hauptinitiator: Peter Grottian, Professor für Politische Wissenschaften an der FU Berlin) wendet sich implizit gegen die Anlagepraktiken der 1994 gegründeten Bankgesellschaft Berlin (Zusammenschluss der Berliner Bank AG, der Berlin Hypo und der Landesbank Berlin zu einer Holding). Die Bankgesellschaft Berlin bot Privatkunden Anlagen in mehreren so genannten offenen (auf mindestens zehn Bauobjekte bezogene) und vor allem auch in so genannten geschlossenen Immobilienfonds an; im Brief (Z. 19) wird der Fond LBB 9 erwähnt. Ein geschlossener Immobilienfonds verwendet die Einnahmen aus den Einzahlungen der Anleger zur Finanzierung zahlenmäßig klar umrissener (oft auch nur einzelner) Immobilienobjekte. Ist die Finanzierungssumme für ein konkretes Bauprojekt durch die Geldeinlagen der Investierenden erreicht, wird der Fond »geschlossen«. Im konkreten Fall bezogen sich die aufgelegten Fonds in hohem Maße auf die Sanierung und Wiedervermietung von Wohnungen. »Neben der beträchtlichen Steuerersparnis wurden jährliche Renditen zwischen 5 und 7 Prozent versprochen, die über Mietpreis- und andere Garantien hundertprozentig abgesichert wurden. Außerdem können die Anleger ihre Anteile nach 25 Jahren zum Nominalwert zurückzukaufen.« (Ulrich Zerwatka-Gerlach). Die zugesagten »weit überdimensionierten« (Wissenschaftlicher Arbeitskreis zur Bankgesellschaft Berlin) Miet(einnahme)garantien von 25–30 Jahren (Marktübliche sind 5 Jahre) und die hohen Renditen bewirkten ein hohes Interesse der Anleger. Insgesamt wurden rund 13 Milliarden Euro in die Fonds eingezahlt.

Der Ankauf, die Sanierung und die Vermietung der Bauobjekte war nun in hohem Maße risikobehaftet: Unter den Immobilien, die durch die Fonds erworben wurden, befanden sich vor allem zum Teil marode Plattenbauten in den neuen Bundesländern. Diese wurden von der AUBIS-Gruppe, einer Firmenholding zweier Mitglieder der regierenden CDU von den verschuldeten Kommunen zu günstigen Konditionen aufgekauft. Die Mittel hierzu stammten aus einem Kredit über 650 Millionen DM, den die Berliner Hypotheken- und Wechselbank, ein Mitglied der Holding, vergab, obwohl AUBIS über fast kein Eigenkapital verfügte. Als AUBIS im Jahr 1997 zum ersten Mal in finanzielle Bedrängnis geriet, kaufte eine Immobilien-Tochter der Bankgesellschaft 4.000 Wohnungen der AUBIS auf und beauftragte diese mit der Sanierung. 1999 wurden weitere Kredite verweigert und die restlichen 10.000 Wohnungen gegen den Protest der AUBIS übernommen.

Anfang 2001 kamen erstmals massive Berichte über Missmanagement und Unregelmäßigkeiten im Fondsmanagement und im Geflecht der Firmen und Tochterfirmen an die Öffentlichkeit. Diese massiven Unregelmäßigkeiten führten zum Rücktritt von Klaus-Rüdiger Landowsky (CDU), der als Architekt der Bankgesellschaft galt. Schließlich führte die Krise um die Berliner Bankgesellschaft zum Misstrauensvotum gegen den regierenden Bürgermeister Eberhard Diepgen (16. Juni 2001), dem Vorsitzenden der schwarz-roten Koalition. Sein Nachfolger wurde Klaus Wowereit (SPD).

Die politisch brisanten Spannungen um das Ausmaß und letztlich auch um die Nutznießer der undurchsichtigen Fondspolitik, werden in der direkt sichtbaren Argumentation des Briefes nicht deutlich. Zentral (vgl. Z. 25–34) ist der Sachverhalt, dass das hoch verschuldete Land Berlin (vgl. Z. 39–44) über die Landesbank Berlin als Mitglied der Holding zur so genannten Risikoabschirmung zugunsten der Anleger herangezogen werden sollte (vgl. Z. 30–39).

Dieses Verfahren wurde auf Beschluss des neu gewählten Berliner Senats vom 16. April 2002 zum Landesgesetz erhoben (»Risikoabschirmungsgesetz«). Die im Brief genannte Höhe des Risikoabschirmung-Betrages (21,6 Milliarden Euro, vgl. Z. 36) ist dabei gemäß einer Stellungnahme des »Wissenschaftlichen Arbeitskreises zur Bankgesellschaft Berlin« in doppelter Weise problematisch. Einmal wird die rechtliche Zulässigkeit einer Risikoübernahme für die betroffenen Immobilienfonds bestritten, wenn diese von vornherein erkennbare ökonomische Fehlentwicklungen in sich tragen. Zum Anderen wird die finanztechnische Berechnungsgrundlage für die Höhe von mehr als 21 Milliarden Euro in Zweifel gezogen.

90/91.3 Das ethische Problem
Die Verfasser des Briefes halten die Konstruktion des geschlossenen Immobilienfonds LBB 9 für »sittenwidrig« (Z. 16–17). Zum einen ergibt sich dies aus den »Luxuskonditionen« (Z. 31–32), zum anderen durch den (behaupteten) Sachverhalt, dass das Land Berlin einerseits 300 Millionen Euro für die Fondssicherung einplant, andererseits im Sozialbereich, also für die »sozial Schwachen«, 150 Millionen Euro einspart.

Sie schlagen deshalb in dem Brief den Anteilseignern vor, entweder Fondsanteile freiwillig zurückzugeben, sich auf die Verkürzung der Garantielaufzeit einzulassen oder Gewinnanteile für Sozial-, Bildungs- und Kulturprojekte zu spenden (Z. 57–61). Was sollen die Anteilseigner tun? Was ist in einer solchen Situation verantwortbar und dem gemäß ethisch gut?

Die Bearbeitung dieses ethischen Problems wird die Situation noch einmal analysieren müssen. Handelt es sich hier tatsächlich um Luxuskonditionen? Besteht zwischen den Kürzungen im Sozialbereich und den Sicherungsleistungen des Landes ein Zusammenhang? Sind die Vorschläge ökonomisch sinnvoll?

In der Normenreflexion wird man auch darüber nachdenken müssen, ob es richtig ist, Gewinninteressen für sozial Schwache zurückzustellen. Trägt das zum Gemeinwohl bei? Wie ist der Brief zu beurteilen, der offenkundig auf Anleger moralisch Druck ausüben will?

90/91.3 Literatur

Rainer Hegselmann, Ist es rational, moralisch zu sein? In: Hans Lenk/Mathias Maring, Wirtschaft und Ethik, Stuttgart 1992, S. 165–185.

Manfred Hein, Die Banken. Eine Einführung, Mannheim 1996.

Hermann May, Wirtschaftsbürger-Taschenbuch, München u. a. ^{6}2003.

Oswald von Nell-Breuning, Wirtschaftsethik, in: Hans Lenk/Mathias Maring, Wirtschaft und Ethik, Stuttgart 1992, S. 31–44.

Achim Pollert, Bernd Kirchner, Javier Morato Polzin, Das Lexikon der Wirtschaft, Mannheim 2001.

Mathew D. Rose, Eine ehrenwerte Gesellschaft, Berlin 2003 [Eine streitbare und umstrittene, im Stil des amerikanischen Investigationsjournalismus geschriebene Recherche zu den Vorgängen um die Berliner Bankgesellschaft. Quellenangaben fehlen meist. Obwohl bereits Gegenstand gerichtlicher Auseinandersetzungen darf das Buch allerdings weiterhin verkauft werden].

Falk Wagner, Geld oder Gott? Zur Geldbestimmtheit der kulturellen und religiösen Lebenswelt, Stuttgart 1984.

Horst S. Werner, Immobilienfonds und Erwerbermodelle, Neuwied u. a. ^{2}1993.

Ulrich Zerwatka-Gerlach, 650 Anleger verklagen die Bankgesellschaft. Ein Berliner Anwalt will für die Käufer der »Rundum-sorglos-Fonds« Schadensersatz erzwingen, in: Tagesspiegel vom 5. März 2005. (http://archiv.tagesspiegel.de/archiv/05.03.2004/1008498.asp) (Referenzdatum: 7. Juli 2004).

http://de.wikipedia.org/wiki/Berliner_Bankenskandal (Zusammenfassung zur Genese des Skandals) (Referenzdatum 7. Juli 2005).

90/91.4 Unterrichtsideen

1. Textarbeit

a) Sch erarbeiten in GA die Situation.

b) Austausch der Ergebnisse und Formulieren des sozialethischen Problems. Prüfung der Verhaltensalternativen. Was wird als »gutes« Handeln vorgeschlagen? Warum ist es »gut«?

c) Formulieren eines ersten ethischen Urteils im KG.

d) Gemeinsame Reflexion, wie man zu einer endgültigen Entscheidung kommt. Was muss man tun?

e) Vergleich der Einsichten mit S. 86 Schritte ethischer Urteilsbildung.

2. Differenzierung

a) Ausweitung der Situationsanalyse durch Schülerreferat oder Einladung eines Volkswirtschafts-Experten.

b) GA Prüfen der Verhaltensalternative unter verschiedenen Gesichtspunkten. Wie würde die beiden Kirchen (S. 94–96), ein Gesinnungsethiker, ein Verantwortungsethiker (S. 85) und ein Utilitarist (S. 84) die Vorschläge beurteilen? (Evtl. Einbezug auch weiterer religiöser Positionen S. 88, 89). Formulieren von Urteilsplakaten.

c) Vorstellen der Plakate und Formulierung eines eigenen Urteils.

92/93 Grundeinkommen für alle?

92/93.1 Der Zusammenhang
Nach dem Bankenskandal und der Frage nach der Gerechtigkeit von Abschreibungen geht es bei dem Thema »Grundeinkommen für alle« um die institutionellen Rahmenbedingungen für die Bekämpfung von Arbeitslosigkeit und Armut sowie um die gerechte Verteilung des Volkseinkommens. Bewusst wird dieses Thema gewählt, richten sich doch viele Schüler/innen allmählich auf zukünftige Lebenssituationen ein.

92/93.2 Das sozialethische Problem und seine Bearbeitung
Die Stellungnahme von Konrad Mayer, Professor für Politikwissenschaften an der Evangelischen Fachhochschule Freiburg, kann mit Hilfe der Schritte ethischer Urteilsbildung (S. 86) gelesen werden.

Das ethische Problem ist mit der Überschrift markiert: Soll man für alle ein erwerbsunabhängiges Grundeinkommen einführen? Anhand der weiteren Argumentation kann das ethische Problem zugespitzt werden: Darf eine Gesellschaft es zulassen, dass aufgrund zurückgehender Erwerbsarbeit eine große Zahl von Menschen verarmt und diese Menschen auf Dauer einem risikoreichen Lebenslauf aussetzen?

In der Folge wird die ethische Situation analysiert (Z. 5–52), Verhaltensalternativen diskutiert (Z. 53–86) und schließlich das Urteil formuliert (Z. 87–117). Nicht explizert wird die Normreflexion, die es erlaubt, sowohl die vorgeschlagenen drei »Wege aus der Arbeitslosigkeit« als auch den Urteilsentscheid ethisch einzuordnen.

Die Situationsanalyse will begründen, dass Arbeitslosigkeit und prekäre Arbeitsverhältnisse für viele die Regel sein werden. Das hat nicht nur Konsequenzen für die einzelne Person, sondern z. B. auch für die Kindererziehung und die Pflege von alten Leuten. Der Lösungsvorschlag operiert mit einer negativen Einkommenssteuer und damit mit einem Anspruch auf Teilrückzahlung der Einkommenssteuer, die teilweise höher sein kann als die zuvor vom Beschäftigten bezahlte Steuer. Bei einer Erwerbsarbeit von Null wird das Existenzminimum ausbezahlt. Der Einzelne kann also stets mit einem Grundeinkommen rechnen. Er kann auch gering bezahlte Arbeit annehmen. Zwar dürfte das Berechnungssystem einigermaßen kompliziert sein, auch dürfte eine Umstellung schwer fallen, doch ist das System einmal eingeführt, ist es einfach und personalsparend. Alternativen dazu sind der Kombilohn (staatlicher Zuschuss an Arbeitnehmer) und der Lohnnebenkostenzuschuss, der Betrieben zugute kommt, die Arbeitnehmer mit Einstellungshemmnissen beschäftigen. Konrad Mayer hält die Einführung eines solchen Systems für ein »Gebot der Fairness«. Aus sozialethischer Perspektive geht es hier um die institutionelle Bewährung von Solidarität (S. 94f.) und Gerechtigkeit (S. 96) sowie, damit verbunden, um die Sicherung sozialer, wirtschaftlicher und kultureller Teilhabe (S. 94, 96).

Abschätzung verdienen die Folgen und die Kosten. Ist dieses Modell finanzierbar? Ist es realisierbar? Ist es generationengerecht? Wie steht es mit der Sozialverträglichkeit?

Trägt es zu einem besseren Zusammenleben bei – oder fördert es Schwarzarbeit und die Bereitschaft zu einem arbeitsfreien Leben?

92/93.3 Unterrichtsideen
1. Textarbeit I
a) L formuliert die These (Z. 3–4) und die dreifache Begründung (Z. 7–24).
b) Sch diskutieren ihre Ansichten und entwickeln Konsequenzen. Sehe ich das genauso? Was ist zu tun? Evtl. Einbringung von BOGY-Erfahrungen.
c) Formulieren des ethischen Problems und eines ersten Urteils. Jeder schreibt sein Urteil auf.

2. Textarbeit II
a) Gemeinsames Überlegen, wie man das ethische Problem systematisch bearbeiten könnte.
b) Vergleich des gefundenen Lösungsweges mit den Schritten ethischer Urteilsbildung (Methodenbaustein S. 86).
c) Sch entwickeln aus dem Text Situationsanalysen, Verhaltensalternativen und Urteilsentscheide.
d) Vorstellen der Ergebnisse.
e) Vertiefung: Schülerreferat zur negativen Einkommenssteuer auf der Basis einer Internetrecherche (Methodenbaustein S. 136).

3. Reflexion
a) In KGA Prüfung des Urteilsentscheids aus der Perspektive des Utilitarismus (S. 84), der Gesinnungsethik (S. 85), der Verantwortungsethik (S. 85, 192) sowie der kirchlichen Soziallehre (S. 96). Anfertigen verschiedener Meinungsplakate.
b) Vorstellen der Ergebnisse.
c) Überprüfen des eigenen Urteils und formulieren eines vorläufig endgültigen Urteils.

94/95 Prinzipien und katholische Soziallehre

94/95.1 Der Zusammenhang
Die beiden Auszüge aus katholischen Sozialenzykliken nehmen den Ansatz auf, in allen Kapiteln katholischer Theologie Raum zu geben und so die innerchristliche Pluralität sichtbar zu machen (S. 34, 62, 126, 157, 175). Hier bildet sich die Gelegenheit, konfessionelle Gemeinsamkeiten und vor allem auch Differenzen zu entdecken.
Im Rahmen der Gewinnung eines eigenständigen ethischen Urteils (vgl. S. 86) zu einem aktuellen Problem (Bankenskandal, S. 90f.; Grundeinkommen für alle, S. 92f.) eröffnen die beiden Texte die Normenreflexion (Schritt 4 der ethischen Urteilsbildung) und erlauben es, die eigenen Urteile zu klären und mit Bedacht zu formulieren. Der Text selbst zeigt Beziehungen zu wesentlichen Themen, die im Kursbuch Religion Oberstufe bearbeitet sind. Man vergleiche zum Bild des Menschen als Geschöpf, Ebenbild und Beauftragter Gottes (S. 166, 168, 169, 190). Das Phänomen Sünde wird auf S. 170 bearbeitet, das Gewissen S. 191. Mt 25,40 wird auf S. 78f. zur Auslegung angeboten.

94/95.2 Eigenart und Geschichte der katholischen Soziallehre
Aufgabe der katholischen Soziallehre ist es, zu belehren, wie das Zusammenleben in der menschlichen Gesellschaft zu verstehen, einzurichten und einzuordnen ist, und wie sich Einzelne auch in der Gruppe in der Gesellschaft zu verhalten haben (Oswald von Nell-Breuning).
Diese Lehre besteht nicht in einem wissenschaftlichen oder theologischen System, sondern in geschichtlichen Verlautbarungen, die sich auf aktuelle Fragen und auftauchende Herausforderungen beziehen. Diese Verlautbarungen (Enzykliken = Rundschreiben und Briefe) setzen frühere voraus, entwickeln diese weiter und präzisieren sie, stellen Missverständnisse klar, korrigieren aber auch, wenn nötig. »Die Soziallehre der Kirche erwächst geschichtlich aus dem, was das gesellschaftliche Leben an Fragen, insbesondere an Streitfragen aufwirft, und was es an Nöten und Ungerechtigkeiten erzeugt« (Oswald von Nell-Breuning).

Der Ausgangspunkt der katholischen Soziallehre liegt im 19. Jahrhundert. Er wird gebildet durch die Enzyklika Rerum Novarum von Papst Leo XIII. aus dem Jahre 1891. Hier versucht die katholische Kirche auf die Industrialisierung zu reagieren. Wichtige Verlautbarungen sind das »Quadragesima anno« von Papst Pius XI. aus dem Jahre 1931, »Mater et magistra« von Papst Johannes XXIII., 1961, »Pacem Interis« von Johannes XXIII., 1963, »Gaudium et Spes« von Papst Paul VI., 1965, »Populorum progressio« von Papst Paul VI., 1976 sowie von Johannes Paul II. »Laborem exercens« 1981, »Sollicitudo rei socialis« 1987, »Centesimus annus« 1991 (zum 100. Geburtstag von Rerum Novarum). Die Texte finden sich im Internet.

94/95.3 Gaudium et Spes und Quadragesima anno
Die beiden Quellentexte aus zwei wichtigen Sozialenzykliken sollen die Grundprinzipien der katholischen Soziallehre herausstellen, die immer wiederkehren, nämlich Per-

sonalität, Solidarität und Subsidiarität. Ein weiteres Grundprinzip ist in der Nachhaltigkeit zu sehen (vgl. Sozialwort der Kirchen von 1997, Art 122, 125). Die Prinzipien »Option für die Armen« und »Menschenwürde« konkretisieren Solidarität und Personalität.

Die gewählte Reihenfolge ist programmatisch zu verstehen: Grund legend ist die Personalität. Daraus ergibt sich zuerst und vor allem die Solidarität, erst danach die Subsidiarität.

Konstitutiv ist also die Wahrnehmung des Menschen als Geschöpf und Ebenbild Gottes und seine darin begründete unverlierbare Würde (Z. 37) als freie und verantwortliche Person (Z. 88). In dieser Würde gründen elementare Rechte und Pflichten, insbesondere die individuellen Freiheitsrechte (Z. 40-50). Da der Mensch nur in Beziehungen lebt und deshalb »Person« ist (Z. 18), folgert daraus zwingend die Wahrnehmung des Nächsten als ein »anderes Ich« (Z. 57) und die Pflicht zur Nächstenliebe (Z. 61-64), die auf Gruppen auszuweiten ist (Z. 32-35). Menschen sind konstitutiv auf andere bezogen und so zur Verantwortung berufen.
Die Personalität ist der anthropologische Kern der Solidarität, nach der der Einzelne für das Gemeinwohl verantwortlich ist (Z. 12-14). Das Prinzip der Solidarität zielt demnach auf das Wohl aller (Z. 24), das mehr gilt als die Summe der Einzelwohle. Es beinhaltet auch die Sorge um jene Strukturen, die eine Gemeinschaft zusammenhält. Solidarität zeigt sich nicht bloß in konkretem individuellem Handeln, sondern gerade auch in den politischen, rechtlichen und wirtschaftlichen Rahmenbedingungen gesellschaftlichen Lebens, wie z. B. in Tarifverträgen, Arbeitszeitregelungen, im Steuerrecht, Sozialbeiträgen und anderem mehr.

Aus der ethischen Verpflichtung der Person und der Gruppen zur Solidarität ergibt sich das Prinzip der Subsidiarität. Es soll gewährleisten, dass Einzelne, Gruppen oder »Gemeinwesen« (Z. 14) ihrer Sozialverpflichtung nachkommen können. Subsidiarität heißt deshalb, zur Eigenverantwortung befähigen (Sozialwort der Kirchen Art. 120). Danach sind gesellschaftliche Verhältnisse so zu gestalten, dass einzelne Menschen und kleinere Gemeinschaften aus eigenem Antrieb verantwortlich und solidarisch handeln können.

Die Pastoralkonstitution »Gaudium et Spes« stammt aus dem Jahre 1965 und ist Ergebnis des Zweiten Vatikanischen Konzils. Nach einer anthropologischen, sozialen und ekklesiologischen Grundlegung geht der Text auf Ehe und Familie, den kulturellen Fortschritt, das Wirtschaftsleben, die politische Gemeinschaft sowie auf den Frieden ein. Der geschichtliche Kontext (»heute«) zeigt sich in Z. 61-74, wenn von Alten, Fremdarbeitern, Heimatvertriebenen, uneheliche Kindern und Hungernden die Rede ist. »Gaudium et Spes« lässt erkennen, wie sich aus der personalen Würde jedes einzelnen Menschen vorstaatliche Menschenrechte im Sinne individueller Freiheitsrechte ergeben (Z. 40-50). Der Textauszug zeigt auch, dass sich die katholische Soziallehre insbesondere durch das Auslöschen von Leben (Z. 75-77), die Verletzung der Unantastbarkeit der menschlichen Person (Z. 78-81), Angriffe auf die menschliche Würde (Z. 81-85) und unwürdige Arbeitsbedingungen (Z. 86-89) herausgefordert sieht. All dies gilt als »Schande«, als Zersetzung der menschlichen Kultur, als Entwürdigung des Menschen und Widerspruch gegen Gottes Ehre.

»Quadragesima anno« wurde von Papst Pius XI. 1931 zum 40. Geburtstag der ersten Sozialenzyklika »Rerum Novarum« veröffentlicht. Die Enzyklika setzt sich noch einmal mit der Arbeiterfrage auseinander, sagt sich vom Kommunismus und dem Sozialismus entschieden ab und definiert Grenzen der kapitalistischen Wirtschaftsweise. Das Subsidiaritätsprinzip will dabei eine Gesellschaftsordnung vor Augen stellen, die einerseits einen »individualistischen Geist«, andererseits aber auch einen zentralistischen Staat vermeidet.

Kennzeichnend für diesen Text ist die Argumentation: Während die Auszüge aus »Gaudium et Spes« überwiegend mit biblischen Begründungen operieren, argumentiert »Quadragesimo anno« sozialphilosophisch (Z. 7). Hier zeigt sich die Verankerung der katholischen Soziallehre im Naturrecht. Danach gründen die Normen theologischer Ethik in unwandelbaren Strukturen menschlichen Lebens und dem daraus folgernden universalen, sittlichen Naturgesetz (lex naturalis), das der erkennenden Vernunft zugänglich ist und durch theologische Erkenntnis bestätigt und geklärt wird.

Kennzeichnend für beide Texte ist sodann der autoritative, feststellende Stil (muss, müssen, wir sind dringlich verpflichtet, Verstöße gegen die Gerechtigkeit), in dem das katholische Lehramt verbindliche Normen für das Handeln formuliert.

94/95.4 Literatur
Bundesverband der katholischen Arbeitnehmerschaft Deutschlands, Texte zur katholischen Soziallehre, Kevelaer 1975.
Katechismus der katholischen Kirche, München 1993, S. 496-505.
Deutsche Bischofskonferenz, Katholischer Erwachsenenkatechismus, 2. Bd., Leben aus dem Glauben, Freiburg 1995, S. 92-118, 426-429.
Ulrich Körtner, Evangelische Sozialethik, Göttingen 1999, S. 45-48.
Oswald von Nell-Breuning, Unsere Verantwortung für eine solidarische Gesellschaft, Freiburg i. Br. 1987.

94/95.5 Unterrichtsideen
1. Vorklärungen
a) Sch definieren in PA die Begriffe »Personalität«, »Solidarität«, »Subsidiarität« und »Gemeinwohl«.
b) Gespräch: Wie hängen die Begriffe zusammen?

2. Textarbeit
a) L informiert über Eigenart, Geschichte und Ziel der katholischen Soziallehre; evtl. Einladung an einen katholischen Religionslehrer.
b) Sch entwerfen in arbeitsteiligen Gruppen aufgrund des Textes drei Werbeplakate zu den Leitbegriffen »Personalität«, »Solidarität«, »Subsidiarität«.
c) Ausstellung der Werbeplakate.

d) Klärung der Begriffe im Sinne der katholischen Theologie.

3. Anwendung
Sch überprüfen das »Grundeinkommen für alle« (S. 93f.). Kann die katholische Soziallehre zustimmen? Alternativ: Anwenden auf Berliner Bankenskandal (S. 90f.). Wofür und wogegen würde die katholische Soziallehre eintreten?

4. Vertiefung
Darstellung des inneren Zusammenhanges in einem Schaubild M 94/95.1 und Analyse des Sprachstils.

94/95.6 Zusatzmaterialien
M 94/95.1 Schaubild Zusammenhang von Personalität, Solidarität und Subsidiarität

96/97 Für eine Zukunft in Solidarität und Gerechtigkeit

96/97.1 Der Zusammenhang
Die Textauszüge aus dem Sozialwort der evangelischen und der katholischen Kirche aus dem Jahre 1997 wollen zuerst einmal helfen, die Begriffe der Sozialethik zu klären, sodann eine Zusammenfassung der grundlegenden Gedanken einer christlichen Sozialethik bieten und schließlich ethische Perspektiven für die Bearbeitung ethischer Probleme des Sozialstaates, insbesondere der Sozialhilfe, liefern.
Bei der Bearbeitung eines konkreten Problems wie der Arbeitslosigkeit (S. 92f.), aber auch der Sozialhilfe (vgl. S. 71) oder des Familienlastenausgleiches will der Text biblisch begründete Prinzipien aufzeigen, die eine Bearbeitung solcher Probleme erlauben. Darüber hinaus stellt sich die Frage, ob und wie sich eine evangelische Sozialethik von einer katholischen Soziallehre unterscheidet. Der Text gibt zu erkennen, wie Kirchen heute die Aufgabe »Kirchen und die Armen« (S. 82f.) fortführen.

96/97.2 Das Sozialwort der beiden Kirchen
Unmittelbarer Kontext des Wortes der EKD und der Deutschen Bischofskonferenz zur wirtschaftlichen und sozialen Lage in Deutschland war die Diskussion über die Maßstäbe der Wirtschafts- und Sozialpolitik angesichts der Massenarbeitslosigkeit und der Ungleichheit der Lebensverhältnisse nach der Wiederherstellung der Einheit Deutschlands Anfang der neunziger Jahre des vergangenen Jahrhunderts. Leitend ist das Anliegen, die soziale Marktwirtschaft angesichts der Herausforderungen der Wiedervereinigung, der Globalisierung und der ökologischen Krise zu einer sozialen, ökologisch und global verpflichteten Marktwirtschaft weiterzuentwickeln und so zu reformieren.
Das Sozialwort selbst ist Ergebnis eines mehrjährigen Konsultationsprozesses, der im November 1994 in Gang gesetzt wurde. Im Unterschied zu bisherigen »Denkschriften« oder »Enzykliken« ging dem Wort der Kirchen ein mehrjähriger öffentlicher Diskussionsprozess voraus. Bemerkenswert ist der Sachverhalt, dass das Sozialwort von beiden Kirchen verantwortet wird. Damit wurde ein neuer Schritt in der gesellschaftlichen Verantwortung der beiden Kirchen gemacht. Ziel des Wortes ist es, die öffentliche Diskussion über die leitenden Prinzipien des wirtschaftlichen und sozialen Handelns anzuregen und darin die christlich-kirchliche Position als eigenständigen Impuls einzubringen.

Die ausgewählten Abschnitte thematisieren:
Z. 1–13 Gerechtigkeit als Schlüsselbegriff einer christlichen Sozialethik.
Z. 14–50 Der Begriff der sozialen Gerechtigkeit.
Z. 51–62 Die Rolle des biblischen Ethos bei der Verwirklichung sozialer Gerechtigkeit.

Der Eingangsabschnitt lässt das Anliegen einer Sozialethik im Unterschied zu einer Individualethik erkennen: Ihr geht es um die ethische Reflexion, Beurteilung und Gestaltung des institutionellen Rahmens einer Gesellschaft. Während sich das persönliche Handeln an der Nächstenliebe orientieren kann, ist hier die Gerechtigkeit wichtig.

Als »sozial gerecht« kann eine Gesellschaft bezeichnet werden, wenn alle an der Gestaltung gerechter Lebensverhältnisse teilhaben (Z. 14–17). Unter den Bedingungen asymmetrischer Lebensverhältnisse gewinnt die soziale Gerechtigkeit die Gestalt einer »vorrangigen Option für Arme, Schwache und Benachteiligte« (Z. 22–30, vgl. S. 76). Grundlegend ist die Einsicht, dass für die Teilnahme an der Gestaltung gesellschaftlicher Verhältnisse es der Gewährleistung individueller Freiheitsrechte bedarf (S. 94, Z. 39–50), der Geltung »politischer Beteiligungsrechte« (Z. 40) wie Versammlungs- und Vereinigungsfreiheit sowie vor allem die Gewährleistung wirtschaftlicher, sozialer und kultureller Grundrechte (Z. 40–41) wie das Recht auf Arbeit, auf faire Arbeitsbedingungen, auf Bildung, auf soziale Sicherung und Gesundheitsversorgung, auf Wohnung, Erholung und Freizeit (vgl. Sozialwort, Art. 132).

Der Blick auf das biblische Ethos thematisiert das Verhältnis von Gerechtigkeit und Barmherzigkeit. Barmherzigkeit überschreitet die Gerechtigkeit und beinhaltet diese (Z. 55–59).

Die hier aufgenommenen Vorschläge zur Reform der Sozialhilfe betreffen zum einen die »vorrangigen und sozialen Sicherungssysteme« (Z. 75–78) und zum anderen die Leistungen der Sozialhilfe und ihrer Überprüfung (Z. 94–115). Informationen zur Sozialhilfe und zum Bundessozialhilfegesetz finden sich auf der Homepage des Bundesministeriums für Gesundheit und soziale Sicherung (www.bmgs.de).
Der Sprach- und Argumentationsstil ist einerseits klärend begründend, andererseits vorschlagend bis empfehlend (»sollen«). Hier zeigt sich das Anliegen, sich an einem Gesellschafts- und Diskussionsprozess zu beteiligen und gehört zu werden.

96/97.3 Evangelische Sozialethik und katholische Soziallehre
Kennzeichnend für die katholische Soziallehre ist ihr Ausgang von ontologischen Annahmen über die Natur des Menschen und seiner Gemeinschaftsbeziehungen (vgl. S. 94f.: Personalität und Solidarität). Aus der Einsicht in die Wesensnatur des Menschen folgt eine bestimmte Ethik, die universale Geltung beansprucht und deshalb mit dem Anspruch normativer Verbindlichkeit (»müssen«) auftritt. Dieser universale Geltungsanspruch bestimmt das Auftreten des päpstlichen Lehramtes.
Evangelische Sozialethik versteht sich als biblisch begründete Ethik. Sie geht von zentralen biblischen Weisungen (wie z. B. Nächstenliebe, Dekalog) für menschliches Leben und Zusammenleben aus. Insofern trägt sie den Charakter einer Pflichtenethik (S. 72). Sie orientiert sich jedoch auch an der Verheißung des Reiches Gottes (vgl. S. 141, 81) und sieht daher »Schalom« und damit »Frieden, Freiheit, Erlösung, Gnade, Heil« (Z. 13) als »höchstes Gut« (vgl. S. 72). Schließlich aber nimmt die evangelische Sozialethik auch das ethische Subjekt als gerechtfertigten Sünder in den Blick (S. 171, 173), das der Befreiung bedarf, um aus Freiheit für andere handeln zu können. Es geht ihr also auch um den Gewinn ethisch bedeutsamer Charaktereigenschaften, wie sie in einer Tugendethik zu finden sind (vgl. S. 72).
Dabei werden anders als in der traditionellen lutherischen Ethik gesellschaftliche Institutionen und Subsysteme nicht mehr als unveränderliche Schöpfungsordnungen (vgl. dazu auch das weltliche Regiment bei Luther S. 55f.) verstanden, sondern als geschichtliche Sozialordnungen, die der verantwortlichen Gestaltung bedürfen und für diese zugänglich sind. Kennzeichnend für die evangelische Sozialethik ist, dass sie sich an den Einzelnen wendet und diesen für ein eigenständiges ethisches Urteilen gewinnen will. Sie kann und will nicht vorgeben, was gilt, sie kann nur zu einem eigenen Urteil motivieren oder dazu helfen. Nicht ausreichend bearbeitet ist dabei die Frage, ob und wie Institutionen verantwortlich sein können.

Mit den traditionellen evangelischen Ethiken und der naturrechtlich begründeten katholischen Soziallehre wird auch eine geschichtlich denkende evangelische Sozialethik davon ausgehen wollen, dass soziale Ordnungsstrukturen prinzipiell notwendig und für das menschliche Zusammenleben hilfreich sind. »Der Mensch ist, um Mensch werden und Mensch bleiben zu können, angewiesen auf Institutionalität, auf Sozialität und Rationalität« (E. Wolf). Dabei wird sie prinzipiell auch davon ausgehen, dass ihre theologischen Einsichten an die Erkenntnisse der Sozialwissenschaften anschlussfähig wird. Insofern stellt sich hier auch die Frage nach dem Verhältnis theologischer und vernünftig-rationaler Erkenntnis. Wer beim Naturrecht oder bei den Schöpfungsordnungen ansetzte, meinte zu sehen, dass Theologie und Sozialwissenschaften selbstverständliche, gemeinsame Erkenntnisbestände haben, die ein Voneinanderlernen ermöglichen. Eine offenbarungstheologisch ausgerichtete Theologie wird sich aber kritisch auf sozialwissenschaftliche Erkenntnisse beziehen müssen, aber gleichzeitig so argumentieren wollen, dass sie darin Zustimmung finden kann.

96/97.4 Literatur
Ulrich Körtner, Evangelische Sozialethik, Göttingen 1999, S. 13–140.
Ernst Wolf, Sozialethik. Theologische Grundlagen, Göttingen ³1988.

96/97.5 Unterrichtsideen
1. Diskussion
a) Sch bearbeiten Fragen in PA: Wann herrscht in einer Gesellschaft soziale Gerechtigkeit? Was muss man tun, um soziale Gerechtigkeit zu verwirklichen?
b) Auswertung und zusammenfassender TA.

2. Textarbeit I
a) Sch erhalten M 96/97.1 zur Bearbeitung in PA.
b) Ein Sch stellt ein Ergebnis vor (Präsentieren S. 98), die anderen ergänzen.
c) Gespräch, in dem das Verhältnis von Barmherzigkeit und Gerechtigkeit thematisiert wird.

3. Auseinandersetzung mit der Sozialhilfe
a) Einladung an das Diakonische Werk; Information über Armut, Arbeitslosigkeit, Sozialhilfe und Reichtum.
– Wann ist jemand arm?
– Wie viele Arme gibt es hierzulande? Wie viele Reiche?

- Wie hoch sind die aktuellen Sozialhilfesätze? Reicht der Betrag zum Leben?
- Wie wird festgestellt, ob jemand sozialhilfeberechtigt ist?

b) Diskussion: Ist das gerecht? Was kann man tun, damit es gerechter zugeht?
c) Alternativ: Recherche im Armuts- und Reichtumsbericht der Bundesregierung sowie im Bundessozialhilfegesetz.

4. Textarbeit II
a) L schreibt Fragen an Tafel: Was kann man tun, dass nicht noch mehr Menschen Sozialhilfe beziehen müssen? Soll man finanzielle Zuwendungen durch Sachleistungen ersetzen? Welches Arbeitseinkommen soll ein Sozialhilfeempfänger ohne Abzüge erwirtschaften dürfen? Was soll man bei der Bedarfserhebung beachten?
b) Bearbeitung in arbeitsteiligen Gruppen.
c) Austausch und Diskussion.
d) Vervollständigung von M 96/97.2 in PA mit Hilfe des Textes.
e) Rundgespräch: Was ist den Kirchen wichtig?

96/97.5 Zusatzmaterialien
M 96/97.1 Arbeitsblatt Soziale Gerechtigkeit
M 96/97.2 Arbeitsblatt Sozialhilfe

99 Die Bilder dieses Kapitels

99.1 Der Zusammenhang
Nachhaltiges Lernen wird offenbar verstärkt, wenn es zu einer Rekonstruktion des Lernprozesses kommt. Wie auch in den anderen Kapiteln soll die Schlussrunde und die Schlussseite Anlass geben, das Gelernte noch einmal kurz zu wiederholen und auf diese Weise zu sichern. Dazu können auch die Eingangsfragen noch einmal aufgegriffen werden. Welche Antworten werden jetzt, nach der Behandlung des Themas, gegeben?

99.2 Die drei Bildbeschreibungen
Die drei Bilder (S. 68, 69, 87) thematisieren die Grundpflichten des christlichen Handelns und demzufolge Kriterien des sozialethischen Urteilens. Aus den Bildern kann die Wirkung herausgearbeitet werden, die die Künstler erzielen wollen. Die normativen Erwartungen stimmen zum Teil überein (Weltgericht, Werke der Barmherzigkeit). Vor dem Hintergrund der Ergebnisse des Kurses können die normativen Erwartungen der Bilder benannt und auf die jeweiligen sozialethischen Folgen befragt werden. Was würde sich auf gesellschaftlicher Ebene ändern, wenn alle Menschen sich an diese Weisungen hielten? Wie müssen gesellschaftliche Strukturen gestaltet sein, dass die Schwachen nicht benachteiligt werden (vgl. Mt 25,31ff.) und Menschen vertrauensvoll und sicher zusammenleben können (Ex 20,1–17)?

99.3 Unterrichtsideen
1. »Bilder zum Sprechen bringen«
a) Sch erarbeiten arbeitsteilig die drei Bilder und lassen sie sprechen. Evtl. Einbezug der entsprechenden Bibeltexte und Beschreibungen. Was sagen die Bilder den Menschen heute?
b) Ergebnisse präsentieren. Sch bestimmen, was sie anspricht, aber auch, wo sie widersprechen.
c) Rundgespräch: Wie sieht eine Gesellschaft aus, in der die Aussagen der Bilder Ernst genommen werden?

2. Fragekarten
a) Sch erhalten die Begriffe »Gerechtigkeit«, »Recht«, »Frieden«, »Freiheit«, »Gleichheit« und »Solidarität« auf einzelnen Textkarten. Sie klären in Dreiergruppen, wie diese Begriffe zusammenhängen und stellen dies mit Hilfe der Karten dar.
b) Austausch.
c) Fragen auf S. 69 auf Karten schreiben und in der Klasse ziehen lassen.
d) Sch antworten darauf mit einem Minireferat.
e) Sch diskutieren, ob man an den Antworten erkennen kann, dass der Kurs durchschritten wurde.

Gott

Das Thema
Das Thema »Gott« bzw. »Die Frage nach Gott« gehört zu den zentralen Inhalten des evangelischen Religionsunterrichtes in der Sekundarstufe II. Der Unterricht kann und soll die Auseinandersetzung mit der Gottesthematik der Primar- und Sekundarstufe I aufgreifen, will diese aber noch einmal neu und anders angehen. Kennzeichnend ist der stärker rational-argumentierende Stil, der methodisch bedachte Umgang mit biblischen Texten sowie die Auseinandersetzung mit lebensgeschichtlich begründeten Anfragen (s. u.).

Bei dem Thema »Gott« geht es um »die alles bestimmende Wirklichkeit« (Rudolf Bultmann) und demgemäß um das, was unser Leben, aber auch die Welt insgesamt, unbedingt begründet, in Anspruch nimmt und ein Ziel gibt (Härle, S. 212). Das Thema »Gott« spricht damit jene Deutungen menschlichen Lebens an, die grundlegend bestimmend sind sowie Erleben, Urteilen und Handeln umfassend orientieren. Es geht um das, was Menschen »heilig ist«, »woran ihr Herze hängt« (Martin Luther), »was sie unbedingt angeht« (Paul Tillich) und somit existenzielle Relevanz besitzt. Im Sinne biblischen Glaubens geht es um jenen Gott, der sich in der Geschichte des Volkes Israel, in der Geschichte Jesu Christi und in der Geschichte des christlichen Glaubens offenbart hat. Im Sinne eines »Lebensglaubens« geht es um jene Bilder, Anschauungen und Vorstellungen, die Menschen bewusst oder unbewusst teilen und die ihr Selbst- und Weltverständnis prägen. Im Sinne philosophischer Reflexion geht es um jene Grundansichten von Wirklichkeit, die letztgültige Instanz beanspruchen. Im Blick auf die Kosmologie geht es um die Erklärung letzter Fragen (vgl. S. 124).

In der theologischen Mitte steht die Frage nach dem Verhältnis von Allmacht und Liebe und demgemäß die Frage nach dem »lieben Gott« (vgl. insbes. S. 108–109), die in der Theodizeefrage zum Problem wird. Beide Fragen gilt es aufzuwerfen und von der Bibel her zu beantworten. Schülerinnen und Schüler

Die Erfahrungen im Religionsunterricht der Oberstufe bestätigen Einsichten von Carsten Wippermann (S. 251): »Während die religiöse Sozialisation in Kindheit und Jugend doch weitgehend theistische und deistische Weltbilder vermittelt, distanzieren sich viele am Ausgang der Jugendzeit von diesen [...] und neigen zunehmend zu atheistischen Modellen des Naturalismus, der Reinkarnationsvorstellung oder zum Subjektivismus.« Das Wort »Gott« wird zu einem vieldeutigen Begriff, der von einer »höheren Macht« über »kosmische Energie« bis hin zur »Natur« mit unterschiedlichen Deutungen angereichert wird. Oberster Maßstab ist immer die Individualität bzw. das eigene Ich. Dabei basteln manche an ihrem ›Religionscocktail‹ offensiver, andere zurückhaltender und unbewusster ... (Kern bei Wippermann, S. 229). Mit einem individuellen Synkretismus ist zu rechnen (Wippermann, S. 230f.).

Die Distanzierung von einer theistischen oder deistischen Weltanschauung ist begleitet von Anfragen, die durch naturwissenschaftliche Erkenntnisse (vgl. S. 124), aber vor allem auch durch Leiderfahrungen ausgelöst werden, die an der Glaubwürdigkeit der Kirche und der Verlässlichkeit der Bibel zweifeln lassen und Schwierigkeiten mit einem persönlichen Gott anzeigen, der einen liebt, hilft, wenn man nicht mehr weiter weiß, dem man vertrauen und zu dem man beten kann (S. 102, vgl. auch Nipkow, S. 43–92). Beklagt wird die Nichterfahrbarkeit eines gütigen und mächtigen Gottes. Leichter tut man sich mit »so etwas wie eine höhere[n] Macht« (vgl. S. 102) oder einem Schutzengel (ebd.). Generell darf man damit rechnen, dass »der Lebensabschnitt zwischen dem 17. und 20. Lebensjahr [...] offensichtlich eine Zeit besonders intensiver Auseinandersetzung mit existenziellen weltanschaulichen Fragen« ist (S. 261). Dies gilt offenkundig gerade für Schülerinnen und Schüler des Gymnasiums. Hier findet man am ehesten eine »vitale Religiosität« oder zumindest eine »religiöse Suche« (Wippermann, S. 257f.). Allerdings bedarf dieser kommunikative Umgang mit religiösen Themen seinerseits Anregung, Wissen und religiöse Kommunikation. »Fehlendes (Hintergrund-)Wissen, geringes Training im Umgang mit solchen Fragen sowie der Mangel an Gelegenheiten erzeugen weder das Bedürfnis noch das Interesse an solchen Gesprächen und Gesprächskreisen« (Wippermann, S. 273). Trotz dieser positiven Hinweise muss aber daran erinnert werden, dass das persönliche Gespräch über religiöse Themen häufig mit Zurückhaltung, im Einzelfall sogar mit Widerstand aufgenommen wird (Wippermann, S. 275). Da mag es helfen, dass in der öffentlichen Kommunikation und vornehmlich in der Jugendkultur Themen wie Gott, Gebet, Theodizee, Leben nach dem Tod, aber auch Schöpfung, Jesus und Heiliger Geist präsent sind. Man denke an Sänger wie Xavier Naidoo, Paddy Kelly, Normal Generation, Beatbetrieb oder an Titel wie »Tell me why« von Genesis, »Morning has broken« von Cat Stevens, »Losing my religion« von REM oder »O my God« von Police. Hinzu kommen Filme wie »Bruce Allmächtig«, »Martin Luther« und andere.

Aufbau und Gliederung
Das Kapitel gibt zunächst einmal Raum, eigene Sichtweisen (S. 102–104), die eigene Biografie (S. 103), aber auch grundlegende Lebensdeutungen im Alltag (S. 105) zu rekonstruieren und zu bedenken. Daran anschließend wird das biblische Reden von Gott zur Auseinandersetzung angeboten (S. 106–110). Dabei können biblisch-christliche Namen für Gott wie »Schöpfer« (S. 106, 202), »Ich bin« (S. 107), »Vater« (S. 108, 172), »Richter« (S. 110, 203), und vor allem »Jesus Christus« (S. 109) bedacht werden. Aus anderen Kapiteln kann »Der gerechte Gott« (S. 80, 171), »Jesus, der Sohn Gottes« (S. 155) sowie »Gott, der Schöpfer der Welt und des Menschen« (S. 20, 21, 168) ergänzt werden. Damit werden Grundlagen gelegt, um die religionskritischen Einwände biblisch-theologisch überprüfen zu können. Über die Eigenart biblisch-religiöser Sprache

131

kann man sich in Kapitel »Wirklichkeit« informieren (S. 12, 13, 14).
Ein religionswissenschaftlicher Blick auf die Fülle und die Veränderung der biblischen Bilder von Gott (S. 112) soll auf die innerbiblische Pluralität und Kontextualität des Redens von Gott aufmerksam machen. Von hier aus kann das Bilderverbot bedacht werden (vgl. auch S. 74).

Während die Auseinandersetzung mit dem dreieinigen Gott (S. 114, 115) ebenso wie die Unterscheidung Luthers von deus absconditus und deus revelatus (S. 127) die Besinnung auf das biblische Reden von Gott bündeln will, will das Nachdenken über Theismus und Deismus (S. 113) und die Darstellung der Gottesbeweise (S. 125) die Brücke von der Antike in die Neuzeit schlagen, aber auch Anlass geben, eigene Vorstellungen der Schülerinnen und Schüler aus biblisch-theologischer Sicht zu reflektieren. Hier können die Begriffsdefinitionen (S. 119) anschließen.

Die Kritik des Gottesglaubens wird in vier Kreisen aufgenommen, einmal von der Sinnfrage (S. 104), von dem Projektionsvorwurf (S. 116-118), von der Theodizeefrage (S. 120-123) und schließlich von der naturwissenschaftlichen Erkenntnis und der Beweisbarkeit Gottes her (S. 124-125, vgl. dazu auch S. 188-189 »Was kommt nach dem Tod?« und S. 34 »Vernunft und Glaube in der katholischen Theologie«). Jedes Mal werden Perspektiven zur theologischen Auseinandersetzung angeboten. Wer hier das Thema »Schöpfung und Evolution« aufgreifen will, findet Hilfen im Kapitel »Mensch« (S. 176, 177, 26). Die Blicke in die katholische Theologie (S. 126) und in den Buddhismus (S. 128) wollen die innerbiblische um die christliche und die religiöse Pluralität erweitern. Ergänzungen zum Verständnis des Buddhismus finden sich in anderen Kapiteln (S. 184-185), ebenso wie Hinweise zum Hinduismus (S. 88, 22). Mit Fulbert Steffensky (S. 130) wird ein Reden von Gott vorgelegt, das jeglichen triumphalen Aussagen widersteht, der Realität gerecht werden will und dennoch Hoffnung bietet. Wie Glaube gelebt werden kann, zeigen S. 65 und 66, ebenso S. 35.

Literatur
Wilfried Härle, Dogmatik, Berlin/New York 1995.
Carsten Wippermann, Religion, Identität und Lebensführung, Opladen 1998.
Karl Ernst Nipkow, Erwachsenwerden ohne Gott, Gütersloh 1987.

Möglicher Kursverlauf

	Inhalte	Hinweise
1.	Einstieg: Bildbetrachtung Hildegard Kosmosmensch (S. 100) mit Hilfe einer Schreibmeditation (S. 164)	Alternativ: Theologisieren mit Jugendlichen, ausgehend von den Fragen auf S. 101
2.	Mein Glaube a) Rekonstruktion der eigenen Gottesvorstellungen (S. 102) b) Jana und ich (S. 103) c) Schnädelbach und ich (S. 104)	Alternativ: Auseinandersetzung mit Popsongs, gemeinsames Betrachten eines Filmes (z. B. »Bruce Allmächtig«) oder einer Arztserie (S. 105) Evtl. sich Einordnen zwischen Jana und Schnädelbach
3.	Biblisches Reden von Gott a) Gen 1 und der Glaube an den Schöpfergott (S. 106, vgl. auch S. 20) b) Ex 3 und der Gottesname (S. 107, Symbol Weg S. 205) c) Amos 2;3;8 und der Gerechtigkeit fordernde Gott (S. 75) d) Ex 20 und der Gott, der Wege in die Freiheit weist (S. 74) e) Lk 15,11–32 und die Liebe des Vaters (S. 109 sowie S. 171, 172, 81) f) Mk 15,20–41 und der leidende Gott (S.109 sowie 122) g) Mt 25,31–47 und der richtende Gott (S. 110 sowie S. 78–79) h) Gottesbilder in der Bibel (S. 112)	Ergänzend Schülerreferat »Gibt es den Teufel?«
4.	Der dreieinige Gott (S. 114–115) Einschl. Bildbetrachtung Robert Campin	Ergänzend Apostolicum
5.	Die Eigenart biblischer Sprache (S. 12, 13, 14)	Ergänzend: Sprachform Gleichnis (S. 145)
6.	Aus der Geschichte des Gottesglaubens von der Antike bis in die Neuzeit a) Gottesbeweise (S. 125, 1. Hälfte) b) Theismus-Peismus (S. 113) c) Ergänzung Pantheismus und Panentheismus d) Begriffsklärungen (S. 119)	Schülerreferat zu Spinoza
7.	Kritik und Gegenkritik: Ludwig Feuerbach (S. 116, 117, 118)	Mögliche Referate: Die Biografie von Feuerbach Der Einfluss von Feuerbach auf Heine und Marx
8.	Die Theodizeefrage a) Ludwig Büchner (S. 120) b) Auseinandersetzung mit Kushner (S. 121), Moltmann, Leibniz (S. 122), Luther (S. 127) c) Weitere Antworten (S. 123)	Mögliche Referate zu Harold Kushner, »Wenn guten Menschen Böses widerfährt«; Joseph Roth »Hiob«; Armin Kreiner »Gott und das Leid« Ergänzend: »Gott und das Leid« im Buch Hiob
9.	Naturwissenschaftliche Kritik am Schöpfungsglauben a) Die Meinungen von Steven Weinberg und John Polkinghorne (S. 124) b) Die Kritik der Gottesbeweise (S. 125, 2. Hälfte)	Ergänzend: Schöpfung und Evolution (S. 26, 176, 177) unter nochmaligem Einbezug von S. 106
10.	Leben ohne Sinnantwort: a) Die Position von Herbert Schnädelbach (S. 104) b) Nachvollzug eines »Praktischen Atheismus«	Wenn oben nicht schon bearbeitet
11.	Glaube in anderen Religionen: Buddhismus (S. 128, 129)	Ergänzend Glaube in ethnischen Religionen
12.	Religion im alltäglichen Fernsehprogramm (S. 105)	Ergänzend: Religion im Sport
13.	Rekapitulation der Eingangsfragen	
14.	Noch von Gott sprechen (S. 131)	

100/101 Hildegard von Bingen und Samuel Colman – Bilder zum Kapitel

100/101.1 Der Zusammenhang

Die beiden Bilder wollen wie auch in den anderen Kapiteln das Thema erschließen und Gelegenheit geben, eigenes Vorwissen einzubringen. Sie wollen mit der Schöpfung und der Dreieinigkeit sowie mit dem Exodus Grundaspekte des biblischen Gottesbildes aufgreifen und von vornherein darauf aufmerksam machen, dass bei dem biblischen Gott schöpferisch-segnendes (S. 106, 124, 20, 21, 23, 166, 168, 169) und geschichtlich-rettendes (vgl. S. 107, 109, 74, 75, 202, 204) Handeln zusammengehören. Das Bild von Hildegard kann mit der Erschaffung der Welt aus der mittelalterlichen Buchmalerei (S. 23), aber auch mit der Beseelung Adams (S. 162) sowie mit der Darstellung der Dreieinigkeit bei Robert Campin (S. 115) verglichen werden. Es wirft gleichzeitig die Frage auf, wie Menschen Gott erfahren können. Hildegard erfährt Gott in Visionen und nicht in einer gedanklichen Auseinandersetzung (S. 125). Der Exodus bei Colman kann mit Cranachs Bild zum Dekalog (S. 69) zusammengebracht werden.

100/101.2 Der »Kosmosmensch« nach Hildegard von Bingen

Die Darstellung einer Vision der berühmten Benediktinerin (vgl. S. 237, 131) bezieht sich theologisch vor allem auf Gott, den Schöpfer. Hildegard bemerkt zu Gott, dem Schöpfer, in ihrer Vision: »Er hat den Menschen mit der Rüstung der Schöpfung angezogen, damit er alle Welt im Sehen erkenne, im Hören verstehe und im Geruch unterscheide, damit er im Geschmack von ihr genährt werde und sie im Tasten beherrsche. Und so sollte der Mensch zur Erkenntnis des wahren Gottes kommen, der da ist der Schöpfer der gesamten Kreatur« (Mystische Texte der Gotteserfahrung, S. 116).

Die Trinität Gottes wird durch die den Kosmos umgebende Figur, den aus ihrer Kopfplatte heraustretenden Kopf sowie die Feuerflammen repräsentiert. Der Mensch inmitten der Welt wird in vielfältigen Bezügen und Kräfteverhältnissen dargestellt. Die Visionärin selbst ist klein am linken unteren Bildrand zu sehen.

Die Entstehung der Kosmosschrift, nach deren Inhalt die Miniatur angefertigt wurde, ist in den Jahren 1170–1173 anzusetzen. Das Manuskript wurde in der Rupertsberger Schreibstube noch nach den Anweisungen Hildegards angefertigt. Beim ersten Hinsehen bannt das Bild zunächst durch seine intensive und angenehme Farbgebung. Der Blick richtet sich auf die Gestalt des Menschen in der Mitte des Bildes. Da steht der Mensch kreuzförmig, d.h. aufrecht mit ausgebreiteten Armen, seine Fingerspitzen berühren einen der Kreise, die ihn umgeben. Die Kreise stellen sich in unterschiedlichen Farben dar: Es gibt blaue und weiße Schichten. Sie stehen (von außen nach innen) für den Äther, das Wasser, die Luft mit Wolken und Regen. Darüber hinaus gibt es verschiedene Linien, die die Kreise und den Menschen durchziehen und unterschiedliche Bereiche des Bildes miteinander verbinden. In der Mitte befindet sich eine dicke braune Kugel. Sie steht für die Erde, auf der sich menschliches Leben findet. Sie wird gleichsam von den anderen ringsum gehalten, »ist mit ihnen verbunden und empfängt von ihnen ununterbrochen die grünende Lebensfrische wie auch die Fruchtbarkeit« (Hildegard von Bingen).

Im Übergang vom blauen zu den beiden roten Kreisen sind in vier Richtungen Tierköpfe verteilt, der eines Leoparden, eines Wolfes, eines Löwen und eines Bären, die wieder von anderen Köpfen umgeben sind. Sie alle hauchen in das Rad und auf die Gestalt des Menschen und stellen die Windkräfte dar, die in den verschiedenen Sphären entstehen. Dabei werden die Eigenschaften dieser Tiere von Hildegard moralisch interpretiert. »So üben die Winde ihre Werke aus, wie dies der Mensch mit seinen Armen und Händen tut; jede Tat kommt aus einem bestimmten Wissen, unterliegt einem vorgefassten Plan und bringt etwas im Weltzusammenhang zur Entscheidung«. Oberhalb des Menschen sehen wir sieben Planeten, die ebenfalls ihre Strahlen auf die Tierköpfe und den Menschen richten. Hildegard zeigt: Alles ist geordnet in Gottes Schöpfung. Jedes Geschöpf hat seine Aufgabe und seinen Ort. »Nichts leidet Mangel, nirgendwo erhält sich die Unordnung, keinem steht ein Übermaß zu. Denn die Werke Gottes leben in einer einheitlichen Ordnung.« Die beiden äußeren Kreise sind in hellem, leuchtendem Rot und in Schwarz-Rot gehalten. Diese Kreise bedeuten hell leuchtendes und schwarzes Feuer. Das schwarze Feuer symbolisiert die richtende Härte des Schöpfers, den Hildegard hier den Urlebendigen nennt, das hell leuchtende Feuer umfängt alle anderen Kreise und durchstrahlt sie mit der Liebe des Urlebendigen, die alles, was ist, ins Leben rief.

Der Urlebendige trägt, gleich einer schwangeren Frau, den gesamten Kosmos in seinem Herzen. Im Flammenkreuz der Liebe umarmt er alles Geschaffene. Seine Hände in dem leuchtenden Feuerkreis bergen die gesamte Schöpfung in sich. Hildegard sagt, dass jeder Mensch in ein Beziehungsgeflecht gestellt ist, das in drei Richtungen weist: nach oben zu Gott, nach rechts und links zu den Mitmenschen und nach unten zur Tier- und Sachwelt.

Für Hildegard geht es im Leben darum, dass der Mensch erkennt, wie sehr er in dieses Bezugs- und Beziehungsgeflecht eingebunden ist. Es ist die Aufgabe des Menschen, sich in der Schöpfung einzuordnen und so die eigene, angemessene und vom Schöpfer gedachte Stellung zu finden. Diese Erkenntnis aus dem Mittelalter ist uns heute wichtiger denn je.

Für Hildegard steht der Mensch im Zentrum des Kosmos, aber er muss erkennen, dass er nur ein Geschöpf Gottes ist und nicht selbst der Schöpfer. Der Mensch hat immer wieder neu zu lernen, dass er zwar von Gott eine besondere Stellung in der Schöpfung erhalten hat, aber damit gleichzeitig auch eine besondere Verantwortung für seine Mitwelt. Der Mensch ist dabei getragen von der Liebe des Schöpfergottes, der ihm die Lebenskraft täglich neu schenkt.

Wenn der Mensch das erkennt und auf Gott vertraut, wird ihm auch seine Mitwelt am Herzen liegen und er wird für den Bestand der Welt sorgen und er wird all das in Ehren halten, was Gott zum Schutz des Menschen geschaffen hat.

Biblische Bezüge zu dem Bild finden sich in »Kosmosmensch« Ps 8 (Hoheit und Begrenztheit des Menschen vor dem Angesicht Gottes); Ps 104 (Der Mensch im Lebenszusammenhang der Schöpfung); Gen 1–3; Joh 1,1–17 (Schöpfung durch das Wort, Inkarnationsthematik sowie »Eigentums- und Hausmetaphorik« in V. 14).

100/101.3 Samuel Colman, Die Befreiung Israels aus Ägypten, 1830

Das Werk Colmans (1784–1845) stellt die Szene Ex 14,24–28 dar. Die Feuersäule als Ort der Gegenwart Gottes ist, zentralperspektivisch angeordnet, als Kraftzentrum für die Zerstörung des ägyptischen Heeres präsent; darauf verweisen nicht zuletzt die radial verlaufenden hellen Linien. Es kann letztlich nur darüber spekuliert werden, ob auch für die Exodus-Darstellung eine Analyse der Tate-Gallery London für ein etwa zeitgleich entstandenes Bild gilt. In seinem durch apokalyptisch anmutende Feuerstürme geprägten Gemälde »Die Zerstörung des Tempels« (Entstehungszeit 1830–1840) sah man eine Auseinandersetzung des protestantischen Dissenters Colman mit der religiösen, sozialen und politischen Macht der britischen Staatskirche.

Die biblischen Bezüge liegen in der »Befreiung Israels aus Ägypten« Ex 14 (Auszug aus Ägypten) sowie in Ex 15 (Lobgesang des Mose).

100/101.4 Der Zusammenhang der beiden Bilder

Die beiden Bilder illustrieren in ihrem kontrastreichen Nebeneinander zunächst den Unterschied zwischen einer schöpfungstheologisch konturierten und einer an der Exodusthematik orientierten »Bildwerdung« des (biblischen) Redens von Gott. Am Bild wird schon deutlich: Reden von Gott vollzieht sich (auch innerhalb der Bibel, vgl. S. 112) immer wieder in Spannungsverhältnissen. Man vergleiche dazu auch die Trinitätstheologie im Gegenüber zu Feuerbachs Verdacht einer Projektion positiver menschlicher Eigenschaften in Gott, gedacht als »ein Individuum« (S. 114–118); die Antworten auf die Theodizeefrage (S. 123), die Spannung von natürlicher Ordnung oder Schöpfung Gottes (S. 124).

Das Nebeneinander der beiden Bilder kann auf die Unterscheidung und Zuordnung von Gottes segnendem und rettendem Handeln verweisen, die Claus Westermann herausgestellt hat. Der rettende Gott erscheint, um seinem Volk zu helfen. In den Klagen wird dieses Erscheinen Gottes angefleht. Später ist es der sein Volk strafende, richtende Gott, der zum Gericht erscheint und schließlich der zum Weltgericht erscheinende Gott. Das segnende Handeln ist ein sich vom rettenden Handeln unterscheidendes Handeln. Es ist ein stilles, stetiges, unmerklich fließendes Handeln Gottes, das auch außerhalb der Errettungs- und Heilsgeschichte sich vollzieht. Es umfasst alle Menschen. Es benennt die Gewährleistung täglichen Lebens.

100/101.5 Die Fragen

Die Fragen umkreisen etliche – auch in den Bildern unterschiedlich stark durchscheinende – Themenbereiche:
- Reden von Gott, Gottesbild und Bilderverbot (S. 105, 114–117, 128–129, 130, 140–141).
- Das menschliche Leben und Gott. »Begleitet mich Gott in meinem Leben?«, »Was kommt nach dem Tod?« (S. 103, 109, 121, 212–213).
- An Gott glauben, von Gott reden in Religionen und Kirche (S. 52, 126–127, 128–129).
- Das Wirken Gottes und die Theodizee (S. 120–123, 134).

100/101.6 Literatur

Hildegard von Bingen, Liber divinorum operum 761 und 867/7 in Übersetzung abgedruckt bei: Hildegard von Bingen, Mystische Texte der Gotteserfahrung. Hg. v. Heinrich Schipperges, Freiburg i. Br. 1978, S. 114–116.

Nach innen und außen: Mystik und Dogmatik, Glaube und Lernen 2/2002.

Heinrich Schipperges, Die Welt der Hildegard von Bingen, Freiburg i. Br. 1997.

www.tate.org.uk/servlet/ViewWork?cgroupid=99999961&workid=2529 (zu Samuel Colmans »apokalyptischem« Malstil).

Claus Westermann, Theologie des Alten Testaments in Grundzügen, ATD Ergänzungsreihe 6, 1978.

100/101.7 Unterrichtsideen

1. Farbspiele »aufs Bild zu«
a) Sch ergänzen für sich den Satz »Gott ordne ich die Farbe ... zu« (Hinweis: Sowohl Karl Barth als auch Marc Chagall wählten in dieser Hinsicht Blau), evtl. Farben (auf Farbkärtchen) vorgeben: Blau, Weiß, Rot, Grün.
b) Sch gruppieren sich im Raum nach ihrer Farbwahl. Austausch über die Gründe für die Farbwahl.
c) Untersuchung der beiden Bilder. Leitperspektiven: Farbwahl für Gott in den Bildern – Vergleich mit der eigenen Entscheidung und Reflexion auf biblische Perspektiven. Evtl. mit vorhergehender oder parallel laufender Information zu Grundstrukturen der Bilder.

2. Bildbetrachtungen
a) Sch stellen sich in die Position des Kosmosmenschen und betrachten dazu das Bild von Hildegard. Welches Lebensgefühl will Hildegard vermitteln? Was heißt für sie, Gott hat die Welt erschaffen?
b) Bild von Colman (u.U. mit Lupe) untersuchen. Welche Geschichte wird hier erzählt? Was kam vorher? Was folgt? Was sagt das über Gott?
c) Sch entwickeln Theorien über den Zusammenhang der beiden Bilder. Wie gehören sie zusammen?

3. Fragen zuordnen und einordnen
a) In PA den einzelnen Bildern Fragen zuordnen. Leitfragen: Welche Fragen passen zu welchem Bild? Wo »kommen sich« Bild und Frage »in die Quere«? Warum ist das jeweils so?
b) Qualifikation einer »Topfrage« in PA.
c) Erhebung der »Topfragen« und der Gewichtungen in der Gesamtgruppe.
d) Evtl. Übungen zum »schnellen Querlesen« im Kapitel. Welche der gewählten Topfragen passt zu welchem Text/zu welchem Thema?

102 Wohin gehöre ich?

102.1 Der Zusammenhang

Die vorliegenden Diagramme stammen aus einer umfangreichen, religionssoziologischen Erhebung der Humboldt-Universität in Berlin, die 1997 von Klaus Peter Jörns vorgelegt wurde (»Die neuen Gesichter Gottes«). Sie wurden deshalb ausgewählt, weil sie eine empirische Grundlage für das Gespräch über die Vorstellungen von Gott darstellen.

Die Schülerinnen und Schüler sollen zu Beginn des Kapitels »Gott« die Gelegenheit bekommen, über die Verschiedenartigkeit der eigenen und der fremden Vorstellungen von Gott nachzudenken. Die Auswertung der Diagramme leistet methodisch zum ersten, dass ein Gespräch über »Gottesbilder« nicht gleich zu Beginn allzu persönlich wird; denn die Ergebnisse Dritter zu kommentieren fällt vielen Schülerinnen und Schüler leichter, als direkt die eigenen Vorstellungen von Gott offen zu legen.

Zum zweiten lässt sich über die Analyse der Diagramme begreifen, dass die Vorstellungen von Gott bzw. von höheren Mächten innerhalb einer Bevölkerung sehr unterschiedlich sind. Diese Erkenntnis mag dazu beitragen, dass Kursteilnehmer unterschiedlicher Frömmigkeitsstile unvoreingenommen ins Gespräch treten können.

Die Auswahl der drei vorliegenden Diagramme ist bewusst so gewählt, dass zunächst die Frage nach dem personalen Gott (F 1), wie er in den biblischen Texten bezeugt ist, aufgegriffen wird (vgl. S. 106–110). Die transpersonale Vorstellung von Gott (F 2) wird im Kursbuch anschließend im Zusammenhang mit der Suche nach einer philosophischen Antwort auf die Gottesfrage diskutiert (vgl. S. 113 und 116–123). Die Frage nach der Existenz von Schutzengeln schließlich verdankt sich der zeitgenössischen Vorliebe für Darstellungen von Engeln in sämtlichen Bereichen des öffentlichen Lebens (Kalender, Popsongs, Geschenkpapier, Kinderlieder, Werbung etc.).

Die Einsichten können mit den Ergebnissen der Shell-Studie 2000 verglichen werden (S. 41), die überdies auch auf überirdische Mächte eingeht.

102.2 Empirische Untersuchungen zur Religiosität Jugendlicher und Erwachsener

Die Studie von Klaus Peter Jörns bezieht sich auf eine Umfrage aus dem Jahr 1992 mit 1.924 ausgefüllten Fragebögen aus drei Bezirken in Berlin (Kreuzberg, Mitte, Wannsee) sowie zwei Hunsrück-Dörfern. Ergänzt wurden die Umfragen mit Befragungen von Pfarrerinnen und Pfarrern im Westen und Osten der Berlin-Brandenburgischen Kirche. Befragt wurden Männer und Frauen zwischen 14 bis über 74 Jahre. Leitend war die Annahme, dass der Bezug zur Transzendenz die konkrete Gestalt der personalen Beziehungen, der Beziehungen zur Erde sowie zu Werten und Ordnungen bestimmt (bzw. diese die Transzendenzbeziehung bestimmen). Konstitutiv ist also die Annahme, dass das transzendente Gegenüber mit der Bewältigung von alltäglichen Lebenssituationen zu tun hat. Die drei Diagramme rücken solche transzendenten Bezüge in den Mittelpunkt, blenden aber die Auswirkungen auf den Alltag aus. Mit dieser Frage kann sich aber das Gespräch beschäftigen.

Bei dem Ja für den persönlichen Gott (F 1) sind jene Personen einbezogen, die Gott als Eigennamen gebrauchten, aber Gott auch als Vater, guter Geist oder Jesus Christus benennen konnten. Unter dem Begriff »überirdische Wesen oder Mächte« sollen Geister, Engel, Schicksale und Energien gefasst werden. Die Ergebnisse zeigten, dass der Glaube an einen persönlichen Gott ganz selbstverständlich mit dem Glauben an Schutzengel verbunden werden kann, was angesichts der christlichen Tradition nicht verwunderlich ist. Die Antworten zeigen jedoch auch, dass der Glaube an den persönlichen Gott bei den einen mit dem Glauben an überirdische Wesen oder Mächte verbunden werden kann, während andere einen solchen Zusammenhang ausschließen. Auffallend ist, dass gerade bei der Altersgruppe der Schülerinnen und Schüler der Anteil von »vielleicht« am höchsten ist. Wie ist das zu erklären? Auffallend ist auch, dass mehr Menschen an überirdische Mächte als einen persönlichen Gott glauben.

Gerade die Frage nach überirdischen Wesen und Mächten legt die Möglichkeit nahe, die Ergebnisse von Jörns mit anderen Einsichten zu verknüpfen. Nach der Shell-Studie 2000 (S. 41) rechnet über die Hälfte aller Jugendlichen zwischen 15 und 24 Jahren mit dem Vorhandensein unerklärlich-übernatürlicher Vorgänge und Kräfte. Ein gutes Drittel glaubt nicht an Zufall im Leben. Fast die Hälfte glaubt an eine »höhere Gerechtigkeit«. Knapp ein Drittel sieht in allem Geschehen eine Bestimmung wirksam, die als übermenschlich vorgestellt ist (Shell 2000, S. 175f.). Der holländische Religionssoziologe Johannes van der Ven sieht in all dem eine Wiederkehr eines antiken Polytheismus, in dem Zufall (Tyche), Schicksal (Moira), aber auch Gerechtigkeit (Dicke), möglicherweise auch das Glück (Fortuna) als göttliche Mächte eine wichtige Rollen spielen.

Solche traditionsgeschichtlichen Linien lassen nach der Wirkungsgeschichte des »höheren Wesens« fragen, das in der französischen Revolution bedeutsam und von Voltaire näher bestimmt wurde (Metaphysische Abhandlungen, 1734). Es erweist sich dort als übermächtiges Wesen, das die Welt intelligent eingerichtet hat, von dem man allerdings nicht wissen kann, ob es allmächtig, gerecht, gut und ewig ist. Ein Vertrauensverhältnis kann gegenüber einem solchen Wesen nicht aufkommen.

102.3 Literatur

Klaus Peter Jörns, Die neuen Gesichter Gottes. Was die Menschen heute wirklich glauben, München, 2. Auflage 1999.

Carsten Wippermann, Religion, Identität und Lebensführung. Typische Konfigurationen in der fortgeschrittenen Moderne, Wiesbaden 1998.

Johannes van der Ven, Religiöse Sozialisation in der Neuzeit, in: Wilhelm Gräb u.a., Christentum und Spätmoderne, Stuttgart 2000, S. 114–226.

102.4 Unterrichtsideen

1. Anonyme Umfrage in der Klasse
2. Interpretation Diagramm F1
a) Gemeinsam Beobachtungen anstellen.
b) Unterschiede zwischen Männern und Frauen bedenken.

c) Den Begriff »persönlicher Gott« deuten. Was ist damit gemeint?
d) Bedenken, was sich für das Alltagsleben ändert, wenn man »ja«/»vielleicht«/»nein« sagt? Wie leben solche Menschen?

3. Interpretation Diagramm F2
a) Beobachtungen formulieren.
b) Unterschied zwischen jung und alt bedenken.
c) F1 und F2 in Bezug setzen. Ist oben Nein = unten ein Ja?
d) Beispiele für überirdische Wesen oder Mächte finden (auch aus Filmen, Liedern, Literatur, PC-Spielen).
e) Was ändert sich im Leben?

4. Interpretation Diagramm F95
a) Ergebnisse betrachten: Was sagen sie (über uns) aus?
b) F1, F2, F95 einander zuordnen: Wie passen die Ergebnisse zusammen?
c) Gespräche über Engel: Gibt es Engel? Gibt es verschiedene Engel? Gibt es auch gefallene Engel?
d) Was ändert sich im Alltag, wenn man an Engel glaubt?

103 Mein Leben mit Gott

103.1 Der Zusammenhang
Nach der eher empirischen Beobachtung der unterschiedlichen Vorstellungen von Gott im Alltag (S. 102) geht das Kursbuch einen Schritt auf die Jugendlichen und deren individuelle Situation zu.
Jana, die Autorin des Textes, ist etwa so alt wie die Schülerinnen und Schüler der Kursstufe. Der Text bietet diesen die Möglichkeit an eigene ähnliche Erfahrungen anzuknüpfen und ins Gespräch zu bringen, wie etwa die Suche nach Autonomie (Z. 6) oder die Sehnsucht nach »tollen Momenten« im Rahmen kirchlicher Jugendarbeit (Z. 43). Der Text bietet aber auch die Möglichkeit, in Abgrenzung von Janas Glaubensentwicklung, von ganz anderen Lebensentwürfen zu erzählen und Vergleiche zu ziehen. Ähnliche biografische Aussagen finden sich von Marius Müller-Westernhagen (S. 41) sowie von Anna (S. 40). Wie eine tägliche Bibellese (Z. 51, 52, 58) aussehen kann, wird im Bibel-Kapitel benannt (S. 212–213). Der Zusammenhang zwischen Jesus und Gott wird im Zusammenhang mit der Inkarnation (S. 112), Trinität (S.114) und der Gottessohnschaft Jesu (S. 154) aufgenommen.
Die biografische Perspektive des Textes soll ausdrücklich dazu ermutigen, die persönliche Situation aller im Kurs Beteiligten zu reflektieren. Die stärker sachlich orientierten Texte der Folgeseiten im Kursbuch (S. 104/105) verlagern das Nachdenken über Gottesbilder in der Lebenswelt der Jugendlichen auf eine zunehmend abstraktere Ebene.

103.2 Der Text
Der Text bietet in erzählender Form einen autobiografischen Rückblick auf die Glaubensentwicklung einer jungen Frau im Alter der Schülerinnen und Schüler. Die Autorin erzählt von einem gemischt-konfessionellen Elternhaus, das behutsam prägend (Abendgebet, CVJM-Freizeiten) auf die Ausbildung einer eigenen Frömmigkeit der Tochter gewirkt hat. Sie berichtet weiter, dass sie im Rahmen der kirchlichen Jugendarbeit allmählich ein eigenes Glaubensprofil entwickeln konnte, das durch eine persönliche Beziehung zu Jesus geprägt ist und spürbare Konsequenzen hat: zunächst im Alltag der Welt, aber auch innerhalb der Gruppe. Als herausragendes Ereignis beschreibt die Autorin die »Generalbeichte« und das befreiende Gefühl der Vergebung, das mit dem Symbol des weißen Kleides als Zeichen der Reinheit und der Errettung verbunden wird (Offb 7,14). Abschließend erwähnt sie die zunehmende Entfremdung von den Eltern, die das vermeintlich strenge Glaubensleben der Tochter skeptisch begleiten. Die Frage wird sein, wie die Entwicklung vermutlich weitergehen wird. Bleibt Jana in dieser Glaubenswelt?
Im Text wird die Frage nach dem Gottesbild unmittelbar aufgegriffen. Die Autorin schildert die Erfahrungen mit einem personalen göttlichen Gegenüber, das Menschen wahrnimmt, hört und sieht (Gebete, Lieder ...), das zunächst in der Gestalt eines Überwachers (Z. 28, 38), dann aber in der Form eines gütigen Lebensbegleiters (Z. 41) erscheint. Außerdem thematisiert sie durch die Erwähnung ihrer Beziehung zu Jesus bereits das komplexe theologische Problem der Trinität (Z. 19 und 40–42).

103.3 Unterrichtsideen

1. Textarbeit I

a) Text aufmerksam lesen (evtl. Hausaufgabe).
b) Stellung beziehen: Sch bringen auf einer Linie an der Tafel/auf einem Flipchart o.ä. einen Klebepunkt an. Die Linie steht für die Geschichte von Jana. Die beiden Enden der Linie sind mit den Begriffen »kenne ich gut/ist bei mir ähnlich« bzw. »ist mir fremd« gekennzeichnet. Die Mitte der Linie bekommt den Satz »kenne ich teilweise«. Je nach eigener Einschätzung kleben die Sch ihren Punkt auf die Linie. Das Ergebnis wird zunächst gemeinsam kommentiert (nicht gewertet!). Danach haben einzelne Sch die Gelegenheit, ihren Punkt zu erläutern.

2. Textarbeit II und theologische Reflexion

a) Sch entdecken in GA im Text anklingende Bilder von Gott (als Ohr, in der Person Jesu, als Überwacher/Kamera, als Beichtvater, als Wegweiser, als Begleiter) und stellen sie in einer Skizze (DIN A 3/Edding-Stifte) dar.
b) Anschließender Austausch über die Entdeckungen.
c) Gespräch: An welcher Stelle von Janas Kindheit und Jugend hätten die Sch Jana gerne kennen gelernt? In welchen sonstigen – außerkirchlichen – Gruppierungen machen Menschen Erfahrungen von Identität, Gemeinschaft, Lebenshilfe, die denen von Jana strukturell ähnlich sind? Welche unterschiedlichen Erfahrungen haben die Sch mit dem Lesen in der Bibel? Wo im Verlauf der biblischen Texte finden sich ihrer Kenntnis nach Textstellen, die zu den aus dem Text gewonnenen Gottesbildern passen? Wie geht es mit Jana vermutlich weiter?
d) Nach Möglichkeit: Sch stellen ihr gegenwärtiges Bild, das sie von Gott haben, in einer Skizze oder einem Symbol dar.

104 Gibt es Gott?

104.1 Der Zusammenhang

Schülerinnen und Schüler können den Glauben an höhere Mächte und gar den Glauben an einen persönlichen Gott, der einen Namen hat und zu dem man beten und singen kann (S. 103), ausdrücklich ablehnen. Nach Carsten Wippermann sind 27,4 Prozent der Jugendlichen und jungen Erwachsenen zwischen 13 und 29 Jahren »Autonomisten« oder »Subjektivisten«, die eine selbst bestimmte Sinngebung betonen: »Das Leben hat nur dann einen Sinn, wenn man ihm selber einen Sinn gibt« (Wippermann, S. 246). Während der »Subjektivist« Sinngebungen ex post rekonstruieren und somit spontan im Handeln Sinn zuschreibt, erhebt der »Autonomist« einen beliebigen Ausschnitt der Wirklichkeit zum Mittelpunkt des Lebens (z.B. Sport und Literatur). Mit dem Nebeneinander von Jana (S. 103), die Wippermann zu den 17,2 Prozent der Christen rechnen würde, und Schnädelbach (S. 104) werden gleichsam zwei Pole abgesteckt, um sich dazwischen selbst zu verorten. Gleichzeitig eröffnet die Schnädelbach-Hirschler-Kontroverse die Auseinandersetzung mit der neuzeitlichen Religionskritik (S. 116–125), die hier um eine existenzialistische Position erweitert wird.

104.2 Die Kontroverse zwischen Schnädelbach und Hirschler

Der Philosoph Herbert Schnädelbach stammt aus einer methodistischen Pastorenfamilie und trat im Jahr 2000 mit einem Essay zum »Fluch des Christentums« an die Öffentlichkeit (DIE ZEIT Nr. 20 vom 11. Mai 2000). Darin entlarvt er sieben Geburtsfehler des Christentums, die erklären lassen, dass die Blutgeschichte des Christentums keine Abirrung von den ursprünglichen humanen Prinzipien darstellt, sondern im Wesen des Christentums begründet sind. Aus der Sichtweise von Theologen und Philosophen wie Wolf Krötke oder Richard Schröter erweist sich Schnädelbach dabei als Nachfahre von Friedrich Nietzsche. Man wird annehmen dürfen, dass das Gespräch mit dem Hannoveraner Altbischof Horst Hirschler diese Debatte zum Hintergrund hat.

In der Diskussion mit dem existenzialistisch argumentierenden Hirschler erweist sich Schnädelbach als Vertreter einer existenzialistisch-nihilistischen Position, die den Gedanken eines persönlichen Gottes als intellektuell unredlich ablehnt, diese Stelle deshalb »leer« (Z. 55) lässt (vgl. Nietzsche, Gott ist tot) und dafür ein selbst bestimmtes eigenverantwortliches Handeln auch in letzten Fragen für sich in Anspruch nimmt. Leitend ist dabei ein Selbstverständnis, das den Menschen als in eine an sich sinnlose Welt hineingeworfen sieht, der darin sich selbst überlassen und deshalb radikal frei ist. Diese Freiheit zwingt (»muss«, Z. 61) dazu, auch die Antworten auf die Sinnfrage selbst, das heißt individuell und selbstverantwortlich zu geben und so Sinn zu setzen. Für diese Antworten kann niemand anders verantwortlich gemacht werden. Nähen zu Sartre sind zu erkennen. Allerdings dürfte es lohnend sein zu prüfen, ob sich bei Schnädelbach gewissermaßen ein Rest vor dem Ungreifbaren zeigt, das sich im Gespräch mit dem Buddhismus (S. 129) als Gemeinsamkeit zwischen den beiden Weltreligionen erkennen lässt.

Altbischof Hirschler will dem Philosophen Schnädelbach die Zustimmung abringen, dass Menschen, indem sie handeln (»das mache ich jetzt« Z. 21), implizit schon von der Sinnhaftigkeit der Welt ausgehen und demgemäß an so etwas wie einen Gott glauben (Z. 13) und von dem her oder auf den hin denken (vgl. Katholische Theologie S. 126).

Gegen Hirschler spricht, dass nach dem Luther-Glauben (S. 127) und Kant (Kritik der Gottesbeweise, S. 125) eine rationale Demonstration Gottes wenig Aussicht hat. Für Schnädelbach spricht demnach, dass der Weg vernünftigen Nachdenkens nicht zwingend zur Annahme der Existenz Gottes führen muss (Agnostizismus). Der biblische Gott erschließt sich in geschichtlichen Erfahrungen. Schnädelbach wäre zu fragen, welches Menschenbild für ihn leitend ist.

104.3 Literatur
Carsten Wippermann, Religion, Identität und Lebensführung. Typische Konfigurationen in der fortgeschrittenen Moderne, Wiesbaden 1998.

104.4 Unterrichtsideen
1. Texterarbeitung
a) Text mit verschiedenen Rollen lesen.
b) Formulierung der Thesen in zwei Gruppen.

2. Streitgespräch: Wer hat recht?
Im Raum wird je eine Seite als »Schnädelbach« und »Hirschler« sowie eine dritte als »Unentschieden« definiert. Die Sch stellen sich auf »ihre« Seite und disputieren miteinander.

3. Positionsspiel
a) L zeichnet eine Linie mit Kreide auf den Boden.
b) An einem Ende steht Jana (S. 103), am anderen Schnädelbach (S. 104).
c) Sch ordnen sich selbst ein und sprechen über ihre Position.

105 Halbgötter im Fernsehen

105.1 Der Zusammenhang
»Einen Gott haben, heißt etwas haben, worauf das Herz gänzlich vertraut« (Martin Luther). Diese Formulierung Martin Luthers lässt danach fragen, ob es neben oder außerhalb des Gottesglaubens andere, »säkulare« Götter gibt, die uneingeschränktes Vertrauen beanspruchen oder entgegengebracht bekommen. Gleichzeitig stellt sich die Frage, ob es im Alltag wirksame, ganz selbstverständliche Lebensdeutungen gibt, die das eigene Leben, Urteilen und Handeln grundlegend bestimmen und deshalb als »säkulare Religion« bezeichnet werden können. Anzunehmen ist, dass solche säkularen Götter und Formen einer säkularen Religion dort zu finden sind, wo Menschen und auch Heranwachsende ständig »angesprochen« werden, nämlich in der massenmedialen Alltagskultur, in der Werbung, aber auch in allseits beachteten Phänomenen wie Aktienkursen, Entlassungen, Rentenversicherungen bis hin zum Sport und zur Steuerung von Bildungsprozessen. Eine besondere Rolle spielen dabei sicherlich Fernsehsendungen und darunter gerade die Serien (Arzt-, Gerichts- oder Lifestyleserien), die offenkundig Lebensthemen aufgreifen, Gespräche bestimmen und dabei auf Lebensdeutungen und -haltungen Einfluss nehmen.

Eine Theologie, die sich dem ersten Gebot verpflichtet weiß – und deshalb mit Luther nach dem fragt, was wirklich Vertrauen verdient – wird hier aufklärend-religionskritisch wirken wollen und danach fragen, was dem Glauben an den biblischen Gott entspricht oder widerspricht (Analogie und Differenz). Ein Augenmerk der Beschäftigung mit dem Text könnte auch darauf liegen, die medial präsentierte Scheinwirklichkeit als solche zu entdecken.

105.2 Elisabeth Hurth zu Arztserien
Elisabeth Hurth legt einen explizit religionskritischen Text vor – im Namen des biblischen Gottes. Es geht ihr um die Aufklärung säkularer Götter, nämlich der allmächtigen Götter im Fernsehen und die Aufdeckung einer illusionären säkularen Religion, die den Körper als störanfälligen Organismus, Krankheit als Defekt der Körpermaschine und Glück als Freisein von Krankheiten und Gebrechen definiert. Im Sinne einer biblischen Theologie rekapituliert sie auf ihre Weise die Religionskritik von Feuerbach (S. 116–118).

Sie geht davon aus, dass die zunehmende soziale und persönliche Verunsicherung der Zeitgenossen ihren Niederschlag in einem gewachsenen Bedürfnis nach Sicherheit und Verlässlichkeit findet. An die Stelle Gottes, der traditionell als der letzte Halt im Leben und im Sterben wahrgenommen wurde, rücken nach Ansicht der Autorin innerweltliche Phänomene und Sicherungssysteme. Eines dieser Beruhigungs-, Sicherungs- und Heilungssysteme begegnet ihr in der Form von Fernsehunterhaltung; die messianischen Figuren der großen Heiler (Z. 14) bekleiden mittlerweile die »Halbgötter in Weiß« (Z. 4).

Die Autorin beklagt sich darüber, dass die TV-Macher mit Zerrbildern arbeiten. Es werde – so Hurth – ein Bild von einem Leben gezeichnet, das grundsätzlich machbar sei, Gesundheit gehöre zum Standard des Lebens, Krankheit gelte als zu behebender Defekt und Ärzte würden als allmächtige Reparateure dargestellt.

Hurth stellt diesem populären Verständnis von Leben und Glück ein biblisch begründetes Bild gegenüber: Leben und Gesundheit werden im AT und im NT als Geschenk und nicht als einklagbarer Besitz verstanden, Krankheit und sämtliche übrigen Beeinträchtigungen des Wohlbefindens stellen ein Teil des Lebens dar und der Tod, als letzter Feind des Menschen, ragt ins Leben hinein.

105.3 Krankheit und Heilung in der Bibel

Krankheit hat in der biblischen Sichtweise ganz verschiedene Dimensionen. Sie hat eine körperlich-physische Dimension, eine seelische (denn es geht um Ängste und Hoffnungen, aber auch um Schuld und Versagen), eine soziale (denn Krankheit macht einsam), eine ökonomische (denn Krankheit kostet Geld) und vor allem auch eine mythologisch-theologische Dimension. Es geht jedes Mal auch um das Weltbild und die Beziehung zu Gott (vgl. Mk 2,1–12). Dementsprechend ist auch das Verständnis von Heilung mehrdimensional zu sehen. Eine bloß körperlich-physische Heilung reicht nicht aus. Der Glaube kann heilen. Zuversicht spielt eine entscheidende Rolle.

Wer Krankheit nicht auch als Anfrage an seinen Lebenswandel und seine Lebenseinstellungen begreift, wird letztlich nicht gesund werden können, wie z. B. bei Herzinfarkten sehr deutlich wird. In der Gottesdimension geht es nicht einfach um die Anerkenntnis Gottes als Verursacher oder als Retter der Krankheit, es geht vielmehr um die Grundeinstellung zum Leben und damit auch zur Einstellung zu Gott als Quelle des Lebens (Ps 36,10). Letztlich ist Leben und auch Heilung ein Geschenk. Es gilt einzusehen und einzugestehen, dass das Leben niemals vollständig verfügbar ist und schon gar nicht ohne Beeinträchtigung und Grenzen gelebt werden kann. In der Krankheit erfahren Menschen, dass sie ihr Leben nicht im Griff haben und nicht vollständig im Griff haben können, ja, dass alles Leben begrenztes, endliches, eben geschöpfliches Leben ist. Leben mit Gott, dem Ursprung und der Quelle des Lebens, ist daher kein Leben ohne Beeinträchtigung und Behinderung, wohl aber ein Leben, das bestimmt ist von der Liebe, der Kraft zum Leben. »Gesundheit ist nicht die Abwesenheit von Störungen, Gesundheit ist die Kraft, mit ihnen zu leben« (Dietrich Rössler). So gesehen kann auch der chronisch Kranke »leben«.

105.4 Literatur

Manfred L. Pirner, Fernsehmythen und religiöse Bildung, München 2001.
Gunda Schneider-Flume, Leben ist kostbar. Wider die Tyrannei gelingenden Lebens, Göttingen 2002.

105.5 Unterrichtsideen

1. Unterrichtsgespräch: Kranksein und Patientsein
a) Sch bearbeiten in Dreiergruppen Fragekarten M 105.1.
b) Austausch der Ergebnisse: Gibt es einheitliche Trends?

2. Ausschnitt aus einer Arztserie
a) Sch sammeln ihnen bekannte Arztserien und berichten über den Inhalt.
b) L zeigt einen Videoausschnitt aus einer Arztserie oder präsentiert einen Dialog.

c) Analyse: Was erzählt die Inszenierung der Regie über Krankheit – und was über das medizinische Personal?
d) Vergleich mit den eigenen Erfahrungen.

3. Textarbeit
a) Sch bestimmen arbeitsteilig in dem Text, wie erstens die Ärzte, zweitens die Krankheiten, drittens der Organismus, viertens das Krankenhaus und fünftens das Glück gesehen werden. Begriffe werden an die Tafel geschrieben.
b) Zusammentrage der Ergebnisse.
c) Vergleich mit der Fernsehserie: Inwiefern entspricht oder widerspricht der ausgewählte Ausschnitt den Thesen der Autorin?

4. Diskussion
a) Hat die Autorin recht – alles Einbildung?
b) Versuch Z. 54–58 zu verstehen: Was meint Elisabeth Hurth damit?
c) Möglicher Zusatz: Erstellen Sie ein eigenes Skript für eine neue Folge einer TV-Arztserie.

105.6 Zusatzmaterialien

M 105.1 Fragekarten

106 Der Glaube an den Schöpfergott

106.1 Der Zusammenhang
Der Text von Hansjörg und Wolfgang Hemminger eröffnet die Auseinandersetzung mit dem biblischen Gottesglauben (S. 106-110). Der Text will angesichts der Popularität des »wissenschaftlichen Weltbildes«, d.h. einer umfassenden Weltdeutung mithilfe naturwissenschaftlicher Erkenntnisse, den Glauben an den Schöpfergott als eine Deutung der Wirklichkeit verständlich machen, die naturwissenschaftlichen Erkenntnissen nicht widerspricht, ohne jedoch mit diesen identisch zu sein.

Der Text kann auf Ausführungen zu den biblischen Schöpfungsgeschichten (S. 20, 166, 168, 169) sowie zu Mythen (S. 14) zurückgreifen und durch das Thema »Schöpfung oder Evolution?« (S. 176, 177) ergänzt werden. Wissenschaftstheoretische Hilfestellung in der Zuordnung von Glaubensaussagen zu naturwissenschaftlichen Ergebnissen bietet das Komplementaritätsmodell (S. 28). Wie Naturwissenschaft und Glaube zu einer Einheit finden können, zeigt John Polkinghorne (S. 124). Ihm gegenüber steht jedoch Steven Weinberg (S. 124), der wie Herbert Schnädelbach (S. 104) bei dem Eingeständnis der Rätselhaftigkeit der Welt stehen bleiben will.

106.2 Der Glaube an Gott in Genesis 1
Der priesterschriftliche Schöpfungsbericht zählt zu den Mythen (S. 14, 20) und will auf elementare Menschheitsfragen antworten (S. 20). Es geht hier nicht einfach um die Entstehung der Welt, sondern darum, »wie die Welt eigentlich ist« (Erich Zenger, S. 20, Z. 52f.). Dargestellt wird das »Urgeschehen« (ebd., Z. 45), das »alle weitere Geschehnisse begründet, normiert«. Es geht also um das, was Wirklichkeit letztlich bestimmt und existenziellen Anspruch erhebt.

Gen 1 ist als Auftakt einer großen Erzählung zu verstehen, deren Erzählbogen bis zum Turmbau zu Babel reicht (so Claus Westermann und Gerhard Liedke). Erst in diesem weiten Zusammenhang wird erkennbar, dass es darum geht, wie der Mensch die Welt und sich selbst verstehen und daraufhin leben soll. Die Erzählung in M 106.2 will diesen Zusammenhang narrativ darlegen.

Die implizite »Konstruktion der Wirklichkeit« erschließt sich über die sprachliche Struktur. Gen 1,1-2,4a ist ein sorgfältig gestaltetes Strophengedicht mit zehn verschiedenen Versen, das die Welt als ein bedacht gefügtes Haus (Eukos) beschreibt, in dem die Lebewesen (einschließlich der Gestirne) ihren Lebensraum haben. Dieses durchaus prekäre Gleichgewicht ist zu verstehen als Werk eines transzendenten, souveränen Gottes (vgl. S. 66), der diese Welt lebensfreundlich eingerichtet hat (creatio originalis, vgl. Gen 1 und 2), andauernd erhält (creatio continua, vgl. Ps 104), zur Vollendung bringt (creatio nova, vgl. Offb 21) und deshalb Vertrauen verdient. Die Billigungsformel (»und Gott sah, dass es gut war«) fordert auf, in das Urteil des Schöpfers einzustimmen.

Der Glaube an Gott erschließt sich auch aus dem religionsgeschichtlichen Vergleich mit dem babylonischen Schöpfungsmythos (S. 16-17), gegen den der priesterschriftliche Schöpfungsbericht nach historisch-kritischer Einsicht gerichtet ist. Die Welt verdankt sich nicht einem übermächtigen Götterkampf, der immer wieder ausbrechen kann und das menschliche Zusammenleben bedroht, sondern dem freien und zugleich gütigen Schöpferwillen Gottes, der in der Bezogenheit von Mann und Frau sowie in dem gestaltenden Handeln des Menschen seine Entsprechung zu Gott findet (S. 168).

Gen 1 deutet aber auch an, dass Gott nicht bloß ein transzendentes Gegenüber bleibt, sondern in seinem Geist (Gen 1,2) der Welt immanent wird (vgl. auch S. 177, Z. 50-53). Gott begegnet auch als der »Geist des Lebens« (Jürgen Moltmann), als »Schöpferkraft« (S. 177, Z. 51). So zeigt sich, dass der Schöpfergott die Welt nicht sich selbst überlässt und auch in der Geschichte mit der ganzen Welt seinen »Bund« bewahrt.

106.3 Schöpfungsglaube und Naturwissenschaft bei Hansjörg und Wolfgang Hemminger
Der Text stammt aus dem Buch »Jenseits der Weltbilder«, in dem sich das naturwissenschaftlich qualifizierte Brüderpaar (Wolfgang Hemminger ist Diplom-Physiker und Professor an der Physikalisch Technischen Bundesanstalt in Braunschweig; Dr. rer. nat. Hansjörg Hemminger ist Referent bei der Evangelischen Zentralstelle für Weltanschauungsfragen) mit Genesis 1,1-2,4a im Horizont der Erkenntnisse der Astrophysik und der modernen Biologie auseinander setzen.

Leitend ist die Einsicht, dass sich naturwissenschaftliche Erkenntnisse mit unterschiedlichen Deutungen der ganzen Welt verbinden können, wenngleich nicht mit allen. So widersprechen die antike Kosmosvorstellung und der Materialismus des 18. und 19. Jahrhunderts der Geschichtlichkeit des Universums (Z. 23-26). Naturwissenschaftliche Erkenntnisse sind durchaus deutungsoffen. Die ungeheure räumliche und zeitliche Ausdehnung des Kosmos kann mit einer nihilistischen Weltsicht verbunden werden, aber auch zum Anlass werden, sich über die Schöpfermacht Gottes zu freuen. Aus dem Rauminhalt des Weltalls lässt sich weder das eine noch das andere erschließen (vgl. S. 124).

Die beiden Autoren wollen zeigen, dass es zwischen dem auf Weltdeutung angelegten mythopoetischen biblischen Schöpfungsbericht und den Erkenntnissen der Astrophysik und der modernen Biologe bemerkenswerte Konvergenzen gibt (Vergleichspunkte Z. 20, Zusammenklang Z. 36f.). Diese zeigen an, dass der Glaube an den Gott der Bibel und naturwissenschaftliche Erkenntnisse sich nicht widersprechen müssen, und es dem gemäß auch nicht einer Abwehr naturwissenschaftlicher Erkenntnisse durch den christlichen Glauben bedarf, wie dies z.B. beim Kreationismus geschieht. Sie wollen darüber hinaus ein modernes »wissenschaftliches Weltbild« in Frage stellen, das naturwissenschaftliche Erkenntnisse deutend aufnimmt und dabei diese Deutungen als wissenschaftlich begründet darstellt. Bei der heute so populären Urknalltheorie (Z. 46-52) handelt es sich um ein Bild, in dem naturwissenschaftliche Ergebnisse mit Weltanschauungen zu einer Einheit verbunden sind. »Alle populären Vorstellungen vom Urknall oder vom sich ausdehnenden Universum sind aus physikalischer Sicht falsche Vorstellungen« (Jenseits der Weltbilder, S. 24). Es sind Deutungen des bildschaffenden menschlichen Geistes. Bei ihnen handelt es sich also ebenfalls um Mythen und dem gemäß um einen »Wissenschaftsglauben«. So gesehen geht es den beiden Hemmingers auch um eine Religionskritik, die sich gegen eine säkulare, scheinbar wissenschaftlich begründete Religion wendet.

Schließlich geht es den beiden Autoren um eine Lebenshaltung, die darauf verzichten kann, aus wissenschaftlichen Erkenntnissen ein Weltbild zu machen, das Sinn und Ziel der Welt darlegen will, und gleichzeitig in der Lage ist, mit der Offenheit, der Rätselhaftigkeit sowie der »Un-heimlichkeit« menschlichen Wissens zu leben. Diese Haltung bietet für sie der Glaube an Gott. Dieser bietet kein trostreiches »Wissen«, auch keine Enträtselung der Weltgeschichte, sondern eine trostreiche Beziehung zu einem personalen Gegenüber (Z. 27–30, 53–57), das auf allen dunklen Wegen die Hand reicht. »Wir sind imstande, gegen alle Angst und Verwirrung auf Gottes Schöpferhandeln zu vertrauen, aber wir sind nicht imstande, es zu verstehen oder gar zu einem bergenden Weltbild zu verarbeiten« (Jenseits der Weltbilder, S. 265).

Gegenüber einem Glauben »jenseits der Weltbilder« erweisen sich alle Weltbilder als selbstmächtige Versuche, der Angst und Verwirrung zu entgehen. Daraus erklärt sich, dass schon immer strittig war und noch immer strittig ist (Z. 11–13). Menschen tun sich schwer, die Offenheit auszuhalten.

106.4 Literatur
Hansjörg Hemminger, Wolfgang Hemminger, Jenseits der Weltbilder. Naturwissenschaft – Evolution – Schöpfung, Stuttgart 1991.
Kurt Hübner, Die biblische Schöpfungsgeschichte im Licht moderner Evolutionstheorien, in: Helmut A. Müller (Hg.); Naturwissenschaft und Glaube, Bern 1988, 173–193.

106.5 Unterrichtsideen
1. Schreibgespräch in vier Gruppen
a) Sch erhalten ein Plakat mit den ersten Worten der Bibel: »Am Anfang schuf Gott Himmel und Erde«. In jeder Gruppe sind andere Begriffe farblich unterlegt und sollen bedacht werden »am Anfang« »schuf« »Gott« »Himmel und Erde«. Die farblich markierten Wörter bilden den Ausgangspunkt des Schreibgesprächs.
In der Auswertung benennen Sch Voraussetzungen des Glaubens an die Erschaffung der Welt durch Gott und halten diese fest.
b) Auswertung 1: Sch benennen Gründe für oder gegen den Glauben an den Schöpfergott.
c) Auswertung 2: Sch klären, was sich im Leben ändert, wenn man an einen Schöpfergott glaubt.
d) Diskussion: Kann man auch als Physiker oder Biologe daran glauben, dass Gott Himmel und Erde erschaffen hat?

2. Textarbeit
a) L gibt Leitbegriffe vor: Bildhafte Rede, Vergleichspunkt, Geschichte, Zusammenklang, Chaos, Gottes Geist, Schöpfungsgeschichte, wissenschaftliche Kosmologie, Urknalltheorie, Bund, nicht sich selbst überlassen.
b) Sch erläutern die Begriffe und formen ein Begriffsbild evtl. mit ergänzenden Begriffen.
c) Reflexion: Sch formulieren, wofür und wogegen die Autoren sich wenden (vgl. M 106.1).
d) Diskussion: Kann das alles auch ein Physiker oder Biologe sagen?

3. Auseinandersetzung mit Gen 1
a) In einer Kopie in PA Textstrukturen mit Farbe hervorheben.
b) Text mit verschiedenen Sprechern zum Klingen bringen.
c) Reflexion: Was will der Text erreichen? Kann ein Physiker diesen Text mitsprechen?
d) Ergänzung: Weinberg/Polkinghorne S. 124.
e) Lehrererzählung: Der Zusammenhang von Gen 1–11 (M 106.2).
f) Gespräch: Ist das alles wirklich wahr? Was kann ein Naturwissenschaftler nicht akzeptieren?

4. Ergänzung: Erneute Auseinandersetzung mit Gen 1.
a) Rekonstruktion des babylonischen Schöpfungsmythos (S. 16–17).
b) Vergleich mit Gen 1: Was ist anders?
c) Reflexion: Was will Gen 1 in Babylon erreichen? Können Physiker das auch heute noch glauben?

106.6 Zusatzmaterialien
M 106.1 Argumentation der Autoren
M 106.2 So ist die Welt und das Leben

107 Gott begegnet Mose im brennenden Dornbusch

107.1 Der Zusammenhang
Exodus 3,1–15 bezeichnet ein Zentrum des jüdisch-christlichen Gottesglaubens. Hier wird der Gottesname erschlossen und das Grundereignis der jüdischen Geschichte mit Gott, nämlich die Erwählung und Befreiung, benannt (vgl. S. 197). Hier offenbart sich Gott als Gott des jüdischen Volkes und vor allem als jener Gott, der auf Seiten der Armen steht und eine Schwäche für die Schwachen hat (vgl. dazu auch S. 74, 75, 76, 81). Dabei schwingen unterschiedliche Gottesbilder mit (S. 112).

107.2 Exegetische Hinweise zu Exodus 3,1–15
Der literarisch nicht ganz einheitliche Text (Gottesbezeichnung, Engel, Gott führt – Mose führt) lässt sich in eine lokale Gottesbegegnung oder Gottesentdeckung (Ex 3,1–6) und in eine Berufungsgeschichte (Ex 3,7–15) aufteilen.

Religionsgeschichtlich gesehen dokumentiert der Text die Identifikation des in einem palästinensischen Wüstengebiet beheimateten Berg- und Gewittergottes namens Jahwe mit dem umherziehenden, aber auch schon lokal gebundenen (vgl. dazu Gen 28,10ff.) Vätergott (der Gott Abrahams, der Gott Isaaks und der Gott Jakobs,) sowie dem Gott »deines Vaters« (um wessen Vater geht es?). Sozialgeschichtlich gesehen könnte im Hintergrund die Integration unterschiedlicher Stämme stehen. Vermutet wird, dass der Jahwe-Gott schon von den Midianitern verehrt wurde.

Bei dieser Identifikation kommt es zu einer Anreicherung des Gottesbildes, in die von beiden Seiten Eigenschaften Gottes eingebracht werden. Von Seiten des Vatergottes könnte die Beziehung Gottes zu einer Menschengruppe, das Mitgehen und die Zukunftsbezogenheit eingebracht worden sein; von Seiten des Berggottes das Moment der Freiheitsliebe, das möglicherweise den »wilden« nomadischen Stämmen eigen war.

Theologisch gesehen lässt der Text die entscheidenden Merkmale jenes Gottesbildes erkennen, das für die jüdisch-christliche Tradition entscheidend wurde:
1. Gott handelt in der Geschichte: Er steht auf der Seite der Unterdrückten und der Armen (V. 18), will Befreiung und ein Leben in Gerechtigkeit und Frieden (V. 7–8), geht mit, macht aber das Leben zum Risiko (V. 13).
2. Gott begegnet personal: Er spricht Menschen an, nimmt sie in Anspruch (V. 4), macht sie selber zur Person, ruft sie aus sozialen Beziehungen und hat selber einen Namen, zeigt Leidenschaft und Willen.
3. Gott begegnet überraschend: Seine Gegenwart lässt sich nicht festlegen (V. 1, 2, 14). Gott begegnet Mose mitten in seinem Alltag in der Abgeschiedenheit
4. Gott kommt nahe, bleibt aber unbegreiflich und jenseitig: Symbol dafür ist das Feuer und der unzugängliche Dornbusch. Mose bekommt Gott nicht direkt zu sehen, er hört nur sein Wort.
5. Die Begegnung mit Gott erfordert Respekt: Mose verhüllt sein Angesicht (V. 6), er zieht die Schuhe aus (V. 5), das Volk opfert auf dem Gottesberg (V. 12).

107.3 Der Jahwe-Name in Exodus 3
Der alttestamentliche Glaube kennt seinen Gott unter dem Namen JHWH. Während nach Gen 4,26 die Menschen zur Zeit des Enos anfingen den Namen JHWHs anzurufen, erfährt Mose nach Ex 3 auf seine Rückfrage hin den Gottesnamen und dessen Bedeutung. Als Mose fragt, wer ihn zu Israel sendet, erhält er nach Ex 3,14 die Antwort »ehjeh ascher ehjeh« :»Ich bin, der ich bin [...] so sollst du den Israeliten sagen ›ich bin‹ (ehjeh) hat mich zu euch gesandt.« Dabei ist nach übereinstimmender Interpretation das Verb ehjeh nicht im Sinne einer Definition des Wesens als Hinweis auf JHWHs Absolutheit zu verstehen, sondern als Hinweis auf sein zukünftiges Handeln »Ich werde für euch handeln«. In der Redefigur schwingt etwas von der Freiheit Gottes mit, der sich gerade da, wo er seinen Namen enthüllt, doch nicht greifen und festlegen lässt im Sinne einer abgeschlossenen Definition.

Die theologische Bedeutung von Ex 3 nach Heinz Zahrnt
1. Kontinuität und Neuanfang
   Jahwe offenbart sich als Gott der Väter, als Gott Abrahams, Isaaks und Jakobs, aber er stellt sich neu vor. Gott bleibt sich treu, aber lässt sich nicht »definieren«, für immer festlegen.
2. Verbergen und offenbaren
   Die Offenbarung bleibt in der Schwebe. Die Namensgebung »Ich bin, der ich bin« hält viele Optionen offen. Die Unbestimmtheit des Seins durch die Offenbarung lässt Gott als den Freien erscheinen.
3. Vergangenheit, Gegenwart, Zukunft
   Die Gleichzeitigkeit des Seins in Gott bedeutet seine Ewigkeit.
4. Parteilichkeit
   Offenbarung bedeutet Heil für die Menschen. Dieses Grundmodell der Parteilichkeit für unterdrückte Menschen trägt emanzipatorischen Charakter.

Die verschiedenen Übersetzungen des Gottesnamens signalisieren verschiedene Akzente des Gottesbildes: Wolfgang Huber betont eher die Freiheit Gottes, Gerhard von Rad die Bundesgenossenschaft, die Barmherzigkeit Gottes. Die Septuaginta betont die Wirklichkeit Gottes, Martin Noth eher die Distanz Gottes, Martin Luther eher die Zukünftigkeit Gottes.

107.4 Literatur
Gerhard von Rad, Theologie des Alten Testamentes Bd. I, 10. Auflage 1992, Gütersloh.
Erich Zenger, Der Gott der Bibel, Stuttgart 1979.
Werner H. Schmidt, Alttestamentlicher Glaube, Neukirchen-Vluyn, 8. Auflage 1996.
Rainer Albertz, Religionsgeschichte Israels in alttestamentlicher Zeit 1, ATD Ergänzungsband 8/1, 80–104, Göttingen 1992.

107.5 Unterrichtsideen
1. Einstieg: Die Bedeutung von Namen und Titeln
a) L schreibt die beiden Thesen an die Tafel »nomen est omen« und »Namen sind Schall und Rauch«.
b) Gespräch: Welche Erfahrungen spiegeln sich in diesen Worten? Welche Erfahrungen machen Sch mit eigenen und fremden Namen?

2. Auseinandersetzung mit Ex 3,1–15
a) L führt in den biblischen Kontext ein.
b) Sch lesen Text mit verteilten Rollen.
c) Sch bearbeiten den Text nach der Methode S. 111.

3. Reflexion
a) Sch interpretieren die unterschiedlichen Übersetzungen des Gottesnamens.
b) Sch überprüfen, welche der Übersetzungen des Gottesnamens Ex 3 am ehesten entsprechen und welche auszuschließen sind.

4. Textarbeit
a) Sch erschließen den Text von Heinz Zahrnt mittels eines via negationis: Wie ist Gott nicht? Was tut Gott nicht?
b) Sch formulieren mit eigenen Worten, wer der Gott der Bibel ist.

107.6 Zusatzmaterialien
M 107.1 Das Tetragramm »JHWH«

108 Die Liebe des Vaters

108.1 Der Zusammenhang
Der Text setzt die vorherige Seite zum biblischen Gottesbild fort und eröffnet unter dem Aspekt »Der liebende Gott« neutestamentliche Aussagen über Gott. Theologischer Kern ist die Auseinandersetzung mit dem so bekannten Bild vom »lieben Gott«, dessen Problematik sich gerade angesichts von Leid erweist. Was kennzeichnet seine Liebe und wie verhält sich diese zur Allmacht?
Der Text kann die Darstellung von Rembrandt aufnehmen (S. 173) und als Beispiel angesehen werden, wie Jesus »dichtet« (S. 145). Der Charakter des Gleichnisses als metaphorische Erzählung kann mit Überlegungen von Jüngel erarbeitet werden (S. 12). Die Deutung Jesu als Gleichnis der Liebe Gottes (Z. 57) weist voraus auf die Frage der Christologie.

108.2 Exegetische Hinweise zu Lk 15,11–32
Das Gleichnis steht in Lk 15 zusammen mit zwei weiteren Gleichnissen über das Verlorene (Schaf, Münze, Sohn). Der Evangelist hat hier ein ganzes Kapitel zusammengestellt, das sich den beiden Eingangsversen widmet. Jesus beantwortet in den Gleichnissen die Frage bzw. den Vorwurf der Pharisäer und Schriftgelehrten, wie er mit Sündern, also Verlorenen, essen kann. Am deutlichsten kommt die Antwort dabei im nur im lukanischen Sondergut enthaltenen Gleichnis vom verlorenen Sohn zum Tragen.
Das Gleichnis ist ein erzähltes Bild darüber, wie Gott ist (Gleichnisse als narrativ entfaltete Metaphern mir Verkündigungsabsicht). Dabei geht das Gleichnis mit seinen Hörerinnen und Hörern einen Weg und konfrontiert sie mit ungewohnten, ja überraschenden Entwicklungen. In der Gleichnisforschung herrscht Einigkeit darüber, dass typische und vertraute Bilder einen vorhandenen Konsens bestätigen (wollen), unwahrscheinliche und fremde Bilder dagegen gegen den Konsens etwas plausibel machen wollen. Konkret: Jesus geht es darum zu zeigen, dass die Liebe Gottes im wahrsten Sinn des Wortes grenzenlos ist. Sie rechnet nicht an und hält nicht vor, sie liebt einfach. Der Protest gegen die bedingungslose Liebe Gottes spiegelt sich im Verhalten des älteren Sohnes wider, sein Widerspruch ist zugleich der Widerspruch der Pharisäer und Schriftgelehrten aus dem Rahmen des Gleichnisses. Ihnen sagt Jesus: Um von Gott (wieder) angenommen zu werden, bedarf es keiner vorausgehender positiver Taten. Doch genau das forderten die Pharisäer von reuigen Sündern! Dass sie umkehren konnten, war eine im ganzen Frühjudentum verbreitete Grundüberzeugung – allein, es ging um die Voraussetzungen, wann jemand in den Schoß des Judentums und der Tora zurückkehren konnte! Jesus sagt: Umkehr ist jederzeit möglich, ohne Bedingung, weil Gott bedingungslos liebt. So ist es auch in der Erzählung von Zachäus (Lk 19,1–10). Jesus fordert keine Wiedergutmachung und kein neues Verhalten, und doch rechnet er in wundersamer Weise damit – in der Begegnung mit ihm!
Exegetisch wichtig scheint uns der Hinweis darauf, dass der Fortgang des jüngeren Sohnes allein noch keine Sünde darstellt – vielmehr war dieses Verhalten durchaus üblich, da Haus und Hof für den älteren Sohn (vor)bestimmt

waren. In solchen Fällen bekam der ältere Sohn zwei Drittel, der jüngere Sohn ein Drittel der Vermögens, wobei allein der jüngere Sohn rechtlich als »ausbezahlt« galt, denn das Vermögen des älteren galt bis zum Tod des Vaters als noch in dessen Besitz.

108.3 Eduard Schweizer zum Gleichnis vom verlorenen Sohn

Der Auszug aus dem Buch »Jesus – das Gleichnis Gottes« erzählt das Gleichnis zum einen aus der Perspektive des Vaters, weshalb der Textabschnitt auch innerhalb des Kapitels »Gott« seinen Platz findet, zum anderen macht er Jesus zum Bürgen dafür, dass das Handeln des Vaters keine weltfremde Utopie oder ein Märchen (Z. 41) darstellt.

Der Text zeichnet die Liebe des Vaters im Gleichnis – ein Bild für Gott – in der Spannung bzw. in der Dialektik von Allmacht und Ohnmacht (Z. 1–40).
- Der Vater liebt seinen Sohn mit all seinen Fehlern, anstatt gegen dessen Pläne zu protestieren und den Sohn dadurch zu verlieren.
- Er eilt dem jüngeren Sohn entgegen, als dieser nach Hause kommt, anstatt – wie für jeden Orientalen typisch – würdig zu schreiten.
- Er fällt ihm um den Hals anstatt ihm die »Leviten zu lesen«.
- Er richtet ein Festmahl für den jüngeren Sohn aus anstatt sich dessen Schuldbekenntnis anzuhören.
- Er bietet dem älteren Sohn seinen gesamten Besitz an, anstatt mit väterlicher Autorität auf Demut und Einsicht zu bestehen.

In einem zweiten Gedankengang (Z. 41–56) wird die Liebe des Vaters als von Jesus gelebt dargestellt. Beide Gedankengänge werden also vom Autor bewusst miteinander verbunden: Die Liebe des Vaters im erzählten Gleichnis wird bei Jesus gelebte und erlittene Wirklichkeit (Z. 57–58).
- Die Liebe des Vaters begleitet die Söhne auf all ihren Wegen.
- Die Liebe des Vaters will nicht besitzen oder die Kinder nach einem Bild formen.
- Die Liebe des Vaters brennt vor liebender Sehnsucht nach den Kindern.
- Die Liebe des Vaters rechnet die Vergangenheit nicht auf und weist Wege in eine offene Zukunft.
- Die Liebe des Vaters sieht ganz von sich ab und begleitet die Kinder.
- Die Liebe des Vaters verzichtet auf alle vorhandene Macht und zeigt sich gerade in ihrer Ohnmacht.
- Die Liebe des Vaters teilt alles mit seinen Kindern.

Der erste und Großteil des Textes schildert die Liebe des Vaters in bewussten Gegensätzen. Er handelt nicht so, wie man es von einem orientalischen Familienoberhaupt erwarten würde, sondern – im Gegenteil dazu – wie einer, der »verrückt«, der »blind« ist vor Liebe. »Wir sagen in unseren Kirchen mit leichter Zunge, dass Gott die Liebe ist, sprechen ihm aber oft alles ab, was einen Liebhaber ausmacht: das Begehren, die Sehnsucht, die Bedürftigkeit, die Abhängigkeit.« Dieser Satz von Fulbert Steffensky (Der alltägliche Charme des Glaubens, S. 16.) zeichnet Gott als männlichen Liebhaber, was er damit aber ausdrückt, passt genauso gut auf die väterliche Liebe des Vaters im Gleichnis, denn auch diese Liebe ist gekennzeichnet von Begehren und Sehnsucht einerseits, von Bedürftigkeit und Abhängigkeit andererseits.

Die Verbindung der väterlichen Liebe mit dem Handeln Jesu treibt die im Gleichnis dargestellte Liebe noch weiter – sie geht im wahrsten Sinn des Wortes weiter, bis in den Tod, und findet hier ihr Ziel.

Es ist eine Liebe, die aus Liebe auf alle Macht verzichtet und den anderen um »alles in der Welt« annimmt und nur noch ohnmächtig erduldet wird, in der Absicht und Hoffnung so das Gegenüber zu gewinnen und zu überzeugen.

Gott – so die zentrale Aussage des Textes – zeigt seine Allmacht in der Allmacht seiner Liebe, die von Ohnmacht letztendlich nicht mehr unterschieden werden kann. Ist das Verhalten des Vaters im Gleichnis »trottelig« oder wahrhaft göttlich? Ist Jesu Verhalten in Wirklichkeit Ausdruck ohnmächtiger Hilflosigkeit oder aber Liebe bis zum Ende? Dies zu reflektieren und zu verstehen ist die zentrale Frage und Aufgabe der Unterrichtsstunde.

108.4 Literatur
Wolfgang Harnisch, Die Gleichniserzählungen Jesu, Göttingen, 4. Auflage 2001, S. 200–229.
Eduard Schweizer, Jesus – das Gleichnis Gottes, Göttingen 1996.
Fulbert Steffensky, Der alltägliche Charme des Glaubens, Würzburg, 3. Auflage 2003.

108.5 Unterrichtsideen
1. Einstieg: Was Liebe ist
a) Sch formulieren schriftlich oder mündlich, was Liebe ist bzw. was Liebe macht (wie sie handelt), eventuell unter Berücksichtigung des jeweiligen Gegenteils.
b) Austausch (evtl. Vergleich mit 1. Kor 13).

2. Auseinandersetzung mit Lk 15,11–32
a) Sch erzählen anhand des Bildes von Rembrandt, S. 173, das Gleichnis nach.
b) Sch vergleichen ihre Erzählung mit dem Bibeltext und gliedern diesen in Szenen.
c) Sch formulieren das Verhalten des Vaters in den einzelnen Szenen in antithetischer Form.
d) Vergleich der eigenen Einsichten mit Text Z. 1–23.

3. Diskussion I
a) L fragt: Ist der Vater ein Bild für »meinen« Gott?
b) Gespräch.
c) Vergleich des Gesprächergebnisses mit Text Z. 25–40.

4. Diskussion II
a) L schreibt an die Tafel: Ist Gott allmächtig?
b) Vergleich der Gesprächsergebnisse mit Text Z. 41–58.
c) Sch bestimmen thesenartig die hier im Text bzw. Gleichnis dargestellte Liebe.

109 Der leidende Gott

109.1 Der Zusammenhang
Dass Gott mit Menschen leidet – und auch selbst am Kreuz gelitten hat und gestorben ist –, ist neben dem, dass Gott Menschen bedingungslos liebt (S. 108), ein weiteres zentrales Gottesprädikat des christlichen Glaubens.
Im Mittelpunkt steht aufs Neue die Frage nach der Allmacht, wie sie auch in der Theodizeefrage zum Problem wird (vgl. S. 120–123). Es geht um die Erwartung, dass Gott unsere Not sieht und helfend eingreift, vor allem und gerade dann, wenn Menschen sich betend an ihn wenden (Z. 35, 44). Es geht aufs Neue um das Verhältnis von Allmacht und Liebe. Die Antwort gleicht jener von Harold Kushner (S. 121). Eine systematisch theologische Reflexion für den leidenden Gott liefert die Zusammenfassung der Einsichten von Jürgen Moltmann (S. 122).
Der Bezug zur Kreuzigung und Ohnmacht Jesu kann über das Bild von Mathias Grünewald dargestellt werden (S. 151). Weitere Hinweise zur Kreuzigung Jesu finden sich ebenfalls im Kapitel zu Jesus Christus (S. 148–151).

109.2 Exegetische Hinweise zu Mk 15,20–41
Das Markus-Evangelium deutet den leidenden und sterbenden Jesus mit Hilfe von direkten und indirekten Zitaten aus Ps 22 und Jes 53 als leidenden Gerechten, der um seines Glaubens Willen unschuldig verfolgt wird, verspottet wird (vgl. Mk 15,29–32 mit Ps 22,9), um seine Kleider gebracht wird (vgl. Mk 15,24b mit Ps 22,19), zu den Übeltätern gerechnet wird (vgl. Mk 15,28 mit Jes 53,9), zu all dem schweigt (vgl. Mk 14, 5 mit Jes 53,7), den Märtyrertod erleidet (vgl. Mk 15, 24 a mit Ps 22,17) und mit einem Schrei der Verzweiflung stirbt (vgl. Mk 15,34 mit Ps 22,2).

Nach Ingo Baldermann (Einführung in die Bibel, S. 143–150) gehört der Bericht von der Kreuzigung Jesu wie die ganze Passionsgeschichte zu der Form der »Memorabilia« bzw. den »Leidensgeschichten«. Kennzeichnend für diese literarische Form ist der dokumentarische Bericht, der bis in die Einzelheiten geht und dabei mit Kontrasten bzw. schrillen Dissonanzen arbeitet und diese durch Wiederholungen verstärkt. Intention ist das Geschehen möglichst konkret zu zeigen und so das Bestürzende dieses Ereignisses zur Sprache zu bringen. Durch den Einbezug bekannter Klageworte und die Erinnerung bekannter Klagepsalmen wird das Leiden des Gerechten zum Ausdruck gebracht und den Erfahrungen eigener Angst Raum gegeben. Gerade diese Klageworte lassen nach einer Antwort fragen, die in der Auferstehung gegeben wird.

Die Botschaft an die markinische Gemeinde dürfte in der Aufforderung liegen, in Bedrängnis wie Jesus dem Glauben treu zu bleiben und gegen die Realität klagend auf Gott zu hoffen. Das Kreuzeswort aus Psalm 22,2 verweist auf eine tiefe Verzweiflung, die jedoch von Gott nicht lässt, sondern sich klagend an Gott wendet. Der Ruf des Hauptmannes (Mk 15,39) unterstreicht die besondere Nähe Jesu zu Gott und öffnet den Blick auf den ungeheueren Gedanken, dass am Kreuz nicht nur der Sohn, sondern Gott selbst leidet und stirbt. Jesus steht danach nicht nur stellvertretend für alle die, die um ihres Glaubens verfolgt werden, sondern er vertritt auch Gott. »Wer mich sieht, der sieht den, der mich gesandt hat« (Joh 12,45). Für Jürgen Moltmann ist das Leiden und Sterben Jesu ein Hinweis auf die »Sympathie« Gottes und deshalb ein Zeichen der Vollkommenheit von Gott: Zu seinen Eigenschaften gehört auch die Leidensfähigkeit (S. 122). Ganz gewiss ist die Sympathie Gottes ein wichtiger Aspekt der Kreuzigungsdarstellung von Mathias Grünewald.

109.3 Der Bericht von Inger Hermann
Inger Hermann (geb. 1940) beschreibt in dem Buch: »Halt's Maul, jetzt kommt der Segen … – Kinder auf der Schattenseite des Lebens« ihre Erfahrungen, die sie an drei Stuttgarter Förderschulen gemacht hat. Sie reflektiert in ihren kurzen Reportagen theologisch und pädagogisch die Welt der jungen Menschen, die oft von Gewalt geprägt ist.
Im vorliegenden Textauszug geht es um den »leidenden Gott« und die »brutale Botschaft« (Z. 46), dass Gott unser Leid nicht verhindert, dass er »nicht hilft«. Zugleich wird hier der Sinn des Gebetes in Frage gestellt (Z. 14f., 44–46).
Z. 1–31 beschreibt – für gymnasiale Lehrkräfte sicherlich befremdlich –, was für die Autorin zum »Alltag« ihrer Arbeit gehört: Ein Mädchen wird im Suff missbraucht, es droht eine Schwangerschaft, die sich dann – Gott sei Dank! – nicht einstellt. Die Autorin begleitet ihre Schüler, beschränkt ihre Hilfe aber zugleich auf ein Maß, das ihre eigenen Kräfte nicht übersteigt (Z. 28–31). Sie reflektiert, dass die Kinder zu ihr, der Religionslehrerin, kommen, weil sie wahrgenommen, weil sie angenommen werden möchten und weil sie hoffen, dass Gott ihnen helfen möge.
Die Autorin weiß darum, dass Gott den Kindern nicht in dem Sinne helfen wird, wie sie sich dies erhoffen und versprechen: »Gott hilft nicht. Was für eine brutale Botschaft!« (Z. 46) Was mag daran noch tröstlich sein? Was nutzet hier noch beten? Die Autorin zitiert Ps 23,4 – Gott hilft nicht, aber er ist da! Ist das der Gott, der gesagt, ich werde mit euch gehen? Gott verhindert nicht das Leid, aber er »wird abwischen alle Tränen von ihren Augen« (Offb 21,4). Theologisch gesprochen: Gott ist nicht, er wird sein (vgl. S. 107). Das Bild aus der Offenbarung des Johannes drückt in sehr anrührender Weise die Erwartung des Reiches Gottes aus – Gott wird da sein und er wird nicht nach Ursachen und Schuldzusammenhängen fragen. Ihm geht es nicht darum, herauszufinden, weshalb dieses oder jenes Leid entstanden ist – das sind philosophische oder kausal orientierte Fragen –, er wird abwischen die Tränen, er wird im Tal der Tränen da sein und das macht schon jetzt das Dunkel etwas heller, denn es lässt Hoffnung aufkommen. Trost geschieht hier durch Dasein, nicht durch theologische Systeme oder eine möglichst stimmige Dogmatik. Beide möchten sich auf diese Weise Leiden fernhalten. Ohnmacht wird in der Bibel und hier ausgehalten auf Hoffnung hin. Auch göttlicher Trost ist in diesem Sinn nicht so allmächtig, dass er Leid, das Menschen einander antun, verhindern kann.

109.4 Literatur
Jürgen Moltmann, Der gekreuzigte Gott, Gütersloh, 7. Auflage 2002.
Ingo Baldermann, Einführung in die Bibel, Göttingen, 4. Auflage 1993.

109.5 Unterrichtsideen

1. Spielszene
a) Zwei Sch (am besten Schülerinnen!) sollen das Thema »Trost spenden angesichts einer schwierigen und traurigen Situation« (nämlich einer möglichen Schwangerschaft) spielen.
b) Unterrichtsgespräch: Was macht »echten« Trost aus? Welche Rolle könnte Gott angesichts einer solchen Situation zukommen?

2. Textarbeit I
a) L liest die Reportage vor.
b) TA: »Gott hilft nicht. Was für eine brutale Botschaft!« (Z. 45/46). Unterrichtsgespräch über die Frage: Was ist das für ein Gott, der nicht hilft? Kann das überhaupt Gott sein?

3. Textarbeit II
a) Sch lesen Mk 15,20b–41 und vergleichen die Ohnmacht Jesu am Kreuz mit der im Text von Inger Hermann dargestellten Ohnmacht. Wie versteht Hermann den Schrei Jesu in Mk 15,34?
b) Gespräch: Kann und soll man überhaupt noch beten?

110 Der richtende Gott

110.1 Der Zusammenhang

Das Gericht ist der Ort, an dem die Wahrheit gesucht wird und Sanktionen für Fehlverhalten erfolgen (vgl. dazu auch S. 203). Die Vorstellung vom Gericht ist mit ambivalenten Gefühlen verbunden. Als potentieller Täter fühlen Menschen Angst und Beklommenheit bei der Vorstellung, vor ein Gericht zitiert zu werden. Als potentielle Opfer verbinden Menschen mit dem Gericht die Hoffnung, dass ihnen Gerechtigkeit widerfährt.

Die Erfahrung, dass es auf Erden Frommen schlecht geht und sich Gottlose ihres Reichtums erfreuen, verbanden Menschen im Alten Testament mit der Hoffnung auf Gott als gerechten Richter. Auch im Neuen Testament begegnet uns das Motiv einer ausgleichenden Gerechtigkeit (S. 73) am Ende der Zeiten.

Wolfgang Hubers Predigt am Tag nach den Anschlägen des 11. September 2001 greift Jesu Gleichnis vom Weltgericht Mt 25,31–46 auf. Dieses Gleichnis, das im Zusammenhang mit der Frage nach Kriterien für gerechtes Verhalten bearbeitet wird (S. 78f.), ist auch für das Gottesbild bedeutsam: wie vertragen sich Gottes Liebe (S. 108) und Gottes Gerechtigkeit (S. 80)? Ins Bild gesetzt finden sich die Werke der Barmherzigkeit im Meditationsbild des Nikolaus von der Flüe (S. 87). Die Eigenart der Gleichniserzählungen Jesu wird im Kapitel Jesus Christus bedacht (S. 145).

110.2 Die Predigt von Wolfgang Huber am 12.9.2001

Am Morgen des 11. Septembers 2001 wurden durch die Terrororganisation Al Qaida gleichzeitig in New York City und Washington D.C. Anschläge verübt. Vier Passagierflugzeuge wurden gekapert, zwei wurden in die Türme des World Trade Center (WTC) und eins in das Pentagon gesteuert. Dabei wurde ein Teil des Pentagon zerstört. Die beiden Türme des WTC stürzten kurze Zeit nach den Kollisionen in sich zusammen. Das vierte Flugzeug stürzte in der Nähe von Pittsburgh (Pennsylvania) in ein Feld, bevor es sein – noch immer unbekanntes – Ziel erreichen konnte. Es wird angenommen, dass es entweder in das Weiße Haus oder aber auf den Landsitz des Präsidenten (Camp David) stürzen sollte. Bei dem Terroranschlag starben 266 Passagiere in den Flugzeugen, ungefähr 2.600 Menschen im WTC (davon etwa 350 Feuerwehrleute) und 124 Personen im Pentagon.

Einen Tag nach den Anschlägen fand um 11 Uhr in der Berliner St. Hedwigs-Kathedrale ein Ökumenischer Gottesdienst statt. Der Text auf S. 110 entstammt der Predigt, die Bischof Wolfgang Huber in diesem Gottesdienst hielt. Er lässt sich wie folgt gliedern:
- der Bibeltext (Z. 1–3)
- Klage und Aufruf zum Mitleiden (Z. 4–29)
- Ankündigung des Gerichts (Z. 30–50)
- Aufruf (Z. 50–56).

110.3 Exegetische Hinweise zu Mt 25,31–46

Die Vorstellung vom Weltgericht gehört zu den Erwartungen, die mit dem Ende der Welt verbunden werden. In der christlichen Theologie finden sich drei Konzeptionen für die Vollendung der Welt:

1. Nur einige Menschen werden gerettet, die anderen erleiden ewige Strafen und Qualen (doppelter Ausgang).
2. Nur einige Menschen werden gerettet, die anderen vergehen zu nichts (annihilatio).
3. Alle Menschen werden gerettet (*apokatastasis panton*).

Die in Mt 25,31–46 vorausgesetzte Konzeption geht von der Vorstellung eines doppelten Ausgangs aus. Dabei bleiben viele Fragen offen, etwa: Ist es mit der Vorstellung von Gottes Liebe vereinbar, dass Glaube und Liebe belohnt werden, das Fehlen von Liebe aber bestraft wird? Was passiert mit den Menschen, denen sich das Evangelium nicht erschlossen hat? Sollen sie für etwas bestraft werden, das sie gar nicht verantworten können? Kann der »Glaube«, der ja immer auch angefochtener Glaube ist, zum Kriterium einer Entscheidung werden?

Das Gleichnis vom Weltgericht spricht davon, dass »alle Völker« am Ende der Zeiten vor dem Thron des Menschensohnes versammelt werden. Beurteilungskriterium bei der beginnenden Gerichtsverhandlung wird sein, was sie den »geringsten Brüdern« des Menschensohnes an Gutem getan oder eben nicht getan hat.
Es gibt drei Interpretationstypen von Mt 25,31–46:
1. Der universale Deutungstyp: Die Brüder und Schwestern sind alle Not leidenden Menschen, Christen oder Nichtchristen.
2. Der klassische Interpretationstyp: Die »geringsten Brüder« sind die Glieder der christlichen Gemeinden. Die Beurteilten (»alle Völker«) sind bei einigen Auslegern alle Menschen, meist aber die Christen, die nach dem Maßstab der sieben Werke der Barmherzigkeit beurteilt werden (Hungrige speisen, Durstige tränken, Fremde beherbergen, Nackte kleiden, Kranke pflegen, Gefangene besuchen, Tote bestatten).
3. Der exklusive Interpretationstyp: Vor dem Weltenrichter stehen nur die Nichtchristen. Sie werden danach beurteilt, wie sie sich zu den Christen verhielten. Der Text hat für Christen demnach tröstende Funktion.

110.4 Literatur
Wilfried Härle, Dogmatik, Berlin/New York 1995.
Wikipedia-Enzyklopädie: http://de.wikipedia.org
Ulrich Luz, Das Evangelium nach Matthäus, Mt 18–25, EKK I,3,1997, S. 402ff.

110.5 Unterrichtsideen
1. Einstimmung
a) L erläutert: Zur christlichen Vorstellung von Gott gehört der Gedanke, dass Gott jedes Leben danach beurteilt, ob es »gelungen« oder »misslungen« ist.
b) Sch notieren in EA auf unterschiedlichen Kärtchen, was sie unter gelungenem und misslungenem Leben verstehen.
c) Austausch.

2. Auseinandersetzung mit Mt 25,31–46
a) Sch lesen den Bibeltext in EA, erstellen eine Skizze zu den Parteien und Positionen der Gerichtsverhandlung und arbeiten aus dem Text die sieben Werke der Barmherzigkeit heraus.

b) Gemeinsame Reflexion: Sch überlegen: Wer sind die »Völker«, wer die »geringsten Brüder und Schwestern«? Was ist hier der Maßstab zur Beurteilung des Lebens?

3. Reflexion
a) L informiert: Die christliche Theologie entwickelte verschiedene Szenarien für die Vollendung der Welt (s. o.).
b) Gespräch: Welche Vorstellung von Gott und welche Botschaft für die einzelnen Menschen sind mit den Szenarien verbunden? Es kann das Tafelbild M 110.1 entstehen.

4. Textarbeit II
a) Sch lesen den Text S. 110. Sie sprechen darüber, welche Interpretation von Mt 25 hier vorliegt.
b) Sch erarbeiten aus dem Brief in PA ein »Trostwort für die Opfer von Gewalt« oder eine »Mahnung an alle, die mit Terror ihre Ziele durchsetzen wollen«.
c) Austausch.

5. Reflexion
a) Sch ergänzen: Wenn Gott nur Liebe ist (ohne Rücksicht auf Gerechtigkeit) ... Wenn Gott nur gerecht ist (ohne Rücksicht auf Liebe) ...
b) Gespräch: Wie vertragen sich »Gerechtigkeit« und »Liebe« im Wesen Gottes? (Einbezug S. 81).

110.6 Zusatzmaterialien
M 110.1 Was passiert am Ende?

112 Gottesbilder

112.1 Der Zusammenhang
Während sich die Seiten 106 bis 110 an einer biblischen Theologie orientieren und Gottes Zuspruch und Anspruch gegenüber den Menschen heute zu Auseinandersetzungen anbieten will, geht es in dem Autorentext um eine religionsgeschichtliche Betrachtung des Alten und Neuen Testaments, wie sie zum Beispiel für das Alte Testament Rainer Albertz (Religionsgeschichte Israels Band I und Band II) vorgelegt hat. Hier wird versucht, den geschichtlichen Wandel des biblischen Gottesbildes knapp darzustellen, ohne von vornherein eine »theologische Mitte« vorauszusetzen, wie sie in der »Gerechtigkeit Gottes« (S. 81) oder in der Gemeinschaftlichkeit des »Dreieinigen Gottes« im Gefolge der dialektischen Theologie gesehen werden kann. Infolgedessen hält sich der Text mit Wahrheitsansprüchen zurück und neigt eher zu einem narrativen Nachvollzug. So entsteht eher der Eindruck von einer Mehrzahl von Vorstellungskreisen, die sich nicht zwingend zu einer systematischen Einheit, auch nicht zu einem zwingenden Fortschrittsmodell fügen lassen. Der geschichtliche Zusammenhang wird auf S. 197 entwickelt.

112.2 Die Gesichter Gottes
Der deutlich durch die Arbeiten von Werner H. Schmidt angeleitete Text verfährt weitgehend ideengeschichtlich und blendet so die von Rainer Albertz geforderten sozialgeschichtlichen Bezüge aus. De Hinweis auf verschiedene »Gesichter« nimmt einen Buchtitel von Klaus Peter Jörns auf (Die neuen Gesichter Gottes) und macht einen Vorschlag, wie die Unterschiedlichkeit gedeutet werden kann: Der eine Gott zeigt in der Geschichte verschiedene Gesichter, die sich zwar nicht decken, aber gleichsam verschiedene Seiten des biblischen Gottes erkennen lassen. Leitend ist letztlich jedoch der Gedanke, dass die verschiedenen Erschließungsweisen zusammengehören und auf eine geschichtsoffene Identität hinweisen. Angeboten werden sechs verschiedene Gesichter Gottes, die mit unterschiedlichen Phasen der Geschichte des jüdischen Volkes korrelieren und auf unterschiedliche Akzente biblischen Glaubens verweisen. Der Text wäre überschätzt, wenn er alle Gesichter des biblischen Gottes zum Ausdruck bringen wollte. Es geht darum, unterschiedliche Gottesbilder in den Blick zu nehmen, geschichtlich einzuordnen, theologisch zu charakterisieren. Der Überblick lässt sich wie M 112.1 darstellen.

In einer Zusammenschau stellt sich die Frage nach übergreifenden Tendenzen. Zu erkennen ist der Zug von Monolatrie und Polytheismus zu Monotheismus, von Mobilität zu Sesshaftigkeit, von Partikularität zu Universalität, von Immanenz zu überlegener Transzendenz, aber gleichzeitig auch von distanzierter Transzendenz zu menschlicher Immanenz, schließlich von Gegenwart in Zukunft. Die Glaubensvorstellungen bilden ein spannungsvolles Miteinander, das polare Strukturen erkennen lässt, so zum Beispiel Erschrecken und Vertrauen, Befreiung und Gehorsam, persönlicher Gehilfe und gerechte Welt.

112.3 Literatur
Werner H. Schmidt, Alttestamentlicher Glaube, Neukirchen-Vluyn, 8. Auflage 1996.
Rainer Albertz, Religionsgeschichte Israels Band I und Band II, ATD Ergänzungsreihe 8/1 und 8/2, Göttingen 1992.
Klaus Peter Jörns, Die neuen Gesichter Gottes, München, 2. Auflage 1999.

112.4 Unterrichtsideen
1. Vergleich
a) Sch vergleichen in EA Ex 15,3, Ps 95,3 und Ps 121,1.
b) Gespräch: Wie passt das zusammen?

2. Textarbeit I
a) L gibt Schema vor (s. o.).
b) Sch bearbeiten den Text in Partnerarbeit.
c) Sch erläutern den Zusammenhang von Ex 15,3 und Ps 121,1 aufgrund der Textlektüre.

3. Textarbeit II
a) Sch erarbeiten in arbeitsteiliger KGA Geschichten zu den sechs Gesichtern Gottes.
b) Geschichten werden einander erzählt.
c) Erarbeiten von Entwicklungstendenzen.
d) Entwickeln eines Schlussbildes (vgl. M 112.1).

112.5 Zusatzmaterialien
M 112.1 Gottesbilder

113 Deismus und Theismus

113.1 Der Zusammenhang
Der Überblick skizziert die nicht erst seit Luthers Auseinandersetzung mit der scholastischen Theologie variantenreich debattierte Frage nach der Verortung des göttlichen Wirkens im Beziehungsgeflecht zwischen Gott und Welt; der Kampfplatz der Debatten war zu einem Großteil durch den Streit um die Bedeutung der Metaphysik für die Theologie bestimmt.

Der gegenüberliegende Text über biblische Gottesbilder (S. 112) kann zu einem Blick auf Kontinuität und Differenz zwischen Bibel und theologische Lehre anregen. Die Skizze auf S. 113 thematisiert eine Entwicklung des Gottesgedankens, dessen Spätform letztlich auch Feuerbach (vgl. S. 116-117) zum Gegner haben musste. Vor allem auch Jesu spezifisches Reden von Gott (S. 141, 145) setzt kräftige Gegenakzente zum entfalteten Problemhorizont (vgl. S. 34 Glaube und Vernunft in der katholischen Theologie).

Luthers anthropozentrisch orientiertes Schöpfungsverständnis (vgl. Z. 1-9) kann mit der »Absicht der biblischen Schöpfungserzählungen« (S. 20) (auch kritisch!) ins Gespräch gebracht werden. Die theologiegeschichtliche Komponente und interessante Seitenaspekte finden sich auf den Seiten 58 und 171. Das Bild auf Seite 23 kann als Vergleichsbild herangezogen werden.

Die im Text angeführten theologischen Konzeptionen transportieren unterschiedliche Theologie- und Wirklichkeitsverständnisse; die Leitperspektive ist jeweils die Verhältnisbestimmung von Schöpfer und Geschöpf in Verbindung mit den daraus entstehenden ethischen Konsequenzen. Damit ergeben sich Bezüge zur Frage »Was ist Theologie?« (S. 30; vgl. auch S. 34) oder auch – im Anschluss an die bekannte christologische Unterscheidung (vgl. S. 156) – das Problem einer »Theologie von oben und/oder von unten« Der Text kann zu den Überlegungen von Luther zu dem verborgenen und dem offenbaren Gott (S. 127) und zu den Gottesbeweisen (S. 125) in Bezug gesetzt werden.

113.2 Zum Text
Die Abschnitte des Überblicks sind klar voneinander abgegrenzt; die Erläuterungen verstehen sich als Erschließungshilfen für die hier durch Überschriften markierten Inhalte des Autorentextes:

1. Z. 1-19: Luthers Schöpfungsglaube im Konflikt mit der Theologie und Frömmigkeit seiner Zeit
Luther thematisiert in seiner Auslegung durchaus konkrete Schöpfungswirklichkeiten. Diese sind jedoch nicht einfach nur »Natur«; es finden sich auch sozial, kulturell und biographisch vermittelte Dinge und Menschen (»Kleider und Schuhe, Essen und Trinken, Haus und Hof, Weib und Kind«). Dies alles sind dankbar von Gott zu empfangende Notwendigkeiten des je eigenen Lebens. In Luthers Gedankengang findet sich implizit somit auch die Abweisung einer objektivistisch verfahrenden, »natürlichen (Schöpfungs-)Theologie«, ohne dass die natürliche Welt einfach ausgeblendet wird. Hauptkriterium eines Redens vom offenbaren Gott bleibt für Luther allemal Jesus Christus und die Heilige Schrift. Diese Grunderkenntnis wuchs ja (als Rechtfertigungslehre!) im Gegenzug zu einer Bußfrömmigkeit, die Luther in seiner ersten Klosterzeit und nach seiner persönlichen Unglückserfahrung (»Gewittererlebnis bei Stotternheim« am 2. Juli 1505) sehr intensiv durchlebte. Damit ist der »frühe Luther« selbst ein Beispiel für die in Z. 14-19 beschriebenen Grundhaltung.

2. Z. 20-32: Vernunft und Glaube, Philosophische und Theologie in Mittelalter und Renaissance
Die grundlegende Denkfigur impliziert eine propädeutische Funktion der Philosophie für die Gotteserkenntnis (vgl. den mittelalterlichen Gedanken der Philosophie als »Magd der Theologie«). Die »natürliche Gotteserkenntnis und Theologie« (vgl. Z. 23-32) wurde im 12. Jahrhundert explizit durch Gilbert von Poitiers als noch defizitärer theologischer Erkenntnismodus bestimmt. Thomas von Aquin definiert die natürliche Erkenntnis als Einleitung (praeambula) zu den Glaubensartikeln (articuli fidei) (Summa Theologiae I, 2 ad 1). Gerade in diesen Unterscheidungen heben sich die Scholastiker aber von Luthers strikter Abweisung einer auch philosophisch beschreibbaren Stufenfolge der Gotteserkenntnis ab.

3. Z. 33-45: Der Deismus als Krisenindikator
Der vor allem in England zwischen ca. 1690 und 1740 breit rezipierte Deismus legte seine Emphase auf eine rational begründbare natürliche Religion. Die Bibel- und Dogmenkritik des Deismus wurzelte ebenso wie die Selbstbezeichnung »Deisten« bereits in späthumanistischen Strömungen in Frankreich (ab ca. 1560). Der Deismus fand seinen intensivsten Wegbereiter in den Werken von John Toland (1670-1722). Sein Buch *Christianity not mysterious* (1696) kritisierte de Trinitätslehre, die christologischen Dogmen sowie die lutherische und die katholische Abendmahlslehre. Mathew Tindals (1657-1733) Werk *Christianity as old as the creation* (1730) bestimmte das Christentum als moralförmige, seit der Schöpfung bestehende natürliche Religion. Bedeutende deistische Denker in Deutschland waren König Friedrich II. (1712-1786), er betrieb intensive Korrespondenz mit dem Aufklärer Voltaire!; Hermann Samuel Reimarus (1694-1768), dessen bibelkritische Arbeiten anonym von Lessing herausgegeben wurden (Fragmentenstreit).

Die berühmte Metapher von der Schöpfung als Uhrwerk wurde erstmals wohl von Nikolaus von Oresme (1322-1382) in seinem Buch *Le Livre du Ciel et du Monde* verwendet, fand dann aber im 17. bis 18. Jahrhundert weite und populäre Verbreitung, nicht nur in deistischen Äußerungen (Alexander Pope), sondern – in kritischer Distanz – auch bei deismuskritischen Stimmen, z.B. des deutschen Pietismus. Sie lautet bei Christian Wolff »Eine Maschine ist ein zusammengesetztes Werck, dessen Bewegungen in der Art der Zusammensetzung gegründet sind. Die Welt ist gleichfalls ein zusammengesetztes Ding, dessen Veränderungen in der Art der Zusammensetzung gegründet sind (§ 554). Und demnach ist die Welt eine Maschine« (Christian Wolff, Deutscher Philosoph mit deistischen Denkansätzen in: Ders., Metaphysik S. 335-336).

4. Z. 47-58: Der Theismus als Gegenkonzept gegen den Deismus
Ebenso wenig wie der Begriff »Deismus« kann auch der Terminus »Theismus« als Aushängeschild für eine klar abgrenzbare theologisch-philosophische »Schule«. Viel-

mehr kann Immanuel Kants Äußerung noch heute als brauchbare Definition gelten: Der Deist glaubt an einen Gott, der Theist aber an einen lebendigen Gott (Kritik der reinen Vernunft, B 659–62). Bedeutender Vertreter einer solchen Glaubensrichtung ist unter Maßgabe dieser Definition der französische Mathematiker und Philosoph Blaise Pascal (Pensées). Frömmigkeitsgeschichtlich wurde in Deutschland hier besonders Christian Fürchtegott Gellert mit seinen Liedern wirksam (vgl. EG 451, 412, 506).

113.3 Pantheismus und Panentheismus

Der in Aufgabe 2 erwähnte Pantheismus taucht als Begriff erstmals bei John Toland 1705 auf, ist aber schon in der monistischen Einheitskonzeption des griechischen Philosophen Xenophanes (vgl. Aristoteles, Metaphysik 986b) gedanklich enthalten. Er fand seinen berühmtesten Vorläufer in Baruch de Spinoza (1632–1677). In seiner monistischen Substanzontologie (Zentrales Werk: *Ethica more geometrico demonstrata*, 1677) ging Spinoza davon aus, dass die (als eine Substanz gedachte) Natur in sich differenzierte Momente hat, und zwar die wirkende Natur (natura naturans), den unpersönlichen Gott (deus sive natura – »Gott oder die Natur«) sowie die der mechanischen Kausalität unterworfene Natur (natura naturata). Gotthold Ephraim Lessing lobte zwar im Jahr 1780 das »hen kai pan« (Gott als »ein und alles«) Spinozas als Anfang einer neuen Zeit. Allerdings transformiert Lessing in seiner »Erziehung des Menschengeschlechts« einen trinitarisch reflektierten Gottesgedanken, ist also kaum als Pantheist im üblichen Sinne zu bezeichnen. Deutlicher bekannte sich Goethe in seinem Brief an Friedrich Heinrich Jacobi vom 9. Juni 1785 zum »große[n], ja heilige[n] Benedictus [Spinoza]«. Diese emphatisch ausgedrückte Nähe zeigt sich z. B. in pantheisierenden Tendenzen in Goethes »Werther«.

Der Panentheismus nannte K. C. F. Krause (1781–1832) seine All-in-Gott-Lehre. Gott geht danach nicht einfach in der Welt oder Natur auf; Krause postuliert die intuitive Schau einer innigen Verbindung Gottes mit der Natur. Diese Auffassung der Verbindung zweier nichtidentischen Wirklichkeiten (Gott und Natur) fand in Kreisen der deutschen Romantik weite Verbreitung.

113.4 Literatur

Wolf-Dieter Hauschild, Lehrbuch der Kirchen- und Dogmengeschichte Bd. 2, Gütersloh 2001, § 14.4.2 (zu Luthers Schöpfungstheologie), 15.15.2 (zum Deismus).

Kay Peter Jankrift, Brände, Stürme Hungersnöte. Katastrophen in der mittelalterlichen Lebenswelt, Ostfildern 2003.

Rita Omasreiter, Naturwissenschaft und Literaturkritik im England des 18. Jahrhunderts, Nürnberg 1971 (zur Uhrwerksmetapher).

Wolfhart Pannenberg, Systematische Theologie Bd. 1, Göttingen, S. 87–93 (Kurze Problemgeschichte der natürlichen Theologie).

Christian Wolff, Vernünfftige Gedancken von Gott, der Welt und der Seele des Menschen, auch allen Dingen überhaupt [...], Halle 1751 (Nachdr. Hildesheim 1983). = Ders., GW I,2 [zitiert als Metaphysik].

113.5 Unterrichtsideen

1. Einschätzungen

a) Sch erhalten ein AB mit den. Sätzen: »Ich glaube an Gott«; »Ich glaube an den lebendigen Gott«; »Ich glaube, dass mich Gott geschaffen hat«.
b) Sie arbeiten die Unterschiede heraus und halten das Ergebnis in einer Mindmap fest.
c) Sch legen eine persönliche »Ranking«-Liste der Sätze an.

2. Textarbeit

a) Sch formulieren in PA evtl. arbeitsteilig das Glaubensbekennntis Luthers, der Philosophie, des Deismus und des Theismus.
b) Zuordnung der Glaubenssätze zu den vier Positionen. Wem bin ich nahe?
c) Einschätzen der Gegenwart: Wie glauben heute Menschen?

3. Vertiefung: Auseinandersetzung mit Christian Wolffs Uhrmetapher

a) Arbeitsteilige GA: Wie würde Luther, wie würde ein Theist diesen Satz kommentieren?
b) L interviewt die Sch als Luther oder als Theist.
c) Sch referieren über Pantheismus und Panentheismus.
d) Gespräch: Was würden Vertreter diese Position zu Christian Wolff sagen?
e) L hängt an verschiedene Orte im Zimmer die Begriffe »Luther«, »Philosophie«, »Deismus«, »Theismus«, »Pantheismus«, »Panentheismus«. Die Sch stellen sich zu jenem Begriff, der ihnen am nächsten ist und sprechen miteinander. Die Mitte ist für all jene reserviert, die sich nicht angemessen vertreten sehen.

114 Der dreieinige Gott

114.1 Der Zusammenhang
Am Ende der Auseinandersetzung mit den biblischen Gotteserfahrungen (S. 106-110) soll das Nachdenken über die Dreieinigkeit Gottes das eigentliche Wesen des biblischen Gottes zugänglich machen und damit in einen schwierigen, weithin unverständlichen Komplex biblischer Theologie einführen (vgl. dazu ergänzend S. 156). Die Entwicklung der Lehre von der Dreieinigkeit kann im Kapitel »Jesus Christus« nachgelesen werden (S. 156).

Prinzipiell ist davon auszugehen, dass hier ein Schlüssel zu allen biblischen Texten liegt, der zur Bearbeitung angeboten wird. Hier liegt ein entscheidender Differenzpunkt zum Islam (S. 158), weswegen eine genaue Klärung, wie die Dreieinigkeit zu verstehen ist, angezeigt ist.

Ein weiterer – ganz gewiss kein sich davon unterscheidender – Schlüssel zu biblischen Texten, dem gemäß ein Blick in das Wesen Gottes, bieten die Texte »Gerechtigkeit in der Bibel« (S. 81), »Rechtfertigung des Menschen« (S. 171) und die Auseinandersetzung mit dem Namen Gottes (S. 107). Passen Trinität und Gottes Namen zusammen? Der Text liefert darüber hinaus Hinweise für ein theologisches Verständnis des Lebens und präpariert für das Gespräch mit dem Islam.

114.2 Die Gemeinschaftlichkeit Gottes
Die Unterscheidung von Vater, Sohn und Heiliger Geist kann gemäß dem Apostolischen Glaubensbekenntnis als Ausdruck unterschiedlicher Erfahrungen Gottes angesehen werden: Gott begegnet als Vater in der Schöpfung und in der Geschichte Israels, als Sohn in Leben, Werk und Geschick Jesu Christi und als Geist in der Geschichte der Kirche sowie im Glauben einzelner Menschen. Gott – so zeigt dieser Blick – ist weder einfach und für sich. Er ist in sich bewegt und bewegend.

Jürgen Moltmann deutet bei seiner Näherbestimmung des Heiligen Geistes in Aufnahme von Augustinus und Karl Barth die Unterscheidung der drei trinitarischen Personen als Ausdruck einer »inneren Gemeinschaftlichkeit des beziehungsreichen Dreieinigen Gottes« (Z. 8-9), der nach Außen die »gemeinschaftsstiftende Aktivität des Heiligen Geistes« (Z. 39-40) entspricht. Gott ist in sich selbst »eine offene, einladende Gemeinschaft« (Z. 3), die in den »opera at extra« ihren Ausdruck als Vergemeinschaftung findet, in der aber auch Unterschiede geachtet werden (Z. 14-15). Konsequenterweise müssen nach Moltmann auch Schöpfung, Erlösung, Vollendung als gemeinschaftsstiftende Aktivitäten verstanden werden. Alle Aussagen über Gottes Handeln müssen sich daher hieraus entschlüsseln lassen. Darauf weisen die Begriffe wie »Bund« (S. 106), »Liebe« (S. 108) »bei uns bleiben« (S. 109), die »Leidenschaft für das Leben« (S. 110), »Heil und Befreiung« (S. 107), aber auch »Barmherzigkeit« (S. 76) hin.

Zwischen der Gemeinschaftlichkeit Gottes und dem Leben besteht ein unmittelbarer Zusammenhang, besteht doch Leben »in wechselseitigem Austausch von Lebensmitteln und Energien und in der gegenseitigen Teilnahme« (Z. 23-25). »Bios ist überall Symbiose« und verdankt sich Gottes schöpferischem, lebendig machendem Geist (Z. 33-36). Tod ist die totale Beziehungslosigkeit (Z. 30). Gottes Geist gibt Leben (Z. 44-45), weil Gott in sich selbst Leben ist. Gott ist die »Quelle des Lebens« (Ps 36,10).

114.3 Literatur
Jürgen Moltmann, Der Geist des Lebens, München 1991.
Glauben und Lernen, Themenheft Trinität, Nr. 1/2002.

114.4 Unterrichtsideen
1. Schreibmeditation
a) L schreibt an die Tafel »Dreieinigkeit Gottes«.
b) Sch kommentieren die Formulierungen an der Tafel mit Zeichen, Kommentaren usw.
c) Gemeinsame Bilanz und erste Klärungen.

2. Textarbeit I
a) L gibt ein Dreieck vor, das innen Raum lässt. Hinweis: Bei Trinität kann man »Innen« und »Außen« unterscheiden.
b) Sch füllen in Partnerarbeit Innen und Außen aufgrund der Textlektüre.
c) Austausch und zusammenfassender TA.

3. Textarbeit II
a) Sch erheben aus dem Text, was Leben ist.
b) Austausch und Zuordnung des Lebensbegriffes zu Trinität.
c) Darstellung des Zusammenhanges gemäß M 114.1.

4. Auseinandersetzung mit dem Koran
a) Sch schreiben eine Entgegnung zu Sure 1,169 und 112,1-4.
b) Vorstellen der Ergebnisse. Was würde Moltmann dazu sagen?

114.5 Zusatzmaterialien
M 114.1 Dreieinigkeit – Gemeinschaft – Leben

115 Die Heilige Dreifaltigkeit von Robert Campin

115.1 Der Zusammenhang
Die bildhafte Darstellung der Dreieinigkeit will dazu anregen, über die Trinität nachzudenken, eigene Vorstellungen zu klären, möglicherweise aber auch ein eigenes Bild zu fertigen, in dem eigene Überlegungen oder die Einsichten von Jürgen Moltmann (S. 114) aufgenommen sind. Die Entwicklung der Lehre von der Dreieinigkeit kann im Kapitel Jesus Christus nachgelesen werden (S. 156): Die Bestreitung steht in Sure 5 (S. 158).

115.2 Der Gnadenstuhl von Robert Campin
Der auch als Meister von Flemalle bekannte Robert Campin wirkte in Tournai und war der Lehrer von Rogier van der Weyden (S. 68) und Jack Dare. Er gilt als Begründer der niederländischen Tafelmalerei (vgl. S. 131).
Das Motiv des Gnadenstuhls stammt aus der französischen Kunst des 12. Jahrhunderts und kennt vor allem unterschiedliche Christusdarstellungen: einmal als Gekreuzigter, dann als Sterbender wie hier. Der Gnadenstuhl selbst ist als Gnadenthron Gottes anzusehen, wie er auf der Bundeslade angebracht war (vgl. Ex 25,17-22). Die beteiligten Engel sind als Cherubim anzusehen, die den Thron Gottes umgeben und mit ihren Flügeln den Gnadenthron von rechts und links bedecken (können) (vgl. dazu Hebr 9,5). Nach Hebr 4,16 bringt der Gnadenstuhl mit dem Hohenpriester Jesus Christus die Barmherzigkeit Gottes zum Ausdruck. Es scheint, als reiche der königliche, gleichwohl väterliche Gott in seinem purpurnen Gewand dem Betrachter seinen sterblichen Sohn als Zeichen seiner Sympathie und seiner Schwäche für die Schwachen (vgl. S. 76, Das Ethos der Barmherzigkeit) und vor allem als Ausdruck der Bitte, den Tod des Gottessohnes als Zeichen der Versöhnung anzusehen. Die rechte Hand Jesu signalisiert, das habe ich für dich getan. Was könnte Gott Vater jetzt sagen?
Der rechte obere Engel rückt das Kreuz in den Blick, der linke zeigt weinende Trauer und regt auch den Betrachter an, sich in diese Haltung zu begeben.
Die in der Regel über der Schulter Christi schwebende Taube bekennt mit den Worten aus der Taufe Jesu: »Das ist mein lieber Sohn, an dem ich Wohlgefallen habe« (Mk 1,9-11). Im Kontext der Noaherzählung symbolisiert sie die Zusage eines neuen Anfanges. Als Sinnbild der dritten Person der Trinität bringt sie die liebende Gemeinschaft zwischen Vater und Sohn zum Ausdruck.

115.3 Unterrichtsideen
1. Bildbetrachtung
a) Sch schneiden aus einem Rechteck (13,7 x 18 cm) ein Viertel aus und schieben den offenen Teil über das Bild, sodass jeweils nur ein Teil des Bildes sichtbar wird. Was ist zu sehen?
b) Sch ahmen die Haltung Gottes nach und empfinden diese nach. Was wird hier ausgedrückt?
c) Sch legen den einzelnen Personen auf dem Bild Worte in den Mund (auch der Taube).
d) Sch formulieren die Botschaft des gesamten Bildes.
e) Informationen über Robert Campin aus dem Internet.

2. Text-Bild-Vergleich
a) Sch suchen in S. 114 eine Textteile, die zu dem Bild passt.
b) Gemeinsame Reflexion: Was erzählt dieses Bild über das Wesen Gottes?

116/117 Gott als Projektion des menschlichen Wesens

116/117.1 Der Zusammenhang
Feuerbachs Religionskritik verdient besondere Beachtung. Nicht nur, weil sie Marx und Freud beeinflusst hat, sondern vor allem, weil sie – zweifellos vereinfacht und ohne wirkungsgeschichtlichen Zusammenhang – bei Schülerinnen und Schülern begegnet: »Meiner Meinung nach ist Gott davon«. Hier begegnen Schülerinnen und Schüler also ihren eigenen Gedanken, und sie werden herausgefordert, diese Grundüberzeugungen im Gewand der Philosophie von Ludwig Feuerbach genauer zu reflektieren. Weitere religionskritische Ansätze finden sich bei Schnädelbach (S. 104), bei Ludwig Büchner (S. 120) und bei Steven Weinberg (S. 124).

Feuerbachs anthropologische Einholung des Gottesbegriffs (Konzept einer The-Anthropologie) und Heines Liebesgedicht aus dem Geist der Religionskritik lassen mannigfache Bezüge und Assoziationen zu den Kapiteln »Gott« und »Mensch« zu. Die wichtigsten seien hier genannt: Wie hätte Feuerbach eine gegenwärtige religiöse Biografie beurteilt (S. 102–103), wie hätte er in dem Gespräch zwischen dem Philosophen und dem Theologen (S. 104–105) mitdiskutiert? Die Trinitätslehre (vgl. S. 114) stellt ein nicht zu unterschätzendes Moment der Gegenkritik zu Feuerbach an den »monadischen« Eigenschaften »des Menschen« dar. Feuerbach nannte sich hin und wieder »Luther II«, um die alles erschütternde Neuerungskraft seiner Gedanken zu symbolisieren. Was hätte er »Luther I« (S. 127, 173, 55f.) zu sagen gewusst, wie hätte er (und auch Heine!) Steffenskys sprachkritischen Anmerkungen zum Reden von Gott (S. 30) gelesen? Zu Feuerbachs Gedanken einer Entfremdung vgl. die Weiterführung bei Karl Marx (S. 181), zum Wurzelgrund seiner Forderung einer Mündigkeit angesichts der Religionsthematik vgl. Immanuel Kant (S. 180). Heines atheismusgetränktes Liebesgedicht trifft mit Härles Bestimmung der Gottesebenbildlichkeit (S. 168, bes. Z. 50ff.) auf eine theologische Antithese. Die Kritik an Feuerbach (S. 118) speist sich u.a. aus dem Gedanken der Gottesebenbildlichkeit (S. 168) sowie aus der Bestimmung des Menschen als Sünder (S. 170).

116/117.2 Ludwig Feuerbach, Das Wesen des Christentums
Der Textauszug entstammt dem zweiten Kapitel aus Feuerbachs religionskritischem Hauptwerk »Das Wesen des Christentum« (1841). Das Kapitel trägt die Überschrift »Das Wesen der Religion im Allgemeinen« und beinhaltet gewissermaßen den »harten Kern« von Feuerbachs Religionskritik. Das zweite Kapitel beendet (A) die Einleitung des Werkes, die zunächst über das »Wesen des Menschen im Allgemeinen« (1. Kapitel) eine grundständig positive Anthropologie entfaltet und dann (2. Kapitel) Religionskritik als Konsequenz dieser Anthropologie zieht. (B) In dem darauf folgenden »Ersten Teil« (»Das wahre, d.i. anthropologische Wesen der Religion«) dekliniert Feuerbach alle ihm wesentlich erscheinenden Lehrinhalte des christlichen Glaubens unter der Perspektive seiner The-Anthropologie durch. Unter anderem soll Gottes- und Schöpfungslehre oder auch die Lehre von der Inkarnation neu gefasst werden. (C) Ein »Zweiter Teil« (»Das unwahre, d.i. theologische Wesen der Religion«) mit einer detaillierten Kritik an kirchlichen und theologischen Lehraussagen und Dogmen beschließt das Werk.

Feuerbachs Werk ging weit über die bisherigen Ansätze der Religionskritik, z.B. der französischen Aufklärung, hinaus (La Mettrie, Holbach, Diderot), indem es Religion nicht mehr als Betrug oder als Irrtum brandmarkte, sondern Theologie als geheime Anthropologie kritisierte, aber auch rekonstruierte. Der als Theologe »startende« ursprüngliche Hegelschüler (1823 Theologiestudium in Heidelberg beim Hegelschüler Karl Daub, ab 1824 Studium bei Hegel in Berlin) trug damit eine Fortführung seiner 1839 begonnen Hegelkritik (Kritik der Hegelschen Philosophie) vor. Karl Marx sah in Feuerbach den Vollender der Religionskritik in Deutschland; Religionskritik wurde für Marx zur Voraussetzung für alle weitere (politische) Kritik.

Zum Aufbau des Textausschnittes:
Z. 1–13 Religion als Projektion. Feuerbachs Religionsbegriff.
Z. 14–32 Religion als Entzweiung. Entfaltung einer anthropologisch begründeten Kritik an der Religion.
Z. 33–53 Die Notwendigkeit einer Selbstrevision der Religion.
Z. 54–77 Wahre Religion als universale Liebe. Die Positivität der Haltung Feuerbachs zur Religion.

116/117.3 Heinrich Heine, »Ich glaub nicht an den Himmel«
Das Gedicht (ohne Titel) ist den »Nachgelesenen Gedichten« zuzuordnen. Es wurde von Heine während der Entstehung des »Lyrischen Intermezzos« (um 1820/1821, Erstveröffentlichung 1823) aus dem Bestand der zur Veröffentlichung bestimmten Arbeiten ausgeschieden. Von dem Gedicht existiert noch eine zweite, kürzere, aber auch wesentlich verdüsterte Fassung. Sie lautet:

> Ich glaub nicht an den Himmel,
> Wovon das Pfäfflein spricht;
> Ich glaub nur an dein Auge,
> Das ist mein Himmelslicht.
> Ich glaub nicht an den Herrgott,
> Wovon das Pfäfflein spricht;
> Ich glaub nur an dein Herze,
> 'Nen andern Gott hab ich nicht.
> Ich glaub nicht an den Bösen,
> An Höll und Höllenschmerz;
> Ich glaub nur an dein Auge,
> Und an dein böses Herz.

Zur Zeit der Entstehung des Gedichts stand Heine an der Schwelle der Umsiedlung von Bonn nach Göttingen (Winter 1820/1821). Der vom wohlhabenden Onkel Salomon Heine unterstützte Jurastudent hatte neben seinem Studium genügend Freiraum, um die literarische Thematik, die er seit seinen ersten lyrischen Versuchen immer wieder bearbeitete, aufzugreifen: das ironisch-traurige Sprachspiel mit dem Motiv der überschwänglichen, oft aber auch verschmähten und enttäuschten Liebe. Das Gedicht ist ein Beispiel dafür, dass Heines lyrische Arbeiten ohne religions- und gesellschaftskritischen Horizont nicht zu verstehen sind. Als ironischer Gestus ist nämlich auch das Versmaß (Trochäus) zu verstehen. Heine übernahm hier, wie so oft, den von Romantikern als Ausweis der Volkstümlichkeit geschätzten Trochäus, transportierte damit aber ironisch gebrochene Situationen. Inhaltlich zeigt das Gedicht im Ansatz bereits ein pantheisierendes Denken, das 1831 in Heines Großessay »Zur Geschichte der Religion und Philosophie in Deutschland« präzise zur Geltung gebracht wurde.

116/117.3 Literatur
Peter Kunzmann u. a. (Hg.), dtv-Atlas Philosophie, München 12. Auflage 2003, S. 166–169.
Art. »Heinrich Heine«, in: Metzler Autoren Lexikon, Stuttgart 1986, S. 255–260.
Eberhard Jüngel, Gott als Geheimnis der Welt, Tübingen 1977.
Hans Küng, Existiert Gott?, München, 3. Auflage 2004.
Christian Link, Motive theologischer Religionskritik, in: ders., In welchem Sinne sind theologische Aussagen wahr?, Neukirchen-Vluyn 2003, S. 201–224.
Art. »Feuerbach, Ludwig«, in: Bernd Lutz (Hg.), Metzler Philosophen Lexikon, Stuttgart u. a. 1995, S. 269–271.

116/117.4 Unterrichtsideen
1. Gott und Mensch: Eigenschaften finden
a) GA: Sch sammeln je fünf Eigenschaften für Gott und den Menschen, Doppelnennungen sind möglich.
b) Teilgruppen stellen ihre jeweiligen Ergebnisse vor (evtl. ohne Nennung der zugewiesenen Überschriften »Gott« oder »Mensch«. Dann entsteht ein kleines Ratespiel!). Begleitender TA (vgl. M 116/117.1).

2. Textarbeit
a) L gibt als Leitbegriffe vor: »Religion«, »Gott« bzw. »göttliches Wesen«, »Geheimnis der Theologie«, »der notwendige Wendepunkt der Geschichte«, »unser Verhältnis zur Religion«, »homo homini deus«.
b) Sch bearbeiten in PA Definitionen.
c) Austausch der Ergebnisse und Formulieren von gemeinsamen Definitionen. Schlussfrage: Ist Gott erfunden?
d) Sch ergänzen TA von Schritt 1 (M 116/177.1) mit Begriffen von Feuerbach und interpretieren die Tabelle in seinem Sinne.

3. Gedichtinterpretation
a) Zweimaliges lautes Vorlesen des Heinegedichtes durch einen Sch Sch notieren sich beim zweiten Lesen Hinweise auf jene Passagen, die Feuerbachs Argumentation entsprechen.
b) Abgleichung und Überprüfung der Ergebnisse anhand der Lektüre des Textes.
c) zur Gültigkeit der »Anfragen an die Religionskritik Feuerbachs« für Heine. Welche Argumente »treffen« Heine, welche nicht? (evtl. Erweiterung der Thematik durch ergänzendes Heranziehen der zweiten Gedichtvariante, vgl. M 116/117.2).

116/117.5 Zusatzmaterialien
M 116/117.1 Modell für einen Tafelanschrieb: Mögliche Zuweisungen von Eigenschaften und Prädikationen für Gott und Mensch
M 116/117.2 Heine zum Pantheismus (1831)

118 Anfragen an die Religionskritik von Ludwig Feuerbach

118.1 Der Zusammenhang
Das geheime Zentrum des Textes und seiner Anfragen liegt in einer Kritik an Feuerbachs optimistischer Anthropologie. Dieser Ansatzpunkt wird nicht nur der Konstruktion von Feuerbachs »Wesen des Christentums gerecht (vgl. 116/117.2). Dadurch wird gleichzeitig Diskussionspotential freigelegt, das in einem wesentlichen Orientierungsbedarf (nicht nur von Schülerinnen und Schülern) gründet. Die Frage nach »Güte und Gutsein« des Menschen stellt sich nicht nur bei der Lektüre der täglichen Zeitung. Sie ist auch als »Rückfrage an sich selbst« immer wieder virulent; ihre theologisch zugespitzte Fassung dürfte die rechtfertigungstheologisch beantwortbare Frage Luthers sein: »Wie kriege ich einen gnädigen Gott«?
Der Autorentext will die für viele Schülerinnen und Schüler so plausible Argumentation von Feuerbach in Frage stellen und unter Aufnahme biblisch-theologischer Einsichten Zustimmung, aber auch Gegenargumente aufbauen. Theologisch gesehen geht es um eine theologische Kritik der neuzeitlichen Religionskritik auf der Basis biblischer Theologie.
Bezug genommen wird auf die Sicht des Menschen als Ebenbild Gottes (S. 168), auf die Bestimmung des Wesens Gottes als Liebe (S. 108), die auch leiden kann (S. 109, vgl. aber auch S. 87), auf die Sicht des Menschen als endliches Geschöpf (S. 166) und auf die Erfahrung Gottes am brennenden Dornbusch (S. 107).

118.2 Gegenargumente gegen Ludwig Feuerbach
Der Autorentext rekapituliert noch einmal die Religionskritik von Feuerbach (Z. 1–20), formuliert dann vier Rückfragen (Z. 23, 27–29, 38–39, 48–49) und begründet jeweils die Rückfragen mit Einsichten des biblisch begründeten Gottesglaubens. Eingeschlossen ist ein Hinweis auf den Glauben von Ludwig Feuerbach, denn: »Man kann nicht nicht glauben«.
Die Rückfragen enthalten durchaus Zustimmung zu Feuerbach (Menschen haben eine besondere Würde), bestreiten Voraussetzungen der Argumentation von Feuerbach (Gott ist nicht allmächtig im Sinne von Feuerbach) und nehmen Feuerbachs Position kritisch in den Blick (Wunschfantasie).

118.3 Literatur
Hans Küng, Existiert Gott?, München, 3. Auflage 2004, S. 223–250.
Hans Joachim Kraus, Theologische Religionskritik, Neukirchen-Vluyn 1982.

118.4 Unterrichtsideen
1. Textarbeit I
a) Sch lesen Text Z. 1–20.
b) Gespräch: Stimmt die Zusammenfassung? Hat Feuerbach recht? Woran glaubt Feuerbach eigentlich?
c) Vorlage der vier Grundfragen in einem TA und gemeinsames Suchen nach Antworten.

2. Textarbeit II
a) Sch formulieren Z. 23–26, 27–37, 38–47; 48–61 arbeitsteilig um in Thesen.
b) Sch notieren die Thesen an der Tafel und versehen sie mit Punkten. Drei Punkte für stark, ein Punkt für bedenkenswert, null Punkte für irrrelevant.

119 Begriffsklärungen

119.1 Der Zusammenhang
Die angebotenen Begriffsklärungen sollen einen sicheren Umgang mit religionskritischen Personen ermöglichen. Sie stehen in einem inneren Zusammenhang mit den Erläuterungen zu Deismus und Theismus (S. 113) und lassen erkennen, dass sich die neuzeitliche Religionskritik einerseits gegen den absolutistisch gefärbten Theismus (A-Theismus) des 17./18. Jahrhunderts richtet, aber auch gegen einen »vernünftigen« Glauben, der sich die Existenz Gottes durch rationales Nachdenken sichern wollte. Insoweit setzen die Begriffsklärungen auch die Gottesbeweise und ihre Kritik voraus (S. 125), die in der Auseinandersetzung zwischen Steven Weinberg und John Polkinghorne (S. 124) noch einmal eine Rolle spielen und in der Zuordnung von Vernunft und Glaube in der katholischen Theologie (S. 34) wieder aufgenommen sind.

119.2 Die Definitionen
Die angebotenen Definitionen wollen lexikalisch verstanden werden, erlauben aber inhaltliche Konkretionen. Der theoretische Atheismus findet sich bei Ludwig Feuerbach (S. 116f.), aber auch bei Schnädelbach (S. 104). Der praktische Atheismus kann an die Ablehnung eines persönlichen Gottes, übernatürlicher Wesen oder Mächte sowie von Schutzengeln anknüpfen (S. 102). Woran glaubt man eigentlich, wenn man daran nicht glaubt? Der methodische Atheismus klingt bei Steven Weinberg an (S. 124) und wird im kritischen Rationalismus (S. 25) konkret. Die Frage stellt sich jedoch, ob diese Positionen auch agnostizistisch verstanden werden können.
Die klassische Darlegung des Theodizee-Problems stammt von Epikur und wird explizit bei Ludwig Büchner aufgenommen (S. 120). Die Unterscheidung verschiedener Übel stammt wie angemerkt von Leibniz, der seinerseits noch einmal aufgenommen wird (S. 122).

119.3 Unterrichtsideen
1. Definitionsversuch
a) L gibt die Begriffe vor.
b) Sch versuchen, die Definitionen dafür zu finden.

2. Textarbeit
a) Sch vergleichen ihre Antworten mit den Definitionen im Text.
b) Sch suchen zu den Definitionen typische Äußerungen.

3. Diskussion
Sch überlegen, welche Positionen sich gegenseitig ausschließen und welche sich miteinander verbinden lassen.

120 Einen allmächtigen und guten Gott gibt es nicht

120.1 Der Zusammenhang
Der klassische Text von Ludwig Büchner leitet die Auseinandersetzung mit der Theodizeefrage ein, kann aber auf begriffliche Vorklärungen zurückgreifen (S. 119). Da es sich hier um eine zentrale Anfrage an den Gottesglauben handelt (S. 101), wird ihrer Auseinandersetzung viel Raum gegeben (S. 121-123), der auf verschiedene Weise sekundiert werden kann (S. 109: Der leidende Gott; S. 151: Für uns gestorben; S. 159: Jesus und Buddha; S. 170: Sünde; S. 178, 179: Hobbes und Rousseau; S. 183: Der Wille zur Macht. Einen Zugang zum Teufelsglauben bietet S. 9). Im Kern geht es um die Frage nach dem Verhältnis von Allmacht und Liebe, das schon bei dem leidenden Gott angesprochen wird (S. 109) und z.B. bei Kushner (S. 121) unter Zurücknahme der Allmacht zugunsten der Liebe beantwortet wird.

120.2 Die Religionskritik von Ludwig Büchner
Die Argumentation des materialistischen Denkers (vgl. zur Person S. 234) setzt ein mit der Darlegung eines christlichen »Teufelsglaubens« (Z. 1-9), der jedoch zu ersten Widersprüchen (Z. 9-14) führt. Im Mittelpunkt steht die von Epikur bekannte Argumentation, die angesichts von Bösem und Übel die Idee eines allmächtigen und guten Gottes zu widerlegen sucht (Z. 13-19, vgl. auch S. 119). Diese Argumentation wird in einer Art Wiederholung (Z. 19-27) noch einmal bekräftigt. In zwei Zusatzargumentationen wird die zentrale Kritik noch einmal untermauert: Die Sündhaftigkeit der Welt widerspricht einem vollkommenen Schöpfer (Z. 32-35), sodass sowohl Erlösung (Z. 27-31) als auch erhaltendes Handeln (Z. 35-40) widersprüchlich und unsinnig erscheinen. Die Sicht des Todes Jesu als notwendige Satisfaktion Gottes (vgl. Anselm von Canterbury) widerspricht einem gebildeten Bewusstsein (Z. 41-49) und spiegelt einen überholten Anthropomorphismus (Z. 50-55).
Grafisch könnte man die Argumentation in einem Stufenmodell darstellen, das den entscheidenden Argumenten gleichsam Raumgewichte gibt (vgl. M 120.1).

Büchner geht aus von dem christlichen Begriff Gottes als eines vollkommenen Wesens, das allmächtig und guten Willens ist. In anderen Religionen, wie bei den Griechen, Germanen, Römern, im Hinduismus und Buddhismus, existiert ein solcher Gedanke nicht. Dieser Gott »kann und will« das Gute. Können und Wollen kommen bei ihm als vollkommenem Wesen notwendig in Einklang. Büchner operiert hier mit dem Gott der Philosophen (Pascal), wie er sich in den Gottesbeweisen zeigt (S. 125), aber auch im Theismus geglaubt wird (S. 113). Dieser Gott ist ein gedankliches Konstrukt und entspricht nicht den geschichtlichen Erfahrungen der biblischen Zeugen (vgl. auch Luthers Unterscheidung von deus absconditus und deus revelatus, S. 127). Diese erzählen vielmehr von einem leidenschaftlichen, mitgehenden und sympathischen Gott, der geschichtlich handelt und dessen Herrschaft erst noch im Wachsen ist. So gesehen fordert Büchner zu einer theologischen Religionskritik heraus, die darin besteht, das biblische Zeugnis wieder klarer in den Blick zu nehmen.

Allerdings ist auch die immanente Argumentation von Büchner nicht ganz so zwingend, wie sie sich zunächst einmal darstellt: Es ist ja denkbar, dass Gott Böses und Übel will, während die Menschen den darin wirksamen guten Willen noch nicht erkennen können (so Leibniz S. 122). Sodann stellt sich auch die Frage, ob Büchner nicht doch zu sehr von einem apathischen Allmachtsverständnis geleitet ist. Moltmann wird darauf hinweisen, dass Vollkommenheit auch die Fähigkeit beinhaltet, klein zu werden und sich klein zu machen. Noch einmal ganz anders stellt sich das Thema, wenn man wie der Buddhismus konstatiert, dass es eigentlich gar kein Leiden gibt. Alles ist im Grunde eine Täuschung (S. 184).

Dessen ungeachtet scheitert Büchner letztlich an dem Problem, das er zum Ausgangspunkt genommen hat. Auch er kann nicht erklären, woher das Böse und das Übel kommen (Z. 22f.). So bleibt die unbeantwortbare Frage.
Neben der Theodizeefrage wirft Büchner gleichsam in der zweite Reihe indirekt weitere interessante Fragen auf:
Ist die Welt in den 2000 Jahren seit Jesus eigentlich besser oder schlechter geworden?
Ist der Opfertod Jesu Ausdruck und Konsequenz einer beleidigten Gottheit?
Kann man von Gott überhaupt je anders als antropomorph sprechen?

120.3 Das Problem der Allmacht
Die Theodizeefrage stellt die Frage nach der Allmacht Gottes. »Ich glaube an Gott den Allmächtigen, den Schöpfer des Himmels und der Erde.« Ist Gott allmächtig? Der Pantokrator begegnet im Spätjudentum und in der frühen Kirche. Er nimmt biblische Aussagen auf: »Für Gott ist kein Ding unmöglich« (Lk 3,17). Gott hat Macht und ist einzigartig.
Schaut man jedoch genauer hin, dann zeigt sich, dass die Rede von der Macht Gottes immer dann auftaucht, wenn es um andere Mächte geht, die Herrschaft beanspruchen (das Geld, der Zufall, das Schicksal). Jedes Mal geht es darum, diesen Mächten die alleinige Herrschaft zu bestreiten und darauf hinzuweisen, dass der Gott der Liebe die Zukunft auf seiner Seite hat. Die Rede von der Allmacht Gottes ist also keine Beschreibung eines Ist-Zustandes, sondern ein Protestsatz und ein Hoffnungssatz zugleich: Wir bitten, beten und hoffen, dass letztendlich Gott das Sagen hat.
Aber es gibt noch einen zweiten Aspekt: Heißt Allmacht »Gott macht alles« oder heißt es »Gott kann alles machen, was er will«? Sind aber Können und Wollen gleich groß? Ist das Können größer als das Wollen, dann will Gott nicht alles, was er kann. Auf dieser Linie liegen Leibniz und Hans Küng. Was Gott will, ist nicht recht zu erkennen. Ist aber das Können kleiner als das Wollen, dann kann Gott weniger als er will. Dann kann es sein, dass Gott selber leidet oder zumindest sich nicht durchsetzen kann. Auf dieser Linie liegen Hermann, Kushner, Moltmann und die Prozesstheologie. Für jene ist es ganz wichtig, dass Allmacht nicht heißen kann, Gott habe die totale Macht, denn dann gäbe es keine »Wirklichkeit«. Diese hat logischerweise eine eigene »Wirk-Macht«.
Schließlich gibt es aber noch einen dritten Aspekt, der da lautet: Wie verhalten sich Allmacht und Liebe? Für das

Neue Testament ist Gott die Liebe (1.Joh 4, 16). Allmacht qualifiziert also die Liebe näher. Dann ergäbe das: Die Liebe ist allmächtig, sie kann alles – nur eines nicht, nicht zu lieben. Weil die Liebe Liebe ist, kann sie auch ohnmächtig sein. Die Hoffnung auf die Allmacht ist dann, dass sich die Allmacht der Liebe Gottes durchsetzen wird. In der Auferstehung Jesu, so der christliche Glaube, ist dies schon geschehen.

120.4 Literatur
Werner H. Ritter u. a., Der Allmächtige, Göttingen 1997.
Michael Nüchtern (Hg.), Warum lässt Gott das zu? Frankfurt a. M. 1995.
Wilfried Härle, Dogmatik, Berlin/New York 1995, S. 439–455.

120.5 Unterrichtsideen
1. Textarbeit
a) Sch lesen den Text. Sie gliedern in EA die zentralen Aussagen und entwerfen eine Grafik zum Text (s. o.).
b) Austausch der Ergebnisse.

2. Gespräch
a) Zustimmung im Text mit Plus, Ablehnungen mit Minus anzeigen.
b) Austausch.
c) Klärung von Rückfragen: Von welchem Gottesbild geht Büchner aus? Was würde Jesus oder die Bibel dazu sagen? Woher kommen das Böse und das Übel?

120.6 Zusatzmaterialien
M 120.1 Stufenmodell zur Argumentation in der Religionskritik Büchners

121 Gott verursacht nicht unser Unglück

121.1 Der Zusammenhang
Der Auszug aus dem Buch des amerikanischen Rabbi Harold Kushner, geb. 1935, repräsentiert eine lebensgeschichtlich mühsam erkämpfte Antwort auf die Theodizeefrage. Kushners Sohn Aaron litt von Geburt an an Progerie, an »schnellem Altern«, und starb zwei Tage nach seinem 14. Geburtstag. Der Vater schrieb dieses Buch, um dem sinnlosen Leid seines Kindes einen Sinn abzugewinnen. Anders als Ludwig Büchner ist Harold Kushner existenziell betroffen und als Vater gläubiger Jude und Theologe (man beachte, dass »Er« persönlich herausgefordert wird).

121.2 Harold Kushners Antwort auf die Theodizeefrage
Kushner sucht eine Antwort auf die Theodizeefrage, indem er Gottes Allmacht reduziert. Gott kann nicht alles, was er will. Gott hat Grenzen, die in den Naturgesetzen, in der Entwicklung der menschlichen Natur und der menschlichen Freiheit liegen (Z. 5–8). Gott will nicht unser Unglück. Er ist vielmehr selber von ihm »betroffen« (Z. 30), Leiden sind ihm »verhasst« (Z. 33), er hat einen »Widerwillen« gegen Krebs und Geburtsschädigungen (Z. 57). Gottes Macht beschränkt sich darauf, Menschen zu helfen, Leid zu ertragen (Z. 28.29). »Gott gibt es den Menschen ein, anderen, die von Leid betroffen sind, zu helfen, und durch diese Hilfe werden sie der Gefahr entrissen, sich allein, verlassen oder verurteilt zu fühlen« (Z. 48–51; vgl. auch Z. 61–73). Von Gott her gibt es keine Antwort auf das Warum (Z. 37), wohl aber auf die Frage »Was kann ich tun?« (Z. 40–41). Nähen zeigen sich zu Inger Hermann (S. 109) und Moltmann (S. 122).

121.3 Unterrichtsideen
1. Schülerreferate
a) Informationen zu der Krankheit Progerie.
b) Zusammenfassung des Buches von Harold Kushner (vgl. Seite 239) »Wenn guten Menschen Böses widerfährt«.

2. Textarbeit
a) Partnerarbeit mit drei Leitbegriffen: »Gottesbild«, »Ursachen von Leid«, »Umgang mit Leid«.
b) Gespräch: Kann man mit diesem Gott leben – und sterben?
c) Alternativ: Gruppenpuzzle (siehe 122.5).

122 Gott nimmt das Leiden der Menschen auf sich

122.1 Der Zusammenhang
Der dem Buch von Armin Kreiner »Gott und das Leid« nachgearbeitete Autorentext will die Position von Jürgen Moltmann darstellen, die er in seinem Werk »Der gekreuzigte Gott« entwickelt hat. Es ergeben sich innere Bezüge zu dem »leidenden Gott« (S. 109), der Kreuzigung Jesu (S. 150–151) sowie zu dem fiktiven Streitgespräch zwischen Jesus und Buddha (S. 159).

122.2 Jürgen Moltmann »Der gekreuzigte Gott«
Der Text ist bestimmt von der Gegenüberstellung eines apathischen, leidens- und liebesunfähigen, unsterblichen Gottes (Gott I) mit einem sympathischen, leidens- und liebesfähigen, sterblichen Gott (Gott II), wie er sich biblisch im Kreuz Christi (S. 115, S. 150) erwiesen hat (vgl. dazu auch Das Wesen des Christentums S. 160). Die besondere Pointe dieser Position steckt in der Näherbestimmung der Vollkommenheit Gottes, die bei Büchner (S. 120) eine so entscheidende Rolle spielt. Im Anschluss an Karl Barth gehört für Moltmann zur Vollkommenheit Gottes auch die Fähigkeit zu leiden (Z. 14–15, 16–19). Die Größe Gottes schließt auch seine Niedrigkeit ein. Büchners Begriff von Vollkommenheit ist danach noch nicht vollkommen genug gedacht.

122.3 Leibniz
Der hier in fünf Elementen wiedergegebene Gedankengang skizziert die Grundkonzeption von Leibniz' bekanntestem philosophischem Werk, der »Essais de Théodicée« (Theodizee) von 1710. Es ist auch für das Gespräch mit den Schülerinnen und Schülern von Bedeutung, dass zunächst der philosophische Ansatzpunkt in Leibniz' Werk (vgl. Punkt 1 der Zusammenstellung) erkannt wird, ehe man zu seiner Kritik schreitet. Leibniz entwickelt (entgegen einem verbreiteten Missverständnis) seine Theodizee nicht aufgrund einer naiv-beschönigenden Sicht der Welt; es geht ihm also nicht um irgendeinen »empirischen Optimismus«. Vielmehr gewinnt Leibniz seinen denkerischen Ansatzpunkt durch eine seiner Meinung nach notwendigen Formierung des Gottesgedankens. Wenn demnach der Begriff »Gott« überhaupt einen philosophischen Sinn machen sollte, so ist Gott a priori als allmächtig und allgütig zu denken. Dadurch ergeben sich für Leibniz alle weiteren Begründungszusammenhänge und -notwendigkeiten (vgl. die Punkte 2–5). Leibniz wandte sich mit diesem Ansatz gegen die Philosophie von Pierre Bayle (1647–1706). Dieser hatte in seinem 1695–1607 erschienenen »Dictionnaire historique et critique« ein schon vom griechischen Philosophen Epikur (341–271 v. Chr.) thematisiertes Dilemma philosophischer Theologie neu formuliert. Allmacht und Güte Gottes können demnach angesichts der Weltwirklichkeit nicht gleichermaßen rational begründet werden. Bayles Lösungskonzeption trägt stark dualistische Züge.

122.4 Literatur
Armin Kreiner, Gott und das Leid, Paderborn, 5. Auflage 2005.

122.5 Unterrichtsideen
1. Text-Bild-Vergleich
a) Sch betrachten das Bild von Robert Campin (S. 115). Dazu liest ein Sch Z. 14–19 vor.
b) Sch formulieren ihre Eindrücke: Wie passt das zusammen?

2. Textarbeit
a) Sch erarbeiten in EA zwei Gottesbilder heraus: Gott I und Gott II.
b) Auswertung: Wie beurteilt Moltmann die Sichtweisen von Büchner (S. 120) und von Campin (S. 115)?
c) Zusammenfassender TA: Gott I und Gott II.

3. Gruppenpuzzle zur Theodizeefrage (S. 120–122)
a) Sch bilden Basisgruppen zu Büchner, Kushner, Leibnitz und Moltmann und identifizieren sich mit diesen: Wofür und wogegen trete ich ein?
b) Sch führen Expertengespräche: Je ein Sch vertritt Büchner, Leibnitz, Kushner und Moltmann. Zusammen bilden sie eine Vierer-Expertenrunde. Sie erhalten das Martin-Dilemma von Fritz Oser (M 122.1). Wie würden die einzelnen Theologen und Philosophen reagieren?
c) Plenum: Diskussion »Gott und das Leid – ein Widerspruch?«

122.6 Zusatzmaterialien
M 122.1 Martin-Dilemma

123 Antworten auf die Theodizeefrage

123.1 Der Zusammenhang
Als Abschluss für die Auseinandersetzung mit der Theodizeefrage werden in einem Autorentext acht unterschiedliche Antworten angeboten, die in der christlichen Tradition entwickelt worden sind und die die schon gegebenen Antworten (S. 120–122) ergänzen. Wie der Hinduismus argumentieren könnte, kann aus S. 88 »Gerechtigkeit im Hinduismus« erschlossen werden. Die Sichtweise des Buddhismus liefert S. 128, aber auch S. 159. Die Antwort des Hiob Buches kann im Sinne einer biblisch-theologischen Vergewisserung angeschlossen werden (s. u. 123.3). Luthers Unterscheidung des deus absconditus und deus revelatus (S. 127) bietet eine ergänzende Sicht auf die Theodizeefrage.

123.2 Acht Antworten auf die Theodizeefrage
Die kurz zusammengefassten Antworten auf die Theodizeefrage wollen gewichtige Positionen des Christentums vorstellen. Ihre Auswahl nimmt Vorarbeiten von Armin Kreiners Gott und das Leid auf, vgl. auch die dazugehörige Filmdokumentation.

Antwort 1 bietet die traditionelle Standardantwort und reflektiert den biblischen Tun-Ergehen-Zusammenhang. Der Gedanke der Erbsünde (vgl. auch S. 170) soll den Tod von unschuldigen Kindern erklären. Offen bleibt, warum Gott die Ursünde zugelassen hat. Diese Antwort findet sich, biblisch gesehen, bei den Freunden Hiobs (s. u. 123.3) und hat sowohl Nähen zur Karmalehre im Hinduismus (S. 88) als auch zum Buddhismus (S. 128).
Antwort 2 gehört ebenfalls zur christlichen Tradition und stellt eine zweite Standardantwort dar. Ihre Plausibilität gewinnt sie durch Filme wie Terminator II (vgl. Offb 12). Symbolisch gesehen geht es um einen Drachenkampf. Offen bleibt, warum Gott dem Teufel so viel Macht gibt (vgl. Büchners Überlegungen zum Teufelsglauben S. 120).
Antwort 3 wurde im Rahmen des Christentums im Manichäismus entwickelt und findet sich in vielen Comics (z. B. Batman) und Videospielen. Marcion entwickelte dazu eine Zweigötterlehre, deren Folgen in der sachlich unzutreffenden Unterscheidung zwischen einem alt- und einem neutestamentlichen Gott begegnen können.
Antwort 4 entstammt der amerikanischen Prozesstheologie, die in Gen 1,2 ansetzen und naturwissenschaftliche Erkenntnisse integrieren will (vgl. Kreiner, S. 99f.).
Antwort 5 stammt aus der katholischen Theologie und enthält den Gedanken, dass die Freiheit des Menschen es zulässt, sich gegen Gott (und mit Moltmann S. 114 gegen das Leben) zu entscheiden. Dies könnte jedoch auch als Missbrauch der Freiheit angesehen werden, so Karl Barth. Offen bleibt die Erklärung des natürlichen und des metaphysischen Übels (vgl. S. 119).
Antwort 6 sucht Hans Küng aufzunehmen, der für ein positives Schweigen votiert – ein Schweigen, das sich unangemessener Antwort enthält, aber dennoch irgendwie mit Gott rechnet. Für Küng haben auch Atheisten keine Antworten und sollten auf ihre Weise in das Schweigen einstimmen.
Antwort 7 sucht die Antwort von Johann Baptist Metz aufzunehmen, der dafür im Schluss des Hiobbuches Bestätigung findet. Hiob bekommt von Gott in seinem Protest Recht.
Antwort 8 nimmt noch einmal Jürgen Moltmann auf.
Die Antwort des Buddhismus findet sich auf S. 128. Sie macht vollends deutlich, dass die Theodizeefrage am christlichen Gottesbild hängt, in dem die Allmacht und die Liebe zusammen in einer göttlichen Person gedacht wird. Eine weitere Antwort formuliert Hans Jonas in »Der Gottesbegriff nach Auschwitz«, 1987: Gott schweigt!

Die verschiedenen Antworten erlauben unterschiedliche Zuordnungen. Monistisch sind 1, 5, 6, 7 sowie Luther und Leibnitz. Dualistisch sind 2, 3, 4 und Kushner. Weitere Zuordnungsmöglichkeiten ergeben sich aus den polaren Begriffen wie Allmacht und Liebe, Wollen und Können, Schweigen und Kämpfen.

123.3 Hinweise zum Hiobbuch
Das Hiobbuch lässt sich als ein dramatischer Prozess lesen, in dem die Theodizeefrage narrativ entwickelt wird und verschiedene Antworten durchgespielt werden. Die Frage ist, ob das Buch selbst auch eine Antwort auf die Theodizeefrage enthält.
Das Buch setzt ein mit der monistischen Antwort: »Der Herr hat's gegeben, der Herr hat's genommen. Der Name des Herrn sei gelobt.« (Hiob 1,21). Hiob ergibt sich ganz Gott, alles kommt von Gott. Seine Frau formuliert die religionskritische Position, »Sage Gott ab und stirb!« (Hiob 2,9). Gott verdient das nicht.
Der erste große Teil des Buches arbeitet die Warum-Frage und den Tun-Ergehen-Zusammenhang ab. Drei Freunde halten Hiob vor, er habe sich doch irgendwie schuldig gemacht. Leid ist Strafe Gottes und kommt nicht ohne Grund. Denn Gott ist gerecht (vgl. Hiob 4,7). Hiob soll Gott um Erbarmen bitten. Doch Hiob lässt sich nicht darauf ein (vgl. Hiob 7,20):
- Ich bin schuldlos.
- Ich kenne meine Schuld nicht.
- Die Strafe ist größer als die Tat. Das ist nicht mehr gerecht. Das ist nackte Gewalt.
- Wozu braucht Gott diese Genugtuung?

Die Freunde lassen sich von ihrem Lebenskonzept nicht abbringen: Es geht in dieser Welt gerecht zu. Hiobs Weigerung, seine Schuld einzugestehen, ist ein Grund für Gottes Strafe.

Der zweite Teil des Buches setzt sich mit der Wozu-Antwort auseinander. Elihu sieht im Unglück und im Leid ein pädagogisches Mittel Gottes, Menschen zum Nachdenken zu bringen und auf den rechten Lebensweg zu führen. Gottes Handeln ist auf jeden Fall gerecht. Leid ist Warnung und Mahnung. Krankheit wird, wie auch in der psychosomatischen Medizin, als Anlass verstanden, das Leben zu überprüfen.
Der dritte Teil besteht in einer großen Gottesrede, in der Hiob beinahe mit Vorwürfen überschüttet wird. Hiob antwortet darauf überraschend: Ich gebe Gott Recht, ich bekenne mich schuldig.

Worin liegt die Antwort auf die Theodizeefrage? Liegt sie einfach darin, dass Gott Hiobs drängende Fragen beantwortet? Dazu sind aber die Reden zu lang. Liegt sie darin,

dass Hiob gegen seine Freunde Recht bekommt – und Klage und Protest als angemessene Reaktion gewürdigt werden? Zwei weitere Ansätze sind denkbar:
1. Gott ist ständig dabei, die Schöpfung in Ordnung zu bringen. Die Wirklichkeit ist ein dynamischer Prozess, bei dem ständig Balancen hergestellt und böse Mächte bekämpft werden müssen (Behemot, Leviathan). An diesem Kampf soll sich der Mensch mit seinen Möglichkeiten beteiligen und sich auf Gottes Seite stellen. Dies wird in Hiob 38,3 ausgedrückt: »Gürte deine Lenden wie ein Mann.« Die Welt ist ein Kampf gegen sinnlose Mächte. Sinn muss erarbeitet und erkämpft werden. Das gilt für Gott und für die Menschen.
2. »Ich weiß, dass mein Erlöser lebt« (Hiob 19,25), mit Gott gegen Gott hoffen.

123.4 Literatur
Armin Kreiner, Gott und das Leid, Paderborn, 5. Auflage 2005.
Heinz Zahrnt, Wie kann Gott das zulassen? Hiob – der Mensch im Leid, München 1985.
Hans Jonas, Der Gottesbegriff nach Auschwitz. Eine jüdische Stimme, Frankfurt a. M. 1987 (9. Aufl. 2004).

123.5 Unterrichtsideen
1. Textarbeit
a) L hängt im Raum acht bzw. zehn DIN A3-Poster auf, die von 1–8 bzw. 1–10 nummeriert sind. Evtl. ergänzen um Leibniz und Kushner als Position 9 und 10 sowie um die Position Buddhas (S. 128).
b) Sch entwickeln Überschriften zu den Positionen und bestimmen die beste Formulierung.
c) Die Blätter werden beschriftet.

2. Position spielen
a) Sch stellen sich zunächst zu jenem Blatt, das sie ablehnen. Warum stehe ich hier?
b) Sch stellen sich dann zu jenem Blatt, dem sie zustimmen. Anschließend Gespräch, warum stehe ich hier?

3. Kartenspiel
Die DIN A3-Blätter an der Wand werden auf dem Boden nach verschiedenen Gesichtspunkten geordnet: »Monismus und Dualismus«, »Allmacht und Liebe«, »Wollen und Können«, »Schweigen und Kämpfen«.

4. Erarbeiten des Hiobbuches
a) Sch erhalten Rollen aus der beigefügten Zusammenstellung. Sie lesen ihre Texte und tragen dann gemäß der Vorlage vor. So entsteht ein Eindruck des ganzen Buches, das durch kurze vermittelnde Kommentare der Lehrperson ergänzt werden kann. Nach jedem Bild kommt es zu einem Gespräch über die genannten Fragen.
b) Sch suchen die Antwort des Hiobbuches auf die Theodizeefrage. Eine Hilfestellung bietet M 123.2.
c) Sch vergleichen die Antworten im Text mit derjenigen aus dem Hiobbuch. Was passt am ehesten zusammen?

123.6 Zusatzmaterialien
M 123.1 Der biblische Hiob: Ein Drama in 6 Aufzügen
M 123.2 Gottesreden Hiobs

124 Natürliche Ordnung oder Schöpfung Gottes?

124.1 Der Zusammenhang
Für viele junge Erwachsene sind die Einsichten der modernen Naturwissenschaft, insbesondere der Physik, aber auch der Biologie (vgl. S. 26, 176, 177) gewichtige Argumente gegen den Glauben an Gott. Das Gegenüber von zwei renommierten Physikern soll zeigen, dass es auch innerhalb der Physik durchaus möglich ist, wissenschaftlich zu arbeiten und an Gott zu glauben. Allerdings zeigt die Kontroverse, dass es keine allgemein gültigen Gottesbeweise gibt, wie dies noch bis zur Aufklärung galt. Einigkeit besteht jedoch darin, dass naturwissenschaftliche Erkenntnis Grundfragen aufwirft, die sie mit eigenen Mittel nicht beantworten kann. Die im Text aufgeworfene Problematik, wie mit offenen Fragen in der Naturwissenschaft theologisch umgegangen werden kann, wird von Hemmingern diskutiert (S. 106).

Das Thema »Natur als Schöpfung« steht in enger Beziehung zum Kapitel über »Wirklichkeit« (vgl. S. 21, 24–28). Sollte dieses Thema nicht zur Behandlung in einem Kurs vorgesehen sein, könnte es vielleicht doch sinnvoll sein, einzelne Seiten davon im vorliegenden Zusammenhang zu besprechen.

124.2 Die Positionen von Steven Weinberg und John Polkinghorne
Die beiden Texte kreisen um den alten physikotheologischen (= teleologischen) Gottesbeweis (vgl. S. 125). Die alten Menschheitskulturen erklärten sich in ihren Mythen das Vorhandensein der Welt, einzelne machtvolle Phänomene und sinnvolle Zusammenhänge in ihr als das Werk von Göttern bzw. von Gott. Auch die nachmythisch rationale Welterklärung der Philosophie schloss bis weit in die Neuzeit hinein auf eine göttliche Erstursache des Universums. Die in Europa im Mittelalter und bis auf Kant gängigen Gottesbeweise beruhen auf Argumenten, die schon bei Aristoteles und in der Stoa ausformuliert waren.

Sowohl Steven Weinberg als auch John Polkinghorne benennen als Grenze der Naturwissenschaft: Man könne zwar sagen, welche Gesetze in der Welt gelten, aber nicht, warum es gerade diese Gesetze sind. Die Kosmologie des 20. Jahrhunderts hat gezeigt, dass erstens die Naturgesetze erst mit dem »Urknall« (der Singularität) entstanden, und dass zweitens eine minimale Veränderung der Ausgangsbedingungen zu einem völlig anderen Universum geführt hätte, in welchem etwa höheres organisches Leben nicht möglich gewesen wäre. Man hat versucht, aus dieser Tatsache von neuem die Existenz eines göttlichen Schöpfers zu folgern. Es ist jedoch nicht möglich, die Möglichkeit auszuschließen, dass die für menschliches Leben geeignete Welt sich einem Zufall verdankt. Insofern bezeichnet Weinberg die Frage nach dem Warum zurecht als nicht hintergehbares Rätsel, und Polkinghorne findet durch dieses Rätsel einen Raum für den Glauben an einen Schöpfer, nicht für ein metaphysisches Wissen.

Die Texte lassen sich folgendermaßen gliedern:

Weinberg

Z. 1–5 Früher erschienen den Menschen natürliche Phänomene (z. B. Erdbeben) und die wunderbaren Eigenschaften von Lebewesen als Hinweise auf eine schöpferische Intelligenz.

Z. 5–10 Heute verstehen wir dieselben Phänomene als Auswirkungen unpersönlicher Naturgesetze.

Z. 10–12 Die Handschrift einer schöpferischen Intelligenz sollte sich am ehesten in den grundlegenden Naturgesetzen zeigen.

Z. 12–14 Die bekannten Naturgesetze sind unpersönlich und lassen keine Sonderstellung für das Leben erkennen.

Z. 15–18 Dennoch bleibt das naturwissenschaftliche Weltbild unvollständig.

Z. 18–24 Denn die Naturwissenschaft kann nicht erklären, warum in der Welt gerade die Gesetze gelten, die faktisch in ihr gelten.

Polkinghorne

Z. 1–9 Die naturwissenschaftliche Beschreibung von Musik als Luftdruckschwankungen und chemischen Reizleitungsvorgängen lässt die Musik nicht in angemessener Weise verstehen.

Z. 10–15 Wissenschaftsgläubigkeit kann keine Metaphysik tolerieren, die es sich zur Aufgabe macht, eine wahrhaftige Theorie von allem zu entwerfen.

Z. 15–21 Die Themen der Metaphysik hängen mit naturwissenschaftlichen Erfahrungen zusammen, gehen aber über sie hinaus (z. B. die Frage: Warum ist das Universum gerade so beschaffen, dass Menschen darin leben können?).

Z. 22–26 Die rationale, vernünftige Ordnung des Universums lässt sich am besten so verstehen, dass ein göttlicher Geist hinter ihr steht.

Z. 26–33 Wissenschaft ist möglich, weil der Schöpfer der Natur auch unser Schöpfer ist.

124.3 Literatur

John Polkinghorne, Theologie und Naturwissenschaften. Eine Einführung, Gütersloh 2001.

John Polkinghorne, An Gott glauben im Zeitalter der Naturwissenschaften. Die Theologie eines Physikers, Gütersloh 2000.

124.4 Unterrichtsideen

1. Gemeinsames Nachdenken

a) Bild von Stephen Hawking (Google-Bildersuche) – manche Sch werden ihn wahrscheinlich kennen und können seine Arbeit ansatzweise beschreiben.

b) L schreibt an Tafel »Eine vollständige physikalische Theorie des Universums ließe uns den Plan Gottes verstehen« Stimmt dieser Satz? Kann am Ende der Physik ein Gottesbeweis stehen?

2. Textarbeit

a) Je eine Hälfte der Lerngruppe formuliert zu einem der beiden Texte eine zusammenfassende These.

b) Vergleich der Thesen miteinander, Herausstellen der Gemeinsamkeiten und Unterschiede (TA).

c) Diskussion. Wer hat Recht? Als Leitfrage könnte dienen: Hat der Pfarrer Polkinghorne eine andere Physik als der Professor Weinberg?

125 Die Gottesbeweise und ihre Kritik

125.1 Der Zusammenhang
Der teleologische (physikotheologische) Gottesbeweis stand schon im Hintergrund der beiden Texte von S. 124. Die vorliegende Seite stellt die berühmtesten Gottesbeweise aus der abendländischen Metaphysik zusammen (Thomas hat den ontologischen Beweis Anselms abgelehnt; Kant hat sowohl den kosmologischen als auch den teleologischen und den ontologischen Beweis kritisiert und an ihre Stelle den moralischen gesetzt). Den aktuellen Stellenwert der Gottesbeweise in der evangelischen und in der katholischen Theologie thematisieren die beiden folgenden Seiten (126f.). Das damit thematisierte Verhältnis von Glaube und Vernunft spielt in der katholischen Theologie eine wichtige Rolle (S. 34).

125.2 Der Text
Der Autorentext nennt das grundsätzliche Argumentationsmuster von vier klassischen Gottesbeweisen und stellt ihnen je ein kritisches Argument entgegen.
Der letzte Abschnitt bietet an, Gottesbeweise als Fragen zu deuten (vgl. Härle, Dogmatik, S. 222). Die vernünftige Auseinandersetzung mit der Welt und dem Leben wirft die Frage nach dem Ursprung der Welt auf, ohne sie jedoch selber beantworten zu können.
Die abschließenden Fragen wollen aufzeigen, dass die Gottesbeweise mit Prämissen operieren, die für unser ganzes Leben und die Auseinandersetzung mit der Welt grundlegend sind. Deutlich werden soll, dass die Gottesbeweise Grundlagen unseres Lebens thematisieren.

125.3 Literatur
Friedo Ricken (Hg.), Klassische Gottesbeweise in der Sicht der gegenwärtigen Logik und Wissenschaftstheorie, Stuttgart, 2. Auflage 1998.
Art.: Gottesbeweise II., Fundamentaltheologisch, in: RGG[4] 3, 1168–1172.
Hans Küng, Existiert Gott?, München, 3. Auflage 2004, S. 21ff.
Wilfried Härle, Dogmatik, Berlin/New York 1995.

125.4 Unterrichtsideen
1. Gedichtinterpretation
a) L trägt das Gedicht M 125.1 vor.
b) Sch diskutieren das Argument.
c) alternativ: Ein Bild von Stonehenge zeigen (Internet, Google-Bildersuche). Sch werden den Steinkreis kennen und über seine Bestimmung diskutieren können (Opferstätte? Planetarium zur Kalenderberechnung?) Impuls: Könnte es nicht sein, dass die Steinformation zufällig entstanden ist? Sch werden argumentieren, dass eine derart zweckmäßige Struktur künstlich hergestellt worden sein muss. Damit haben sie das Grundmuster des teleologischen Gottesbeweises entwickelt.

2. Textarbeit
a) Aufgabe 1 in PA bearbeiten. Ergebnissicherung als Tabelle (s. u.; vgl. M 125.2).
b) Diskussion von Aufgabe 2 im Plenum.

125.5 Zusatzmaterialien
M 125.1 Vers aus Barthold Hinrich Brockes, Irdisches Vergnügen in Gott
M 125.2 Die vier klassischen Gottesbeweise

Beweis	Argument	Gegenargument
kosmologisch	Wenn es keine Erstursache gibt, kann es auch keine Wirkungen geben (die wir doch beobachten können).	Warum sollte es keine unendliche Reihe geben können?
teleologisch	Die zweckmäßigen Zusammenhänge in der Welt lassen auf eine absichtsvolle Erschaffung schließen.	Es gibt auch absolut zweckwidrige, sinnlose Zusammenhäge in der Welt.
ontologisch	Gott kann gar nicht so gedacht werden, dass seine Nicht-Existenz möglich wäre.	Was wir als notwendig denken, muss noch lange nicht notwendigerweise da sein.
moralisch	Wir fühlen die unbedingte moralische Verpflichtung zum Gutsein in uns, die wir jedoch nur erfüllen können, wenn wir annehmen dürfen, dass Gott uns dafür belohnen wird.	Nicht alle Menschen empfinden diese unbedingte Verpflichtung.

126 Der Glaube an Gott in der katholischen Theologie

126.1 Der Zusammenhang
Mit dem Text aus dem katholischen Erwachsenen-Katechismus soll auch beim Thema Gott auf konfessionelle Differenzen aufmerksam gemacht und auf besondere Prägungen katholischer Christen geachtet werden. Dieser Text schließt an weitere Vergleiche an (S. 34, 62, 94, 157, 175) und will auf die besondere Bedeutung des Geheimnisses in der katholischen Theologie hinweisen, das allerdings auch im Gespräch mit dem Buddhismus als Gemeinsamkeit zwischen den beiden Weltreligionen (S. 129) heraustritt. Ein wichtiger Horizont des Textes ist das Verhältnis von Vernunft und Glaube, das im Kapitel Wirklichkeit explizit bearbeitet wird (S. 34), den Hintergrund der Gottesbeweise und ihre Kritik bildet (S. 125) und in der Auseinandersetzung von Steven Weinberg und John Polkinghorne (S. 124) eine wichtige Rolle spielt.

126.2 Gott ist ein tiefes Geheimnis
Der Textauszug konzentriert sich auf die natürliche Gotteserkenntnis, die ganz selbstverständlich um die Erkenntnis Gottes aufgrund seiner Selbstoffenbarung zu ergänzen ist. Gerade hier – so die These – zeigen sich bedeutsame Differenzen zwischen einer evangelischen und einer katholischen Theologie.

Zwischen der evangelische Theologie und der katholischen Kirche besteht Übereinstimmung in der theologischen Grundeinsicht, dass in Jesus Christus Gott »sein Geheimnis als Geheimnis seiner unergründlichen Liebe« offenbart hat (Katholischer Erwachsenen-Katechismus 36f.). Übereinstimmung besteht auch in der Überzeugung, dass die Heilige Schrift Grundlage des rechten Glaubens an Gott ist, der sich darin als Vater Jesu Christi erweist (Erwachsenen-Katechismus 59f.).

Während nach Luther die »natürliche Gotteserkenntnis« für sich genommen den Glauben an Gott letztlich nur erschüttern kann (S. 127), zeigt diese in den Augen der katholischen Theologie doch gewisse positive Züge. Sie kann offenkundig zu der durchaus positiv zu bewertenden Einsicht führen, dass wir Gott als »den unendlichen ... nie begreifen« (Z. 9-10) und unsere menschlichen Vorstellungen von Gott immer wieder zerbrechen müssen (Z. 11-13). Der Mensch kann wie Hiob auf seiner Gottessuche entdecken, dass alle Antworten letztlich ungenügend sind (Z. 18). Wie die Mystiker können Menschen das blendende Licht Gottes wahrnehmen, aber gerade darin erblinden (Z. 30-34). Dennoch ist dieses Nichtsehen ein Ergriffensein vom unergründlichen Geheimnis Gottes. Menschen können also das Geheimnis »Gott« als Geheimnis erkennen. Selbst die Leugnung Gottes kann als Ergriffensein von Gottes Geheimnis verstanden werden: Alle Formen des Unglaubens (der Glaube an die Natur, an die werdende Materie, an das sinnlose Nichts, Z. 40-42) sind letztlich nichts anderes als menschliche Antworten auf die Anfrage Gottes, wie wir das Geheimnis des Lebens verstehen wollen (Z. 46). Angesichts dieser Wirkung Gottes auf uns selbst sind alle Gründe und Gegengründe gegen Gott niemals Beweise, wohl aber Einladungen zum Glauben.

Der Eindruck ist: Katholische Theologie geht von einem geheimnisvollen, unbegreiflichen personalen Gegenüber aus, das mit den Menschen in einem intensiven Kontakt steht, dem man sich als Mensch letztlich nicht entziehen kann (vgl. Deutsche Bischofskonferenz, Liturgiekommission, Raum der Stille 203,15) und das einen selbst zu einer Frage macht (Z. 45), auf die der Mensch selbst keine Antwort geben kann. Gerade dies macht das Geheimnis des Menschenlebens aus (Z. 37, 46). Der Mensch ist von dem unbegreiflichen Gott umfangen (Z. 4). Insoweit heißt von Gott reden immer auch von sich selbst reden.

Der Text lässt verschiedene Bilder für das Geheimnis Gottes assoziieren: die dunkle Nacht, das überhelle Licht, das alles umfassende, das unzugängliche Licht, zerbrechende Vorstellungen, unterschiedliche Namen, die Frage an uns.

126.3 Literatur
Deutsche Bischofskonferenz (Hg.), Katholischer Erwachsenen-Katechismus. Das Glaubensbekenntnis der Kirche, Stuttgart, 3. Auflage 1985, S. 7-142.
Katechismus der katholischen Kirche, München u.a. 1993, S. 45-135.

126.4 Unterrichtsideen
1. Textinterpretation
a) Sch lesen Text und malen zu den Aussagen über Gott ein Bild (oder finden eine Geste).
Vorstellen der Produkte
b) Gespräch: Wer ist Gott? Was ist Glaube? Was ist Theologie?

2. Vertiefende Textinterpretation M 126.1

3. Vergleich mit Luthers Unterscheidung vom verborgenen, offenbaren Gott (S. 127)

126.5 Zusatzmaterialien
M 126.1 Auszug aus dem II. Vatikanischen Konzil zur Offenbarung Gottes

127 Martin Luther, Der verborgene und der offenbare Gott

127.1 Der Zusammenhang
Die beiden Seiten 126 und 127 ermöglichen anhand eines weiteren Themas den Vergleich der beiden christlichen Konfessionen (vgl. den Kommentar zu S. 126). Sie nehmen aber auch auf, wie von theologischer Seite Ansätze einer physikotheologischen Position (S. 124) einzuarbeiten sind. Die anthropologischen Konsequenzen von Luthers Theologie wird in der »Freiheit eines Christenmenschen« expliziert (S. 173), die ekklesiologischen in seiner Schrift »Von weltlicher Obrigkeit« (S. 55f.).

127.2 Luther und das Problem der natürlichen Theologie
Die beiden abgedruckten Texte spiegeln die große Verwerfung wider, die es in der evangelischen Theologie seit der Aufklärung, insbesondere durch das Auftreten Immanuel Kants, in Bezug auf die natürliche Gotteserkenntnis gegeben hat:

Martin Luther ging mit der gesamten theologischen und philosophischen Tradition davon aus, dass Gott auch durch die allgemeine menschliche Vernunft erkannt werden könne – etwa so, wie in den Gottesbeweisen. Aber diese natürliche Gotteserkenntnis führe nicht zum wahren Wesen Gottes, der sich in Jesus Christus als der barmherzige himmlische Vater zeigt. Die natürliche Gotteserkenntnis ließe den Menschen vielmehr verzweifeln.

Seit Kants Kritik an allen Gottesbeweisen haben so unterschiedliche Theologen wie Friedrich Schleiermacher, Albrecht Ritschl und Karl Barth die Gültigkeit der natürlichen Gotteserkenntnis im Bereich des Christentums verworfen. Karl Barth, einer der schärfsten Kritiker dieser These, der sie in einem hoch brisanten politischen Kontext verfocht, versuchte im Alter, die particula veri der natürlichen Gotteserkenntnis von seiner streng offenbarungstheologischen Position aus aufzunehmen (vgl. M 127.2).

Die Texte lassen sich folgendermaßen gliedern:

Evangelischer Erwachsenenkatechismus
Z. 1–5 Paulus und Luther nehmen an, dass man Gott durch die natürliche Vernunft erkennen kann.
Z. 6–11 Die Menschenliebe Gottes lässt sich so aber nicht erkennen, weil es zu viel Grauenvolles in der Welt gibt, das Menschen zustößt.
Z. 11–16 Beim Erleiden dieser Ereignisse scheint Gott verborgen zu sein.
Z. 17–25 In Jesus Christus (seiner Lehre und seinem Geschick) zeigt sich uns Gott in seinem Wesen, ist er uns offenbar.
Z. 25–29 Wer die Verborgenheit Gottes erfährt, kann daher zu dem in Jesus offenbaren Gott fliehen.
Z. 29–34 Gott zeigt sich am eindeutigsten in der Niedrigkeit: er erweckt den Gekreuzigten zu ewigen Leben, er bindet seine Heilszusage an Brot und Wein, die Grundelemente der menschlichen Nahrung.

Autorentext
Z. 1–8 Die protestantische Theologie geht davon aus, dass Gott durch die natürliche Vernunft in seinem Wesen nicht erkannt werden kann.
Z. 9–13 Gott kann nur dort erkannt werden, wo er sich offenbart hat, in der Geschichte Israels und Jesu Christi. Daher ist die Bibel als Urkunde dieser Offenbarung der Ausgangspunkt evangelischer Gotteserkenntnis.
Z. 13–20 Wer Gott mittels seiner Offenbarung erkannt hat, kann Strukturen der natürlichen Vernunft bzw. der Natur selbst als Spuren Gottes in der Welt verstehen.

127.3 Literatur
Wilfried Härle, Dogmatik, Berlin/New York 1995, S. 218–234.

127.4 Unterrichtsideen
1. Rundgespräch zu der Frage: »Ist Gott grausam?«
(Mögliche Assoziationen: die Natur als Schöpfung – Fressen und gefressen werden; der Tod des Sohnes Gottes als Mittel zur Erlösung; Geschichte der Juden usw.).

2. Textarbeit
a) PA mit Hilfe der ersten Frage.
b) Vergleich Autorentext und Erwachsenenkatechismus. Suche nach Gemeinsamkeiten und Unterschieden.
c) Vergleich mit der katholischen Theologie S. 126.

3. Mögliche Vertiefung
Vergleich der von Karl Barth inspirierten Ersten These der Barmer Theologischen Erklärung (1934) und der späteren sog. Lichterlehre des alten Barth (vgl. M 127.1 und M 127.2). Vgl. dazu: Eberhard Busch, Karl Barths Lebenslauf. Nach seinen Briefen und autobiografischen Texten, [4]1986, S. 248–268; Otto Weber, Karl Barths Kirchliche Dogmatik. Ein einführender Bericht, [11]1989, S. 283–294.

127.5 Zusatzmaterialien
M 127.1 These 1 der Barmer Theologischen Erklärung
M 127.2 Auszug aus Karl Barth, Die Kirchliche Dogmatik

128 Buddhismus: Religiöser Glaube ohne Gott

128.1 Der Zusammenhang
Die Zurückhaltung, ja Weigerung des Buddhismus, angesichts der Frage nach Gott mit einer distinkten Aussage über Gott aufzuwarten, führt gemäß dem argumentativen Gefälle des Textes zur Konzentration auf die so genannten Vier Edlen Wahrheiten. Sie charakterisieren anthropologische Grundgegebenheiten und zielen daher auf die Grundgestaltungen des religiösen Verhältnisses. Diese Grundorientierungen können zunächst daraufhin befragt werden, ob sie durch Feuerbachs Religionskritik (S. 116–119) überhaupt getroffen werden; sie können aber auch (bereits im partiellen Vorgriff auf S. 129) mit der theologisch formierten Bestimmung des Glaubens (S. 29) in Beziehung gesetzt werden. Die impliziten anthropologischen Vorgaben werden auf S. 184 (Das Bild des Menschen im Buddhismus) ausdrücklich erläutert, eine dialogisch orientierte Variation der Grundbestimmungen findet sich auf S. 159 in dem fiktiven Gespräch zwischen Jesus und Buddha.

128.2 Zum Text
Inwiefern der Gottesgedanke innerhalb des Buddhismus tatsächlich keine Rolle spielt, mag an folgender Tatsache deutlich werden: In einer der neuesten (Selbst-)Darstellungen des Buddhismus wird »Glauben« folgendermaßen erläutert: »Im Buddhismus werden wir ermutigt, die Lehren Buddhas anzunehmen und zu erproben. Auf diese Weise entwickeln wir Glauben und lernen, den Lehren zu vertrauen« (Thubten Chodron, Buddhismus, S. 27). Im Anschluss daran werden drei für den Buddhismus relevante Arten des Vertrauens dargestellt: a) Das reine oder bewundernde Vertrauen (z.B. Bewunderung für die Qualitäten Buddhas), b) Das nacheifernde Vertrauen (z.B. im Streben nach religiösen oder ethischen Grundhaltungen), c) Vertrauen aus Überzeugung (z.B. durch die Überprüfung von Lehren). Alle Arten des Vertrauens sind nicht von einem Gottesbezug abhängig, erinnern aber wenigstens zum Teil an Bestimmungen der christlichen Theologie hinsichtlich des Glaubens (z.B. in ihrer Unterscheidung zwischen fides quae und fides qua). Trotzdem gibt es auch innerhalb des Buddhismus Stimmen, die sich mit der Gottesfrage auseinander setzen. So bemerkt etwa Thich Nath Hanh: Wenn Menschen im Glauben fortschreiten, dann wird Gott »ohne jedes Bild, jenseits jeder befriedigenden geistigen Vorstellung gegenwärtig Man gelangt an einen Punkt, an dem kein Begriff, den man sich von Gott macht, diesen noch repräsentieren kann« (zitiert nach Hans Martin Barth, S. 315–316).

Auf die komplexe Terminologie innerhalb der Darstellung der »Vier Edlen Wahrheiten« sei, auch im Vorgriff auf den Kommentar zu S. 159, ausdrücklich hingewiesen. Danach gilt beispielsweise: »Leiden« (Sanskrit: dukkha) kann auch zugespitzt als »Vergänglichkeit« gefasst werden, die bereits oben erwähnte Darstellung von Thubten Chodron spricht von »unbefriedigenden Erfahrungen« (a.a.O. S. 45). Allerdings dürften bei dieser Fassung der amerikanischen Buddhistin bereits »Reduktionstendenzen« spürbar sein. »Begierde« (Sanksrit: tanha) oder »Durst« ist zu verstehen im Sinne von Lebensdurst, Durst nach sinnlichen Freuden, aber auch »Durst nach Nichtdasein«. Das Nirvana, das in striktem Gegensatz zum Samsara steht, kann auch als Ende der (im Daseinskreislauf zwangsläufigen) Verstrickungen aller Existenzen verstanden werden. Die Irrelevanz des Göttlichen oder gar eines Gottesbegriffes im Buddhismus kann auch an einer spezifischen Verschiebung im Verständnis der Nirvana-Vorstellung deutlich werden: Während der Hinduismus das Verlöschen aller Begierden und »Anhaftungen« zur Vereinigung mit dem Göttlichen prädisponiert, ist dieser Gedanke im Buddhismus vollständig zurückgenommen. Es geht vielmehr um ein völliges existentielles Gewahrwerden eines elementaren »Nicht-mehr-in-Beziehung-Sein«. »Im Buddhismus gibt es kein Selbst oder eine Seele, um irgendeinen Zustand oder irgendeine Vereinigung nach dem Tode zu erlangen. Nirvana stellt deswegen die Erkenntnis dar, dass dies so ist« (Oxford-Lexikon der Religionen, S. 727).

Der im Text Z. 44 erwähnte achtgliedrige Pfad (Astangika marga) bestimmt die »rechten Verhaltensweisen« des Buddhisten/der Buddhistin. Es geht dabei um:

a) rechte Anschauung der Vier Edlen Wahrheiten.
b) rechte Gesinnung (in Bezug auf das Nichtanhaften an Bedingtem und Leidvoll-Weltlichem).
c) rechte Rede (frei von Bosheit und Geschwätz).
d) rechte Tat.
e) rechte Lebensführung, die Handlungen vermeidet, die andere verletzen.
f) rechte Anstrengung beim Betreiben dessen, was gutes Karma(n) hervorbringt.
g) rechte Achtsamkeit.
h) rechte Sammlung (verstanden als in der Meditation sich vollziehende Konzentration auf die Konstellationen des Körpers, der Gefühle, des Bewusstseins, der geistigen Vorstellungen).

128.3 Literatur
Hans Martin Barth, Dogmatik im Kontext der Weltreligionen, Gütersloh 2002, bes. S. 315–320.
Art. »Astangika marga«, »Buddhismus«, »Dukkha«, »Nirvana«, »Sattipatthana« in: Das Oxford-Lexikon der Weltreligionen, Düsseldorf 1999.
Thubten Codron, Der Buddhismus. Antwort auf die häufigsten Fragen, Freiburg i. Br. 2003.
Damien Keown, »Die Vier Edlen Wahrheiten« in: Der Buddhismus, Stuttgart 2001, S. 59–72.

128.4 Unterrichtsideen
1. Textarbeit I: Die Vier Edlen Wahrheiten als Lebens-Wahrheiten bewerten
a) EA: Textlektüre und »gemächliches« Exzerpieren der Vier Edlen Wahrheiten ins Heft (evtl. mit leiser Musik).
b) Gespräch mit der Fragestellung: Der Buddhismus bezeichnet die Vier Wahrheiten als realistische Beschreibung der Welt und des menschlichen Daseins. Für welche der Vier Wahrheiten scheint Ihnen diese Bewertung am zutreffendsten? (Mögliche Nennungen: eine, mehrere, alle.)
c) Erhebung der »beliebtesten Wahrheit« in der Lerngruppe.

2. *Reflexion: Die Lebenswahrheiten im Zusammenhang wahrnehmen*
a) Gespräch: Was geschähe, wenn die beliebteste Wahrheit fehlen würde? (Inwiefern käme es zu einer verflachenden Reduktion oder gar zu einem Zusammenbruch des Gefüges?)
b) PA Suche nach »Anklängen« oder Entsprechungen in christlichen Vorstellungen.

3. *Debatte: Die Vier Edlen Wahrheiten – Ein Fall für Religionskritik oder nicht?*
a) Gemeinsame Erarbeitung der zentralen Äußerungen Feuerbachs (vgl. S. 116–117), festhalten an der Tafel.
b) Sch trennen sich in drei Gruppen: Gruppe 1 (Bewertungsgruppe); Gruppe 2 (Für Argumentationsrichtung A: Der Buddhismus wird durch Feuerbachs Religionskritik getroffen); Gruppe 3 (Für Argumentationsrichtung B: Der Buddhismus wird durch Feuerbachs Religionskritik nicht getroffen).
c) Alle drei Gruppen entwerfen Kernaussagen für die Argumentation (Gruppen 2 und 3) bzw. Kriterien für die Bewertung der Argumente (Gruppe 1). Kriterien am besten in Form von Fragen, z.B. »Welchen Aufbau hatten die Argumente?« »Wie wurde auf Einwände des Debattengegners reagiert?« etc.
d) Gruppe 2 und 3 wählt je einen Debattierenden/eine Debattierende aus.
e) Debatte zwischen den beiden Debattierenden – Bewertung durch Gruppe 1.

129 Das Absolute transpersonal denken

129.1 Der Zusammenhang
Die Entfaltung des Gedankens von der Transpersonalität qualifiziert eine mögliche (keinesfalls die einzig denkbare!) Verhältnisbestimmung zwischen den drei großen Offenbarungsreligionen (Judentum, Christentum, Islam) und dem Buddhismus. Dieses Verhältnis wird hier durch die Dialektik von Distanz und Nähe gekennzeichnet; das Plädoyer für ein vertieftes Nachdenken über die Transpersonalität Gottes kritisiert implizit einen unreflektierten Glauben an den (nur) personalen Gott. Die auf S. 104 dokumentierte Diskussion konkretisiert solche kritischen Anfragen. Die trivialisierte Schwundstufe eines personalen Gottesbildes wird bei den »Halbgöttern in Weiß« (S. 105) sichtbar. Eine zentrale christliche Variante des transpersonalen Gottesgedankens entfaltet sich in der Trinitätslehre (S. 114). Der Begriff des Absoluten (zur Begriffsgeschichte vgl. 129.2) wird dabei auch zur Interpretationskategorie für einige Spezifika des biblischen Offenbarungsverständnisses sowie für theologische Positionen in der Geschichte der Christenheit. So kann zum Beispiel deutlich werden, dass die Bestimmung des Menschen zu Gottes Ebenbild auch für das Reden von Gott selbst bedeutsam wird (vgl. S. 168). Diese Bedeutsamkeit wird aber nur dann adäquat erfasst, wenn eine krude oder sublime Abbild-Theologie im Verhältnis Gott–Mensch vermieden wird.
Als Konkretionen des transpersonalen Offenbarungsgeschehens (vgl. Z. 26–33) kann die Gottesbegegnung nach Ex 3 (vgl. S. 107) sowie der Aussagehalt der Vorstellung vom richtenden Gott (vgl. S. 110) herangezogen werden. Die Biogramme zu den biblischen Personen (S. 198–199) sowie zu den biblischen Grundmotiven (S. 202–203) bieten weitere »Konkretionsorte« an.

129.2 Buddhismus und Christentum
Der weitgehend von Hans Küng übernommene Text lässt sich wie folgt gliedern:

Z. 1–18 Die Unaussprechlichkeit Gottes als Herausforderung »des Ostens« an die Offenbarungsreligionen und die Formulierung von »Transzendenz«.
Z. 19–48 Das dialogische Verständnis des Absoluten in den Offenbarungsreligionen: Transpersonalität statt Apersonalität (Unpersönlichkeit) Gottes.
Z. 49–57 Angesprochensein heißt: Würde haben und herausgefordert sein (Die Transpersonalität Gottes und die Würde des Menschen).

Der Begriff des Absoluten ist im Textzusammenhang das Integral für vollständig oder graduell unterschiedliche Letztorientierungen in Buddhismus, Judentum, Christentum und Islam. Die Kategorie »das Absolute« hat aber innerhalb der abendländischen Philosophie und Theologie selbst eine Geschichte hinter sich. Sie ist im Groben als ein Prozess von Theologisierung und kritischer Begrenzung beschreibbar. Ursprünglich war der Begriff eng verbunden mit der metaphysischen Kategorie des »Seins«, das nicht durch qualitative Näherbestimmungen eingegrenzt werden kann. In diesem Zusammenhang kann das Sein als das Absolute bestimmt werden: der vorsokratische Philosoph Parmenides konnte beispielsweise vom »Sein« jegliche Relation und Bedingung fernhalten. Platon bestimmte die Idee des Guten als das, was sogar jenseits des Seins liegt. Cicero und Seneca konnten den Begriff »absolutus« noch weitgehend als Äquivalent für vollkommen (perfectus) verwenden. Erst die christliche Philosophie des Mittelalters verband »das Absolute« in immer stärkerem Maße mit dem transzendenten Gott: Thomas von Aquin (1224–1275) definiert Gott als den unbewegten Beweger, Nikolaus von Kues (1401–1464) spricht vom Dasein Gottes als einem »geistigen Selbstvollzug, als eine sich zu sich selbst verhaltende Lebendigkeit, nicht bloß als dinghafte Substanz« (Hannah Barbara Gerl). Dies impliziert für Nikolaus von Kues dann aber auch den Zusammenfall aller empirisch nicht aufhebbaren Gegensätze in Gott (z. B. groß und klein, Sein und Nichts). Somit wird die Absolutheit Gottes durch die berühmte cusanische Formel von der coincidentia oppositorum (Zusammenfall der Gegensätze) bestimmbar (vgl. auch Z. 30–33 im SB S. 129). Terminologisch verwandt, wenn auch nicht identisch mit dieser Konzeption ist die Vorstellung von der »Leere« (vgl. Z. 8–10) als einem Attribut Gottes; sie findet sich schon in der Frühzeit der mystischen Theologie bei Dionysius Areopagita (ca. 500 n. Chr.) sowie bei Angelus Silesius (1624–1677).

Immanuel Kant hat auch den Begriff des Absoluten wie viele Begriffe der Metaphysik erkenntnistheoretisch verortet und begrenzt; er unterscheidet zwischen dem absoluten Subjekt, der absolut ersten Bedingung und dem absolut vollständige System (des Denkens).

Die Philosophie des deutschen Hochidealismus (Fichte, Hegel, Schelling) bemühte sich um eine inhaltliche Stärkung des Begriffes »das Absolute«, indem sie es wieder zum Reflexionsbegriff für sehr unterschiedliche philosophische Letztinstanzen machte; so avancierte »das Absolute« zum Synonym für das (menschliche) Ich (so Fichte), oder es wurde als Quellgrund und Ziel aller dialektisch sich vollziehenden Entfaltungen des Geistes (so Hegel) bestimmt.

Diese (in der Kürze unvollständige!) Begriffsgeschichte bildet den Verständigungshintergrund für die offenbarungstheologisch begründete Variante eines Redens vom Absoluten (vgl. Z. 25ff.).

Der Begriff »Transpersonalität« expliziert, was unter Offenbarung verstanden werden kann. »Transpersonalität« bezieht sich im Zusammenhang des Textes (vgl. Z. 34–48) auch auf eine religionsphilosophisch Grundposition, die vor allem durch den jüdischen Philosophen Martin Buber (1878–1965) formuliert wurde. Danach ist das Weltverhältnis und das Gottesverhältnis des Menschen entweder durch »Ich-Du-Beziehungen« (Beispiele: Begegnung, Liebe) oder durch stark rationalitätsgetränkte »Ich-Es-Verhältnisse« (Beispiele: Wissenschaft) geprägt. Gemäß des »dialogischen Prinzips« hat das Dasein der Person unaufgebbar relationalen Charakter; Beziehung konstituiert Personsein. Auch die Offenbarung Gottes ist dann verstanden als Beziehungsgeschehen; Gott selbst ist Stifter und Partner in dieser Begegnung. Diese dialogische Fassung des Personbegriffes wendet sich auch gegen die Identifizierung von Person und Subjekt, verstanden als bloßes unteilbares Einzelnes. Eine entscheidende Quelle dieser bis in die Gegenwart wirkenden Identifizierung war die Definition des frühmittelalterlichen Philosophen und Staatsmannes Boethius (480–524). Danach ist eine »Person« die individuelle Substanz der vernünftigen Natur (Persona est rationalis naturae individua substantia).

Hinweis: Die Thematik macht es möglich, im Sinne einer elementaren theologia negativa und mit einem auch im Buddhismus gepflegten Umgang mit dem Paradox das »verstörende Potential« von religiösen Aussagen und theologischen Bestimmungen zu erfahren.

129.3 Literatur

Martin Buber, Ich und Du, Heidelberg 1977.

Michaela Diers (Hg.), Mystik, München 2003, S. 178–185 (Texte aus der Mystik zum Thema »Leere – Fülle – Nichts« in der Begegnung mit Gott).

Art. »Nikolaus von Kues«, in: Wörterbuch des Christentums, Gütersloh 1995, S. 886.

Wolfhart Pannenberg, Metaphysik und Gottesgedanke, Göttingen 1988.

Wolfhart Pannenberg, Person und Subjekt, in: Ders. Grundfragen systematischer Theologie Bd. 2, Göttingen 1980; S. 80–95.

Wolfhart Pannenberg, Systematische Theologie, Bd. 1, Göttingen 1988, S. 192–194. (Zur theologischen Bedeutsamkeit des Begriffes »Das Absolute«.)

Jan Rohls, ... dies lehre und erkläre ich, Gütersloh 1993, S. 183–186. (Ein fiktiver Brief des Nikolaus von Kues u. a. zum Zusammenhang der Begriffe »Gott« und »Absolutes«.)

Art. »Absolutes«, in: Wörterbuch des Christentums, Gütersloh 1995, S. 21–22.

129.4 Unterrichtsideen

1. Denkaufgabe »Leere – Fülle – Nichts«
a) TA des Begriffsdreiecks »Leere – Fülle – Nichts«.
b) Sch erstellen in PA oder GA den Aufriss von möglichen religiösen Aussagen, die unter der Überschrift »Leere – Fülle – Nichts« zusammengefasst werden können.
c) Unkommentiertes Vorlesen von einzelnen Ergebnissen.

2. Textarbeit I: Das Nichts und die Transpersonalität Gottes
a) Lektüre des Textes in Gruppen.
b) Gruppen markieren in ihren Erarbeitungen Aussagen, die eher dem christlich-jüdisch-islamischen Verständnis, und Aussagen, die dem buddhistischem Verständnis entsprechen (verschiedene Farben verwenden!).
c) Vorlesen einzelner Ergebnisse. Wenn möglich, sollen »eher buddhistische« und »eher christlich-jüdisch-islamische« Konzeptionen unterschieden werden.

3. Textarbeit II: Offenbarung als Begegnung?!
a) Relektüre des Textes unter der Leitfrage: Inwiefern wird der Begriff »Begegnung« wichtig? (Mindmap an der Tafel).
b) Sucharbeit im Buch (besonders in den Kapiteln »Gott« und »Bibel«!). Leitperspektive: Wo wird für das Verstehen von Gottes Wirken das Stichwort »Begegnung« wichtig? Worin unterscheiden sich diese Begegnungen von Begegnungen zwischen Menschen?
c) Gespräch zu den Arbeitsergebnissen. Evtl. erneute Mindmap zu wichtigen Bibelstellen.

130 Wie können wir noch von Gott sprechen?

130.1 Der Zusammenhang
Was bleibt? Woran sich halten?
Schülerinnen und Schüler, die das vorliegende Kapitel über die Frage nach Gott durchgearbeitet haben, suchen nach Antworten. Sie haben zur Kenntnis genommen, dass die Frage nach Gott eine offene Frage ist (S. 102–105); sie haben sich mit der biblischen Tradition auseinander gesetzt und anschließend einen systematisch-theologischen Blick auf die Fragestellung geworfen. Nach der Beschäftigung mit der Theodizee-Problematik und der Diskussion um die Gottesbeweise bietet das Kursbuch Oberstufe abschließend Antwortvorschläge (S. 126–130).
Steffenskys Text unterscheidet sich dabei von den unmittelbar vorausgehenden Texten dadurch, dass er quer zu traditionellen dogmatischen (protestantischen, katholischen, buddhistischen) Entwürfen liegt. Steffensky bietet sozusagen einen existenziellen Zugang. Er bündelt die Erkenntnisse und Problemstellungen des gesamten Kapitels, nimmt das Ringen um eine angemessene Weise der Rede von Gott ganz ernst und entspricht damit dem Bedürfnis und der Erfahrung der Schülerinnen und Schüler, welche der katholische Theologe B. Lang im Blick auf die Rede vom »Himmel« einmal sinngemäß so formulierte: Wir sollten als Menschen eigentlich schweigen (über den Himmel), weil er nicht zu beschreiben ist. Aber weil wir Menschen keine Steine sind, reden wir.

130.2 Heute von Gott sprechen
Fulbert Steffenskys Text ist der Auszug aus einem Aufsatzband und trägt die Überschrift »Keine Zeit, Gott zu verschweigen«. Er berichtet von einem jungen Paar, das in eine schwere Beziehungskrise geraten ist und die Rede von Gott aus intellektueller Redlichkeit nicht mehr führen will. Gott soll nicht mehr als Lückenbüßer für nicht gelingendes Leben herhalten. Dennoch beginnen beide Partner miteinander zu beten – sie suchen nach Gott und nach einer angemessenen Sprachform für ihre Sehnsucht nach Geborgenheit, nach Glück, nach Gott. Steffensky berichtet ebenso von einer alten Frau, die angesichts von groben militärischen Geräten in einem Kriegshafen gegen allen Augenschein die feste, trotzige Zuversicht ausspricht, Gott werde »das Teufelszeug vernichten«. Gemeinsam – so Steffensky – sei allen drei Personen der Schmerz über die Wirklichkeit der Welt einerseits und die Weigerung sich in der Hoffnungslosigkeit dieser gebrochenen Welt zu verlieren und zu resignieren andererseits. Was allen dreien hilft, sei die Sprache: »Wer eine Sprache hat, der kann sich gegen die Aussichtslosigkeit des Lebens stemmen.«
Im abschließenden (und hier abgedruckten) Teil seines Aufsatzes nimmt Steffensky all jene Zeitgenossinnen und Zeitgenossen in Schutz, denen die Rede von Gott, das Zeugnis von Gott, der Name Gottes nicht leicht über die Lippen geht. Er begrüßt die Tatsache, dass vernunftbegabte und kritisch reflektierende Menschen nicht mehr um einer vermeintlichen politischen (oder kirchenpolitischen) »correctness« Willen gezwungen werden, den Namen Gottes selbstverständlich im Mund zu führen (Z. 5ff.). Es sei Ausweis der Autonomie von Menschen, dass sie sich bewusst für die Rede von Gott entscheiden können – trotz und gerade auch angesichts ihrer persönlichen Zweifel, ihrer persönlichen Fragen, angesichts aber auch einer Welt, die auf den ersten Blick so ganz und gar von allen guten Geistern verlassen zu sein scheint (Z. 26ff.). Steffensky greift außerdem den mittlerweile klassisch gewordenen Vorwurf auf, wonach »die Kirche« im Lauf ihrer eigenen Geschichte häufig genug im Namen Gottes Unrecht getan oder wenigstens gebilligt habe, wo sie ein prophetisches Amt hätte ausüben müssen. Er nimmt den Namen Gottes ausdrücklich gegen solche Art von Theologie und Rechtfertigungsversuche in Schutz und erinnert an die Geschichte der Opfer (Z. 38ff.).
Steffenskys Zugang zu einer angemessenen Sprache von (und zu!) Gott verdankt sich einem Perspektivenwechsel: er schlägt vor, sich von großen theologischen Entwürfen zu verabschieden und sich an der Sprache der geplagten »kleinen Leute« ein Beispiel zu nehmen. An der Art, in der sie zu Gott rufen, sich ihm anvertrauen, auf ihn hoffen, mit ihm rechnen, ihn direkt in Anspruch nehmen (in den Klagepsalmen etwa), lässt sich die rechte Sprache lernen. Glauben und Hoffen, so Steffensky, wachsen vielfach nicht aus einer gelehrten theologischen Reflexion über Gott und die Welt, auch nicht über die Meditation der Kirchengeschichte mit all ihren Höhen und Tiefen und deren möglichen Konsequenzen für eine wie auch immer zu gestaltende Welt oder Kirche, sondern zunächst und damit eben ganz existenziell aus der Sprache des Gebets.
Ob beabsichtigt oder nicht, wählt Steffensky im abschließenden Abschnitt (Z. 43ff.) die Sprachform, in der auch die Visionen und Träume eines Martin Luther King überliefert sind.

130.3 Literatur
Fulbert Steffensky, Wo der Glaube wohnen kann, Stuttgart 1989.

130.4 Unterrichtsideen
1. Textarbeit
a) Sch lesen den Text in EA und arbeiten die Unterschiede von »systematisch«, »geschwätzig« und »erwachsen« heraus.
b) Vier Sch erhalten je eine der folgenden Fragen: »Wie sollen wir von Gott reden? »Wie sollen wir auf keinen Fall von Gott reden?« »Wie kann man lernen, von Gott zu reden?« »Warum kann und will der Autor nicht von Gott schweigen?« Sch nehmen vor der Klasse Stellung, andere bewerten, ob die Sicht mit dem Text übereinstimmt.

2. Diskussion
a) L informiert: Bei der Vereidigung des Kabinetts von Bundeskanzler G. Schröder verzichteten mehrere Minister auf die dem Versprechen zugefügte Formel »So wahr mir Gott helfe«.
b) Sch diskutieren dieses Verhalten unter Berücksichtigung der Argumentation von Steffensky.

3. Gestaltungsaufgabe
a) Gemeinsames Nachdenken: Was verstehen wir unter »in die Sprache der Seufzer eintreten«?
b) Sch formulieren in EA einen eigenen Text, Ausgangspunkt könnte die Tageszeitung sein.
c) Vorstellen der Ergebnisse.
d) Vergleich mit Harold Kushner S. 121 und Inger Hermann S. 109. Entsprechen diese den Kriterien von Steffensky?

131 Die Bilder von Hildegard von Bingen, Samuel Colman, Robert Campin

131.1 Der Zusammenhang
Jede Einheit verlangt einen Abschluss, bei dem noch einmal die entscheidenden Einsichten herausgehoben werden. Die drei Bildbeschreibungen geben Anlass, entscheidende Aussagen über den biblischen Gott zu rekonstruieren und die eröffnenden drei Fragen gemeinsam zu bedenken. Daran anschließend besteht Gelegenheit die im Kapitelauftakt formulierten Fragen aufzugreifen und zu klären, wie weit sie beantwortet sind.

131.2 Die Beschreibungen
Die drei Bilder führen noch einmal den Exodus (vgl. S. 107), die Schöpfung (vgl. S. 104), die Offenbarung Gottes in Jesus Christus (vgl. S. 108–109) und vor allem auch die Trinität (vgl. S. 114) vor Augen. Sie bieten in ihrer künstlerischen Sprache Antworten auf die drei gestellten Fragen: Wer ist Gott? In welcher Beziehung zueinander stehen Gott, die Welt und der Mensch? Wie können wir angemessen von Gott sprechen?
Die in den Bildern aufgehobenen und symbolisch repräsentierten Erfahrungen mit Gott können als »Errettung und Befreiung«, »Begabung und Halten« sowie als »Gemeinschaft und Sympathie« bezeichnet werden.

131.3 Unterrichtsideen
1. Grundaussagen über Gott
a) Sch erhalten auf einem AB die drei Bilder und schreiben dazu in PA Aussagen zu Gott.
b) Vergleich der Aussagen. Haben alle das gleiche? Welche Erfahrungen mit Gott klingen hier an?
c) Gemeinsames Beantworten der drei Fragen.

2. Fragekarten
a) Sch erhalten die auf S. 101 benannten und u.U. ergänzten Fragen auf Kärtchen und sortieren die Fragen nach verschiedenen Gesichtspunkten: Verständlich/Unverständlich, Wichtig/Unwichtig, Beantwortet/Unbeantwortet, Kein weiterer Gesprächsbedarf/weiterer Gesprächsbedarf.
b) Gespräch über offene und zu bedenkende Fragen.

Jesus Christus

Das Thema
Das Thema »Jesus Christus« ist unverzichtbarer Bestandteil des evangelischen Religionsunterrichtes an der Oberstufe des allgemeinbildenden und beruflichen Gymnasiums. Hier geht es um den Kern und das Wesen des Christentums (S. 160) und die entscheidende Differenz zu anderen Religionen (S. 158, 159). In der immer wieder neu zu verstehenden Auseinandersetzung mit der Person und dem Werk Jesu Christi wird man die Mitte des christlichen Glaubens sehen dürfen. Hier kann man entdecken, wie der biblische Gott verstanden werden will (Joh 1,18ff.), wie die Welt einschließlich Leid und Tod aus christlicher Perspektive gedeutet werden kann und was christliches Handeln auszeichnet.

Die Schülerinnen und Schüler
Auch wenn im Religionsunterricht immer wieder auf das Neue Testament und damit auf Jesus Christus eingegangen wird, fehlt es doch häufig an einer zusammenfassenden, eigenständigen und begründeten Sicht der Person Jesu Christi. So gibt es unter Schülerinnen und Schülern zwar ein ungefähres Wissen um den historischen Jesus, doch Kenntnisse der theologischen Bedeutung Jesu Christi, wie sie in der Christologie entfaltet wird, fehlen oftmals. Aufgrund der mehrmaligen Behandlung in früheren Schuljahren kann es schwierig sein, zur erneuten Auseinandersetzung mit dem Thema Jesus Christus zu motivieren. Hier könnte es helfen zu erwähnen, dass es bei dieser Thematik um den Kern des Christentums geht, dessen Kenntnis in der christlich-abendländischen Kultur bei einem gebildeten Zeitgenossen vorausgesetzt werden sollte.

Aufbau und Gliederung
In der religionspädagogischen Diskussion kann man bei dem Thema Jesus Christus einen historischen von einem theologischen Zugriff unterscheiden. Eine religionswissenschaftliche Auseinandersetzung liegt derzeit noch nicht vor. Bei einer theologischen Auseinandersetzung stünde die persönliche (S. 135, 137, 152), kirchliche (S. 155, 154, 157, 156, 151) oder kulturelle Bedeutung Jesu Christi im Vordergrund. Hier wird primär ein historischer Zugriff gewählt, der Quellen aufsucht (S. 138), historische Kontexte berücksichtigt (S. 139) und dann die Verkündigung (S. 140f., 144f., 146f.), das Handeln (S. 142f.) sowie das Geschick Jesu (S. 148-153) bedenkt. Vor diesem Hintergrund wird die theologische Bedeutung Christi entwickelt.
Erkennbar wird, dass damit die Unterscheidung zwischen historischem Jesus und geglaubtem Christus nachvollzogen wird. Diese traditionelle Aufteilung wird hier aufgenommen, da sie Schülerinnen und Schülern entgegenzukommen scheint – wohl wissend, dass die biblischen Texte den Glauben an den gekreuzigten und auferstandenen Herrn voraussetzen und verkündigen wollen. Grundsätzlich wird davon ausgegangen, dass zwischen dem Glauben an Christus und dem Auftritt des historischen Jesus eine Entsprechung besteht. Prüfstein ist die Reich-Gottes-Botschaft.

Literatur
Gerd Theißen/Annette Merz, Der historische Jesus, Göttingen 1996.
Jürgen Becker, Jesus von Nazareth, Berlin 1996.
Wilfried Härle, Dogmatik, Berlin 1995, S. 303-356.
Eduard Schweizer u.a., Art. Jesus Christus I-IV, TRE 16, Berlin 1987.
Walter Sparn u.a., Art. Jesus Christus V-VIII, TRE 17, Berlin 1988.
Eduard Schweizer, Jesus, das Gleichnis Gottes, Göttingen 1996.
Jesus der Galiläer, in: Welt und Umwelt der Bibel, Nr. 2/2002.
Dorothee Sölle/Luise Schottroff, Jesus von Nazareth, München 2000.

Möglicher Kursverlauf

	Inhalt	Hinweise
1.	Jesus in Popsongs a) Jesus bei U2 (S. 135) und in Liedern anderer Bands b) Erstellen einer Hitparade	Alternativen: Jesus in der Literatur (S. 134); Jesus in persönlichen Bekenntnissen (S. 137) Vorstellung eines Jesus-Romans oder eines Jesus-Films
2.	Rekonstruktion des Jesus-Wissens a) Erschließung der Bilder S. 132, 133, 150, 38 b) Beantworten der Fragen (S. 133)	Vertiefend: Sch lesen ein Evangelium, z. B. das Markusevangelium
3.	Hat Jesus wirklich gelebt? (S. 138, 139)	
4.	Die Reich Gottes Botschaft Jesu a) Bild S. 133 b) Auseinandersetzung mit Mk 1,14.15 (einschl. S. 140) c) Unterschiede zu Johannes dem Täufer	Ergänzend: Vergleich S. 144 mit S. 44 Vertiefend: die Konstruktion der Wirklichkeit bei Jesus
5.	Heilung der Tochter der phönizischen Frau a) Auseinandersetzung mit Mk 7,24–30 b) Gliederung mithilfe von S. 143, Z.18–27 c) Drewermann Auslegung (S. 142) d) Zusammenhang mit der Reich-Gottes-Botschaft	Ergänzend: Vergleich verschiedener Wundergeschichten Ergänzend: das Wirklichkeitsverständnis Basismotiv Wunder (S. 202)
6.	Das Gleichnis vom großen Gastmahl a) Zusammentragen verschiedener Gleichnisse b) Auseinandersetzung mit Lk 14,16–24 c) Vergleich der eigenen Einsichten mit den Erkenntnissen von Theißen (S. 144) d) Die Eigenart der Gleichnisse (S. 145)	Ergänzend: Verlorener Sohn (S. 108, 172, 171)
7.	Die Ethik Jesu a) Das Liebesgebot als Mitte (S. 146) b) Jesus als Lehrer bzw. Rabbi (S. 147)	Ergänzend: S. 77, 78f. Basismotiv Agape (S. 203)
8.	Kreuzigung a) Meditation des Grünewald Bildes (S. 150) b) Warum Jesus gekreuzigt wurde (S. 148f.) c) Deutungen des Todes (S. 151)	Referat: Isenheimer Altar Ergänzend: Leidender Gott (S. 109, 122); Vergleich mit dem Gnadenstuhl von Robert Kampin (S. 115) Basismotive (S. 205)
9.	Auferstehung a) Diskussion: Ist Jesus auferstanden? b) Auseinandersetzung mit 1. Kor 15 und Mk 16 c) Verschiedene Antworten (S. 153)	Ergänzend: Bach und Peter Noll (S. 152)
10.	Der Glaube an Jesus Christus a) KGA zu den einzelnen Titeln (S. 154, 155) b) Überlegen, was am besten passt	Ergänzend: Jesus und die Liebe des Vaters (S. 108) Ergänzend: Jesus Christus und Maria in der kath. Theologie (S. 157)
11.	Jesus im Koran a) Rekonstruktion des Apostolicums b) Streichen, was ein Muslim nicht mitsprechen könnte (S. 158) c) Gemeinsamkeiten und Differenzen zwischen Islam und Christentum bestimmen	Alternativ: Jesus und Buddha (S. 159)
12.	Das Wesen des Chgristentums (S. 160)	

132/133 Bilder und Fragen

132/133.1 Der Zusammenhang
Die beiden Bilder wollen zum einen auf die Geschichte des irdischen Jesus (S. 138–153), zum anderen auf den Glauben an den gekreuzigten und auferstandenen Herrn (S. 154–157) hinweisen und den inneren Bezug ins Gespräch bringen. Wie passen beide zusammen? Wie sehen das Muslime? Die Berufung von Petrus und Andreas wird in der Erzählung von Niko ter Linden aufgenommen (S. 140), zu Petrus finden sich Hinweise im Bibelkapitel (S. 199), das Haus des Simon begegnet in dem Glaubensbekenntnis von Rachel C. Wahlberg (S. 137). Die Darstellung Christi als Pantokrator wird in der Auseinandersetzung mit den christlichen logischen Hoheitstiteln aufgenommen (S. 154f.).

132/133.2 Christus als Pantokrator
Die Darstellung Christi als bärtiger Allesherrscher mit schrägem Scheitel, die Rechte in der Segenshaltung, die Linke mit dem Buch, erscheint bereits auf Münzen von Justinian II. (565–578) und hat Vorläufe in der byzantinischen Kunst. Hier spiegelt sich das antike und frühmittelalterliche Staatskirchentum. Alle früheren Darstellungen Christi zeigen diesen als guten Hirten, als Lehrer und dabei als jugendliche Heilbringergestalt. Seit dem konstantinischen Zeitalter findet sich daneben zunehmend der später beherrschende Typus des älteren, bärtigen Mannes.

In den Darstellungen Jesu als himmlischer König, als kosmischer Pantokrator, spiegelt sich der Glaube an die Gottheit Jesus Christus, aber auch die Übernahme der imperialen Insignien des antiken Kaiserkultus. So wird einerseits die Herrschaft des Christ gewordenen Herrschers legitimiert, seine Macht aber auch durch den auferstandenen Herrn begrenzt.

In der abendländisch-mittelalterlichen Kultur wird diese imperiale Darstellung Christi fortgeführt. Zwischen dem normannischen und dem byzantinischen Hof bestanden Kontakte, die die Gründung byzantinischer Werkstätten in Sizilien erlaubte und zu neuen Kunstwerken im byzantinischem Stil in Sizilien führte. Das Mosaik befindet sich in der Apsis der Kathedrale von Monreale bei Palermo und wurde zwischen 1180 und 1190 gelegt. Es zeigt Christus als Allesherrscher (Pantokrator), der oben in der Himmelskuppel residiert und die Welt gemeinsam mit Maria, den Erzengeln Michael und Gabriel sowie den Aposteln beherrscht. Bezeichnend für diesen Typus der Christusdarstellung ist das gewellte Haar, der schräge Scheitel, die zwei abgebogenen Locken, der über den Mundwinkel reichende Lippenbart, der faltige Hals sowie die segnende Rechte und die das Buch haltende Linke. Im Hintergrund steht die Prädikation Jesu als Herr (S. 155) und eine »Christologie von oben« (S. 156).

Das Bild des Pantokrators greift biblische Aussagen auf (Phil 2,9–11; Eph 1,20–23; Mt 28,18). Es bringt deshalb eine christliche Glaubensüberzeugung zum Ausdruck, die auch Eingang ins Glaubensbekenntnis gefunden hat: »Er sitzt zur Rechten Gottes«. Der Glaube sagt: Letztlich ist die Wirklichkeit von Christus her zu sehen und zu beurteilen.

Diese Überzeugung mag in Zeiten christlicher politischer Herrschaft selbstverständlich und augenfällig gewesen sein, sie kann aber heute nicht mehr vorausgesetzt werden. Versteht man theologische Ist-Sätze als Hoffnungs- und Verheißungssätze, dann kommt in einer solchen Darstellung die Zuversicht zum Ausdruck, dass sich nicht Chaos und Zufall oder gar Böses als Prinzip der Wirklichkeit erweisen mögen, sondern die Liebe Christi und damit Verständigung, Gemeinschaft, Versöhnung, Friede und Gerechtigkeit. Die Hoffnung ist dann, dass der Einsatz für Friede und Gerechtigkeit, für Verständigung, Gemeinschaft und Vergebung sich nicht als sinnlos erweisen möge.

132/133.3 Die Berufung der ersten Jünger
Duccio di Buoninsegna wirkte von 1255–1319 in Siena. Er wurde von Cimabue beeinflusst und gilt als Vertreter der gotischen Kunst. Die Maestas mit Aufsatz und Predella befindet sich heute im Museo dell'Opera in Siena. Es gilt als Duccios Meisterwerk.

132/133.4 Die beiden Bilder im Zusammenhang
Die sich zeitlich durchaus nahe stehenden Bilder wollen unterschiedliche Facetten der Wahrnehmung Jesu verdeutlichen. Geht es auf der einen Seite um die göttliche, geht es auf der anderen um die menschliche Natur (vgl. S. 156). Wie passt beides zusammen? Welche Natur ist für mich, für Menschen heute, bedeutsam? Die Darstellung Jesu könnte darauf hinweisen, dass es bei Gott und Mensch um die gleiche Person geht. Doch wie kann man sich das vorstellen, wenn doch der Mensch stirbt (S. 150)?

132/133.5 Die elementaren Fragen
Die Fragen wollen in das Kapitel »Jesus Christus« einführen und einzelne Themenbereiche anreißen. Sie sollen und können in der Bearbeitung der folgenden Seiten Klärung erfahren. Sie öffnen darüber hinaus den Weg zu einem »theologisierenden« Religionsunterricht in der Oberstufe. Die folgenden Texte öffnen immer wieder mit ähnlichen Fragen. Die Fragen können am Ende der Einheit noch einmal gemeinsam bearbeitet werden.

132/133.6 Literatur
Christus in der Kunst. Von den Anfängen bis ins 15. Jahrhundert, Welt und Umwelt der Bibel 4/99.
Christus in der Kunst, Von der Renaissance bis in die Gegenwart, Welt und Umwelt der Bibel 4/2000.

132/133.7 Unterrichtsideen
1. Bilder zur Sprache bringen
a) Die Lerngruppe wird in zwei Teile geteilt. Jeder Hälfte wird ein Bild zugewiesen. Sch formulieren in EA oder PA, was Jesus und evtl. weitere Personen auf dem Bild sagen könnten.
b) Sch tragen die Formulierungen vor und überlegen, was am ehesten Jesus bzw. der Bibel entspricht.
c) Sch betrachten Details, insbesondere die Darstellung Jesu, aber auch die Farben.

d) Sch überlegen, wie die beiden Bilder zusammengehören könnten.

2. Arbeit mit Fragen
a) Je ein Sch erhält eine Frage, überlegt sich eine Antwort und trägt diese vor.
b) Diskussion: L hält neue Fragen fest, aber auch Unterschiede in den Antworten.

134 Auf den Gedanken kam Jesus nicht

134.1 Der Zusammenhang
Die literarische Bearbeitung von Mt 8,28–34 stammt aus dem Roman »Das Evangelium nach Jesus Christus« von José Saramago (Informationen zum Autor siehe Glossar des Schülerbuches). In der literarischen Brechung eines neutestamentlichen Wundertextes kann die Auseinandersetzung mit Person und Werk Jesu Christi vielfältig angeregt und angestoßen werden (vgl. S. 142, 143). Dabei kann für das Gespräch mit Schülerinnen und Schülern zweierlei wichtig werden: Einmal wird anhand des Textes sichtbar, dass Jesus bis in die Gegenwart hinein für die Kunst eine im besten Sinn des Wortes provozierende Gestalt ist. Zum anderen nimmt das Gefälle des Textes eine kritische Grundfrage von Schülerinnen und Schülern auf: War Jesus wirklich mehr als ein (guter, bedeutender, revolutionärer) Mensch? Wie ist dieses »Mehr« zu fassen und zu verstehen?

134.2 Der Jesus von José Saramago
Die abgedruckte Passage entstammt dem letzten Drittel des Romans; der Kontext (vgl. Saramago, Das Evangelium nach Jesus Christus, S. 399–413) reflektiert zunächst in immer neueren Variationen das Wundergeschehen. In Jüngergesprächen und auktorialen Beschreibungen und Reflexionen geht es aber auch um die Frage: Was hat es mit Jesu Gottessohnschaft eigentlich auf sich? Jesus wird nach dem Wunder unruhig und nervös (vgl. Saramago, Das Evangelium nach Jesus Christus, S. 407) – Die »einzigartige Enthüllung« (ebd.) seiner Würde ist für den Jesus Saramagos keinesfalls eine Quelle der Sicherheit. Jesu Jünger debattieren nämlich verstörende Fragen: Weiß der Teufel eventuell besser über die Würde Jesu Bescheid als dieser selbst? Ist es für die Zwölf eigentlich eine Beruhigung zu wissen, dass ihr Meister Gottes Sohn ist oder sein soll? Gibt es hinsichtlich der Gottessohnschaft Jesu verborgene Absprachen zwischen Gott und Teufel? (vgl. Saramago, Das Evangelium nach Jesus Christus, S. 410)
In diesen Kontexten ordnet sich die abgedruckte Passage in den Gesamtduktus des Romans ein. Jesu Person und Weg werden darin als geheimnisvolles, aber auch verstörendes Geschehen präsentiert: Es ist mehr als unsicher, ob sich Gott in dem ambivalenten und von Tod, Gewalt und Missverständnissen bedrohten Weg Jesu als der letztlich Gütige erweist.

Das Kontrastverhältnis zwischen Jesus als wahrem Menschen und wahrem Gott wird sowohl bei Saramagos Adaption als auch in einigen Grundaussagen des Songs von U2 (S. 135) thematisiert. Auf je unterschiedliche Weise geht es um die Spannung zwischen Macht und Machtlosigkeit Jesu. Romanauszug und Songtext sprechen mit kritischer Emphase gerade die Machtlosigkeit Jesu an. Wer sich mit den Wundern Jesu beschäftig (vgl. S. 143) kann anhand des Textes rückblickend fragen, ob Saramago Jesus und sein Handeln eher »sympathisch« oder eher »unsympathisch« schildert (vgl. S. 143, Frage 1). Schließlich kann der Text eine freilich sehr eigenwillige künstlerische Variante der »Christologie von unten« (vgl. S. 158) repräsentieren.

134.3 Exegetische Hinweise zu Mt 8,28–34 und Mk 5,1–20

Die Wundererzählung von der Austreibung der Dämonen in die Schweine wird im Neuen Testament zweimal erzählt, und zwar in Mt 8, 28–34 und in Mk 5,1–20. Als Konstante beider Fassungen können folgende Momente gelten: Jesus ist der eschatologische Heilsbringer, der mit Macht und Selbstbewusstsein dunkle und lebensfeindliche Mächte aus Leibern und Seelen der Menschen vertreibt. Dies ist ein spektakuläres Geschehen. Es kann nicht verborgen bleiben; es provoziert Glauben, aber auch Schrecken und beinahe Ablehnung.

Die Wundergeschichte in Mk 5,1–20 erzählt genauer von einem Exorzismus mit dramatischen und drastischen (Neben-)Effekten. Wenn es stimmt, dass gerade die Exorzismusüberlieferungen in den Evangelien das (Selbst-)Bewusstsein Jesu hinsichtlich des Anbruchs eines neuen Zeitalters repräsentieren (vgl. Lk 10,18 und Mt 12,29), dann steht ein wesentlicher Grundzug der biblischen Überlieferung von der Vertreibung der Dämonen in die Säue der literarischen Adaption Saramogos diametral entgegen. Jesus ist dann eben nicht – wie bei Saramago – der zaudernde Zweifler, der die Wirkungen seiner Tat weder recht einzuschätzen noch recht zu steuern versteht. Die Massivität und Vollmacht des Wunders Jesu zeigt sich an einigen beziehungsreichen Details an der markinischen Fassung: Mk 5,3–5 und 9–13 dokumentieren die Schwere der Besessenheit (Aufenthalt im kultisch unreinen Gebiet von Gräbern) und die Massivität des exorzistischen Kampfgeschehens: es sind viele Dämonen, die in einem spektakulären Geschehen ausgetrieben werden (vgl. Mk 5,14–17). Ob hier das Krankenheitsbild einer Schizophrenie beschrieben werden soll, kann nur vermutet werden. Die erzählerische Komposition von Mk 5,3ff. wurde aber auch als eine Art christlichen Midraschs von Ps 67,7 gelesen. Mit Mk 5,18ff. wird eine Nachfolgegeschichte an die Wundererzählung angegliedert, wobei V. 20 in der Verkündigung des Geheilten eine für Markus typische Durchbrechung des Messiasgeheimnisses gesehen werden kann: Die verborgene gottgegebene und heilende Macht Jesu wird schlagartig deutlich und zentraler Gegenstand der Verkündigung. Der bloßen Furcht der Schweinehirten steht dabei das Glaubenszeugnis des Geheilten gegenüber.

Mt korrigiert in Kap. 8,28–34 zunächst die topographisch unpräzise Ortsangabe bei Mk (Gerasa liegt nicht am Meer, sondern im gebirgigen Gebiet der heidnischen Dekapolis, rund 50 km vom Mittelmeer entfern; Mt platziert die Geschichte nach Gadara, das ca. 10 km vom Ufer des Mittelmeeres entfernt liegt). Aus einem Kranken werden bei Mt nun zwei Besessenene; ansonsten erscheint die Erzählung jedoch deutlich gestrafft.

Die eschatologische Komponente der Heilungen Jesu zeigt sich in Mt 8,29. Der Vorwurf der Dämonen, dass Jesus sie »vor der Zeit« aus dem Kranken vertreibe, zeigt: Mit dem Kommen Jesu ist die eschatologische Heilszeit angebrochen (vgl. Mt 12,28). Die erschrocken-ablehnende Bitte in Mt 8,34 verlegt gegenüber Mk die Reaktionen auf die Heilung ins Negative.

134.4 Literatur

José Saramago, Das Evangelium nach Jesus Christus, Hamburg 1993.

Horst Klaus Berg, Ein Wort wie Feuer. Wege lebendiger Bibelauslegung, München/Stuttgart 1991 (Berg geht bei jeder Methode auf Mk 5,1–20 ein).

134.5 Unterrichtsideen

1. Eigene Fragen stellen

a) Sch erarbeiten in EA »Meine drei Fragen zu Jesus«. (Alternativ oder additiv für »Unentschlossene«: Gewichtung der Eingangsfragen auf S. 133).

b) Sch wählen aus den eigenen drei Fragen die wichtigste aus.

2. Fragen zuordnen

a) Textlektüre

b) Zuordnung der eigenen »Zentralfrage« zum Text. Leitperspektive: »Klingt meine Frage (meine Fragen) im Text an oder nicht?«. Bearbeitung der Aufgaben: Fragen 1 und 2 in PA.

3. Unterrichtsgespräch

Welche Fragen würden wir Saramago stellen, wenn wir einen Brief an ihn zu schreiben hätten? Welche Anmerkungen und Kommentare könnten wir formulieren?

135 Peace on Earth

135.1 Der Zusammenhang

Das Lied der irischen Popgruppe U2 macht darauf aufmerksam, dass es in der Popszene viele Songs über und mit Jesus gibt. Es fordert auf, selbst weitere Lieder zu Jesus zu finden und vorzustellen. Eines davon ist Marius Müller-Westernhagens »Jesus« (vgl. S. 209). Andere Lieder sind z.B. »Hymn« (Barclay James Harvest), »Personal Jesus« (Depeche Mode), »There is a kingdom« (Nick Cave), »Jesus he knows me« (Genesis), »American Jesus« (Bad Religion), »The Risen Lord« (Chris de Burgh), »Heaven is on Earth« (Tracy Chapman).

Das Lied verweist zugleich auf weitere Formen der Präsenz von Jesus in der alltäglichen Lebenswelt wie z.B. in Filmen (z.B. Mel Gibson, »Die Passion«; Monty Python, »Das Leben des Brian« u.a.), Kreuze an Orten, an denen Menschen tödlich verunglückt sind sowie in Klassenzimmern, Christusdarstellungen in Kirchen, auf Friedhöfen, aber auch Jesus-Zitate in der Werbung (z.B. »Der Mensch lebt nicht von Brot allein« in einer Bier-Werbung), aber ganz selbstverständlich auch in Festen des Kirchenjahres. Die Krippe gehört zu den unverzichtbaren Requisiten familiärer Weihnachtsfeiern.

Das Thema des Liedes »Peace on Earth« nimmt einmal Bezug zum Weihnachtsfest und Lk 2 mit seiner Botschaft »Friede auf Erden«, eröffnet aber vor allem die Auseinandersetzung mit der Reich-Gottes-Botschaft Jesu (vgl. 140, 141), die Schalom verheißt. Die im Lied bearbeitete Gewaltthematik stiftet Bezüge zur Anthropologie (S. 170, 178f.).

135.2 Das Lied von U2

Die Mitglieder der irischen Rock- und Popgruppe werden häufig als »Weltverbesserer« oder als »irische Kreuzritter für Moral und Anstand« bezeichnet. Man schreibt ihnen missionarischen Eifer, messianischen Idealismus, fromme Wünsche und utopische Forderungen zu. Die Gruppe besteht aus Paul »Bono« Hewson, David »The Edge« Evans sowie Adam Clayton und Larry Mullen. Sie nennen sich hintersinnig »U2« (»You too«). Alle vier stammen aus Dublin, sind 1960 oder 1961 geboren und machen seit mehr als 20 Jahren Rockmusik. Die vier Rocker sind geprägt von ihrem katholischen Heimatland und dem schmerzlichen Dauerkonflikt in Nordirland. Unvergesslich ist ihr Pro-Peace-Song »Sunday Bloody Sunday« und ihr Reich-Gottes-Lied »I still haven't found what I'm looking for«.

Bei diesem Lied nun hat es fast den Eindruck, als hätte es den vier Pazifisten die Stimme verschlagen. Bonos melancholischer Gesang wirkt wie eine traurige Klage und die Absage an jede Hoffnung. Das Lied wendet sich gegen eine weihnachtliche Freudenbotschaft, die die Realität dieser Welt und vor allem das Geschick konkreter Menschen nicht mehr wahrnimmt.

Konkreter Hintergrund dieses Liedes ist das Omagh-Massaker der IRA im August 1998. Insgesamt kamen 28 Menschen ums Leben, 220 wurden verletzt. Unter den Opfern sind die fünf im Lied genannten Personen.

»Im Radio haben sie die Namen verlesen
Und wir Hinterbliebenen werden sie nicht mehr kennen lernen: Sean und Julia, Gareth, Ann und Brenda. Ihre Leben sind viel mehr wert, als jede große Idee.«

Bono schreibt dazu: »Ich habe mich am Tag des Omagh-Massakers hingesetzt und die ersten Zeilen zu ›Peace On Earth‹ geschrieben – das war meine Art, damit umzugehen. Die Namen, die ich in dem Lied aufzähle, sind die Opfer, die an jenem Tag im Radio vorgelesen wurden. Ihre Leben sind wichtiger als vermeintlich große Ideen. Nach dem Massaker schien sich der gesamte Friedensprozess wieder zurückzudrehen, viele Menschen in Nordirland haben das Erreichte wieder in Frage gestellt. Ich war lange Zeit ziemlich desillusioniert. Aber ›Peace On Earth‹ beschreibt nur einen Moment, keine Grundstimmung.«

Sicherlich ist »Peace ist on Earth« heute mehr als eine Momentaufnahme. Die Namen könnten auch aus Tschetschenien, Afghanistan, Irak, Palästina oder Israel stammen. Täglich sterben Menschen – und bei den allermeisten werden noch nicht einmal die Namen genannt.

Angesichts der toten jungen Leute und der Mütter, die um ihre Kinder weinen, löst die Botschaft der himmlischen Heerscharen auf dem Feld bei Bethlehem fast Wut aus:

»Ich hab genug davon
Genug von Leid
Genug von Schmerz
Ich habe genug
Immer wieder zu hören:
Friede auf Erden.«

Zu bedenken ist, ob die im Text ausgesprochene Wut und Verzweiflung so recht zur Musik passt.

Dennoch – das Lied formuliert nicht das Ende der Hoffnung, aber die Hoffnung verliert jeden triumphalen oder selbstgewissen Charakter. Sie wird drängend, fordernd. Im Refrain heißt es:

»Jesus
Kannst du dir nicht einmal Zeit nehmen
Und einem ertrinkenden Menschen
Ein Rettungsseil hinwerfen?
Sag denen
Die nichts mehr hören
Und deren Kinder auf dem Boden liegen
Friede auf Erden.«

Das ist keine bloße Bitte, sondern eine anklagende Forderung. Fast möchte man übersetzen »Jesus, verdammt noch mal, kannst du dir nicht einmal die Zeit nehmen? Gib denen Hoffnung, die sich nicht mehr trauen, den Kopf zu heben!« Hier zeigt sich eine Ambivalenz: auf der einen Seite wird die Weihnachtsbotschaft abgelehnt, zugleich wird Jesus um Hilfe gebeten.

Die Anklage richtet sich jedoch nicht bloß an Jesus und die Weihnachtschristen, die Frieden auf Erden verkündigen. Die Anklage richtet sich auch an die Gewalt fördernden Verhältnisse und die ach so realistischen Ratschläge fürs Leben:

»Da, wo ich groß geworden bin
Da gab es nur wenige Bäume.
Und die, die da waren,
Die wurden umgehauen
Und im Kampf gegen unsere Feinde eingesetzt.«

Gewalt ist kein metaphysisches Verhängnis. Gewalt wird von Menschen gemacht. Am Anfang stehen Handlungen, Einstellungen und Worte.

»Sie sagen:
Wer dich verspottet,
Der macht dich irgendwann fertig.
Also besser du wirst selbst ein Monster
Damit dich das Monster nicht zerbrechen kann.

Und es geht doch wirklich zu weit,
Wenn die sagen:
Wenn du nur hart genug zupackst,
Dann wirst du selber nicht verletzt.«

Das Lied schreibt Hoffnung klein und gibt ihr fast keine Chance. Die Menschen sind gerade dabei unterzugehen In dieser aussichtslosen Lage bleibt fast nur noch die Bitte um Errettung, die Bitte um ein Rettungsseil:

»Jesus can you take a time
To throw a drowning man a line.«

»Jesus
Kannst du dir nicht einmal Zeit nehmen
und einem ertrinkenden Menschen
Ein Rettungsseil hinwerfen?«

Doch die Klage überwiegt, denn das Lied endet mit einem Vorwurf:

»Jesus
Bei diesem Lied
Bleiben mir die Worte im Halse stecken
Ich höre es jede Weihnachten
Aber Hoffnung und Geschichte passen nicht zueinander
Was bringt´s also – Friede auf Erden?«

Ob Jesus hilft? Ob der christliche Glaube hilft?
Seine Rettung ist überall da zu erkennen, wo sich Haltungen und Gespräche ändern. Denn das Töten beginnt schon im Herzen und in den Worten. »Wer mit seinem Bruder zürnt, der ist des Gerichts schuldig«, sagt Jesus (Mt 5,22).

Der neue Song der weltberühmten Band vermittelt die Haltung, dass Hoffnung heutzutage nur als Klage formuliert werden kann.

Die Struktur des Klageliedes entspricht durchaus den biblischen Klagepsalmen. Es setzt ein mit einer Bitte (Z. 1–2), entwirft dann die Klage (Z. 3–10), kommt zu einer Erinnerung (Z. 11–24) und dann zur Bitte (Z. 25–33). Dann folgt noch einmal eine Erinnerung (Z. 34–50), eine Bitte (Z. 50–58), um dann erneut mit der Klage zu enden (Z. 59–70). Das Lied wirft elementare Fragen auf: Ist Frieden auf Erden überhaupt möglich? Soll man die Hoffnung auf Frieden aufgeben? Woher kommt die Gewalt? Können Jesus und der christliche Glaube überhaupt etwas ausrichten? Was müsste geschehen, damit die Welt friedlicher wird?

135.3 Unterrichtsideen
1) Kurze Verständigung über U2: Wer ist das? Welche Titel sind bekannt? Was ist von dieser Gruppe zu halten?
2) Lied anhören und den Text mitlesen (CD »All that you can't leave behind«)
3) Gemeinsame Übersetzung (»Übersetzungswurm«: ein Sch beginnt, ein anderer fährt fort usw.); vgl. M 135.1.
4) Vertiefung: Sch entwickeln eine eigene – freie – Übersetzung
5) Herausarbeiten, welche Erfahrungen dem Lied zugrunde liegen (s. o. Omagh-Massaker), um welche Form es sich handelt und was Bono aussagen will (gemäß der hermeneutischen Anweisung »lectio auctoris«). Passen Inhalt und Musik zusammen?
6) Diskussion elementarer Fragen (s. o.)
   a) Ist Frieden auf Erden überhaupt möglich?
   b) Können Jesus und der christliche Glaube überhaupt etwas ausrichten?
7) Nachspiel: L formuliert zusammenfassend, was er als Weltbild der Schülerinnen und Schüler herausgehört hat. Passt dieses Weltbild zur Reich-Gottes-Botschaft Jesu?

135.4. Zusatzmaterialien
M 135.1 Übersetzung »Peace on Earth«

137 Ich glaube

137.1 Der Zusammenhang
Die Erwartung, dass zu glauben sei, was schon seit unzähligen Generationen überliefert wird, besitzt für Jugendliche zunächst keine Verbindlichkeit.

Schon in der Konfirmandenzeit lernen die Schülerinnen und Schüler, dass neben dem Apostolicum andere frühkirchliche Bekenntnisse gleichberechtigt zum Schatz der Kirche gehören. Sie hören möglicherweise, dass das gemeinsame Sprechen des Credo im Gottesdienst ein Geschehen ist, das seine Kraft auch darin entfaltet, dass jemand zu bestimmten Zeiten einen einzelnen Satz auslassen kann, ohne dass das Bekenntnis dadurch verstummt. Andere sprechen mit und »helfen« über die zeitweilige Sprachlosigkeit eines einzelnen hinweg.

Gleichzeitig ist zu beobachten, dass in zahlreichen Gemeinden im Gottesdienst vielfach so genannte neue Bekenntnisse erklingen – und zwar nicht nur in Jugendgottesdiensten. Offenbar herrscht das Bedürfnis, neben den traditionellen Formulierungen des Credo auch immer wieder sprachlich zeitgemäße und unkonventionelle Bekenntnisse aus der gesamten Ökumene zu hören und zu sprechen.

Im Unterricht der Kursstufe soll aber nicht Glaubensunterweisung getrieben werden. Vielmehr geht es darum, mit den jungen Erwachsenen zu entdecken, dass Menschen ihren christlichen Glauben in Form und Inhalt sehr unterschiedlich ausdrücken.

Ein Ziel des Unterrichts besteht darin, die Jugendlichen für die Entdeckung dieser Vielfalt zu sensibilisieren. Ein weiteres Ziel könnte darin bestehen, die unterschiedlichen Bekenntnisse auf ihre jeweilige Intention und die dahinter stehende Lebenswirklichkeit der Verfasser und Verfasserinnen zu befragen. In erster Linie aber sollen die Jugendlichen in die Lage versetzt werden, ihre Fragen zur Christologie (Historizität der Ereignisse, Inhalt der Verkündigung, Verständnis der Passion, Einordnung der Hoheitstitel usw.) zu formulieren, die auf den anschließenden Seiten verhandelt werden. Vielleicht werden einzelne Schülerinnen und Schüler abschließend in der Lage sein, ein eigenes, vorläufiges Credo zu formulieren.

Der Glaube an Jesus Christus wird explizit thematisch in der Frage nach der Bedeutung seines Todes »für uns« (S. 151), der Bedeutung seiner Auferstehung für unser Verhältnis zum Tod (vgl. S. 153, 188–189), seiner Würdigung als Sohn Gottes (S 154) und der Darstellung unterschiedlicher christologischer Konzepte (S. 155, 156, 157). Im Vergleich zu Islam und Buddhismus (S. 158, 159) kann die Christlichkeit der Sicht von Rahel C. Wahlberg vollends deutlich werden.

137.2 Bekenntnis von Rachel C. Wahlberg
Die Autorin blickt aus einer explizit feministischen Perspektive auf die Person Jesu. Das ist der Grund, aus dem gerade dieses Bekenntnis als inhaltlicher Auftakt für das Kapitel »Jesus Christus« gewählt wurde.

Mit dem Apostolicum hat das vorliegende Credo nur in der äußeren Form eine gewisse Gemeinsamkeit. Übernommen wurde die Dreigliedrigkeit der traditionellen Bekenntnisse, wobei auffällt, dass dem zweiten Artikel ungewöhnlich viel Raum gewidmet ist. Alle der insgesamt 14 Unterabschnitte beginnen mit den Worten »Ich glaube an ...«

Der besondere Blickwinkel einer Frau bestimmt bereits den ersten Artikel (Z. 1–6) – mit dem programmatischen Verzicht auf den »Vater-Titel« Gottes. Die Autorin entfaltet den ersten Artikel in einer konsequent anthropologischen Dimension. Nicht mehr Gottes einzigartiges Schöpferhandeln steht im Vordergrund (vgl. der Verzicht auf das Prädikat der »Allmacht«). Die Autorin legt Wert auf die Feststellung, dass die Würde der »Imago Dei« beiden Geschlechtern gleichermaßen zukommt (Gen 1,27) und dass der Herrschaftsauftrag ausdrücklich die (meist mit Mütterlichkeit assoziierte) Pflege der Schöpfung zum Inhalt hat (Gen 2,15).

Die Gliederung des zweiten Artikels, der sich an zahlreichen biblischen Texten orientiert, lässt sich wie folgt darstellen:

Zeile	Inhalt	Bibl. Text
7– 9	Verkündigung und Geburt	Lk 1 und 2
10–17	Frauen im Gefolge Jesu	Lk 8,1–3
18–25	Begegnung am Jakobsbrunnen	Joh 4,1–26
26–34	Salbung durch die »Sünderin« (siehe auch S. 147)	Lk 7,36–50
35–40	Heilung der blutflüssigen Frau (siehe auch S. 142)	Mk 7,24–30
41–45	Heilung einer Frau am Sabbat	Lk 13,10–17
46–52	Gleichnis vom verlorenen Groschen	Lk 15,8–10
53–60	Rede über Schwangerschaft und Geburt	
61–65	Jesu Vergleich mit der Mutterhenne	Mt 23,37
66–71	Begegnung am Ostermorgen	Mt 28,9f.

Auffällig ist, dass sich Wahlberg in ihrem Bekenntnis beinahe ausschließlich auf die Begebenheiten des Lebens und Wirkens Jesu bezieht. Diese Aspekte sind im Kapitel »Jesus Christus« im Wesentlichen auf den S. 138–147 dargestellt. Besonders hingewiesen sei auf den Text von Eugen Drewermann (S. 142), der eine Heilungsgeschichte (Mk 7,24–50) unter tiefenpsychologischen Gesichtspunkten interpretiert, und auf die S. 147, auf der über Jesus als Lehrer und über seine Haltung gegenüber den Geboten der Tora reflektiert wird (Lk 7,36–50).

Die Passion Jesu (S. 148–152) ist im vorliegenden Bekenntnis komplett ausgeblendet! Ebenso die Frage nach den Titeln und Würdenamen Jesu (S. 154f.).

Verwiesen sei hier nebenbei auf S. 157 (»Geboren von der Jungfrau Maria«), wo sich die Schülerinnen und Schüler mit einem Gegenentwurf zu diesem Bekenntnis auseinander setzen können.

Im dritten und abschließenden Artikel (Z. 72–88) löst sich die Autorin völlig von den klassischen Formulierungen und verbindet die Glaubenssätze, die sich traditionell auf Ekklesiologie, Soteriologie und Eschatologie beziehen, in einem Zitat aus dem Galaterbrief (Gal 3,28). Der Heilige Geist selbst wird – ganz der weisheitlichen Tradition Israels verpflichtet – als die weibliche Seite und Kraft der Herrschaft und des Wirkens Gottes verstanden.

137.3 Literatur

Peter Rosien, Harald Pawlowski (Hg.), Mein Credo, Band 1–3, Persönliche Glaubensbekenntnisse, Kommentare und Informationen; zu bestellen über die Zeitschrift Publik-Forum, Best.-Nr. 2615, 2630, 2653.

Hans Küng, Credo. Das apostolische Glaubensbekenntnis – Zeitgenossen erklärt, München 1992.

137.4 Unterrichtsideen

1. Hausaufgabe
Bekenntnis lesen und möglichst viele biblische Texte finden, auf die sich die Autorin bezieht.

2. Vergleich mit dem Apostolicum
a) Sch markieren in PA in einer Farbe im Apostolicum alle Aussagen, die sich bei Wahlberg wiederfinden. Mit einer anderen Farbe kennzeichnen sie alle Aussagen, die von der Autorin aus dem Apostolicum nicht übernommen wurden, (PA mit kopierten Vorlagen; gemeinsame Auswertung mit Overhead-Folie).
b) Sch interpretieren ihre Entdeckungen und ziehen erste Schlüsse. Was mag die Autorin zu dieser Auswahl bewogen haben?
c) Auswertungsgespräch.
d) Vertiefung: Sch stellen fest, zu welchen Aussagen der Autorin sich Texte in dem Kapitel Jesus Christus finden.

3. Vergleich mit anderen Glaubensbekenntnissen
a) Sch vergleichen das Bekenntnis von R. Wahlberg mit einem Bekenntnislied aus dem Gesangbuch (EG 184) oder mit anderen »neuen« Bekenntnissen (s. Lit.) Was lässt sich über die Motivation und die Lebenswirklichkeit der jeweiligen Autorinnen und Autoren erkennen? Welches Bild von Jesus wird jeweils entworfen?
b) Sch stellen ihre Beobachtungen in einem Bild oder in einem gezeichneten Symbol vor.

4. Formulieren eines eigenen Bekenntnisses
Sch formulieren ihr eigenes (vorläufiges) Bekenntnis, heften es ab oder geben es einer Person Ihres Vertrauens. Sie betrachten es zum Abschluss der Unterrichtseinheit über »Jesus Christus« erneut. Was hat sich inzwischen verändert? Was würde ich so nicht mehr formulieren – was doch? Worin besteht für mich der Erkenntnisgewinn?

138 Hat Jesus wirklich gelebt?

138.1 Der Zusammenhang

Auf dieser Seite geht es um die – auch heute von Schülerinnen und Schülern oft gestellte – Frage, ob Jesus wirklich gelebt hat, ob er eine historische Figur war. Mit der Behandlung dieses Themas bleibt man zunächst einmal auf der »Oberfläche« des Lebens Jesu, denn Jesu Verkündigung, seine Ethik oder gar Glaubens- und Bekenntnisfragen werden dabei nicht berücksichtigt. Wohl aber kann es darum gehen, erste historische Hürden aus dem Weg zu räumen, denn ist Jesus erst einmal als Gestalt der Geschichte identifiziert, lassen sich auch historische Fakten und Einzelheiten zu seinem Leben wie ein Mosaik zusammentragen. Dennoch ermöglichen es die außerbiblischen Zeugnisse über Jesus über eine rein oberflächliche Behandlung insofern hinauszugehen, als sie einige Züge Jesu, wie sie in den neutestamentlichen Texten begegnen, bestätigen.

138.2 Außerbiblische Quellen zum Leben Jesu

Die hier gebotene Quellensammlung mit kurzer Einführung umfasst im Wesentlichen die Zeugnisse über Jesus, deren historischer Wert in der gegenwärtigen neutestamentlichen Forschung unumstritten ist.

Testimonium Flavianum: Da Flavius Josephus sein Leben lang Jude blieb, erscheint es unwahrscheinlich, dass die erste abgedruckte Stelle wirklich von ihm stammt: Der Bekenntnischarakter zu Jesus als den »Christus« ist zu ausgeprägt, als dass ein Jude so über Jesus sprechen könnte. Vieles spricht daher dafür, im Testimonium Flavianum eine christlich überarbeitete Fassung eines neutralen Berichtes zu sehen. Als Methode zur Rekonstruktion des Ursprungstextes dient eine Umformung und Ausscheidung eindeutig christlicher Aussagen über Jesus, beispielsweise der Halbsatz »wenn man ihn überhaupt einen Menschen nennen darf«. Ähnlich die Aussage »er war der Christus«; diese Stelle ist entweder ganz zu streichen oder neutral umzuformulieren, etwa in »er wurde Christus genannt«. Klar ist, dass ein solches Vorgehen spekulativen Charakter hat, aber auch seine Berechtigung.

Tacitus und Sueton: Tacitus nennt Pontius Pilatus in diesem Abschnitt (Annales XV,44) Prokurator, tatsächlich aber war er Präfekt. Der Titel Prokurator kam erst später auf. Sueton scheint in seiner Darstellung Jesus für eine noch lebende Person zu halten – er stellt ihn als verantwortlich für den Aufruhr dar, der zur Ausweisung der Juden aus Rom führt.

Das Zeugnis des syrischen Stoikers Mara Bar Sarapion über Jesus (vgl. M 138.1) kann zusätzlich in den Unterricht aufgenommen und für die Auswertung der nicht-christlichen Quellen über Jesus herangezogen werden. Die Datierung des Briefes ist nicht ganz klar, wahrscheinlich aber ist er bald nach 73 n.Chr. abgefasst worden. Der Verfasser ist ein syrischer Stoiker, sicher kein Jude und auch kein Christ (er spricht an anderer Stelle z.B. ganz unbefangen von »unseren Göttern«). Allerdings steht er dem Christentum aufgeschlossen gegenüber. Mara lässt aber in einigen Punkten eine deutliche Außenperspektive in seiner Bewertung Jesu und des Christentums erkennen: a) Jesus erscheint als einer von drei Weisen, er ist ein hervorgehobener Mensch unter anderen; b) von der Auferstehung Jesu weiß Mara entweder nichts oder er interpretiert sie stillschweigend im Sinn seiner Weltanschauung um – diese hat er zuvor in seinem Brief so charakterisiert: »das Leben der Menschen, mein Sohn, geht aus der Welt, ihr Lob und ihre Gaben bleiben in Ewigkeit.« Das gilt für Sokrates in gleicher Weise wie für Jesus; c) Jesus ist für Mara vor allem als neuer Gesetzgeber bedeutsam, in seinen Gesetzen lebt er weiter.

Fazit: Mara nimmt die Christen offensichtlich wahr als solche, die nach den Gesetzen ihres »weisen Königs« wandeln, was die positive Einstellung des Stoikers ihnen gegenüber gut erklärt (vgl. G. Theißen/A. Merz, S. 84–86).

Die außerchristlichen Quellen über Jesus gelten als voneinander unabhängig. Das »Testimonium Flavianum« (Josephus, Antiquitates 18,63f.) wurde in der vorliegenden Form aller Wahrscheinlichkeit nach nicht so von Josephus selber verfasst, allgemein gilt es als christliche Überarbeitung. Dabei ist die Frage, wie Josephus Jesus in seinem Bericht darstellte. Neben der Echtheitshypothese – die heute nur noch selten vertreten wird – werden heute vor allem die Interpolations- und die Überarbeitungshypothese diskutiert. Bei letzter muss zudem darüber entschieden werden, welche Tendenz die Originalstelle hatte – jesusfeindlich oder neutral?

Als Konsens in der Forschung gilt heute, die Stelle als christliche Interpolation einer ursprünglich neutralen Stelle über Jesus anzusehen. Josephus berichtete in ihr so neutral über Jesus wie später über Johannes den Täufer (Ant 18,116–119) oder über den Herrenbruder Jakobus (Ant 20,200). Eine ausführliche Diskussion der Stelle findet sich bei Theißen/Merz, S. 75–82.

Wichtig ist die Stelle auch für die historisch unverfängliche Stelle Ant 20,200: Josephus führt hier Jakobus mit Hilfe des bekannteren und zuvor wohl bereits erwähnten Jesus ein (Ant 18,63f.), ein textimmanenter Beleg dafür, dass Josephus hier bereits schon über Jesus schrieb.

Der Wert der voneinander unabhängigen außerchristlichen Nachrichten über Jesus kann als doppelter betrachtet werden:

Gegner wie neutrale Beobachter des Christentums setzen die Geschichtlichkeit Jesu voraus und haben nicht die Spur eines Zweifels daran. Aussagen, die die Geschichtlichkeit Jesu leugnen (z.B. Bruno Bauer, Lehrer von Karl Marx), kann mit an Sicherheit grenzender Wahrscheinlichkeit widersprochen werden.

Darüber hinaus erlauben die nicht christlichen Quellen die Kontrolle einiger Daten der urchristlichen Jesusüberlieferung.

138.3 Literatur
Gerd Theißen/Annette Merz: Der historische Jesus. Ein Lehrbuch, Göttingen 1996.

138.4 Unterrichtsideen
1. Textarbeit I
a) Sch schreiben alles heraus, was die nicht christlichen Autoren über Jesus berichten (einschließlich Mara, M 138.1). Die Notizen werden in einer Tabelle zusammengetragen (vgl. M 138.2).
b) Sch gleichen diese Notizen mit der christlichen Überlieferung ab. L gibt den Sch die in der Tabelle genannten Bibelstellen. Sch füllen die Tabelle aus bzw. ergänzen das Tafelbild um die neutestamentliche Überlieferung.

2. Textarbeit II
Sch prüfen die Quellentexte auf »mögliche christliche Überarbeitungen und historische Irrtümer«. Hier geht es um das »Testimonium Flavianum« sowie um die beiden Notizen bei Tacitus und Sueton.

138.5 Zusatzmaterialien
M 138.1 Mara Bar Sarapion: Ein syrischer Stoiker über den »weisen König der Juden«
M 138.2 Tafelbild »Aussagen über Jesus«

139 Jesus Christus: Zeiten, Orte, Personen in der Geschichte Jesu

139.1 Der Zusammenhang

Nach der Frage, ob Jesus überhaupt gelebt hat (S. 138), geht es auf dieser Seite um einen inneren Zusammenhang einzelner Daten, Orte und Personen, die im Leben Jesu eine Rolle spielten. Geographische, politische und soziale Eckpunkte seines Lebens werden zu einer Art Kurzbiographie Jesu verknüpft, freilich ohne diese Biographie bereits inhaltlich zu füllen (S. 140ff.). Der größere geschichtliche Zusammenhang wird im Bibelkapitel skizziert (S. 197). Einen Kurzüberblick über das Leben Jesu, wenngleich in theologischer Perspektive gibt das Meditationsbild von Klaus von der Flüe (S. 87).

139.2 Das Leben des historischen Jesus

Der hier dargebotene Autorentext bettet Jesus konsequent in das Judentum seiner Zeit ein, wie dies dem Stand der heutigen neutestamentlichen Forschung auch entspricht. Vorausgesetzt wird (Z. 1-7), dass Jesus, dessen Muttersprache aller Wahrscheinlichkeit nach Aramäisch war, wohl Griechisch, die damalige Handels- und Umgangssprache, verstanden hat. Mit letzter Sicherheit allerdings lässt sich diese Frage nicht beantworten.

Auch die Frage nach dem Geburtsort Jesu wird im Text nicht eindeutig entschieden, sondern offen gelassen (Z. 8-16): Das älteste Evangelium Mk weiß nichts von Bethlehem als Geburtsort, auch nicht Joh, bei beiden stammt Jesus aus Nazareth. Oft wird angenommen, Lk und vor allem Mt erfüllen dadurch, dass sie die Heilige Familie nach Bethlehem wandern lassen, die Verheißung aus Micha 5. Hinzu kommt, dass sich die Volkszählung, die Lk erwähnt (Lk 2,1f.), chronologisch nicht mit den weiteren zeitlichen Angaben zur Geburt Jesu vereinbaren lässt: Lk 1,5 erwähnt Herodes als König von Judäa (so auch Mt 2,1ff.), dieser starb ca. 4 v. Chr.; Quirinius allerdings war erst ab 6 n. Chr. Statthalter in Syrien. Zumal ist von einer reichsweiten Steuererhebung unter Augustus aus außerchristlichen Quellen nichts bekannt. Der Zug der Familie nach Bethlehem scheint also primär theologisch motiviert zu sein. Dem widerspricht allerdings Röm 1,3, ein altes Traditionsstück, nach dem Jesus Davidide war und die Tatsache, dass Verwandte Jesu in späteren Zeiten nach dem Zeugnis des Kirchengeschichtsschreibers Euseb als Davididen verfolgt wurden. Wir halten es daher für historisch verantwortungsvoller hinsichtlich der Frage des Geburtsortes Jesu keine eindeutige Entscheidung zu treffen, wissen aber, dass mehr für Nazareth denn für Bethlehem als Geburtsort Jesu spricht.

Hingegen gilt die Taufe Jesu durch Johannes den Täufer und Jesu zumindest zwischenzeitliche Anhängerschaft vom Täufer als historisch gesichert (Z. 16-19). Auch Herodes Antipas als Landesherr Jesu wird beispielsweise von Josephus bezeugt, freilich trug er offiziell den Titel »Tetrarch« und nicht, wie dies im Markusevangelium begegnet (z. B. Mk 6,14), den Königstitel.

Die folgenden Zeilen (Z. 29-37) streifen die wesentlichen innerjüdischen Erneuerungsbewegungen im Frühjudentum des 1. Jh. n. Chr.: Qumran-Essener, Pharisäer, Zeloten, Sadduzäer. Will man Jesus und seine Bewegung hier einordnen, kann man wohl sagen, dass er der Gruppe der Pharisäer am nächsten stand. Jesus führte kein asketisches Leben wie die Mönchsgemeinde von Qumran, er versuchte nicht seine Ziele militant zu verfolgen und zu erreichen wie die Zeloten und stammte nicht aus der Oberschicht wie die Sadduzäer. Darüber hinaus teilt er mit den Pharisäern die Auferstehungshoffnung, die die Sadduzäer verwarfen (Mk 12,18-27). Die in den Evangelien begegnenden Streitgespräche mit den Pharisäern sind Hinweise darauf, dass zwischen beiden Bewegungen Kommunikation möglich war und auch gepflegt wurde. Die bisweilen begegnende Feindschaft der Pharisäer gegen Jesus wird historisch verstanden als Rückprojektion aus der Zeit nach der Tempelzerstörung, als der Pharisäismus/das Rabbinentum neben dem frühen Christentum die einzige jüdische Gruppe war, die die Katastrophe des Jahres 70 n. Chr. überlebte.

Wichtig ist auch der Hinweis darauf, dass in der Passionserzählung die Pharisäer stark in den Hintergrund treten und die Jerusalemer Lokalaristokratie (also die Sadduzäer) sowie das Volk (das seinerseits wirtschaftlich vom Tempel abhängig war) in den Vordergrund treten.

Die in Z. 38 angesprochene ein- bis dreijährige Wirkungszeit Jesu rekurriert die unterschiedliche Chronologie der synoptischen Evangelien gegenüber dem Johannesevangelium – die Synoptiker erwecken den Anschein von einer zeitlich eher begrenzten Wirksamkeit Jesu, während Johannes von mehrere Passafesten Jesu berichtet.

Die folgenden Zeilen behandeln das Ende Jesu: Auf die Tempelaktion folgen Gefangennahme, Prozess und Verurteilung Jesu. Da die Juden keine Kapitalgerichtsbarkeit besaßen, ist Pontius Pilatus für Jesu Tod letztendlich verantwortlich. Dem entspricht auch die Art der Todesstrafe, die Kreuzigung. Juden hätten gesteinigt.

139.3 Literatur

Gerd Theißen/Annette Merz, Der historische Jesus, Göttingen 1996, S. 147-174; 493-496.

Jürgen Becker, Jesus von Nazareth, Berlin 1996, S. 21-36.

139.4 Unterrichtsideen

1. Textarbeit I

Sch lesen den Text und erstellen einen Steckbrief von Jesus unter Verwendung der Angaben des Textes (Geburtsjahr, -ort, Sympathisanten, Gegner, Anklagepunkte ...).

2. Textarbeit II

a) Sch erstellen einen Zeitstrahl und tragen alle Daten ein, die sie im Text finden.

b) Sch reduzieren den Text auf fünf Begriffe und erzählen anhand dieser Begriffe den Text nach.

140 Jesus Christus: Das Königreich Gottes ist nahe herbeigekommen (Mk 1,14f.)

140.1 Der Zusammenhang
Nach den Seiten, die sich der Historizität Jesu (S. 138) widmen und Jesus in die Geschichte und das Judentum seiner Zeit (S. 139) einzubetten versuchen, ermöglicht der hier gebotene Text die Beschäftigung mit der Botschaft und dem Wirken Jesu. Der Text eröffnet die weitere Auseinandersetzung und will als Mitte und Bezugspunkt der Wunderheilungen, der Gleichnisverkündigung, der Ethik sowie des Handelns und Verhaltens bis hin zu Kreuzigung und Tod verstanden werden.

140.2 Exegetische Hinweise zu Mk 1,14–15 und Mk 4,30–32
Zu Mk 1,14f.: V.15 wirft die Frage nach der Eschatologie Jesu auf: Im Zentrum der Verkündigung Jesu steht die Botschaft von der Gottesherrschaft. Jesus verkündet sie zum einen als bereits gekommen (Mk 1,15), zum anderen als unmittelbar bevorstehend (z.B. Mt 6,10, die Vaterunser-Bitte).
Ein knapper Überblick über die Forschungsgeschichte zeigt, dass zeitweise die präsentische, die futurische, dann wiederum sowohl die präsentische als auch die futurische Deutung der von Jesus verkündeten Gottesherrschaft betont wurde. Betrachtet man den Textbefund, kommt man um die Erkenntnis nicht herum, dass Jesus sowohl präsentische als auch futurische Worte über den Anbruch des Reiches Gottes benutzte. Dies wirft die Frage nach dem Verhältnis der beiden auf: Jesu Eschatologie ist Gegenwartseschatologie. Die Gegenwart ist erfüllte Zeit, diesen Zug teilt Jesus mit den Sadduzäern (vgl. Bellum 2,162ff.).
Zugleich verbindet die summarische Notiz Mk 1,14f. Eschatologie und Ethik. Denn auf die eschatologische Botschaft der erfüllten Zeit und des Herbeigekommenseins der Gottesherrschaft (vgl. jeweils die griechischen Aoristformen) folgen drei Imperative: »Kehrt um!«, »Glaubt (an das Evangelium)!« und der Aufruf der Nachfolge »Folgt mir nach!«. Entsprechend ist Jesu eschatologische Ethik 1) Umkehrethik, 2) Barmherzigkeitsethik und 3) Nachfolgeethik.
Ad 1) Umkehrethik – Jesus rief alle Menschen zur Umkehr. Grundlage hierfür ist das Vertrauen darauf, dass die Menschen zur Umkehr auch bereit sind, wie dies im Gleichnis vom verlorenen Sohn (Lk 15) dargestellt wird.
Ad 2) Barmherzigkeitsethik – Jesus rief zwar alle Menschen zur Umkehr, aber für die Armen und Schwachen hatte er eine besondere Botschaft, die Parteilichkeit Gottes, wie sie sich beispielsweise in den Seligpreisungen ausdrückt (Mt 5).
Ad 3) Nachfolgeethik – Auch die Nachfolge formuliert Jesus nicht für alle, sondern nur für die Jünger. Sie folgen Jesus im wörtlichen Sinne nach, wie dies im Wort des Petrus in Mk 10,28 oder die Freiheit gegenüber allem Besitz (Mk 10,29) zeigen.
Zusammenfassend lässt sich sagen: Die Gottesherrschaft ist sowohl gegenwärtig als auch zukünftig. Die Zeit der Erfüllung ist bereits da, die Schlacht ist grundsätzlich geschlagen und gewonnen, der Satan besiegt (Lk 10,18), aber erst die Zukunft bringt die volle und endgültige Verwirklichung der Gottesherrschaft.

Zu Mk 4,30–32: In den oben genannten Zusammenhang lässt sich leicht Mk 4,30–32 einordnen. Dieses kurze Gleichnis stellt auf erzählerische Weise den Zusammenhang bzw. die Verbindung von präsentischer und futurischer Eschatologie bei Jesus dar: Das Reich Gottes ist da, verschwindend klein, sodass man es kaum bemerken mag, aber es wächst – ohne Zutun des Menschen – und ist in der (nahen) Zukunft vollendet. Das Reich Gottes wächst, es kommt nicht mit einem Mal (Lk 17,20–21), sondern es ereignet sich dort, wo Menschen umkehren, um Jesus nachzufolgen und in seinem, d.h. in Gottes Namen Partei für die Unterdrückten und Verlierer zu ergreifen.

140.3 Die Erzählung von Nico ter Linden
Die Erzählung deutet Mk 1,14–15. Die in die Erzählung eingebaute und kursiv wiedergegebene Stelle ist das Apophtegma Mk 1,16f., der Autor Nico ter Linden bindet sie in eine Geschichte ein.
Die Erzähltechnik des Niederländers Nico ter Linden geht neue Wege zwischen der nah am biblischen Text bleibenden Schule um Dietrich Steinwede und den phantasievollen, ausschmückenden Erzählungen des Kreises um Walter Neidhart und Werner Laubi. Nico ter Linden erzählt biblische Geschichten, die er auf eine neue Art geschrieben und dabei zugleich gedeutet hat. Die historischen Vorlagen und die Folgen einzelner Geschichten arbeitet er auf ganz eigene Weise in seine Erzählungen ein. Die Fragen des heutigen Lesers an den biblischen Text gehen direkt in seine Erzählungen ein, sodass es zu einem neuen, die Neugier weckenden Dialog zwischen biblischem Text und Lesendem kommt.

Der hier ausgewählte Abschnitt deutet Mk 1,14–17 auf mehreren Ebenen:
Z. 1–10 Jesu Evangelium = Gottes Evangelium. Leitwörter: »Gott sein Herz schenken«, »anvertrauen«.
Z. 11–22 Jesus und Johannes den Täufer (Überbietungsmotiv). Leitwörter: »Versöhnung«/»Friede«, »Vertrauen«, »Freude statt Angst«.
Z. 33–55 Charismatische Jüngerberufung des Simon und Andreas. Leitwörter: »Zauber«, »Gott nahe sein«, »Ewigkeit«, »mehr als ...«

In diese drei kleinen Szenen erzählerisch eingearbeitet ist die charismatische Jüngerberufung nach dem alttestamentlichen Modell bzw. Vorbild Elia/Elisa (Z. 27–32). Die zentrale Stellung dieser Szene zusammen mit der »Markus-Frage« (Z. 23ff.) zeigt ihre Schlüsselstellung im Ganzen der Erzählung: Sie bindet das Vorangehende (sich dem versöhnenden Evangelium Jesu anvertrauen) an die Berufungsszene und motiviert zugleich die nachfolgende Deutung (Simon und Andreas spüren in Jesu Worten etwas von seiner Vollmacht). Was das »Königreich Gottes« (Z. 23) ist, wird in und an ihnen deutlich: »mehr als« die Sorge um Nahrung und Kleidung, »mehr als« das Kind seiner Eltern zu sein. Vielmehr: Sohn/Tochter Gottes zu sein.
Es empfiehlt sich daher, die Z. 23–32 zum Angelpunkt der Textarbeit und Textinterpretation zu machen.

140.4 Literatur
Gerd Theißen/Annette Merz, Der historische Jesus, Göttingen 1996, S. 221–255.
Jürgen Becker, Jesus von Nazareth, Berlin 1996, S. 100–275.

140.5 Unterrichtsideen
1. Bild-Text-Vergleich
a) Sch lesen Mk 1,14–17.
b) Sch vergleichen das Bild S. 133 mit Mk 1,16f.: Wie deutet der Künstler Duccio di Buoninsegna die Szene, vor allem das Verhalten des Brüderpaares?

2. Textarbeit I
a) Gespräch: Worauf stützt/gründet sich das unbedingte Vertrauen von Simon und Andreas?
b) Sch lesen hierzu Z. 1–22. (= Frage 1 unter dem Text.)

3. Textarbeit II
a) Sch formulieren ihre eigenen Vorstellungen zum »Königreich Gottes«.
b) Sch lesen Z. 33–55 und schreiben einen eigenen Text »Das Königreich Gottes«.
c) Sch vergleichen ihre Texte und achten auf den Zusammenklang von präsentischer und futurischer Eschatologie.
d) Sch versuchen, das Königreich Gottes grafisch darzustellen.
e) Möglicher zusammenfassender Satz »Jesus ist das Unterpfand des Reiches Gottes, er verbürgt das Kommen des Reiches Gottes, in ihm wird schon jetzt ein Stück von Gottes neuer Welt sichtbar. In, durch und mit ihm beginnt das Reich Gottes schon jetzt, wo Menschen ihr Herz Gott schenken.« (= Fragen 2 und 3 unter dem Text.)

140.6 Zusatzmaterialien
M 140.1 Tafelbild

141 Jesu Verkündigung des Königreiches Gottes

141.1 Der Zusammenhang
Der Autorentext nimmt die Auseinandersetzung mit Mk 1,14ff. und die Berufung der ersten Jünger (S. 140) auf und will zentrale Grundzüge der Reich Gottesbotschaft Jesu zusammenfassend darstellen. Der Text hat Nähen zu Sölle, Gottes Reich und die Kirche (S. 144) sowie zu Wolfgang Hubers Predigt über den richtenden Gott (S. 110). Amos wird auf S. 75 thematisiert, das Weltgericht (S. 79f.). Das Thema Gottesbild wird in S. 108 aufgenommen. In seinem theologischen Kern geht es um die Frage, wo und wie Menschen Erfahrungen mit Gott machen und ob Wirklichkeit mit der Doppelstruktur von »angekommen« und »erwartet« angemessen rekonstruierbar ist.

141.2 Die Erfahrung der Gottesherrschaft
Der Text verknüpft das Thema »Königreich Gottes« mit elementaren Menschheitsfragen (Z. 1–5). Wo ist Gott? Aber auch: Gibt es ein Gericht? Was geschieht eigentlich beim Jüngsten Gericht? Wie ist Armut, Hunger und Trauer zu verstehen? Z. 6–16 benennt die »Weltlichkeit« des Himmelreiches. Z. 16–32 zeigt die Doppelstruktur (Z. 17) der Reich-Gottes-Botschaft auf und damit die eigentümliche Erfahrung der Gottesherrschaft: Sie ist schon da (Z. 19–24) und wird dennoch noch erhofft (S. 25–32). Die Macht Gottes muss sich erst noch durchsetzen (S. 39–42).
Die Versöhnung stiftende Mahlgemeinschaft ist Sinnbild und Erfahrungsmöglichkeit der nahe herbeigekommenen Gottesherrschaft (Z. 33–38). Die Zukunft des Reiches Gottes stellt die Frage nach dem Gericht, indem die »iustitia restitutiva« sowie die »iustitia vincivativa« geübt wird (S. 73) und somit Gerechtigkeit aufgerichtet wird. Beim Thema Gericht tritt dann auch heraus, welches Handeln und Verhalten der Wirklichkeit »wirklich« entspricht (S. 53–56) und somit den Willen Gottes erfüllt.

141.3 Das Wirklichkeitsverständnis Jesu
Die Welt ist nicht einfach schlecht, und schon gar nicht einfach gut. Die Welt und das Leben sind recht gemischt. Es gibt sinnlose, belastende, entmutigende Erfahrungen, die den Glauben an Gott fraglich machen, ja sogar widerlegen können. Doch daneben und mittendrin gibt es immer wieder beglückende, ermutigende Erfahrungen. Da atmen Menschen auf, erfahren Zuwendung und Vergebung und werden heil. Diese Erfahrungen sind punktuell, nur selten lässt sich so etwas wie ein Fortschritt feststellen. In diesen vielfältigen kleinen Gegenerfahrungen zeigt sich, was der Welt von Gott versprochen ist und auf sie »zu-kommt«: Gottes Reich, eine neue Welt, das Himmelreich hier auf Erden. Diese Welt ist wie ein Traum, aber gerade diesen Traum brauchen Menschen, um die kleinen Anfänge aufzunehmen und aktiv weiter zu entwickeln. Selbstverständlich können Menschen solche Anfänge gestalten, ja sie sollen dies sogar. Doch sie sollen und dürfen wissen: Das Reich Gottes ist das Werk Gottes. Menschen können diese Welt nicht perfekt machen. Alles menschliche Gestalten bleibt vorläufig – und ist auch auf

das Zuspiel von neuen Möglichkeiten angewiesen. So zeigt sich auch in den kleinen Anfängen, dass Gott mit am Werke ist.

141.4 Literatur
Gerd Theißen/Annette Merz, Der historische Jesus, Göttingen 1996, S. 221–255.

Jürgen Becker, Jesus von Nazareth, Berlin 1996, S. 100–275.

Theologischer Ausschuss der EKU, Die Bedeutung der Reich Gottes Erwartung für das Zeugnis der christlichen Gemeinde, Neukirchen-Vluyn 1989.

141.5 Unterrichtsideen
1. Rundgespräch: Wo ist Gott?
a) L schreibt an die Tafel: Wo ist Gott?
b) Gespräch.
c) L rekonstruiert abschließend die Vorstellungen der Schülerinnen und Schüler. Was würde Jesus dazu sagen?

2. Textarbeit
a) L gibt Begriffe vor: »Nahekommen«, »Gegenwart und Zukunft«, »gemeinsames Essen«, »Macht, die sich durchsetzen muss«, »Gericht«.
b) Sch bearbeiten den Text in EA/PA.
c) Gemeinsame Klärung der Begriffe. Bedenken, ob »Gericht« überhaupt zu Jesus passt.

3. Einzelarbeit
Das Wirklichkeitsverständnis Jesu (oder die Konstruktion der Wirklichkeit durch Jesus)
a) Sch schreiben eine Art Glaubensbekenntnis »Ich glaube ...« im Sinne von Jesus.
b) Austausch und Klärung der Frage, ob das darin aufgehobene Wirklichkeitsverständnis überholt ist. Was ändert sich eigentlich, wenn man die Welt so sieht?

142 Gehe hin, der böse Geist ist ausgefahren (Mk 7,29)

142.1 Der Zusammenhang
Die Einordnung als Wundertäter nach der Verkündigung der Gottesherrschaft (S. 140) weist darauf hin, dass Jesus vor allem als Heiler zu bezeichnen ist und in den Wundertaten das erhoffte Gottesreich zur Erscheinung kommt. Hier liegt sicherlich noch einmal eine Differenz zu Johannes dem Täufer. Die Auseinandersetzung mit den Wundertaten und den Wundererzählungen kann an die literarische Bearbeitung von Mk 5,1–20 par. durch José Saramago (S. 134) anknüpfen. Die Herausstellung biblischer Grundmotive (S. 202f.) macht darauf aufmerksam, dass es dabei auch um die Frage nach dem Wirklichkeitsverständnis geht, das im Kapitel »Wirklichkeit« systematisch bearbeitet wird.

142.2 Exegetische Hinweise zu Mk 7,24–30 par.
Die Heilung der Tochter der syrophönizischen Frau spielt außerhalb Galiläas und thematisiert im Kontext der markinischen Gemeinde die Frage, ob Heiden uneingeschränkt Zugang zur christlichen Gemeinde haben dürfen. Die Erzählung zeigt die typischen Merkmale einer Wundergeschichte (vgl. S. 143, Z. 18–27). Allerdings fehlt das Echo. Eingeschlossen ist eine Art Streitgespräch (V. 27–28), in dem Jesus sich für die Zuwendung zu Heiden gewinnen lässt und erkennbar wird, dass die Nähe des Gottesreiches nicht an religiös-nationale Grenzen Israels gebunden ist. Die Bildwörter »Kind« und »Haus-Hündchen« lassen den Gegensatz von Heiden und Juden erkennen. Bei der Wundertat handelt es sich um einen Exorzismus, der anders als in Mk 5,1–20 in der Form einer Fernheilung erfolgt.

142.3 Eugen Drewermann zu Mk 7,24–30
In der Auslegung der neutestamentlichen Wundergeschichten kann man verschiedene Typen unterscheiden. Die dogmatische und kerygmatische Auslegung betont das christologische Bekenntnis, wie es in der Anrede Jesu als Herr, Kyrios (V. 28) anklingt. Die moralische Auslegung betont die impliziten Handlungsaufforderungen, die man nur in der Zuwendung zu den Heiden (V. 26) sehen könnte. Der sozialgeschichtlichen Auslegung geht es um die Ermutigung zur gesellschaftlichen Veränderung. Sie könnte in der Glaubenshoffnung auf ein neues Leben gesehen werden (V. 29). Eine charismatische Auslegung könnte darauf hinweisen, dass es wunderbare Energien gibt, die erbeten, aber auch benutzt werden können. Eine allegorisch-spiritualisierende Auslegung sieht in den Wundern die Einkleidung religiöser Ideen. Die rationale Wunderauslegung will die Denkmöglichkeit von Wundern darlegen und supranaturalisierenden Überlegungen widersprechen. Die historisch kritische Wunderauslegung kann in dieser Erzählung die Begründung der Heidenmission in der urchristlichen Gemeinde sowie typische Merkmale einer Wundererzählung erkennen.

Eugen Drewermann folgt hier wie auch sonst in seiner Bearbeitung des Markus-Evangeliums der tiefenpsychologischen Bibelauslegung. Biblische Texte und gerade biblische Erzählungen spiegeln psychische Konflikte und geben Hinweise zu ihrer therapeutischen Bearbeitung. Immer wieder geht es um »Angst« (Z. 53) oder »Eingefügt sein« (Z. 30) und die Aufarbeitung dessen. Jesus schlüpft dabei in die Rolle des Therapeuten, der Wege zur Heilung aufzeigt und zu diesen ermutigt. Die biblischen Texte erweisen sich in tiefenpsychologischer Perspektive als psychodramatische Literatur, deren verstehender Nachvollzug heilende Wirkung entwickeln kann. In der tiefenpsychologischen Wahrnehmung stellt sich die Erkrankung der Tochter als Reflex und Konsequenz zu einer angstbesetzten allein erziehenden Mutter dar, die ihr ganzes Leben einzig an ihrer Tochter ausrichtet (Z. 14-19). Die zwanghafte Selbstaufgabe der Mutter führt zur Einengung der Tochter (Z. 22-29) und schließlich zu einem Krankheitsbild, das in der Bibel als »dämonisch« bezeichnet wird. Dämonen wird man jedoch nicht einfach als Ausdruck eines überholten Weltbildes darstellen können. Hier geht es um die Beschreibung einer differenzierten Wirklichkeit, die auch die Reaktionen anderer aufnimmt. Sicherlich handelt es sich um eine psychische Erkrankung, die jedoch nicht bloß unglücklich macht, sondern selbstzerstörerisch wirkt und in anderen tiefes Erschrecken auslöst. Die Begriffe »Dämonen« oder »unreine böse Geister« weisen darauf hin, dass die Betroffenen ihre Krankheit wie eine fremde Macht erleben, die zu einem sprechen kann, einen Dinge tun lässt, die man eigentlich nicht tun möchte. Die Begriffe können auch anzeigen, dass Heilung hier als kämpferische Auseinandersetzung gesehen werden muss, die viel Energie benötigt (vgl. Drewermann, 25-44).

Drewermann rückt die seelische Erkrankung der Tochter in die Nähe der Schizophrenie (Markus-Evangelium S. 487; vgl. M 142.1) und sieht dabei psychosoziale Faktoren als verursachend an (vgl. Markus-Evangelium 1. Teil, S. 487, Anm. 8). Weil die Beziehungen der Mutter zur Tochter Wahnvorstellungen, Halluzinationen, Stimmenhören sowie das Gefühl der Fremdleitung ausgelöst haben, muss auch dort die Heilung ansetzen (Z. 52-54, 4-10). Die bei Markus angedeutete Fernheilung (Mk 7,29) wird hier rationalistisch als Heilung der syrophönizischen Frau interpretiert. Dabei muss allerdings einberechnet werden, dass der auf der Objektstufe erzählte Verlauf verkürzend einen langwierigen psychischen Prozess darstellt.
Bei der Heilung/Therapie kommt nach Drewermann dem Auftreten Jesu entscheidende Bedeutung zu. Da er selbst eine beschränkte Verantwortung lebt und sich deshalb auch primär den »Kindern«, nämlich den Juden verpflichtet sieht (Mk 7,24 vgl. Z. 40), kann die Frau durch ihn eine maßvolle Verantwortung lernen (Z. 43) und von einer einengenden Verantwortung lassen (Z. 31f.). Sie wird von ihrer Angst, ihrem Neid und ihrer quälenden Haltung zu der Wahrheit befreit, dass wir füreinander nicht verantwortlich sind. Jeder hat seine eigene Freiheit und einen eigenen Weg zu Gott (Z. 31-34). Als letztlich leitend erweist sich das betende Sich-Ausliefern an den Herrn (Mk 7,28), indem die Frau Jesus als ihren Retter und Heiland bekennt und anfleht.

Der Text kann wie folgt gegliedert werden:
Z. 1-3 Fragen
Z. 4-10 Die These
Z. 11-19 Beobachtungen am Text, erste Schlussfolgerungen
Z. 20-34 Rückgriff auf persönliche Erfahrungen
Z. 35-54 Erwägungen am Text (vielleicht, möglicherweise) und Schlussfolgerungen

142.4 Literatur
Eugen Drewermann, Das Markus-Evangelium. Erster Teil, Olten/Freiburg 1987.

142.5 Unterrichtsideen
1. Auseinandersetzung mit Markus 7,24-30
a) Text mit verteilten Rollen lesen, anschließend gliedern.
b) Anbieten von W-Fragen: Wie? Wo? Wann? Warum? Wozu?
c) Sch beantworten diese Fragen in PA und bedenken vor allem, wer oder was der böse Geist ist. Gibt es einen solchen Geist? Hinweis auf Schizophrenie M 142.1 und Internet-Recherche.
d) Überlegen, wie es zur Heilung kommt. Entwurf von Hypothesen, Festhalten an der Tafel.
e) Evtl. Überprüfen der Textgliederung an S. 143.

2. Textanalyse
a) Text Drewermann in EA lesen.
b) Gespräch: Wie kommt es nach Drewermann zur Heilung?
Vergewisserung der Argumentation im Text (s. o. Gliederung).
Vergleich mit den eigenen Schlussfolgerungen.

3. Rekonstruktion des methodischen Vorgehens

142.6 Zusatzmaterialien
M 142.1 Schizophrenie

143 Jesus der Heiler

143.1 Der Zusammenhang
Der auf zusammenfassende Information angelegte Autorentext will die Auseinandersetzung mit Mk 7,24–30 und eventuell weiteren Wundergeschichten bündeln. Ausgangspunkt waren die Einsichten von Theißen und Merz, Der historische Jesus, aber auch von Ingo Baldermann, Bibel. Buch des Lernens. Auf die Wunderheilungen Jesu geht auch der Koran ein (S. 158).

143.2 Jesus als Wundertäter
Der Text greift sechs Fragen auf: Was sind Wunder? Was kennzeichnet neutestamentliche Wundererzählungen? Hat Jesus Wunder getan? Wie hängen die Reich-Gottes-Botschaft und die Wundergeschichten zusammen? Welche Gründe gibt es für das Erzählen solcher Wundergeschichten? Schließlich gibt der Text Raum, um weitere Wundergeschichten zu erzählen.

143.3 Literatur
Gerd Theißen/Annette Merz, Der historische Jesus, Göttingen 1996, S. 256–285.
Jürgen Becker, Jesus von Nazareth, Berlin 1996, S. 211–233.
Ingo Baldermann, Die Bibel. Buch des Lernens, Göttingen 1980.

143.4 Unterrichtsideen
1. Erzählgemeinschaften
a) L gibt Kategorien vor (Z. 24–27).
b) Sch suchen zu jeder Kategorie eine Wundererzählung.
c) Arbeitsteiliges Nachschlagen und Nacherzählen.

2. Textarbeit
a) Arbeitsteilige Beantwortung der oben genannten Fragen.
b) Sch stellen ihre Einsichten vor.

3. Diskussion: Hat Jesus wirklich Wunder getan?
a) Sch formulieren eigene Meinung.
b) Gemeinsame Überlegung, wie man diese Frage überhaupt beantworten kann.

144 Jesus Christus: Einladung zum Fest des Lebens (Lk 14,16–24)

144.1 Der Zusammenhang
Die Auseinandersetzung mit der Parabel vom großen Gastmahl knüpft an die Botschaft vom Reich Gottes an (S. 141) und vertieft diese. Gleichnisse bringen das Reich Gottes als Gleichnis zur Sprache (Jüngel, vgl. dazu S. 12). Die Beschäftigung mit dem großen Gastmahl als Beispiel der Reich-Gottes-Botschaft kann um die Auseinandersetzung mit dem Gleichnis vom verlorenen Sohn (Bild S. 172; Text S.106), mit der Beispielerzählung vom barmherzigen Samariter (S. 77), aber auch die Rede vom Weltgericht (S. 68, 78f., 110, 203) ergänzt werden.
Der Begriff »geschenkte Freude« eröffnet den Blick auf die Rechtfertigungslehre, die insbesondere S. 81, S. 171 und S. 190f. entwickelt wird.
Unter dem Gesichtspunkt unterschiedlicher Modelle der Bibelauslegung (S. 206f.) kann dieser Text als Beispiel einer sozialgeschichtlichen Bibelauslegung angesehen werden, die die biblische Botschaft kritisch auf die herrschenden gesellschaftlichen Verhältnisse bezieht (Z. 9–12).

144.2 Das Gleichnis vom großen Gastmahl – exegetische Hinweise
Hinweise zur exegetischen Erschließung bietet S. 145, Z. 21–44. Die historisch-kritische Arbeit sieht in dem Text von Lukas die Aufforderung an die Christen im 1. Jahrhundert in heidnischer Umgebung missionarisch tätig zu werden, aber auch die eindringliche Warnung den Ruf in die Gemeinde ernst zu nehmen (V. 24).
Das Gleichnis bietet auf der »Jesusstufe« (Weder) eine Rechtfertigung des Handelns Jesu, der sich gerade den Außenseitern zuwendet, aber auch ein Bild des Gottesreiches (Gastmahl) und vor allem Hinweise auf Gott, der sich von seinem Gemeinschaft suchenden Vorhaben nicht abbringen lässt. Anzunehmen ist, dass das Jesusgleichnis mit einem offenen Schluss operierte und die Angesprochenen damit in die Freiheit stellt, sich zu entscheiden, zu wem sie gehören und wie sie mit der Reich-Gottes-Botschaft umgehen wollen.

144.3 Gerd Theißen, Einladung zum großen Gastmahl
Der Autor Gerd Theißen (geb. 1943), ist Professor für Neues Testament an der Universität Heidelberg mit dem Forschungsschwerpunkt sozialgeschichtliche Exegese. In den vergangenen Jahren veröffentlichte er mehrere Bände mit gesammelten Predigten und Bibelarbeiten an Kirchentagen (z.B. »Lebenszeichen. Predigten und Meditationen«, aus dem auch die hier verwandte Predigt stammt, siehe S. 118–121) sowie eine kleine Predigtlehre (»Zeichensprache des Glaubens. Chancen der Predigt heute«).

Die dem Text implizit innewohnende Gegenüberstellung von »Konkurrenz« und »Konvivenz« findet sich erstmals bei Th. Sundermeier: »Konvivenz als Grundstruktur ökumenischer Existenz heute« und wurde vom Autor auf den biblischen Text bezogen.

Synonyme für »Konkurrenz« bzw. für Begriffe, die in das Wortfeld »Konkurrenz« passen: z.B. Wettbewerb, Inte-

ressenskampf, Rivalität, Wettkampf, Wettstreit, Gegnerschaft, Wirtschaftskampf, Nebenbuhlerschaft, Erwerbskampf, Gegenseite, ...
Als Konkurrenzsituationen im oben beschriebenen Sinn (also selbst erarbeitete Freude, z.T. auf Kosten anderer) lassen sich im Gleichnis erkennen: V. 18 der eigene Acker; V. 19 der Kauf von fünf Gespannen Ochsen; V. 20 die Verbindung mit einer Frau.

Synonyme für »Konvivenz« bzw. für Begriffe, die in das Wortfeld »Konvivenz« (Konvive, Konvivialität) passen: z.B. Zusammenleben, Gemeinschaft, Gast, Tischgenossenschaft, Geselligkeit, Fröhlichkeit, Tischgenossenschaft, Festgelage, ... Als Konvivenzsituationen im oben beschriebenen Sinn (also selbst geschenkte Freude) lassen sich im Gleichnis erkennen: V. 17 und 21 die Einladung an viele, zuerst an die Geladenen, dann an die bis dahin noch Ungeladenen; V. 23 die nochmalige Erweiterung der Einladung an die an den »Hecken und Zäunen«.

Konkurrenzsituationen sind auf Dauer gemeinschaftszerstörend; sie verzerren überdies das Selbstbild: Bin ich wirklich immer selbst verantwortlich für das, was ich »geleistet« habe? Oder trifft nicht sehr oft der Satz des Paulus zu »Was hast du, das du nicht empfangen hast?« (1. Kor 4,7). Konvivenzsituationen dagegen sind gemeinschaftsstiftend, sie orientieren sich am Gelingen, an dem möglichst viele beteiligt sein sollen.

Das Gleichnis richtet sich nach Ansicht von G. Theißen gegen eine Gesellschaft, die Individualität in sämtliche Lebensbereiche ausweitet, und dabei Individualität versteht als »Fähigkeit« und Haltung, auf niemanden angewiesen und von niemandem abhängig zu sein, gegen eine Gesellschaft, die Menschen darauf »programmiert«, primär nach eigener Leistung zu streben und darin Zufriedenheit zu suchen. All das darf gewiss sein, allein: Es ist nicht alles! Demgegenüber appelliert der Autor für eine Gesellschaft, die sich frei macht vom Zwang stets positiv zu erscheinen, auch wenn es in uns ganz anders aussieht, für eine Gesellschaft, in der die Menschen zu ihrem »Schaden« und zu ihren Verletzungen stehen können (vgl. die »Armen, Verkrüppelten, Blinden und Lahmen«, V. 21) – denn sie müssen sich nicht verstecken, sondern die Einladung zum Fest des Lebens gilt auch – und gerade – ihnen.

Der Text setzt sich mit unangemessenen Deutungen der Geschichte auseinander (Z. 1–8), entwickelt den Fokus (Z. 9–13), wirft die zentrale Frage auf (Z. 13–14) und gibt darauf eine Antwort (Z. 14–51). Abschließend wendet sich der Autor direkt an den Leser (Z. 52–55) und spricht ihn gleichsam im Namen Jesu an. Darin wird noch einmal die Pointe der Reich-Gottes-Botschaft Jesu formuliert, sein Selbstverständnis und sein Gottesbild: »Ich habe dich bei deinem Namen gerufen. Du bist mein.« In seiner Botschaft überbringt Jesus die Zusage Gottes und ist selber diese Zusage in Person. Im Reich Gottes erfährt derjenige, der sich darauf einlässt, bedingungslose Wertschätzung.

Zentral für den Text ist die Unterscheidung von selbst erarbeiteter und geschenkter Freude. In beiden Fällen geht es um Freude, die Frage lautet jedoch, welche Freude größer ist (Z. 14). Die Freude über einen sportlichen oder schulischen Erfolg wird nicht beargwöhnt, wohl aber gefragt, ob es im Leben nicht doch eine Freude gibt, die noch mehr »bringt«. Ja, noch mehr: Es wird eine Gesellschaft in Frage gestellt, die erworbener Freude den höchsten Rang einräumt und nur diese Freude zu kennen meint.
Demgegenüber ist auf die »wahre Freude« (Z. 40) hinzuweisen, die geschenkt wird, Menschen verbindet, mit anderen geteilt wird und deshalb Menschen verbindet. Diese Freude wird als »Freude in Gott« bezeichnet (Z. 18). Diese Freude entsteht durch freundlich-liebende Zuwendung. Liebe und Freundschaft kann man sich schlechterdings nicht erarbeiten oder erwerben. Man kann sie sich nur schenken lassen, muss sie aber dann auch pflegen. Man kann also durchaus etwas für sie tun, wenngleich sie nicht herbeizwingen. Hier wird der Anschluss an die grundlegende Rechtfertigungslehre deutlich, wie sie S. 171 oder S. 81 noch einmal ausgebreitet wird.

144.3 Literatur
Gerd Theißen, Lebenszeichen. Predigten und Meditationen, Gütersloh 1998.
Gerd Theißen, Zeichensprache des Glaubens. Chancen der Predigt heute, Gütersloh 1994.
Wolfgang Harnisch, Die Gleichniserzählungen Jesu, Göttingen 1985, S. 230–252.
Th. Sundermeier: »Konvivenz als Grundstruktur ökumenischer Existenz heute« in: W. Huber/D. Ritschl/Th. Sundermeier: Ökumenische Existenz heute 1, München 1986, S. 49–100.
Peter Müller, Gerhard Büttner, Roman Heiligenthal, Jörg Thierfelder: Die Gleichnisse Jesu. Ein Studien- und Arbeitsbuch für den Unterricht, Stuttgart 2002.

144.4 Unterrichtsideen
1. Assoziationsübung zu den Begriffen »Konkurrenz« und »Konvivenz«
Wodurch unterscheiden sich die beiden Begriffe grundlegend?

2. Auseinandersetzung mit Lk 14,16–24
a) Sch lesen den Bibeltext und bedenken, wo im Gleichnis Konkurrenz-, wo Konvivenzsituationen begegnen.
b) Austausch der Ergebnisse.

3. Textarbeit
a) Sch lesen den Predigtauszug unter dem Blickwinkel »Wahre Freude kann nur gemeinsame Freude sein«, da ich diese letztlich nicht »machen« kann und diese niemandem etwas wegnimmt.
b) Diskussion: Stimmt das? Oder braucht eine Gesellschaft die Unterscheidung von »Siegern« und »Verlierern«, von »topp« und »hopp«? Evtl. hier die Bedeutung der »Goldenen Regel« (Mt 7,12) einbringen.

Anschließend Aufgabe 2: Gemeinsame Freude grenzt nicht aus, es kommen auch die zur Geltung, die bisher ausgeschlossen waren.

144.5 Zusatzmaterialien
M 144.1 Ergänzendes Tafelbild: Die Sozialstruktur der Gottesherrschaft

145 Jesus als Dichter

145.1 Der Zusammenhang
Der Autorentext greift die Auseinandersetzung mit Lk 14,16–24 auf, kann sie aber auch vorbereiten. Auf jeden Fall wird der Blick auf den Gesamtzusammenhang der Gleichnisse Jesu gerichtet. Weitere Gleichnisse werden auf S. 106, 77, 68, 78f., 110, 203 angesprochen. Auf Metaphern geht Jüngel (S. 12) ein.
Die Überschrift »Jesus als Dichter« deutet auf den poetischen Charakter der Gleichnisse Jesu, wie ihn Dan O. Via herausgearbeitet hat. Die von Theißen/Merz übernommene Formulierung »Jesus als Dichter« nimmt die Bezeichnung »Jesus als Heiler« auf (S. 143) und weist auf die Bezeichnung als »Lehrer« (S. 147), aber auch »der Auferstandene« (S. 153) voraus. Der Text selbst greift wesentliche Einsichten von Gerd Theißen und Annette Merz auf. Er ist als Lerntext konzipiert.

145.2 Der Text
Der Autorentext geht zunächst auf den literarischen Charakter (Z. 1–8) ein und fasst dann den formgeschichtlichen Befund zusammen (Z. 9–20). Er bietet dann eine zusammenfassende Interpretation des Gleichnisses vom großem Gastmahl (Z. 21–44), um schließlich im Anschluss an Riceour, Jüngel, Weder und Hanisch Gleichnisse als metaphorische Erzählungen verständlich zu machen (Z. 45–58). Implizit wird damit einer allegorischen Auslegung (Jülicher) widersprochen, ebenso wie einer Unterscheidung von Bild- und Sachhälfte (Joachim Jeremias).

145.3 Literatur
Peter Müller u.a., Die Gleichnisse Jesu. Ein Studien- und Arbeitsbuch für den Unterricht, Stuttgart 2002.
Gerd Theißen/Annette Merz, Der historische Jesus, Göttingen 1996, S. 286–310.
Jürgen Becker, Jesus von Nazareth, Berlin 1996, S. 176–193.

145.4 Unterrichtsideen
1. Erzählrunde
Sch erinnern sechs Gleichnisse, erzählen diese einander und beziehen diese auf die Reich-Gottes-Botschaft Jesus (evtl. S. 172 einbeziehen).

2. Arbeit an biblischen Texten
a) L gibt drei Gleichnisse vor; Mk 4,30–32; Mt 20,1–16; Lk 10,29–37.
b) Sch lesen die drei Gleichnisse und bedenken Unterschiede.
c) Rückbezug auf Z. 9–20, Austausch der Erkenntnisse.

3. Textarbeit I
a) Sch lesen Z. 21–44 und arbeiten heraus, wie der Dichter Jesus arbeitet.
b) Gespräch: Wie würde Jesus heute erzählen?
c) Sch untersuchen Mt 18, das Gleichnis vom Schalksknecht oder Mt 20,1–20, die Arbeiter am Weinberg. Treffen die Beobachtungen hier auch dort zu? Wo liegt jedes Mal die überraschende Pointe?

4. Textarbeit II
a) Sch definieren, was ein Gleichnis ist.
b) Vergleich der Einsichten mit Z. 45–55.

146 Das Liebesgebot Jesu – eine jüdische Bibelauslegung

146.1 Der Zusammenhang
Wer ist Jesus für fromme Juden? Wenn er nicht der versprochene Messias ist, welche Bedeutung ist dann seinen Worten und Taten beizumessen? David Flusser steht in der Tradition jüdischer Gelehrter der Neuzeit, die Jesus als herausragende Gestalt des Judentums verstehen. Sie sehen in Jesus einen Erneuerer des Judentums. Er wollte nicht die jüdische Religion sprengen, keinen neuen Gottesbegriff einführen, sondern nur die pharisäische Auslegung der Tora reformieren. Um Jesus richtig zu verstehen, ist die »hebräische Wahrheit« zu erschließen, seine Verwurzelung im Denken des Alten Testamentes, aber auch in dem Kontext des jüdischen Schrifttums und rabbinischer Quellen. Daraus ergibt sich: im Gebot der Feindesliebe zeigt sich die originäre Zuspitzung der jüdischen Ethik im Leben Jesu. Die Frage nach Jesu Verständnis des Nächsten, die in dem Text anklingt, wird auch auf S. 77 behandelt. Das Liebesgebot realisiert das Ethos der Barmherzigkeit (S. 76). Luther reflektiert die Nächstenliebe als Ausdruck der Freiheit eines Christenmenschen (S. 173). Nächstenliebe findet ihre gesellschaftspolitische soziale Konkretion in der sozialen Gerechtigkeit, wie sie in der katholischen Soziallehre (S. 94f.) und in Denkschriften der EKD (S. 96f.) entwickelt wird.

146.2 Exegetische Hinweise zu Mk 12,28–31 par.
David Flusser betont die inhaltliche Nähe zwischen dem Liebesgebot Jesu und der von Rabbi Hanina geforderten Nächstenliebe. Jesus steht mit seiner Auslegung des Gesetzes in der Tradition des Judentums. Die Frage nach dem wichtigsten Gebot ist im Kontext des Ringens verschiedener religiöser Gruppen um die richtige Interpretation des Gesetzes zu sehen. Dabei geht es darum, konkrete Maßstäbe für das erwünschte Handeln im Gesetz zu finden.
Die Exegese von Mk 12,28–31 bestätigt die Nähe Jesu zur jüdischen Tradition, aber auch seine pointierte Position. Jesus und der ihn fragende Schriftgelehrte erzielen einen Konsens. Jesus grenzt sich nicht von der jüdischen Tradition ab, sondern gibt eine für einen Schriftgelehrten befriedigende Interpretation mit Hilfe von Schriftzitaten. Anders wird die Szene in Mt 22,34–40 dargestellt. Der Schriftgelehrte will Jesus auf die Probe stellen, der abschließende Konsens wird in dieser Szene verschwiegen. Hier spiegelt sich wohl schon stärker die (Konkurrenz-)Situation zwischen frühem Christentum und Judentum wider, wofür vielleicht auch die Identifikation des Fragestellers als Pharisäer spricht: Der ins Rabbinat mündende Pharisäismus wird im Matthäusevangelium an zahlreichen Stellen zum eigentlichen Gegner Jesu, was wohl der zeitgeschichtlichen Situation gegen Ende des 1. Jh. n.Chr. entspricht. Der (neutrale) Fragesteller in der markinischen Variante – ein Schriftgelehrter – weist demgegenüber wohl auf eine ursprünglichere Fassung hin.
Die Frage nach dem wichtigsten Gebot wird nicht nur Jesus gestellt, sondern auch den zeitgenössischen Rabbinen Schammaj und Hillel. Während Schammaj sie mit dem Hinweis ablehnt, dass alle 613 innerhalb der Tora genannten Forderungen gleichermaßen zu erfüllen sind, geht der aus der Diaspora stammende Hillel auf die Frage ein.

Die Besonderheit der Antwort Jesu besteht in der Verbindung von Dtn 6,4 und Lev 19,18. Die Beantwortung der Frage durch den Verweis auf die zwei fundamentalen Gebote steht im Gegensatz zu rabbinischen Summierungen. Am wichtigsten ist die Nächstenliebe (Rabbi Aqiba), am wichtigsten ist die Goldene Regel (Hillel), am wichtigsten ist die Befolgung von Rechtsvorschriften (Mischna). Dagegen gibt es im hellenistischen Judentum Parallelen zur Antwort Jesu. Sowohl bei Philo als auch im Zwölf-Patriarchen-Testament wird die Frage nach dem wichtigsten Gebot mit dem Hinweis auf die Gottes- und Nächstenliebe beantwortet.

146.3 Das Liebesgebot in der jüdischen Auslegung
David Flusser (1917–2000) verfasste mit seiner Bildmonographie »Jesus« (1968) das bis heute am weitesten verbreitete jüdische Buch über Jesus.
Der ausgewählte Text zeigt in der Abgrenzung Jesu von Rabbi Hanina beides: zum einen Jesu Verwurzelung in der jüdischen Tradition, zum anderen die Bedeutung der Feindesliebe als eigenen Beitrag Jesu.
Flusser arbeitet die Bedeutung Jesu heraus, indem er seine Botschaft von der Feindesliebe in den Kontext der jüdischen Religion einbettet:

1. Die jüdische Religion kennt die generelle Unterscheidung zwischen Sündern und Gerechten. Dazu gehört, dass Gott die Gerechten generell belohnt und die Sünder bestraft.
2. Die jüdische Religion kennt das ungelöste Problem, dass Schuld nicht bestraft, moralisch gutes Leben nicht belohnt wird.
3. Wenn Menschen moralisch fehlen, dann stellt sich die Frage nach dem Umgang mit ihnen und ihren Taten.
4. Hanina fordert Solidarität mit dem Nächsten – auch bei dessen Verfehlungen. Weil niemand frei von Verfehlungen ist, müssen wir den Gerechten lieben und dürfen wir den Sünder nicht hassen.
5. Jesus geht einen Schritt weiter: die Solidarität gilt nicht nur dem Nächsten, sondern dem Feind.

146.4 Literatur
David Flusser, Jesus in Selbstzeugnissen und Bilddokumenten. Rowohlts Monographien, 20. Auflage, Reinbek 1997.
Joachim Gnilka, Das Evangelium nach Markus, EKK II/2, Zürich, Einsiedeln, Köln, Neukirchen-Vluyn 1979.
Gerhardt Nissen, Gott und der Nächste im antiken Judentum, Tübingen 1974.

146.5 Unterrichtsideen
1. Vervollständigen eines Satzes
a) Sch schreiben die Fortsetzung zu dem Satz: »Wenn ich einem Menschen begegne, der vor kurzem einem mir nahe stehenden Menschen etwas Schlimmes angetan hat, ...«
b) Sch stellen sich gegenseitig die Ergebnisse vor und entwickeln Kriterien zur Beurteilung.

2. Textarbeit
a) Sch erarbeiten ein Tafelbild (M 146.1) zum Text. Sie überlegen, weshalb Jesus und Hanina, obwohl beide aus dem Judentum stammen, zu unterschiedlichen Forderungen kommen. Welche Konsequenzen besitzen die Forderungen von Hanina und Jesus für das tägliche Leben?
b) Vergleich mit den eingangs gefundenen Reaktionen und Kriterien. Wie lassen sich diese den beiden Positionen zuordnen? Welche Voraussetzungen besitzen sie?

146.5 Zusatzmaterialien
M 146.1 Tafelbild zum Text von David Flusser

147 Jesus der Lehrer

147.1 Der Zusammenhang
Der Autorentext fasst im Anschluss an Theißen und Merz die Ethik Jesu zusammen und stellt das Auftreten Jesu als Rabbi heraus. Er bietet gleichzeitig eine vertiefende Ergänzung zur Auseinandersetzung mit Mk 12,28–34, Lk 10,25–37 (S. 77) sowie Mt 5,44 und nimmt die jüdische Auslegung des Nächstenliebegebotes auf (S. 146). Ergänzende Aspekte der Ethik Jesu finden sich in der Auslegung der Rede vom Weltgericht Mt 25,31–46 (S. 78, 79, 110) sowie in der Beschreibung christlicher Existenz (S. 191, 203): Über mögliche Motive des Handelns Jesu bietet die Gegenüberstellung zu Buddha Hinweise (S. 159). Toraentschärfende und -verschärfende Weisungen kennt auch der Koran, wenngleich dort die Nächstenliebe zurückgenommen wird (S. 158).

147.2 Jesus, der Lehrer der Nächstenliebe
Der Text geht nach den das gemeinsamen Denken konstituierenden Fragen (Z. 1–5) auf das Verhältnis Jesu zur Tora ein (Z. 16–39), auf den Bezug seiner Ethik zur Botschaft von der kommenden Gottesherrschaft (Z. 40–44) und identifiziert schließlich das Liebesgebot als Zentrum seiner Ethik (Z. 45–59). Ausdrücklich wird einer Problematisierung Raum gegeben.

Die einleitenden Fragen wollen das Philosophieren und Theologisieren mit jungen Erwachsenen ermöglichen. Leitend ist die Frage, wie man zu Maßstäben für ein gutes Handeln kommen kann. Angeboten werden drei Antwortmöglichkeiten: durch eigenes Nachdenken, durch Vorbilder und durch Erziehung. Denkbar sind aber auch genetische Einflüsse, stammesgeschichtliche Prägungen oder ethische Diskurse. Erwartbar ist der Versuch, verschiedene Ansätze gleichzeitig zu sehen.

Dargestellt wird, dass sich die Ethik Jesu mehreren Quellen verdankt: Der Auseinandersetzung mit der Tora (Z. 6f.), der weisheitlichen Erfahrung (Z. 34f.), sicherlich aber auch der Begegnung mit Johannes dem Täufer (Z. 41f.), vor allem aber der Hoffnung auf das Reich Gottes (Z. 40). Zur Frage kann werden, ob sich die Ethik Jesu auch einer persönlichen Gotteserfahrung verdankt, die sich in der Taufe am Jordan und der anschließenden Fastenzeit in der Wüste ereignet haben könnte. Jesus zeigt einen souveränen Umgang mit der Tora, der sich in Entschärfung und Verschärfung zeigt. Beide Auslegungsweisen zeigen das leitende ethische Prinzip der Liebe. Sowohl Toraverschärfung als auch Toraentschärfung können daraus verstanden werden. Der Text geht noch einmal über David Flusser (S. 146) hinaus, indem er eine dreifache Radikalisierung der Nächstenliebe sieht (Z. 49–51) und sie mit der Liebe Gottes zurückverbindet (Z. 52f., 55–59). Aufs Neue kommt der liebende Gott in den Blick (S. 108), dessen barmherzige Liebe Menschen aufrichtet (S. 181).

147.3 Exegetische Hinweise zu Mt 5,43–48 par.
Das Gebot der Feindesliebe ist bei Lukas dem Gewaltverzicht vorangestellt und direkt mit ihm verbunden (Lk 6,27f., 32–36). Dort ist das Gebot viergliedrig (Lieben – Feinde; Segnen – Fluchende; Gutes tun – Hassende; Bitten – Verfolgende) und könnte die Aussage von Jesus wiedergeben. Die vorliegende Antithese dürfte in dieser Form auf Matthäus zurückgehen. Indem er die Feindesliebe an das Ende seiner Antithesenreihe stellt, hebt er diese hervor.

Die gesamte Antithese besteht aus These (V. 43), Antithese (V. 44f.), zwei Begründungen (V. 46f.) und einem zusammenfassenden Schlussvers (V. 48).

Das Gegenüber ist diesmal nicht die Tora, sondern eine einschränkende Auslegung des Nächstenliebegebotes. Es geht also um eine Entgrenzung der Nächstenliebe. Ausnahmslos alle Menschen sind Adressaten der Liebe. Dies erzählt auch das Gleichnis vom barmherzigen Samariter. Die Feinde sind nicht bloß persönliche Gegner, sondern vor allem die Feinde der Gemeinde und schließlich alle Feinde.

Das Feindesliebegebot ist als grundsätzlich anzusehen. Das Bitten (wie auch das Gutes tun und das Segnen) konkretisiert und exemplifiziert das allgemeine Gebot und zeigt auf, dass es bei der umfassenden Liebe nicht bloß um Gefühle, sondern um konkretes Handeln geht.

Die Feindesliebe ist als Entsprechung zu Gottes Schöpfungshandeln anzusehen (V. 45). Feindesliebe ist Nachahmung Gottes – ein Gedanke der z. B. auch von Seneca vertreten wird. Es gilt, so souverän wie Gott zu sein und sich von anderen Menschen nicht vorschreiben zu lassen, wie man reagieren wird. Die weisheitliche Orientierung an einer natürlichen Erfahrung steht nicht im Widerspruch zur generellen eschatologischen Ausrichtung der Ethik Jesu. Die Verheißung des Himmelreiches lässt erkennen, was die Schöpfung wirklich sagt.

Feindesliebe gründet allein in der Entsprechung zu Gott. Sie ist kein Mittel zum Zweck. Sie dient weder einer »Entfeindung« noch einem sonstigen Ziel. Gefordert ist allein die Entsprechung zu Gottes Reich, in dem unbedingte Liebe herrscht (V. 45, 48). Menschen sollen wie die Söhne und Töchter des souveränen Gottes agieren (V. 45). Für Theißen ist dies die Ethik von Königinnen und Königen.

147.4 Literatur
Gerd Theißen/Annette Merz, Der historische Jesus, Göttingen 1996, S. 311–358.
Jürgen Becker, Jesus von Nazareth, Berlin 1996, S. 276–398.
Wolfgang Schrage, Ethik des Neuen Testaments, Göttingen 1989.
Ulrich Luz, Das Evangelium nach Matthäus, EKK I/1, Zürich/Neukirchen-Vluyn 1985, S. 304–318.

147.5 Unterrichtsideen
1. Diskussion der Eingangsfragen
a) L stellt die Frage, wie Menschen zu gutem Handeln kommen. Sch entwickeln ansatzweise Theorien.
b) L definiert drei Ecken des Klassenraumes als Antwort-Ecken: »Nachdenken«, »Erziehung«, »Vorbilder«. Sch ergänzen u.U. eine vierte Ecke.
c) Sch stellen sich in die Ecke, die ihrer Meinung entspricht.
d) Diskussion: Warum stehe ich in dieser Ecke? Warum stehe ich nicht in einer anderen Ecke? Wie würde Jesus antworten?

2. Textarbeit I
a) Sch bearbeiten den Text in PA und suchen darin eine Antwort auf die Eingangsfragen und bringen ihre Einsichten in eine Grafik (vgl. M 147.1).
b) Diskussion, wie Jesus zu seinen ethischen Urteilen kommt.
c) Austausch der Grafiken.

3. Textarbeit II
a) Sch überprüfen an je einem verschärfenden (Z. 18–23) und einem entschärfenden Gebot (Z. 29–33), wie und warum Jesus die Tora verändert hat (evtl. weitere Gebote).
b) Diskussion: Was erfährt man hier von Jesus? Wie klingt das »Ich aber sage euch«? Wie definiert sich Jesus in seiner Ethik?

4. Vertiefung: Auseinandersetzung mit Mt 5,38–48
a) Erarbeitung der Textstruktur in PA (alternativ: synoptischer Vergleich).
b) Ein Tandem stellt auf einer Folie die Ergebnisse dar.
c) Nachvollziehen der Struktur.
d) Diskussion: Ist Feindesliebe ein intelligentes Mittel zur Konfliktlösung, ein Merkmal christlicher Identität, ein Zeichen der Schwäche oder eine Predigt über Gott?

147.5 Zusatzmaterialien
M 147.1 Grafikvorschlag zur Ethik Jesu

148 Passion und Kreuzigung Jesu

148.1 Der Zusammenhang
Anfang 2004 entfachte Mel Gibsons Film »Die Passion Christi« heftige Diskussionen. Er enthält nicht nur viele Gewaltszenen, sondern betont die Schuld der Juden am Tod Jesu. Damit drückt er eine Entwicklung aus, die in den Berichten der Evangelien festzustellen ist. Die Verantwortung der Römer am Tod Jesu wird zunehmend relativiert und die Schuld der Juden immer stärker hervorgehoben. Dem im 2. Jh. aufgetauchten Pilatusbrief kommt innerhalb dieser Entwicklung eine große Bedeutung zu. Der weitgehend unbekannte Brief wirft etliche Fragen auf: Ist dieser Brief echt oder handelt es sich um eine christliche Fälschung? Welche neuen Aspekte zur Frage nach der Schuld am Tod Jesu werden geliefert? Mit welchem Interesse wurde dieser Brief verfasst?

Die Auseinandersetzung mit Passion und Kreuz thematisiert Jesus als Märtyrer, der für seinen Glauben leiden musste und dafür starb. In einem ersten Schritt sollen die Erzählung als ganze und Umstände des Todes Jesu erarbeitet werden (S. 148, 149), in einem zweiten Schritt die Bedeutung des Todes für den christlichen Glauben (S. 150). Die übergreifenden historischen Zusammenhänge werden im Kapitel »Bibel« bedacht (S. 197).

148.2 Exegetische Hinweise zu Mk 14–15
Das Markusevangelium greift wahrscheinlich eine schon zuvor formulierte Passionsgeschichte Jesu auf. Deren Funktion bestand in einer apologetischen Predigt (Dibelius) oder darin, mit einem kurzen Bericht die historischen Fakten von Jesu Verhaftung, Verurteilung und Hinrichtung zu sichern (Bultmann). Ihren Urbestand hatte sie vermutlich in Mk 14,32–16,8. Hier beginnt der narrative Teil, in dem Jesus das leidende Opfer ist.

Die Darstellung des Verhaltens Jesu und seiner Jünger während der letzten Stunden Jesu wird in scharfem Kontrast dargestellt. Während Jesus souverän mit der Situation umgeht, drücken sich die Jünger um ihre Verantwortung. Jesus weiß die wichtigsten Ereignisse im Voraus (Mk 14,9; 14,14f.; 14,18; 14,41). Jesu Bekenntnis wird zum Vorbild für die Jünger, seine Unschuld zeigt sich in den Begleiterscheinungen seines Todes (Erdbeben, Sonnenfinsternis, Zerreißen des Tempelvorhangs). Das Verhalten der Jünger steht dazu im Gegensatz. Sie schlafen in Gethsemane, bei der Verhaftung Jesu fliehen sie und beobachten die Kreuzigung »von Ferne«. Zur gleichen Zeit, als Jesus sein Bekenntnis ablegt, wird er von Petrus verleugnet.

Markus beantwortet nicht die Frage nach der »Schuld« am Tod Jesu, beschreibt aber die Zusammenhänge, die zur Verurteilung und Tötung führten.

Eine besondere Rolle spielt dabei die Jerusalemer Lokalaristokratie. Nach der Darstellung des Markus bildet die Verurteilung im Synhedrium (Mk 14,53–65) den Ausgangspunkt der weiteren Schritte gegen Jesus. Im Verhör vor dem Synhedrium bekennt sich Jesus öffentlich als Messias, das Synhedrium fasst sein Todesurteil. Allerdings sprechen historische Gründe dagegen, dass in dieser Verhandlung eine förmliche Verurteilung Jesu erfolgte. Vielmehr wurde das Anklagematerial gesammelt und der Beschluss gefasst, Jesus an Pilatus auszuliefern. Die Hohepriester sind es dann auch, die beim Verhör vor Pilatus das Volk aufstacheln und so verhindern, dass Jesus im Zusammenhang der Passa-Amnestie freigelassen wird. Die Rolle des Pilatus bleibt offen. Er ist es letztlich, der das Todesurteil fällt, nach der Darstellung des Mk aber nur, um keinen Konflikt mit dem Volk und den Hohepriestern zu provozieren. Dies entspricht nicht der historischen Bild des grausamen und den Juden zu keinerlei Rücksicht verpflichteten Statthalters, das in anderen Quellen gezeichnet wird.

148.3 Der Pilatusbrief

Der Brief gehört zur Pilatusliteratur, die ab dem 2. Jh. entstand und in apologetischer Absicht den Tod Jesu verarbeitete. Schon Justin verweist auf Akten des Pilatus, um Details der Passionserzählung abzusichern.
Pontius Pilatus war von 26-36 n.Chr. Statthalter von Judäa. Von 14-37 n.Chr. herrschte Kaiser Tiberius. Ihm folgte Caligula (37-41 n.Chr.), dann erst, von 41-54 n.Chr., war Kaiser Claudius Kaiser des Römischen Reiches. Einen Brief des Pilatus an Kaiser Claudius kann es also nicht gegeben haben. Die falsche Adressierung könnte auf einen Fehler der Textüberlieferung, sprich der chronologischen Unkenntnis eines Abschreibers, zurückgehen. Dass der Brief sehr alt ist, belegen Ausführungen Tertullians (um 200), der auf den Inhalt des Briefes eingeht, allerdings als Adressat Kaiser Tiberius nennt. Historischen Wert hinsichtlich der Details zum Tod Jesu besitzt der Brief nicht: er ist tendenziös, indem er die Schuld der Juden am Tod Jesu einseitig betont und die Römer davon freispricht. Er zeigt auch das Bemühen der christlichen Apologetik, den Römer, der das Todesurteil über Jesus sprach, nachträglich zum Anhänger des Auferstandenen zu machen.

Der Brief enthält Aspekte, die neutestamentliche Aussagen bestätigen bzw. verstärken:
1. Nicht die Römer sind Schuld am Tod Jesu, sondern die Anführer der Juden.
2. Das Volk sieht in Jesus den verheißenen Messias.
3. Die Führer der jüdischen Priesterschaft quittieren den Glauben des Volkes mit Hass gegen Jesus und fordern seinen Tod.

Neue Tendenzen gegenüber dem Neuen Testament aber sind:
1. Die Anklage gegen Jesus lautet auf Magie und Gesetzesübertretung. Die Wunder Jesu spielen für die Verurteilung eine wichtige Rolle.
2. Die Juden versuchen mit Bestechung die Auferstehung zu vertuschen.
3. Pilatus wird vom Ankläger zum Zeugen der Unschuld und der Auferstehung.

148.4 Literatur

Gerd Theißen/Annette Merz, Der historische Jesus, Göttingen 1996, S. 413f., 523f.

148.5 Unterrichtsideen

1. Videofilm
a) Sch sehen den Filmausschnitt aus Mel Gibsons Werk »Die Passion Christi«, der die Verurteilung durch Pilatus darstellt.
b) Sch rekonstruieren im Gespräch den Erzählzusammenhang (Mk 14-15) und untersuchen den Film.
c) Welche filmischen Mittel werden verwendet um Pilatus, das Volk und Jesus zu charakterisieren?
d) Reflexion: Basiert der Film auf der historischen Wahrheit oder handelt es sich um eine verzerrte Darstellung? Sch überlegen, welche Quellen zur Überprüfung zur Verfügung stehen: Evangelienberichte, Texte von Historikern, Selbstzeugnisse. L präsentiert den Pilatus-Brief als mögliches Selbstzeugnis.

2. Rekonstruktion des Erzählzusammenhanges in Mk 14-15
a) Sch lesen in HA die beiden Kapitel.
b) Sch erzählen anhand von durcheinander an der Tafel angebotenen Stichwörtern (»Einzug, »Gethsemane«, »Salbung«, »Plan«, »Grablegung«, »Abendmahl«, »vor dem Hohen Rat«, »Verrat«, »Gefangennahme«, »Petrus«, »vor Pilatus«, »Kreuzigung und Tod«, »Verspottung«) die Passionsgeschichte.

3. Textarbeit
a) Sch überprüfen anhand der Chronologie (etwa im Anhang der Bibel) die Stimmigkeit der Angaben in der Überschrift und stellen Überlegungen an: Wie konnte es zu dieser falschen Adressierung kommen?
b) Sch erarbeiten aus dem Text in PA, wie es zum Tod Jesu kam. Welche Gründe lagen
   – im Verhalten Jesu?
   – im Interesse der jüdischen Führer?
   – im Verhalten des Volkes?
   – im Verhalten von Pilatus selbst?
c) Zusammenfassendes Tafelbild (M 148.1)

4. Text-Text-Vergleich
a) Sch vergleichen die Darstellung des Pilatus-Briefes in PA mit den Ausführungen von Sölle/Schottroff (S. 149).
b) Sch überlegen, wer den Brief mit welchem Interesse verfasst haben könnte.

148.6 Zusatzmaterialien

M 148.1 Wer war schuld am Tod Jesu – Aussagen des Pilatus-Briefes

149 Die Kreuzigung Jesu – Fragen und Antworten

149.1 Der Zusammenhang
Das bisher dargestellte Leben und Auftreten Jesu lässt fragen, wie es zu dem Hinrichtungstod kommen konnte. Die Frage geht aber über das Lebensschicksal Jesu hinaus, sie ragt hinein in die Geschichte des Christentums, hat sie doch den Antisemitismus maßgeblich bestimmt. »Christusmörder« wurde schon bald zum Vorwurf gegenüber Juden und zur Rechtfertigung von Übergriffen. Die hier intendierte historische Aufklärung will deshalb alte Vorurteile bearbeiten und gegen solche angehen. Der Blick auf die Kreuzigung kann ausgehen von der Darstellung Grünewalds S. 150, aber auch von dem Meditationsbild von Nikolaus von der Flüe S. 87. Wie der Koran die Kreuzigung Jesu sieht, zeigt S. 158.

149.2 Dorothee Sölle und Luise Schottroff zur Kreuzigung Jesu
Der Text geht vier elementaren Fragen im Bezug zur Kreuzigung Jesu nach:

1. Was können wir historisch wissen?
Sicher scheint, dass Jesus an einem Freitag gekreuzigt wurde. Umstritten ist das Datum im jüdischen Festkalender; die Frage ist, ob es der 14. Nissan war, der Rüsttag zum Passahfest (Johannes), oder der 15. Nissan, der erste Tag des Festes (Synoptiker). Deshalb kommen das Jahr 30 (Johannes) und das Jahr 34 (Synoptiker) als Todesjahr in Betracht.

2. Wer war verantwortlich für Jesu Tod?
Die im Text beschriebene Verantwortung durch Pontius Pilatus ist unstritten. Das ius gladii, das Recht Hinrichtungen durchzuführen, war den Römern vorbehalten. Sie setzten die Kreuzigung gegen Sklaven und Aufrührer ein, und das Schild am Kreuz weist auf eine formelle Verurteilung durch die Römer hin. Der Text macht keine Aussagen über die Beteiligung jüdischer Instanzen, v.a. des Synhedriums. Nach allen Berichten war die Jerusalemer Lokalaristokratie als erste Instanz am Prozess Jesu beteiligt. Pilatus als letzte Instanz fällte das Todesurteil. Die in den neutestamentlichen Berichten geschilderten Einzelheiten widersprechen der in der Mischna festgelegten Prozessordnung in mehreren Punkten. So ist davon auszugehen, dass entweder vor dem Synhedrium kein Prozess stattfand und dieser zur Entlastung der Römer »erfunden« oder dass ein Verhör vor dem Synhedrium nachträglich zum »Prozess« umstilisiert wurde.

3. Welchen Grund gab es für die Verurteilung Jesu?
Der Text bezieht sich zum einen auf die politischen Gründe für die Hinrichtung Jesu. Jesus als »Königsprätendent« konnte nach der Lex Julia wegen der Schädigung des Ansehens des römischen Volkes und seiner Mandatsträger hingerichtet werden. Zum anderen deutet er an, dass in Jesu Botschaft von der »Königsherrschaft« Gottes der Grund für die Hinrichtung liegen könnte. Das religiöse Verständnis Jesu als Messias wurde von seinen Gegnern politisch umgedeutet. Die Forderung nach Freiheit und Gerechtigkeit konnte als Aufruf zur Abschaffung der römischen Herrschaft verstanden werden.

4. Welche Rolle spielte das Volk?
Der Text problematisiert die Barabbas-Perikope Mk 15,6–15 und hält die geschilderte Darstellung für unhistorisch. Er geht von folgenden Fakten aus: Das Volk sympathisierte mit Jesus. Die Darstellung des Volkes bei Markus orientiert sich nicht am historischen Verlauf, sondern versucht eine Parallele zur Darstellung blutiger Feste in Rom zu geben. Sollten Menschen Jesu Tod gefordert haben, geschah es aus Verführung und durch die Einschüchterung durch die Römer.

149.3 Literatur
Gerd Theißen/Annette Merz, Der historische Jesus, Göttingen 1996, S. 388–414.
Jürgen Becker, Jesus von Nazareth, Berlin 1996, S. 399–440.
Dorothee Sölle/Luise Schottroff, Jesus von Nazareth, München 2000.

149.4 Unterrichtsideen
1. Hinführung: Die letzten Stunden Jesu
Sch rekonstruieren in KGA die letzten Stunden im Leben des Jesus: Was geschah nach dem letzten Abendmahl? Sch halten die einzelnen Schritte des »Kreuzwegs« Jesu auf Plakaten fest.

2. Textarbeit
a) Sch erschließen den Text mit Hilfe von W-Fragen (Wer? Wie? Warum? Was?). Jede Gruppe formuliert zehn Fragen und die entsprechenden Antworten evtl. auf Karten.
b) Sch befragen sich gegenseitig.

3. Vertiefung I
a) Sch vergleichen Mt 27,15–26 mit dem Text auf S. 149 und halten Übereinstimmungen und Abweichungen fest (vgl. M 149.2).
b) Sch überlegen, wie es zu der unterschiedlichen Bewertung der Hinrichtung Jesu kommt. Welche Gründe könnte es gegeben haben, die Schuld des Pilatus zu minimieren und die Schuld des Volkes herauszustellen?

4. Vertiefung II
Sch erarbeiten anhand des Textes von Walter Schmithals (M 149.1) die historischen Verflechtungen, die zur Feindschaft zwischen Christen und Juden am Ende des 1. Jh. n.Chr. führten. Sie bedenken, welche Rolle der Pilatus-Brief (S. 148) in diesem Zusammenhang spielt.

149.5 Zusatzmaterialien
M 149.1 Die historischen Hintergründe der Vorwürfe gegen die Juden
M 149.2 Vergleich Mt 27,15–26 und Text S. 149

150 Der Isenheimer Altar

150.1 Der Zusammenhang
Die biblischen und die historischen Aspekte des Leidens und Sterbens Jesu Christi (S. 148–149) werden durch Bild und Text in Kontrast und Entsprechung durch einen weiteren Akzent ergänzt. So soll die Betrachtung zur vertieften, kontroversen und eigenständigen Auseinandersetzung mit dem Passionsgeschehen anregen.

Durch das Bild und einen dazu zu lesenden Dialog M 150.1 über die strittige Identität von Gott und dem Gekreuzigten tritt neben der Christologie auch die Frage nach Gott noch einmal neu ins den Blick. Der Isenheimer Altar kann dazu anregen, unter spezifisch christologischer (und damit genuin christlicher) Perspektive darüber nachzudenken, wodurch der Topos vom »leidenden Gott« (vgl. S. 109) eigentlich begründet wird. Weiter gewinnen die »Anfragen an die Religionskritik von Ludwig Feuerbach« (S. 118) durch die Rückbesinnung auf das Kreuzesgeschehen an Kontur. Auch für die Thematik »Gottesbilder« (S. 112) hält das Leiden Jesu, der im NT auch das »Ebenbild Gottes« genannt wird (2. Kor. 4,4), mancherlei kritisches Potenzial bereit (vgl. auch S. 120 und 122).

150.2 Die Kreuzigungsszene des Isenheimer Altars von Mathias Grünewald
Die Kreuzigungsdarstellung des Isenheimer Altars zählt zu den bedeutendsten Passionsdarstellungen der christlichen Kunst. Ihre harte Direktheit verweist einmal auf den ursprünglichen Standort des Altars (s. u.), zum anderen wird die unmenschliche Grausamkeit des Kreuzestodes bis in die Gegenwart hinein immer wieder mit sichtbaren Entsprechungen zum Isenheimer Altar ins Bild gesetzt. In diese Richtung deutet etwa die überproportionierte Gestaltung der Hände des Gekreuzigten in einer Tuschzeichnung von Otto Dix (1914) oder die Entscheidung in Mel Gibsons höchst umstrittenen Passionsfilm »Das Leiden Jesu Christi« (USA 2004), am Kreuz einen mit Wunden geradezu übersäten Körper darzustellen (vgl. Literaturhinweise). Gerade die Debatte um die extremen und effektverliebten Gewaltdarstellungen in Gibsons Jesusfilm dokumentiert, dass der Schrecken der Passion bis zur Übersteigerung »bildgebend« wirken kann.

Mathias Grünewald (eigentlich Mathis Gothart Neithart oder Nithart, geb. 1460–1480, gest. 1528) schuf den Altar von 1512 bis 1516 für das Antoniterkloster in Isenheim. Es entstand ein so genannter Wandelaltar (Retabel) mit aufklappbaren Bildtafeln. Die abgebildete Kreuzigungsdarstellung war auch in zugeklapptem Zustand sichtbar: Links neben der eigentlichen Passionsszene findet sich eine Darstellung des Martyriums des Heiligen Sebastians, des Schutzheiligen der Pestkranken. Auf dem hier nicht abgebildeten rechten Seitenflügel ist mit dem Heiligen Antonius (Eremit und Mönchsvater, gest. ca. 365) das Bild des Ordensheiligen der Antoniter und gleichzeitig des Schutzheiligen der an Antoniusfeuer Erkrankten zu sehen. In der Kreuzesdarstellung selbst stellt der überlange Zeigefinger des Johannes und das kleine Lamm Joh 1,29 dar. Die Basisplatte des Gemäldes (die Pedrella) zeigt die Beweinung Christi. Auffallend an dem Bild ist der dunkle, bedrohliche Hintergrund, das unterschiedliche Holz des hinten angebrachten Querbalkens, die erbleichte Maria in einem zeitgenössischen Ordensgewand, daneben der tröstende Johannes und davor die weinende und kniende Maria Magdalena: Bemerkenswert sind bei allen Figuren die Hände, die je für sich gedeutet werden können.

Nicht nur der geschlossene, auch die Bildwerke des geöffneten Altars sind hochberühmt. Die so genannte Erste Öffnung zeigt Maria mit dem Kind und einem Engelskonzert, flankiert von einer Verkündigungsdarstellung (linke Tafel) und einem leuchtenden Auferstehungsbild (rechte Tafel). In der »Zweiten Öffnung« wird eine Skulpturengruppe umrahmt von dem Bild »Paulus und Antonius« (linke Tafel) und einer Darstellung der Versuchung des Heiligen Antonius durch Dämonen (rechte Tafel).

Vor dem Altar versammelten sich immer wieder die Kranken aus dem Antoniter-Hospital; unter ihnen waren viele Menschen, die am so genannten Antoniusfeuer litten. Grünewald integrierte die Symptome dieser durch Getreidevergiftung (Mutterkorn) hervorgerufenen Erkrankung des Blutes und der Gefäße in seine Altarkomposition. In der Versuchungsdarstellung (»Zweite Öffnung«) ist ein Mischwesen aus Mensch und Dämon zu sehen, dessen schwarz-grün verfärbte Haut mit aufplatzenden Eiterbeulen bedeckt ist. Die Haut- und Lippenfarbe sowie die konvulsivisch verkrampften Hände des toten Christus können zur gleichen Symptomgruppe gezählt werden.

Damit inszeniert Grünewald eine bedrängende Nähe (nicht: Identität!) von Krankheitsschicksal und Passionsgeschehen. Diese düstere Atmosphäre wurde im Hospital der Antoniter aber mit den leuchtenden Hoffnungssymbolen in der »Ersten Öffnung« des Altars gegengelesen. (Näheres zu einer möglichen Dramaturgie der Altaröffnungen vgl. Marquard, S. 40–45.)

150.3 Literatur
Henryk M. Broder/Martin Wolf, Doku-Soap im Garten Gottes, in: Der Spiegel Nr. 10/2004, S. 152–154. (Auseinandersetzung mit dem Film »The Passion of Christ«, USA 2004. Regie: Mel Gibson.)

Reiner Marquard, Mathias Grünewald und der Isenheimer Altar, Stuttgart 1996. (Gründliche und äußerst facettenreiche Annäherung an das Thema mit vielfältigen kunsthistorischen, historischen und biographischen Aspekten.)

Joachim Ringleben, Dornenkrone und Purpurmantel, Frankfurt a. M. 1996, S. 21–30. (Theologische Betrachtung zur Kreuzigungsdarstellung des Isenheimer Altars.)

Günter Rombold/Horst Schwebel, Christus in der Kunst des 20. Jahrhunderts, Freiburg 1983. (Darstellung der Tuschzeichnung »Kreuzigung« [1914] von Otto Dix auf S. 111.)

Der Spiegel, Nr. 9/2004, S. 183 (Szenenfoto aus »The Passion of Christ«, USA 2004. Regie: Mel Gibson).

150.4 Unterrichtsideen

1. Kreuzübermalungen

a) Sch übermalen Kopien der Kreuzigungsdarstellung des Isenheimer Altars. Sichtbar bleibt nur das jeweils Wichtige (Additiv oder alternativ sind als Perspektiven für die Übermalung denkbar: Was ist mir wichtig? Welches Detail des Gekreuzigten ist für mich besonders »sprechend«? Wo wird sichtbar: Hier stirbt der Sohn Gottes? Gesten in der Kreuzigungsdarstellung.)

b) UG zu den verschiedenen Varianten der Übermalung. Perspektive des Gesprächs: Welche Botschaft(en) hinsichtlich des Kreuzesgeschehens gibt der Altar an uns weiter?

2. Bildvergleich und Textvergleich

a) Lektüre des Textes M 150.1: Eine(r) liest, die anderen hören zu.

b) Kurzes UG: Vergleich zwischen den Ergebnissen der Übermalung und der Aussage des Meditationstextes.

c) Zusatzinformationen zur historischen Situation und zur Ursprungsverwendung des Isenheimer Altars (evtl. Kurzreferat durch Sch).

d) UG zum Thema: Botschaften des Isenheimer Altars und die Wirklichkeit der Kreuzigung Jesu. (Mögliche Gesprächshorizonte: Vielfalt und Einheit der Aussagen und Assoziationen zum Bild; die Bildaussage und das historische Faktum der Kreuzigung Jesu.)

3. (Mögliche Erweiterung): Verfassen eines fiktionalen Tagebucheintrages oder Gestalten einer Entwurfsskizze

a) Vorgestellte Ausgangssituation: ein Künstler/eine Künstlerin erhält den Auftrag, ähnlich wie Grünewald zu seiner Zeit, eine aktuell bedrängende Situation menschlichen Leidens zur bildgebenden »Matrix« für die Darstellung der Golgathaszene zu verwenden.

b) Sch gestalten (in GA oder EA) fiktive Tagebucheinträge über Ideenfindung und Schaffensprozess.

c) Austausch.

150.5 Zusatzmaterialien

M 150.1 Dialog zu einem Bild

151 Für uns gestorben

151.1 Der Zusammenhang

Dem Autorentext geht es um die theologische Deutung des Kreuzestodes Jesu und will die überlieferte Deutung »für uns gestorben« bearbeiten, wie sie zum Beispiel in den Passionsliedern des Gesangbuches, aber auch in Heavy Metal Songs (z. B. »Petra«) sowie in charismatischen Liedern begegnen und in Grünewalds Kreuzigungsdarstellung anklingt (S. 150). Dieses »für uns« nimmt Jürgen Moltmann in seiner Antwort auf die Theodizeefrage auf (S. 122) und begegnet im Kapitel »Mensch« als Grundlage für die Rechtfertigung des Menschen (S. 171).

151.2 Deutungen des Todes Jesu

Nach der einleitenden Aufforderung zum Theologisieren (Z. 1-2) werden neutestamentliche Deutungen des Kreuzestodes Jesu dargestellt.

1. Der leidende Gerechte, der »für uns« zum Vorbild werden soll (Z. 3-12).
2. Das geopferte Lamm, das »für uns« die zerbrochene Gemeinschaft mit Gott wieder herstellt (Z. 27-46).
3. Das Lösegeld, das »für uns« bezahlt wird, um uns von der Sünde zu befreien (Z. 47-54).

Die Beobachtung, dass im Neuen Testament verschiedene Bilder benutzt werden, um die Bedeutung des Kreuzestodes Jesu darzustellen, kann darauf hinweisen, dass nicht für jeden jede Bedeutung gleichermaßen gelten muss. Verschiedene Menschen in verschiedenen Lebensphasen und Lebensaltern, aber auch in verschiedenen kulturellen Traditionen sprechen vermutlich auf unterschiedliche Bilder an.

Das Bild des leidenden Gerechten dürfte in besonderer Weise für jene Menschen bedeutungsvoll sein, die um ihres Glaubens Willen unterdrückt, verfolgt und misshandelt werden. Das Bild setzt also Ohnmacht voraus.
Das Bild des geopferten Lammes könnte für jene Menschen bedeutsam sein, die sich in ihrem Leben verstrickt und verrannt haben, aber noch die Möglichkeit sehen, zumindest symbolisch etwas für sich selbst zu tun.
Das Bild des Lösegeldes bzw. des Loskaufes dürfte für jene bedeutsam sein, die sich verloren fühlen und keine Möglichkeit mehr sehen, in irgendeiner Weise für sich selbst befreiend aktiv zu sein.

Die Frage stellt sich, ob diese Bilder auch für Heranwachsende bedeutsam sein können, die sich selbst als individuell und als autonom ansehen. Zu vermuten ist am ehesten eine Affinität zu dem leidenden Gerechten, der auch in Zeiten größter Ohnmacht eigenaktiv bleibt, indem er wie Jesus schweigt (Mk 15,5) oder Hilfe ausschlägt (Mk 15,23). Der Gedanke, dass da jemand für einen selbst leidet, bleibt angesichts eigener Autonomieansprüche wohl fremd.
Verständnis könnte jedoch auch Gerd Theißens Basismotiv der »Stellvertretung« (S. 203) finden. Es geht davon aus, dass alles Leben miteinander in Beziehung steht und die Menschen auf irgendeine Weise auf Kosten anderer leben, aber eben auch für andere positiv bedeutsam werden können. Der Kreuzestod Jesu lässt fragen, was

Menschen aus dieser Geschichte lernen können. Ist es die Einsicht in die Grausamkeit von Menschen? Ist es die Einsicht in das Mitleiden Gottes? Ist es das Modell für Sterben? Ist es die Einsicht, dass das Engagement für andere Risiken in sich trägt? Ist es die Erkenntnis, dass wir alle auf Kosten anderer leben?

Das mit dem »für uns« verbundene Motiv des »Ein-für-Allemal« dürfte gerade für junge Erwachsene schwer nachzuvollziehen sein. Es könnte hier so verstanden werden, dass Gott den Tod seines Sohnes als Opfergabe von seiner Seite ansieht und darin seine unverbrüchliche Gemeinschaft anbietet. Alle Versuche, sich Gott durch irgendwelche Opfer freundlich zu stimmen, sind damit sinnlos. Es kommt darauf an, sich die Freundlichkeit Gottes schenken zu lassen (vgl. S. 171).

151.3 Literatur
Wilfried Härle, Dogmatik, Berlin 1995, S. 314–339.
Gerd Theißen, Die Religion der ersten Christen, Gütersloh 2000, S. 195–222.

151.4 Unterrichtsideen
1. Bildbetrachtung Mathias Grünewald (S. 150)
Wie wirkt dieses Bild auf mich? Wie mag es auf Menschen wirken, die unheilbar krank sind, die wegen eines Verbrechens im Gefängnis sitzen, die arbeitslos sind, die ganz niedergeschlagen sind?

2. Theologisierendes Gespräch über die Eingangsfrage
a) Offenes Gespräch. Ist Jesus für mich gestorben?
b) Systematisierung durch L: Was kann man daraus lernen?
c) Formulierung offener und strittiger Fragen.

3. Textarbeit
a) TA: »Leidender Gerechter«, »Lamm Gottes«, das der Welt Sünde trägt«, »Lösegeld für viele«.
b) Sch assoziieren zu den Stichwörtern.
c) Sch erarbeiten in EA oder PA die drei Deutungen des Kreuzestodes Jesu.
d) Zusammenfassender TA vgl. M 151.1.
e) Sch formulieren, welche Deutung für sie am plausibelsten wirkt.
f) Sch entdecken, welche Lebenssituationen die einzelnen Bilder voraussetzen.
g) Vervollständigung des TA.

151.5 Zusatzmaterialien
M 151.1 Zusammenfassender Tafelanschrieb

152 Sieg über den Tod

152.1 Der Zusammenhang
Während S. 153 einen Überblick über verschiedene Interpretationen der Auferstehungsbotschaft des Neuen Testamentes gibt, liegt hier eine persönliche Auseinandersetzung mit der Auferstehungsbotschaft vor. Peter Noll entstammt als Pfarrerssohn der christlichen Tradition, hat sich aber weitgehend von ihr gelöst. Im Wissen um seinen nahen Tod setzt er sich mit dem christlichen Bekenntnis zur Auferstehungshoffnung auseinander. Dabei inspiriert ihn das »Resurrexit« aus Johann Sebastian Bachs h-moll-Messe, das den Text des Nicaenums aufgreift. Kann die Auferstehungsbotschaft Menschen, die um die Nähe ihres Todes wissen, helfen?
Die Frage nach einem Leben nach dem Tod wird in dem Gespräch zwischen Hans Peter Dürr, Klaus Meyer-Abich, Wolfhart Pannenberg und Hans Dieter Mutschler (S. 188f.) erörtert und kann ergänzend herangezogen werden. Pannenberg und Mutschler vertreten biblisch-christliche Vorstellungen.

152.2 Seine Herrschaft wird kein Ende haben
Peter Noll, geb. 1926, erfuhr im Dezember 1981, dass ein Tumor in der Blase sein Leben bedroht. Er verzichtete gegen den Rat der Ärzte auf eine Operation. Das bedeutete den sicheren Tod. Er beschloss, sein Sterben zu protokollieren, und plante seine Trauerfeier im Großmünster in Basel. Bei dieser Feier sollen seine Gedanken über Sterben und Tod verlesen werden. Er wehrt sich gegen einen Gelegenheitsglauben, der eine vage Hoffnung ausdrückt und die Grausamkeit des Sterbens ausblendet. Der Text stammt vom 23. Januar 1982; Peter Noll starb am 9. Oktober desselben Jahres.
Der Gedankengang des Textes ist atemberaubend, weil der Verfasser ausgehend von einer verbreiteten und für Schüler und Schülerinnen gut nachvollziehbaren, skeptischen Position zu einer Offenheit gegenüber dem gelangt, was nach dem Tod kommt. Johann Sebastian Bachs h-moll-Messe bildet den Ausgangspunkt einer langen Kette tröstender Gedanken. Der Text »cuius regni non erit finis« stammt aus dem Nicaenum-Constantinopolitanum, das Bach in seiner h-moll-Messe (BWV 232, entstanden von 1724 bis 1747/1749) verarbeitete.

Thesenhaft kann man den Text folgendermaßen zusammenfassen:
1. Die h-moll-Messe drückt mit dem Satz »cuius regni non erit finis« (Seine Herrschaft wird kein Ende haben) die zentrale christliche Botschaft aus.
2. Peter Noll ist Skeptiker. Er könnte das Glaubensbekenntnis mit dem Satz »Jesus ist auferstanden« nicht unterschreiben.
3. Peter Noll weiß um die Nähe seines Todes. Die Musik, die er hört, verbindet ihn auch nach dem Tod mit denen, die dieselbe Musik bei seiner Beerdigung hören. Die Musik transzendiert die Zeit vor und nach dem Tod und nimmt ihm so die Angst vor dem Sterben.
4. Trotz der skeptischen Position hält sich Peter Noll eine Hintertür offen: Er schließt nicht von vornherein aus, dass nach dem Tod etwas Neues beginnt.

152.3 Exegetische Hinweise zu 1. Kor 15,22–24 und Mk 16,1–8

Paulus stellt den Osterglauben ins Zentrum der christlichen Botschaft. »Ist Christus nicht auferstanden, so ist euer Glaube nichtig, so seid ihr noch in euren Sünden ... so sind wir die elendsten unter den Menschen.« (1. Kor 15,17–19).

In 1. Kor 15 behandelt Paulus das Thema »Auferstehung« in drei Gedankenkreisen. Zunächst greift er die Zeugnisse der Auferweckung Jesu auf (1. Kor 15,1–11). Danach beschreibt er argumentativ die Bedeutung der Auferweckung Jesu für alle Menschen (1. Kor 15,12–34). Schließlich stellt er seine Vorstellung der leibhaften Auferstehung (1. Kor 15,35–58) dar.

Die Verse 20–22 unterstreichen, dass die Auferweckung Jesu nicht als isoliertes Geschehen betrachtet werden kann. Mit der Auferweckung Jesu beginnt ein universelles Heilshandeln Gottes. Als »Erstling der Entschlafenen« eröffnet Jesus allen Menschen die Hoffnung auf Auferstehung. So wie Adam in kosmischer Weise den Tod in die Welt brachte, beginnt mit der Auferweckung Jesu eine neue Epoche für alle Menschen. Diese ist geprägt von der Hoffnung auf Auferstehung und hebt die Todverfallenheit alles Lebens auf. Die Macht des Todes ist noch nicht endgültig beseitigt, aber in Auflösung begriffen. Die aus der Apokalyptik abgeleitete Argumentation stellt die Frage, wie Menschen die Welt und ihr Leben betrachten:
als von der Todverfallenheit bestimmt oder aus der Hoffnung, dass alle Menschen Anteil an der Auferstehung haben werden.

Mk 16,1–8 ist der älteste Auferstehungsbericht. Durch die Auswertung der handschriftlichen Überlieferung ist gesichert, dass Mk 16,9–20 ein sekundärer Schluss des Evangeliums ist, offenbar weil Mk 16,8 als unbefriedigender Schluss empfunden wurde. Mk 16,1–8 gehört zur Erzähltradition der biblischen Ostertexte. Diese beinhaltet zwei Erzähltypen: Zum einen Erscheinungserzählungen und Berichte vom leeren Grab. Die Erzählung bei Mk gehört zum zweiten Typus, sie ist geprägt von der Entdeckung des leeren Grabes, der Botschaft des Engels, der Flucht und dem Schweigen der Frauen. Die Entdeckung des leeren Grabes ist eine von drei Epiphaniegeschichten im Markusevangelium. Wie die Taufe Jesu (Mk 1,9–11) und die Verklärung (Mk 9,2–10) enthält die Erzählung vom leeren Grab geheimnisvolle Züge und Unverständnis bei den beteiligten Zeugen. Damit ist eine bestimmte Absicht intendiert: das Ereignis bleibt geheimnisumwittert. In dieser Hinsicht gleicht der markinische Bericht von den Frauen dem modernen Bewusstsein, das sich mit einem leeren Grab und daraus resultierend der Auferstehung Jesu schwer tut. Die Auferstehung selbst wird nicht beschrieben. Das leere Grab kann unterschiedlich interpretiert werden. Ein Diebstahl des Leichnams, eine so genannte Umbettungstheorie (gewöhnlich wurde der Leichnam eines Verstorbenen nach einiger Zeit in ein Ossuar gelegt) oder der Scheintod bleiben als mögliche Erklärung. Die Reaktion der beiden Frauen, ihre Furcht und ihr Schweigen deuten an, dass das Erlebte ihre Vorstellungskraft übersteigt.

Sowohl Mk 16,1–8 als auch 1. Kor 15 legen ein Verständnis von Auferstehung nahe, das nicht vom individuellen Überlebenswunsch geprägt ist. Nicht die Unsterblichkeit der Seele oder die Verlängerung der individuellen Existenz ins Jenseits bilden die Grundlage der Auferstehungshoffnung, sondern die Vorstellung einer erneuerten Schöpfung, einem neuen Himmel und einer neuen Erde, zu der das Geschehen vom leeren Grab den Ausgangspunkt bildet.

152.4 Literatur

Peter Noll, Diktate über Sterben & Tod, Zürich 1984.
Text der h-moll-Messe: http://www.vdkc.de/wtb/wtjsbmhm.htm
Joachim Gnilka, Das Evangelium nach Markus, EKK II/2, Zürich, Einsiedeln, Köln, Neukirchen-Vluyn 1979.
Wolfgang Schrage, Der erste Brief an die Korinther, EKK VII/4, Düsseldorf und Neukirchen-Vluyn, 2001.

152.5 Unterrichtsideen

1. Musik als Triumph über den Tod
a) Sch hören aus Bachs h-moll-Messe das »Resurrexit«
b) Gespräch: Wie wirkt die Musik? Nimmt sie die Angst vor dem Tod? Können sich die Sch die Musik bei einer Beerdigung vorstellen? Was ist von dem Satz zu halten: »Et resurrexit tertia die secundum scripturas ... cuius regni non erit finis« (»Er ist am dritten Tag auferstanden, wie es die Schrift sagt, und seines Reiches Herrschaft wird kein Ende haben«).

2. Positionsspiel
a) L schreibt verteilt im Klassenraum vier Plakate mit Positionen, was nach dem Tod kommt (M 152.1). Die Positionen können modifiziert und ergänzt werden, z.B. durch die Reinkarnation.
b) Sch stellen sich zu »ihrer« Meinung und sprechen über ihre Sichtweisen.
c) Gespräch: Woher kommen meine Überzeugungen?

3. Textarbeit
a) Sch lesen den Text in PA und arbeiten seine Struktur heraus. Was sagt Noll am Anfang, was am Ende? Welche Rolle spielt Bachs Musik bei der Veränderung?
b) Austausch und Gespräch: Welchen Aussagen kann ich zustimmen, welche erweisen sich als problematisch?
c) Sch vergleichen die Position Nolls entweder mit den auf S. 153 Z. 35–60 beschriebenen drei Positionen zur Auferstehung Jesu oder mit den Meinungen der Diskutanten auf S. 188, 189.

152.6 Zusatzmaterialien

M 152.1 Positionen: Was kommt nach dem Tod?

153 Jesus der Auferstandene

153.1 Der Zusammenhang
Der im Anschluss an Gerd Theißen und Annette Merz formulierte Autorentext setzt die Reihe »Jesus, der Heiler«, »der Lehrer«, »der Dichter«, »der Gestorbene« bzw. »der Märtyrer« fort und erweitert sie um die des »Auferstandenen«. Der Text will darüber hinaus die Auseinandersetzung mit Peter Noll und mit neutestamentlichen Texten zur Auferstehung aufnehmen und fortführen. Bezüge zu dem Auferstandenen stellt einmal Rogier van der Weyden her (S. 68), wenn er mit seinem Bild auf das Weltgericht verweist, in dem Christus Recht spricht; zum anderen das Pantokratorbild in Monreale (S. 132). Rachel C. Wahlberg (S. 127) bekennt die Erscheinung des Auferstandenen vor Maria von Magdala. Dass auch der Koran zumindest ein ewiges Leben Jesu kennt, bestätigt Sure 4, 157ff. (S. 158).

153.2 Formel- und Erzähltradition von der Auferstehung
Die Erzähltradition ist jünger als die Formeltradition. In die Formeltradition gehören die Auferweckungsformeln »Gott hat Jesus von den Toten erweckt« (Röm 10,19; 1. Kor 6,14; 15,15), die Passion-Summarien (Mk 8,31; 9,31; 10,33f.), aber auch die formelhaften Aussagen über Ostererfahrungen und Ostererkenntnis der ersten Christen (Gal 1,12, 15f.; 1. Kor 15,5-8; Phil 3,8ff.). Die Erzähltradition enthält Erscheinungserzählungen sowie Berichte vom leeren Grab.

Trotz mannigfacher Übereinstimmungen scheinen diese biblischen Traditionen voneinander unabhängig zu sein. Der synoptische Vergleich der Ostererzählungen in den Evangelien zeigt bei aller Verschiedenheit drei vergleichbare Einheiten:
1. Grabeserzählung (Z. 19), die sich nicht in der Formeltradition findet und gewiss keine auferstehungsbegründende Bedeutung hat. Sie kann jedoch durch den Osterglauben erhellt werden. Vgl. Mt 28,18,1-8; Mk 16,1-8; Lk 24,1-12; Joh 20,1-10.
2. Eine erste Erscheinung vor Einzelnen (Z. 20), die offenkundig nur in bestimmten Traditionssträngen überliefert sind. Von Paulus ist in den Evangelien nie die Rede. Vgl. Mt 28,9-10; Mk 16,9-20; Lk 24,13-35; Joh 20,11-18.
3. Eine Gruppenerschließung (Z. 20) vor den Jüngern, verbunden mit einem Auftrag, wie ein wirkliches Geschehen vermuten lässt. Vgl. Mt 28,16-20; Mk 16,14-16; Lk 24,36-49; Joh 20,19-23.

153.3 Die Botschaft von der Auferstehung Jesu
Auf die einleitenden Fragen (Z. 1-3), die zum Theologisieren auffordern, folgt der Hinweis auf die entscheidende Bedeutung der Auferstehung Jesu für den christlichen Glauben (Z. 4-9). Daran schließt sich der übereinstimmende exegetische Befund an (Z. 10-25). Der folgende Abschnitt (Z. 26-35) stellt Fragen, aber auch Gewissheiten zusammen. Der letzte Abschnitt schließlich (Z. 36-60) liefert drei mögliche Deutungen der Auferstehung, die in der evangelischen Theologie der letzten 200 Jahre formuliert worden sind.

Die erste Deutung kann »rationalistisch« genannt werden (Z. 40-44). Für den Glauben an die Auferstehung Jesu werden immanent rationale Argumente vorgelegt. Die These von David Friedrich Strauß von einer subjektiven Vision der Jünger findet sich heute wieder bei Gerd Lüdemann.

Die zweite Deutung könnte man als »kerygmatheologisch« bezeichnen (Z. 45-51). In der Botschaft von der Auferstehung Jesu begegnet der Glaube und das Selbstverständnis der Gemeinde. Sie sieht sich nach wie vor dem Anspruch und Zuspruch Jesu ausgesetzt und ist herausgefordert, sich für Gott zu entscheiden und christliche Existenz zu bewähren. Ob und wie Jesu auferstanden ist, spielt in dieser Deutung keine Rolle.

Die dritte Deutung könnte »objektiv-historisch« genannt werden. Die Auferstehung Jesu wird als objektives Ereignis gedeutet, das zwar unvergleichlich und analogielos und deshalb letztlich unbegreiflich ist, aber dennoch historische Plausibilität für sich beanspruchen kann.

Für die Auseinandersetzung mag interessant sein, ob Petrus oder Maria Magdalena als erste dem Auferstandenen begegnet sind. In den Evangelien ist die Erstbegegnung Marias breiter bezeugt. Von Petrus ist in Lk 24,34 die Rede. Die Nichterwähnung von Maria in 1. Kor 15 kann wohl eher als Zurückdrängen und Unterdrückung verstanden werden. Maria hatte aufgrund ihrer Erscheinung eine überragende Bedeutung in der urchristlichen Gemeinde (vgl. S. 137, Das Glaubensbekenntnis von Rachel C. Wahlberg).

153.4 Literatur
Gerd Theißen/Annette Merz, Der historische Jesus, Göttingen 1996, S. 415-446.
Jürgen Becker, Jesus von Nazareth, Berlin 1996, S. 441-445.
Wilfried Härle, Dogmatik, Berlin 1995, S. 347f.

153.5 Unterrichtsideen
1. Theologisieren
a) Drei Sch erhalten auf Textkarten die drei genannten Fragen.
b) Sch formulieren vor der Klasse ihr Statement und disputieren darüber.
c) Definition und Zusammenfassung von Fragen und Einsichten.

2. Vergleich des Auferstehungsberichts in den Evangelien
a) Sch erhalten Synopsen und stellen Gemeinsamkeiten und Unterschiede fest.
b) Gespräche über die Konsequenzen: Was muss man von diesen Texten halten? Was ist geschehen?
c) Ergänzen: Vergleich mit 1. Kor 15,3-5: Was ist gleich, was ist anders?
d) L gibt Hinweise auf Formel- und Erzähltradition.

3. Textarbeit I (Z. 4-35)
a) L gibt die Begriffe vor: »grundlegend«, »einheitliches Bild«, »ganz gewiss«, »fraglich«, »umstritten«.
b) Sch rekonstruieren den Text anhand der Leitbegriffe.

4. Textarbeit II (Z. 36–60)
a) L fordert die Sch auf, ihre eigene Position zu finden.
b) Sch lesen den Text in EA.
c) Tafelanschrieb: Die drei Positionen.
d) Sch ordnen sich durch Abstimmung zu. Gibt es ganz andere Meinungen?
e) Austausch: Wer hat Recht? Wie kann man zu einer Antwort finden?

154 Jesus, Sohn Gottes

154.1 Der Zusammenhang

Die Bezeichnung Jesu als Sohn Gottes ist einerseits vertraut, andererseits häufig noch unverstanden. Viele Schülerinnen und Schüler sehen darin einen Widerspruch zur Menschlichkeit Jesu und der Elternschaft von Maria und Josef. Der damit bezeichnete innere Zusammenhang von Jesus und Gott kann auf verschiedene Weise vorbereitet werden, z. B. in der Auseinandersetzung mit Lk 15,11–32 (S. 108). Er kündet sich im Rahmen des Kapitels »Jesus Christus« an in dem Gedanken, Jesus sei selbst das Reich Gottes in Person, in ihm sei also Gottes Königreich präsent geworden. In ihm bietet Gott seine Gemeinschaft an (S. 81, 171).

Der Text von Pannenberg eröffnet die Auseinandersetzung mit der ausdrücklichen Bedeutung Jesu für den Glauben.

154.2 Der Sohn-Gottes-Titel

Der Sohn-Gottes-Titel ist der wirkungsgeschichtlich bedeutendste Titel Jesu. Er hat eine komplexe Geschichte. Ursprünglich stammt die Bezeichnung »Sohn Gottes« im biblischen Kontext aus der altisraelitischen König/Messias-Vorstellung. In nachexilischer Zeit wurde der Sohn Gottes/Messias zu einer eschatologischen Heilsfigur. In dieser Phase wurde der Titel auf Jesus übertragen. Die heidenchristliche Großkirche verlor die alttestamentliche Herkunft des Sohn-Gottes-Titels aus ihrem kollektiven Bewusstsein und stellte die Frage nach der Natur Jesu vor dem Hintergrund hellenistischer philosophischer Vorentscheidungen. So entstand die Trinitätslehre, in welcher der »Sohn« nicht mehr ein von Gott mit einer besonderen, einmaligen Sendung beauftragter Mensch, sondern eine von drei gleich ewigen göttlichen Personen ist.

Im Neuen Testament selbst wird der Titel »Sohn Gottes« noch weit überwiegend in dem Sinn gebraucht, der sich aus der prophetischen Eschatologisierung der alttestamentlichen Königsvorstellung ergibt. Jesus ist der Sohn Gottes, der das Reich Gottes einst regieren wird und der schon vor seinem Tod wegen seines Heilswirkens als solcher zu erkennen war. Dass der Sohn Gottes eine übermenschliche Figur sei, ist damit noch nicht ausgesagt. Doch finden sich in neutestamentlicher Zeit bereits erste Schritte auf dem Weg zur Vergöttlichung Jesu. In Joh 1, Phil 2 (und einigen wenigen anderen Stellen) wird Jesus die Präexistenz zugesprochen. Wie weit diese Präexistenz hinabreicht, ist noch nicht entschieden: Arius konnte Jesus als das zeitlich erste Geschöpf begreifen – Jesus existierte also wohl vor der Weltschöpfung, aber nicht seit ewig.

In der Auseinandersetzung mit dem Text soll deutlich werden, dass im hellenistischen Bereich ein Sohn Gottes üblicherweise einen Gott zum Vater hatte; er konnte aber eine menschliche Mutter haben (z. B. Herakles). In der jüdischen Tradition hingegen galten die Könige als adoptierte Söhne Gottes; sie konnten als solche also sogar zwei menschliche Eltern haben. »Sohn Gottes« war eine Funktionsbezeichnung, keine Aussage über physische Verwandtschaftsverhältnisse.

Der Text von Pannenberg (zur Person S. 241) lässt sich folgendermaßen gliedern und zusammenfassen:

1. Sohn Gottes und das Gottesverhältnis Jesu (Z. 1–8). Dass Jesus der »Sohn« genannt wird, liegt zum einen daran, dass er in ganz besonderer Weise Gott als den Vater der Menschen schilderte.

2. Der Titel »Sohn Gottes« Judentum (Z. 9–40)
   2.1 Die Könige galten als Adoptivsöhne Gottes, die in seinem Namen regierten (Z. 9–18).
   2.2 Der Titel »Sohn Gottes« im Sinne von »gesalbter König« (= Messias) wurde dann auf Jesus übertragen. Dabei wurde entweder die Auferstehung Jesu oder schon die Taufe als Moment der Adoption Jesu durch Gott angesehen (Z. 18–32).
   2.3 Die Legende von der jungfräulichen Geburt Jesu versetzt den Ursprung der Gottessohnschaft Jesu zeitlich noch weiter zurück: Jesus war schon immer der Messias (Z. 33–40).
3. Der Titel »Sohn Gottes« im hellenistischen Vorstellungsbereich (Z. 41–55)
   3.1 In der jüdisch-christlichen Urgemeinde bezeichnete »Sohn Gottes« die Funktion Jesu (er war der Messias, aber als solcher ein Mensch) (Z. 41–44).
   3.2 Als die Kirche in die hellenistisch gebildete römische Welt hineinwuchs, verstand man unter »Sohn Gottes« ein übermenschliches Wesen.
   3.3 Schon im apostolischen Glaubensbekenntnis ist der Sohn Gottes als ewiges Wesen vorgestellt, das bei der Geburt aus Gottes Welt in unsere eintrat und dabei menschliches Wesen angenommen hat (Z. 49–55).

154.3 Literatur
Gerd Theißen/Annette Merz, Der historische Jesus, Göttingen 1996, S. 447–489.
Silvia Schroer, Die Weisheit hat ihr Haus gebaut. Studien zur Gestalt der Sophia in den biblischen Schriften, Mainz 1996.
Wilfried Härle, Dogmatik, Berlin 1995, S. 339–356.
Gerd Theißen, Die Religion der ersten Christen, Gütersloh 2000, S. 47–100.

154.4 Unterrichtsideen
1. Einstieg: Vergleich Herakles – Jesus
a) L zeigt ein Bild von Herakles M 154.1. Sch erzählen Geschichten (M 154.2 evtl. vorbereiten lassen).
b) Gespräch: Warum konnte Herakles solche außerordentlichen Dinge tun? (Er war der Sohn von Zeus und Alkmene [einer Menschenfrau] und wurde von einer Göttin gestillt.)
c) Vergleich Jesus und Herakles: Was ist gleich, was ist anders? (Aufnahme S. 142f.) Auch Jesus ist »Sohn Gottes«! – Wie ist er es geworden?

2. Textarbeit
a) Sch erarbeiten in PA eine Grafik nach Aufgabe 1. Lösungsvorschlag vgl. M 154.3.
b) Vorstellen und Vergleich der Ergebnisse.

3. Denkaufgabe
a) Sch erhalten als Hausaufgabe Aufgabe 2 im Schülerbuch.
b) Vergleich der Ergebnisse.

154.5 Zusatzmaterialien
M 154.1 Bild Herakles
M 154.2 Die drei letzten Arbeiten des Herakles (Gustav Schwab)
M 154.3 Schaubild

155 Christologische Hoheitstitel

155.1 Der Zusammenhang
Der Titel »Sohn Gottes« wurde auf S. 154 seiner Wichtigkeit wegen gesondert behandelt. »Menschensohn«, »Messias«, »Christos« und »Kyrios« sind weitere bedeutende Hoheitstitel Jesu. An allen lässt sich zeigen, dass das Wirken und Geschick Jesu die Übertragung der Titel hervorriefen – dass die Titel aber auch einen Bedeutungswandel erhielten, indem sie auf Jesus bezogen wurden. Diesen Sachverhalt nachvollziehen zu können ist notwendig um die Ursprünge des Christentums angemessen zu verstehen und um im Dialog der Religionen (vor allem in der Auseinandersetzung mit dem Islam, vgl. S. 158) kompetent auftreten zu können.

Ein Blick in alltägliche und gesellschaftliche Zusammenhänge macht deutlich, dass auch heute besondere Menschen mit sie bezeichnenden Titeln versehen werden: Beckenbauer gilt als der »Kaiser«, der Boxer Michalszewski gilt als »Tiger«, der Ringer Dietrich galt einst als »Kran von Schifferstadt«, Elvis Presley ist nach wie vor »King of Rock'n Roll«, Michael Schumacher der »Regengott«, der Skifahrer Hermann Maier wird als »Herminator« bezeichnet – ein Beispiel, wie Titel an Personen angeglichen werden. Man denke aber auch an »Mutter« Teresa oder an Bezeichnungen wie das »Gehirn«, »Popdiva« oder die »Seele des Betriebs«, aber auch »Superstar«, »die Helden von Bern«, der »König im Revier«.

Vorarbeiten zur »impliziten Christologie« bietet die Auseinandersetzung mit der Liebe des Vaters (S. 108). Hier wird Jesus als Gleichnis der Liebe Gottes erschlossen.

155.2 Menschensohn, Messias, Herr
Die Struktur des Textes lässt sich anhand der zusammenfassenden Thesenreihe erkennen (die kursiv hervorgehobenen Aussagen zeigen die Modifikationen der traditionellen Titel):

1. Hoffnungen und Verehrung kommen im Titel zum Ausdruck (Z. 1–3)
2. Explizite und implizite Christologie (Z. 4–11)
   Um die Bedeutung Jesu ausdrücken zu können, griff die Urgemeinde zu jüdischen und hellenistischen Hoheitstiteln (explizite Christologie). Diese allgemeinen Titel werden dadurch umgeformt, dass sie auf das konkrete Geschickt Jesu und auf sein individuelles Selbstverständnis (implizite Christologie) bezogen werden.
3. Jesus der Menschensohn (Z. 12–22)
   Jesus erwartete im Anschluss an Dan 7 am Ende der Geschichte den »Menschensohn« als messianischen Regenten des Gottesreiches. Anders als in der sonstigen spätjüdischen Vorstellung widerfährt dem Menschensohn jedoch Leiden und Tod vor seiner Inthronisation.
4. Jesus, der »Christus« (Z. 23–37)
   »Messias« (dt. »Gesalbter«, griech. »Christos«) war der Titel der alttestamentlichen Könige. Ein Messias wurde als von Gott gesandter Retter erwartet. Jesus distanzierte sich aber von einer Rollenauffassung, die dem Messias militärische Gewalt zuordnete.
5. Jesus, der Herr (Z. 38–45)
   »Kyrios« (dt.: »Herr«) deutet Jesus als ein göttliches Wesen, dem kultische Verehrung zukommt (vgl. 132). Dieser Titel kam im Umfeld des historischen Jesus nicht vor.
6. Das Selbstbewusstsein Jesu (Z. 46–59)
   Jesus handelte im Bewusstsein seiner besonderen Nähe zu Gott und erwartete, der zukünftige Menschensohn zu sein. Die Urgemeinde folgte ihm darin. Das menschenähnliche Wesen in Dan 7 wurde damit zu einem wirklichen Menschen, der ein humanes Reich errichten wird.

155.3 Literatur
Gerd Theißen/Annette Merz, Der historische Jesus, Göttingen 1996, S. 447–489.

155.4 Unterrichtsideen
1. Einstieg: Jesus »Superstar«
a) Sch hören das Lied »Jesus Christ Superstar« und lesen Text mit (aus dem gleichnamigen Musical von Andrew Lloyd Webber, vgl. M 155.1):
b) Gespräch: Wie wird Jesus in dem Lied dargestellt? (»Superstar«, vgl. »mass communication«, »P[ublic] R[elations]«, »record breaker«) Ist »Superstar« eine passende Bezeichnung für Jesus? Fallen Sch passende(re) Bezeichnungen ein? (An der Tafel festhalten.)

2. Textarbeit
a) Sch lesen den Text in PA und erstellen eine Tabelle: Welche traditionellen Titel wurden Jesus gegeben – und wie veränderten sich diese Titel dadurch, dass sie auf Jesus bezogen wurden?
b) Austausch.
c) Gemeinsames Nachdenken: Was sagt es über Jesus aus, dass er sich vermutlich selbst als Menschensohn bezeichnet hat?

3. Weiterführende Arbeit in KGA
Sch formulieren ein Gedicht, der ihrer Meinung nach treffend ausdrückt, wer oder was Jesus ist bzw. war.

155.5 Zusatzmaterialien
M 155.1 Text aus Jesus Christ Superstar

156 Christologie von unten – Christologie von oben

156.1 Der Zusammenhang
Die beiden vorhergehenden Seiten hatten die Christologie des Neuen Testaments und ihre Verankerung beim historischen Jesus zum Thema. Jetzt wird in einem weiteren Autorentext die Lehrentwicklung der Alten Kirche, gipfelnd in den Dogmen von Nizäa/Konstantinopel und von Chalcedon, zusammenfassend dargestellt.

In der protestantischen Theologie ist weitgehend akzeptiert, dass das Trinitätsdogma und das christologische Dogma nicht einfach eine Umformulierung biblischer Vorstellungen darstellen, sondern dass in diese Dogmen auch zeitbedingte philosophische Begriffe eingegangen sind, die teilweise zu einer Verzerrung der biblischen Aussagen geführt haben (z. B. das Prinzip der Leidensunfähigkeit Gottes). Dennoch versucht die protestantische Theologie im Allgemeinen, einen Anschluss an die altkirchliche Dogmenbildung zu wahren (vgl. den Text von Jürgen Moltmann S. 114). Dies erfordert unter anderem die Rücksicht auf den ökumenischen Dialog. Denn die katholische und die orthodoxen Kirchen sind weitaus stärker an die Lehrentscheidungen der Alten Kirche gebunden als die evangelischen.

156.2 Die Lehrentwicklung der Alten Kirche
Die Unterscheidung einer »Christologie von oben« und einer »Christologie von unten« geht auf die historisch-kritische Erforschung des Neuen Testaments und der Kirchengeschichte zurück. Die wissenschaftliche Exegese hat gezeigt, dass als Quelle für den historischen Jesus in erster Linie die synoptischen Evangelien benutzt werden können. Ihnen zufolge hat sich Jesus als endzeitlicher Gesandter Gottes verstanden, der von seinen Zeitgenossen unter den Begriffen »Messias«, »Sohn Gottes«, »Menschensohn« erwartet wurde. Mit diesen Begriffen wird ein Mensch bezeichnet, ein Mensch zwar mit einem einmaligen göttlichen Auftrag und einer einmaligen Beziehung zu Gott – aber ein Mensch. Jesus hat sich nach den synoptischen Evangelien nicht für ein präexistentes Gottwesen gehalten, das schon immer als Person in Gottes Welt lebte und bei seiner Geburt auf die Welt kam, aber damit nicht erst überhaupt zu existieren begann.

Anders als bei den Synoptikern wird Jesus im Johannesevangelium und in den neutestamentlichen Briefen eine Präexistenz als göttliches, übermenschliches Wesen zugeschrieben (vgl. o. zu S. 154). Diese Schriften sagen von Jesus also mehr aus als die ersten drei Evangelien. Daher hat man ihre »Christologie von oben« der christlichen Dogmatik zugrunde gelegt, solange man noch meinen konnte, alle biblischen Bücher würden in gleicher Weise zum geschichtlichen Bild Jesu beitragen.

Nun könnte man sagen, der historische Jesus habe selbst nie angedeutet, dass er sich als ein »von oben« kommendes göttliches Wesen verstand. Also wäre es richtig, die weitergehenden Aussagen der genannten neutestamentlichen Schriften als unhistorisch zu streichen. Jesus wäre dann als der von Gott durch die Auferweckung von den Toten legitimierte Messias Israels und als Herr der Welt zu verehren, aber nicht als die zweite Person der dreieinigen Gottheit.

Aber dieser Schnitt wäre zu radikal und ungerechtfertigt. Denn Jesus hat zwar selbst keine »Christologie von oben« vertreten, aber das theologische Nachdenken über ihn als den eschatologischen Gesandten Gottes führt zu Reflexionsaussagen, die als Wahrheitsmomente der traditionellen Trinitätslehre geltend bleiben können. Denn zumindest muss man auf der Grundlage der Offenbarung Gottes in Jesus sagen, dass das Reich Gottes das Ziel des Weltprozesses und der Menschheitsgeschichte ist. Die Schöpfung ist auf das Reich Gottes hin angelegt. Dann ist sie aber auch von Anfang an auf Jesus hin angelegt, der ja das Reich Gottes verkündet, der es in seinem Handeln mit sich bringt und der durch die Auferstehung als der Regent dieses Reiches eingesetzt worden ist. Insofern ist Jesus für Gott schon immer existent gewesen. Gott hat vor Anfang der Schöpfung beschlossen, seine Macht dem Menschen Jesus zuzueignen, der also als Gott wirkt, indem er der messianische Mensch bleibt. Dieser Sachverhalt wird in den neutestamentlichen Schriften, in welchen dieser Reflexionsvorgang schon stattgefunden hat, unter anderem mit dem Begriff ausgedrückt, dass Jesus das Ebenbild Gottes sei (vgl. 2. Kor 4,4; Kol 1,15).

Der Text kann folgendermaßen gegliedert und zusammengefasst werden:

1. Christologie von unten (Z. 1–6)
   Jesus war ein Mensch wie wir, wird dann von Gott adoptiert und beauftragt und schließlich durch die Auferstehung in Gottes Welt erhöht.

2. Christologie von oben
   2.1 Jesus existierte schon vor seiner Geburt bei Gott, kam dann auf die Erde und kehrte zu Gott zurück (Z. 7–10).
   2.2 Die Christologie von oben hat sich in der Kirche durchgesetzt (Z. 11–14).
   2.3 Jesus wurde jetzt so wie Gott selbst verehrt. Es kann aber nur einen Gott geben. Also ist Jesus und Gott nur Einer – aber das führt zu Widersprüchen (Kreuzigung!) – oder Jesus ist nicht Gott, sondern ein Geschöpf – dann aber das edelste (Z. 14–22).
   2.4 Wäre Jesus nicht göttlich gewesen, hätte er nach damaliger Auffassung die Menschen nicht erlösen können. Also formulierte man: Der Schöpfer und Jesus haben nur ein göttliches Wesen, sind aber zwei Personen (Z. 23–31).

3. Die Lehre von der Dreieinigkeit
   3.1 Erweitert wurde diese Vorstellung von Gott durch die Miteinbeziehung des heiligen Geistes als dritter Person (Z. 32–37).
   3.2 Die Dreieinigkeitslehre versucht mit Hilfe philosophischer Begrifflichkeit (Wesen, Person) auszudrücken, dass in Jesus Gott ganz gegenwärtig ist (Z. 38–42).
   3.3 Die Dreieinigkeitslehre führt aber auch zu der Frage, ob denn die volle Menschlichkeit Jesu festgehalten werden kann (wenn er denn ganz Gott ist) (Z. 42–50).

4. Das Konzil von Chalcedon (Z. 51–58)
   Das Konzil von Chalcedon legte fest, dass Jesus gleichzeitig ganz Gott und ganz Mensch sei.

156.3 Literatur

Hans-Martin Barth, Dogmatik. Evangelischer Glaube im Kontext der Weltreligionen. Ein Lehrbuch, Gütersloh 2001.

Wilfried Härle, Dogmatik, Berlin 1995.

Wolfhart Pannenberg, Systematische Theologie, Band 1, München 1988.

156.4 Unterrichtsideen

1. Einstieg: Nachdenken über die Dreieinigkeit

a) L erinnert an die Tauformel (mit der die Meisten getauft wurden).

b) Gespräch: Auf wessen Namen sind Sie nun getauft? Was ist das für ein Wesen?

c) Alternativ: Auseinandersetzung mit dem Bild der Dreifaltigkeit als Dreigesicht (vgl. M 156.3), zunächst mit abgeblendetem Dreieck (Symbol der Trinität).
- Reaktionen?
- Welche Vorstellung von Gott versucht dieses Bild zu visualisieren?
- Entspricht das Bild dem Verhältnis von Gott, dem Vater, und Jesus?

2. Textarbeit

a) Bearbeitung der beiden abgedruckten Fragen in PA.

b) Auswertungsgespräch zu Aufgabe 1.

c) Zusammenfassung TA (s. M 156.1).

d) Auswertungsgespräch zu Aufgabe 2.

e) Zusammenfassung TA (M 156.2).

156.5 Zusatzmaterialien

M 156.1 Christologie von unten und Christologie von oben

M 156.2 Argumentationsfigur im Text

M 156.3 Die Heilige Dreifaltigkeit als Dreigesicht

157 Geboren von der Jungfrau Maria

157.1 Der Zusammenhang

Der Text aus dem Katechismus der katholischen Kirche will im Kontext des evangelischen Religionsunterrichtes das Gespräch mit der katholischen Theologie eröffnen und die konfessionelle Pluralität in den Blick nehmen. Dazu werden jedes Mal exemplarische Themen ausgewählt, die für das Selbstverständnis der katholischen Kirche fundamental sind bzw. angesehen werden.

Geht es hier um die Jungfräulichkeit Marias, so geht es in den anderen Kapiteln um das Verhältnis von Vernunft und Glaube (S. 34), um das Selbstverständnis der katholischen Kirche (S. 62), um die katholische Soziallehre (S. 94f.), um das Geheimnis Gottes (S. 126) und um das Gewissen (S. 175). Zusammengenommen mag man darin eine exemplarische Behandlung der katholischen Glaubenslehre sehen.

Die hier angebotene Auslegung eines Teiles des Apostolikums führt die Auseinandersetzung in christologischen Hoheitstiteln weiter (S. 154–156) und vertieft noch einmal die Zweinaturenlehre (S. 156). Eine evangelische Interpretation der Jungfrauengeburt liefert Wolfhart Pannenberg (S. 154, Z. 33–40).

157.2 »Geboren von der Jungfrau Maria« im Katechismus der katholischen Kirche

Der 1992 von Papst Johannes Paul II. veröffentlichte Katechismus der katholischen Kirche dient als »sicherer und authentischer Bezugstext für die Darlegung der katholischen Lehre«. Er zeigt »den Inhalt und den harmonischen Zusammenhang des katholischen Glaubens genau auf« (vgl. dort 34), jedoch will er gültige örtliche Katechismen nicht ersetzen, wohl aber die Abfassung neuer unterstützen.

Der Auszug aus dem Abschnitt »empfangen durch den Heiligen Geist, geboren von der Jungfrau Maria« verdeutlicht, dass die Aussagen des Glaubensbekenntnisses zunächst einmal und vor allem als Aussagen über Christus verstanden werden müssen. Sie »betreffen sowohl die Person und die Erlösungssendung Christi« (502). Die Empfängnis durch den Heiligen Geist und die Geburt durch die Jungfrau Maria interpretieren infolgedessen Person und Werk Jesu Christi und geben Hinweise auf das rechte Verständnis des Glaubens und des Wesens der Kirche.

Die Aussagen über die Empfängnis und Jungfräulichkeit Marias entschlüsseln sich so aus christologischen Aussagen und Hinweisen auf das Geheimnis Jesu Christi. Daneben hebt der Katechismus der katholischen Kirche aber auch den realen Charakter dieser Aussagen hervor. Die Empfängnis durch den Heiligen Geist muss auch leiblich verstanden werden (497, 498). Gleichermaßen wird auch bekannt, dass Maria allzeit Jungfrau geblieben ist (499, 500, 501).

Bei dieser Auslegung stützt sich der Katechismus der katholischen Kirche auf die Aussagen der Heiligen Schrift (hier besonders des Johannesevangeliums), daneben aber auch auf die kirchliche Auslegung (hier Augustinus, die Synode von Friaul aus dem Jahre 796 sowie das zweite Vatikanischen Konzil mit der Schrift »Lumen Gentium«

203

aus dem Jahre 1964). Der Katechismus der katholischen Kirche kann somit als verbindliche Auslegung des geschriebenen und überlieferten Wortes Gottes durch das Lehramt angesehen werden.

157.3 »Geboren von der Jungfrau Maria« in der evangelischen Theologie

Evangelische Theologie versteht die Aussagen des Apostolikums metaphorisch (vgl. S. 12, Metaphorische Wahrheit). Der Glaube gebraucht hier sprachliche Bilder bzw. eine Legende (S. 154), um die Wirklichkeit Jesu Christi auszusagen (vgl. Jüngel, S. 12). In ihm – und hier zeigen sich deutliche Konvergenzen zur katholischen Theologie – handelt Gott in ganz besonderer Weise (Katechismus der katholischen Kirche, 503). In ihm macht Gott mit den Menschen ganz souverän und von sich aus einen neuen Anfang (KKK 504). Durch ihn wird deutlich, dass Glaube ein Geschenk ist (KKK 505), der im Übrigen an Maria exemplarisch heraustritt, wie das Magnifikat lehrt (vgl. Lk 1,46–55, insbesondere V. 38).

Eine biblische Grundlegung für den metaphorischen Charakter dieser Bekenntnisaussagen kann man in dem Sachverhalt sehen, dass von der Empfängnis durch den Heiligen Geist und der Jungfrauengeburt nur bei Matthäus und Lukas die Rede ist (Mt 1,18–25; Lk 1,26–38), während Markus und Johannes auf solche Kindheitsgeschichten verzichten. Joh 1,45 und 6,42 nennen Jesus unbefangen »den Sohn Josefs« (vgl. auch Mt 13,55; Lk 4,22). Paulus spricht davon, dass der Sohn Gottes von einem Weibe geboren wurde (Gal 4,4). Die bei Matthäus und Lukas überlieferten Stammbäume laufen alle auf Josef als Vater hinaus (Mt 1,16; Lk 3,23).

Offenkundig ist, dass vor allem Lukas einen in der Antike beliebten Mythos verwendet, um das Bekenntnis zu Jesus Christus als Sohn Gottes narrativ herauszustellen (vgl. Küng, Credo, 1992, S. 63).

Der Versuch, die Sexualität und den irdischen Vater auszuschließen, bedeutet theologisch eine Reduktion der menschlichen Natur Jesu Christi. Christus gerät dann in die Nähe eines Halbgottes und wäre eben nicht auch »wahrhaft Mensch«. Der Ausschluss der Sexualität (und das Insistieren auf eine fortwährende Jungfräulichkeit Marias) hat überdies problematische Auswirkungen auf das Frauen- und Mutterbild. Die Bezeichnung Marias als Mutter des Erlösers (506) nimmt den Titel »theotokos« (Gottesgebärerin) des Konzils von Ephesus im Jahr 431 auf. Wenn damit betont wird, dass Jesu Menschsein von Anfang an von der Wirklichkeit Gottes bestimmt ist, so verdient dies evangelischerseits Zustimmung. Wiederum muss aber darauf geachtet werden, dass die menschliche Natur Jesu nicht geschmälert wird. Auch darf Maria damit nicht in Konkurrenz zur Trinität gesetzt werden. Katholische Marien-Frömmigkeit kann den Eindruck erwecken, dass neben Vater, Sohn und Heiliger Geist Maria als vierte Person bekannt und angebetet wird.

157.4 Literatur

Katechismus der katholischen Kirche, München u.a. 1993, S. 155–160.
Deutsche Bischofskonferenz, Katholischer Erwachsenenkatechismus, Kevelaer 1985, S. 166–182.
Wilfried Härle, Dogmatik, Berlin 1995, S. 348–354.

157.5 Unterrichtsideen

1. Rekonstruktion des zweiten Glaubensartikels
a) Sch wiederholen den zweiten Artikel und schreiben ihn an die Tafel.
b) Feststellung, was nicht ausgesagt wird (z.B. »Wunder«, »Gleichnisse« usw.).
c) »Geboren von der Jungfrau Maria«. Was heißt das?

2. Ergänzung: Maria in der Bibel
a) Sch entwerfen in Partnerarbeit ein biblisches Bild von Maria anhand von Mk 6,3; Mk 3,21; Apg 1,14; Joh 2,1–12, Lk 1–2; Mt 1–2.
b) Sch stellen ihre Einsichten vor, achten auf Spannung und formulieren ihre Einsichten.

3. Textarbeit
a) Text lesen und Eigenarten bedenken (Sprache und Bezüge).
b) PA Mindmap.
c) Ein Paar stellt auf Folie ihr Ergebnis vor.
d) Formulieren von Fragen, Suchen nach Antworten.
e) Strukturierung der Aussagen im Blick auf Christus, Glaube und Kirche.

4. Diskussion
a) L schreibt an Tafel: War Maria bei der Geburt Jungfrau?
b) Diskussion. L achtet auf theologische Bezüge.

158 Jesus im Koran

158.1 Der Zusammenhang
Die Auseinandersetzung mit dem christlichen Glauben kann nicht mehr davon absehen, dass Schülerinnen und Schüler hierzulande in einen multireligiösen Kontext hineinwachsen oder bereits darin leben, der einmal wechselseitiges Verständnis, dann aber auch geklärtes Wissen um die eigene Kultur und den eigenen Glauben braucht. Nur wer die Unterschiede kennt, wird auch selber Stellung beziehen können. Am Ende des Jesuskapitels soll deshalb der Blick auf andere Religionen geöffnet werden.
Die Eigenart des Islam wird im Kursbuch Oberstufe unter unterschiedlichen Gesichtspunkten behandelt. Im Kapitel »Kirche« geht es um das Verhältnis von Religion und Staat im Islam (S. 63), im Kapitel »Gerechtigkeit« um die spezifische Form der Gerechtigkeit im Islam (S. 89), in dem Kapitel »Bibel« wird der Koran als heilige Schrift bedacht (S. 215). Gerade in der Ethik zeigen sich deutliche Gemeinsamkeiten zwischen den beiden prophetischen monotheistischen Religionen. So ist es auch nachvollziehbar, dass die besondere Rolle Jesu beim Weltgericht (S. 68) zu den Gemeinsamkeiten der beiden Religionen gehört (vgl. Sure 4).
Zu den entscheidenden Differenzpunkten zwischen Islam und Christentum gehört vor allem die Dreieinigkeit Gottes (vgl. S. 114f.), die im Islam als Polytheismus gedeutet wird, und damit zusammenhängend die Gottessohnschaft Jesu (S. 154).
Der Text bietet Gelegenheit, die Wunder Jesu (S. 142f.), die Ethik Jesu (S. 146f.) sowie Kreuzigung (S. 148–151) und Auferstehung (S. 152–153) und die Bedeutung Jesu für das Christentum (S. 154–157) zu wiederholen.

158.2 Suren zu Jesus
Der Islam beansprucht die Vollendung der biblischen Religion zu sein. Mohammed überbringe wahrheitsgetreu denselben Koran, den Gott auch Mose und Jesus (u.a.) anvertraut habe. Jedoch hätten Juden und Christen ihr jeweiliges heiliges Buch verfälscht. Diese Verfälschung betreffe auch die Christologie selbst. Jesus habe von sich stets nur als Mensch gesprochen und nicht als Gott. Die Christen jedoch glaubten an drei Götter, nämlich an Allah, an Jesus als seinen Sohn und an Maria als seine Mutter (Sure 5,116).

Im Schülerbuch sind Abschnitte aus vier Suren des Koran abgedruckt. Sie beschäftigen sich mit
- der Geburt und dem Auftreten Jesu (Sure 3)
- dem Sühnetod Jesu (Sure 35)
- der Kreuzigung, Auferstehung und Wiederkehr (Sure 4)
- dem Verhältnis zu Gott und der Trinität (Sure 5).

Sure 3,45–50: Der jungfräulichen Maria wird entsprechend Lk 1,26–38 die Geburt Jesu, des Messias, angekündigt. Außerdem werden Jesus Wundertaten zugesprochen (dieselben Wunder auch in 5,110): Jesus kann schon in der Wiege sprechen. Er formt Vögel aus Lehm, die lebendig werden. Diese Geschichte stammt aus dem apokryphen Kindheitsevangelium des Thomas (vgl. Hennecke/Schneemelcher). Jesus heilt Kranke (vgl. S. 142, 143). Außerdem wird Jesus die Tora erfüllen, dabei aber auch einige Gebote aufheben (vermutlich ist dabei an Jesu Kritik der pharisäischen Sabbatverbote gedacht).
Die Darstellung Jesu ist, wie überall im Koran, positiv: Er wird im Jenseits in Gottes Nähe sein – eine Ehre für besonders herausragende Muslime.

Sure 35,18: Auf der Grundlage dieses Verses bestreiten islamische Theologen die Sühnewirkung von Jesu Tod zugunsten der Gläubigen.

Sure 4,157–159: Diese Passage leugnet den Kreuzestod Jesu: Nicht er sei gekreuzigt worden, sondern ein anderer, der ihm ähnlich gesehen habe. Jesus aber sei direkt von Gott in den Himmel erhoben worden und spiele bei dem Jüngsten Gericht eine besondere Rolle.

Sure 5,72f.: Dies ist eine der zahlreichen Stellen, an welchen die Gottheit Jesu bestritten und Jesus selbst zum Zeugen dafür aufgerufen wird, dass auf ihn seine Vergöttlichung nicht zurückzuführen sei. Die Trinität besteht nach Auffassung des Koran in Gott, Jesus und Maria (vgl. Abschnitt 1) und wird als Polytheismus interpretiert. Der Koran dürfte hier eine antike Tradition wiedergeben, die im Christentum selbst keine Rolle spielt.

Die im Blick auf das Jesusbild ausgewählten Suren zeigen durchaus Gemeinsamkeiten mit dem biblisch-christlichen Zeugnis: So wird Jesus als Messias angesehen, als Gesandter Gottes und als Wundertäter. Er zeigt einen souveränen Umgang mit der Tora, ist auferstanden und wirkt entscheidend beim Weltgericht mit.
Wie man aber sieht, lehnt der Koran entscheidende christliche Traditionen ab, die aus verschiedenen Entwicklungsstadien der christlichen Überlieferung stammen:

1. Der Koran negiert die Gottheit Christi. Diese wurde erst in nachbiblischer Zeit voll entwickelt, wie die historische Kritik erkannt hat. Da dieses Ergebnis inzwischen in der christlichen Theologie weitgehend rezipiert wurde, rühmen sich islamische Autoren, die Christen sähen inzwischen ein, dass nur der Koran die richtige Christologie enthalte (vgl. Hofmann, S. 179).
Aber selbst wenn die christliche Theologie die großen Dogmen der Alten Kirche (vgl. S. 156) nach Maßgabe des neutestamentlichen Befundes zurückschneidet, so ist Jesus doch mehr als einer der Propheten des Alten Testaments und Mohammed: Er selbst hat sich für den eschatologischen Heilsbringer, den Menschensohn, gehalten – eine messianische, einmalige Gestalt. Der Koran selbst bezeichnet Jesus als den Messias, hat aber, wie die heidenchristliche Kirche, den alttestamentlichen Hintergrund dieses Hoheitstitels nicht mehr im Blick. Dass Jesus als der Messias Israels der Sohn Gottes ist, und nicht durch einen sublimen sexuellen Umgang Gottes mit Maria, müsste in den Dialog zwischen Christentum und Islam eingebracht werden. Aber damit würde eingestanden werden müssen, dass der Koran eine historisch unrichtige Auffassung der biblischen (und natürlich auch der nachbiblischen) Christologie enthält.

2. Der Koran lehnt ferner die Vorstellung des Sühnetodes Jesu und die Tatsache seiner Kreuzigung ab. Diese Vorstellungen sind im Neuen Testament selbst dokumentiert

205

(und nicht erst in der nachbiblischen Dogmengeschichte). Die Kreuzigung Jesu ist als historisches Faktum so sicher wie historische Fakten nur sein können. Die von Paulus breit entfaltete Sühnetheologie hat mit großer historischer Wahrscheinlichkeit einen Rückhalt in der Auffassung Jesu selbst über den Sinn seines Todes. Der islamisch-christliche Dialog ist in dieser Hinsicht also belastet durch die Tatsache einer historisch falschen Vorstellung über die Entstehung der neutestamentlichen Theologie auf Seiten des Islam. Sollte der Dialog trotzdem vorankommen, so muss von den Muslimen gefordert werden, dass sie mit der historisch-kritischen Koranauslegung genauso Ernst machen, wie sie die Ergebnisse der historisch-kritischen Bibelauslegung rezipieren. Man kann im wissenschaftlichen Diskurs nicht das eine ohne das andere haben.

158.3 Literatur
Murad Hofmann, Der Islam im 3. Jahrtausend. Eine Religion im Aufbruch, Kreuzlingen, 2. Auflage 2001.
Rudi Paret, Der Koran. Kommentar und Konkordanz. Mit einem Nachtrag zur Taschenbuchausgabe, Stuttgart, 6. Auflage 2001.
Rudi Paret, Der Koran. Übersetzung, Stuttgart, 8. Auflage 2001.
Was jeder vom Islam wissen muß, hg. v. Lutherischen Kirchenamt der Vereinigten Evangelisch-Lutherischen Kirche Deutschlands und vom Kirchenamt der Evangelischen Kirche in Deutschland, Gütersloh, 5. Auflage 1996.
E. Hennecke/W. Schneemelcher, Neutestamentliche Apokryphen, Bd. 1, München, 6. Auflage 1990.

158.4 Unterrichtsideen
1. Einstieg
a) Hör-Impuls: Der Gebetsruf des Muezzin (im Internet erhältlich, z. B. unter www.geocities.com/SiliconValley/Vista/9311/sounds, bzw. Suchstichwörter Gebetsruf/Adhan/Audiodatei).
b) Sch formulieren ihre Reaktionen: Wie geht es ihnen damit?
c) Auseinandersetzung: Darbietung des Wortlautes: arabisch »L_ il_ha ill_ ll_h wa-Muhammadun ras_lu ll_h«; deutsch »Es gibt keinen Gott außer Allah und Mohammed ist sein Prophet«. Was impliziert dieser Text in Bezug auf das Christentum?

2. Textarbeit
a) Sch rekonstruieren gemeinsam das Apostolicum.
b) Sch lesen den Text und streichen alles im 2. Artikel, was gegen den Glauben der Muslime spricht.
c) Prüfung: Ist das noch als christlich zu akzeptieren? Was könnten und müssten Christen anders sagen?
d) Zusammenfassung TA: Gemeinsamkeiten und Unterschiede in der Sicht Jesu zwischen Islam und Christentum.

159 Jesus und Buddha

159.1 Der Zusammenhang
Die im Kursbuch immer wieder thematisierte interreligiöse Perspektive wird hier in zweierlei Weise greifbar. Einmal werden Jesus und Buddha auch in der Bewertung vieler religiös eher indifferenten Menschen in den westlichen Gesellschaften zu den »maßgeblichen Menschen« (Karl Jaspers) gezählt. Zum anderen ist der Autor des vorliegenden Textes ein Verfechter einer (durchaus auch umstrittenen!) radikalen »Ökumene der Religionen« (vgl. 159.2). Gerade Jugendliche halten eine solche »Ökumene« der Religionen häufig für eine wichtige Überlebensbedingung von Religion überhaupt; der Text kann in dieser Hinsicht das notwendig auf Differenzierung ausgerichtete Gespräch anregen.
Weitere Bezüge zum Buddhismus finden sich beim Thema »Gott« (Religiöser Glaube ohne Gott, S. 129f.) sowie bei dem Thema »Mensch« (Die menschliche Existenz ist leidvoll, S. 184; Die vier Lebensstadien, S. 185). Die Frage nach den Ursachen von Leid führt biblisch-christlich gesehen auch zum Phänomen Sünde (S. 170) und zur Rechtfertigung des Sünders (S. 171).

159.2 Zum Text
Die argumentativen Schwerpunkte des Textes liegen auf der Frage: Welche Haltung angesichts des Leidens der Menschen stellen Buddha und Jesus jeweils als angemessen dar? Dabei geht es sowohl um die Suche nach Gründen für das menschliche Leiden (vgl. den Begriff »Diagnose« Z. 18 und Z. 47) als auch (wenigstens implizit) darum, wie sich Glaubende angesichts des menschlichen Leids verhalten sollen.
Im Gespräch zwischen Jesus und Buddha ergibt sich eine zentrale Differenz: Buddha sieht eine wesentliche Wurzel einer Verhaftung des Menschen im Leiden in Selbstsucht und Begierde, die ihrerseits letztlich wieder in einem Unwissen gründet (vgl. Z. 21–28). Jesus konstatiert einen Mangel an Glauben und Gotteserfahrung (vgl. Z. 49–50). Der Grundduktus des Textes verweist innerhalb des Kapitels »Jesus Christus« zurück auf S. 142–143 (Jesus als Heiler) und S. 140–141 (Jesu Verkündigung des Gottesreiches). Auf S. 128 (Buddhismus: Religiöser Glaube ohne Gott) werden wesentliche Grundelemente des Buddhismus konzentriert dargestellt.

Paul Knitter ist einer der profiliertesten Vertreter des interreligiösen Dialogs. Knitter (geb. 1939) ist seit 1975 Professor für Systematische Theologie und Religionswissenschaften an der Xavier University in Cincinatti, Ohio (USA). In Deutschland wurde er vor allem bekannt durch das Buch: Ein Gott – viele Religionen (vgl. S. 239).
In Knitters Dialog orientiert sich Buddha an den Grundaussagen der ersten drei der so genannten Vier Edlen Wahrheiten (Sanskrit: catvari-arya-satyani), die er in der ersten Predigt (Sanskrit: sutta) nach seiner Erleuchtung formuliert hatte (vgl. S. 128, 185). Der Erleuchtung Buddhas ging bekanntlich ein schmerzvoller Weg der Erkenntnisfindung voraus. Der begütert und behütet aufgewachsene Fürstensohn Gotama Siddharta wird in vier exemplarischen Begegnungen mit dem Leiden der Welt konfrontiert. Er versucht danach unter anderem durch

strengste Askese dem Leid der Welt die eigene spirituelle Kraftanstrengung entgegenzusetzen, wendet sich aber von diesem Weg wieder ab. In meditativer Versenkung erfährt Gotama die Erleuchtung und wird zum Buddha (wörtl. »Der in Wahrheit Erwachte«).

Die von Knitter gewählten Termini innerhalb seiner Darstellung der Vier Edlen Wahrheiten haben eine größere Bedeutungsspanne, als der Text unmittelbar preisgibt: »Leiden« (Sanskrit: dukkha; vgl. Z. 15 u.ö.) kann auch zugespitzt als »Vergänglichkeit« gefasst werden. »Begierde« (Sanksrit: tanha) (vgl. Z. 21) heißt eigentlich »Durst« (zu verstehen im Sinne von Lebensdurst, Durst nach sinnlichen Freuden, aber auch von »Durst nach Nichtdasein«). Die Selbstsucht, die in Knitters Dialog sowohl von Jesus als auch von Buddha als eine wesentliche Wurzel des Leidens bestimmt wird, erhält im Buddhismus eine besondere Kontur. »Selbstsucht« ist nicht etwa zu verstehen als ethisch negativ qualifizierbarer Egoismus, Selbstsucht gilt hier als das Grundbestreben des Menschen, überhaupt ein »Selbst«, ein autonomes Subjekt sein zu wollen. Diese im Text Z. 30–43 dargestellte Grundansicht, wurde auch die Lehre vom bedingten Entstehen (Sanskrit: pratitya-samutpada) genannt (vgl. Keown, S. 66–67). Damit wird aber auch deutlich, dass Jesu Warnung vor den Varianten der Selbstsucht (vgl. etwa den Lasterkatalog Mk 7, 22–23 oder Lk 12, 13–21) nicht einfach mit der buddhistischen Terminologie identifiziert werden kann. Es geht um Annäherungen und Entsprechungen, nicht um einfache Identität der Vorstellungen. Aufgrund dieser Differenzen erweisen sich auch die »Auswege« als unterschiedlich. Für den christlichen Glauben erweist sich der Glaube an die Gerechtigkeit Gottes und damit die dankbare Annahme des Geschenkes der Gemeinschaft mit Gott als alleinige Möglichkeit, Leben zu gewinnen (vgl. 171; S. 80. 81. »sola gratia«).

159.3 Literatur

John Browker (Hg.), Das Oxford-Lexikon der Weltreligionen, Düsseldorf 1999 (bes. die Art. Buddha, Buddhismus, Astangika marga, Dukkha).

Damien Keown, Der Buddhismus, Stuttgart 2001, S. 59–72 (»Die Vier Edlen Wahrheiten«).

Ulrich Luz/Axel Michaels, Jesus oder Buddha. Leben und Lehre im Vergleich, München 2002 (Dialog zwischen einem Religionswissenschaftler und einem Neutestamentler).

Dorothee Sölle, erinnere dich an gotama, in: Hubertus Halbfas/Ursula Halbfas (Hg.), Das Menschenhaus, Zürich/Stuttgart, 10. Auflage 1981, S. 228–229.

Werner Trutwin, Die Weltreligionen, Düsseldorf 2002, S. 441–444 (»Der Buddha und Jesus«).

159.4 Unterrichtsideen

1. Terminologische Zuordnungen

a) Sch bearbeiten in GA die gestellte Aufgabe und formulieren Thesen zu den Grundansichten von Buddha und Jesus

b) Gestaltungsaufgabe: Eine Gruppe gestaltet ein Tafelbild zu den Beziehungen von »Leiden«, »Selbstsucht«, »Begierde« und »Gottesfurcht« (Arbeit mit Moderationstafeln kann hier sinnvoll sein).

c) Gespräch über das Tafelbild: Sind die Unterschiede getroffen? Wie kann man herausfinden, wer recht hat?

2. Terminologische Variationen zu:
Selbstsucht = Selbst-Sucht

a) TA Selbstsucht = Selbst-Sucht

b) Sch interpretieren diese Gleichung auf der Grundlage des Textes (Z. 30–44).
- Erhalten wir einen Zugang zu dieser »buddhistischen Gleichung«?
- Inwiefern erscheint sie uns erhellend?
- Was erscheint problematisch?

3. Auseinandersetzung mit Lk 12,16–21
(Gleichnis vom reichen Kornbauern)

a) Sch formulieren in KGA einen buddhistischen Kommentar zu diesem Bibeltext

b) Sch stellen ihre Auslegungen vor und vergleichen sie. Was wollte Jesus mit diesem Gleichnis wohl ausdrücken?

160 Das Wesen des Christentums

160.1 Der Zusammenhang
Die Platzierung dieses Autorentextes am Ende des Kapitels signalisiert seine inhaltliche Funktion: Er soll die Auseinandersetzung mit Jesus Christus noch einmal bündeln und die Bearbeitung des ganzen Kapitels als Mitte des christlichen Glaubens kenntlich machen. Dabei markieren die drei gewählten Positionen Küng, Harnack, Schwöbel mögliche Erträge der Auseinandersetzung in dem Thema »Jesus Christus«: Unterschiede zu anderen Religionen (vgl. S. 158, 159), der Glaube von Jesus (S. 140, 144–147) und der Glaube an Jesus Christus (S. 151–157).

Ähnlich bündelnde Texte sind »Der dreieinige Gott« (S. 115), »Die Gerechtigkeit Gottes« (S. 180), »Gottes Reich und die Kirche« (S. 44), »Was ist Theologie?« (S. 30), »Von der Freiheit eines Christenmenschen« (S. 173) sowie »Menschenwort und Gotteswort« (S. 216f.).

160.2 Drei Bestimmungen des Wesens des Christentums
Der Überblickstext geht aus von drei Möglichkeiten, das Wesen des Christentums zu bestimmen: aus der Differenz gegenüber anderen, aus der Kontinuität in der Geschichte und aus dem Unverzichtbaren. Im ersten Fall wird religiös vergleichend gearbeitet, im zweiten Fall historisch, im dritten Fall biblisch-theologisch.

Im Hintergrund stehen drei Möglichkeiten, das Wesen zu bestimmen (vgl. Härle, S. 51–55):
- Das Wesen als das Unterscheidbare und Unverwechselbare
- Das Wesen als das Unveränderliche und stets gleich Bleibende
- Das Wesen als das Unaufgebbare und Unverzichtbare

Die Besinnung auf das Wesen soll es erlauben, das Eigentliche von der bloßen Erscheinung zu unterscheiden, demgemäß Deformationen zu erkennen, aber auch Gemeinsames und Verwandtes zu bestimmen und schließlich das herauszufinden, was verlässliche Orientierung ermöglicht. Die Frage nach dem Wesen beinhaltet also ein durchaus praktisches Anliegen.

Die Zuordnung dieses Themas zum Kapitel »Jesus Christus« und nicht etwa zu »Kirche« weist darauf hin, dass die Autoren sich selber eher der dritten Position zuordnen. Das Wesen des Christentums wird in der jeweiligen geschichtlichen Zuwendung zu Jesu Christi Evangelium gesehen. Kontinuität und Wandel werden so zusammen betrachtet, ebenso Einheit und Vielfalt.

Denkbar sind weitere Zugänge. So könnte man auch konfessionskundlich vorgehen und danach fragen, was alle Konfessionen miteinander verbindet. Religionskritiker wie Feuerbach (S. 116f.), Nietzsche oder Schnädelbach (S. 104) können die Wesensfrage ganz anders angehen und nach der »wahren Wirklichkeit« fragen, die sie in den Wirkungen der doch auch problematischen Christentumsgeschichte suchen lässt.

Hans Küng ordnet das Christentum wie auch den Islam den prophetischen Religionen zu. Kennzeichnend ist deshalb das Streben nach der Verwirklichung von Werten und Aufgaben. Prophetische Frömmigkeit ist primär nach außen gerichtet (vgl. Küng, S. 63–77). Die Differenzen zum Buddhismus werden in dem fiktiven Gespräch zwischen Jesus und Buddha deutlich (S. 159). Differenzen zum Hinduismus wird man mit Küng einmal in dem Dienst an Mitmenschen unabhängig von Rang- und Kastenordnung sehen können (vgl. dazu S. 88, Gerechtigkeit im Hinduismus), in dem Geschichtsbewusstsein, das sich von einem zyklischen Denken unterscheidet (vgl. S. 22, Weltentstehung und Weltvergehen im Hinduismus), vor allem aber in der Menschlichkeit Jesu Christi, die diesen zu einer besonderen Offenbarung Gottes macht und von mythischen Figuren unterscheidet. Die Differenz zum Islam ist benannt (Z. 20–24). Zu ergänzen ist sicherlich die andere Einstellung zu Leiden, Misserfolg, Scheitern, die sich im Kreuz spiegelt (vgl. S. 158 Jesus im Islam).

Adolf von Harnack sieht das Wesen des Christentums im Vertrauen in die väterliche Vorsehung Gottes, wie sie in der Anrede im Vaterunser, in dem unendlichen Wert jeder Menschenseele sowie in der Liebe zum Nächsten, zum Samariter und zum Feind zum Ausdruck kommt (vgl. S. 147). Gesinnung und Sittlichkeit sind die Leitwörter einer liberalen Theologie, die zwar Jesus solidarisch mit den Armen sieht, aber kein sozialpolitisches Programm ausmachen konnte.

Christoph Schwöbel sieht das Wesen des Christentums in dem stets neuen Bemühen, in wechselnden Situationen die Eigenidentität durch Rückbesinnung an Jesus Christus zu gewinnen. Nicht zu entdeckende Überzeugungen, sondern der Rückbindungsprozess macht die spezifische Identität des Christentums aus – wie er im übrigen auch in den Arbeiten von Küng und Harnack vollzogen wird. Entscheidend ist und bleibt, dass in der Person und Geschichte Jesu Christi Gottes Heil für die Welt erschlossen ist.

160.3 Literatur
Wilfried Härle, Dogmatik, Berlin 1995, S. 49–54.
Hans Küng/Heinrich von Stietencron, Christentum und Weltreligionen: Hinduismus, Gütersloh 1987, S. 53–82.
Adolf von Harnack, Das Wesen des Christentums, München/Hamburg 1964.
Gerhard Ebeling, Das Wesen des christlichen Glaubens, München/Hamburg, 1964.
Christoph Schwöbel, Art. Christentum IV. Systematisch-theologisch, RGG[4], Bd. 2, Tübingen 1999, Sp. 220, 238.
Fritz Stolz, Art. Christentum I. Religionswissenschaftlich, RGG[4], Bd. 2, Tübingen 1999, Sp. 183–196.

160.4 Unterrichtsideen
1. Das Wesen des Christentums
a) Sch formulieren in einem Schreibgespräch, was sie als das Wesen des Christentums ansehen.
b) Austausch der Ergebnisse, suchen nach Gemeinsamkeiten.
c) Klärung des Begriffs »Wesen«. Was wurde darunter verstanden?
d) Vergleich mit Text Zeile 1–9.
e) Anlage an der Tabelle (vgl. M 160.1).

2. Textarbeit
a) Sch vervollständigen in arbeitsteiliger Gruppenarbeit die Tabelle.
b) Sch stellen ihre Ergebnisse vor.
c) Diskussion: Woran erkennt man einen Christen?

160.5 Zusatzmaterialien
M 160.1 Tabelle »Das Wesen des Christentums«

161 Pantokrator, Charismatiker, Gekreuzigter – Bilder Christi

161.1 Der Zusammenhang
Die Bildbeschreibungen wollen helfen, die drei Darstellungen aus der christlichen Ikonografie kunstgeschichtlich einzuordnen. Alle drei stammen aus dem Mittelalter. Sie sollen gleichzeitig dazu anregen, den Kursverlauf noch einmal in den Blick zu nehmen, Ergebnisse zu sichern und eigene Sympathien zum Ausdruck zu bringen. Hier besteht auch Gelegenheit, die Eingangsfragen (S. 133) noch einmal aufzunehmen oder nun gezielt zu bearbeiten.
Weitere Bilder können einbezogen werden: das Abendmahl (S. 38), das Weltgericht (S. 68), die Dreieinigkeit (S. 115), Johannes der Evangelist (S. 194), das Christusmonogramm (S. 195), das Meditationsbild des Nikolaus von der Flüe (S. 87).

161.2 Die Bildbeschreibungen
Die drei Bilder wollen noch einmal Leben und Auftreten Jesu, Passion und Kreuzigung und schließlich Auferstehung und Gegenwart Christi in Erinnerung bringen. Die Autorentexte repräsentieren thematische Aspekte des ganzen Themas.
Jesus Christus, der Weltenherrscher – die Gegenwart Jesu / Michael und Gabriel – die Verbindung mit dem Himmel, die Gottessohnschaft / Maria, die Gottesmutter – Menschlichkeit und Göttlichkeit / Simon und Andreas – der historische Jesus und die Nachfolge / Jesus als charismatischer Führer – das Auftreten Jesu und die Reich-Gottes-Botschaft / Sebastian und Antonius – die Wirkung Jesu in der Christentumsgeschichte und die Hoffnung auf Heil und Heilung / Johannes der Täufer – Jesus und das zeitgenössische Judentum / Johannes der Lieblingsjünger – Jüngerschaft und Bibelentstehung / Maria Magdalena – Frauen um Jesus / Maria, die Mutter Jesu – die Menschlichkeit Jesu.

161.3 Unterrichtsideen
1. Bildgeschichten
a) Sch lesen in EA die Texte und betrachten noch einmal die Bilder.
b) Sch ordnen die Bilder einander zu und erzählen sich Zusammenhänge. Sie ordnen dabei die genannten Namen und Titel ein.
c) Sch suchen sich ihr Lieblingsbild (auch im gesamten Buch oder besorgen sich weitere).

2. Rekapitulation der Eingangsfragen
a) Sch erhalten die Fragen auf Kärtchen bzw. erstellen sich solche. Weitere Fragen aus dem Buch werden aufgenommen.
b) Sch sortieren in PA die Fragen in beantwortbar/nicht beantwortbar.
c) Gemeinsam werden die geklärten Fragen bearbeitet.
d) Gemeinsam werden die noch offenen Fragen geklärt.

Mensch

Das Thema

Das Thema »Mensch« stellt große Anforderungen hinsichtlich der theologie- und philosophiegeschichtlichen Entwürfe der Anthropologie, die, von der Zeit der Bibel bis in unsere Tage reichend, nur zu einem kleineren Teil bearbeitet werden können.

Die naturwissenschaftliche Perspektive, die im wesentlichen durch die Disziplinen der Biologie, Medizin und der Psychologie bearbeitet wird, umfasst neben den evolutionären Forschungen auch alle Fragen der Humangenetik, der Physiologie des Menschen, der Evolutions- und Kognitionspsychologie sowie Fragen der Psychosomatik. Diese Perspektive kann im schulischen Unterricht dann bearbeitet werden, wenn – etwa in einem Seminarkurs oder einem fächerübergreifenden Projekt – die entsprechenden Kollegen und Kolleginnen aus den genannten Fächern hilfreich mitwirken.

Die religionswissenschaftliche Perspektive der Anthropologie wird schulisch – wenn überhaupt – wohl am ehesten durch das Fach Ethik/Philosophie aufgegriffen und bleibt merkwürdigerweise im Religionsunterricht unterbelichtet. Da der Mensch aber mit seinem Leben und Sterben, explizit oder implizit, ein zentrales Thema religiöser Vorstellungen, Mythen und Riten ist, und keine Religion oder Weltanschauung ohne eine mehr oder weniger ausformulierte Anthropologie auskommen kann, lohnt sich ein Blick in dieses von der theologischen Anthropologie zu differenzierende Fachgebiet.

Die philosophische Perspektive auf den Menschen kann im Religionsunterricht schon deshalb nicht fehlen, weil nicht geringe Anteile theologischer Anthropologie wesentlich durch beispielsweise griechisch-philosophische Entwürfe mitgeprägt sind. Einzelne Aspekte dieser Vorstellungen herauszuarbeiten und – wenn auch nur wenige – philosophiegeschichtliche Entwicklungen der Anthropologie aufzuzeigen ist für ein Verstehen der theologischen Anthropologie unabdingbar.

Die biblisch-theologische Perspektive wird den Religionsunterricht gleichwohl prägen und im Kern zu bestimmen haben. Hier werden die anthropologischen Grundbegriffe für den Menschen im Alten Testament ebenso eine zentrale Rolle zu spielen haben wie die literarischen Zusammenhänge, in denen im AT vom Menschen gesprochen wird: Erstens in der nichtpriesterlichen Urgeschichte des Jerusalemer Geschichtswerks, zweitens in der priesterschriftlichen Urgeschichte, drittens in den Individualpsalmen und viertens in der Weisheitsliteratur. Diese literarisch zu unterscheidenden Zusammenhänge, die je ein anderes Bild des Menschen entwerfen, sind dann von den neutestamentlichen Entwürfen der jesuanischen Verkündigung und der paulinischen (und johanneischen) Theologie abzuheben. Davon wiederum zu unterscheiden sind die durch die griechische Philosophie geprägten altkirchlichen Vorstellungen über den Menschen, die scholastischen Distinktionen des Hochmittelalters und die reformatorische Erkenntnis des in der paulinischen Tradition geprägten »simul iustus et peccator«. Ferner werden die dogmatischen und systematisch-theologischen Entwürfe des Menschen in dogmengeschichtlicher wie neuzeitlicher und postmoderner Perspektive zur Sprache kommen müssen.

Die Schülerinnen und Schüler

In all diesen oben genannten Perspektiven und Zusammenhängen geht es in der Frage nach dem Menschen um elementare Wahrnehmungs- und Interpretationsmuster der Wirklichkeit des Menschen. Die Schülerinnen und Schüler machen sich in der Erarbeitung dieser Perspektiven ihre eigene Sicht des Menschen bewusst und vergleichen diese mit grundlegenden Aussagen der Bibel und der Theologie. Sie klären ihre eigenen Sichtweisen und die der christlichen Tradition in der Auseinandersetzung mit Menschenbildern aus der Philosophie.

Außerdem eröffnet die Lehrplaneinheit die Möglichkeit, psychologische, theologische, soziologische, ethische sowie religions- und kulturgeschichtliche Fragestellungen – wenigstens in einer gewissen Auswahl – zu erörtern.

Aufbau und Gliederung

Teil 1: Eröffnung

Die Doppelseite, die die Unterrichtseinheit eröffnet, möchte anhand zweier zentraler Bilder aus der Kunstgeschichte und elementarer Fragen in das Kapitel Mensch einführen und Lust machen, sich mit diesem Thema zu beschäftigen (siehe dazu auch die Bilderklärungen S. 193). Die elementaren Fragen versuchen dabei die für Schülerinnen und Schüler zentralen Sachverhalte, darüber hinaus aber auch den philosophisch-theologischen Horizont abzustecken, in denen das Thema verortet werden kann. Sie führen in die folgenden Unterkapitel ein, nehmen dabei wichtige Aspekte des Menschseins (etwas die Unterscheidung von Mensch und Tier, aber auch Fragen der Ethik) auf und eröffnen damit Diskussionsfelder, die beim Thema Anthropologie möglich sind.

Teil 2: Was ist der Mensch? Eine Annäherung

In einer kurzen Annäherung möchte der Text des australischen Philosophen *Peter Singer* dazu einladen, sich die wesentlichen Unterschiede von Menschen, Tieren und Steinen (Mineralien) zu vergegenwärtigen (S. 165). Gleichzeitig möchte der ungewöhnliche Text dazu einladen, fest gefügte Ordnungen im Hinblick auf einen »Stufenplan des Lebendigen«, wie er etwa von Max Scheler entwickelt wurde, zu hinterfragen und die Höherstufung des Menschen über die Tiere und Pflanzen (und Mineralien) kritisch zu bedenken.

Teil 3: Biblisch-theologische Anthropologie

Den Hauptteil des gesamten Kapitels bilden die Seiten 166–175, die die biblischen und theologischen Aspekte des Themas beleuchten. Grundlegend für das Verständnis des Menschen aus biblischer Sicht ist die Interpretation als Geschöpf Gottes (S. 166), die den Menschen als ein von Gott geschaffenes Wesen aus Leib, Seele und Geist identifiziert (S. 167). Zentral in dieser Hinsicht sind die aus dem priesterschriftlichen Schöpfungstext destillierten Schlagworte »Gottebenbildlichkeit« (S. 168) und »Herrschaftsauftrag« (S. 169) des Menschen. Die Seiten von der Sünde (S. 170) und Rechtfertigung des Menschen (S. 171) deuten den Menschen in theologischer Sicht ebenso wie die grundlegende Schrift Martin Luthers von der Freiheit eines Christenmenschen (S. 173). Dabei unterscheidet der erste Text zunächst zwischen Erbsünde (peccatum originale) und Tatsünde (peccatum actuale), während der zweite Text die Rechtfertigung des Menschen, unabhängig von aller Werkgerechtigkeit, thematisiert. Als biblisches Beispiel für diese Rechtfertigung kann das Gleichnis vom verlorenen Sohn gelten, das S. 172 in einem Bild von Rembrandt aufgenommen ist (vgl. die Bildbeschreibung S. 193). Die daraus resultierende Freiheit richtig zu interpretieren ist Maßstab des Textes von Martin Luther, der die durch die Rechtfertigung Gottes gewonnene Freiheit des Menschen ins rechte Licht rückt (S. 173). Die damit zusammenhängende Frage nach dem Gewissen des Menschen wird evangelisch durch einen Text von Wilfried Härle (S. 174) und katholisch durch Auszüge aus dem Katechismus wenn nicht beantwortet, so doch wenigstens als Konsequenz der biblisch-theologischen Vorstellungen vor Augen gestellt (S. 175).

Teil 4: Das neuzeitliche Verständnis des Menschen
Der vierte Teil des Mensch-Kapitels nähert sich im Text von Karl-Heinz Ohlig zunächst über die Fragestellung der evolutionsbiologischen Forschungen (S. 176), bemüht sich dann aber sofort, nicht in die falsche und überaus fruchtlose Alternative »Schöpfungsglaube *oder* Evolutionstheorie« zu geraten. Hierzu trägt auch der Text von Christian Link (S. 177) bei, der die Schöpfung selbst als evolutionäres Geschehen und im Sinne der Prozesstheologie als offenen Prozess versteht. Die philosophische Grundfrage, ob der Mensch von Natur aus böse (Thomas Hobbes, S. 178) oder von Natur aus gut zu nennen sei (Jean-Jacques Rousseau, S. 179), bildet dann den Auftakt einer Reihe philosophisch-neuzeitlicher Erwägungen über den Menschen, die sich, als ihrem ersten Protagonisten, mit dem Namen *Immanuel Kant* (S. 180) verbinden, der den Menschen der Aufklärung als den sich aus seiner selbstverschuldeten Unmündigkeit Befreienden beschreibt. Als Vertreter des dialektischen Materialismus steht, aufbauend auf Ludwig Feuerbach, Karl Marx mit seinem Text vom seiner Arbeit entfremdeten Menschen (S. 181), gefolgt von zwei Vertretern der Psychologie: Während Sigmund Freud die, wie er es nannte, drei Kränkungen der menschlichen Eigenliebe im Prozess des langsamen Erkennens seiner selbst beschreibt (S. 182), rückt Alfred Adler in einer präzisen Analyse des menschlichen Strebens den Willen zur Macht als *das* Movens alles menschlichen Handelns in den Mittelpunkt.

Teil 5:
Das Verständnis des Menschen in anderen Religionen
Der Blick in andere Religionen darf, gerade beim Thema Anthropologie, nicht fehlen: Ausgewählt sind mit den Texten von Helmuth von Glasenapp (S. 184) und Ram Adhar Mall (S. 185) zwei kurze Einblicke in den Buddhismus und den Hinduismus. Beide Texte sind summarisch angelegt und können selbstverständlich nur annähernd das Bild des Menschen in diesen Religionen beschreiben. Dennoch wird schon durch diese kurzen Texte die grundlegende Verschiedenheit zur biblisch-theologisch fundierten Anthropologie deutlich.

Teil 6: Diskussionsfelder der Anthropologie
Beschlossen wird der Unterrichtsgang mit einigen Problemfeldern, die zu Diskussionen Anlass geben: Die noch virulente Körperwelten-Ausstellung des Plastinators Gunther von Hagens wird mit dem Text von Wilfried Härle angesprochen (S. 186). Diese Ausstellung menschlicher Leichen wird sicherlich noch einige Jahre für Gesprächsstoff sorgen, zumal von Hagens nun vieles daran setzt, eine Dauerausstellung auf die Beine zu stellen. Wie eine Reflexion zu dieser Handlungsweise von Hagens erscheint der Text von Günter Altner, der auf einer theoretischen Basis die Notwendigkeit der Güterabwägung erörtert und damit indirekt ein Interpretationsmuster für die Körperwelten-Ausstellung liefert (S. 187).
Den Abschluss bilden zwei völlig anders gelagerte, aber doch vergleichbare Textstücke: Das erste, ein Dialog zwischen Hans-Peter Dürr (Physiker), Wolfhart Pannenberg (evang. Theologe), Klaus Michael Meyer-Abich (Philosoph) und Hans-Dieter Mutschler (kath. Theologe) über die Frage, was nach dem Tode kommt, zeigt noch einmal die unterschiedlichen Zugänge zur Wirklichkeit des Menschen, die unterschiedlichen Ausgangsbedingungen und Prämissen der einzelnen Wissenschaftler und die daraus resultierenden Schlussfolgerungen (S. 188f.). Der zweite Text, eine Thesensammlung der Evang. Kirche in Deutschland, versucht hingegen in acht Thesen die zentralen Aussagen der Bibel und der Theologie über den Menschen zum Ausdruck zu bringen – denkbar knapp, aber auch denkbar präzise (S. 190f.). Den letzten Gesprächsanstoß schließlich bilden zwei kleine Textstücke, die aufeinander bezogen werden sollten: Das Prinzip Verantwortung des Hans Jonas und der weisheitliche Text über das Pflanzen des Johannisbrotbaumes weiten noch einmal den Blick für die über die Existenz des Einzelnen hinausreichende Bedeutung der Spezies Mensch und die daraus für das einzelne Menschenleben gleichwohl folgernde, bedeutsame Interpretation des Menschseins für andere (S. 192).
Eine kurze Einführung in die Bilder des Kapitels schließlich rundet diesen Abschnitt des Buches ab (S. 193).

Möglicher Kursverlauf
Der folgende Plan stellt nur eine der Möglichkeiten dar, mit dem Thema »Mensch« und den angebotenen Materialien zu arbeiten. Er ist allerdings in der Praxis erprobt und auch im Hinblick auf die zu erreichenden Bildungsstandards/Kompetenzen der Schülerinnen und Schüler ausgerichtet. Gleichwohl kann er mit mehreren anderen Materialien, Textsammlung oder Arbeitsheften ergänzt werden. In der nachfolgenden Übersicht des Stoffverteilungsplans werden den sechs Teilen der Unterrichtseinheit nicht nur die Seitenzahlen des Schülerbuches zugeordnet, sondern diese auch ergänzt durch Richtstunden-Angaben (Std) sowie die in den einzelnen Teilen zu erreichenden Kompetenzen. Die Details zu den einzelnen Stunden finden sich dann in den jeweiligen Unterrichtsideen zu den Seiten. Die Unterrichtseinheit ist auf ein Schulhalbjahr konzipiert (ca. 25 Unterrichtsstunden).

Möglicher Kursverlauf

	Inhalte	Std.	Kompetenzen/Hinweise
Teil 1	*Eröffnung: Bildinterpretationen* Methodik: Bilder interpretieren (S. 162–164)	1	Ästhetische Kompetenz
Teil 2	*Was ist der Mensch? Eine Annäherung* 1. Unterscheidung von Mensch, Tier und Steinen (S. 165)	1	Sachkompetenz Hermeneutische Kompetenz
Teil 3	*Biblisch-theologische Anthropologie* 1. Der Mensch – Geschöpf Gottes (S. 166) 2. Der Mensch als Leib, Seele und Geist (S. 167) 3. Der Mensch als Gottes Ebenbild (S. 168) 4. Der Mensch und sein Herrschaftsauftrag (S. 169) 5. Die Sünde und die Rechtfertigung des Menschen (S. 170f.) 6. Freiheit und Missbrauch der Freiheit (S. 172f.) 7. Das Gewissen (S. 174f.)	10	Sachkompetenz Hermeneutische Kompetenz Kommunikative Kompetenz Soziale Kompetenz
Teil 4	*Das neuzeitliche Verständnis des Menschen* 1. Evolutionstheorie und Schöpfungsverständnis (S. 176f.) 2. Das Wesen des Menschen (S. 178f.) 3. Die Befreiung des Menschen (S. 180) 4. Kommunistische Interpretation (S. 181) 5. Psychologische Interpretationen (S. 182f.)	7	Sachkompetenz Hermeneutische Kompetenz Ethische Kompetenz Soziale Kompetenz
Teil 5	*Das Bild des Menschen in anderen Religionen* 1. Buddhismus (S. 184) 2. Hinduismus (S. 185)	2	Kommunikative Kompetenz Hermeneutische Kompetenz
Teil 6	*Diskussionsfelder der Anthropologie* 1. Körperwelten und die Notwendigkeit der Güterabwägung (S. 186f.) 2. Ein Leben nach dem Tod? (S. 188f.) 3. Was ist der Mensch? Acht Thesen (S. 190f.) 4. Maßstäbe für verantwortliches Handeln (S. 192)		

162/163 Bilder und Fragen

162/163.1 Der Zusammenhang
Die elementaren Fragen wollen wesentliche Aspekte des Themas zum Tragen bringen. Daran orientiert bieten die einzelnen Seiten des Kapitels Hinweise zur Beantwortung dieser Fragen. Am Ende des Kapitels soll es den Schülerinnen und Schülern möglich sein, zu den genannten Fragen etwas zu sagen bzw. aus der Philosophie- und Theologiegeschichte mögliche Antworten anbieten zu können.
Die beiden Bilder möchten auf das Thema einstimmen und setzen an zwei wichtigen Erzählungen der Urgeschichte, die Beseelung Adams und der Sündenfall, an.

162/163.2 Die Beseelung Adams
Die Beseelung Adams ist das wohl bekannteste Fresko des Michelangelo Buonarotti in der Sixtinischen Kapelle. Sie gehört zu einem Zyklus von insgesamt neun Fresken, die die Decke der Sixtina schmücken und vom ersten Schöpfungstag bis zu Noah reichen, also Gen 1–9 umfassen. Der im Buch S. 162 abgebildete Ausschnitt (vgl. S. 193) zeigt lediglich Adam, der, durch die Weite eines angedeuteten Himmels und doch nur einen Finger breit von Gott getrennt, in entspannter Haltung auf dem grün, blau und braun gehaltenen Boden liegt, den Farben seiner Welt. Im Unterschied zu der aktiv wirkenden Hand Gottes scheint die Handhaltung Adams ganz den empfangenden, passiven Charakter des Beseelungsvorgangs widerzuspiegeln, seine Augen aber hängen konzentriert an diesem geheimnisvollen Augenblick. Als zentrales Bild christlicher Anthropologie gehört dieses Fresko zum Grundbestand christlicher Ikonographie. Während die Kunstgeschichte eine Vielzahl von Variationen der Erschaffung und Beseelung Adams bereithält, kann in jüngerer Zeit eine gewisse künstlerische Auseinandersetzung speziell mit dieser durch Michelangelo in diesem Fresko geschaffenen Szenerie beobachtet werden.

162/163.3 Der Sündenfall
Der auf S. 163 (Beschreibung siehe auch S. 193) dargestellte sog. Sündenfall der Menschheit gehört wie die Beseelung Adams als zentrales Motiv christlicher Ikonographie in die Darstellungen von Adam und Eva im Paradies (vgl. Schade). Die von Lucas Cranach d. Ä. 1538 erschaffene Komposition legt das Augenmerk auf die verführerische Eva, die dem fragenden (zweifelnden?) Adam den Apfel reicht. Abgesehen von den historisch-kritischen Bemerkungen zu diesem Motiv (vgl. Reinert 1999) ist es bemerkenswert, dass neben diesem Motiv auch die erschaffenen Tiere im Bild verzeichnet sind – häufig wurden diese beiden Motive getrennt dargestellt. Die »Lust für die Augen«, die die Frucht nach Gen 3,6f. darstellt, findet sich in Evas Augen abgebildet, die den gepflückten Apfel in der Hand hält, ihn dann aber nicht selber isst, sondern weiterreicht. Dieses uns aus der Ikonographie so vertraute Bild der Eva mit dem Apfel stammt aus dem späten Mittelalter, wo der Apfel erstmals in Sündenfall-Darstellungen auftaucht. (Der hebräische Text schweigt darüber, ob es sich um einen Apfel gehandelt hat, er spricht nur von einer Frucht.)

162/163.4 Literatur
Lexikon der Kunst. Malerei – Architektur – Bildhauerei, Band 8, Erlangen 1994, S. 148-162; bes. S. 156-157.
Peter Kliemann/Andreas Reinert (Hg.), Thema Mensch. Texte, Hintergründe, Informationen, Stuttgart 1999, S. 96.
Andreas Reinert, Michelangelo Buonarotti – Die Erschaffung Adams, in: Peter Kliemann/Andreas Reinert (Hg.), Thema Mensch. Texte, Hintergründe, Informationen, Stuttgart 1999, S. 94.
Andreas Reinert, Grundinformationen zu den ersten Kapiteln der Bibel, Teil 3: Die Erschaffung des Menschen, Paradies und Sündenfall (Gen 2,4b-3,24), in: Peter Kliemann/Andreas Reinert (Hg.), Thema Mensch. Texte, Hintergründe, Informationen, Stuttgart, S. 129–137, dort v.a. S. 134-136.
Hartmut Rupp/Kurt Konstandin, Was ist der Mensch? Oberstufe Religion Band 6, Lehrerheft, Stuttgart 1999, S. 100f.
H. Schade, Adam und Eva, in: Lexikon der christlichen Ikonographie, Rom/Freiburg/Basel/Wien 1968/1994, Band 1, Sp. 41–70.

162/163.5 Unterrichtsideen
Sowohl für die Beseelung Adams als auch für die Darstellung des Sündenfalls durch Cranach bietet es sich an, mit S. 164 des Schülerbuches zu arbeiten. Die dort angebotene Grundtechnik zur Interpretation von Bildern kann mit in die Erforschung dieser beiden Bilder einbezogen werden:

1. Die Beseelung Adams
a) Recherche
Ein wichtiger Zugang zu diesem Bild kann sicher die grundlegende Recherche sein, wie sie im Hinblick auf Entstehungszeit, Künstler, Thema, Technik und Farbgebung des Bildes auf S. 164 vorgeschlagen wird. Dazu bietet sich entweder ein Referat, eine Hausarbeit oder Präsentation an, die ein/e Sch vorbereitet und vorstellt oder eine Hausaufgabe zur Vorbereitung für alle Sch. Man kann auch an eine Exkursion in den Multimediaraum der Schule denken, bei der die Sch sich über das Internet über dieses Werk informieren. Vorsicht: Gerade zu diesem Bild gibt es eine Vielzahl von Seiten und Querverweisen, die nicht immer hilfreich sind.

b) Bild-Text-Vergleich
Nachdem das Bild erkundet und ausgiebig recherchiert ist, bietet sich ein Vergleich mit Gen 1,26–18 oder mit Gen 2,7 an. Mögliche Fragestellungen:
– Welche Szene wird in dem Bild dargestellt?
– Welche Informationen gibt das Bild, die der Text nicht enthält?
– Wie legt das Bild den Text aus?

c) Bild-Bild-Vergleich
Auch ein Vergleich verschiedener Darstellungen der Beseelung Adams, gerade auch moderner Adaptationen (s. Kliemann/Reinert), ist möglich und aufschlussreich. Dem muss jedoch eine ausgiebige Recherche vorausgegangen sein, die Variationen dieses Motivs (z. B. im Internet) ausfindig gemacht hat.

2. Der Sündenfall
a) Methode »Bilddetektive« (Plenum)
Das Bild wird eingescannt und auf eine Folie gedruckt, die am Tageslichtprojektor aufliegt. Ein/e Sch erhält eine Schablone aus Karton, die größer ist als das Bild auf der Folie und mit einem Loch (rund oder viereckig) in der Mitte versehen ist. Diese Schablone wird langsam über das Bild bewegt. Die anderen Sch rufen »Stopp!«, wenn eine bestimmte Stelle sie besonders interessiert. Gemeinsam wird dann versucht, diese Stelle zu entschlüsseln.

b) Schreibmeditation
Vgl. S. 164. Dabei betrachten die Sch in Kleingruppen schweigend das Bild. Wer zuerst einen Eindruck aufschreiben möchte, schreibt einen Satz auf ein Blatt und reicht das Blatt an seinen Nachbarn weiter, der seinerseits einen Kommentar zu diesem Satz oder einen eigenen Eindruck notiert. So wandert das Blatt im Kreis, bis keiner mehr etwas beitragen möchte. Man kann der stillen Schreibphase eine Gesprächrunde in der Kleingruppe folgen lassen. Die Eindrücke können schließlich auch im Anschluss im Plenum auf einer Wandzeitung oder an der Tafel gesammelt werden.

c) Bild-Text-Vergleich
Wenn das Bild auf diese oder eine andere Weise erkundet ist, kann vergleichend dazu entweder der Bibeltext gelesen werden oder ein Kurzkommentar. Mögliche Fragestellungen:
– Wo weichen Bild und Textvorlage voneinander ab?
– Was wollte Cranach mit seiner Bildkomposition wohl ausdrücken?

d) Bild-Bild-Vergleich
Möglich ist auch ein Vergleich mit dem auf S. 7 abgedruckten Bild »Die Erschaffung der Tiere« von Meister Bertram.

165 Menschen, Tiere, Steine

165.1 Der Zusammenhang
Der Text des australischen Philosophen Peter Singer führt in den zweiten Teil der Unterrichtseinheit ein mit einem scharfsinnigen Text zur Abgrenzung des Wesens eines Menschen von Tieren und Steinen. Im Zusammenhang unseres Themas scheint die Frage »Was ist ein Mensch?« einen ersten Einstieg in die Einheit leisten zu können, vor allem in Abgrenzung zu anderen Lebewesen wie Tieren.

165.2 Der Hintergrund
Die Verwendung eines Textes von Peter Singer zur Anthropologie erscheint einer Erklärung zu bedürfen. Singer war mit seiner »Praktischen Ethik« speziell in Deutschland seit Anfang der neunziger Jahre sehr in Verruf geraten, weil er »in einem der zehn Kapitel die aktive Euthanasie für schwer behinderte Neugeborene befürwortet«. Tatsächlich ist die Diskussion Mitte der neunziger Jahre seit Bekanntwerden der so genannten Bioethik-Konvention des Europarates mit großer Heftigkeit geführt worden, und die These Singers, ein Mensch sei nur dann ein Mensch, wenn für ihn die drei Kriterien der »Rationalität, Autonomie und Selbstbewusstsein« nachweisbar sind, hat große Verwerfungen innerhalb der Philosophie und große Proteste in der Theologie nach sich gezogen. Den problematischen Hintergrund mag ein Vortrag verdeutlichen, der als Zusatzmaterial M 165.1 mit einer dazu gehörigen tabellarischen Aufstellung M 165.2 beiliegt.

165.3 Unterrichtsideen
Für viele Sch ist es auch noch in der Oberstufe sehr schwierig, sich Texte genügend gründlich zu erschließen, zu verstehen und wiederzugeben. Deswegen haben wir auf S. 49 einige grundsätzliche Erwägungen zur Interpretation von Texten beigesteuert. Diese können ergänzt und vertieft werden durch M 2 »Texte erschließen und lesen lernen«, ein Arbeitsblatt, das den Oberstufen-Sch den Grundbestand des Textverstehens sichern soll.

1. Texterschließung nach Leitfragen
(Gruppenarbeit und Plenum)
Der Text »Menschen, Tiere, Steine« wird in Gruppen nach den angegebenen Aufgaben bearbeitet. Die Sch können hierzu auf einer Folie die Gemeinsamkeiten und Unterschiede festhalten. In einem zweiten Schritt sollen die Sch Argumente für und gegen die Position Singers suchen. Anschließend stellen die Gruppen zunächst ihre Folienergebnisse vor. Ziel: TA etwa folgenden Inhalts:
– These Singers: Die Leidensfähigkeit eines Wesens ist die Grundvoraussetzung für sein Interesse.
– Menschen und Tiere haben im Vergleich zu einem Stein das Interesse, nicht zu leiden, sondern glücklich zu sein. Steine haben kein Interesse, weil sie nicht leiden können. Die Leidensfähigkeit ist die einzig vertretbare Grenze für die Rücksichtnahme auf die Interessen anderer.
– Unterscheidung Neugeborenes – Erwachsener – Maus – Stein.

Anschließend Diskussion der These Singers im Plenum. Argumente für und gegen die Position von Singer.

2. Vertiefung: Vortrag zum utilitaristischen Menschenbild Peter Singers
In einem weiteren Schritt kann die Lehrkraft (in wissenschaftspropädeutischer Absicht) den Vortrag M 165.1 vorlesen. Dies dient der Vorbereitung auf das wissenschaftliche Arbeiten an der Universität ebenso wie einem vertieften Verstehen der Position Singers. Dabei kann der Vortrag natürlich beliebig gekürzt werden, vor allem um den langen zweiten Teil zum biblischen Menschenbild. M 165.2 kann im Anschluss als Summe des Vortrages festgehalten werden. Der Vortrag sollte versehen sein mit folgenden Aufgaben und Fragestellungen:
- Schreiben Sie während des Vortrags die Ihnen wichtig erscheinenden Informationen und Gedankengänge mit!
- Wie ist das utilitaristische Menschenbild Peter Singers charakterisiert?
- Überlegen Sie dabei: Welche Argumente sprechen für, welche gegen die Position Singers?

Nach dem Vortrag (ca. 20 Minuten) wird in der Klasse versucht, aus den Notizen der Schülerinnen und Schüler den Gedankengang des Vortrags nachzuvollziehen und als Tafelanschrieb festzuhalten. Anschließend zusammenfassender Austausch darüber,
- wie das utilitaristische Menschenbild in der Interpretation Singers zu verstehen ist,
- welche Argumente für und welche gegen seine Position sprechen.

3. Daseinsberechtigung
Zur weiteren Vertiefung dieses Komplexes hat sich das Arbeitsblatt »Daseinsberechtigung« (M 165.3) bewährt. Mit diesem Arbeitsblatt stellen die Sch in Einzelarbeit einen »Antrag auf Erteilung einer Daseinsberechtigung«, wobei sie angeben, warum es sie persönlich geben muss. Diese auf den ersten Blick recht einfach klingende Frage wird umso schwerer, je länger man darüber nachdenkt. In Wirklichkeit gibt es für die persönliche Existenz keinen einzigen Grund. Die Sch reflektieren, warum sie auf der Welt sind: weil sie gewollt sind, von ihren Eltern, von Gott, und weil jede/r deswegen einmalig und einzigartig ist. Meine Daseinsberechtigung erhalte ich aus der Tatsache, dass ich gewollt war und bin, dass ich von anderen Menschen geliebt werde.

Erster Schritt: Drei Sch werden als »Daseinsberechtigungsbewilligungsbehörde« auserkoren. Während die anderen Sch ihr Arbeitsblatt ausfüllen, erklärt die Lehrkraft der Jury den Hintergrund des Verfahrens: »Stellt euch vor, eine Behörde würde eingerichtet, die von jedem Menschen eine ›Daseinsberechtigung‹ verlangt. Ihr müsst mindestens einen zwingenden Grund angeben, warum es euch persönlich geben muss«. Zeit: Zehn Minuten, evtl. unterstützt durch ruhige Musik.

Zweiter Schritt: Die Sch stellen ihre Antworten reihum vor, die Gründe werden stichwortartig durch einen Sch an der Tafel gesammelt. In der Regel werden alle durch die Jury abgelehnt, weil alle Fähigkeiten, Fertigkeiten und persönliche Anlage letztlich auch durch andere Menschen ersetzt werden können. Am Ende erfolgt eine Diskussion und eine Zusammenfassung an der Tafel. Der TA könnte so aussehen:

Daseinsberechtigung
- Wir können unser Dasein nicht verdienen, wir können noch so gut sein und bleiben doch ersetzbar.
- Den zwingenden Grund für unser Dasein gibt es aus uns selbst nicht.
- Weil wir aber von unseren Eltern geliebt werden und von Gott gewollt sind, ist uns eine Berechtigung zum Leben »geschenkt«. Unser ganzes Leben, unsere Existenz an sich ist ein Geschenk, kein Verdienst.

165.4 Zusatzmaterialien
M 165.1 Vortrag »Das utilitaristische Menschenbild in der Interpretation Peter Singers«
M 165.2 Voraussetzungen des Menschseins – Übersicht
M 165.3 Arbeitsblatt Antrag auf Erteilung einer Daseinsberechtigung

166 Der Mensch als Geschöpf Gottes

166.1 Der Zusammenhang
Der Text bildet den Auftakt zu einer Art »vademecum« christlicher Anthropologie, wie sie in diesem dritten Teil der Unterrichtseinheit auf den kommenden Seiten 166–175 entwickelt wird. Dieser Auftakttext von S. 166 stellt eine Art Zusammenfassung der wichtigsten Gedanken zur Geschöpflichkeit des Menschen dar. Wenn der Vortrag zum utilitaristischen Menschenbild bei Peter Singer Verwendung gefunden hat (siehe oben zu S. 165 mit M 165.1 und M 165.2), kann daran leicht angeknüpft werden.

166.2 Der Text
Der Text beginnt mit der These, dass die »grundlegende Aussage der Bibel und der Theologie über den Menschen lautet: Er ist ein Geschöpf Gottes« (Z. 1–8). Diese These wird dann zunächst in zwei Richtungen interpretiert: Zunächst auf die Seite des Schöpfers (Z. 9–17), der als Schöpfer nicht selbst Bestandteil der Welt sein kann – ein alter dogmatischer Topos, der sich gegen den Pan(en)theismus aller couleur wendet. Dann wird die These auf die Seite des Geschöpfes (Z. 18–35) hin ausgelegt: Der Mensch ist ein freies Wesen, das von Gott gewollt ist. Aus dieser Freiheit folgt aber auch eine große Verantwortung (Z. 36–52), die anhand von Beispielen expliziert wird und insbesondere den Blick auf die Mitwelt des Menschen als »Schöpfung« lenkt. So endet der Text in einem Dreiklang von Schöpfer, Geschöpf Mensch und Schöpfung.

166.3 Literatur
Bernd Janowski, Art. Mensch IV. Altes Testament, RGG[4] Band 5, Sp. 1057f.
Hartmut Rupp/Kurt Konstandin, Was ist der Mensch? Oberstufe Religion Heft 6, Stuttgart 1999, S. 33–35 und die entsprechenden Abschnitte in Hartmut Rupp/Kurt Konstandin, Was ist der Mensch? Oberstufe Religion Heft 6, Lehrerheft, Stuttgart 1999, S. 51–55.
Peter Kliemann/Andreas Reinert, Thema Mensch. Material für den Unterricht in der Oberstufe, Stuttgart 1998, S. 24f. und die entsprechenden Abschnitte in Peter Kliemann/Andreas Reinert, Thema Mensch. Lehrerkommentar, Stuttgart 1998, S. 37–41 sowie dem Materialband: Peter Kliemann/Andreas Reinert, Thema Mensch. Lehrerkommentar, Stuttgart 1999, S. 100.
Verband Katholischer Religionslehrer (VKR) in Niedersachsen (Hg.), Sahnestücke. Materialsammlungen für den Religionsunterricht, S. 1.1 und 1.2, Ilsede.

166.4 Unterrichtsideen

1. Arbeit mit dem Buch
a) Einstieg: Plenum: Text lesen
In einem ersten Schritt wird im Plenum der Text gelesen. Verständnisschwierigkeiten werden bearbeitet.

b) Erarbeitung: Gruppenarbeit: Textarbeit an Psalmen
Weiter bearbeiten die Sch die bei den Aufgaben angegebenen Textstücke aus Psalm 8 und Psalm 104 mit Bibeln und beschreiben damit das biblische Bild vom Menschen anhand dieser Psalmen. Es bietet sich an, dies in arbeitsteiligen Gruppen zu machen, da erstens die Beschäftigung mit beiden Psalmen viel Zeit beanspruchen würde und zweitens eine gewisse Langeweile bei der anschließenden Vorstellung kaum vermieden werden könnte. Für beide Psalmen hat sich gezeigt, dass sie grafisch darstellbar sind. Die Sch können ihre Erkenntnisse deshalb als Grafik auf eine Folie bringen.

c) Präsentation: Plenum: Folienpräsentation
Anschließend werden die Ergebnisse zunächst für Psalm 8, dann für Psalm 104 aus den arbeitsteiligen Gruppen vorgestellt. Die Grafiken können miteinander verglichen und Unterschiede, vor allem aber wohl Gemeinsamkeiten festgestellt werden.

d) Ergebnissicherung: Plenum: Vergleich Text – Psalmen
Die gewonnenen Erkenntnisse aus den Psalmen werden mit denen des Textes verglichen und Kongruenzen festgestellt. Die Ergebnisse werden als TA festgehalten.

e) Vertiefung: Transfer
Die Ergebnisse können dann, sofern in den Seiten zuvor M 165.3 (Daseinsberechtigung) zum Einsatz kam, mit den Diskussionen dieses Arbeitsblattes verglichen werden. Wenn M 165.3 noch nicht eingesetzt wurde, ist es auch möglich, es als Abschluss für diesen Unterrichtsgang zu verwenden.

2. Vertiefung mit Oberstufenheften
In Ergänzung zu dieser Arbeit mit dem Buch können auch weitere Materialien aus Oberstufenheften herangezogen werden. Denkbar wäre es z.B., die entsprechenden Abschnitte aus dem Heft »Was ist der Mensch?« (Rupp/Konstandin 1999) oder aus dem Heft »Thema Mensch« (Kliemann/Reinert 1998) zu ergänzen.

167 Der Mensch als Leib, Seele und Geist

167.1 Der Zusammenhang
Der Text führt den Gedanken des Textes von S. 166 logisch fort und baut auf ihn auf. Der Mensch als Geschöpf Gottes entdeckt sich selbst als Leib, Seele und Geist. Diese in der Dogmatik in der Diskussion um das »Wesen des Menschen« bekannte Debatte hat die in der Philosophiegeschichte entstandene Trichotomie des Menschen und die theologiegeschichtlich wohl eher als eine Dichotomie beschriebene Wesensbestimmung des Menschen im Blick. Biblisch gesehen jedoch überwiegt ein anderer Gedanke: der der Einheit des Menschen.

167.2 Der Text
Der Text beginnt mit der These, dass die Bibel »den Menschen als Ganzen in den Blick« nimmt, wenn sie auch verschiedene Aspekte des Menschen wie Leib, Seele, Fleisch, Geist ... besonders hervorheben und betonen kann (Z. 1–9). Der zweite Abschnitt beschreibt dann die alttestamentliche Auffassung vom Menschen, nach der der Mensch nicht wie in der griechisch geprägten Anthropologie eine Seele *hat*, sondern eine Seele *ist*. (Z. 9–21). Deshalb bieten Leib, Seele und Geist eine Einheit und stellen lediglich Aspekte des Menschseins dar, nicht eigene Größen (Z. 22–23). Daraus folgend ist der Mensch im AT weniger ein Individuum, sondern immer schon ein soziales Wesen (Z. 24–39). Den Abschluss bietet, daran anknüpfend, noch einmal die drei Aspekte (Geist, Seele, Leib) des Menschen und die sein Gottes-, sein Selbst- und sein Weltverhältnis betonende Unterscheidung (Z. 40–52).

167.3 Literatur
Bernd Janowski, Art. Mensch IV. Altes Testament, RGG⁴ Band 5, Sp.1057f.
Andreas Reinert, Grundinformationen zu den ersten Kapiteln der Bibel, Teil 3: Die Erschaffung des Menschen, Paradies und Sündenfall (Gen 2,4b–3,25), in: Peter Kliemann/Andreas Reinert, Thema Mensch, Materialband, Stuttgart 1998. S. 131–134.

167.4 Unterrichtsideen
Einstieg und Erarbeitung: Gruppenarbeit zu Gen 2,4b–25
Die Sch lesen in Gruppen Gen 2,4b–25 und informieren sich über den Text (vgl. Reinert 1998). Sie arbeiten aus dem Bibeltext heraus, was über sie selbst ausgesagt wird (Aufgabe 1). Eventuelle Unklarheiten werden mit Hilfe der Information bearbeitet.

1. Erarbeitung: Gruppenarbeit zum Text
Mit Hilfe des Textes S. 167 diskutieren die Sch anschließend Aufgabe 3. Sie definieren die Begriffe »Leib«, »Seele« und »Geist« und schreiben ihre Definitionen auf DIN A5-Zettel (genügend groß).

2. Ergebnissicherung: Plenum: Begriffe klären
Im Plenum werden die gefundenen Ergebnisse vorgestellt und zur Diskussion gestellt. Daraus entsteht eine Sammlung, die als Ergebnissicherung in einen TA mündet.

168/169 Gottes Ebenbild und Herrschaftsauftrag

168/169.1 Der Zusammenhang
Die Texte von Wilfried Härle legen in einem weiteren Schritt die beiden wichtigen anthropologischen Grundstellen der Bibel, Gen 1,26 (Gottebenbildlichkeit) und Gen 1,28 (Herrschaftsauftrag) aus. Nach der Geschöpflichkeit des Menschen (S. 166) und seiner Wesensbestimmung als »lebendige Seele« (S. 167) sind diese beiden Texte mit den Fragen nach den Aufgaben des so geschaffenen Menschen befasst: Der Mensch ist als Stellvertreter Gottes auf Erden dessen Ebenbild (S. 168) und damit beauftragt, in der Welt in verantwortlicher Weise zu herrschen (S. 169).

168/169.2 Die Texte
Der Text über die Gottebenbildlichkeit des Menschen beginnt mit der begrifflichen Klärung des Textes Gen 1,26f. (Z. 1–16). Daran anknüpfend formuliert Härle die These, dass es nicht etwas *am* Menschen sei, das ihn zum Ebenbild Gottes bestimmt, sondern dass die Beziehung zu Gott diese besondere Stellung des Menschen begründet (Z. 17–31). Was es heißt, Ebenbild Gottes zu sein, führen die folgenden Zeilen aus (Z. 32–54): Wenn Gott seinem Wesen nach Geist und Liebe ist, dann könnte es bedeuten, dass Menschen als geistbegabte und liebende Wesen Gott als Ebenbild entsprechen, obwohl der kategoriale Unterschied zwischen Gott und Mensch natürlich dennoch gewahrt bliebe.

Der Text über den Herrschaftsauftrag des Menschen knüpft, wie Härle anfangs betont (Z. 1–6) unmittelbar an die Vorstellung vom Ebenbild Gottes, aber etwa auch an Psalm 8, an. In einer präzisen Analyse der Verben in Gen 1,28 legt er dann in Aufnahme von Forschungen von Bernd Janowski dar, dass Herrschaft auch im AT ambivalent ist, die königliche Funktion des Menschen aber gerade nicht als Unterdrückung interpretiert werden kann, sondern die Integrität und das Lebensrecht der Schöpfung, speziell der Tierwelt, zur Sorge haben muss (Z. 7–32). Die allenthalben zu beobachtende, negative Herrschaft des Menschen im Sinne einer Ausbeutung und Benutzung der übrigen Geschöpfe leitet sich aus einer Vergessenheit hinsichtlich der Gottebenbildlichkeit des Menschen (s.o.) ebenso wie aus einem falsch verstandenen Herrschaftsauftrag ab. Sofern aber der Gesamtzusammenhang der Schöpfung durch den Menschen bewahrt bleibt, bleibt er auch seinem eigentlichen Auftrag, als Stellvertreter Gottes auf der Erde zu herrschen, treu (Z. 33–53).

168/169.3 Literatur
Bernd Janowski, Mensch IV. Altes Testament, RGG⁴ Band 5, Sp. 1057f.
Hartmut Rupp/Kurt Konstandin, Was ist der Mensch? Oberstufe Religion Heft 6, Stuttgart 1999, S. 33–35 und die entsprechenden Abschnitte in Hartmut Rupp/Kurt Konstandin, Was ist der Mensch? Oberstufe Religion Heft 6, Lehrerheft, Stuttgart 1999.
Peter Kliemann/Andreas Reinert, Thema Mensch. Material für den Unterricht in der Oberstufe, Stuttgart 1998, S. 24f. und 25f. und die entsprechenden Abschnitte in Peter Kliemann/Andreas Reinert, Thema Mensch. Leh-

rerkommentar, 1998, sowie dem Materialband: Peter Kliemann/Andreas Reinert, Thema Mensch, Stuttgart 1999, S. 97-101.

168/169.4 Unterrichtsideen

1. Text S. 168 »Die Bestimmung des Menschen zu Gottes Ebenbild«
a) Einstieg: Plenum: Text lesen
In einem ersten Schritt wird im Plenum der Text gelesen. Verständnisschwierigkeiten werden bearbeitet.

b) Erarbeitung: Gruppenarbeit: Bibelarbeit
Die Sch beginnen mit der Lektüre und einem Vergleich von Gen 1,26-28; 5,1-3 und 9,1-6 (Bibeln). Sie legen sich auf einer Folie drei Spalten an und halten Gemeinsamkeiten und Unterschiede fest (Aufgabe 1). Eine Arbeitsteilung nach den drei Texten bietet sich *nicht* an, da es ja gerade um den Vergleich der Texte gehen soll.
Anschließend entwerfen sie in einem zweiten Arbeitsgang mit Hilfe ihrer Erkenntnisse aus den Bibeltexten und des Textes auf S. 168 auf einer zweiten Folie ein Mindmap zum Stichwort »Bild Gottes« (Aufgabe 2).

c) Ergebnissicherung: Plenum
Die Ergebnisse der Folien werden dem Plenum am Tageslichtprojektor vorgestellt und diskutiert. Wesentliche Ergebnisse werden als TA festgehalten und abgeschrieben. Es entsteht ein erweitertes Mindmap zum Thema »Bild Gottes«.

d) Erarbeitung
Gruppenarbeit: Funktionen des Menschen
Als Abschluss können die Sch wieder in Gruppenarbeit überlegen, welche Funktionen der Mensch nach diesen Schlussfolgerungen übernehmen sollte, was er tun und was er lassen sollte (Aufgabe 3).

e) Vertiefung (Erweiterung) als Hausaufgabe
In Ergänzung zu diesem Unterrichtsgang können wieder andere Materialien aus Oberstufenheften herangezogen werden. Denkbar wäre es z.B., das Erarbeitete mit Grundinformationen zum ersten Schöpfungstext Gen 1,1-2,4a zu vertiefen, wie er in dem von Peter Kliemann und Andreas Reinert herausgegebenen Materialband zum Oberstufenheft »Thema Mensch« vorliegt (siehe u. Literatur).

2) Text S. 169 »Der Herrschaftsauftrag des Menschen«
a) Einstieg: Plenum: Text lesen
In einem ersten Schritt wird im Plenum der Text gelesen. Verständnisschwierigkeiten werden bearbeitet.

b) Erarbeitung: Gruppenarbeit: Herrschaftsverhältnisse
In einem zweiten Schritt überlegen die Sch, was für diese Welt sinnvolle Herrschaftsverhältnisse wären (Aufgabe 1). Dazu erhalten Sie die vier Begriffe »Herrschen«, »Ausbeuten«, »Bewahren« und »Liebe« auf vier DIN A6-Karteikarten ausgeteilt (M 168/169.1), die sie vor sich auf den Tisch legen. Mit Hilfe dieser vier Begriffe versuchen sie Herrschaftsverhältnisse zu klären. Sie können dabei die Begriffe einander zuordnen, unterordnen, höher und tiefer ordnen usw. Folgende Fragen sind dabei sinnvoll:

– Wie stellen Sie sich das Verhältnis von Herrschen und Ausbeuten vor? Wie viel Herrschaft soll/muss sein und wie soll sie begrenzt sein, wie viel Ausbeutung muss sein?
– Wie stellen Sie sich das Verhältnis von Bewahren und Ausbeuten vor? Wie viel Bewahren muss sein, wie viel Ausbeutung muss sein?
– Wie stellen Sie sich das Verhältnis von Herrschen und Liebe vor? Wie viel Herrschaft muss sein, wie viel Liebe darf sein?

Natürlich sind auch noch weitere Verhältnisbestimmungen möglich. Manchmal hat es sich bewährt, aus einem Strahl von »– 5« (z.B. für Ausbeutung) und »+ 5« (z.B. für Bewahren) festzulegen, wie viel Ausbeutung und wie viel Bewahren sein muss.

c) Vertiefung: Gruppenarbeit: Was darf der Mensch, was darf er nicht?
An den Herrschaftsauftrag des Menschen anknüpfend hat man oft gefragt, was der Mensch innerhalb dieses Auftrages als »sanktioniert« ansehen kann. In der Gruppe kann die konkrete Frage diskutiert werden, ob eine Klonierung von Tieren oder Menschen im Horizont und im Bereich des Möglichen von Gen 1,28 liegt (Aufgabe 2). Da die Forschung in diesem Bereich schnell voranschreitet und heute aktuelles morgen schon veraltet scheint, ist es sinnvoll, in aktuellen Veröffentlichungen zu diesem Thema ergänzende Informationen zu suchen.

168/169.5 Zusatzmaterialien
M 168/169.1 Karteikarten »Herrschaftsverhältnisse«

170/171 Sünde und Rechtfertigung

170/171.1 Der Zusammenhang
Dass mit dem so genannten Herrschaftsauftrag des Menschen (S. 169) und der »Vertreibung aus dem Paradies« die »Sünde« in die Welt gekommen sei – dieses Problem macht unseren Sch nach wie vor schwer zu schaffen. Mit diesem Problem und den vorangegangenen Seiten befinden wir uns noch immer im mythischen Teil des Alten Testaments, den Ur-Geschichten der Menschheit. Vorbereitet durch das schon auf den Seiten 166-169 Erarbeitete wird nun ein weiterer Aspekt des Menschseins in den Blick genommen, der die kommenden Seiten 170-173 prägen wird: Die Sünde des Menschen und der Umgang damit. Dabei geht es weniger um etwas zu »Wissendes«, sondern um die Reflexion eines Sachverhaltes, um das Nachdenken über ein Geschehen, das alle betrifft.

Beide Texte stellen hohe Anforderungen an das Verstehen der Sch, weil viele fremde Begriffe, die gewiss nicht zum täglichen Repertoire der Jugendlichen gehören, auftauchen. Gleichwohl sollen sie an dieser Stelle bewusst mit den Termini der Fachwelt vertraut werden, um die Zusammenhänge besser begreifen zu können und nicht mit einer fadenscheinigen und weichgespülten Theologie, wie man sie in religionspädagogischen Veröffentlichungen auch finden kann, abgespeist zu werden.

170/171.2 Der Hintergrund
Die beiden Autorentexte auf S. 170 und 171 versuchen die wesentlichen Elemente der biblischen Überlieferung und der christlichen Lehre zu den beiden großen Wörtern »Sünde« und »Rechtfertigung« in knappe Worte und in (einigermaßen) schülergerechte Sprache zu fassen. Dabei knüpft der erste Text S. 170 zur »Sünde: Erbsünde – Tatsünde« an die vorigen Seiten des Schülerbuches an, indem er den Menschen als gutes Geschöpf Gottes, ja als sein Ebenbild in Erinnerung ruft (Z. 1-4), dann aber übergeht zu den »dunklen Seiten« des Menschseins, die die Bibel »Sünde« nennt. Sünde wird als »Abkehr von Gott« definiert und mit den beiden Texten vom so genannten Sündenfall und der Ermordung Abels durch Kain in Beziehung gebracht (Gen 3-4; Z. 5-15). Dass Sünde aber nicht nur eine Angelegenheit zwischen Gott und den Menschen ist, sondern dass alle Menschen sich in einem »Schuldzusammenhang« befinden, aus dem sie sich nicht mit eigenen Mitteln lösen können, will der sich anschließende Abschnitt zeigen (Z. 16-31). Der Unterscheidung von peccatum originale und peccatum actuale und der Abwehr eines falschen »Erbsünden«-Verständnisses dienen die weiteren Zeilen der beiden letzten Abschnitte (Z. 32-56).

Wenn der Mensch nun in überpersönliche Schuldzusammenhänge verstrickt ist: Wie ist es dann möglich, gerecht zu werden vor Gott? Diese am Anfang aufgeworfene Frage eröffnet den Text auf S. 171 (Z. 1-6). Die Rechtfertigungslehre, die hier in kurzen Worten zusammengefasst ist, und das Bleibende der Sünde bilden den Kern dieser Ausführungen (Z. 7-33), die durch ein Luther-Zitat untermauert werden (Z. 34-42). Der letzte Abschnitt schließlich hebt auf die sola fide und sola gratia geschenkte Freiheit Gottes ab, die besonders betont, dass nicht die guten Werke zu einem solch erlösten Leben führen können (Z. 43-55).

170/171.3 Literatur
Franz Wendel Niehl/Arthur Thömmes, 212 Methoden für den Religionsunterricht, München 1998, S. 129-131, bes. 130.

Hartmut Rupp/Kurt Konstandin, Was ist der Mensch? Oberstufe Religion Heft 6, Stuttgart 1999, und die entsprechenden Abschnitte in Hartmut Rupp/Kurt Konstandin, Was ist der Mensch? Oberstufe Religion Heft 6, Lehrerheft, Stuttgart 1999.

Andreas Reinert, Grundinformationen zu den ersten Kapiteln der Bibel, Teil 3: Der Sündenfall, in: Peter Kliemann/Andreas Reinert, Thema Mensch, Materialband, Stuttgart 1999, S. 134-137 sowie Teil 4: Kain und Abel, ebd., S. 158-161.

170/171.4 Unterrichtsideen
1. Text S. 170 »Sünde: Erbsünde – Tatsünde«
a) Einstieg: Plenum: Text lesen
In einem ersten Schritt wird im Plenum der Text gelesen. Verständnisschwierigkeiten werden bearbeitet.

b) Erarbeitung von Gen 3-4: Gruppenarbeit: Textkonfigurationen
Zum weiteren Verstehen des Textes ist es notwendig, sich die biblischen Voraussetzungen zu vergegenwärtigen. Dazu dient ein kleiner exegetischer Ausflug in die wichtigsten Informationen zu Gen 3-4 (vgl. Reinert 1999). Es macht Sinn, für diesen Arbeitsschritt eine Doppelstunde einzuplanen, da viele Sachverhalte angesprochen sind und auch einiger Austausch in Gruppenarbeit, betreut durch die Lehrkraft, notwendig ist. Es empfiehlt sich, wieder in arbeitsteiligen Gruppen vorzugehen (die Textcorpora sind etwa gleich groß) und zunächst den Bibeltext zu lesen, sodann die Erklärungen aus den angegebenen Textstücken hinzuzunehmen.

Bei beiden Texten bietet sich die Methode »Textkonfiguration« als gute Möglichkeit an (vgl. Niehl/Thömmes 1998): Dabei werden die Beziehungen zwischen den handelnden Personen grafisch dargestellt und beschriftet. Bei der Erzählung vom Sündenfall sind dies die vier »Personen« Gott, die Schlange, Adam und Eva. Diese vier Größen werden grafisch aufeinander bezogen und die einzelnen Abhängigkeiten und Einflussnahmen mit Pfeilen dargestellt. Bei der Erzählung von Kain und Abel sind es drei Personen (neben den beiden noch Gott), die aufeinander zu beziehen sind. Bei den Konfigurationen können die einzelnen Vorgänge auch nacheinander dargestellt werden, reizvoller ist es jedoch, alles in ein Bild zu integrieren.

Haben die Gruppen ihre Bibeltexte zu Adam und Eva bzw. Kain und Abel und die dazu gehörigen Informationen verarbeitet beginnt die gegenseitige Information. Dazu werden die Teilnehmer/innen der Gruppen so gemischt, dass wenigstens zwei Sch zwei andere über ihren jeweiligen Text informieren. Die Sch machen sich dabei Notizen.

c) Erarbeitung: Gruppenarbeit
Im Anschluss daran ist es möglich, Gemeinsamkeiten des Verhaltens von Adam und Eva einerseits und Kain und Abels andererseits herauszuarbeiten (Aufgabe 1). Diese nicht eben einfache Aufgabe hat den Reiz, dass über den Text »hinausgedacht« werden kann und spielerisch Möglichkeiten der Interpretation ausprobiert werden können.

d) Ergebnissicherung: Plenum
Die Ergebnisse dieses Diskussionsprozesses können dann im Plenum als TA festgehalten werden. Dabei zeigt sich, dass es mehr Parallelen gibt, als man zunächst vermutet!

e) Erarbeitung: Plenum: Zielscheibe und Fishbowl
»Alle Menschen sind Sünder«. Dieser These, auf einem Blatt Papier geschrieben und in die Mitte des Stuhlkreises gelegt (M 170/171.1), kann mit der Methode »Zielscheibe« näher gerückt werden. Dabei wird eine mindestens 80 cm große, runde Zielscheibe mit fünf konzentrischen Kreisen in die Mitte gelegt (Beispiel siehe M 170/171.1). Jede/r Sch erhält einen Spielstein oder einen kleinen Stein zum Votieren. Die Sch werden aufgefordert, ihren Stein auf die Zielscheibe zu legen und zwar in das Feld, dem sie persönlich zustimmen. Die einzelnen Felder bedeuten von außen nach innen:

Feld 1: Ich stimme nicht zu
Feld 2: Ich stimme eher nicht zu
Feld 3: Ich bin unentschieden
Feld 4: Ich stimme eher zu
Feld 5: Ich stimme zu.

Nachdem die Sch votiert haben, werden sie zu Kommentaren aufgefordert. Es ist spannend, die Kommentare zu hören, mehr aber noch die Begründungen der Einzelnen, warum sie ihren Stein auf dieses oder jenes Feld gesetzt haben. Ein Meinungsbild ist damit leicht erstellt, wichtiger ist es dann jedoch, die Argumente pro und contra zusammenzutragen. Dies kann auf herkömmliche Weise mit Hilfe einer Tabelle an der Tafel geschehen (TA), oder mit der Methode »Fishbowl« (etwas vereinfacht): Dabei sammeln die Sch in *drei* Gruppen in einem ersten Schritt erst ihre Argumente. Als Gruppen werden angeboten: Pro-, Contra- und Vielleicht-Gruppe. Die Sch müssen sich selbst zuordnen. Sind die Argumente gesammelt, bestimmt jede Gruppe einen Protagonisten, der ihre Meinung vertritt. Die drei Vertreter der Gruppe sitzen sich dann in einem Dreieck gegenüber, die anderen scharen sich in einer Gruppe hinter ihrem jeweiligen Vertreter. Gehen einem Protagonisten die Argumente aus, kann er seinen Stuhl verlassen und durch eine/n andere/n Sch ausgetauscht werden.

Die Ergebnisse aus diesem Spiel müssen nicht festgehalten werden, sie werden automatisch mit in die Erarbeitung der kommenden Seite 171 eingebracht werden.

2. Text S. 171 »Die Rechtfertigung des Menschen«
a) Hausaufgabe: Einstieg in den Text
Als Vorbereitung auf den nicht eben leicht verständlichen Text auf S. 171 sollen die Sch in einer Hausaufgabe versuchen, die Aussagen des Textes in ihre eigene Sprache zu bringen, zu übersetzen. Erfahrungsgemäß ist dies nicht leicht, zeitigt aber sehr gute und überraschende Ergebnisse (Aufgabe 1).

b) Plenum: Eigenen Text vorlesen und Textverständnis klären
Im Unterricht werden dann die als Hausaufgabe entstandenen Texte vorgelesen. Nicht alle werden die Hausaufgabe gemacht haben, nicht wenige sich nicht trauen, ihren Text vor allen anderen vorzulesen. Dennoch werden sich einige wenige finden, die dies tun. Daran anknüpfend kann dann in einem weiteren Schritt der Text S. 171 noch einmal im Plenum gelesen und auf Verständnisschwierigkeiten hin abgeklopft werden. Manche Sch werden zu ihrem Text auch Fragen mitgebracht haben, die dann geklärt werden können.

c) Erarbeitung: Gruppenarbeit zu Lk 15,11–32
Anschließend gehen die Sch in Gruppen auseinander, lesen zunächst das Gleichnis vom Verlorenen Sohn und versuchen mit den Aussagen dieses Gleichnisses die Aussagen des Textes S. 171 zu interpretieren. Die Ergebnisse der Gruppen werden auf Folie festgehalten und anschließend im Plenum kurz präsentiert. Die Lehrkraft kann dann die Folien mitnehmen und bis zur kommenden Stunde für alle kopieren.

An dieser Stelle ist es möglich, die dritte Aufgabe auf S. 171 zu überspringen und sofort zur Bildinterpretation von S. 172 voranzuschreiten (siehe dort).

d) Vertiefung: Diskussion im Plenum
Abschließend zu diesem Unterrichtsgang wird Aufgabe 3 von Seite 171 bearbeitet. Gedacht ist an eine offene Diskussion über den gesellschaftlichen Leistungsdruck vor dem Hintergrund der biblischen Rechtfertigung. Folgende Fragen können dazu hilfreich sein:
– Ist es vor dem Hintergrund unserer leistungsorientierten Gesellschaft (Schule) überhaupt möglich, sich an den von aller Leistung befreienden Vorstellungen der Bibel zu orientieren?
– Muss man nicht die Rechtfertigung des Menschen in religiöser Hinsicht trennen von der Leistungsanforderung an den Menschen in ökonomischer Hinsicht?

170/171.4 Zusatzmaterialien
M 170/171.1 Zielscheibe und Fishbowl

172 Der verlorene Sohn

172.1 Der Zusammenhang
Das Gleichnis vom Verlorenen Sohn ist durch die beiden vorausgegangenen Seiten 170–171 vorbereitet. Es ist in vielerlei Kontexten im Religionsunterricht schon vorgekommen (z.B. in Klasse 6 bei der Behandlung der Gleichnisse) und den Sch vermutlich bekannt. Dennoch muss es an dieser Stelle noch einmal aufgegriffen und vertieft behandelt werden. Da der Text schon bearbeitet ist (S. 171), dient nun das Bild von Rembrandt als Vertiefung (vgl. dazu auch die Bildbeschreibung auf S. 193), aber auch als Interpretament für ein darüber hinaus reichendes Verstehen.

172.2 Der Hintergrund
Das Spätwerk Rembrandts, zu dem dieses Bild gehört, wird immer mehr vom Spiel mit Licht und Dunkelheit bestimmt. Die Geschichte vom Verlorenen Sohn passt insofern gut zu diesem Spiel, weil in der Übertragung die von Gott abgewandte Seite voller Dunkelheit, die bei Gott vorfindbare Seite aber voller Licht ist. So kann das Bild geradezu gleichnishaft für das Gleichnis selbst stehen, es zeigt in diesem Spiel aber auch einige Anspielungen an die johanneische Theologie, bei der Licht und Finsternis bekanntlich eine ebenso große Rolle spielt. Das »Licht der Welt«, das jeden aufnimmt, sodass er »nicht wandeln wird in der Finsternis« (Joh 8,12), in diesem Werk Rembrandts ist es meisterhaft ins Bild gesetzt. Interessant ist in diesem Zusammenhang, dass Jesus gerade in der Perikope vom Licht der Welt (Joh 8,12–19) von seinem »Vater« spricht und von den Pharisäern gefragt wird: »Wo ist dein Vater?« – eine Frage, auf die er mit dem Gleichnis vom Verlorenen Sohn möglicherweise eine Antwort gegeben hat.

172.3 Literatur
Christoph Kähler, Gleichnisse, in: Glauben und Lernen Heft 2/1998, Themenheft Gleichnisse, Göttingen 1998, S. 98–111 (guter Überblick über Gleichnisforschung).
Andreas Reinert, Gleichnisse – Fenster zu Gottes neuer Welt, in: SpurenLesen Werkbuch, Stuttgart 1996, S. 305–330, v.a. S. 318–319.

172.4 Unterrichtsideen
Für die Erarbeitung des Bildes vom Verlorenen Sohn eignen sich mehrere Methoden; diese sind je einzeln, aber auch in Kombinationen denkbar:

A) Bildimmanente Methoden
1. Ergänzungscollage
Rembrandt hat in seiner Darstellung der Wiederkehr des Verlorenen Sohnes jenen Augenblick dargestellt, in dem der Vater den Sohn liebevoll, begütigend und gnädig empfängt. Das heißt: Er hat in der Konzentration auf diesen Augenblick einiges weggelassen. Dies gibt Gelegenheit, das Fehlende in einer Ergänzungscollage anzufügen. Dazu ist es notwendig, das Bild als schwarz-weiß-Vorlage zu haben, damit die Sch entsprechend ergänzen können (M 172.1). Es empfiehlt sich, das Bild in *Gruppenarbeit* zu ergänzen. Dazu wird das Bild auf einen größeren Karton geklebt. Durch Malen und Bildergänzungen aus Zeitschriften, aber selbst durch Kommentare oder ins Bild eingefügte Sprechblasen können die Sch das Bild Rembrandts ergänzen, interpretieren, es mit einer neuen Deutung versehen usw. Besonders interessant ist dabei die Konfrontation dieses aus einer fernen Vergangenheit zu uns kommenden Gleichnisses mit der heutigen Wirklichkeit. Die Sch können anschließend ihre Ergänzungscollagen dem Plenum präsentieren und ihre Interpretation erklären.

2. Bild nachstellen
Das Bild wird zunächst gemeinsam betrachtet (Buch oder Farbfolie – dazu das Bild einscannen und auf Folie farbig ausdrucken lassen; Vorsicht: meist geht die Qualität verloren, was speziell bei diesem Bild schlecht wäre ...). Schwerpunkt der Aufmerksamkeit sollten Gesichtsausdruck, Haltung und Körpersprache der abgebildeten Personen sein. Dann stellt sich eine entsprechende Anzahl von Sch unter Anleitung eines Regisseurs (muss nicht die Lehrkraft sein ...) auf. Die Betrachter und der Regisseur berichten von ihren Eindrücken.

3. Schreibmeditation
Bei der Schreibmeditation setzen sich die Sch in Kleingruppen (nicht mehr als drei bis vier Leute). Jeder nimmt ein Blatt Papier und notiert sich auf seinem Blatt einen Gedanken, eine Frage, eine These ... Dieses Blatt wird dann im Uhrzeigersinn weitergereicht. So erhält jede/r das Blatt des Nachbarn, dessen Notiz er dann kommentieren kann. Dann wird das Blatt wieder weiter gegeben, bis es ein Mal im Kreis gewandert wieder zum Absender kommt. Jede/r liest dann die Kommentare der anderen zu seiner Notiz. Anschließend wird diskutiert unter der Fragestellung: »Ist Gott wie dieser liebende Vater?«. Jede Gruppe formuliert dazu eine These, die sie aufschreibt (Folienstück oder DIN A6-Zettel) und später ins Plenum einbringt.

B) Bildkontextuelle Methoden
1. Bild-Text-Vergleich
Die Sch vergleichen nach der Erschließung des Bildes im Plenum in Kleingruppen das Verhältnis von Bild und Bibeltext, hier Lk 15,11–32. Folgende Fragestellungen liegen nahe:
– Welche Szene wird in dem Bild dargestellt? (Warum diese?)
– Welche Informationen gibt das Bild, die der Text nicht hat? (Was bedeutet das?)
– Welche Informationen aus dem Text fehlen in dem Bild? (Was ist die Absicht?)
– Wie legt das Bild den Text aus? (Wie kommt diese Interpretation zustande?)

Auf einer vorbereiteten Folie mit einer Tabelle zu den vier Fragen werden die Antworten aus den Gruppen abgerufen und am Tageslichtprojektor eingetragen. Das Ergebnis wird bis zur kommenden Stunde von der Lehrkraft für die Sch kopiert (Ergebnissicherung).

2. Vorbereitete Bildauslegung
Bei dieser Methode stellt L den biografischen, kunst- und kulturgeschichtlichen Zusammenhang dar, in dem dieses

Bild entstanden ist. Vor allem im Hinblick auf die Kleider, aber auch hinsichtlich des Farbenspiels und Rembrandts Umgang mit hellen und dunklen Farben (Licht und Finsternis) ist dies reizvoll. Eventuell kann auch der/die Kunst-L gewonnen werden, in ein kleines fächerübergreifendes Spiel mit einzusteigen. Die Religions-Lehrkraft könnte dann im Sinne der johanneischen Theologie entsprechend ergänzen.

172.5 Zusatzmaterialien
M 172.1 Abbildung Rembrandt, Die Heimkehr des verlorenen Sohnes

173 Von der Freiheit eines Christenmenschen

173.1 Der Zusammenhang
Nach der Aufnahme der biblischen Hintergründe und theologischen Positionen zur Geschöpflichkeit, zur Gottebenbildlichkeit, zur Sündhaftigkeit und Rechtfertigung des Menschen drängt sich immer stärker die Frage nach der Freiheit des Menschen auf: Wenn der Mensch in seinem simul iustus et peccator gefangen ist, inwiefern ist er dann frei zu nennen? Ist der Mensch ein Gefangener, der Spielball einer Prädestination, die ihn zum Guten oder Bösen bestimmt oder der Freie, der im Bewusstsein seiner Befreiung durch Gott in seiner Rechtfertigung befreit leben kann? Diesen beiden Haltungen von der Freiheit und der Dienstbarkeit des Menschen hat sich Martin Luther zugewandt. Deshalb muss er nun an dieser Stelle des Buches zu Wort kommen.

173.2 Der Hintergrund
Auf dem Höhepunkt seines theologischen Schaffens schreibt Luther 1520 eine seiner reformatorischen Hauptschriften, die kleine aber gewichtige Schrift, die »Von der Freiheit eines Christenmenschen« handelt. Ganz von der paulinischen Theologie durch das Studium des Römerbriefes geprägt geht es Luther natürlich nicht um eine in plattem Sinne libertinistische oder womöglich liberale Vorstellung von Freiheit. Im Gegenteil: Die Freiheit, um die es Luther geht, ist nicht als menschliche Leistung, nicht als menschliches Vermögen oder Können anzusprechen, auch ist sie fern einer ontologischen Disposition, die dem Menschen eigen wäre. Nicht eine allgemein menschliche Bestimmung von Freiheit, sondern die speziell christlich definierte menschliche Freiheit hat Luther im Blick. Seinen gesamten Text fasst er in einer Peroration am Anfang in die bekannte Doppelthese: »Eyn Christen mensch ist eyn freyer herr über alle ding und niemandt unterthan. Eyn Christen mensch ist eyn dienstpar knecht aller ding und ydermann unterthan.« Diese Freiheit ist eine von Gott gesetzte Freiheit, die sich nicht säkularisieren lässt. Sie ist die im Gewissen (siehe dazu S. 174–175) gebundene Freiheit, die gerade nicht zum Ausdruck neuzeitlicher Autonomie des Menschen wird. Das Gewissen ist frei, weil es in Gott gebunden ist. Gegen den von Erasmus formulierten Anspruch »De libero arbitrio« (Vom freien Willen, 1524) reagiert Luther deshalb mit seiner Streitschrift »De servo arbitrio« (Vom unfreien Willen, 1525), weil er den Willen des Menschen auf das Gottesverhältnis bezogen für gänzlich gebunden erachtet, unfrei, wenn man so will, aber diese Unfreiheit ist eben eingeschlossen in die »herrliche Freiheit der Kinder Gottes«. Luther kann den menschlichen Willen gar nicht in Analogie zum göttlichen Willen denken, weil er den fundamentalen Unterschied zwischen Schöpfer und Geschöpf (siehe dazu Kommentar zu S. 166) festhält. Des Menschen Wille ist immer schon »besetzt«, wie Luther sagt, oder, um es mit seinem Bild auszudrücken: Der Mensch ist ein Reitpferd, das entweder von Gott oder vom Teufel besetzt ist.

Dieses lutherische Verständnis von Freiheit heutigen Sch klar zu machen ist denkbar schwer. Auf der anderen Seite ist es notwendig, um die weiteren Schritte des Gewissens nachvollziehen zu können.

173.3 Literatur
Hartmut Rupp/Kurt Konstandin, Was ist der Mensch? Lehrerheft, Stuttgart 1999, S. 72f.

173.4 Unterrichtsideen
Der im Schülerbuch abgedruckte Text ist eine starke Kürzung der genannten Schrift. Diese Reduktion auf das Allerwesentlichste hat Vor- und Nachteile. Der Vorteil ist sicherlich in der kaum mehr zu überbietenden Konzentration auf das Wesentliche gegeben, der Nachteil besteht darin, dass argumentative Zusammenhänge der Schrift verloren gehen. Gerade auf das bei den Sch vorauszusetzende Freiheitsverständnis bieten sich folgende Erschließungsmöglichkeiten an:

1. Erarbeitung: Gruppenarbeit zum Text
In einem ersten Schritt können die Sch, noch ehe sie über den Freiheitsbegriff als solchen reflektieren, versuchen zu klären, was Luther mit dem »innerlichen« und »äußerlichen« Menschen meint. Sie können dann Gemeinsamkeiten und Unterschiede zwischen Luthers und ihrem eigenen Verständnis von Freiheit leichter benennen (Aufgabe 1).

2. Erarbeitung: Gruppenarbeit zu den Thesen
In einem zweiten Schritt können die Thesen in ihrer jeweiligen Bezogenheit auf- und in ihrer Abhängigkeit voneinander analysiert werden. Dabei liegt es nahe, die beiden Thesen auf einem Blatt oder auf zwei Blättern gegenüber gestellt zu haben (M 173.1 - am besten auf einer Folie) und für die eine wie die andere These verschiedene *Zugänge* zu suchen:
a) Beiden Thesen widersprechen: Die Sch suchen zunächst Argumente, die gegen beide Thesen sprechen und schreiben diese auf die Folie.
b) Beiden Thesen zustimmen: Die Sch suchen dann Argumente, die beide Thesen untermauern und schreiben diese ebenso auf die Folie.

In einem weiteren Schritt werden die *Konsequenzen* bedacht:
a) Was bedeutet These 1 für einen »Christenmenschen«?
b) Was bedeutet These 2 für einen »Christenmenschen«?

Die Sch versuchen Antworten zu formulieren, die die Konsequenzen aus der jeweiligen These verdeutlichen.
Einen anderen, sehr brauchbaren Zugang findet man bei Rupp/Konstandin (1999), die mit acht Fragen den Text erschließen.

3. Ergebnissicherung: Plenum: TA
In einem Gespräch im Plenum werden die wesentlichen Erkenntnisse zusammengefasst und als TA festgehalten. Folgende Essentials sollten dabei unbedingt Erwähnung finden:

a) Für das Verständnis des Textes von Luther ist nicht unser heutiges Freiheitsverständnis im Sinne einer Wahlmöglichkeit zwischen verschiedenen Optionen vorauszusetzen.
b) Schon eher ist dieses Verständnis für den Zeitgenossen Luthers, Erasmus von Rotterdam, vorauszusetzen, der von einem freien Willen ausgeht, den Gott den Menschen gegeben hat, damit sie sich für oder gegen ihn entscheiden können.
c) Luther hingegen lehnt den Begriff des freien Willens, der seine Wahl treffen könnte, ab. Er argumentiert, dass der Wille des Menschen immer schon »besetzt« ist und dem göttlichen Willen ent- oder widerspricht. Er spricht vom Willen des Menschen als einem Reittier, das entweder von Gott oder vom Teufel besetzt sei.
d) Luther setzt den Willen des Menschen in seiner Wertigkeit auch nicht mit dem Willen Gottes gleich, da er den kategorialen Unterschied zwischen Schöpfer und Geschöpf betont. Der Wille des Geschöpfes kann nicht dem Willen des Schöpfers gleichgeordnet sein.
e) Dennoch habe der Mensch unbedingte Freiheit, weil Gott dem (innerlichen) Menschen in der Rechtfertigung die größte Freiheit überhaupt geschenkt habe. Dies drückt sich im freien Gewissen des Menschen aus. So kommt die erste These zustande.
f) Da der Mensch aber immer noch unter den Bedingungen dieser Welt lebt, kann der (äußerliche) Mensch weiterhin unfrei sein. So kommt die zweite These zustande.

4. Diskussion: Plenum
Gibt es Freiheit ohne Grenzen? Diese einfache Frage hat es in sich. Was wären die Konsequenzen?

173.5 Zusatzmaterialien
M 173.1 Arbeitsblatt Lutherthesen

174/175 Das Gewissen

174/175.1 Der Zusammenhang
Das Gewissen als ein allgemein-menschliches Phänomen ist in den unterschiedlichsten Kulturen und Zeiträumen bekannt. Religionsgeschichtlich bilden sich schon früh Interpretationen heraus, die, von der ursprünglichen Wortbedeutung von (göttlichem) »Mit-Wissen« (griechisch *syn-eídesis*, lateinisch *con-scientia*) bis hin zum bewertenden Bewusstsein eigener Handlungen reicht. In den Ausführungen zu Martin Luthers Freiheitsbegriff war es schon angeklungen: Das Gewissen ist auch wesentlicher Bestandteil jeder theologischen Anthropologie. Im Zusammenhang des Schülerbuches steht sie – in ihrer evangelischen und katholischen Ausformung – nicht umsonst am Ende des biblisch-theologischen Teils. Sie ist ein Ziel, auf das biblisch-theologische Anthropologie hinläuft.

174/175.2 Der Hintergrund
Für diese Doppelseite sind ein Text des protestantischen Theologen Wilfried Härle und ein Abschnitt aus dem Katholischen Katechismus ausgewählt worden. Vom ursprünglichen Wortsinn ausgehend kann das Gewissen als »Mit-Wissen« des Menschen und Gottes interpretiert werden: Im Gewissen ist der Mensch Mitwisser seines eigenen Handelns und insbesondere seiner ethisch relevanten Handlungen bzw. ihrer Normgemäßheit. Da das Gewissen sich aber auch zu Wort meldet, ohne dass der Mensch bewusst darauf Einfluss nimmt, wurde das Gewissen oft als »Stimme Gottes« interpretiert (so noch heute im katholischen Bekenntnis, S. 175, Z. 1-9). Jedoch stehen einer solchen Interpretation erhebliche Zweifel entgegen, von denen die Irrtumsfähigkeit des Gewissens nicht die kleinsten sind. Demgegenüber ist aber unzweifelhaft, dass das Gewissen eine hohe Bedeutung für die Bildung von Identität beim Menschen besitzt (vgl. S. 174, Z. 35-48).
In diesem Spannungsverhältnis vollzieht sich nicht nur die unterschiedliche Interpretation des Begriffs »Gewissen«, sondern auch ein (bislang) bestehender Unterschied zwischen katholischer und evangelischer Rezeption der Tradition.
Der Text von *Wilfried Härle* auf S. 174 fasst in aller Kürze die evangelische Position zusammen: Beginnend mit einer Definition des Gewissens (Z. 1-3) führt Härle im Unterschied zur katholischen Position aus, dass das Gewissen wegen seiner erwiesenen Irrtumsfähigkeit nicht als Stimme Gottes angesprochen werden kann (Z. 4-19). Der Schlüssel zum hohen Dignitätsgrad des Gewissens liegt vielmehr in seiner Bedeutung für die personale Identität des Menschen (Z. 20-26), weil sie a) der ethischen Überzeugungsbildung dient und b) diese wiederum besonders im anklagenden und verurteilenden Gewissensurteil eine hilfreiche Unterstützung bietet (Z. 27-48). Deshalb ist es ethisch unzulässig, einen Menschen zu einer Handlung gegen sein Gewissen zu bewegen, wie es andererseits ethisch zulässig ist, einen Menschen, von dem man annimmt, dass er sich in seiner Überzeugung irrt, dazu zu bewegen, seine Meinung zu ändern (Z. 44-56).
Der stark gekürzte katholische Text aus dem Katechismus (S. 175) lässt sich anhand der Zwischenüberschriften leicht überblicken: Einer Definition des Gewissens als eines von Gott »eingeschriebenen Gesetzes« (Z. 1-9) folgt eine Darlegung über das Gewissensurteil. Wenn das Gewissen die Stimme Gottes im Menschen ist, dann hat der Mensch das Recht, »in Freiheit seinem Gewissen entsprechend zu handeln« (Z. 10-24). Die Gewissensbildung vollzieht sich schon in früher Kindheit, bleibt jedoch eine lebenslange Aufgabe (Z. 25-29), sodass in Entscheidungssituationen (Z. 30-42) das Gewissen wächst. In allen Fällen aber gilt die folgende Regel: »Es ist nie erlaubt, Böses zu tun, damit daraus Gutes hervorgehe.« Obwohl es Gottes Stimme ist, kann das Gewissen aber irren – jedoch nur deshalb, weil der Mensch aus Unwissenheit Fehlurteile gefällt hat (für die er dann aber auch nicht verantwortlich ist, Z. 43-54).

174/175.3 Literatur
Wilfried Härle, Art. Gewissen IV. Dogmatisch und ethisch, RGG⁴, Band 3, Sp. 902-906.

174/175.4 Unterrichtsideen
1. Erarbeitung: Gruppenarbeit, arbeitsteilig
Aufgrund des Gesagten bietet es sich an, das katholische mit dem evangelischen Verständnis des Gewissens zu vergleichen, deshalb auch die erste Aufgabenstellung auf S. 174. Es bietet sich ferner an, dies arbeitsteilig zu organisieren, obwohl wegen der Kürze der Texte auch anderes denkbar wäre. Die Sch machen sich in ihrer Gruppe Notizen und ernennen eine Sprecherin oder einen Sprecher, der/die die Ergebnisse im Plenum in aller Kürze präsentiert. Anschließend berichtende Sch ergänzen jeweils nur die von den Vorredner/innen noch nicht benannten Sachverhalte.

2. Ergebnissicherung: Plenum, TA
In der Phase der Ergebnissicherung bietet sich eine Tabelle als TA an, bei der die wesentlichen Unterschiede, aber auch Gemeinsamkeiten festgehalten werden können.

3. Vertiefung 1: Einzelarbeit/Plenum: Gewissensentscheidungen
In einer Einzelarbeitsphase werden Entscheidungssituationen, in denen es unter allen Umständen wichtig ist, entsprechend seinem Gewissen zu handeln, gesammelt (Aufgabe 2). Dabei kann die Regel aus dem katholischen Katechismus oder die »Goldene Regel« (S. 175, Z. 35ff.) Beachtung finden. Die auf DIN A 6-Kärtchen gesammelten Situationen werden an der Tafel angebracht (mit Klebeband oder Magneten) und anschließend gemeinsam als Mindmap geordnet.

4. Vertiefung 2: Gruppenarbeit: Gewissensbegriffe
In Gruppenarbeit werden der katholische und der evangelische Gewissensbegriff mit dem Gewissensbegriff des Grundgesetzes verglichen (M 174/175.1). Dabei muss nicht nur Artikel 4 zur Glaubens-, Gewissens- und Bekenntnisfreiheit, sondern die ersten vier Artikel insgesamt bedacht werden.
a) Methode Textkonfiguration: In einem ersten Schritt machen sich die Sch den inneren Zusammenhang der ersten vier Artikel klar. Mit der Methode Textkonfiguration können die inneren, logischen Schlüsse und Abhängigkeiten der vier Artikel gut herausgearbeitet und auf einem Blatt Papier (oder einer Folie zur späteren Präsentation) grafisch dargestellt werden.

b) Vergleich der Begriffsbestimmungen: Anschließend werden die unter 1. und unter 4. eruierten Begriffsbestimmungen von »Gewissen« nebeneinander gestellt und miteinander verglichen. Hier sind unterschiedliche Lösungen der einzelnen Gruppen nicht nur möglich, sondern sogar wahrscheinlich.

5. Die beiden letzten Aufgaben (S. 175) sind fakultativ und können einer weiteren Vertiefung dienen. Die zweite Aufgabe kann auch schon zur Erarbeitung des katholischen Gewissensbegriffs vorgezogen werden. Die Aufgabe 3 zur Verhältnisbestimmung von »Sünde« und »Gewissen« dient in aufgeweckten Kursen einem Rückgriff auf den auf S. 170 erarbeiteten Sündenbegriff, um von der Warte des Gewissens aus diesen noch einmal neu zu bestimmen oder zu bedenken.

174/175.5 Zusatzmaterialien
M 174/175.1 Gewissensfreiheit im Grundgesetz

176 Der Mensch – ein Affe?

176.1 Der Zusammenhang
Mit dieser Seite beginnt Teil 4 des Mensch-Kapitels, der das neuzeitliche Verständnis des Menschen in den Mittelpunkt rücken wird. Nachdem der biblisch-theologische Teil vorerst abgeschlossen ist (S. 166–175) und erst am Ende wieder aufgenommen werden wird (S. 190/191) nähert sich nun *Karl-Heinz Ohlig* in seinem Text S. 176 den Fragestellungen an, die sich mit den evolutionsbiologischen Forschungen verbinden. Die etwas provokante Überschrift ist weniger aus Überzeugung als vielmehr durch die Erfahrung veranlasst, dass viele Sch der Oberstufe noch immer der Vorstellung anhangen, der Mensch sei ein Abkömmling der Affen.

176.2 Der Hintergrund
Der Text blickt zunächst zurück auf die Forschungen Charles Darwins und reformuliert in aller Kürze dessen Thesen (Z. 1–21). Diese den Sch häufig bekannten Aussagen über die Evolution allen Lebens und dem »survival of the fittest« werden dann einer Schöpfungstheologie des frühen 19. Jahrhunderts gegenübergestellt (Z. 22–34), die heutigen schöpfungstheologischen Entwürfen nicht mehr entspricht. Der durch Darwin noch nicht vordringlich behandelten, in der Konsequenz seiner Forschungen aber logischen Frage nach der *Entstehung* des Lebens widmet sich dann der restliche Text: Ist das Leben »rein zufällig« entstanden oder steht der Schöpfungswille eines Gottes hinter allem Leben im Kosmos (Z. 35–44)? Die drei Fragen am Ende des Textes dienen der Klärung erstens dieser Frage des Anfangs, zweitens der Weiterentwicklung und drittens der Rolle des Menschen in dieser Entwicklung.

176.3 Literatur
Jürgen Hübner, Art. Evolution und Schöpfungsglaube, RGG[4] Bd. 2, Sp. 1753f.
Lothar Scholz, Methoden-Kiste. Methoden für Gruppenarbeit, hg. von der Bundeszentrale für politische Bildung, Bonn 2004, S. 4A.

176.4 Unterrichtsideen
Eventuell ist es möglich, diese Stunde gemeinsam mit einem Kollegen/einer Kollegin aus Biologie zu unterrichten? Alternativ dazu könnte in einem Biologiebuch nach der Darstellung der Evolutionstheorie (vgl. Hübner) geforscht werden (Hausaufgabe zur Vorbereitung für eine/n Sch mit Präsentation in der Schulstunde?).

1. Einstieg: Plenum: Text lesen
In einem ersten Schritt wird im Plenum der Text gelesen. Verständnisschwierigkeiten und Sachverhalte werden geklärt.

2. Erarbeitung: Gruppenarbeit: Aufgaben
Die drei angesprochen Fragen im Text zielen weniger auf eine Ergebnissicherung als auf eine Diskussion unter den Sch. In einem ersten Zugang sollen sie deshalb diskutiert werden und Argumente gesammelt werden. Auf einer vorbereiteten Folie können die Sch einzelne, ihnen wich-

tig erscheinende Argumente und Aspekte notieren, ohne direkt die drei Fragen aus dem Schluss des Textes beantworten zu müssen. Anschließend werden die notierten Stichworte abgerufen und auf dem Tageslichtprojektor dem Plenum präsentiert.

3. Vertiefung: Fishbowl
Nachdem die Ergebnisse vorgestellt sind, bilden sich zur Bearbeitung von Aufgabe 2 drei Gruppen: Ja – Nein – Weiß nicht. Diese sammeln ihre Argumente für ihre Position. Aus jeder Gruppe nimmt ein/e Sprecher/in in einem inneren Sitzkreis in der Mitte des Raumes Platz. Ein weiterer, vierter Stuhl für den Moderator/die Moderatorin und ein zusätzlicher fünfter, freier Stuhl werden ebenfalls in den Innenkreis gestellt. Die übrigen Sch bilden einen äußeren Sitzkreis. Die Sprecher/innen der Gruppen tragen die Meinung und Argumente ihrer Gruppe vor. Es gibt keine strenge Abfolge der Beiträge. Wer zu Äußerungen eines Gruppensprechers etwas aus seiner Gruppe beitragen möchte oder eine widersprüchliche Ansicht vortragen will, kann sich auf den freien Stuhl setzen und sich dem Vorredner direkt anschließen.

4. Vertiefung: Text-Einzelarbeit (evtl. Hausaufgabe)
Möglich ist es auch, den leicht geglätteten Text von Jürgen Hübner (M 176.1) als Vertiefungstext gemeinsam oder in Einzelarbeit (evtl. auch als Hausaufgabe) zu lesen, um die größeren Zusammenhänge zu verstehen.

176.5 Zusatzmaterialien
M 176.1 Text »Evolution und Schöpfungsglaube«

177 Schöpfung als evolutionäres System

177.1 Der Zusammenhang
Der Text von *Christian Link* führt den auf S. 176 und mit M 176.1 begonnenen Gedanken im Sinne der Prozesstheologie fort und bemüht sich, nicht in die falsche und überaus fruchtlose Alternative »Schöpfungsglaube *oder* Evolutionstheorie« zu geraten. Die Schöpfung selbst als evolutionäres Geschehen im Sinne der Prozesstheologie und deshalb als offenen Prozess zu begreifen ist das Ziel dieser Einlassung.

177.2 Der Hintergrund
Der Text beginnt noch einmal mit einem Rekurs auf die Forschungen Darwins (Z. 1–13), um diese Diskussion aber dann auch zu beenden (Z. 14–18) und den neuen Horizont zu zeigen, in dem sich die Evolutionstheorie selbst heute sieht: »Als Konzept einer Welt, die allezeit im Werden begriffen ist« (S. Bosshard) und als offenen Prozess (Z. 19–31). Daran kann die im Amerikanischen entstandene Prozesstheologie unmittelbar anknüpfen, die die Wirklichkeit insgesamt als Prozess definiert (Z. 32–40) und so Schöpfung selbst zum Synonym für Entwicklung und Evolution werden lassen kann (Z. 41f.). Diese These kann mit einer in der Wirklichkeit immanent wirkenden Schöpferkraft zusammengedacht werden und so zu einer hilfreichen Vorstellung in der Diskussion zwischen Naturwissenschaft und Theologie werden (Z. 43–54).

177.3 Literatur
Christian Link, Schöpfung, HST 7, Gütersloh 1991.
Michael Welker, Schöpfung und Wirklichkeit, Neukirchener Beiträge zur Systematischen Theologie Bd. 13, Neukirchen-Vluyn 1995.

177.4 Unterrichtsideen
1. Erarbeitung: Partnerarbeit: Interview
Zur Vorbereitung auf diese Stunde kann das als Aufgabe 1 deklarierte Interview durchgeführt werden (am besten in Partnerarbeit). Die Ergebnisse werden dann durch die Sch selbst statistisch und inhaltlich ausgewertet und auf einer Folie zum Anfang der Stunde präsentiert.

2. Erarbeitung: Plenum: Text lesen
Dann wird der Text gelesen, Verstehensschwierigkeiten werden geklärt.

3. Ergebnissicherung: Plenum: TA
In einem TA werden die wesentlichen Argumente für ein Zusammen-Denken von Evolutionstheorie und Schöpfungstheologie gesammelt. Dafür kann
- auf die Ergebnisse, die bei der Bearbeitung von S. 176 gewonnen wurden
- auf die Ergebnisse der Umfrage
- auf die Argumente von Christian Links Text S. 177 zurückgegriffen werden.

178 Der Mensch: von Natur aus böse?

178.1 Der Zusammenhang
Als Einstieg in die philosophische Diskussion über den Menschen bieten sich natürlich viele Möglichkeiten an. Der hier vorgeschlagene Versuch setzt bewusst nicht in der griechischen Antike ein, sondern bei einer systematischen Grundfrage: Ist der Mensch grundsätzlich »böse« oder »gut« zu nennen? Mit diesen beiden Haltungen verbinden sich in der Philosophiegeschichte die Namen von Thomas Hobbes und Jean Jacques Rousseau, weswegen kleine Ausschnitte ihrer Lehren hier abgedruckt sind, beginnend mit Thomas Hobbes.

178.2 Der Hintergrund
Grundlegend für das Verständnis von Thomas Hobbes ist dessen Auffassung, dass der Mensch nicht Geist oder Seele, sondern lediglich »Körper [ist], bewegte Materie wie alle anderen Dinge in der Natur auch«. Schon in seinem 1640 verfassten Traktat »Elements of Law, Natural and Politic«, dann aber auch 1651 im »Leviathan« und in der Trilogie »De Corpore« (1655), »De Homine« (1658) und »De Cive« (1642) hat er diese Überlegungen weiter ausgearbeitet. Im Leviathan ist der »Stoff des Staates« der Mensch, der Staat (der Leviathan) ist »von Menschen aus Menschen für Menschen gebaut. Homo homini lupus – der Mensch erkennt, dass er dem anderen Menschen ein Wolf ist; das heißt nicht, dass er böse und von Gier nach Macht besessen ist, sondern nur, dass er in einer Welt der Unsicherheit und Gesetzlosigkeit sich vernünftigerweise bemühen muss, jedem Angriff zuvorzukommen. Der Mensch erkennt aber auch, dass dieser Zustand verlassen werden muss, dass die Menschen eine Einrichtung ersinnen müssen, die zwischen ihnen Frieden stiftet, sodass zivilisatorischer Fortschritt möglich und jeder Mensch dem anderen Menschen zum Gott werden kann – homo homini deus. Diese Einrichtung ist der Leviathan, der Staat, den Hobbes auch als deus mortalis, als sterblichen Gott, bezeichnet«.

Der abgedruckte Text aus dem Leviathan will in dieses System einführen und dieses in aller Kürze beschreiben: Anfangs werden die Faktoren benannt, die unter den Menschen Feindschaft und Krieg führen (Z. 1-7) und daraus die Notwendigkeit abgeleitet, diese Faktoren zu beschränken (Z. 7-14) und zum Guten zu wenden: »Suche Frieden, solange nur Hoffnung dazu da ist« (Z. 14-25.26-32). Diese Einsicht führt notwendig zur Gründung einer Macht, »unter deren Schutz« alle Menschen leben können, jeder vor sich selbst und vor den anderen geschützt; dieser Macht muss jeder Mensch ein Stück seiner Macht übertragen und diese wird deshalb als »Stellvertreter jedes Einzelnen« fungieren Z. 33-44) – diese Macht ist der Staat, der aus menschlichen Willen gebildete Leviathan.

178.3 Literatur
Wolfgang Kersting, Art. Hobbes, Thomas, RGG[4], Bd. 3, Tübingen 2000, Sp. 1797-1798.
Peter Kliemann/Andreas Reinert, Thema Mensch, Materialband, Stuttgart 1999, S. 47-54 (weitere Materialien zu Hobbes).

178.4 Unterrichtsideen

Vorbemerkung
In einer Doppelstunde ist es sicher möglich, die beiden so verschiedenen, in manchen Aspekten, vor allem in ihren Schlussfolgerungen, aber auch ähnlichen Positionen von Hobbes und Rousseau parallel in arbeitsteiligen Gruppen erarbeiten zu lassen.

1. Erarbeitung (Gruppenarbeit):
Skizze des Hobbesschen Gedankens
Die erste Aufgabe, das Gedankengebäude von Hobbes als Skizze darzustellen, kann in einer Kleingruppe entwickelt werden. Der Gedankengang des Textes ist hinreichend klar, die einzelnen Faktoren können aus dem Text herausgelesen und in eine Grafik umgesetzt werden.

2. Erarbeitung (Gruppenarbeit): Diskussion
Der zweite Schritt erfordert eine Auseinandersetzung mit der Position von Hobbes, und zwar in zweierlei Hinsicht.
– In einem ersten Diskussionsgang wird zunächst die Analyse des Menschen durch Hobbes selbst auf den Prüfstand zu stellen sein. Frage für die Sch: Ist die Annahme Hobbes', der Mensch sei lediglich bewegte Materie wie andere Materie auch, haltbar? Was können/müssen wir aus biblisch-theologischer Sicht dagegenhalten?
– Der zweite Diskussionsgang beschäftigt sich mit der These von Hobbes, dass es notwendig sei, Macht auf den Staat oder einen einzelnen Menschen zu übertragen; Frage für die Sch: Ist die Schlussfolgerung Hobbes' erstens in seinem Gedankensystem notwendig und zweitens überhaupt die einzige Möglichkeit? Könnte man sich nicht auch andere Konstruktionen denken?

Die Sch halten ihre Ergebnisse auf einer Folie oder auf Papier fest und stellen sie anschließend im Plenum vor.

3. Erarbeitung (Plenum): Vergleich mit Rousseau
Die dritte Aufgabe kann erst nach der Erarbeitung der Position Rousseaus bearbeitet werden (siehe dort).

179 Der Mensch: von Natur aus gut?

179.1 Der Zusammenhang
In Anknüpfung an Thomas Hobbes kann nun auch die Position Rousseaus bearbeitet werden. Sie unterscheidet sich fundamental von der Ansicht Thomas Hobbes', ist jedoch als Gegenüber zu ihm sehr hilfreich. Die Frage, ob der Mensch, im Unterschied zur realistischen Sicht von Thomas Hobbes, in Rousseaus Entwurf nicht zu idealistisch dargestellt wird, wird meistens bejaht. Dennoch hat er auch einige Dinge gesehen, vor denen Hobbes seine Augen verschloss; insbesondere die Analyse des Wesens des Menschen bei Rousseau ist auch heute noch nachdenkenswert.

179.2 Der Hintergrund
In seinem Werk »Discours sur l'origine et les fondements de l'inégalité parmi les hommes« (dem so genannten zweiten Diskurs) denkt Rousseau den Menschen ausgehend »von einem Naturzustand, in dem der Mensch als von der Selbstliebe (amour de soi) bestimmtes, solitäres, tierähnliches, dank der Mitleidsfähigkeit (pitié) nicht aggressives Wesen lebt« (Kronauer 2004). Die Vergesellschaftung aber und die gegenseitige Abhängigkeit des Menschen führen in einen Zustand des Eigentums und damit kompletter Ungleichheit. Es entwickelt sich die »Dynamik eines Konkurrenzkampfes, bei dem die Selbstliebe in die Selbstsucht (amour propre) verwandelt [wird.] Der Mensch wird zur Verstellung gezwungen, er ist beherrscht von Machtinteressen und künstlichen Bedürfnissen. [...] Man hat den ›zweiten Diskurs‹ immer wieder als Aufforderung: ›Zurück zu den menschheitsgeschichtlichen Anfängen‹ missverstanden. Die Natur schreitet nicht zurück, betont Rousseau. Da aber die Geschichte nicht von einem bösen Wesen des Menschen ihren Anfang nimmt und von Zufällen initiiert wurde, sind Neuanfänge möglich« (Kronauer).
Im angegebenen Textausschnitt aus dem »»zweiten Diskurs« geht Rousseau zwar von einem bedürftigen Menschen aus, der sich mit Sorgen herumschlägt (Z. 1–7), dessen »sich aufhellender Geist« aber dem Menschen auch half und weiterentwickelte (Z. 8–14). In diesem zwar primitiven, aber glücklichen Zustand (Z. 15–21) lebten die Menschen »frei, gesund, gut und glücklich« (Z. 21). Dieser Urzustand änderte sich aber mit der gegenseitigen Angewiesenheit und dem Entstehen von Eigentum (Z. 21–28), die die bekannten Institutionen der Gesellschaft (wie Recht und Gesetz), aber auch deren Schattenseiten (wie Herrschaft und Slaventum, Gewalt und Raub) hervorbrachten (Z. 23–35). Aus dieser gegenwärtigen Situation hilft nur eine Rückbesinnung heraus, die mit »gemeinsamer Kraft aller Person und Güter jedes Genossen verteidigt und beschützt« (Z. 38). Es gilt, einen »Gesellschaftsvertrag« (Z. 42) zu entwickeln, in dem »jeder von uns« »seine Person und seine ganze Kraft unter die oberste Leitung des Gemeinwillens (volonté générale) stellt« (Z. 42–49).

179.3 Literatur
Ulrich Kronauer, Art. Rousseau, Jean-Jacques, RGG[4], Bd. 7, Tübingen 2004, Sp. 651–653.
Peter Kliemann/Andreas Reinert, Thema Mensch, Materialband, Stuttgart 1999, S. 55–60 (weitere Materialien zu Rousseau).

179.4 Unterrichtsideen
Vorbemerkung (siehe Hobbes):
In einer Doppelstunde ist es sicher möglich, die beiden so verschiedenen, in manchen Aspekten, vor allem in ihren Schlussfolgerungen, aber auch ähnlichen Positionen von Hobbes und Rousseau parallel in arbeitsteiligen Gruppen erarbeiten zu lassen.

1. Erarbeitung (Gruppenarbeit): Skizze des Rousseauschen Gedankens
In einem ersten Zugang kann wieder mit einer Skizze der Gedankengang von Rousseau relativ leicht nachgezeichnet werden. Die einzelnen Gruppen können diesen zusammen entwickeln und dann auf einer Folie festhalten.

2. Erarbeitung (Plenum): Vergleich Hobbes – Rousseau
In einem weiteren Schritt werden dann die beiden grundlegend verschiedenen, aber in der Konsequenz seltsam ähnlichen Konzepte miteinander verglichen. Dazu ist es hilfreich, dass zunächst die jeweiligen Folienergebnisse im Plenum vorgestellt und miteinander verglichen werden. Anschließend können die unterschiedlichen Ausgangspunkte, aber auch die sich ähnelnden Zielpunkte zusammengetragen werden. Möglicher TA: M 179.1.

3. Abschließende Reflexion (Einzelarbeit und Plenum)
In einer abschließenden Reflexion kann – zunächst in Einzelarbeit, dann im Plenum – über die Frage, ob der Mensch »eher gut« oder »eher böse« ist, reflektiert werden. Dabei werden noch weitere, bei Hobbes und Rousseau nicht zu findende Aspekte beigetragen.
Zunächst suchen die Sch in Einzelarbeit Argumente für die eine wie auch für die andere Auffassung. Dann wird in einer Skala von »– 5« bis »+ 5«, die an der Tafel mit Kreide angezeichnet ist, eine Einschätzung abgegeben (z.B. »punkten« mit farbigen Punkten/mit farbiger Kreide). Danach wird das Ergebnis angeschaut und die Argumente für die eine wie die andere Position ausgetauscht. Dabei kann auch auf die theologische Anthropologie zurückverwiesen werden – etwa die Lehre von der Ursünde – und diese Lehre im Horizont der neuen Überlegungen von Hobbes und Rousseau reflektiert werden.

179.5 Zusatzmaterialien
M 179.1 Tafelanschrieb: Hobbes und Rousseau im Vergleich

180 Immanuel Kant: Die Befreiung des Menschen

180.1 Zusammenhang

Der berühmte Text von *Immanuel Kant*, der in keiner Anthologie zur Anthropologie fehlen darf, steht am Eingang zum Verstehen von vier Philosophen, die – jedenfalls für die deutschsprachige philosophische Anthropologie im 19. und 20. Jahrhundert – wegweisend wurden: *Immanuel Kant, Karl Marx, Sigmund Freud* und *Alfred Adler*. Natürlich könnte man aus dieser Zeit noch weitere nennen, etwa *Ludwig Feuerbach, Ernst Cassirer* oder auch *Konrad Lorenz*, die je in ihrer spezifischen Weise prägend waren, doch schien uns die getroffene Auswahl für den schulischen Kontext gut zu passen und genügend zu sein. Auf den Zusammenhang dieses philosophischen Abschnittes in Teil 4 des Mensch-Kapitels etwa mit Ludwig Feuerbachs These von Gott als menschlicher Projektion des Menschen sei aber ausdrücklich hingewiesen. In einer kurzen Wiederholung kann vor der Erarbeitung des Marx-Textes (Karl Marx war in seiner philosophischen Haltung und insbesondere seiner Religionskritik bekanntlich direkt von L. Feuerbach beeinflusst) auf SB S. 116f., 118f. zurückgegriffen werden. Weiter ist es möglich, noch einmal über die menschlichen Erkenntnismöglichkeiten nachzudenken und auf das Kapitel »Wirklichkeit« einzugehen (SB S. 8, 10–11), um für die Schülerinnen und Schüler auch in dieser Hinsicht einen Zusammenhang herzustellen. Ferner ist es denkbar, auch eine Brücke zum Thema »Gerechtigkeit« zu schlagen und in diesem Kontext den Utilitarismus und das ethische Verhalten der Menschen noch einmal neu zu reflektieren (SB S. 84f.).

180.2 Der Hintergrund

Es lohnt, sich wenigstens kurz den Standort des einflussreichen Textes Immanuel Kants innerhalb seines philosophischen Systems zu vergegenwärtigen. Man könnte das perorative Diktum Kants, der die Anthropologie des Menschen in seiner Logik in vier Fragen fasst, zum Ausgangspunkt dieser Überlegungen machen:
»Was kann ich wissen? Was soll ich tun? Was darf ich hoffen? Was ist der Mensch? Die erste Frage beantwortet die Metaphysik, die zweite die Moral, die dritte die Religion und die vierte die Anthropologie. Im Grunde könnte man aber alles dieses zur Anthropologie rechnen, weil sich die drei ersten Fragen auf die letzte beziehen«.
Will man die ersten drei Fragen innerhalb seines philosophischen Systems verorten, dann gehört die erste zur theoretischen Philosophie, die zweite zur praktischen Philosophie (seiner Ethik) und die dritte zur Ästhetik und Naturteleologie bzw. Religionstheorie. Dabei erstaunt zunächst, dass die Frage »Was ist Aufklärung?« nicht, wie man meinen könnte, innerhalb der erkenntnistheoretisch orientierten »Kritik der reinen Vernunft« (B-Fassung von 1787), also der theoretischen Philosophie angesiedelt, sondern eher der »Kritik der praktischen Vernunft« (1788), also der praktischen Philosophie zuzuordnen ist (vgl. zu Leben und Werk Kants in aller Kürze M 180.1). Die Schrift »Beantwortung der Frage: Was ist Aufklärung?« von 1784 selbst ist freilich eine eigenständig zu verhandelnde Größe, die, durch einen aktuellen Anlass provoziert, weitreichende definitorische Folgen hatte. Man könnte diese Schrift auch als Vorbereitung seiner »Kritik der praktischen Vernunft« bezeichnen, die er nach der »Kritik der reinen Vernunft« (A-Fassung von 1783) noch vorher veröffentlicht. Er bezieht sich darin »auf den Begriff einer Vernunft, die immer auch praktisch als Instanz der Kritik« fungiert und zwar zunächst auf die Forderung und Zumutung an den Einzelnen verstanden werden muss, selbstständig zu denken, gerade auch »in Religionssachen« (Kant S. 60), gleichzeitig aber auch darüber hinaus »das praktische, moralische wie politische Selbstverständnis des freien Menschen bekundet« (Recki Sp. 783). »Zu dieser Aufklärung aber wird nichts erfordert als Freiheit; und zwar die unschädlichste unter allem, was nur Freiheit heißen mag, nämlich die: von seiner Vernunft in allen Stücken öffentlichen Gebrauch zu machen« (Kant S. 55): »Habe Mut, dich deines eigenen Verstandes zu bedienen! ist also der Wahlspruch der Aufklärung« (Kant S. 53).

180.3 Literatur

Immanuel Kant, Beantwortung der Frage: Was ist Aufklärung?, in: Ders., Werke in zehn Bänden, hg. von Wilhelm Weischedel, Bd. 9: Schriften zur Anthropologie, Geschichtsphilosophie, Politik und Pädagogik, Erster Teil, Darmstadt 1983, S. 53–61.

Birgit Recki, Art. Kant, Immanuel, in: RGG[4], Bd. 4, Tübingen 2001, Sp. 779–784.

Wilhelm Weischedel, Kant, oder: Die Pünktlichkeit des Denkens, in: Ders., Die philosophische Hintertreppe. 34 große Philosophen in Alltag und Denken, München 1975 (Neuauflage 1992).

180.4 Unterrichtsideen

1. Schritt: Informationen zu Immanuel Kant und sein Werk (M 180.1) (Plenum)

In einem ersten Schritt sollte den Sch der Philosoph Kant in möglichst einfachen Worten nahe gebracht werden. Das ist, was sein Leben angeht, einfach, denn es gibt kaum mehr zu erzählen als dass er in Königsberg geboren und aufgewachsen ist, dort philosophiert hat und gestorben ist. Dazu genügt es, die einleitenden Seiten aus Wilhelm Weischedels genialer Einführung in Kant vorzulesen. Nicht ganz so einfach verhält es sich mit seiner Philosophie, wovon jede/r, der/die sich einmal damit beschäftigt hat, ein Lied singen kann. Auf M 180.1 ist der Versuch gemacht, diese in einigermaßen verständlichen Worten zusammenzufassen.

2. Schritt: Erarbeitung und Ergebnissicherung: Textarbeit (Plenum)

Ein weiterer Schritt besteht darin, sich in den Text einzulesen. Dieser ist von allen aus dem 18. Jahrhundert auf uns gekommenen, ungebräuchlichen Formulierungen befreit und somit leicht lesbar. Als Methode für diesen Text bietet sich m. E. die Methode »Textlöschung« an, wozu M 180.2 beigelegt ist. Bei dieser Methode erarbeiten sich die Sch den Text, indem sie ihnen unwichtige Passagen schlicht ausstreichen, am besten mit einem dicken Filzstift. Es wird so viel weg- oder ausgestrichen, bis nur noch die Hauptinformation übrig bleibt, der wichtigste Gedanke, die zentralen Passagen. Die Ergebnisse werden dann anschließend miteinander verglichen und diskutiert, ein Tafelanschrieb sichert die wichtigsten Aussagen.

3. Schritt: Erarbeitungen (Gruppenarbeit)
Die Sch können dann in drei (bzw. je nach Gruppengröße auch in sechs) Gruppen aufgeteilt werden, die arbeitsteilig die drei Aufgaben von SB S. 180 bearbeiten: Sie
- vergleichen die Argumentation Kants mit den Gedanken von Marx (S. 181)
- überprüfen die Annahmen Feuerbachs (S. 116f.) anhand der Argumentation Kants;
- vergleichen die Argumentation Kants mit den Gedanken Martin Luthers zur Freiheit (S. 173).

Die Ergebnisse der Gruppen werden mit Stiften auf einer Folie festgehalten.

4. Schritt: Auswertung im Plenum
Die Gruppenergebnisse werden dann im Plenum vorgestellt, nach den Aufgaben gegliedert. Die Ergebnisse können auch mit den Aufschrieben zu den genannten Texten (falls diese Unterrichtseinheiten schon behandelt wurden) verglichen werden. Ziel dieser Unternehmung wäre es, die Gemeinsamkeiten und Unterschiede im *Begriff der Freiheit* heraus zu arbeiten und zu überlegen, welchen Auffassungen die Schülerinnen und Schüler selbst zuneigen. In etwa und auf das Wesentliche verkürzt könnte der Vergleich wie in der Tabelle unten aussehen.

180.5 Zusatzmaterialien
M 180.1 Die Philosophie Immanuel Kants
M 180.2 Immanuel Kant: Beantwortung der Frage: Was ist Aufklärung? (Arbeitstext)

Freiheit bei Kant, Marx, Feuerbach und Luther

Kant	Marx	Feuerbach	Luther
Freiheit heißt Aufklärung des Menschen. Aufklärung heißt der Ausgang des Menschen aus seiner selbst verschuldeten Unmündigkeit mit dem Ziel ist, von seiner Vernunft in allen Stücken öffentichen Gebrauch zu machen.	Freiheit heißt, den Menschen aus der Entfremdung zu sich selbst und seinem Gattungswesen zu erlösen. Dies gelingt, wenn der Mensch wieder ein Verhältnis zum Produkt seiner Arbeit aufbauen kann.	Die Freiheit des Menschen bedeutet die Befreiung des Menschen aus der Entzweiung mit sich selbst. Diesen Zwiespalt hat er sich durch die Projektion eines Gottes an den Himmel, durch die Religion, selbst geschaffen.	Die Freiheit des Menschen besteht nicht darin, was sich ein Mensch selbst erschaffen, ersinnen und erarbeiten kann, sondern in der Freiheit, die Gott den Menschen unverdient schenkt.

181 Karl Marx:
Der Mensch – sich selbst ein Fremder

181.1 Der Zusammenhang
Karl Marx knüpft in seiner soziologisch orientierten Kritik des Menschen an die Religionskritik Ludwig Feuerbachs (vgl. SB S. 116f.) an: »Wir müssen alle durch den Feuerbach«. Er erkennt Religion als eine »Schöpfung des Menschen«, zugleich aber auch als »die Protestation gegen das Elend der Menschen« und aus »Ausdruck des Elends des Menschen«. Religion muss nach Marx um der Wiederherstellung der wahren Menschlichkeit willen, durch die Aufhebung der verkehrten Verhältnisse, in denen sie gründet, überwunden werden. Mit dem zuletzt Genannten geht er jedoch einen Schritt über Feuerbach hinaus, weil er die in der Philosophie Feuerbachs gewonnenen Erkenntnisse auf die sozialen und ökonomischen Verhältnisse anwendet und deren Änderung betreibt: »Die Philosophen haben die Welt nur verschieden interpretiert, es kömmt darauf an, sie zu verändern«. Er sieht, anders als Kant und Feuerbach, nicht den sich selbst befreienden Menschen, sondern im Gegenteil den geknechteten und von sich selbst entfremdeten Menschen als Problem. Mit Kant und Feuerbach verfolgt er jedoch das Ziel der Befreiung des Menschen aus den ihn unterdrückenden soziologischen Strukturen; das Ziel bei Marx ist das gleiche wie bei Kant und Feuerbach: wahrer Humanismus. Zur Einführung in Leben und Werk Karl Marx' siehe M 181.1.

181.2 Der Hintergrund
Der aus seinen philosophisch-ökonomischen Skizzen stammende Text überträgt die in der Feuerbachschen Religionskritik gewonnenen Erkenntnisse in die Ökonomie. Marx beobachtet die mit der industriellen Revolution einhergehende Entfremdung des Menschen vom Produkt seiner Arbeit durch die Arbeitsteilung im Produktionsprozess. Dies hat nach Marx zur Konsequenz, dass der Mensch seinem Gattungsleben entfremdet ist: Der Mensch ist von sich selbst entfremdet (Z. 1–16). Diese gegenseitige Entfremdung hat zur Folge, dass der Mensch versucht, andere Menschen für seine Zwecke zu instrumentalisieren: »Der Mensch spekuliert darauf, dem anderen ein neues Bedürfnis zu schaffen«, um ihn in Abhängigkeit von diesem Bedürfnis zu setzen und so der »Macht des Geldes« auszuliefern. Denn »seine [des Menschen] Bedürftigkeit wächst, wie die Macht des Geldes zunimmt« (Z. 17.37). Tatsächlich ist dies das eigentliche Ziel aller Ökonomie: »Das Bedürfnis des Geldes« (genitivus objectivus, Z. 37–39), das heißt das Bedürfnis nach Geld wird zur alles bestimmenden Wirklichkeit, und je mehr sich der Mensch von dieser Wirklichkeit in ihrer »Maßlosigkeit und Unmäßigkeit« bestimmen lässt, umso größer wird seine Entfremdung von sich selbst (Z. 40–45).

181.3 Literatur
Wilhelm Weischedel, Marx, oder: Die Revolte der Wirklichkeit, in: Ders.: Die philosophische Hintertreppe. 34 große Philosophen in Alltag und Denken, München 1975, S. 247–255.

Peter Kliemann, Glauben ist menschlich. Argumente für die Torheit vom gekreuzigten Gott, Stuttgart, 10. Aufl. 2001, S. 29–33.

181.4 Unterrichtsideen
1. Schritt: Erarbeitung (Plenum):
Karl Marx: Leben und Werk
In einem ersten Schritt bietet es sich an, den Sch die Person Karl Marx etwas näher vorzustellen. Die Philosophie Marx' ist wichtig als Hintergrund für den abgedruckten Text, der sonst kaum verständlich ist. Um sich etwas einzuarbeiten, kann M 181.1 gelesen werden, das in aller Kürze das Wesentliche zusammenträgt. Fragen hierzu können sofort im Plenum geklärt werden.

2. Schritt: Plenum: Karl Marx und Ludwig Feuerbach
Dann können die Ergebnisse der Beschäftigung mit Ludwig Feuerbach (SB S. 116f.) auf das bei Marx Gelesene bezogen werden. Leitfragen für das Plenumsgespräch:
– Inwiefern ist Marx von Feuerbach in seinen Thesen abhängig?
– Inwiefern kann Marx die Thesen von Feuerbach weiterentwickeln?

Ein Tafelanschrieb kann die Abhängigkeit Marx' von Feuerbach leicht darstellen.

3. Schritt: Erarbeitung (Gruppenarbeit)
In einem weiteren Schritt sollte der Text erarbeitet werden, zunächst in Gruppenarbeit und anhand von Aufgabe 1. Nach der Erarbeitung des Textes selbst (Unklarheiten können von der Lehrkraft, die moderierend die Gruppen besucht, geklärt werden) sollen die Schüler/innen die These von Karl Marx nach der »Entfremdung des Menschen von dem Menschen« überprüfen und in zwei Richtungen interpretieren: individuell und kollektiv – und dazu Stellung beziehen.

4. Schritt: Plenumsgespräch
In einem anschließenden Plenumsgespräch werden die Zusammenhänge, in denen auch in unserer heutigen Gesellschaft die »Entfremdung des Menschen von sich selbst« deutlich wird, zusammen getragen und nach der Vorgabe »individuell – kollektiv« als Tafelanschrieb festgehalten: Folgendes Tafelbild könnte etwa entstehen (natürlich können noch wesentlich mehr Punkte gefunden werden):

Die »Entfremdung des Menschen vom Menschen« (Karl Marx)

Die Entfremdung des Menschen ...

... von sich selbst (individuell)	... von anderen Menschen (kollektiv)
• Oft macht man nicht das, was man eigentlich will • Oft sagt man nicht das, was man eigentlich sagen will • Oft tut man nicht das, was man eigentlich tun wollte	• Oft verhält man sich anderen gegenüber nicht so, wie man sich eigentlich verhalten sollte. • Oft verhalten sich andere mir gegenüber nicht so, wie sie sich verhalten sollten
• die Entfremdung von der eigenen Körperlichkeit	• Übergroße Distanz und zu große Nähe zu anderen Menschen kann schaden. Es kommt auf das richtige Maß an!
• die Entfremdung von der eigenen Arbeit (kein Bezug mehr zum Produkt)	• Andere schätzen meine Arbeit oft nicht, ich weiß die Arbeit anderer oft nicht zu würdigen
• ...	• ...

5. Schritt: Erarbeitung (Gruppenarbeit)
Die »Macht des Geldes« ist den Sch mit Sicherheit nicht unbekannt. Die weitreichende Ökonomisierung unserer Gesellschaft hat zur Folge, dass alle Bereiche unseres Lebens sehr unmittelbar von dieser Macht tangiert sind. Wenn es möglich ist, können über Werbespots (z. B. »Kreissparkasse«) diese Zusammenhänge transparent und problematisiert werden.
Eine Skizze auf einer Folie soll die Macht des Geldes verdeutlichen. Die Schülerinnen und Schüler assoziieren in der Gruppe und gestalten anschließend ihre Folie, etwa so:
– Das Geld steht im Mittelpunkt, etwa »Geld regiert die Welt« – davon abhängig sind verschiedene Zweige des Lebens (eigentlich alle).
– Es kann die Macht des Geldes segensreich (was man damit »Gutes« machen kann) und zerstörerisch (wo Geld Leben vernichtet) dargestellt werden.

Anschließend stellen die Schülerinnen und Schüler ihre erarbeiteten Skizzen am TLP vor.

6. Schritt: Zusammenfassung (Plenum)
Gemeinsame Schlussüberlegung nach folgenden Fragen (es sind auch andere möglich ...):
– Wo und wie soll Geld eingesetzt werden?
– Wie kann die segensreiche Wirkung des Geldes verstärkt werden?
– Wie kann die zerstörerische Wirkung des Geldes gemindert werden?
– Wie können Menschen lernen, dass Geld sie nicht entfremden darf, sondern sie zusammenführen sollte?

181.5 Zusatzmaterialien
M 181.1 Überblickstext zu Karl Marx

182 Sigmund Freud: Die drei Kränkungen der menschlichen Eigenliebe

182.1 Der Zusammenhang
Der Text von Sigmund Freud knüpft in seiner Konsequenz an die Forschungen von Feuerbach und Marx an. Hatte Feuerbach die Religionskritik von der Philosophie her entwickelt und Marx diese Religionskritik dann für das Feld der Soziologie und Ökonomie angewendet, so überträgt Freud nun diese vorauslaufenden Forschungen auf die Psychologie. Nach Freud ist Religion eine infantile Illusion, eine in der Menschheit allgemein vorhandene Zwangsneurose, die aus dem Bedürfnis geboren ist, die menschliche Hilflosigkeit erträglicher zu machen (siehe Sachinformationen zu Leben und Werk M 182.1). Bei Freud wird Gott zu dem aus der Kindheit bzw. aus kindlichen Erfahrungen projizierten, überhöhten irdischen Vater.
Der Text zeigt aber auch noch weitere Konnotationen, vor allem zum Kapitel »Wirklichkeit«, denn die erste der genannten Kränkungen hat unmittelbar mit der Entwicklung des Weltbildes und der Wahrnehmung von Wirklichkeit zu tun (vgl. SB S. 16–22).

182.2 Der Hintergrund
In der Entwicklung der Psychoanalyse Sigmund Freuds lassen sich drei Phasen unterscheiden: Zunächst hatte er nur nach einer therapeutischen Methode zur Behandlung von funktionellen Nervenkrankheiten gesucht, aus diesen Erkenntnissen heraus jedoch in einer zweiten Phase eine Theorie des menschlichen Seelenlebens überhaupt konstruiert. In einer dritten Phase schließlich hat er die Psychoanalyse zu einer Kulturtheorie ausgebaut, die eine umfassende Erklärung der modernen Lebenswelt als Resultat psychischer Verhältnisse und Prozesse zu sein beansprucht.
Der Text von Sigmund Freud ist geschrieben vor dem Hintergrund heftiger Angriffe gegen die Anfang des 20. Jahrhunderts entstehende Wissenschaft der Psychoanalyse. Wie die einleitenden (Z. 1–9) und hinausführenden Zeilen (Z. 36–40) deutlich machen, sah sich Sigmund Freud in jener Zeit starken Anfragen ausgesetzt. In einem Reflex versteigt er sich aus dieser apologetischen Haltung heraus zu der These, die Entdeckungen der Psychoanalyse (seine Entdeckungen ...) seien vergleichbar mit der »Kopernikanischen Wende« im Weltbild (Z. 10–18) oder mit der Entwicklung der Evolutionsbiologie durch Charles Darwin (Z. 18–27). Seine Entdeckung, dass der »Mensch nicht Herr im eigenen Hause« (Z. 31) sei, sondern vielmehr durch das Un(ter-)Bewusste gesteuert sei, nennt er deshalb die »dritte große Kränkung der menschlichen Eigenliebe«.

182.3 Literatur
Hans-Jürgen Fraas, Art. Freud, Sigmund, in: RGG⁴, Bd. 4, Tübingen 2000, Sp. 345–346.
Dietrich Rössler, Art. Freud, Sigmund, in: TRE 11, S. 578–584.

182.4 Unterrichtsideen
1. Schritt: Erarbeitung (Plenum):
Sigmund Freud: Leben und Werk
In einem ersten Schritt bietet es sich an, den Schüler/innen die Person Sigmund Freud vorzustellen. Die wichtigsten Stationen seines Lebens, aber auch die wissenswerten Phasen seines Schaffens sind in M 182.1 kurz zusammengefasst. Dieses Arbeitsblatt kann gut im Plenum gelesen werden, etwaige Fragen hierzu dort geklärt werden.
Dann können die Ergebnisse der Beschäftigung mit Ludwig Feuerbach (SB S. 116f.) und Karl Marx (SB S. 181) auf das bei Sigmund Freud Gelesene bezogen werden. Leitfrage für das Plenumsgespräch:
Inwiefern hängen die Auffassungen von Feuerbach, Marx und Freud zusammen? Wo gibt es Gemeinsamkeiten, wo Unterschiede?

2. Schritt: Erarbeitung und Ergebnissicherung:
(Gruppenarbeit und kurzes Plenum)
In einer Kleingruppe kann der Text gelesen und relativ leicht in seinem Dreischritt zur Darstellung gebracht werden (Aufgabe 1). In einem kurzen Abgleich der Ergebnisse kann ein Tafelbild mit den drei Kränkungen festgehalten werden.

3. Schritt: Erarbeitung und Erstellen eines gemeinsamen Plakates (Gruppenarbeit und Plenum)
Die 2. Aufgabe erfordert einen vertieften Zugang: Die Schülerinnen und Schüler sollen – anschließend an das Kapitel »Wirklichkeit« und das Kapitel »Gott« – dort gewonnene, wesentliche Erkenntnisse mit der ersten der von Freud genannten Kränkungen (Kopernikanische Wende) zu verbinden suchen. Die unterschiedlichsten Zugänge zur Weltwirklichkeit und die daraus sich entwickelnden Weltbilder können in einer Synopse dargestellt werden. Angeboten hat sich für mich ein Mindmap auf einem großen Plakat mit dem Wort »Weltwirklichkeit und Weltbild«, auf das die verschiedenen Zugänge bezogen werden: Der *mesopotamische* (SB S. 14.16–17), der *ägyptische* (SB S. 14.18–19), der *biblisch-theologische* (SB S. 14.20–21.23), der *hinduistische* (SB S. 22), der *naturwissenschaftliche* (SB S. 24–28) und schließlich der *philosophische* (Feuerbach: SB S. 116f.), der *soziologisch-ökonomische* (Marx: SB S. 181) und der *psychologische* (Freud: SB S. 182). Die Schülerinnen und Schüler werden dazu in die genannten 8 Gruppen aufgeteilt. Jede Schüler/innen-Gruppe versucht unter den beiden Leitworten »Weltwirklichkeit und Weltbild« die jeweilige Position in einer Skizze auf einem DIN A 4-Blatt darzustellen. Dieses Ergebnis wird dann im Plenum vorgestellt und anschließend auf das Plakat geklebt. So entsteht ein Panoptikum unterschiedlichster Zugänge zur Weltwirklichkeit, die zwar nicht alle miteinander vergleichbar sind, je und je aber spezifische Perspektiven aufzeigen können.
Dieser Arbeitsschritt hat eine sammelnde und zusammenfassende Intention: Den Schülerinnen und Schülern soll klar werden, dass die Texte dieses Buches nicht unverbunden nebeneinander stehen, sondern aufeinander bezogen und miteinander ins Gespräch gebracht werden können.

4. Schritt: Erarbeitung: (Gruppenarbeit)
In einem weiteren Schritt wird die Gruppenarbeit im Sinne der 3. Aufgabe weitergeführt: Von hier aus kann auf SB

S. 187, Aufgabe 2 und 3, vorgegriffen, oder, wenn diese Seite schon behandelt wurde, zurückgegriffen werden. Dementsprechend muss zunächst der Text S. 187 erarbeitet werden (siehe dort) und kann dann in einen fruchtbaren Dialog mit dem Text von Sigmund Freud gebracht werden.

182.5 Zusatzmaterialien
M 182.1 Überblickstext zu Sigmund Freud

183 Alfred Adler: Der Wille zur Macht

183.1 Der Zusammenhang
Die psychologischen Forschungen Alfred Adlers sind im Zusammenhang anderer religionspädagogischer Materialien nur selten Gegenstand eingehender Erörterungen, auch nicht beim Thema »Mensch«. Dennoch ist es lohnend, sich einmal etwas näher mit diesem Entwurf zu beschäftigen, da die Arbeit an ihm (gerade innerhalb der Anthropologie!) zu sehr fruchtbaren Ergebnissen führen kann. In Aufnahme der Forschungen von Hobbes und Rousseau (SB S. 178f.) können die Zusammenhänge deutlich werden, vor denen Adler seine »Menschenkenntnis« entwickelt hat. Er hat mit seinem dünnen, aber dennoch gewichtigen Buch einen Eckstein der psychologischen Forschung am Menschen im 20. Jahrhundert gelegt und schließt an die Erkenntnisse von Feuerbach, Marx und Freud unmittelbar (SB S. 116f., 181–182), aber auch differenziert an. Mit seiner These »Alles Leben ist Streben nach Macht« könnten die Erkenntnisse Adlers auch mit der buddhistischen Grundthese »Alles Leben ist Leiden« verglichen werden (SB S. 184).

183.2 Der Hintergrund
Zur »Wiener Psychologischen Schule« gehörend, steht Alfred Adler im Zusammenhang der Forschungen von Sigmund Freud und Carl Gustav Jung (vgl. auch M 183.1). »Das Gefühl der Minderwertigkeit«, unabhängig vom Alter eines Menschen, aber beginnend in frühester Kindheit, ist der Ausgangspunkt für die These, dass das Machtstrebens des Menschen das entscheidende Movens seines Lebens ist (Z. 1–13): Nichts, auch nicht die Sexualität (Freud) oder die Gewalt, bestimmen ihn so sehr wie dieser innere Antrieb, der auch nicht in der Adoleszenz wirklich bearbeitet werden kann (Z. 14–23) und deshalb das Sein des Menschen grundsätzlich bestimmt: Diesem »hervorstechendsten Übel in der Kultur der Menschheit« (Z. 15f.) ist einfach nicht beizukommen. Wird dieses Streben nach Macht aufgrund der Angst, im Leben zu kurz zu kommen, »ins Krankhafte gesteigert« (Z. 30f.), kommt es zu Überkompensationen, die sich gewöhnlich in Feindseligkeiten, »Hochmut und ein[em] Streben nach Überwältigung des Andern um jeden Preis« (Z. 24–37) äußern. Diese Forschungen über die seelische Entwicklung des Menschen nennt Adler »Menschenkenntnis« (Z. 43). Er erkennt in »die wichtigste und für alle Schichten der Bevölkerung unerlässliche Beschäftigung« mit sich selbst und ihrer Sozialität (Z. 43–47).

183.3 Literatur
Hans-Günter Heimbrock, Art. Adler, Alfred, in: RGG⁴, Bd. 1, Tübingen 1998, Sp. 120.

183.4 Unterrichtsideen
1. Schritt: Erarbeitung: (Plenum)
Stummer Impuls: »Alles Leben ist Streben nach Macht« wird in die Mitte der Tafel geschrieben. Die Schülerinnen und Schüler äußern sich dazu (stimmt – stimmt nicht), indem sie auf einer Skala von –5 bis +5 ihre Voten abgeben (ebenfalls an Tafel mit Kreide oder auf vorbereiteter

Folie mit Folienstiften). Anschließend wird das Ergebnis der Blitzumfrage kurz analysiert. Die Schülerinnen und Schüler werden dann aufgefordert, Gegenthesen zu entwickeln und diese um die zentrale These Adlers herum aufzuschreiben. Es ist möglich, dass sich schon daran eine Diskussion anschließt über Sinn und Unsinn mancher Thesen; wenn Hobbes und Rousseau einerseits oder das buddhistische und hinduistische Menschenbild andererseits schon erarbeitet wurde, können hier auch »fremde« bzw. angeeignete Argumente Eingang finden.

2. Schritt: Erarbeitung und Präsentation
(Gruppenarbeit und anschließendes Plenum).
In einem zweiten Schritt bietet es sich an, die Schülerinnen und Schüler (entsprechend Aufgabe 1) Beispiele im persönlichen und politischen Bereich suchen zu lassen, die die Position Adlers bestätigen. Dazu werden gewöhnlich zwei Folien pro Gruppe benötigt, da es sich erfahrungsgemäß zeigt, dass sehr viele Beispiele in beiden Bereichen ausgemacht werden können. Es ist auch und gerade damit zu rechnen, dass Beispiele aus der Schule (die Machtstrukturen innerhalb des Schulwesens sind nur allzu deutlich und präsent!) genannt werden. Die Beispiele werden dann in einem Doppelschritt (zunächst alle Gruppen zum privaten, dann alle Gruppen zum politischen Bereich) am Tageslichtprojektor präsentiert. Es hat sich gezeigt, dass es der Lehrkraft in ihrer Moderation während der Gruppenarbeit gut ansteht, die Schülerinnen und Schüler zu differenzierten/kleinteiligen Argumenten oder Beispielen zu ermuntern und vor Pauschalurteilen (»Die ganze Politik ist doch ein einziges Machtspiel«) zu bewahren.
Bei der Folienpräsentation ist zu beachten, dass die Folien häufig sehr viele ähnliche Punkte beinhalten, was in der Natur der Sache liegt. Ist dies der Fall, können die der jeweils ersten Gruppe nachfolgenden Gruppen nur noch die über die von der ersten Gruppe hinaus gefundenen Stichworte ergänzen. Die Folien können dann eingesammelt und bis zur kommenden Stunde zusammenkopiert werden.

3. Schritt: Erarbeitung (Plenum)
Es ist nicht einfach, die Theorie Freuds mit der von Alfred Adler zu vergleichen. Dennoch haben die Sch schon viel über Freud erfahren und können ihr Defizit in Sachen Alfred Adler nun mit Hilfe von M 183.1 aufbessern. Dies geschieht am besten im Plenum: Der Text wird gemeinsam gelesen, unklare Sachverhalte werden geklärt.

4. Schritt: Erarbeitung und Erstellen einer Folie
(Gruppenarbeit und Plenum)
Anschließend kann dann auch Aufgabe 2 bewältigt werden. Die Schülerinnen setzen sich wieder in Kleingruppen zusammen und vergleichen die beiden Theorien von Freud und Adler nach ihren jeweiligen Stärken und Schwächen. Die Ergebnisse werden auf einer Folie in Tabellenformat aufgeschrieben und dann im Plenum präsentiert.

183.5 Zusatzmaterialien
M 183.1 Überblickstext zu Alfred Adler

184/185 Der Mensch im Buddhismus und Hinduismus

184/185.1 Der Zusammenhang
Nachdem der Blick auf einige Aspekte des neuzeitlichen Verständnisses des Menschen abgeschlossen ist, soll der Blick in andere Religionen nicht fehlen. Die beiden Texte von *Helmuth von Glasenapp* (S. 184) und *Ram Adhar Mall* (S. 185) sind nur zwei kurze und in dieser Kürze fragmentarische Einblicke in die Anthropologie (wenn man hier mit dieser Terminologie überhaupt arbeiten kann) des Buddhismus und des Hinduismus. Dennoch wird schon durch diese kurzen Texte die grundlegende Verschiedenheit gegenüber der biblisch-theologisch fundierten Anthropologie, aber auch den neuzeitlichen Interpretationen des Menschen deutlich.

184/185.2 Der Hintergrund
Der Text von Helmuth von Glasenapp (S. 184) geht von der buddhistischen Grundüberzeugung aus, dass alles Leben Leiden sei (Z. 1-9). Nachdem das Leben des Menschen im Wesentlichen als eine Zerfallserscheinung beschrieben ist (Z. 10-25), zeigt von Glasenapp die befreienden Aspekte der religiösen Lehre des Buddhismus auf (Z. 26-32) und führt dies im Folgenden aus (Z. 33-57), indem er der »Täuschung des individuellen Ichs« (Z. 41) das zu erstrebende und in sich selbst zu findende »wahre Selbst« (Z. 45ff.) gegenüberstellt. Nur dieses wahre Selbst hat Bestand, ist das Beständige, alle anderen Dinge und Erscheinungen der Wirklichkeit sind in Wahrheit »Scheingebilde ohne Substanz« (Z. 56). Das wahre Selbst zu finden ist deshalb das Ziel aller buddhistischen Anstrengungen (vgl. Böhm). Das Bild des Menschen im Hinduismus, dargestellt von Ram Adhar Mall, versinnbildlicht die hinduistische Anthropologie mit dem Bild der Lebensreise eines Menschen, die in vier Stadien eingeteilt werden kann (Z. 1-4): Die Stationen Novize - Hausvater - Einsiedler - Wandermönch (Z. 5-19) sind natürlich nicht repräsentativ für das wirkliche Leben, sondern idealtypische Beschreibungen, die mit einer Leiter verglichen werden, »die uns höher zum Göttlichen führt« (Z. 21). Diese vertikale Einteilung des Lebensweges (Z. 22f.) wird im Weiteren näher beschrieben, zunächst hinsichtlich des Novizen (Z. 25-29), dann des Hausvaters (Z. 30-41), zuletzt der beiden letzten Stadien (Z. 42-56). Die Kasten, nach denen im Hinduismus die Menschen eingeteilt sind, spielen bei dieser Darstellung keine Rolle, sollten aber im Unterricht ergänzt werden (vgl. z. B. Götz/Müller u. a.).

184/185.3 Literatur
Buddhismus
Peter Antes/Sigurd Körber, Buddhismus, Lesehefte Ethik
 – Werte und Normen – Philosophie: Reihe Weltreligionen, Stuttgart 1990.
Gebhard Böhm, Buddhismus, in: Unterrichtsideen Religion 9/10, 2. Teilband, Stuttgart 2002, S. 83–176.
Bradley K. Hawkins, Buddhismus, Freiburg/Basel/Wien 2000.
Thomas Schweer, Basiswissen Buddhismus, GTB Gütersloh 2000.

Hinduismus
Sigurd Körber, Hinduismus, Lesehefte Ethik – Werte und Normen – Philosophie: Reihe Weltreligionen, Stuttgart 1995.
Cornelia Götz/Brigitte Müller/Volker Possinger/Frieder Spaeth, Hinduismus, in: Unterrichtsideen Religion 9/10, 3. Teilband, Stuttgart 2003, S. 5–81.

184/185.4 Unterrichtsideen

Vorbemerkung
Das Menschenbild im Buddhismus und im Hinduismus eignet sich nachgerade ideal für eine besondere Schülerleistung, die in Baden-Württemberg z.B. durch eine so genannte GFS (»Gleichwertige Feststellung von Schülerleistungen«) in Form einer Hausarbeit, einer Präsentation, eines Referates o.ä. geschehen kann. Der Vf. hat beste Erfahrungen mit solchen Aufgaben gemacht und nach der Präsentation die Texte von S. 184/185 als Vertiefungstexte bzw. als Ergebnissicherungstexte eingesetzt. Selbstverständlich ist die Behandlung auch ohne diese Vorgaben möglich.

1. Schritt: Erarbeitung: Menschenbild im Buddhismus und Hinduismus – zwei Halbplena
In einem ersten Schritt werden die Sch in zwei Halbplena aufgeteilt, wovon eines sich mit dem Buddhismus, das andere sich mit dem Hinduismus beschäftigt. Es können innerhalb der Halbplena natürlich – je nach Gruppengröße – noch Untergruppen gebildet werden, die in einem ersten Zugang die beiden Texte lesen und das jeweilige Menschenbild zu verstehen suchen. Dazu bekommen sie DIN A6-Zettel, auf denen sie wichtige Begriffe notieren und mit einer kurzen Erklärung versehen. Beim Text zum Buddhismus sind dies z.B. Begriffe wie »Individualität«, »Alles Leben ist Leiden«, »*atman*« (Selbst), »*anatta*« (Nicht-Selbst); beim Hinduismus sind dies Begriffe wie »*dharma*«, »Novize«, »Hausvater«, »Einsiedler«, »Wandermönch«.
In dieser Phase, in der sich die Sch die Texte langsam erschließen, muss die Lehrkraft als »wandelndes Lexikon« parat sein, Unklarheiten beseitigen, auf Nachfragen reagieren und Informationen geben können.
Anhand der beschriebenen Kärtchen verständigen sich dann die beiden Halbplena untereinander auf ein schlüssiges Konzept der Darstellung/Präsentation und bereiten diese kurz vor.

2. Schritt: Präsentation: Tafel
Dann werden die beiden Menschenbilder des Buddhismus und Hinduismus an der Tafel mit Hilfe der ausgefüllten Kärtchen präsentiert. Dies geschieht so, dass jeweils zwei oder drei Sch die Kärtchen erklären und zu einem »Tafelbild« zusammenstellen, die sie mit Kreide auch zwischen den Kärtchen mit Pfeilen und Ähnlichem versehen können. In dieser Phase werden dann weitere Unklarheiten beseitigt, die Lehrkraft unterstützt die Gruppen durch weiterführende oder erklärende Hinweise. Hilfreich ist es natürlich, wenn die
Sch schon aus Klasse 10 über Vorwissen verfügen können (ist aber nicht wahrscheinlich) oder eben über ein einführendes Referat grob orientiert sind. ansonsten kann auch über weiterführende Materialien hier zusätzliche Information eingespeist werden.

3. Schritt: Erarbeitung (Gruppenarbeit): Vergleich mit dem Christentum
Anschließend gehen die Sch wieder in ihre Gruppen zurück und versuchen einen Vergleich zwischen dem buddhistisch bzw. hinduistischen Menschenbild und dem christlichen Menschenbild herzustellen. Es ist sinnvoll, sich dazu die in der biblisch-theologischen Anthropologie (Teil 3) erworbenen Erkenntnisse sowie die acht Thesen der EKD zum Menschsein des Menschen (Teil 5) noch einmal zu vergegenwärtigen. Die Ergebnisse können dann im Plenum abgerufen und an der Tafel festgehalten werden.

186 Wilfried Härle: Körperwelten?

186.1 Der Zusammenhang
Nachdem der vorangegangene Teil des Kursbuches das neuzeitliche Verständnis des Menschen und die Menschenbilder in Buddhismus und Hinduismus thematisiert hat, eröffnet der Text von Wilfried Härle den letzten Teil des Themas: Diskussionsfelder der Anthropologie. Hier sind neben der Ausstellung Körperwelten (SB S. 186) und dem Nachdenken darüber, was nach dem Tod kommt (SB S. 188f.) auch grundsätzliche Überlegungen zum Menschsein des Menschen eingegangen (SB S. 187, 190-191, 192), die ihrerseits wiederum den Horizont auf Sachverhalte anderer Kapitel zu lenken vermögen: Die unverlierbare Würde und die Gottebenbildlichkeit des von Gott geschaffenen Menschen, wie sie in den Texten SB S. 166 und 168 zum Ausdruck kommt, kann ebenso mit der Ausstellung »Körperwelten« verknüpft werden wie die Rede von Gott als dem Schöpfer (SB S. 106). Aber auch Fragen der Ethik stellen sich, wo Menschen als Material missbraucht, plastiniert, zersägt und ausgestellt werden (SB S. 85f.).

186.2 Der Hintergrund
Erstmals im Oktober 1997 hat der »Plastinator« Prof. Gunter von Hagens im Mannheimer Landesmuseum für Technik und Arbeit so genannte »Plastinate«, das heißt über das von ihm entwickelte Verfahren der Plastination präparierte und konservierte Körper verstorbener Menschen, in einer Ausstellung präsentiert. Seit dieser Zeit hat die Ausstellung »Körperwelten« eine atemberaubende Erfolgsgeschichte hinter sich, ist in vielen Ländern von Japan bis Schweden zu sehen gewesen und ist zur besucherreichsten Ausstellung aller Zeiten mit einer geschätzten Besucherzahl von 22 Millionen Menschen avanciert. Natürlich hat die Verwendung »echter« Menschen in einer Ausstellung auch heftigste Widersprüche, unter anderem von den Kirchen, ausgelöst. Denn der Faszination an der staunenswerten (und durch die Ausstellung sichtbar gemachten!) Komplexität des menschlichen Körpers stehen ethische Problemstellungen gegenüber, die es zu diskutieren lohnt. Mit Wilfried Härle kommt im SB S. 186 einer der profiliertesten Gegner dieser Ausstellung zu Wort: Nach einem kurzen Rückblick auf die Geschichte der anatomischen Erforschung des menschlichen Körpers, die Härle grundsätzlich befürwortet (Z. 1-5) kritisiert er die Intention (Z. 5-17) der Ausstellung, die er in der technischen Verarbeitung und Zurschaustellung des »Materials menschlicher Körper« sieht. Die zentrale Frage ist, ob »das mit der Würde des Menschen vereinbar« sei (Z. 25)? Härle benennt »inakzeptable Auffassungen«, nämlich dass die Würde des Menschen mit dem Tod ende oder durch freie Verfügung zu Lebzeiten aufgegeben werden könne (Z. 26-30). Der Text endet im Vorwurf, der Veranstalter begehe (werbewirksam und bewusst) einen Tabubruch, um Tote zur Schau zu stellen, doch sei dies keine Rechtfertigung für diese Ausstellung (Z. 30-35).

186.4 Literatur
www.koerperwelten.de
Peter Kliemann/Andreas Reinert, Thema Mensch; Materialband, Stuttgart 1999, S. 145f. Lehrerkommentar, Stuttgart 1998, S. 53f.
Ausstellungskatalog Körperwelten. Einblicke in den menschlichen Körper, hg. vom Landesmuseum für Technik und Arbeit in Mannheim, Mannheim 1997.

186.4 Unterrichtsideen
1. Schritt: Information
In einem ersten Schritt geht es um Information. Die Sch und die Lehrkraft müssen sich auf den neuesten Stand bringen, was die Ausstellung »Körperwelten« angeht. Dies macht man am besten und einfachsten mit der stets aktuellen Website www.koerperwelten.de, der offiziellen Website Gunther von Hagens'. Dazu sollte eine Schulstunde in den Multimedia-Raum der Schule verlegt werden.
Alternative: Ein/e Sch bereitet eine Stunde zum Thema »Körperwelten« vor und präsentiert diese in der Religionsstunde.

2. Schritt: Erarbeitung und Ergebnissicherung (Gruppenarbeit und Plenum)
In einem weiteren Schritt sollen sich die Schülerinnen und Schüler mit den Pro- und Contra-Argumenten für diese Form der Ausstellung vertraut machen. Dazu dient M 186.1, eine Zusammenstellung wichtiger Argumente, die vermeintlichen Besucher/innen in den Mund gelegt sind. Die Aufgabe besteht darin, in der Kleingruppe aus den genannten Stellungnahmen je drei Argumente pro *und* contra auszusuchen, die besonders einleuchtend und schlagkräftig sind. Diese werden mit zwei verschiedenen Farben (Grün und Rot) auf dem Arbeitsblatt kenntlich gemacht. Sind die Gruppen zu einem Ergebnis gelangt, werden im Plenum von allen zunächst die pro-Argumente vorgestellt. Hier kann es natürlich zu Überschneidungen kommen. Die wichtigsten Argumente werden an der Tafel festgehalten (vgl. SB S. 186, Aufgabe 2).

3. Schritt: Erarbeitung und Ergebnissicherung (Gruppenarbeit und Plenum)
Dann gehen die Schüler/innen wieder in die Gruppen. Nachdem nun alle wichtigen Argumente auf dem Tisch liegen, muss entschieden werden: Pro *oder* contra. Die Schüler/innen diskutieren anschließend, inwiefern die Ausstellung Körperwelten *die Würde des Menschen* verletzt/bzw. nicht verletzt. Diese Argumente werden auf DIN A 6-Kärtchen festgehalten (jede Gruppe braucht ca. 5 Argumente). Sind alle vorbereitet, diskutieren die Gruppen im Plenum, indem jede Gruppe eine/n Sprecher/in benennt, der die jeweiligen Argumente auf einem heißen Stuhl vor der Gruppe vertritt (Methode »Fishbowl«). Knickt der Sprecher ein, kann er/sie durch eine andere Sprecherin der Gruppe ersetzt werden.
Ziel dieses Arbeitsganges ist es nicht, eine »richtige« Lösung zu finden, sondern die Argumente zu sammeln.

*4. Schritt: Schritte ethischer Urteilsfindung
am Beispiel »Körperwelten«*
Der abschließende Schritt ist sicherlich der schwierigste. Anhand der Schritte ethischer Urteilsfindung (SB S. 86) sollen die Sch zu einer begründbaren Haltung in dieser Frage gelangen. Die Antworten werden unterschiedlich aussehen. Sie sollen in einem anschließenden Plenumsgespräch vorgetragen und diskutiert werden.
Alternative: Zunächst wird SB S. 187 »Die Notwendigkeit der Güterabwägung« bearbeitet (vgl. dort). Anschließend werden die dort gewonnenen Erkenntnisse auf den »Fall« Plastination und Körperwelten-Ausstellung angewendet.

186.5 Zusatzmaterialien
M 186.1 Körperwelten – Pro und Contra

187 Günter Altner:
Die Notwendigkeit der Güterabwägung

187.1 Der Zusammenhang
Der Text von Günter Altner ist – wie der vergleichbare Text über die Schritte der ethischen Urteilsfindung (SB S. 86) – eine Art Handlungsanleitung, um ethische Fragestellungen zu analysieren. Er dient dazu, den Schülerinnen und Schülern am Ende der Anthropologie-Einheit ein »ethisches Vademecum« an die Hand zu geben, das ihnen die Entscheidung in ethischen Fragestellungen erleichtern soll.
Auf diese Weise nehmen die dargestellten drei Modelle Anteil an unterschiedlichen Zusammenhängen, die bei Problemen der Themen »Gerechtigkeit« (z. B. SB S. 90f., 92f.), Wirklichkeit (z. B. SB S. 35) oder anderen Querverbindungen auftreten und den Schülerinnen und Schülern hoffentlich hilfreich sein können.

187.2 Hintergrund
Der Text ist in seiner Kürze denkbar klar gegliedert. Nach einer Einführung, die die Folgewirkungen jeder (ethischen) Entscheidung vor Augen stellt (»Zu Risiken und Nebenwirkungen ...«) (Z. 1–8) erfolgt die Darlegung der drei Modelle, die einer Urteilsbildung zugrunde liegen können: Das dezionistische Modell (Z. 10–15) legt allen Wert auf die (schnelle) und konsequent durchzuhaltende *Entscheidung*. Das probabilistische Modell entscheidet nur nach vorliegenden zutreffenden Gründen, die jedoch nicht immer die wahrscheinlich besten Gründe sein müssen; insofern ist es ein *Wagnismodell* (Z. 16–25). Das tutioristische Modell verlangt hingegen den Nachweis der sicheren Gründe, die eine verantwortliche Entscheidung überhaupt erst ermöglichen; dieses Modell ist ein *Sicherheitsmodell* (Z. 26–35). Die abschließende Bemerkung, dass im Zweifelsfall dem Verdacht auf eine schlechte Prognose der Vorrang vor (einer möglicherweise falschen) Entscheidung einzuräumen sei (Z. 35–41) stehen jedoch mannigfache Erfahrungen unseres Lebens gegenüber, in denen eine schnelle und notfalls sogar wenig abgesicherte Entscheidung erforderlich war. Wo die Grenze zwischen diesen Modellen zu beschreiben ist und für welche Problemstellungen sich welche Entscheidungsmaxime anbietet – das zu diskutieren ist Aufgabe dieses Unterrichtsgangs.

187.3 Unterrichtsideen
1. Schritt: Einstieg (Plenum)
Stummer Impuls (erste Hälfte der Folie auf Tageslichtprojektor): »Zu Risiken und Nebenwirkungen fragen Sie ...« (M 187.1). Der bekannte Abschluss des Satzes wird bewusst offen gelassen. Die ersten Reaktionen der Schülerinnen und Schüler werden abgewartet. Dann wird die zweite Hälfte der Folie aufgedeckt: »Zu den riesigen Nebenwirkungen fragen Sie ...« Wieder werden die Reaktionen abgewartet, dann stellt die Lehrkraft die Frage in den Raum: »Wen könnten wir fragen?« – »Zu was?« ist die übliche Reaktion. Schnell wird klar: Für alles gibt es Experten, Spezialisten, Leute, die sich auskennen. Frage: »Für welche Fragen gibt es keine Experten und Spezialisten? Welche Fragen müssen offen bleiben und sind per definitionem unbeantwortbar?«

Anschließend werden solche Fragen gestellt und auf die Folie notiert, z. B.:
Woher komme ich? Woher kommt die Welt? Warum gibt es Gut und Böse auf der Welt? usw. Schnell merken die Sch, dass alle unbeantwortbaren Fragen mit dem Menschen direkt oder indirekt zusammenhängen. Die Frage, welche Möglichkeiten Menschen haben, sich in solchen »letzten Fragen« zu orientieren, leitet über zum 2. Schritt.

2. Schritt: Erarbeitung (Gruppenarbeit)
Die Sch erarbeiten sich entsprechend Aufgabe 1 den Text und machen sich die drei verschiedenen Modelle klar. Anschließend versuchen sie diese sich an selbst zu suchenden Beispielen zu verdeutlichen. Die von den Schüler/innen gefundenen Problemstellungen können visualisiert werden, damit sie besser im Plenum zu diskutieren sind. Grundfrage: In welchen Fälle ist eine schnelle, notfalls nicht abgesicherte Entscheidung entsprechend dem dezionistischen Modell, wann eine »gut abgehangene« Entscheidung entsprechend dem tutioristischen Modell erforderlich?
In Übertragung dieser Modelle auf die »Körperwelten-Ausstellung« (SB S. 186) können die Sch diskutieren: Was wäre bei dem jeweiligen Modell wahrscheinlich? Was eher unwahrscheinlich? Welchem Modell muss hier der Vorrang eingeräumt werden?

3. Schritt: Diskussion (Plenum)
Offene Plenumsdiskussion, Panoptikum der möglichen Handlungsmodelle:
a) Die Schritte der ethischen Urteilsfindung (SB S. 86) bzw.
b) die drei von Günter Altner zusammengestellten Modelle und
c) die von Hans Jonas unter dem Stichwort »Prinzip Verantwortung« (SB S. 192) zusammen gestellten Argumente vorausgesetzt:
»Wird mit der Klonierung menschlicher Lebewesen die Würde und die Einzigartigkeit des Menschen verletzt? Kann man davon sprechen, dass in der Klonierung des Menschen die »vierte Kränkung« (vgl. Sigmund Freud, SB S. 182) vorliegt«? – Offene Diskussion im Plenum.

187.4 Zusatzmaterialien
M 187.1 Overhead-Vorlage

188/189 Was kommt nach dem Tod?

188/189.1 Der Zusammenhang
Das dritte Stück innerhalb des 6. Teils der Unterrichtseinheit wendet sich dem Phänomen des Todes zu. Da über »das Leben danach« nichts gewusst werden kann, ist es möglich, mit Hilfe des abgedruckten Dialogs zwischen *Hans-Peter Dürr* (Physiker), *Wolfhart Pannenberg* (evang. Theologe), *Klaus Michael Meyer-Abich* (Philosoph) und *Hans-Dieter Mutschler* (kathol. Theologe) mit den Sch über diese Frage zu reflektieren. Die sich in den vier verschiedenen Personen artikulierenden unterschiedlichen Zugänge zur Wirklichkeit des Menschen, die verschiedenen Ausgangsbedingungen und Prämissen der einzelnen Wissenschaftler und die daraus resultierenden Schlussfolgerungen können Anlass geben, sich in Freiheit auf diese Fragestellungen einzulassen.

188/189.2 Der Hintergrund
Im Sommer 1996 trafen sich fünf zeitgenössische Denker in der Toskana, neben den vier erwähnten Personen noch *Franz M. Wuketits* (Biologe und Philosoph), um über wichtige und zentrale Fragestellungen unseres Lebens unter den Stichwörtern »Kosmos« – »Leben« – »Geist« – »Weltauffassungen« zu diskutieren. Die Diskussionen vor laufenden Fernsehkameras wurden in dem Buch »Gott, der Mensch und die Wissenschaft« festgehalten, aus dem der abgedruckte Abschnitt »Glauben Sie, dass Ihre Seele unsterblich ist?« stammt.
Im Text kommen sehr unterschiedliche, aber auch aneinander anschlussfähige Positionen zum Ausdruck: Hans-Peter Dürr beschreibt seine Seele als Teil einer größeren Seele, einer Schaumkrone auf einer Welle im Ozean gleich, die Teil des größeren Wassers ist, in das sie beim Tod zurückkehre, sich aber auch wandeln und als neue Welle in einem neuen Leben aus dem Ozean wiedergeboren werden könne. Wolfhart Pannenberg hingegen legt Wert auf die Einzigartigkeit jedes menschlichen Lebens, das zwar nach dem Tode auch zurückkehre in das Größere, das die Menschen Gott nennen, das aber nicht wiederverkörpert werde in einem neuen Leben, sondern im Gedächtnis Gottes aufbewahrt bleibe und an dessen Ewigkeit teilhabe. Klaus Michael Meyer-Abich sieht dagegen, an Dürr anknüpfend, keine Beeinträchtigung der Einzigartigkeit und Individualität eines Menschen durch eine Reinkarnation. Hans-Dieter Mutschler lehnt solche Spekulationen über ein Leben nach dem Tode grundsätzlich ab und empfiehlt die Zurückhaltung der Bibel, die selbst sehr spröde sei mit den Aussagen darüber, was nach dem Tod komme. Eine Art »Transzendenzgeographie«, wie sie in etlichen esoterischen Lehren entwickelt werde, lehnt er ab. Vermutlich treffen sich einige Vorstellungen der Diskutanten mit Überlegungen der Sch. Anknüpfungspunkte für ein Gespräch werden deshalb wohl schnell gefunden sein. Zielpunkt des Unterrichtsgangs kann es deshalb nicht sein, irgendwelche »richtigen« Auffassungen darüber, was nun nach dem Tod wirklich kommen mag, in den Raum zu stellen. Wichtiger erscheint die gedankliche Auseinandersetzung mit den vorgegebenen Positionen und, wenn es sich ergibt, auch eine persönliche Stellungnahme der Lehrkraft.

188/189.3 Literatur

Hans-Peter Dürr/Klaus Michael Meyer-Abich/Hans-Dieter Mutschler/Wolfhart Pannenberg/Franz M. Wuketits, Gott, der Mensch und die Wissenschaft, Augsburg 1997.

Rainer Koltermann, Universum, Mensch, Gott. Der Mensch vor den Fragen der Zeit, Graz/Wien/Köln 1997.

Gebhard Böhm, Buddhismus, in: Unterrichtsideen Religion 9/10, 2. Teilband, Stuttgart 2002, S. 83–176.

Cybelle Shattuck, Hinduismus, Freiburg/Basel/Wien 2000, S. 45–46.60–61.

Ram Adhar Mall, Der Hinduismus. Seine Stellung in der Vielfalt der Religionen, Darmstadt 1997, S. 39–50 (zur Reinkarnationslehre).

Peter Kliemann: Hinduismus, in: Ders., Das Haus mit den vielen Wohnungen, Stuttgart 2004.

188/189.4 Unterrichtsideen

Anknüpfend an die beiden Aufgaben auf S. 189 ist eine Dreiteilung der Unterrichtsstunde denkbar:

1. Schritt: Erarbeitung (Plenum): Text gemeinsam lesen
In einem ersten Schritt wird der Text gemeinsam gelesen. Es bietet sich an, das gesamte Textstück auf vier Personen zu verteilen. Anschließend werden Rückfragen zum Verständnis des Textes, einzelner Wörter oder Zusammenhänge geklärt.

2. Schritt: Erarbeitung (Gruppenarbeit): Herausarbeitung der vier Positionen
Im zweiten Schritt werden in Kleingruppen von ca. vier Personen die sich unterscheidenden Positionen eruiert. Die Sch machen sich Notizen und versuchen, die einzelnen Haltungen der vier Diskutanten auf den Punkt zu bringen und mit einem Wort oder einem Satz zu charakterisieren. Wo das nicht gelingt, kann auch ein etwas längeres Textstück zitiert werden. Vorgeschlagen sind für die vier Personen:
- *Dürr:* Seele als Teil einer großen Weltseele, Wiederverkörperung möglich;
- *Pannenberg:* Einzigartigkeit der Seele eines jedes Menschen, keine Wiederverkörperung;
- *Meyer-Abich:* Individualität der Seele trotz Wiederverkörperung;
- *Mutschler:* Tod ist ein Mysterium, das uns in Frage stellt; man sollte sich nicht mit Wiederverkörperungsideen beruhigen.

In einem weiteren Schritt legt sich jede Gruppe auf eine bestimmte Position fest und suchen Argumente dafür. Die Lehrkraft muss darauf achten, dass alle vier Positionen (vielleicht gibt es ja noch mehr) vertreten sind. Wenn die Gruppen ihre Argumente gesammelt haben, wird das Streitgespräch inszeniert.

3. Schritt: Streitgespräch mit festgelegten Rollen
Im Klassenzimmer werden vier (fünf? ...) Gruppen gebildet, denen sich die Sch zuordnen. Jede Gruppe ist durch zwei Tische, die vor der Gruppe stehen, von den anderen abgehoben. Die Sch stehen hinter ihren Tischen und diskutieren. Wichtig ist dabei, dass sie sich gegenseitig zuhören und miteinander, nicht gegeneinander reden (vgl. »Miteinander sprechen«, S. 15). Die Lehrkraft fungiert als Moderator/in, sie kann aber auch eine/n Sch mit dieser Aufgabe betrauen. Zwei weitere Sch versuchen, die zum Austausch gebrachten Argumente aufzuschreiben, am besten auf einem DIN A4-Blatt mit vier Spalten. Für jede Gruppe werden dann in einer Spalte die Argumente gesammelt. Dadurch findet eine Art Ergebnissicherung statt – die Lehrkraft nimmt die beiden Aufschriebe mit und kopiert sie bis zur nächsten Stunde für alle (ein Blatt, hinten und vorne bedruckt).

190/191 Abschluss: Der Mensch – acht Thesen

190/191.1 Der Zusammenhang
Die letzte Doppelseite schließt zwar das Kapitel noch nicht ab (siehe S. 192), fasst aber in ebenso präziser wie schöner Weise die wesentlichen Aussagen über den Menschen in christlicher Perspektive zusammen.

190/191.2 Der Hintergrund
Die Synode der EKD hat sich auf ihrer Tagung im November 2002 am Timmendorfer Strand dem Thema »Was ist der Mensch?« gestellt und dabei ein Arbeitsheft entwickelt (s. u. Literatur), das an diese Frage mit einem, wie es im Begleittext heißt, »Kaleidoskop des Menschlichen« herangeht. Die dabei – vor allem zu Psalm 8 – gesammelten Bilder sind ausdrucksstark und eindrucksstark und laden ein, darüber nachzudenken, was der Mensch wirklich ist. Die acht Thesen schließen das Heft ab.

190/191.3 Literatur
Jürgen Schmude (Hg.), Was ist der Mensch? Ein Bilderzyklus zur EKD-Synode 2002.

190/191.4 Unterrichtsideen
Für diese Doppelseite schlagen wir lediglich vor, in Gruppenarbeit die argumentativen Zusammenhänge dieser Thesen in einer großen Grafik zu veranschaulichen, am besten auf einem großen Plakat (siehe Aufgabe). Was damit gefordert ist, ist nichts weniger als sich einen Überblick über die theologische Anthropologie als Ganzes zu verschaffen und darin noch die Interdependenzen der einzelnen Elemente herauszustellen! Wenn das doch manchem Studenten nach seinem Theologiestudium gelungen wäre! Dennoch: Es ist einen Versuch wert, denn die Überschriften über die einzelnen Thesen helfen, und die Zuordnung zum bisher Gelernten gelingen in aller Regel; hier ein Beispiel:

These 1: Der Mensch ist Geschöpf Gottes
vgl. S. 166
These 2: Der Mensch als Bild Gottes
vgl. S. 168, 169
These 3: Der Mensch als Beziehungswesen
vgl. S. 167, 169
These 4: Der Mensch als Individuum
vgl. S. 167
These 5: Der Mensch ist Sünder
vgl. S. 170
These 6: Der Mensch ist gerechtfertigt
vgl. S. 171, 172
These 7: Der Mensch soll das Gute tun
vgl. S. 173, 174, 175
These 8: Der Mensch lebt weiter
vgl. S. 177, 188, 189

192 Prinzip Verantwortung – neue Maßstäbe verantwortlichen Handelns

192.1 Der Zusammenhang
»Prinzip Verantwortung« – die Überschrift über den Text von Hans Jonas dient als Programm und gleichzeitig als Aufgabe für weitere Überlegungen am Ende dieser Unterrichtseinheit. Sie soll nach den mehr oder weniger abschließenden Thesen der EKD (S. 190–191) neue Perspektiven aufschließen und zum Handeln für eine Zukunft auch der nachfolgenden Generationen ermutigen. Dazu dienen beide Texte, der eher theoretisch-imperativische des Hans Jonas und der narrative Text einer chassidischen Weisheit zum Johannisbrotbaum.
Gleichzeitig ist hier der Ort, Querverbindungen zu den verschiedenen Themen des Buches herzustellen (s. u.).

192.2 Der Hintergrund
Anschließend an die acht Thesen zum Menschsein des Menschen kann der Text von Hans Jonas, der in seiner Schlussfolgerung an den »Kategorischen Imperativ« von Immanuel Kant anknüpft (vgl. S. 238) den Sch eine Perspektive über ihr eigenes Leben hinaus eröffnen und ihnen den Zugang zu einem generationsübergreifenden Denken ermöglichen. Jonas stellt in seinem berühmten Buch einen »Kompass« (Z. 8) vor, der dem Menschen »freiwillige Zügel« (Z. 2) anlegt, damit der Mensch sich nicht selbst gefährdet: Ob die »vorausgedachte Gefahr« (Z. 8) einer Zerstörung der gesamten Menschheit und »die neu hervorgetretene Pflicht, die im Begriff Verantwortung zusammengefasst ist« (Z. 14–16) dies leisten kann – darüber kann im Unterricht trefflich diskutiert werden. Der Imperativ des Hans Jonas, verglichen mit dem Kategorischen Imperativ von Immanuel Kant (siehe M 192.1), sollte dazu eine Möglichkeit darstellen (vgl. Knöpfel 1993).
Der appellarische, aber auch theoretische Hortativ von Jonas kann dann durch die narrative Ausformulierung in der chassidischen Weisheit ergänzt werden: Dieser unmittelbar einleuchtende Text kann als eine erzählerische Folie dienen, die den Gedankengang von Jonas unterstreicht. Die Weisheit, in die diese kurze Geschichte endet »Wir Menschen mögen nur bestehen, wenn einer dem anderen die Hand reicht« (Z. 20–22) ist deshalb als Zielpunkt dieser Unterrichtseinheit nicht die schlechteste aller Möglichkeiten.

192.3 Literatur
Hans Jonas, Das Prinzip Verantwortung. Versuch einer Ethik für die technologische Zivilisation, Frankfurt a. M. 1979.
Immanuel Kant, Grundlegung zur Metaphysik der Sitten, Stuttgart 1986, S. 68–70.
Eckehardt Knöpfel (Hg.), Einsichten gewinnen. Religionsunterricht auf der Sekundarstufe II, Berlin 1993, S. 412–413.

192.4 Unterrichtsideen

1. Schritt: Plenum: Textarbeit
In einem ersten Schritt müssen die beiden Texte vorgelesen und erschlossen werden. Es ist der leichtere Weg, zunächst mit dem Text »Der Johannisbrotbaum« zu beginnen, da dazu nicht viel zu erklären ist. Der Text von Hans Jonas braucht dann vielleicht ein paar erläuternde Hinweise der Lehrkraft zur Sage von Prometheus (Z. 1) oder auch zu einigen unbekannten Worten.
(Die griechische Mythologie bietet verschiedene Versionen der Prometheus-Sage. Jonas knüpft in seinem Buch wohl an die bei Hesiod überlieferte Version an. Danach brachte Prometheus den Menschen das Feuer und befreite sie aus ihrer Unwissenheit, weswegen ihn Zeus, der dies verhindern wollte, bestrafte und an eine Säule/einen Felsen im Kaukasus fesselte, wo ihm täglich ein Adler die Leber abfraß, die nachts wieder nachwuchs. Herakles schließlich befreit Prometheus.)

2. Schritt: Erarbeitung (Gruppenarbeit):
Der kategorische Imperativ Immanuel Kants
Nachdem diese Vorarbeiten geleistet sind, kann in einer Gruppenarbeit der Vergleich mit Kants kategorischem Imperativ gewagt werden. Dazu dient M 192.1, der den kategorischen Imperativ in der Formulierung der Metaphysik der Sitten bietet. In den Kleingruppen gelesen kann er als eine Hintergrundfolie für Jonas' Text von gelten kann. Die Sch sollen die Zusammenhänge zwischen den drei Texten herstellen und formulieren können (Aufgabe 1). Zur Sicherung bei der Gruppenarbeit kann ein kurzer Aufschrieb auf Folie dienen, der das Wesentliche zusammenfasst. Deutlich werden soll, dass bei Jonas der Akzent gegenüber Kant insofern etwas anders gesetzt ist, als er den kategorischen Imperativ stärker auf die Zukunft hin interpretiert.

3. Schritt: Erarbeitung (Gruppenarbeit)
In einem weiteren Schritt suchen die Sch Gründe dafür, warum eine nachhaltige Entwicklung unserer Welt im Hinblick auf eine Verpflichtung gegenüber kommenden Generationen (vgl. S. 238) »vielleicht ohne Religion überhaupt nicht zu begründen« sei (Z. 23–24; Aufgabe 2). Diese Gründe werden ebenfalls auf der Folie festgehalten.

4. Schritt: Ergebnissicherung (Plenum)
Die über die Folie und eine kurze Präsentation der Ergebnisse eingebrachten Argumente werden im Plenum diskutiert:
– Welche guten Argumente gibt es, diese Verpflichtung für kommende Generationen mit Hilfe religiöser Vorstellungen zu begründen?
– Sind andere Begründungen möglich? Welche?

Sicherung durch einen TA, der die Möglichkeiten und Grenzen der genannten Argumente aufzeigt.

192.5 Zusatzmaterialien
M 192.1 Immanuel Kant: Der kategorische Imperativ

Bibel

Das Thema
Bei dem Thema Bibel geht es um die Quelle und die Norm des christlichen Glaubens und um die Frage, wie im Leben Trost, Mut und Orientierung gefunden werden können. Grundüberzeugung des christlichen Glaubens ist, dass Menschen in der Begegnung mit der Bibel an der Offenbarung Gottes Anteil gewinnen können. Gott, Jesus Christus und sein Geist (vgl. S. 115) werden in der persönlichen Auseinandersetzung mit der Bibel gegenwärtig. Dies gilt auch dann, wenn davon ausgegangen wird, dass Christus auch im Gebet, in mystischer Versenkung, im Abendmahl, im bedürftigen Nächsten, in einer begeisterten Gemeinschaft oder auch in der geschöpflichen Natur erfahren werden kann. Ob es sich jedoch bei solchen Erfahrungen um Begegnungen mit Gott handelt, lässt sich letztlich nur an der Bibel entscheiden, was sie zur Heiligen Schrift macht und das reformatorische Bekenntnis (sola scriptura) begründet. Dies hebt auch Barmen I und II hervor (S. 59). So gesehen ist die Bibel ein Lebensbuch, das Wahrheit beansprucht. Daneben ist die Bibel aber auch als historische Quelle und als kulturgeschichtliches Dokument zu sehen. Sie hat – vermittelt durch die Bibelübersetzung Luthers – gegenwärtige Kultur vielfach geprägt. In religionswissenschaftlicher Perspektive ist sie als eine Heilige Schrift neben anderen zu verstehen.

Schülerinnen und Schüler
Schülerinnen und Schüler der Kursstufe haben sich in zurückliegenden Schuljahren vielfach mit der Bibel beschäftigt. Dennoch wird nach wie vor beklagt, dass sie zu wenig über die Bibel wissen, den methodischen Umgang mit ihr nicht beherrschen und vor allem ihr distanziert bis verständnislos gegenüberstehen. Nur eine Minderheit sieht in ihr ein Lebensbuch, aber auch ihr Verständnis als bedeutsames Dokument der christlich-europäischen Kultur ist nicht bei allen geklärt.
Vorausgesetzt wird hier, dass es in der Eingangsphase der Kursstufe zu einer erneuten vertieften Auseinandersetzung mit der Bibel gekommen ist. Da jedoch auch dann ein sicheres Wissen und ein kompetenter Umgang nicht einfach vorausgesetzt werden kann, soll hier noch einmal eine inhaltliche Zusammenfassung, ein Überblick über verschiedene Auslegungsmodelle und Hinweise auf die kulturelle Rezeption gegeben werden. Bei Bedarf kann darauf zurückgegriffen werden, oder Themen können propädeutisch eingeschoben werden.

Aufbau und Gliederung
Die Autorentexte gehen von der Annahme aus, dass der angemessene Umgang mit Bibeltexten und biblisch-theologischen Kommentaren im gesamten Kursbuch Religion Oberstufe an gewisse Voraussetzungen gebunden ist. Es bedarf
- der Einsicht in den grundlegenden Zusammenhang von Menschenwort und Gotteswort (S. 216f.), der in der Gottessohnschaft Jesu (S. 154) seine entscheidende Konkretion hat (vgl. auch Barmen II S. 59)
- des Wissens um den Aufbau und die Entstehungsgeschichte der Bibel (S. 196) sowie des geschichtlichen Zusammenhanges, in dem die biblischen Bücher stehen (S. 197), die einerseits Einordnung so zentraler Texte wie Gen 1 und 2 (S. 16f., 106, 168), Gottes Offenbarung an Mose (S. 107), Amos (S. 75), und Jesus (S. 138, 139, 149, 87, 82) ermöglichen und andererseits von dort ergänzt werden können
- der Erkenntnis von Grundformen biblisch-religiöser Sprache (S. 200f.), die die Aussageabsicht biblischer Texte verständlich machen und durch die Auseinandersetzung mit Mythos (S. 14, 16f., 18f., 20) sowie Metapher und Gleichnis (S. 12, 144, 45) vertieft werden können
- der Fähigkeit, Zeichen als solche zu verstehen und demgemäß religiöse Symbole zu lesen (S. 204f., S. 13, 106)
- der Kenntnis zentraler biblischer Inhalte, die hier an Personen (S. 198f.) und an Grundmotiven (S. 202f.), aber auch an Textgattungen (S. 200f.) festgemacht und die Bibelteile der einzelnen Kapitel ergänzen. So begegnet immer wieder die Schöpfung (S. 20, 21, 106, 166, 169), Dekalog und Bundesbuch (S. 74, 76), Amos (S. 75), Mose (S. 107), Jesus (S. 44–47, 77, 78f., 108, 138–154).

Darüber hinaus bedarf es aber auch grundlegender methodischer Fähigkeiten, um biblische Texte und Bücher sinnverstehend lesen zu können. Dies wird im Bibelkapitel noch einmal zusammenfassend herausgestellt (S. 206f.) und darauf hingewiesen, wie unterschiedliche Auslegungsmodelle mit unterschiedlichen Sichtweisen der Bibel zusammenhängen. Dies ergänzt Ausführungen über Hermeneutik (S. 31) und historisch-kritischer Methode (S. 32f.). Die Methodenbausteine »Texte interpretieren« (S. 49) und »Arbeit mit biblischen Texten« (S. 111) wollen diesen grundsätzlichen Überlegungen methodische Hilfen zur Seite stellen.

Mit dem Blick in die Rezeption der Bibel in der Kultur (S. 208–211) kann der Blick in die Wirkungsgeschichte der Bibel gebündelt und bis in die Gegenwart hinein ausgezogen werden (vgl. dazu auch S. 52 »Kulturleistungen der Kirche«, S. 82f. »Die Kirche und die Armen«). Der Charakter der Bibel als Lebensbuch kann erahnt werden in der Auseinandersetzung mit S. 212f. Hier spiegeln sich verschiedene Stile einer biblischen Frömmigkeit.

Das stete Bemühen um das interreligiöse Gespräch mit dem Islam (S. 63, 89, 158), dem Buddhismus (S. 128f., 159, 184f.) und dem Hinduismus (S. 22, 88) wird hier mit dem Thema Heilige Schriften (S. 214f.) ergänzt.

Literatur
Wilfried Härle, Dogmatik, Berlin 1995, S. 111–139.
Manfred Oehming, Biblische Hermeneutik, Darmstadt 1998.
Der Koran und die Bibel, Welt und Umwelt der Bibel 15/2000.

245

Möglicher Kursverlauf

Das Bibelkapitel ist bewusst als Ergänzung, Wiederholung und Bündelung konzipiert. Dennoch lässt sich aus den Seiten ein kleiner Bibelkurs gestalten, der jedoch seinen Charakter als Sicherung schon gesammelter Einsichten nicht verleugnen kann.

Schritt	Inhalt	Hinweise
1	Fragen oder Bilder	Alternativ: Auseinandersetzung mit einer bestimmten Rezeption der Bibel (S. 208–211)
2	Wichtige Inhalte der Bibel – Personen (S. 198f.) – Themen (S. 202f.) – Formen (S. 200f.)	Ergänzungen: Schöpfung, Mose, Dekalog, Amos, Jesus
3	Aufbau-Entstehungszeit des geschichtlichen Zusammenhangs (S. 196f.)	Dabei Einordnen des Exodus, des Dekalogs und vor allem der Jesus-Geschichte
4	Wie ich die Bibel sehe. Grundverständnisse der Bibel und die entsprechende Auslegung (S. 206f.)	
5	Menschenwort und Gotteswort (S. 216)	
6	Heilige Schriften (S. 214)	

194/195 Bilder und Fragen

194/195.1 Der Zusammenhang
Die Bilder und die Fragen wollen wie auch sonst das Kapitel mit einer spannungsvollen Bildkomposition und möglichst anregenden Fragen eröffnen. Sie wollen Inhalt und Relevanz der folgenden Seiten zum Ausdruck bringen. Dabei operieren beide Bilder mit symbolischen Zeichen (vgl. S. 204f.), die gelesen und verstanden werden wollen.

194/195.2 Das Lorscher Evangeliar
Die Miniatur (37 x 27 cm) zeigt den Evangelisten Johannes, der in seitlicher Haltung, leicht vorgebeugt in würdiger Haltung auf einem Thron unter einem Arkadenbogen und zwischen zwei marmorierten Säulen sitzt. Das ganze wirkt hoheitsvoll. In seiner rechten Hand taucht er gerade eine Feder in ein Tintenfass, mit seiner Linken hält er demonstrativ das geöffnete Evangelienbuch. Er scheint gerade nachdenklich inne zu halten. Was mag ihm durch den Kopf gehen? Bei welchem Kapitel ist er angelangt? Johannes ist in spätantiker Manier gekleidet, das gepunktete Obergewand lässt das blaue Untergewand sehen. Zwischen Himmel und Erde zeigt sich ein rot-bräunlicher wolkenartiger Streifen, die als Epiphaniewolken gelesen werden können. Auch der Tisch mit dem Tintenfass scheint mit solchen Wolken umgeben zu sein. Das Tischbein ist mit Juwelen geschmückt. Der ovale Kopf von Johannes mit den weit geöffneten Augen ist von einem Nimbus (Heiligenschein, von lat. Wolke) umgeben. Dies unterstreicht die besondere Bedeutung und Autorität des Evangelisten.

Aus den Arkadensäulen wachsen zwei Pflanzen, die als Lebensbäume interpretiert werden könnten. Die ganze Szene spielt hinter einem geöffneten Vorhang, der an den Seite zusammengerafft ist. Wird hier etwas offenbart?
Über dem Evangelisten befindet sich ein lichtumstrahlter Phönix, der den Adler symbolisiert, der als Evangelistensymbol zu Johannes gehört. Seine Flügel bilden einen Kreis, der der Aureole entspricht, die Lichtstrahlen aussendet. Es scheint, als würde Johannes auf eine göttliche »Inspiration« warten, die ihn befähigt, an seinem Evangelienbuch weiterzuschreiben. Die von der Lichtaureole ausgehenden Lichtstrahlen scheinen auf ihn einzudringen, der Nimbus deutet darauf hin, dass die Person selbst vom göttlichen Licht erfüllt ist. Das Bild beinhaltet eine Inspirationslehre. Geht es um eine verbale oder eine personale Inspiration? Auf jeden Fall wird das biblische Buch als gottgewirktes und gotterfülltes Buch vorgestellt, das das Wesen und den Willen Gottes enthüllt und hohen Respekt verdient.

Die Darstellung des Evangelisten Johannes mit seinem Symbolzeichen, dem Adler, verweist auf die vier Symboltiere der Evangelien.
Die Kirchenväter weisen den Evangelien vier geflügelte Wesen zu: Matthäus den Menschen, Markus den Löwen, Lukas den Stier und Johannes den Adler. Diese vier finden sich an Taufsteinen, an Kanzeln, an Leuchtern oder in bildhaften Darstellungen der Majestas Domini. Die vier Wesen sind zurückzuführen auf Visionen und Gotteserscheinungen in Hes 1,5ff.; 10,3; Offb 4,6; 10,14ff. Sie künden jedes Mal die Begegnung mit Gott an und schützen die göttliche Sphäre. Sie sind meist mit Flügeln dargestellt und haben Vorläufer in der altorientalisch-ägyptischen Sphinxgestalt, die die vier Lebewesen und deren Eigenschaften vereinigt: die Vernunft des Menschen, die Kraft des Löwen, die Fruchtbarkeit des Stieres, die majestätische Erhabenheit des Adlers. Nach dem Kirchenvater Irenäus symbolisieren die vier Wesen die göttlichen Eigenschaften Christi. Das Menschenantlitz bezeichnet seine Erscheinung als Mensch, der Löwe seine Tatkraft, der Stier das hohepriesterliche Amt und der Adler die Gabe des Geistes. Die vier Wesen umgeben Christus und verweisen auf seine Göttlichkeit.

Die Identifikation mit den Evangelien wird meist so begründet: Der Mensch gehört zum Matthäusevangelium, denn dieses beginnt im ersten Kapitel mit dem Stammbaum Jesu. Der Löwe gehört zum Markusevangelium, denn dieses beginnt mit dem löwenhaften Brüllen des Täufers. Der Stier gehört zum Lukasevangelium, denn es beginnt mit dem Opfer des Zacharias. Der Adler gehört zum Johannesevangelium, denn es fliegt höher als die anderen Evangelien.

194/195.3 Das Mosaik in Albenga
Das Mosaikbild im Gewölbe des Baptisteriums von Albenga (um 500) fordert heraus, das Verständnis christlicher Symbolzeichen zu vertiefen. Das Bild ist ganz über symbolische Zeichen aufgebaut (Christusmonogramm, Aureole, Alpha und Omega, Tauben, Sterne). Es interpretiert durch die dreifache Wiederholung des Monogramms sowie von Alpha und Omega Christus als Person der Dreieinigkeit (S. 114f.) und reflektiert mit seiner symbolischen Sprache das Bilderverbot. Der Ort des Bildes im Gewölbe des Baptisteriums bekennt Christus als den auferstandenen Herrn (S. 155 und Bilder S. 68, 122). Darauf verweist auch noch einmal der im Ausschnitt nur angedeutete Sternenhimmel. Der Zusammenhang mit der Taufe verweist auf die Zugehörigkeit des Getauften zu dem Dreieinigen Gott, der in Jesus Christus anschaulich geworden ist (S. 154).

Das frühe Christentum kennt noch weitere Darstellungen Christi (vgl. S. 132), wie z. B. den Guten Hirten oder den bartlosen philosophischen Lehrer. Erst allmählich entwickelt sich die für uns typische christliche Chronografie.

Das Christusmonogramm mit Chi und Rho wurde durch Konstantin zum entscheidenden Sinnzeichen des Christentums. Er hatte es in seine Feldzeichen (labarum) aufgenommen, mit dem Kreuz verbunden und damit den Feldzug gegen Maxentius gewonnen. Das Monogramm ist also als Siegeszeichen zu lesen (»in hoc signum vinces«) und bezieht sich auf den Sieg Christi über den Tod, der für alle Menschen verheißen ist.
Nach Offb 1,8; 21,6; 22,13 bezeichnet sich Christus selbst als Alpha und Omega und schreibt sich damit Ewigkeit zu. Er ist der Ursprung der Schöpfung (vgl. S. 23), ihr verheißenes Ziel (vgl. S. 68) und daraus folgend die Mitte alles Lebens (vgl. S. 87). Es gibt demgemäß keine Zeit ohne Christus. Er ist der Herr der Welt (»kyrios«, S. 155). So wird Alpha und Omega zugleich zum Trostzeichen und zum Aufruf zur Treue im Glauben.
Tauben sind Sinnzeichen für die Getauften. Durch den in

der Taufe zugesprochenen Heiligen Geist können sie zum Himmel fliegen, getragen von den Flügeln des Geistes Gottes. Nach Ps 124,7 gleichen die Getauften Tauben, die durch die Taufe dem Netz des Jägers entronnen sind und nun befreit aufliegen können.

194/195.4 Die Bilder im Zusammenhang
Die beiden an sich vollkommen unabhängigen Bilder geraten durch ihre Zusammenstellung in eine herausfordernde Spannung. Das Mosaikbild sagt etwas aus über den Inhalt des Buches, das der Evangelist in Händen hat, letztlich die Bibel insgesamt. In ihr geht es um den Dreieinigen Gott, der Himmel und Erde erschaffen hat (A und O), in Christus Mensch geworden ist (Christusmonogramm), der gekreuzigt, gestorben, auferstanden ist, sich so als Herr der Welt (Sterne) erwiesen hat und die Seinen zu sich ruft (Tauben). In der Taufe bekennt sich der Täufling zu seinem Herrn und sagt anderen Mächten ab. Dieser so bekannte Gott begegnet uns in der Auslegung der Bibel, die deshalb als Heilige Schrift anzusehen ist.

194/195.5 Die Fragen
Die Fragen wollen darüber nachdenken lassen, was Menschen Orientierung und Fundament gibt (vgl. S. 147). Sie zielen dann auf die Bibel als Lebensbuch, rücken die Fragen des Kanons (S. 196) in den Mittelpunkt und öffnen das Thema für eine interreligiöse Perspektive.

194/195.6 Unterrichtsideen
1. Bildbetrachtung Lorscher Evangeliar
a) Sch pausen das Bild ab
b) Zusammentragen von Beobachtungen. Was habe ich nicht sofort bemerkt? Lektüre S. 218
c) Sch setzen sich wie der Evangelist. Worauf wartet er? Was wird er als nächstes aufschreiben?
d) Sch bittet einen Sch die implizite Deutung des Johannesevangeliums zu formulieren. Die anderen ergänzen. Wie sehen wir selbst die Bibel?

2. Bildbetrachtung Mosaik von Albenga
a) L zeichnet Zeichen an Tafel: Christusmonogramm, Alpha und Omega, Tauben, Sterne. Sch deuten die Zeichen
b) Lektüre S. 218
c) Sch betrachten für sich das Bild und formulieren in EA schriftlich die »Predigt« des Bildes an einen Täufling. »Lieber Täufling ...«
d) Vorstellen der Ergebnisse

3. Erschließen der Bildkomposition
a) Gespräch: Passen die beiden Bilder zusammen?
b) Rückgriff auf Barmen I (S. 59, Z. 9-12): Hilft das weiter?

4. Theologisieren mit jungen Erwachsenen
a) Sch erhalten einzelne Fragen in PA und suchen ihre eigene Antwort
b) Die Antworten werden vor der Klasse vorgetragen, anschl. Gespräch
c) Ggfs. Definieren offener Fragen. Bestimmen eines question-masters, der auf die Beantwortung der Fragen achtet

196 Aufbau und Entstehungsgeschichte

196.1 Der Zusammenhang
Die Bezeichnung der Bibel in der heutigen Endgestalt als »Heilige Schrift« oder »Wort Gottes« kann bei Schülerinnen und Schülern den Eindruck erwecken, die Bibel sei als einheitliches Werk geschrieben und von einer mit göttlicher Autorität ausgestatteten Institution zusammengestellt worden. Dem widerspricht der vielschichtige Entstehungsprozess, der auf dieser Seite dargestellt wird. Hier werden markante Eckpunkte der Entwicklung benannt, während der Zusammenhang von »Menschenwort und Wort Gottes« auf S. 216f. reflektiert wird.

196.2 Der Überblickstext
Der Autorentext beschreibt die Einteilung des Alten und Neuen Testamentes und bezieht sich auf wichtige Phasen der Sammlung, Anordnung und Autorisierung der biblischen Schriften zu dem Gesamtwerk in der uns heute vorliegenden Fassung. Der Text geht dabei von folgenden Voraussetzungen aus:
- Die uns als Altes Testament vorliegenden Schriften gehen auf den Kanonisierungsprozess des jüdischen Bibel zurück.
- Zur Zeit Jesu bildete die »Schrift« (Mk 12,24) eine normative Größe, wenngleich die Kanonbildung noch nicht abgeschlossen war.
- Weder der Kanon des Alten Testamentes noch der des Neuen Testamentes entstanden durch einmalige autoritative Entscheidungen. Es lassen sich aber markante Etappen der Entwicklung beschreiben.

Bei der Entstehung der Bibel lassen sich folgende Phasen unterscheiden:

1. Vorexilische Zeit
Leben und Institutionen Israels wurden von Anfang an geprägt durch göttliche Autorität beanspruchende Menschenworte, die uns als priesterliche Weisung, rechtliche Bestimmung und prophetische Worte begegnen.

2. Die Zeit nach der Eroberung Jerusalems 587 v. Chr.
Beim historischen Prozess der Entstehung spielt die Eroberung Jerusalems durch Nebukadnezar 587 v. Chr. eine entscheidende Rolle. Der Verlust der Identität stiftenden Institutionen Staat, Land und Tempel gefährdete die Existenz Israels. Die Bewahrung der überlieferten religiösen Schriften bildete die Voraussetzung für das Weiterexistieren Israels. Beim Prozess der Sammlung, Verschriftlichung und Kanonisierung spielte Esra (Esr 8-10) durch die Verpflichtung der Gemeinde auf das »Gesetz« eine entscheidende Rolle.

3. Die Übertragung des Pentateuchs ins Griechische (Septuaginta)
Die Übertragung des Pentateuchs ins Griechische, die in die Mitte des 3. Jh. fällt, deutet darauf hin, dass dieser Teil des Alten Testamentes schon gegen Ende der Perserzeit kanonische Geltung besaß.

4. Abschluss der Kanonbildung im Frühjudentum
Drei Gruppierungen konkurrierten um die Festlegung von

Gestalt und Umfang der jüdischen Bibel. Die Sadduzäer befürworteten einen auf den Pentateuch beschränkten Kanon, die Apokalyptiker versuchten einen extensiven Kanon durchzusetzen, die Pharisäer und Schriftgelehrten nahmen eine Mittelstellung ein. Josephus nennt um 95 n.Chr. 22 kanonische Schriften und beschreibt als Kriterium Originalität und Inspiration. Die Synode von Jamnia spielte eine wichtige Rolle, darf aber nicht als Ort einer abschließenden autoritativen Entscheidung gesehen werden. Im 2. Jh. setzten die Tanachiten die Anordnung in »Thora«, »Nebiim« und »Ketibim« (= TaNaKh) durch. Für die Anordnung in der christlichen Bibel wurde die in der Septuaginta vorherrschende Einteilung in Geschichtsbücher (= Vergangenheit), Lehrbücher (= Gegenwart) und Propheten (= Zukunft) maßgeblich. Um 180 gibt Melito von Sardes eine für die christliche Kirche bedeutsame Zusammenstellung des atl. Kanons.

5. Kanonbildung des Neuen Testamentes

Die Sammlung der Paulusbriefe steht am Anfang der Zusammenstellung der 27 Schriften des Neuen Testamentes. Irenäus (gest. 200) zählt die 4 Evangelien und die Apostelgeschichte sowie die 13 Paulusbriefe (außer Phlm) zur Schrift. Die Rezeption des Alten Testamentes und die Zweiteilung der Bibel in ein AT und NT lässt sich bei Tertullian nachweisen. Die eigenwillige Theologie des Marcion (85–160), der zwischen einem Schöpfergott des Gesetzes und dem gnädigen Gott des Evangeliums unterschied, bewirkte als Gegenbewegung eine beschleunigte Kanonbildung. Im griechisch sprechenden Osten wurde Origenes (185–254) durch Festlegung von Kriterien für die Kanonizität bedeutsam. Er schied unter anderem das Thomas-, Ägypter-, Matthias- und Basilidesevangelium als Werk von Häretikern aus. Im Westen setzte sich durch die Kanonliste des Athanasius und das Wirken des Hieronymus der uns vorliegende Kanon mit 27 Schriften durch.

6. Übersetzungen und Anordnung der Bibel

Mitte des 3. Jahrhunderts stellte Origenes sechs Textfassungen nebeneinander und schuf damit die »Hexapla«. Ausgehend von der altlateinischen Übersetzung »Vetus Latina« verfasste Hieronymus ab 382 eine neue lateinische Übersetzung, die im AT auf den hebräischen, im NT auf den griechischen Urtext zurückgeht. Sie wurde auf dem Konzil in Trient 1546 als »Vulgata« zur offiziellen katholischen Bibelübersetzung erklärt. Die Kirchen der Reformation ließen nur die Schriften des Alten Testamentes als kanonisch gelten, die ein hebräisches Original besaßen, orientierten sich bei der Reihenfolge jedoch an der Septuaginta. Deshalb entstand eine Anordnung, die sich nach Albani/Rösel schematisch so darstellen lässt:

Hebräische Bibel (Tanach)	Septuaginta (LXX)	Luther-Bibel
Tora (Fundament) Genesis, Exodus, Leviticus, Numeri, Deuteronomium	**Geschichtsbücher** (Vergangenheit) Genesis, Exodus, Leviticus, Numeri, Deuteronomium Josua, Richter, Rut, 1.+2. Samuel, 1.+2 .Könige, 1+2 Chronik, Esra (I Esra), Nehemia (II Esra), Ester, Judit, Tobit, 1–4 Makkabäer	**Geschichtsbücher** (Vergangenheit) Genesis, Exodus, Leviticus, Numeri, Deuteronomium Josua, Richter, Rut, 1.+2. Samuel, 1.+2. Könige, 1.+2. Chronik, Esra, Nehemia , Ester
Propheten (Tora-Kommentare) »Vordere Propheten«: Josua, Richter, 1.+2. Samuel, 1.+2. Könige »Hintere Propheten«: Jesaja, Jeremia, Ezechiel Hosea, Joel, Amos, Obadja, Jona, Micha, Nahum, Habakuk, Zephania, Haggai, Sacharja, Maleachi	**Lehrbücher** (Gegenwart) Psalmen, Oden, Sprüche, Prediger, Hohes Lied, Hiob, Weisheit, Sirach, Psalmen Salomos	**Lehrbücher** (Gegenwart) Hiob, Psalter, Sprüche, Prediger, Hohes Lied
Schriften (»Die Übrigen«) Psalmen, Hiob, Sprüche, Rut, Hohes Lied, Prediger, Klagelieder, Ester, Daniel, Esra, Nehemia, 1.+2. Chronik	**Prophetenbücher** (Zukunft) Hosea, Joel, Amos, Obadja, Jona, Micha, Nahum, Habakuk, Zephania, Haggai, Sacharja, Maleachi, Jesaja, Jeremia, Baruch, Klagelieder, EpJer, Ezechiel, Susanna, Daniel, Bel et Draco	**Prophetenbücher** (Zukunft) Jesaja, Jeremia, Klagelieder, Hesekiel, Daniel, Hosea, Joel, Amos, Obadja, Jona, Micha, Nahum, Habakuk, Zephania, Haggai, Sacharja, Maleachi

196.3 Literatur

Günther S. Wegener, 6000 Jahre und ein Buch, Wuppertal und Kassel, 10. Auflage 1985.

Matthias Albani/Martin Rösel, Theologie kompakt: Altes Testament, Stuttgart 2002.

Lukas Bormann, Theologie kompakt: Neues Testament, Stuttgart 2003.

196.4 Unterrichtsideen

1. Einstimmung

Sch vergleichen die Inhaltsverzeichnisse der hebräischen Bibel, der Septuaginta und des Alten Testamentes in der Lutherbibel. Weshalb variiert die Anordnung? Welche Schriften übernahm Luther, welche fehlen? Welche Gründe könnte es dafür geben?

2. Textarbeit

a) Mit Hilfe der Leitbegriffe »Tora«, »Apokryphen«, »Septuaginta« und »neutestamentlicher Kanon« rekonstruieren Sch die Entstehungsgeschichte der Bibel in der uns vorliegenden Gestalt

b) Sch erstellen eine Grafik der Entstehungsgeschichte

c) Sicherung im Vergleich der Ergebnisse

3. Vertiefungen (alternativ)

a) Sch erstellen einen »Kern-Kanon« und überlegen, welche Inhalte der Bibel unverzichtbar sind und in einem »Kern-Kanon« aufgenommen werden müssten

b) Sch entwickeln Kriterien: Angenommen, ein altes, noch nicht bekanntes Evangelium wird gefunden und die Entdecker stellen den Antrag dieses Evangelium in die Bibel aufzunehmen. Welche inhaltlichen und sachlichen Kriterien müssten zur Zustimmung bzw. Ablehnung des Antrags herangezogen werden?

4. Ergänzungen (alternativ)

a) Sch vergleichen den Entstehungsprozess der Bibel mit dem des Koran. Welche Übereinstimmungen gibt es, welche Unterschiede? Was bedeutet das für den heutigen Stellenwert von Koran und Bibel?

b) Sch referieren über
- Die ersten Übersetzungen der Bibel: Hexapla – Vetus Latina – Vulgata
- Martin Luther und seine Bibelübersetzung
- Die Kapitel- und Verszählung der Bibel

196.5 Zusatzmaterialien

M 196.1 Bibelvergleich

197 Das jüdisch-christliche Geschichtsbild

197.1 Der Zusammenhang

Nach einem Text zu Aufbau und Entstehungsgeschichte der Bibel geht es auf dieser Seite um das »jüdisch-christliche Geschichtsbild«. Hier soll ein Überblick über die Geschichte und die geschichtlichen Zusammenhänge gegeben werden, wie sie sich bei der Lektüre des AT und NT darstellen. Insbesondere mit der vorangegangenen Seite, die sich der Entstehungsgeschichte der Bibel – hier des AT – widmet, kommt diese Darstellung in Spannung. Ergänzende Hinweise zu den genannten biblischen Personen finden sich in diesem Kapitel (S. 198f.), aber auch in anderen Zusammenhängen (Mose S. 107; Pontius Pilatus und die Römer S. 139, 148, 149, 46).

197.2 Das Problem einer gesicherten Geschichte Israels

Der Text versucht, neueren historischen Trends bzw. Erkenntnissen – vor allem in der alttestamentlichen Forschung – gerecht zu werden. Es fällt auf, dass die so genannte »Zeit« der Erzväter und die »Zeit« Israels in Ägypten samt Auszug und Wüstenwanderung – auf literarischer Ebene sind dies die ersten sechs Bücher des AT (Pentateuch und Josua) – nicht datiert sind. Dies hat seinen Grund darin, dass in Teilen der gegenwärtigen alttestamentlichen Forschung diese »Zeit« nicht als historisch, sondern als literarische Fiktion angesehen wird. Belege für diese Sicht sind u.a., dass die ersten historisch sicher fassbaren Daten der Geschichte Israels aus der Exilszeit stammen (sollen) und die davor liegende Zeit, abgesehen von einigen wenigen Daten (z.B. das Jahr 722 v.Chr.) im Unklaren und Unfassbaren verschwimmt. Radikalere Theorien weiten diese historische Skepsis auf die ganze Zeit vor dem Exil aus (dies wird hier nicht getan), u.a. mit dem Hinweis darauf, dass es keinen einzigen außerbiblischen Beleg für das Großreich Davids gibt oder dass der erste sicher datierbare Beleg für Abraham beim Propheten Jesaja (also in der Exilszeit) begegnet.

Aufgrund dieser – die alttestamentliche Wissenschaft zurzeit beherrschenden – historischen Skepsis bzw. Unsicherheit mag es in der Tat ratsamer sein, die biblische Geschichte »von hinten« zu lesen bzw. zu rekonstruieren: Da, wo gesicherte Daten vorhanden sind, kann man sie auch vertreten, da, wo diese eher vage sind, sollte man darauf verzichten, historische Sicherheit vorzugeben, die nicht vorhanden ist.

Hilfreich hierfür kann eine Unterscheidung sein, die vor allem in der Papyrologie gemacht wird, die aber auch mehr und mehr in die Bibelwissenschaften Einzug hält: Die Unterscheidung von Urkunde und Literatur. Dies sei im Folgenden in aller gebotenen Kürze skizziert: In der Papyrologie wird jeder neu entdeckte Papyrus nach zwei Kategorien klassifiziert. Es handelt sich entweder um eine Urkunde oder um einen literarischen Text. Eine Steuererklärung, in der die Einkünfte des vergangenen Jahres der zuständigen ägyptischen Behörde angezeigt werden, ist nur im Original rechtswirksam. Ähnliches gilt für die Inventurliste einer Schiffsladung, einem Testament oder einem Liebesbrief. Die Kommunikationssituation dieser Textformen, der Sitz im Leben, erfordert ein Original. Es handelt sich daher um Urkunden.

Die epische Dichtung Homers, der Liebesroman Charitons oder die Kunstbriefe Alkiphrons, aber auch die biblischen Bücher dagegen wenden sich an ein breites Publikum. Diese Texte werden verfasst, um vervielfältigt zu werden. Das Original des Autors existiert nur in einer vom Verlag redigierten Fassung. Nicht das Original, sondern die vervielfältigten Kopien spielen eine Rolle in der Kommunikation zwischen Autoren und Leserschaft. Solche Textformen werden in der Papyrologie als Literatur klassifiziert.

Die Auslegung von Urkunden erfordert andere Methoden als die Auslegung literarischer Texte. Oft lässt sich das Formular von Urkunden so detailliert beschreiben, dass es Spezialisten möglich ist, fragmentarisch erhaltene Papyri zu ergänzen und die ursprüngliche Form mit großer Sicherheit zu rekonstruieren. Eine Urkunde erfüllt ihre Kommunikationsfunktion zu einem bestimmten Zeitpunkt und an einem bestimmten Ort.

Ihrem Wesen nach geben Urkunden deshalb Auskunft über Entstehungszeitpunkt und Entstehungsort. Literatur dagegen wendet sich an ein breites Publikum und versucht zeitlos zu sein.

Auskunft über Autorschaft, implizite Leser, Entstehungsort und Zeitpunkt der Abfassung können in literarischen Texten durchaus fiktiv sein. Diese Angaben dienen oft nur dazu, einen narrativen Rahmen für die Ereignisse zu bilden, von denen der Text berichtet. Sollten die Leser entdecken, dass der Erzähler nicht identisch ist mit dem Autor oder der Autorin, so fühlen sie sich keineswegs betrogen. Im Gegenteil, sie sind sich dessen oft von Anfang an bewusst. Es bereitet Lesern kaum Schwierigkeiten, Robinson Crusoe zu lesen, ohne sich betrogen zu fühlen, ein Buch, das in der ersten Person Singular von den Abenteuern eines Schiffbrüchigen erzählt, obwohl den Lesern bereits auf dem Titelblatt angezeigt wird, dass der Roman nicht von Robinson Crusoe, sondern von Daniel Defoe verfasst und 1719 veröffentlicht wurde.

Legt man die Unterscheidung von Urkunde und Literatur zugrunde, handelt es sich auch bei den biblischen Büchern um literarische Texte. Man sollte daher bei der historischen Beschreibung der biblischen Bücher Methoden anwenden, die dem literarischen Charakter des Alten Testaments, aber auch des Neuen Testamentes angemessen sind. Entsprechend: Es mag sein, dass im alttestamentlichen Geschichtsbild historische Fakten enthalten sind, aber: Das AT erzählt nicht Geschichte so, wie sie war, sondern bettet Geschichte in ein Deutungsgeschehen ein. Es arbeitet mit Querverweisen: So erinnert man sich bspw. in der Zeit Nehemias nicht an die Problematik der Mischehen (Nehemia 13,23ff.), die bereits bei Abraham eine Rolle spielte (1. Mose 24), sondern es ist zeitlich genau umgekehrt: Eine in einer fiktiven Frühzeit gehaltene Rede Abrahams legitimiert ein Handeln Nehemias jetzt. Das AT will als Literatur und nicht als historische Urkunde bzw. Quelle gelesen werden.

197.3 Unterrichtsideen

1. Textarbeit
a) Sch lesen den Text in EA und suchen nach fünf entscheidenden Jahreszahlen
b) Vergleich in PA und schließlich in einem Teil- oder Halbplenum (»wachsende Gruppe«)
c) Zusammenfassen der Ergebnisse

2. Ergänzung
a) Sch erhalten auf Textkarten je einen biblischen Namen aus dem Text. Sie suchen alles heraus, was man dazu finden kann Evtl. Einbezug S. 198f. oder biblisches Lexikon
b) Sch stellen sich der historischen Reihe nach auf und erzählen von ihrer Person in Ich-Form

198/199 Personen der Bibel

198/199.1 Der Zusammenhang
Nach Behandlung der Entstehungsgeschichte der Bibel sowie des groben zeitlichen Rahmens der biblischen Geschichte geht es auf den folgenden beiden Buchseiten um wichtige Personen der Bibel. Drei alttestamentlichen Personen stehen drei neutestamentliche gegenüber, das Verhältnis von Männern zu Frauen beträgt 5:1 – ein Umstand, der nicht zuletzt in der Bibel selbst begründet liegt, der aber durch Aufgabe 2 auch verändert werden kann (dazu unten).

198/199.2 Wichtige biblische Personen aus dem Alten und dem Neuen Testament
Die Auswahl der behandelten Personen richtet sich zum einen nach deren Bedeutung im Ganzen der Schrift, insofern sie zugleich einen bestimmten Typus darstellen, zum anderen aber auch nach der Quantität der Überlieferung. Eine Person wie Amos wird an dieser Stelle nicht aufgenommen, da sie bereits an anderer Stelle (S. 75) verhandelt wurde, sie kann aber in Aufgabe 2 aufgenommen werden.

Im Text wird die Geschichte Abrahams als »Vater des Glaubens« sehr knapp nacherzählt, Gen 12 und Gen 25 markieren jeweils die Eckpunkte seines Lebens. Die Schülerinnen und Schüler mögen sich durch die knappe Darstellung und die weiteren Stellenangaben ermutigt fühlen, weiter über das Leben Abrahams zu forschen und insbesondere auch seine Bedeutung für die drei monotheistischen Religionen herauszuarbeiten.

Ebenso verhält es sich mit Mose, dem »Idealtyp des Propheten und Gesetzgebers« (vgl. S. 107). Da seine Geschichte recht lange ist, ist es auch denkbar, sein Leben und Werk in unterschiedlichen Gruppen aufzuteilen, beispielsweise informiert eine Gruppe die Klasse über Mose von dessen Geburt bis zur Errettung am Schilfmeer (Bild S. 101), und eine andere von der Wüstenzeit mit Schwerpunkt auf den Ereignissen am Sinai bis hin zum Blick des Mose ins gelobte Land.

Schwieriger, wenngleich sehr reizvoll, ist es, sich der Person des Jeremia zu stellen. Im Jeremiabuch selbst sind nur wenige biografische Angaben zu finden, und bei seiner Person muss der zeitgeschichtliche Rahmen stark mit hineingearbeitet werden, gegebenenfalls helfen hier Einleitungen ins AT oder andere, leicht verständliche Literatur weiter.

Die neutestamentlichen Personen sind vielen Schülerinnen und Schüler dem Namen nach bekannt, dennoch lohnt es sich, ihre Bedeutung im Urchristentum herauszustellen und ggf. auch weniger bekannte Züge der Personen kennen zu lernen. Besonders bei Maria Magdalena lohnt eine Beschäftigung mit der Rezeption ihrer Person, vor allem das ihr zugeschriebene (sexuelle) Verhältnis zu Jesus, das bis hinein in Kinofilme (S. 211, »Die letzte Versuchung Christi«, 1988) reicht, obwohl es vom NT her ohne Anhalt ist.

Bei Petrus geben die zahlreichen Bibelstellen im Text ein gutes Raster vor, um seine Person zu erschließen, die einzelnen Petrusgeschichten sollten auch im Original nachgelesen werden, um so auch nacherzählt und im Ganzen des NT verstanden werden zu können.

Bei der Vita des Apostels Paulus empfiehlt sich wohl, bei den Berichten der Apostelgeschichte anzusetzen und die typisch paulinischen Kampf- bzw. Konfliktsituationen (z. B. der Konflikt in Korinth um die Auferstehung, die Auseinandersetzung zwischen Starken und Schwachen in Korinth und Rom, der Parteienkonflikt in Korinth, der Streit um die Bedeutung des Gesetzes im Galaterbrief, die Auseinandersetzung um die Mission – kannte Paulus das so genannte Aposteldekret Apg 15 oder nicht?, das Verhältnis zwischen Israel und der Kirche) in strenger Auswahl zu behandeln. Positionen und Sichtweisen von Paulus werden bei den Themen Kirche (S. 47), Gerechtigkeit (S. 81), Jesus Christus (S. 153) und Mensch (S. 171) angesprochen.

Weitere Personen, die lohnen, behandelt zu werden, könnten u. a. sein:

Rut (Leitthema: Vom Umgang mit Vorurteilen. Die Erzählung behandelt Vorurteile zwischen Völkern/Ausländerproblematik, zwischen Arm und Reich und zwischen Mann und Frau); Johannes der Täufer (Prophetische Kritik an den Mächtigen); Judas (Vom Schicksal eines Jesusjüngers und seinen möglichen Motiven); Ester (Gott steht seinem Volk bei); Mirjam (Prophetin des AT); David (Vom Hirtenjungen zum König); Saul (Von der Tragik des ersten Königs in Israel); Amos (Option für die Armen); Simson (Unverwundbarkeit mit und ohne Grenzen); Jakob (Von den Folgen einer List); Daniel (Vom Gottvertrauen); Josef (»Ihr gedachtet es böse mit mir zu machen, aber Gott gedachte es gut zu machen.« 1. Mose 50,20).

198/199.3 Literatur
Gerhard Blail, Meine Bibel. Inhalt – Aufbau – Entstehung. Eine Einführung und Orientierung, Stuttgart 1985, S. 73–77.
Karl-Heinz Bieritz, Grundwissen Theologie: Die Bibel, Gütersloh, 2. Auflage 1997, S. 37ff.
Rolf Rendtorff, Das Alte Testament. Eine Einführung, Neukirchen-Vluyn, 2. Auflage 1985, S. 212–219.
www.heiligenlexikon.de

198/199.4 Unterrichtsideen
1. Textarbeit
a) L schreibt die sechs Namen an die Tafel. Sch berichten, was sie von diesen zentralen biblischen Personen wissen
b) Sch erarbeiten eine Person in PA und entwerfen eine Ich-Rede
c) Begegnung: Sch stellen »sich« einander vor

2. Weitere biblische Personen
a) Sch tragen weitere biblische Namen und ihr Wissen dazu zusammen
b) Sch erarbeiten in PA weitere Details und verwenden dazu das Register ihrer Bibel, ein Bibellexikon o.ä. (Methodenbaustein Recherchieren, S. 136)
c) Präsentation der Ergebnisse (Methodenbaustein Präsentieren, S. 98)

200/201 Textgattungen in der Bibel

200/201.1 Der Zusammenhang

Kursbuch Religion Oberstufe will mit der historisch-kritischen Auslegung der Bibel vertraut machen, aber nicht nur mit dieser. Dass seit der Aufklärung keine theologische Arbeit mehr möglich ist ohne die Berücksichtigung der wissenschaftlichen Methoden, rechtfertigt die relativ ausführliche Behandlung der kritischen Exegese (vgl. S. 32f.). Aber die Schülerinnen und Schüler bleiben auf diesem Gebiet Laien (sofern sie nicht selbst einmal einen theologischen Beruf ergreifen) und können daher die Ergebnisse der wissenschaftlichen Exegese stets nur nachvollziehen. Ein selbstständiger Umgang mit der Bibel wird dabei nicht erlernt. Aus diesem Grund wurden S. 111 (»Arbeit mit biblischen Texten«) und 212f. (»Mit der Bibel leben«) in das Buch aufgenommen.
S. 200f. jedoch behandeln einen Hauptzweig der historisch-kritischen Methode, nämlich die formgeschichtliche (gattungsgeschichtliche) Fragestellung.

200/201.2 Überblick über Textgattungen in der Bibel

Die Formgeschichte ordnet Textformen/Gattungen ihrem soziologischen Ort zu und bestimmt unter diesem Gesichtspunkt die Aussageabsicht und damit auch den historischen Quellenwert eines gegebenen Textes (Wir gebrauchen »Form« und »Gattung« vereinfachend synonym. Die Diskussion der Frage, ob zwischen beiden Größen eine komplexeres Verhältnis besteht, können wir hier auf sich beruhen lassen).
Zunächst lässt sich die Gattung eines Textes anhand verschiedener immanenter Merkmale bestimmen. Als ein geläufiges Beispiel aus dem Neuen Testament mag hier die Textgattung Heilungsgeschichte (Therapie) dienen. Die typische Heilungsgeschichte zeigt die Elemente:
- Ort, Zeit, Personen
- Beschreibung der Krankheit
- Heilungswort
- Symbolische Heilungshandlung
- Konstatierung der Heilung
- »Chorschluss« (Staunen der Menge, Bewunderung des Heilers).

Der soziologische Ort dieser Textgattung (der sog. »Sitz im Leben«) ist – unter anderem – die Missionspredigt: Jesu göttliche Macht wird durch das Erzählen der Heilungsgeschichte gepriesen, der Chorschluss der Geschichte intendiert die Zustimmung der Predigthörer. Wegen dieses »Sitzes im Leben« stehen Heilungsgeschichten im Verdacht, erst Bildungen der nachösterlichen Gemeinde zu sein. Über die Realität von Heilungsereignissen in der Umgebung Jesu bzw. der Apostel lassen sie keine sicheren Rückschlüsse zu.
Die Heilungen Jesu sind aber auch Gegenstand anderer Textgattungen als nur der Therapie. Es sind auch Jesus-Worte überliefert (Logien und Apophtegmata), in denen seine Heilungstätigkeit in viel konkretere Bezüge eingebettet ist als in den Therapien. Schließlich werden auch nicht nur von den Aposteln Heilungswunder erzählt (Apg), sondern Paulus berichtet selbst in seinen Briefen von charismatischen Heilungen in seiner Umgebung (vgl. 1. Kor 12,12: hier liegt eine dialogisch-argumentierende Textform vor [Diatribe]: Paulus verteidigt sich vor einer teilweise feindlich gesinnten Gemeinde und beruft sich auf deren Augenzeugenschaft für seine Wunderzeichen). Insofern die Wunderheilungen Jesu (und seiner Jünger) von der Gattung der Therapien aus betrachtet also in ihrer Historizität angezweifelt werden können, gewinnen sie dadurch ein viel höheres Maß an historischer Gewissheit, dass sie in anderen Textgattungen ebenfalls begegnen (vgl. S. 143).

Im Autorentext werden wichtige biblische Gattungen beschrieben, zu denen unbedingt zwei Textgattungen zu ergänzen sind, die Metapher und das Gleichnis:

Gattung	Beschreibung	Beispiele
Mythen	Götter (oder sonstige übermenschliche Wesen) handeln im Ursprung der Zeit, und ihr Handeln legt die Struktur der Welt fest.	S. 14, 16f., 18f., 20f.
Geschichtsdarstellungen	Berichten von geschichtlichen Ereignissen.	S. 107, 153
Weisung	Anweisungen zu einem menschenwürdigen Leben in der Gesellschaft und vor Gott.	S. 74, 76, 146f.
Weisheit	Ausdruck von typischen Lebenserfahrungen.	
Prophetenworte	Eine Gemeinschaft wird unter Androhung von göttlicher Strafe zu Verhaltensänderungen aufgefordert (Unheilsprophetie); bzw. es werden ihr göttliche Verheißungen zugesprochen, die zu einem Neuanfang führen (Heilsprophetie).	S. 75
Psalmen	Gebete bzw. Lieder für den Gottesdienst bzw. für die private Andacht in verschiedenen Situationen (Klage, Bitte, Dank)	
Briefe	Es gibt im NT u. a. Lehrbriefe, Privatbriefe, Geschäftsbriefe und Empfehlungsbriefe.	
Apokalypsen	Bild- und symbolreiche Schilderungen von jenseitigen oder zukünftigen Realitäten.	
Metapher (S. 12 und 145)	Uneigentliche Rede, die zwei unabhängige Größen miteinander in Beziehung setzen und der Wirklichkeit etwas zuspricht, was sich widerspricht, aber dennoch wahr ist.	
Gleichnis (S. 145)	Das Gleichnis arbeitet mit vertrauten Bildern, die jedoch über sich selbst hinaus auf etwas anderes, biblisch Gott bzw. das Reich Gottes, verweisen, und will Menschen dafür gewinnen mit sich selbst neue Erfahrungen zu machen.	S. 144, 108

200/201.3 Hinweise zu Mt 18,21–35
Die Erzählung, die als das Gleichnis vom Schalknecht bekannt ist, lässt sich formal folgendermaßen gliedern:

V. 21–22 Ausgangssituation mit Frage und Antwort
V. 23–34 begründende Erzählung
  V. 23 Einführung
  V. 24–27 Erste Szene
  V. 28–30 Zweite Szene
  V. 31–34 Dritte Szene
V. 35 Abschluss

Der Text wird eröffnet mit einer Anekdote, die zu einem pointierten Ausspruch Jesu führt (Chrie/Apophtegma). Das Wort Jesu (V. 22) kann als Regel oder Weisung verstanden werden. Bei der folgenden, die Weisung begründende Erzählung handelt es sich um ein Gleichnis, näherhin um eine Parabel, die einen ungewöhnlichen Einzelfall aus der Erfahrungswelt der Hörer (V. 24–34) zu dem bekannt zu machenden Himmelreich in Beziehung setzt. Der Text endet mit einer bedrohlichen Warnung V. 35, die auf das Endgericht abhebt und demgemäß enthüllende Züge trägt, ohne jedoch apokalyptisch genannt werden zu können. Der abschließende Vers rückt die Parabel in die Nähe der Allegorie, die im Unterschied zum Gleichnis mehrere Vergleichspunkte kennt.

200/201.4 Literatur
Klaus Koch, Was ist Formgeschichte? Methoden der Bibelexegese, Heidelberg, 5. Auflage 1989.
Gerd Theißen/Annette Merz, Der historische Jesus. Ein Lehrbuch, Göttingen 1996, S. 269–275.
Klaus Berger, Einführung in die Formgeschichte, München 1987.

200/201.5 Unterrichtsideen
1. Einstieg
a) L liest vor Ri 9, 8–15a vor, ohne einen Hinweis auf die biblische Herkunft des Textes
b) Sch bestimmen die Textgattung und Aussageabsicht (Fabel, personifizierte Pflanzen, moralische Aussage, die indirekt erschlossen werden muss)
c) Gespräch über weitere Textgattungen: Welche Textgattungen kennen Sie noch? (TA vgl. M 200/201.1)

2. Textarbeit
a) Sch erarbeiten in PA eine dem TA entsprechende Tabelle für die biblischen Textgattungen
b) Zwei Paare erarbeiten Metapher und Gleichnis anhand S. 12 und S. 145
c) Zusammenstellen einer Kategorientafel (M 200/201.2)
d) Anwenden der Kategorientafel (EA) auf Mt 18,21–35 oder anderen Text anschl. Austausch der Einsichten

200/201.6 Zusatzmaterialien
M 200/201.1 Merkmale und Intention von Textgattungen
M 200/201.2 Kategorientafel

202/203 Biblische Grundmotive

202/203.1 Der Zusammenhang
Die neun biblischen Grundmotive können mit Blick auf den engeren und weiteren Kontext des Schülerbandes zwei Funktionen erfüllen. Betrachtet man die zusammengestellten Motive konsequent als Ensemble gemeinsamer thematischer Grundlinien von Altem und Neuem Testament, entsteht 1) ein aufs Elementare bedachter und erweiterungsfähiger (vgl. Z. 18) Grundriss biblischer Theologie. Würdigt man die Motive dagegen stärker hinsichtlich der je verschiedenen Einzelaussagen, können sie 2) inhaltlich streng konturierte Basisformulierungen zu den unterschiedlichsten (nicht nur biblischen) Thematiken in den verschiedenen Kapiteln des Schülerbandes abgeben. Die erste Funktion verbindet sich innerhalb des Kapitels Bibel mit den Zusammenstellungen zu den Personen der Bibel (S. 198–199), zu den biblischen Textgattungen (S. 200–201) sowie zu elementaren Symbolen in der Bibel (S. 204). Es entsteht somit ein Tableau von insgesamt vier möglichen, aber auch einander ergänzenden Sichtweisen auf die Bibel als »Gesamtwerk«.

Hinsichtlich der vielfältigen Verknüpfungs- und Kontrastierungsmöglichkeiten innerhalb der zweiten Funktion seien hier nur einige Beispiele genannt: Das Grundmotiv »Schöpfung und Wunder« ist sowohl zum Kapitel »Wirklichkeit« (vgl. besonders S. 10, 14, 16–22) als auch zu den Kapiteln »Gott« (vgl. besonders S. 106, 120–122, 124), »Jesus Christus« (S. 134, 143) und »Mensch« (S. 168–169, 176–177, 190) anschlussfähig. Das Exodusmotiv spiegelt sich je unterschiedlich in Passagen des Kapitels Gott (S. 101 [Bild], S. 107, S. 112), das Präsenz- und Inkarnationsmotiv hat theologische (S. 104, 107) und vor allem natürlich christologische (S. 138–139, 151, 154–159) Konkretionen. Das biblische Umkehrmotiv wird natürlich in Predigt und Praxis Jesu realisiert (S. 108, 140, 144, 172); sie begründet und expliziert Vorentscheidungen und Einschätzungen theologischer Anthropologie (S. 170–171, 174–175) und Ethik (S. 75). Das Agapemotiv ist für die Ethik (S. 76–77), für die Christologie (S. 146, 150–151) und das Reden von Gott (vgl. die kritische Wendung S. 116–117) bedeutsam. Das Glaubensmotiv impliziert ein bestimmtes Wirklichkeitsverständnis (S. 29, vgl. S. 41): Glaube hat eine konstitutive (S. 40, 48) und eine kritische (S. 40f.) Funktion in Bezug auf die Kirche. Das Gerichtsmotiv wird vom Schülerband im Kapitel »Gerechtigkeit« mehrfach gespiegelt und variiert (S. 68–69, 75, 78–79), das Distanzmotiv begegnet in der Anthropologie (S. 170–171, 181 Sünde und Entfremdung), das Stellvertretungsmotiv ist christologisch (S. 151) verortet.

202/203.2 Neun Grundmotive nach Gerd Theißen
Anlage und Anliegen der Konzeption »Biblischer Grundmotive«
Die Zusammenstellung der biblischen Grundmotive stützt sich in Anlage und Formulierung auf ein Konzept des Neutestamentlers Gerd Theißen, das dieser schon 1994 in einer Predigtlehre integriert und jüngst in seiner Bibeldidaktik breit entfaltet hat. Das didaktische Anliegen einer Elementarisierung biblischer Inhalte verbindet sich für Theißen dabei mit dem theologischen Motiv, den »Geist« der Bibel (vgl. Theißen 2003, S. 138) auf die Spur zu kom-

men, also die wesentlichen Grundkonstellationen ihrer Inhalte auszumachen. Es kann dabei nach Theißen nicht darum gehen, platte Identitäten in verschiedenen Texten zu postulieren. Vielmehr sollen »Familienähnlichkeiten« (ebd.) zwischen zeitlich, sprachlich und inhaltlich sehr unterschiedlichen Texten identifizierbar sein. Bei dieser auf Pluralisierung hin angelegten bibelhermeneutischen Konzeption geht es für Theißen von Anfang an auch um die Entdeckung von Resonanzen (wiederum nicht Identitäten!) biblischer Glaubensinhalte mit Grundkonstellationen gegenwärtiger Wirklichkeitserfahrung (Entsprechung z. B. von Schöpfungsmotiv und Kontingenzerfahrung, vgl. Theißen 1994, S. 33). Das Denken in Grundmotiven bleibt aber, trotz des ordnenden Zugriffs, darauf ausgerichtet, den »Eigensinn« der Bibeltexte gegen vorschnelle Systematisierungen zu schützen.

Dem entspricht die Anordnung der einzelnen Motive auf S. 202–203. In Durchbrechung einer vorschnell an einer an der Ordo salutis oder an der Heilsgeschichte orientierten Verortung der Motive wird beispielsweise das Distanzmotiv (Stichwort: Sünde) dem Glaubensmotiv (Stichwort: Gnade) nachgeordnet. Damit soll deutlich werden: Die unterrichtliche Betrachtung der biblischen Texte soll nicht an einen Schematismus (etwa: »Vom Sünder zum Gläubigen«) gekettet werden. Vielmehr geht es um ein genaues Abhören der Texte, sodass Motive entdeckt, verändert und erweitert werden können. Dies impliziert auch, dass in einem Bibeltext mehrere Motive anklingen können (vgl. Aufgabe 1 im Schülerband).

202/203.3 Exegetische Hinweise zu Ps 19

Eine Differenzierung des Psalms in zwei deutlich voneinander abgesetzten Passagen (Teil A: V. 1–7 und Teil B: V. 8–14) ist sprachlich und inhaltlich augenfällig. Bei Teil A handelt es sich um einen Schöpfungshymnus (Schöpfungsmotiv). Das Reden der Natur (V. 2, vgl. V. 3–5) ist dem Wortsinn nach (hebr. haba; hawah) gedacht als überschwängliches, verkündendes Reden, u.U. mit Beziehungen zu weisheitlicher Tradition (Schöpfung als Offenbarungsträger!). V. 5–7 hat Nähen zu ägyptischen Sonnenhymnen, allerdings ist hier die Sonne nicht göttlich qualifiziert. Bei Teil B handelt es sich um ein Lob der Thora als Weisung zum Leben (Vgl. V. 8–11). V. 12–14 beenden Teil B mit den Formeln eines (gottesdienstlichen) Reinigungseides, der sich der Nähe Gottes gewiss ist (Bezug zum Glaubensmotiv).

202–203.4 Exegetische Hinweise zu Lk 19,1–10

Die religionspädagogisch bedeutsame, weil immer wieder erzählte und gedeutete Perikope vom Oberzöllner Zachäus erweist sich zunächst als eine Umkehrgeschichte par excellence (Umkehrmotiv). Schon im Umkreis der Passionsgeschichte situiert, macht sie noch einmal die skandalträchtige Vergebungspraxis Jesu augenfällig. Der Oberzöllner (= Zollpächter) Zachäus (etymologische Bedeutung u.U. »der Reine«) ist bekanntlich in höchst aktive und gewinnbringende Geschäftsbeziehungen mit der römischen Besatzungsmacht verstrickt. Die Vergabepraxis der Zollstationen sah vor, dass der Pächter an die Römer einen festen Betrag zu entrichten hatte, den er anschließend wieder einnehmen konnte. Dies führte dann aus Gründen der Gewinnmaximierung häufig zu einer kräftigen Überhöhung der Gebühren seitens der Pächter.

Die Überwindung der durch Zachäus' »Hochsitz« grotesk verdeutlichten Distanz durch Jesus (V. 5) macht das Distanzmotiv fast räumlich sichtbar. Die Umkehr des Zachäus (V. 8) findet seine Entsprechung in der Zusage Jesu in V. 9. Der Name des Stammvaters Abraham inszeniert noch einmal eine Erinnerung an eine für das Judentum fundamentale Auszugs- und Glaubensgeschichte (Exodusmotiv/Glaubensmotiv, vgl. 1. Mose 12,15); dadurch wird der Neuanfang des Zachäus in die Geschichte der Bundestreue Gottes gestellt, die sich im Wirken des Menschensohns fortsetzt.

202/203.5 Literatur

Hans Joachim Kraus, Psalmen. 1. Teilband, Neukirchen-Vluyn 1978.

Eduard Schweizer, Das Evangelium nach Lukas, NTD 3, Göttingen 2000.

Gerd Theißen, Zeichensprache des Glaubens, Gütersloh 1994, bes. S. 29–34.

Gerd Theißen, Zur Bibel motivieren, Gütersloh 2003, S. 131–173.

Wolfgang Zwickel, Die Welt des Alten und Neuen Testaments, Stuttgart 1997.

202/203.6 Unterrichtsideen

1. Suche nach Grundmotiven in Bildern und Texten

a) Sch stellen bisher behandelte Bibeltexte und Bilder (aus einer oder mehreren Einheiten) zusammen

b) Analyse der Texte und Bilder bezüglich auftauchender biblischer Motive in arbeitsteiliger KGA

c) Formulierung kurzer, prägnanter Sätze zur Aufnahme der Motive. Anlage eines Textplakates oder eines Mindmap

d) Vernissage und Hefteintrag

2. Reflexion

a) Gespräch: Gibt es christliche »Zentralmotive«?

b) EA Auswahlarbeit unter den Motiven: Meine »unverzichtbaren« christlichen Zentralmotive

c) UG zur Auswahl der Motive. Welches Motiv ist das wichtigste?

204/205 Elementare biblische Symbole

204/205.1 Der Zusammenhang
Die zentrale Bedeutung von Metaphern und Symbolen für die Kontur religiöser Sprache wird im Schülerband mehrfach direkt oder indirekt thematisch. Die in Z. 1–15 formulierte kleine Hermeneutik des (biblischen) Symbols verdankt sich z. B. Überlegungen wie sie z. B. Paul Tillich über »repräsentative Symbole« (S. 13) anstellt. Die Wassersymbolik von mesopotamischen Schöpfungstexten (von S. 16–17), die Lichtmetaphorik der Bergpredigt (vgl. S. 45) oder die im Wort vom »Lamm Gottes« symbolisch versprachlichte, sub contrario verborgene Gegenwart des Heiles im Kreuz Jesu (S. 150–151) zeigen deutlich: ohne symbolische Sprache keine Religion. Diese Feststellung kann angesichts hochsymbolischer Elemente in einigen Bilder noch ausgeweitet werden (vgl. etwa S. 23 Zirkel, S. 68 Waage, Schwert, S. 87 Evangelistensymbole, S. 101 Licht als Gottessymbol).

Innerhalb des Kapitels »Bibel« bilden die beiden Seiten zu den biblischen Symbolen mit jenen zu den Personen der Bibel (S. 198–199), zu den biblischen Textgattungen (S. 200–201) und zu den biblischen Grundmotiven (S. 202–203) hermeneutische Grundorientierungen für den Blick auf die ganze Bibel.

204/205.2 Eingrenzungen und Präzisierungen zum verwendeten Symbolbegriff
Exegetische, symboltheoretische und symboldidaktische Präzision muss auch um der unterrichtlichen Klarheit willen festhalten: Der Ausdruck »biblische Symbole« ist (auch im Anschluss an die Arbeit von Ursula Früchtel) ein Arbeits- und Sammelbegriff. Er steht für bildgesättigte Worte und Texte, die innerhalb der Bibel zentrale Beziehungen, Wertungen und Geschehnisse inszenieren, repräsentieren oder kommentieren. »Biblische Symbole« sind deshalb einmal jene Textelemente, die in der Bibel selbst explizit als Symbole und Metaphern eingeführt werden (z. B. Ps 84,12: Licht und Schild als Gottesbezeichnung). Als »Biblische Symbole« können aber auch Textpassagen und -elemente gelten, die im Vorgang der Lektüre und Rezeption über die bloße Faktizität der Dinge und Lebewesen hinaus symbolische Valenz gewinnen (vgl. das Wasser als Symbol der Bedrohung in Gen 9–11 oder das Kreuz Jesu, verdichtet als »Wort vom Kreuz«). Ein anthropologisch und kulturhermeneutisch im Grundsatz unbestrittenes Moment von Symbolen ist ihre mehr oder minder große Fähigkeit zeit- und kulturübergreifend zu wirken. Diesem Sachverhalt wollen die knappen Eingangsbemerkungen zu jedem Symbol Rechnung tragen. Sie beziehen sich auf Gegenwartsverhältnisse oder menschliche Grundsituationen und rechnen mit der Anschlussfähigkeit symbolischer Aussagen an verschieden akzentuierte Wirklichkeitsmomente. Diese Ausgangspunkte reichen von der aktuellen Gefahr von Kriegen ums Wasser (Z. 21–26) bis zur Lichtmetaphorik in der populären Musik (Z. 45–49). Damit soll im Ansatz den Entstehungsverhältnissen eines Symbols entsprochen werden, wie sie Paul Ricœur formuliert hat: Ein »Symbol ist dort vorhanden, wo die Sprache Zeichen verschiedenen Grades produziert, in denen der Sinn sich nicht damit begnügt, etwas zu bezeichnen, sondern einen anderen Sinn bezeichnet, der nur in und mittels seiner Ausrichtung zu erreichen ist« (Paul Ricœur 1974). Die vor allem von Hubertus Halbfas über den Begriff vom »Dritten Auge« geltend gemachte Kraft und Unverrechenbarkeit symbolischer Wahrnehmung mag vor allem beim Symbolkomplex Licht (Z. 45–62) deutlich werden. Die angegebenen Musikstücke eignen sich gut als synästhetisch einsetzbare »Verstärker«, aber auch als Material für einen kleinen unterrichtlichen Entdeckungsprozess über die psychisch wirksame Macht von Symbolen.

Das symbolisch doppelwertige Kreuz (vgl. Z. 88–107) verweist auch auf die Grenzen der Symbolisierungsfähigkeit religiös zentraler Beziehungen und Vorgänge. Jede Symbolisierung der Heilsbedeutung des Kreuzestodes Jesu muss davon ausgehen, dass das Kreuz Jesu zunächst eben alles andere als ein Heilssymbol war. »Am Anfang steht die Faktizität des Kreuzes – nicht die Vorstellung, das Symbol, der Begriff, sondern die blutige Realität« (Wolfgang Schoberth, S. 102).

204/205.3 Exegetische Anmerkungen zu Joh 6,35
Das Bildwort vom »Brot des Lebens« entstammt der großen Brotrede Jesu im Johannesevangelium (vgl. Joh 6,25–29). Die Brotrede, die (nach Ulrich Wilckens) in der Form eines jüdischen Midrasch aufgebaut ist, spielt mit einer Symbolisierung des Begriffes Brot. Jesu Rede vom Brot bezieht sich auf die geschichtlich situierte Gründungserzählung Israels, auf den Exodus. Genauer geht es um das rettende Manna in der Wüste, das vom Himmel gekommen ist, und das nun nach Jesu Wort überboten werden soll (vgl. V. 31–33). Der volle Charakter dieser Überbietung kommt erst durch die Selbstbezeichnung Jesu als Brot des Lebens zutage (V. 35 und V. 50–51). Diese Symbolisierung provoziert aber (ganz gemäß der johanneischen Dramaturgie der theologischen Kontroversen) den Widerspruch (statt den Glauben) »der Juden« (V. 41).

204/205.4 Exegetische Anmerkungen zu Gen 2,18–15
Die Grundbedeutung des Gartens als eines umhegten und umgrenzten Lebensraumes meint auch im Falle des Gartens Eden keinen schlaraffenlandartigen Luxusbezirk. Der Garten muss bebaut und bewahrt werden, er ist ein Ort der Arbeit. Hubertus Halbfas entdeckt in den V. 10–14 erwähnten Flüssen gewissermaßen das Kosmogramm eines Welt-Bildes: der Garten ist die Welt mitsamt dem Baum in der Mitte, verstanden als axis mundi, also eine »sensible Mitte«. Wer sie antastet, bringt die Welt in Gefahr. Diese der Tiefenpsychologie ebenso wie der Kulturanthropologie verpflichtete Deutung spürt Entsprechungen zur Topographie des Gartens Eden zum Beispiel in assyrischen Vorstellungen vom Heiligen Baum in der Mitte der Welt auf.

Die vier Flüsse bilden zwei Paare. Euphrat und Tigris sind geographisch zu verorten, Pischon und Gischon sind Appellativa. Pischon besitzt als wahrscheinliche etymologische Wurzel das hebr. Wort für »mutwillig springen«, Gischon hat den Bedeutungshorizont von »hervorbrechen, sprudeln«. Das Land Havila (V. 11) wird gewöhnlich in Südostarabien lokalisiert.

204/205.5 Literatur

Markus Barth, Das Mahl des Herrn, Neukirchen-Vluyn 1987, S. 184–266.

Die Bibel, erschlossen und kommentiert von Hubertus Halbfas, Düsseldorf 2001, S. 53–56.

Peter Biehl, Symbole geben zu lernen, Neukirchen-Vluyn 1989.

Ursula Früchtel, Mit der Bibel Symbole entdecken, Göttingen 1991.

Friedrich Johannes Grau, Art. »Symbol«, in: Calwer Bibellexikon Bd. 2, Stuttgart 2003, S. 1296–1297.

Hubertus Halbfas, Das dritte Auge, Düsseldorf 1995.

Manfred Lurker, Wörterbuch biblischer Bilder und Symbole, München 1978.

Wolfgang Schoberth, »Schlachtopfer gefallen dir nicht« (Ps. 40,7), in: Werner H. Ritter (Hg.), Erlösung ohne Opfer?, Göttingen 2003, S. 83–112, bes. S. 102–104.

Claus Westermann, Genesis. Kapitel 1–11, BK I/1, Neukirchen-Vluyn 1974.

Jörg Zink, Urkraft des Heiligen, Stuttgart 2003, S. 154–177.

204/205.6 Unterrichtsideen

1. Projekt: Installation einer »Bibel-symbolischen Landschaft«

a) Sch bringen Materialien »aller Art« von zuhause mit (ungefähr eine Plastiktüte pro Sch)

b) Alles Material wird in die Mitte gelegt: Der Chaosberg

c) Bildung von verschiedenen Symbolgruppe (höchstens 4 Gruppen), die sich in vier Ecken des Zimmers einrichten

d) In den Gruppen Textlektüre (Text und Bibel). Materialsichtung und -besorgung aus dem Chaosberg (»Verteilungskämpfe« möglichst entspannt halten!)

e) Gestaltung eines symbolischen Landschaftselementes

f) Gegenseitige Vorstellung der Arbeitsergebnisse. Bei fester Installation (anlässlich eines Schulfestes o.ä. Führungen anbieten)

g) Zusammenfassende Definition »Symbol« (unter Einbeziehung S. 13) und Hefteintrag

206/207 Die Bibel auslegen

206/207.1 Der Zusammenhang

Nachdem in den vorangegangenen Seiten vor allem Einzelaspekte der Bibel behandelt wurden (Gattungen, Motive, Symbole), geht es auf diesen beiden Seiten um ein Gesamtverständnis der Bibel und damit zugleich um die (doppelte) Frage nach einer angemessenen »Bibelhermeneutik«: Welche Interpretation der Bibel wird zum einen den Verfassern der Schriften am ehesten gerecht? Und: Welche Interpretation der Bibel wird zum anderen mir als moderner Leserin oder modernem Leser, die/der ich von der Bibel Orientierung für mein Leben erwarte, gerecht? Der Text gibt so auch Anlass und Möglichkeit, die in der Regel dominierende historisch-kritische Bibelauslegung (vgl. S. 32f., 111) einzuordnen und zu überprüfen.

206/207.2 Grundverständnisse der Bibel und Modelle der Bibelauslegung

Der zweiseitige Text behandelt insgesamt elf Zugänge zur Bibel, die in unterschiedliche Nähe und Distanz zueinander stehen. Was auf den ersten Blick getrennt erscheint, ist in Wirklichkeit eher fließend zu verstehen: denn die sozialgeschichtliche Bibelauslegung setzt historisch-kritisches Arbeiten an der Bibel ebenso voraus wie eine feministisch orientierte Bibelauslegung; und auch das Bibliodrama verwertet durchaus Erkenntnisse der historisch-kritischen Methode.

Um die unterschiedlichen Auslegungsansätze in Blick zu bekommen, wird hier versucht, sie auf ihr leitendes Bibelverständnis zu befragen und ihre implizite Deutung des Wortes Gottes herauszustellen. Entscheidend ist also nicht die einzelne Auslegungsmethode, entscheidend sind vielmehr die Grunddeutungen der Bibel. Damit ergibt sich folgender Überblick:

Die Bibel	Das Wort Gottes	Auslegungsmodelle Mit Hinweisen auf Beispiele
Bericht über tatsächliche Ereignisse Z. 9–29	Die biblischen Worte sind unmittelbare Eingebungen des Geistes Gottes	1. Fundamentalistische Bibelauslegung (vgl. auch S. 215 zum Koran)
Sammlung antiker Schriften Z. 30–56	Das Wort Gottes begegnet in den geschichtlichen Äußerungen uns fremder Menschen aus ganz verschiedenen Zeiten	2. Historisch-kritische Bibelauslegung (z. B. S. 140) 3. Sozialgeschichtliche Bibelauslegung
literarisches Kunstwerk Z. 56–83	Das Wort Gottes zeigt sich in der literarischen Endgestalt und der darin aufgehobenen Sprachwelt	4. Linguistische Bibelauslegung 5. Auslegung der literarischen Gesamtkomposition 6. Kanonische Bibelauslegung 7. Tiefenpsychologische Bibelauslegung (z. B. S. 142)
offener Text Z. 84–122	Das Wort Gottes begegnet in der aktiven personalen Aneignung des Bibeltextes	8. Jüdische Bibelauslegung (z. B. S. 146) 9. Wirkungsgeschichtliche Bibelauslegung (z. B. S. 82f., 52f., 208–211) 10. Feministische Bibelauslegung 11. Bibliodrama

Darüber hinaus gibt es jedoch noch andere, weitere Formen der Bibelauslegung. So gibt es die Bibelauslegung durch Musik (z. B. S. 152), durch Literatur (z. B. S. 134) oder durch bildhaftes Gestalten (vgl. die Bilder im gesamten Buch).

Die im Text erwähnten Zugänge zur Bibel sollen im Folgenden um einige wenige Aspekte ergänzt werden:
Das so genannte »fundamentalistische Bibelverständnis« wird bisweilen als Karikatur dargestellt und gerät darüber hinaus durch eine Inanspruchnahme vor allem durch konservative politische Kreise (z. B. George W. Bush) unter Verdacht. Dabei folgt dieses Verständnis dem urprotestantischen Prinzip des »sola scriptura«. Kardinalstellen sind dabei 2. Tim 3,16 und 2. Petrus 1,21. Herausgebildet wurde dieses Verständnis in der Zeit der lutherischen Orthodoxie in Abgrenzung zum Katholizismus. Hilfreich für ein besseres und angemesseneres Verständnis dieser Lehre kann vielleicht der unten gebotene Textauszug M 206/207.2 sein.

Die mit den Namen Hermann Samuel Reimarus (1694–1768), Johann Salomo Semler (1725–1791) und vor allem David Friedrich Strauß (1808–1874) verbundene und begonnene »historisch-kritische Bibelauslegung« wird in diesem Buch ausführlich auf den S. 32f. behandelt (vgl. auch S. 153). Diese Methode liest die Bibel wie andere Werke des Altertums auch unter dem Blickwinkel seiner historischen Voraussetzungen und Bedingtheiten. Bei aller Kritik, die die historisch-kritische Methode vor allem aus fundamentalistischen Kreisen erfuhr und noch erfährt, ist festzuhalten, dass sie die Bibel, die sie mitunter heftig kritisieren konnte, doch nie preisgab und von wenigen Ausnahmen abgesehen nach wie vor als Quelle für Gottes Wort betrachtet.

Als Untergattung des »historisch-kritischen Bibelverständnisses« kann die »sozialgeschichtliche Bibelauslegung« betrachtet werden. Ihr geht es darum, die hinter den Texten durchschimmernde soziale Welt zu erhellen. Als Beispiel mag hier die Brotbitte des Vater Unser dienen: Sozialgeschichtliche Exegese konnte zeigen, die das uns vertraute und lieb gewonnene Halbsatz »Unser tägliches Brot gib uns heute« korrekterweise »Unser Brot für den heutigen Tag gib uns heute« heißen muss. Die unterschiedliche Übersetzung zeigt an, dass es Jesus nicht um das Iterative des täglichen Brotes ging, sondern darum, das für jeden Tag Notwendige zu bekommen, sozusagen eine Bitte »von der Hand in den Mund«.

Demgegenüber sieht die »linguistische Bibelauslegung« die Bibel in ihrer Jetztgestalt als Einheit. In der Tat ist es mehr als bedenkenswert, dass es überlieferungsgeschichtlich bspw. kein isoliertes Markusevangelium gibt; zumindest wurde noch keines gefunden. Was die Evangelienüberlieferung angeht, so gibt es nur Funde von allen vier Evangelien zusammen. Genauso verhält es sich mit dem Corpus Paulinum. Die linguistische Bibelauslegung versucht zum einen, eine Schrift als Gesamtkomposition zu verstehen und achtet deshalb stark auf Quer- und

259

Seitenverweise. In jüngster Zeit, vor allem in den USA, weitet man diese Betrachtungsweise auch auf die Gesamtkomposition der ganzen Bibel aus. So wird bspw. ein Satz wie 2. Petrus 3,15–16 als »Versöhnungstext« neben Gal 2,11–21 gestellt – und das nicht von Petrus selbst, sondern von den Herausgebern des NT, die damit das NT konziliant gestalteten.

Der Ansatz bei der Gesamtkomposition kann z.B. fragen, was es für das Psalmenbuch bedeutet, dass es mit diesem Psalm 1 beginnt und mit jenem Psalm 150 endet.

Die »kanonische Schriftauslegung« kann fragen, warum die Evangelien vor die Briefe gestellt sind oder warum das NT mit der Offenbarung des Johannes endet, wo doch das ganze Bibelbuch mit der Erschaffung der Welt beginnt.

Mit der »tiefenpsychologischen Auslegung« ist vor allem der Name Eugen Drewermann verbunden. Er versteht die biblischen Texte als übergeschichtliche Bilder, die entschlüsselt werden müssen. E. Drewermann wirft der traditionellen, historisch-kritischen Methode vor, dass sie die biblischen Texte zu sehr in der Vergangenheit lässt und zu wenig danach fragt, was sie dem modernen Leser sagen können. Ein Beispiel für tiefenpsychologische Bibelauslegung nach E. Drewermann findet sich auf der S. 142 (zu Mk 7, die syrophönizische Frau). So befreiend für viele Menschen die tiefenpsychologischen Erkenntnisse und Deutungen E. Drewermanns auch sind, ist doch die Frage angebracht, ob sie nicht eher Hermeneutik darstellen als Exegese. U.E. bildet die Frage »Hätten die Autoren ihren Text so verfasst, wenn sie das, was E. Drewermann aus ihnen herausliest, hätten schreiben wollen?« einen »Lackmustest« für das tiefenpsychologische Bibelverständnis. Dies hat sicherlich sein Recht, das weit gehende Ausblenden alles Historischen jedoch bleibt hier problematisch. In z.T. scharfer Abgrenzung gegenüber E. Drewermann haben die beiden Heidelberger Neutestamentler Gerd Theißen und Klaus Berger versucht, biblische Texte historisch-psychologisch zu deuten.

In eine ähnliche Richtung wie die tiefenpsychologische Auslegung geht die »Rezeptionsästhetik«. Ihr geht es darum, wie das biblische Wort bei mir ankommt und was es bei mir heute bewirkt. Historisch konsequent konzediert diese Richtung, dass wir es letztlich nicht wissen (können), was ein biblischer Autor dachte, als er seinen Text verfasste. Vielleicht hat sich der Verfasser des Buches Jona ja den Bauch vor Lachen gehalten, als er die Geschichte niederschrieb – wir wissen es einfach nicht und können es mit keinen Methoden in Erfahrung bringen! Deshalb ist es allein wichtig, wie ich den Text heute für mich rezipiere. Das Wort Gottes der Bibel ereignet sich somit immer nur in meinem jeweiligen Kontext. Historisch arbeitet die Rezeptionsästhetik da, wo sie ein biblisches Motiv – bspw. die Darstellung von Maria Magdalena – in unterschiedlichen historischen Kontexten untersucht.

Ähnlich wie die linguistische Bibelauslegung arbeitet auch die »jüdische Bibelauslegung«. Sie liest die Bibel nicht historisch, sondern in ihrer Letztgestalt. Was am Anfang der Bibel steht (z.B. die Vätererzählungen), muss deshalb noch nicht das älteste Dokument sein. Bei jüdischen Bibelauslegern kann beispielsweise Abraham Jesaja »zitieren«, was nach der historisch-kritischen Methode nicht möglich ist (da hier viel stärker von einem Nacheinander der Texte ausgegangen wird). Für jüdische Bibelausleger ist das deshalb kein Problem, weil sie davon ausgehen, dass alle Texte durch eine »letzte Hand« gegangen sind. Dieses Verständnis kommt jetzt auch in der christlichen Bibelauslegung mehr und mehr zum Tragen (vgl. S. 197 Jüdische Geschichte und den Kommentar dazu).

Die »feministische Bibelauslegung« liest die Bibel mit den Augen (unterdrückter) Frauen und stellt dabei vor allem die patriarchalischen Strukturen der Bibel und derjenigen, denen wir die Bibel verdanken, fest. Ein klassisches Beispiel dafür, was feministische Exegese »entdeckt« hat, ist, dass es im Urchristentum weibliche Apostel gab: Röm 16,7 erwähnt Paulus die Apostel Andronikus und Junias. Liest man aber den textkritischen Apparat genauer, so stellt man fest, dass der älteste Papyrus, der den Römerbrief enthält, Papyrus 46, hier nicht von Junias, also einem Mann, sondern von Julia, also von einer Frau spricht. Der textkritische Wert von Papyrus 46 ist außerordentlich hoch. Die spätere Überlieferung hat dies unterdrückt, da sie sich den Apostelbegriff der Evangelien (Jünger Jesu, Zwölferkreis) zu eigen gemacht hat.

Beim »Bibliodrama« geht es um ein wortwörtliches sich Hineinbegehen in den biblischen Text. Hierdurch wird eine unmittelbare Erfahrung ermöglicht, die sowohl das biblische Geschehen wie auch die eigene Lebensgeschichte in neuem Licht erscheinen lassen. Denn ein sich Hineinbegehen ist mehr als bloßes Lesen. Zum einen ist es die Chance des Bibliodramas, den Text besser verstehen zu können, zum anderen aber auch die Chance, das, was der Text mit mir selbst machen kann, bewusster zu erleben. Dieser beschriebene Wechsel der Ebenen macht das Bibliodrama aus: Der biblische Text interpretiert das eigene Leben und kann es verändern und umgekehrt wird die eigene Lebensgeschichte im Licht der biblischen Texte neu gesehen.

206/207.3 Literatur
Das Buch Gottes. Elf Zugänge zur Bibel. Ein Votum des Theologischen Ausschusses der Arnoldshainer Konferenz, Neukirchen-Vluyn 1992.
Horst Klaus Berg, Ein Wort wie Feuer. Wege lebendiger Bibelauslegung, München/Stuttgart 4. Auflage 2000.
Manfred Oehming, Biblische Hermeneutik, Darmstadt 1998.
Gerd Theißen, Psychologische Aspekte paulinischer Theologie (FRLANT 131), Göttingen 1983.
Klaus Berger, Historische Psychologie des Neuen Testaments (Stuttgarter Bibelstudien 146/147), Stuttgart 1991.

206/207.4 Unterrichtsideen
1. Textarbeit
a) Sch erhalten M 206/207.2 und gliedern den Text in PA
b) Sicherung im Gespräch: Welche Auslegungsmethode arbeitet historisch? Oder: Welche Methode stellt mehr meine Erfahrungen in den Vordergrund? Welche sieht die biblischen Texte als Einheit, welche als Einzeltexte, gibt es »Zwischenformen«?

2. Reflexion und Stellungnahme
a) L ordnet den vier Ecken jeweils ein Bibelverständnis zu
b) Sch stellen sich in jene Ecke, die ihnen am meisten zusagt und sprechen im Raum miteinander, warum sie hier stehen

3. Vergleich fundamentalistische und historisch-kritische Bibelauslegung
a) Im KG werden Stärken und Schwächen der beiden Auslegungsmodelle herausgearbeitet. Welche Menschen bevorzugen die eine oder die andere Auslegungsweise?
b) Gemeinsame Auslegung von Gen 1 in unterschiedlicher Perspektive
c) Überprüfen der Stärken-Schwächen-Analyse
d) Vertiefung mit M 206/207.2

206/207.5 Zusatzmaterialien
M 206/207.1a Auslegungsmodelle – Arbeitsblatt
M 206/207.1b Auslegungsmodelle – Lösungsblatt
M 206/207.2 Textauszug Ingrid Grill

208–211 Die Rezeption der Bibel

208–211.1 Der Zusammenhang
Während die zurückliegenden Seiten auf den Inhalt der Bibel und den methodisch angemessenen Umgang mit ihr geachtet haben, geht es nun um deren Wirkungsgeschichte. Deutlich werden soll, dass die Bibel intensiv auf die Art und Weise eingewirkt, wie Menschen sprechen, sich selber und die Welt sehen sowie eigene Sichtweisen, Wünsche und Ängste zum Ausdruck bringen. Unter diesem Gesichtspunkt lassen sich die Bilder des Buches, aber auch das Lied von U2 (S. 135) oder der Text von José Saramago (S. 134) noch einmal neu betrachten.

208–211.2 Zum Begriff »Rezeption«
Unter Rezeption eines Textes oder Kunstwerkes soll hier die anhand von Reaktionen wahrnehmbare Beschäftigung, vor allem in Form der Auseinandersetzung verstanden werden. Diese kann als Interpretation oder Bearbeitung erfolgen. Ein Motiv, ein Gedanke, ein Kunstwerk wird aufgegriffen und in einem neuen Zusammenhang interpretiert. Über einen langen Zeitraum (im Westen seit Gregor d. Gr.) stand die Rezeption der Bibel durch die Kunst und in der Musik im Zeichen der Indienstnahme durch die Kirche. Dieser Einfluss des Christentums und der Kirche auf die Kunst wird auf S. 52 reflektiert. Werke der Bildenden Kunst und der Musik dienten aber nicht nur der Veranschaulichung, der Erinnerung und der affektiven Unterstützung der Verkündigung. Vielmehr bilden sie eine Quelle zum Erschließen der jeweiligen Zeit. Ein spannendes Thema bildet die Lösung der Kunst vom kirchlichen Anspruch und die Betonung der Autonomie und des ästhetischen Eigenwertes der Kunst seit der Zeit der Aufklärung. Kunst ist nicht mehr Teil der Verkündigung, sondern Ausdruck der Individualität des Künstlers. Eine neue Form der Rezeption entstand zu Beginn des 20. Jh., als biblische Stoffe an Zwecke wie der Unterhaltung (im Film) oder der Werbung geknüpft wurden. Hier taucht neben der Frage der ästhetischen Umsetzung auf die Problematik der Legitimität dieser Art von Rezeption auf.

208–211.3 Rezeption der Bibel in der bildenden Kunst
Der Text korrespondiert mit der Bildkonzeption des Lehrbuchs. Der bestimmende Einfluss von Theologie und Kirche auf das Kunstschaffen zwischen dem Mittelalter und dem Ende der Barockzeit spiegelt sich in den ausgewählten Werken.
Diese greifen elementare biblische Motive auf, wie die Schöpfung (S. 7, 23, 100, 162), Sündenfall (S. 163), Turmbau zu Babel (S. 6), die Befreiung aus Ägypten (S.101), die Berufung von Simon und Andreas (S. 133), der verlorene Sohn (S. 172), die sieben Werke der Barmherzigkeit aus dem Gleichnis vom Weltgericht (S. 87), das Abendmahl (S. 38), die Kreuzigung Jesu (S. 150), das jüngste Gericht (S. 68) und die ewige Verdammnis (S. 9).
Diese Auswahl regt zu einer motivgeschichtlichen Betrachtung an. Wie wurden bestimmte Motive (guter Hirte, leidender Christus, Schöpfung) in verschiedenen Epochen bearbeitet? Welche theologischen Rückschlüsse lassen sich daraus ziehen? Gerade für die Darstellung Jesu gibt es sehr umfangreiche und gut zugängliche Quellen, wie

die beiden Bände »Christus in der Kunst« aus der Reihe »Welt und Umwelt der Bibel«.

Neben der motivgeschichtlichen Betrachtung ergeben sich aus dem Text noch weitere Zugänge zur Erschließung von Kunstwerken. So bietet sich eine biografisch orientierte Vorgehensweise an. Welche Bedeutung besitzt die Bibel für das Leben bestimmter Künstler? Wie drückt sich das in der Auswahl und Ausgestaltung der Motive aus?

Eine theologische Behandlung des Themas müsste um die Frage der Legitimität von Kultbildern kreisen. Ausgehend vom Bilderverbot im Dekalog gab es ein langes Ringen um Bildlichkeit und Unsichtbarkeit Gottes, wechselten Phasen, in denen es unbefangene Darstellungen Gottes gab, mit Phasen des »Ikonoklasmus«, eines Bildersturms, der alles wieder infrage stellte.

208–211.4 Rezeption der Bibel in der Musik

Der Text versucht ein breites Spektrum der Bibelrezeption in der Musik anzusprechen. Eine an der Klassensituation orientierte Bearbeitung kann einen oder mehrere der folgenden Aspekte aufgreifen.

1. Die Botschaft der Kirchenlieder
Die Erarbeitung kann unter folgenden Gesichtspunkten geschehen:
- biografisch: welche Kirchenlieder halfen mir, biblische Zusammenhänge (Schöpfung, Geburt Jesu, Passion, Auferstehung, ...) besser zu verstehen?
- theologisch: wie gehen Kirchenlieder mit Bibeltexten um. Etwa: verfälschen unsere Weihnachtslieder die Botschaft von der Geburt Jesu?
- zeitgeschichtlich: welches Bild von Jesus wird in den Kirchenliedern unterschiedlicher Epochen vermittelt?

2. Große musikalische Formen im Dienste der Bibelverkündigung
Es bietet sich an, folgende Formen in ihrer geschichtlichen Entwicklung und mittels exponierter Beispiele vorzustellen: – die Messe
  – das Oratorium
  – die Passion
3. Große Musiker und ihr Verhältnis zur Bibel
4. Die Rolle der biblischen Hoffnung in den Spirituals
5. Biblische Motive in der Pop- und Rockmusik (z.B. U2, Xavier Naidoo, Lenny Kravitz u.v.a.) sowie im Hip Hop
6. Musicals als Verkündigung z.B. Andrew Lloyd Webbers »Jesus Christ Superstar« und »Joseph«

208–211.5 Rezeption der Bibel in der Literatur

Der literarische Charakter der biblischen Überlieferung bestimmt ihre Rezeption in diesem Bereich. Die Bibel ist Literatur neben anderer Literatur, biblische Überlieferung und literarische Produktion im Abendland stehen in einer »symbiotischen Beziehung« (Baltz-Otto, 1265). Nach Ursula Baltz-Otto lassen sich verschiedene Typen von Texten beschreiben, die biblische Stoffe rezipieren. Dazu gehören literarische Texte, in denen explizit religiöse Sprache begegnet, z.B. religiöse Metaphern oder Symbole. Daneben gibt es Texte, die erst verständlich werden, wenn ihre religiöse »Einfärbung« wahrgenommen wird. Dann gibt es Texte, die als »Antitexte« zu biblischen Texten und Vorstellungen gelten können.

Der Text bezieht sich auf zwei Bereiche der Bibelrezeption. Zum einen auf die Rezeption biblischer Bilder und Metaphern in der Alltagssprache. Es erscheint lohnend, Schülern die biblischen Wurzeln vieler Wendungen unserer Alltagssprache deutlich zu machen.

Zum anderen geht es um das Aufgreifen biblischer Motive in der erzählenden Literatur des 20. Jh., dargestellt an vier Romanen. Für die Literatur nach der Aufklärung gilt, dass sie »autonom, keiner Autorität und Herrschaft – außer der ästhetischen« verpflichtet ist (Hans Küng).

Jedes der im Text erwähnten Beispiele versucht auf eigene Art nicht nur eine Nacherzählung, sondern vielmehr eine interpretierende Neudeutung biblischer Stoffe.

Thomas Mann (1875–1955) verfolgt in seinem vierteiligen Romanzyklus »Die Geschichten Jakobs« (1933), »Der junge Joseph« (1934), »Joseph in Ägypten« (1936) und »Joseph, der Ernährer« (1943) die Intention, vom »Bürgerlich-Individuellen zum Mythisch-Typischen« vorzudringen. Er sucht ausgehend vom biblischen Bericht, der angereichert wird mit textkritischen, essayistischen, religionshistorischen, mythenvergleichenden, soziologischen und kommentierend analytischen Einschüben, die »Urformen und Urnormen des Lebens« zu ergründen (KLL 12,5018ff.).

Stefan Heym (1913–2001), jüdischer Emigrant des Jahres 1935, siedelte nach seiner Rückkehr nach Deutschland 1953 aus politischen Gründen in die DDR um. Dort wurde er wegen kritischer Bücher in den sechziger Jahren totgeschwiegen, sein »König David Bericht« erschien 1972 in der Bundesrepublik. König Salomo hat eine Kommission einberufen, die das Lebenswerk seines Vaters David würdigen soll. Zu der Kommission gehört der Historiker Ethan, der wegen der Aufdeckung dunkler Wahrheiten aus Davids Leben in große Gefahr gerät. Hier bildet der biblische Stoff den Ausgangspunkt zur Auseinandersetzung mit den zeitlosen Mechanismen der Macht und der Aufdeckung der undankbaren Rolle des Intellektuellen.

Luise Rinser (1911–2002) gelang mit dem Roman »Mirjam« (1983) ein Bestseller. Aus der Perspektive der Maria Magdalene (Mirjam) legt die Autorin ein Bekenntnis zu Jesus ab. Der Roman gehört zu dem breiten Spektrum der Jesus-Romane, die Mitte des 20. Jh. mit Werken wie Edzard Schaper, »Leben Jesu« (1936), Nikos Kazantzakis, »Die letzte Versuchung« (1955) und Max Brod, »Der Meister« (1951) ihren Höhepunkt hatten und seit dem Beginn der achtziger Jahre eine Renaissance erlebten. Während an Rinsers Roman auf der einen Seite der narrative Biblizismus kritisiert wird, gelingt ihr eine gewagte und interessante Neuinterpretation des biblischen Stoffes dort, wo sie die drei Hauptpersonen Mirjam (Maria Magdalene), Jehuda (Judas) und Jochanan (Johannes) charakterisiert.

Joseph Roth (1834–1939) versuchte mit seinem Roman »Hiob« (1930) eine Transfiguration einer biblischen Person in die Neuzeit. Roth erzählt hier die Geschichte eines modernen Hiob: Der in Galizien lebende jüdische Lehrer Mendel Singer wandert nach Amerika aus, und dort trifft ihn das Unglück in seinen Kindern hart, sodass er sich von Gott abwendet. Aber durch die wunderbare Heilung eines Sohnes wird er schließlich zu Gott zurückgeführt.

Die im Text exemplarisch gewählten Beispiele wollen dazu anregen, im Rahmen eines Projektes oder Referates (evtl. in Kooperation mit dem Fach Deutsch) einzelne Werke vorzustellen und unter folgenden Gesichtspunkten zu befragen.

- Wie geht der Autor mit der biblischen Tradition um (nacherzählend, verfremdend, provozierend ...)?
- Wie verhält sich die gewählte Form (Roman, Bericht) zur biblischen Vorlage?
- Welche Rolle spielt das Werk in der Biografie des Autors, wie ist es im Zusammenhang seines Gesamtwerkes einzuordnen?
- Wie wurde das Werk von Literaturkritikern, Theologen, Vertretern der Kirche rezipiert?

208–211.6 Rezeption der Bibel im Film
Der Text bezieht sich auf exemplarisch herausragende Beispiele in der Filmgeschichte, in denen Stoffe der Bibel adaptiert wurden. Dabei liegt der Schwerpunkt auf Spielfilmen, die nach folgenden Kriterien ausgewählt wurden: herausragende Beispiele aus der Frühzeit des Films, Monumentalfilme mit kommerziellen Absichten, interpretierende Transformationen und parodistische Adaptionen. Ausgangspunkt bildet der sehr gute (allerdings nur bis 1995 reichende) Überblick über die cineastische Rezeption der Bibel von Manfred Tiemann in dessen Buch »Bibel im Film«. Danach lassen sich folgende Abgrenzungen vornehmen:
1. Die Anfänge – Filme bis 1930
2. Der Aufschwung des Tonfilms in der dreißiger Jahren
3. Die Epoche der Monumentalfilme
4. Die siebziger Jahre: Musicals und »Jesus-Transfigurationen«
5. Der Pluralismus der achtziger Jahre: Pietät und Blasphemie
6. Der Gegenwartsfilm: Religion als Anspielung

Zu allen Epochen finden sich bei Tiemann über die im Text auf S. 210f. erwähnten Beispiele ausführliche Zusammenstellungen. Im Text nicht erwähnt werden konnten Rezeptionen im Musikfilm, in Fernsehspielen wie Krzysztof Kieslowskis »Dekalog«, in Kurz- und Dokumentarfilmen sowie den Fernsehprojekten, die eine Bibelverfilmung zum Ziel haben.

Für die Analyse von Filmen im Unterricht können zunächst die Schritte angewandt werden, die allgemein zur systematischen Untersuchung von Filme gelten (nach Tiemann, S. 17f.). Danach sind Filme zu analysieren und zu beschreiben nach 1. Inhalt, 2. Filmsprache (Einstellung, Perspektive, Kamerabewegung, Beleuchtung), 3. Beziehung von Wort – Bild – Ton, 4. Montage und 5. Rezeption und Wirkungsgeschichte von Filmen.

Bei Bibelfilmen sind noch folgende Fragen bedeutsam:
- Welche Art von Bibeladaption liegt vor (Historiengemälde, Abenteuerunterhaltung, politisierende Adaption)
- Welches Bibelverständnis liegt dem Film zugrunde, wie wird mit dem biblischen Text umgegangen?
- Lassen sich aus dem Film theologische Aussagen ableiten? (Erfahrungen, die Menschen mit Gott machen, Verständnis von Wirklichkeit, Eingreifen Gottes)

Möglichkeiten für den Einsatz von Bibelfilmen, auch als Projekte von Schülern können sein:
- Vergleich mehrerer Filmsequenzen zum gleichen Thema (etwa Filmsequenzen zur Passion Jesu) umstrittene Filme und ihre Wirkungsgeschichte in kirchlichen Kreisen und der Presse (The Passion; »Die letzte Versuchung Jesu«)
- Filmcafé mit verschiedenen Filmen, selbst gestalteten Plakaten und anschließender Podiumsdiskussion)
- Projekt Kino und Kirche

208–211.7 Rezeption der Bibel durch die Werbung
Beim Einsatz biblischer Motive in der Werbung und ihrer Beurteilung lassen sich nach Manfred Pirner zwei Phasen unterscheiden:

1. Die kritische Phase (etwa seit 1970)
Diese Phase ist geprägt durch folgende Sachverhalte: Die Werbung bedient sich zur Betonung des Werts der von ihr angepriesenen Produkte biblischer Motive. Dies steht im Zusammenhang mit einer Struktur- und Funktionsähnlichkeit von Religion und Werbung: es wird ein besseres Leben, eine bessere Zukunft, Schuldlosigkeit und höhere Moral versprochen. Die Theologie bemüht sich, die falsche Religion der Werbung zu entlarven, die nicht auf die wahren Bedürfnisse der Menschen eingeht, sondern künstliche Bedürfnisse weckt.

2. Postmoderne Phase (etwa seit 1990)
Einhergehend mit einer Wandlung der Werbung von der »Produkt«- zur »Sinn- und Wertewerbung« verändert sich die Einschätzung von Werbung. Jetzt gilt:
- Werbung ist prinzipiell berechtigt. Eine generelle Kritik an der Werbung ist theologisch fragwürdig und praktisch nicht durchführbar. Werbung darf sich biblischer Motive bedienen.
- Werbung liefert eine Zeitdiagnose. Werbung muss, um erfolgreich zu sein, an elementaren Bedürfnissen der Menschen anknüpfen. Sie gibt Theologen wichtige Hinweise auf das, was angesagt ist.
- Werbung fordert zur Selbstkritik auf. Durch die Auswahl ihrer Motive gibt die Werbung wichtige Hinweise, welche Elemente des Glaubens und welche Motive noch lebendig und wirksam sind.
- Werbung bietet positive Anknüpfungspunkte. Indem Werbung mit biblischen Motiven (Paradies, Arche Noah) arbeitet, trägt sie die damit verbundenen Sehnsüchte weiter.

Die Auseinandersetzung mit der Werbung kann sich auf folgende drei Themenkreise beziehen:
1. Werbung und Ethik. Angesichts ausgewählter Werbebeispiele kann die Frage erhoben werden, ob Werbung religiöse Gefühle verletzen kann. Welche Kriterien gibt es für »schädliche« und »verletzende« Werbung?
2. Werbung und Tradition. Welches Lebensgefühl junger Menschen drückt Werbung mit biblischen Motiven aus? Welche Sehnsüchte und Wünsche werden angesprochen? Welche Bedeutung erhält die religiöse Tradition in ihrer Adaption und Verfremdung durch Werbetexte?
3. Werbung als Mittel der Kirche. Darf und soll sich die Kirche für ihre Zwecke des Mittels kommerzieller Werbung bedienen?

208–211.8 Literatur

Christus in der Kunst, Von den Anfängen bis ins 15. Jahrhundert, Welt und Umwelt der Bibel 14/1999.

Christus in der Kunst, Von der Renaissance bis in die Gegenwart, Welt und Umwelt der Bibel 18/2000.

Rita Burrichter, Kunst und Religionspädagogik, in: Lexikon der Religionspädagogik, Neukirchen-Vluyn 2001.

Manfred L. Pirner, Musik, in: Lexikon der Religionspädagogik, 2001.

Ursula Baltz-Otto, Literatur im Religionsunterricht, in: Lexikon der Religionspädagogik, 2001.

Georg Langenhorst, »Niemand wie er« – Das wiedererwachte Interesse der Literaten an Jesus, in: Verfälschter Jesus?, Herrenalber Protokolle, Schriftenreihe der Evang. Akademie Baden, Band 97, 1994, S. 52ff.

Manfred Tiemann, Bibel im Film, Stuttgart 1995.

Manfred Pirner, Art. »Werbung«, TRE 35, S. 621–622.

208–211.9 Unterrichtsideen

1. Textarbeit
a) L gibt vor: Bild, Musik, Literatur, Film, Werbung. Sch wählen sich ihr Thema
b) Sch erarbeiten in arbeitsteiliger KGS einen Textabschnitt und überlegen dabei, mit welchem Teilthema sie sich gerne beschäftigen würden
c) Vorstellen des Textes und des interessierenden Teilthemas

2. Projekt
a) Sch erarbeiten in GA oder PA ein Teilthema ihrer Wahl
b) Präsentation (unter Berücksichtigung von Methodenbaustein, S. 98)

3. Reflexion
a) Sch bedenken was ihre Arbeit über die Bibel aussagt. Ist die Bibel überholt? Ist sie noch zeitgemäß?
b) Evtl. Entwurf von Thesen

212/213 Mit der Bibel leben

212/213.1 Der Zusammenhang

Nach der Entstehungsgeschichte der Bibel (S. 196), ihrem geschichtlichen Zusammenhang (S. 197), den wichtigsten Inhalten (S. 198–205) sowie dem methodischen Umgang (S. 206f.) und dem Blick in die Rezeptionsgeschichte (S. 208–211) soll es nun darum gehen, das Leben mit der Bibel anzusprechen und den Charakter der Bibel als Lebensbuch verständlich zu machen. Es geht – wenn man so will – um eine evangelische Frömmigkeit, die in dem lebendigen Umgang mit der Bibel ihren Kern und ihre Grundlage hat.

212/213.2 Die Bibel als Lebensbuch und Lebensmittel

Konstitutiv für den persönlichen Gebrauch der Bibel ist die Erwartung, aus ihr Trost, Ermutigung und Orientierung für das Alltagsleben aber auch die Gestaltung sozialen, kulturellen und politischen Lebens zu gewinnen (Z. 73–76). Der Autorentext versucht aus der Fülle ganz unterschiedlicher Möglichkeiten geschichtlich bedeutsame Lebensformen zugänglich zu machen. Dies zeigt die Gliederung:

Z. 1–12 Die Bibel im gottesdienstlichen Leben (vgl. auch Thomasmesse S. 65)
Z. 13–26 Die Bibel in der Tradition des Tagzeitgebets und kommunitären Lebens
Z. 27–34 Die Bibel als Hausbuch
Z. 35–58 Die tägliche Bibellese als täglicher Zuspruch (S. 103)
Z. 59–67 Die Bibel als Zentrum eines wöchentlichen Gemeindekreises
Z. 68–76 Die Bibel als Grundlage von Hauskreisen
Z. 77–90 Die Bibel als Ausgangspunkt der jährlichen Bibelwoche
Z. 91–100 Die Bibel in Festen und Feiern des Kirchenjahres sowie in Ritualen des Lebens (Wallfahrten)

Diese Auswahl lässt nach weiteren Formen mit der Bibel zu leben fragen. Dazu gehört ganz gewiss auch das Leben mit geistlicher Musik (Choräle, J.S. Bach S. 152, Taizé-Lieder) oder die Betrachtung christlicher Kunst (z.B. Grünewald, Kreuzigung, S. 150). Dazu gehört aber auch das Leben mit Tauf-, Konfirmations- oder Hochzeitssprüchen. Manche nicht explizit genannten Formen sind leicht zu integrieren, so z.B. das Abendmahl (S. 38) oder auch die Beichte. Der Kirchentag (S. 66) ist zu den Wallfahrten zu zählen. Glaubenskurse können den Bibelwochen zugewiesen werden.

Die Frage erhebt sich, ob ethisches, diakonisches (S. 65) und politisches (S. 66) Handeln aus christlicher Haltung auch hierher gestellt werden muss. Die Gefahr ist, dass sonst das Leben mit der Bibel in die Innerlichkeit führt.

Die Zuordnung der Formen mit der Bibel zu leben zu den Stichworten Einzelne, Familie, Gemeinde und Gesellschaft soll eine erste Sichtung ermöglichen, ohne jedoch den Anspruch zu erheben, alle Phänomene erfassen zu können. Wohin gehört der Hauskreis?

212/213.3 Bibel teilen

Das südamerikanische Bibelteilen verfährt in sieben Schritten. Ihre Durchführung im Unterricht setzt ein hohes Verständnis der Schülerinnen und Schüler voraus und die Bereitschaft, sich auf Formen expliziter Christlichkeit einzulassen.

Die Schritte	Das Vorgehen
1. Einladen	*Wir werden uns bewusst, dass Jesus Christus in unserer Mitte ist.* *Wer möchte dies in einem Gebet zum Ausdruck bringen?*
2. Lesen	(Ein Teilnehmer/eine Teilnehmerin liest den Text laut vor, den die Gruppe betrachten will. Die anderen lesen leise mit. Alternativ kann der Text versweise reihum vorgelesen werden.) *Wir schlagen in der Bibel das Buch/das Evangelium/den Brief ... Kapitel ... auf.* *Wer möchte die Verse ... bis ... vorlesen?*
3. Verweilen	*Wir suchen nun Worte oder kurze Sätze aus dem Text heraus und sprechen sie mehrmals laut betrachtend aus. Dazwischen legen wir kurze Besinnungsphasen ein.* (Danach:) *Wer möchte den Text noch einmal im Zusammenhang vorlesen?*
4. Schweigen	*Nun werden wir für einige Minuten ganz still und lassen in der Stille Gott zu uns sprechen.*
5. Austauschen	*Wir tauschen uns darüber aus, was uns berührt hat.* *Welches Wort hat uns persönlich angesprochen?* (Danach gegebenenfalls:) *Ist uns in diesem Text ein Wort begegnet, das uns in den kommenden Wochen als »Wort des Lebens« begleiten könnte?*
6. Handeln	(Was heißt das konkret für unseren Glauben und unser Leben im Alltag:) *Wir sprechen jetzt über eine Aufgabe, die sich unsere Gruppe als nächstes stellt.* *Wie weit sind wir mit früheren Aufgaben? Welche neue Aufgabe stellt sich uns?* *Wer soll was wann tun?* (Und gegebenenfalls:) *Welche Erfahrungen haben wir in den vergangenen Wochen mit unserem »Wort des Lebens« gemacht?*
7. Beten	*Wir beten miteinander. Alle sind eingeladen, ein freies Gebet zu sprechen.* (Danach:) *Wir schließen mit dem Vaterunser oder einem gemeinsamen Lied.*

212/213.4 Literatur
Peter Zimmerling, Evangelische Spiritualität, Göttingen 2003.

212/213.5 Unterrichtsideen
1. Einstimmung
a) Sch erzählen, wo und wie sie der Bibel begegnet sind (Vergleich mit S. 103) und welche Formen sie kennen, mit der Bibel zu leben
b) Erste Systematisierung

2. Textarbeit
a) L gibt die Kategorien Einzelne, Familie, Gemeinde, Gesellschaft vor
b) Sch ordnen in PA die im Text genannten Formen zu
c) Erstellen eines gemeinsamen Überblicks mit eigenen Ergänzungen

3. Vertiefung
a) Sch besuchen einige Internetseiten
b) Präsentation der Ergebnisse

4. Alternative Projekte
a) Erstellen einer eigenen Auswahlbibel mit Bildern
b) Gemeinsames Bibelteilen nach sorgfältiger Verabredung

212/213.5 Zusatzmaterialien
M 212/213.1 Bibelteilen

214/215 Heilige Schriften anderer Religionen

214/215.1 Der Zusammenhang
In allen Themenkapiteln des Schülerbandes findet sich ein Ausblick auf wenigstens eine nichtchristliche Religion (vgl. S. 22, 63, 88, 89, 128, 111, 58, 159, 184). Dem entsprechend werden auch im Bibelkapitel die kanonischen Grundtexte dieser Religionen (und einige darüber hinaus) behandelt.

214/215.2 Heilige Schriften
Der Autorentext ist übersichtlich aufgebaut:
Z. 1–18 Versuch einer Definition »Heilige Schrift«
Z. 19–31 Volksreligionen u. a. altägyptischen und altbabylonischen Religion (vgl. S. 18f., 16f.)
Z. 33–63 Hinduismus
Z. 64–80 Buddhismus
Z. 81–116 Islam

Die Wortfügung »heilige Schrift« begegnet zum ersten Mal im hellenistischen Judentum und wurde im rabbinischen Judentum zum festen Begriff. Die Heiligkeit der »heiligen Schriften« bestand darin, dass sie im Tempel aufbewahrt und im Gottesdienst gebraucht wurden.
Wenn mit dem Begriff »heilige Schrift« die jüdische und christliche Bibel mit anderen Texten fremder Religionen zusammengefasst werden, dann ist das nicht ganz unproblematisch. Wie das Schulbuch zeigt, gibt es im Korpus der hinduistischen Schriften Zaubertexte und astronomische Ausführungen – solche Gegenstände fehlen in den heiligen Schriften anderer Religionen, und das Kriterium der Verwendung im Gottesdienst ist bei diesen Texten nicht gegeben. Nimmt man andererseits als Kriterium für die Heiligkeit einer Schrift nicht den gottesdienstlichen Gebrauch, sondern die Normativität (vgl. Vollmer/Klimkeit), dann erweitert sich der Begriff »heiligen Schriften« auf »normative Schriften« überhaupt, also auch auf nicht-religiöse, aber dennoch gemeinschaftsbildende Schriften (wie Parteiprogramme, Verfassungen etc.). Auch die ältesten Texte des Buddhismus bestehen in Lehrreden des weisen Menschen Buddha und nicht in göttlichen Offenbarungen (vgl. Schülerband S. 128), sie wären also etwa mit den Schriften eines Philosophen zu vergleichen, der eine weltanschauliche Schulgemeinschaft begründete. Diese Schwierigkeit, einen präzisen Begriff von »heiligen Schriften« zu bilden, kann im Unterricht dafür eingesetzt werden, den Schülern bewusst zu machen, dass normative Texte nicht nur in religiösen Dimensionen vorkommen. Vielmehr sind solche Schriften in vielen gesellschaftlichen Bereichen notwendig für die Gestaltung des Lebens.

214/215.3 Literatur
Annemarie Ohler (Hg.), Heilige Bücher. Text und Überlieferung, Freiburg i. Br. 1995.
Ulrich Vollmer/Hans-Joachim Klimkeit, Art. »Schriften, Heilige«, TRE 30, S. 499–511.
Hans Martin Barth, Dogmatik. Evangelischer Glaube im Kontext der Weltreligionen, Gütersloh 2001, 175–222.

214/215.4 Unterrichtsideen
1. Einstieg: Normative Schriften
a) L schreibt »Normative Schriften« in die Mitte der Tafel
b) Sch nennen Beispiele. Es wird ein Mindmap entwickelt (zu erwartende oder zu entwickelnde Assoziationen: Grundgesetz, Hippokratischer Eid, Parteiprogramme, Marx »Kapital«, Mao-Bibel, Menschenrechtserklärung, Bibel, Koran ...)
c) Gespräch: Welche Normierungen sind sinnvoll, welche nicht? Führen Normierungen zu ungewolltem Zwang?

2. Textarbeit
a) Sch lesen den Text in EA und gliedern ihn
b) Sch erarbeiten arbeitsteilig in Gruppen die Inhalte der heiligen Schriften der genannten Religionen und unterstreichen Elemente die sich auch in der Bibel finden (rot) bzw. nicht darin finden (blau). Sch entwerfen ein zusammenfassendes Textplakat
c) Vorstellung der Ergebnisse und Suche nach Gemeinsamkeiten und Unterschiede
c) Überprüfung der Definition »heilige Schriften« (Z. 1–18). Ist diese Definition auf alle benannten heilige Schriften anwendbar?

3. Vergleich mit der Bibel
a) L legt in einem Stuhlkreis eine Bibel in die Mitte. Sch legen nacheinander ihre Textplakate daneben und bestimmen Unterschiede und Gemeinsamkeiten mit der Bibel
b) Zusf. TA und Hefteintrag mit M 214/215.1 (je nach Breite der Bearbeitung)

214/215.5 Zusatzmaterialien
M 214/215.1 Gemeinsamkeiten und Unterschiede heiliger Schriften – Arbeitsblatt

216/217 Menschenwort und Gottes Wort

216/217.1 Der Zusammenhang
Die Doppelseite dieses Kapitels bildet ein Herzstück des Kapitels, denn hier geht es quasi ans »Eingemachte«: Die Entstehung der Bibel (S. 196f.), Gattungen (S. 200f.) und Symbole (S. 204) der Bibel, die Auslegung der Bibel (S. 206f.) und deren Rezeption (S. 208f.), all das lässt die Bibel bei aller Transparenz für das Göttliche (noch oder auch nur) als Menschenwerk erscheinen. Auf diesen Seiten aber wird der Anspruch vertreten: Christen lesen die Bibel als »Gottes Wort« (Z. 4f.). Zugleich wird ein inhaltlicher Zusammenhang zu den Seiten über biblische Grundmotive (S. 202f.) erkennbar.

Dem nachzuspüren, was es bedeutet, wenn gesagt wird, die Bibel sei Gottes Wort in Menschenwort, dient diese Doppelseite. Die Seite verbindet so Information auf der einen Seite mit existenzieller Auseinandersetzung auf der anderen Seite. Sie erlaubt im übrigen Antworten auf die eingangs gestellten Leitfragen (S. 195).

216/217.2 Zum Verständnis der Bibel als Wort Gottes
Der Text erläutert auf engem Raum eine Fülle von Einzelaspekten zur behandelten Frage. Er lässt sich in folgende Unterabschnitte gliedern:

Z. 1–5 Unterschiedliche Verständnisse der Bibel
Z. 6–14 Die Bibel als »Gottes Wort« – Möglichkeiten des Verstehens (Verbalinspiration, Zeugnis der Erfahrung mit Gott, geschichtliches Verständnis, symbolisches Verständnis)
Z. 15–32 Gotteswort im Menschenwort (Joh 1,14), Inspiration und Personalinspiration
Z. 32–40 Die Menschlichkeit des biblischen Zeugnisses bedarf Auslegungsregeln
Z. 41–58 Die Frage nach dem Kanon der biblischen Schriften
Z. 59–65 Jesus Christus als letztes/letztgültiges Wort Gottes (vgl. Hebr 1,1–4)
Z. 65–98 Das Verhältnis von NT und AT

Eine besondere Beachtung und Definition verdient die Unterscheidung von Verbalinspiration (Z. 6–9) und Personalinspiration (Z. 22–26).

Erläuternd soll hinzugefügt werden:
1. Z. 32–40 spricht von Widersprüchen und Irrtümern aufgrund der Menschlichkeit des biblischen Zeugnisses sowie den beiden reformatorischen Auslegungsregeln. Als Beispiel für die Regel »Die Schrift legt sich selbst aus« kann Paulus dienen: Röm 1 kritisiert er die Menschen, die nicht nach Gottes Willen handeln, und wettert über sie; 1. Kor 15 dagegen preist er die Liebe als höchste Geistesgabe und Gal 5,14 zitiert er das alttestamentliche Liebesgebot. Man kann sagen: Die Stellen 1. Kor 15 und Gal 5,14 heben (im Hegelschen Sinn) Röm 1 auf.

Ein Beispiel dafür, dass nach reformatorischem Verständnis »Christus allein die Mitte der Schrift« ist, kann die hohe Wertschätzung des Apostels Paulus und seiner Rechtfertigungslehre dienen. Für M. Luther war die Botschaft von der Rechtfertigung des Sünders allein aus Gnade so zentral, dass er den Jakobusbrief – entgegen seiner Stellung im griechischen NT-Kanon, wo er zwischen Hebräerbrief und 1. Petrusbrief steht – ans Ende des NT-Kanons unmittelbar vor die Johannesapokalypse »verbannte« und ihn als »stroherne Epistel« bezeichnete.

Man sieht daran, dass dieses Schriftprinzip der Reformation nicht unumstritten ist, denn es geht von einer »Mitte der Schrift« aus und ordnet diesem Prinzip alles andere unter – was nicht nur dem Jakobusbrief nicht gerecht wird, der in den vergangenen Jahrzehnten in der neutestamentlichen Forschung durchaus rehabilitiert wurde, auch die ganze Paulusforschung befindet sich zurzeit in einem großen Umbruch, indem die zentrale Bedeutung und Stellung der Rechtfertigungslehre zunächst von angloamerikanischer Seite, nunmehr aber auch von europäischer Seite bestritten wird (so genannte »new perspective«).

2. Für Schülerinnen und Schüler ist es oft interessant, einen kleinen Einblick in die Welt der urchristlichen Schriften zu bekommen, die nicht in den NT-Kanon aufgenommen wurden. Neben denen in Z. 45f. genannten können dies bspw. das Thomasevangelium, die Kindheitsevangelien Jesu oder die Ignatiusbriefe mit ihrer ausgeprägten (und deshalb fremd anmutenden) Martyriumstheologie sein. Sie sind inzwischen leicht zugänglich.

Das Verhältnis von kanonischen und nichtkanonischen Büchern, wie es im Text mit Blick auf frühere Zeiten beschrieben wird, wird heute vielfach als überholt beurteilt: Die Entscheidung darüber, welches Buch in den NT-Kanon aufgenommen wurde und welches nicht, hängt historisch gesehen wohl eng mit der Person Marcions von Sinope zusammen, der ein eigenes NT (ohne AT), das im Grunde genommen eine Paulussammlung (sowie ein gereinigtes Lukasevangelium) war, herausgab. »Unser« NT ist demgegenüber die unmittelbare Reaktion auf Marcion, es hat auch viele Paulusbriefe, darüber hinaus aber noch weitere Schriften, vier Evangelien (und nicht allein eines) und insgesamt eine kleinasiatische Gesamtausrichtung. Die neutestamentlichen Schriften wurden unter dem Aspekt der »apostolischen Autorität« gesammelt, d.h. die Schriften mussten von Aposteln verfasst sein, keinesfalls wurden sie gesammelt, weil sie als besonders »heilig«, »inspiriert« o.ä. galten. In der heutigen neutestamentlichen und kirchengeschichtlichen Forschung, die sich mit der Frage des Herausbildens des christlichen Kanons befasst, fällt bei der Antwort auf die Frage, wer wohl als Herausgeber der ersten christlichen Bibel in Frage kommen könnte, immer wieder der Name Papias, Bischof von Hierapolis, einem Ort in der heutigen Westtürkei.

Zusammenfassend lässt sich sagen, dass die neutestamentliche Gemeinde im Grunde genommen drei Autoritäten kannte: Das AT, die Apostel als Augen- und Ohrenzeugen Jesu sowie Jesus Christus selbst. Dennoch plädiert der Text für eine besondere Autorität der biblischen Schriften (Z. 52–58).

3. Das Verhältnis vom Alten zum Neuen Testament wird im Text beschrieben als solches, dass das Alte durch das Neue nicht ersetzt wird. Dies ist gegenüber den Schülerinnen und Schülern stark zu betonen, denn in der Tat stößt das AT bei vielen Schülerinnen und Schülern auf Ablehnung. Dies hat seinen Grund nicht selten in der vermeintlichen ethnozentrischen Ausrichtung des AT, dem gegenüber das NT mit seiner Universalität entschränkt erlebt wird. Gegen eben genannten Vorwurf kann man erstens einwenden, dass das AT wohl zu einer Zeit entstanden ist

(ca. 2. Jh. v. Chr.), in der Israel von Feinden massiv bedroht war, was manchen kriegerischen Zug des Gottes Jhwh erklären kann und dass zweitens das AT darüber hinaus zahlreiche Stellen enthält, die von einem universalen Frieden und einem geradezu mütterlichen Verhältnis Jhwhs zu seinem Volk sprechen.

216/217.3 Literatur
Das Neue Testament und frühchristliche Schriften. Übersetzt und kommentiert von Klaus Berger und Christiane Nord, Frankfurt a. M. 1999.
Wilfried Härle, Dogmatik, Berlin 1995, S. 111–139.

216/217.4 Unterrichtsideen
1. Textarbeit I
a) L gibt vier Fragen vor:
  – Müssen die Worte der Bibel wortwörtlich oder dürfen sie auch geschichtlich und u.U. auch symbolisch verstanden werden?
  – Was bedeutet es für die Auslegung, wenn sich biblische Stellen widersprechen?
  – Haben biblische Texte eine besondere Autorität?
  – Ist das Alte Testament durch das Neue Testament überholt?
b) Sch suchen in PA im Text Antworten auf diese Fragen
c) Sicherung: Klärung der Antworten. Definition Verbal- und Personalinspiration

2. Schreibmeditation
a) Je vier Sch erhalten ein DIN A 3-Blatt. Sie schreiben in die Mitte »Bibel für mich«
b) Sch schreiben ihre Überlegungen in eine der Ecken. Danach wird das Blatt gedreht, bis jeder wieder zu seinem Ausgang angekommen ist.
c) Austausch: Hat die Lektüre des Textes unsere Meinung beeinflusst?

218 Die Bilder dieses Kapitels

218.1 Der Zusammenhang
Die abschließende Seite kann erneut Gelegenheit geben, den Kurs noch einmal überblicksartig zusammenzufassen und abzuschließen. Dazu dienen noch einmal die Bilder, aber auch die Fragen, die hoffentlich im Auge behalten wurden.

218.2 Die beiden Bildbeschreibungen
Geht es bei dem Evangeliar um die Frage der Entstehung der biblischen Schriften, so geht es bei dem Gewölbemosaik um den Inhalt. Die Darstellung des Evangelisten Johannes thematisiert die Frage nach Verbal- oder Personalinspiration (S. 214f.), die mannigfachen Zeichen und Symbole die Mitte der Schrift. Beiden Bildern können also theologische Grundfragen zugeordnet werden, die für das Verständnis der Heiligen Schrift entscheidend sind. (Zur Erschließung s. o.)

218.3 Unterrichtsideen
1. Antworten auf Fragen in Bildern suchen
a) Personinspiration? Was ist das Zentrum der Bibel?
b) Sch theologisieren. Die Ergebnisse werden zusammengefasst
c) Suche nach den Antworten, die die beiden Bilder auf die beiden Fragen geben. Dabei Einbezug des Textes
d) Vergleich mit den eigenen Antworten

2. Fragekarten
a) Sch bekommen die Fragen auf S. 194 (mehrere bekommen dieselbe Frage)
b) Auslosen, wer antwortet
c) Antwort vor der Klasse und Vertreten der eigenen Meinung in der Diskussion

3. Kreativer Abschluss
a) Planung der Innengestaltung einer Kirche mit Sinnbildern und Bildern
b) Vorstellen der Ergebnisse. Welche Rolle spielt die geöffnete Bibel?

Materialien

M1 Gruppenpuzzle

Miteinander sprechen
Der Religionsunterricht als ein Teil der Geistes- und Gesellschaftswissenschaftlichen Schulfächer lebt vom Unterrichtsgespräch. Wo es in den Naturwissenschaften eher um Hypothesen, harte Fakten und Zahlen geht, deren Gültigkeit in Versuchen überprüft wird, spielt in den Geisteswissenschaften der Austausch von Meinungen, Einschätzungen, Überzeugungen, die sich jenseits der Kategorien von »richtig« oder »falsch« bewegen, eine große Rolle.

Machen Sie sich mit den Regeln für ein gelingendes Gespräch (S. 15) vertraut.
Nehmen Sie einen etwa 30 Minuten dauernden Ausschnitt aus einer sich als seriös verstehenden Talkrunde aus dem Fernsehen auf Video auf. Sichten sie den Gesprächsverlauf daraufhin, ob und in welcher Weise die Diskutierenden den Regeln entsprechen. Verteilen sie den am Gespräch Beteiligten für die Einhaltung bzw. Missachtung der Regeln Noten.
Demonstrieren Sie an ausgewählten Teilen des Gesprächs Ihre Beobachtungen.

Texte interpretieren
In der Oberstufe müssen Sie unentwegt Texte lesen und zusammenfassen. Eine sinnvolle Interpretation kann jedoch auch erfordern, Texte zu gestalten, umzugestalten, zu inszenieren oder selbst eigene Texte zu verfassen.

Machen Sie sich mit den methodischen Schritten zur Interpretation von Texten (Seite 49) vertraut. Die Hinweise unter den Buchstaben A und B sind Ihnen wohl bekannt. Richten Sie Ihr Augenmerk darum auf die Auswahl der Ideen zum konstruktiven und kreativen Umgang mit Texten (C). Erzählen Sie sich gegenseitig, welche der dargestellten Methoden – bzw. auch welche der nicht aufgeführten Methoden – im Deutschunterricht gut funktionieren. Demonstrieren Sie drei ausgewählten Methoden an einem Text aus Kursbuch Oberstufe (z. B. Seite 44 oder 46).

Visualisieren
Einer angemessenen Darstellung von Fragestellungen und Arbeitsergebnissen wird ein immer größeres Gewicht beigemessen.
Sie kennen aus Ihrem Schulalltag vielfältige Formen der Visualisierung und der Präsentation. Tauschen Sie sich in Ihrer Gruppe darüber aus, welche Formen der Darstellung Ihnen in guter bzw. schlechter Erinnerung sind. Bedenken Sie dabei, was Sie im Unterricht erlebt haben; bedenken Sie aber auch, wo Sie in außerunterrichtlichen Situationen mit Darstellungsformen konfrontiert wurden, von denen Sie sich angesprochen fühlten oder über die Sie sich geärgert haben.

Einigen Sie sich auf zwei gelungene Visualisierungen, die Sie der Klasse vorstellen bzw. in Erinnerung rufen möchten.

Stellen Sie parallel dazu eine Liste zusammen, in der Sie im Sinne einer Handreichung die fünf gröbsten Fehler und die fünf heißesten Tipps für eine Präsentation aufführen.

Schritte ethischer Urteilsbildung
Ständig müssen Sie entscheiden. Da Sie biblisch-theologisch gesprochen »Jenseits von Eden« leben, fallen Ihnen die Entscheidungen nicht einfach in den Schoß. Sie müssen Verantwortung übernehmen, Position beziehen und diese auch begründen.

Machen Sie sich mit den Schritten der ethischen Urteilsbildung (Seite 86) vertraut. Versuchen Sie die sieben differenzierten Schritte auf drei Grundschritte zu reduzieren, die für einen Entscheidungsprozess unbedingt erforderlich sind.
Wenden Sie die drei Schritte an einem ethischen Problem Ihrer Wahl an.

Arbeit mit biblischen Texten
Jedes Reden und Arbeiten, Entscheiden und Handeln innerhalb des christlichen Glaubens gründet im biblischen Wort und bezieht sich auf die Bibel.

Machen Sie sich mit den fünf Schritten zur Erschließung und Auslegung der biblischen Texte (Seite 111) vertraut. Bearbeiten Sie einen zentralen biblischen Text nach den vorgeschlagenen Schritten (z. B. Ex 3). Versuchen Sie die aufgeführten Fragen zu den fünf Schritten auf jeweils eine elementare Leitfrage zu reduzieren.

Recherchieren
Suchen heißt nicht ziellos zu sammeln. Um nicht in der Flut von Informationen und Materialien zu ertrinken, benötigen Sie neben einschlägigen Lexika auch zuverlässige Adressen im Internet.

Suchen Sie im Internet (neben wikipedia) die für den Religionsunterricht einschlägigen Adressen auf. Stellen Sie fest, was unter der jeweiligen Adresse zu finden ist und in welcher Weise die angebotenen Materialien für die Arbeit innerhalb der Kursstufe Religion hilfreich sind. Erstellen sie für Ihren Kurs eine Liste der »Top 5«-Adressen.

Adressenvorschläge
a) Direkte Netzadressen
 (z. B. www.zeit.de oder eine kirchliche Wochenzeitschrift www.publik-forum.de)
b) Bildungsserver
 (z. B. www.dbs.schule.de für allgemeine Recherche oder www.comenius.de für spezielle Recherche im RU)

c) Kirchliche Adressen
   (z. B. www.ekd.de – Nachrichten, Infos, Grundlagentexte, Links www.relinet.de – Religionspäd. Institute der Landeskirchen
d) Schuladressen
   (z. B. www.zum.de – Zentrale für Unterrichtsmaterialien)
e) Besonders für Religionswissenschaftliche Fragestellungen
   www.religionswissenschaft.de oder www.relinfo.ch

Bilder interpretieren
Der christliche Glaube kennt seit jeher neben dem gelesenen, gehörten und gepredigten Wort andere Formen des Ausdrucks und der Verkündigung. Neben der Musik spielt dabei die Darstellende Kunst eine herausragende und Kultur bildende Rolle.

Machen Sie sich mit den Gedanken zur Interpretation von Bildern (S. 164) vertraut. Die Hinweise kennen Sie aus dem Kunstunterricht. Achten Sie daher auf das Beispiel »Schreibmeditation«. Sammeln Sie andere Methoden zur Erschließung von Bildern, mit denen Sie gute Erfahrungen gemacht haben (Bildinterview; Bild übermalen, verfremden; Bild weitermalen; Elemente aus dem Bild isolieren und in einen neuen Rahmen stellen; Bildelemente neu ordnen wie im Konzept von »Kunst aufräumen« ...).
Kopieren Sie sich vier Bilder aus dem Kursbuch und demonstrieren Sie am jeweiligen Bild die Methode, die Sie für die geeignete halten (z.B. Seite 38, 51, 133, 150, 162).

M 2 Texte erschließen und lesen lernen

A. »Wie kommt die Welt in unseren Kopf?« – Texte sind Spiegelbilder der Wirklichkeit

Texte, Texte, Texte, nichts als Texte. Wenn Menschen etwas ausdrücken wollen, machen sie das sehr häufig mit Texten. Warum eigentlich? Nun, die Welt kommt nicht auf direktem Weg in unseren Kopf, sondern immer nur gebrochen durch unsere fünf Sinne. Und wenn Menschen dann beschreiben wollen, wie sie die Welt sehen, dann geschieht das wieder so, dass andere es mit ihren fünf Sinnen aufnehmen können. Die Texte, die dabei entstehen, spiegeln die Weltwahrnehmung anderer Menschen. Texte zeigen, wie Menschen die Wirklichkeit erfahren und konstruieren. Sie sind *Spiegelbilder ihrer Weltwahrnehmung*. Texte verstehen und auslegen heißt deshalb, diese Texte wieder zu »entspiegeln«, also zu entschlüsseln, und die eigene Art, die Welt zu erleben und zu verstehen, mit diesen fremden Wirklichkeitsmodellen zu vergleichen und ins Gespräch zu bringen.

Die Textwelten, die uns begegnen, sind nahezu unbegrenzt: Wetterberichte und Kochrezepte, Gedichte und Romane, Lieder und Tagebuchnotizen, Werbetexte und Witze, Gebrauchsanweisungen und Informationstexte, Märchen und Fabeln – die Formen der Texte sind vielfältig. Wie soll man sich da zurechtfinden? – Hilfreich ist zunächst eine ganz grobe Einteilung: Texte gibt es als literarische (poetische Texte) und als Sachtexte (poetische Texte). Diese Unterscheidung ist auch in der Schule wichtig. Wenn ich diese Entscheidung richtig getroffen habe, dann ist schon die Hälfte des Verstehens erreicht.

1. *Literarische (poetische) Texte*: Sie tragen interpretationsbedürftige Bilder in sich, die von uns »übersetzt« werden müssen. Beispiel: »Marion hatte Schmetterlinge im Bauch« = »Marion war verliebt«. Zu diesen Texten gehören Gedichte, Romane, Märchen, Fabeln, Lieder, Tagebücher ...
2. *Sachtexte:* Sie bieten Informationen oder analysieren einen Sachverhalt, erörtern ein Problem oder bewerten eine Situation. Dazu gehören Börsenberichte, Lehrtexte in Schulbüchern, Kochrezepte, Nachrichten, philosophische, biologische, mathematische ... theologische Texte.

B. Texte entdecken – erschließen – verstehen – aneignen

Zum Religionsunterricht in der Oberstufe gehört die Arbeit an Texten, die sich beim ersten Lesen oft nicht von alleine erschließen. Um an dieser Arbeit nicht zu verzweifeln, gibt es eine Reihe von Hilfestellungen:

1.	**Den Text entdecken** • Nehmen Sie sich die Zeit um sich (anhand von Kopf- bzw. Fußzeilen) über den *Verfasser* oder die *Verfasserin* und über den *Zeitpunkt* der Entstehung des Textes klar zu werden • Stellen Sie fest, um was für eine *Textgattung* es sich handelt. Zu unterscheiden ist zunächst (s. o.) zwischen literarischen und Sachtexten. In der Regel finden sich in Schulbüchern Sachtexte. Hier muss weiter unterschieden werden zwischen Original- oder Quellentexten einerseits und zwischen erläuternden Sekundärtexten und übrigen Gattungen wie Reportagen, Internetseiten, Statistischen Beobachtungen usw. anderseits.	Verfasser/in? Zeitpunkt der Entstehung? Textgattung? Quellentext oder Sekundärtext?
2.	**Den Text erschließen** • Lesen Sie den Text ein erstes Mal. • Überlegen Sie danach: Was habe ich verstanden? Worum geht es im Text? Zu welchem *Anlass*, mit welcher *Absicht*, in welcher *Situation* wurde der Text erstellt. Schreiben Sie sich das *Thema in einer groben Formulierung* auf. • Bedenken Sie dann: Was habe ich nicht verstanden? Notieren Sie sich ebenso sorgfältig Ihre *Fragen an den Text*. Versuchen Sie dabei immer wieder Abstand zum Text zu gewinnen ... • Lesen Sie den Text dann zum zweiten Mal. Nehmen Sie dabei *Markierungen im Text vor Unterstreichen Sie die Schlüsselbegriffe* des Textes. Schlagen Sie die unbekannten Begriffe im *Lexikon* nach. • Versuchen Sie den Text in *Unterabschnitte zu gliedern* und versehen Sie die einzelnen Abschnitte mit *Zwischenüberschriften*. • Überprüfen Sie, ob sich nicht schon einzelne Ihrer Fragen an den Text erledigt haben.	Anlass, Absicht, Situation des Textes? Grob-Thema? Fragen an den Text Markierungen und Unterstreichungen Schlüsselbegriffe Lexikonarbeit Text gliedern Zwischenüberschriften
3.	**Den Text verstehen** • *Markieren Sie* innerhalb der einzelnen Abschnitte des Textes *mit jeweils unterschiedlichen Farben die zentralen Aussagen* (rot), diejenigen Textabschnitte, in denen eine Frontstellung (bzw. eine Ideologie, ein Interesse) zu erkennen ist (blau) und schließlich die Abschnitte des Textes, denen Sie persönlich zustimmen (grün). Achten Sie aber beim Unterstreichen darauf, dass Sie nicht den ganzen Text »anmalen«. • Eine zusätzliche Verständnishilfe können Randzeichen sein, die Sie an den Text anbringen. Wählen Sie dazu entweder Kürzel (Th = These, Behauptung; Bsp = Beispiel; Def = Definition; Erl = Erläuterung; Zit = Zitat.) und/oder Zeichen (! = wichtig; ? = fraglich; Schlangenlinie = unklar).	Zentrale Aussagen einfärben Randzeichen: Kürzel und/oder Zeichen
4.	**Den Text aneignen** Um sich konstruktiv einen Text anzuzeigen, gibt es folgende Möglichkeiten. Sie • erstellen ein Textexzerpt • formulieren Thesen zu den einzelnen Abschnitten. • entwickeln (denkbare) kritische Einwände gegen einzelne Abschnitte des Textes. • stellen die Schlüsselbegriffe des Textes in ihrer Beziehungsstruktur in Form einer Mind-map dar. • verändern die Gattung des Textes z. B. in ein Gedicht oder eine Zeitungsmeldung • bringen die Aussageabsicht des Textes oder seiner Unterabschnitte grafisch zum Ausdruck • entwerfen Bilder, Skizzen, Symbole oder Illustrationen zum Text • zeichnen eine Verlaufskurve des Textes anhand der Schlüsselbegriffe.	Methoden zum Verstehen des Textes: • Exzerpt • Thesen • Einwände gegen den Text • Schlüsselbegriffe (Mindmap) • Grafische Darstellung • Skizzen, Symbole, Illustrationen Kontrolle

Die beste Art zu kontrollieren, ob Sie den Text wirklich verstanden haben: erklären Sie ihrem/r Nachbar/in, was in dem Text steht!

M 3 Bilder erschließen und lesen lernen

Wir leben in einem visuellen, ja, in einem multimedialen Zeitalter. Wir leben mit Bildern: im Fernsehen, in Computerspielen, im Internet ... aber können wir die Bilder, die wir sehen, auch »lesen«, verstehen wir ihren Informationsgehalt und ihre »Botschaft«?

A. »Damit uns die Augen aufgehen«: Bilder lesen lernen
Grundsätzlich kann man zwei verschiedene Arten der Bildbetrachtung unterscheiden:
1. Die bildimmanente Interpretation: hier geht es um einen Dialog zwischen dem Betrachter und dem Bild.
2. Die kontextuelle Bildauslegung: hier geht es darum, Informationen zu sammeln, die aus dem Bild selbst nicht zu erschließen sind.

1. Der Dialog zwischen Betrachter und Bild (bildimmanente Interpretation)
- *Der erste Eindruck*
  Das Bild wirkt unmittelbar auf den Betrachter, ein erster Eindruck entsteht. Bilder lösen zum Beispiel häufig Emotionen aus – und irgendwie kann jede/r sofort sagen, ob ihm/ihr ein Bild »gefällt« oder nicht.
- *Die formale Analyse des Bildes*
  Der Eindruck wird erweitert – das heißt auch: bestätigt oder korrigiert – durch die formale Analyse des Bildes:
  - Was ist zu sehen?: Bildhandlung, Bildelemente; Vordergrund und Hintergrund; Zentrum und Rand ...
  - Wie ist das Bild gegliedert?: Achsen, Symmetrien, Größenverhältnisse, große und kleine Flächen; hell und dunkel; runde und eckige Formen ...
  - Welche Farben werden verwendet? Wie wirken sie zusammen? Gibt es Farbkontraste?
  - Welche Raumwirkung erzielt das Bild? Ist es eher flächig, zweidimensional? Wie ist die Raumtiefe, Perspektive, Fluchtpunkt, Horizont ...
  - Wie wirkt das Bild? Eher dynamisch, eher statisch? Wodurch entsteht Ruhe, wodurch Bewegung im Bild?
- *Der Gesamteindruck des Bildes*
  - Welche Wirkung ergibt sich aus dem Zusammenspiel all dieser Punkte?
  - Welche Wechselwirkung entsteht zwischen mir, dem Betrachter, und dem Bild?: Kann ich meine Lebenswelt, meine Erfahrung, Erziehung usw. mit diesem Bild in Einklang bringen? Wie wirkt es auf mich mit meiner Lebenswelt, wie würde es auf jemand wirken, der aus einem ganz anderen Kulturkreis kommt?

2. Kontextuelle Bildauslegungen
Die Aufgabe der kontextuellen Bildauslegung besteht darin, sich zum Bild Zusatzinformationen zu beschaffen. Im Internet und/oder in Kunstkatalogen kann man nach Informationen zum Künstler und zum Kunstwerk schauen. Diese können zum Beispiel sein folgende sein:
- *Motivgeschichtliche Betrachtungen*: Welches Motiv wird verwendet (z. B. »Auferstehung«) und in welcher Tradition steht dieses? Wollen Sie motivgeschichtliche Vergleiche anstellen, etwas der Art, dass Sie die Interpretation »Ihres« Bildmotivs innerhalb der Motivgeschichte mit anderen Interpretationen anderer Bilder vergleichen?
- *Politisch-soziale bzw. sozialgeschichtliche Interpretationen*: möchten Sie »Ihr« Bild in den politischen und sozialgeschichtlichen Hintergrund seiner Entstehung einbetten?
- *Biografische Zugänge*: möchten Sie versuchen, die Entstehung des Bildes in der Biografie des Künstlers zu verankern? Warum hat er gerade dieses Bild in jener Zeit gestaltet? Ist sein Bild ein Ausdruck einer »Autobiografie«?
- *Psychologische Interpretationen*: haben Sie Vorkenntnisse in Psychologie und möchten Sie diese bei der Interpretation »Ihres« Bildes einbringen? Spiegelt das Bild evtl. seelische Konflikte des Künstlers?
- *Geistes- und glaubensgeschichtliche Interpretation*: Ist das Weltbild des Künstlers in seinem Bild erkennbar? Gibt es Ansätze, die eine geistes- und/oder glaubensgeschichtliche Interpretation des Bildes überhaupt erlauben?

B. Bilddidaktik
- Überlegen Sie sich: Wenn ein Bild erschlossen, also gelesen werden soll: warum möchte ich dieses Bild einsetzen? Ist ein Einsatz nur bei dem von mir ausgesuchten Thema oder auch in anderen Themen möglich? (ist meistens so).
- Was möchte ich mit dem Einsatz dieses Bildes erreichen? Was ist mein *Lernziel* bei meinen Zuhörer/innen? Welchen Gewinn sollen meine Klassenkamerad/innen davon haben? Was ist mein *Lehrziel*?
- Grundfrage: was will ich durch dieses Bild *lehren*?

C. Bildmethodik und Bildmethoden
Grundlegend gilt: *Jedes Bild braucht »seine« Methode*: Die Methode (griech. methodos – »der Weg, etwas zu erreichen«) wird durch *das Bild* bestimmt, denn nur *der* Weg, der mich in das Bild hineinführt, ist der gute Weg, andere werden dem Bild nicht gerecht. Überprüfe also sorgfältig, welche Methode Du wählen willst.

Bildmethoden
- Bei Bildern, die viele einzelne Informationen transportieren und deshalb »entdeckt« werden müssen, um sich dem Betrachter zu erschließen, bieten sich z. B. folgende Methoden an:
  - *»Ich sehe was, was du nicht siehst«*: Das bekannte Spiel wird als lockerer Wettbewerb unter Einbeziehung der Teilnehmer/innen durchgeführt. (Bild entdecken)
  - *»Bilddetektive«*: mit großer Pappe, darin in der Mitte ein rundes oder viereckiges Loch, wird das Bild verdeckt, die Aufmerksamkeit richtet sich auf den Ausschnitt der Pappe. Langsam streicht man über das Bild und entdeckt auf diese Weise Details (eignet sich gut im Unterricht auf Folienprojektion).
  - *»Bildinterview«*: Gruppe in 2 Halbplena aufteilen, die erste Hälfte stellt »Fragen an das Bild«, diese werden notiert (in der Schule: Tafel oder Flipchart), die andere Hälfte beantwortet daraufhin die Fragen.
  - *»Verzögerte Bildbetrachtung«*: Aufmerksamkeit auf ein Detail lenken. Von dort aus das Bild nach und nach entdecken ...
- Bei Bildern, die auf den »ersten Blick« klar scheinen in ihrer Botschaft (ist fast nie der Fall ...) kann man zu folgenden Methoden greifen:
  - *»Gelenkte Bildbeschreibung«*: Den Teilnehmer/innen wird ein Lückentext ausgeteilt, den sie nur ausfüllen können, wenn sie das Bild genau betrachten. (In der Schule: bei Schüler/innen ist oft die Vorgabe der zu findenden Wörter hilfreich.)
  - *»Details nachzeichnen«*: Nach einer Vorlage werden Bildelemente nachgezeichnet.
  - *»Bildvergleich«* – beim motivgeschichtlichen Zugang (s. o.) sehr gut zu machen. Das vorliegende Bild wird als Interpretation des Motivs mit einem anderen Bild aus einer anderen Epoche verglichen, das das gleiche Motiv interpretiert.
  - *»Schreibmeditation«*: Teilnehmer/innen-Gruppe in Kleingruppen aufteilen. Jede/r erhält ein Blatt und schreibt einen Eindruck auf das Blatt. Wenn jede/r fertig ist, werden die Blätter im Uhrzeigersinn an den/die Nachbar/in weitergegeben. Diese schreiben dann einen Kommentar zu dem ersten Eindruck, dann wandern die Blätter im Kreis herum, bis sie wieder am Ausgangspunkt sind.
  - *»Bild/Text – Vergleich«*. Zu einem Bild wird ein (passender oder unpassender!) Text ausgeteilt, zum Beispiel ein Bibeltext. Die TN versuchen diesen in Spannung oder in Einklang mit dem Bild stehenden Text auf das Bild zu beziehen und zu interpretieren.

M 4 Rhetorik – die richtigen Worte finden

1. Die richtigen Worte: Wortschatz erweitern
Es ist nicht einfach, die richtigen Worte zu finden. Zwei wichtige Tipps:
- Erweitern Sie Ihren Wortschatz, indem Sie Synonyme suchen für Worte, die Sie oft gebrauchst.
- Ersetzen Sie häufig wiederkehrende Worte.

2. Der richtige Zuschnitt: Sätze optimieren
Die Sätze sind das Kleid, in dem Ihre Rede daherkommt. Bauen Sie Ihre Worte so in die Sätze ein, dass sie wie ein schmuckes Kleid wirken. Sieben wichtige Tipps:
- Reden Sie eindringlich und dynamisch: Bilden Sie kurze Sätze!
- Reden Sie variantenreich: Bilden Sie lange und kurze Sätze und wechseln Sie ab!
- Reden Sie verständlich: Bilden Sie keine Schachtelsätze, setzen Sie Nebensätze nur spärlich ein!
- Reden Sie klar: Pro Satz nur *ein* Gedanke!
- Reden Sie direkt: Ziehen Sie das Aktiv dem Passiv vor!
- Reden Sie ohne Füllwörter: Entfernen Sie alle überflüssigen Worte!
- Reden Sie verbal, nicht substantivisch: Verwenden Sie möglichst viele Verben!

3. Rhetorische Stilmittel – die Kür der Rede
Bildreiche Reden bleiben in der Regel besser im Gedächtnis haften als Informationstexte. Nützen Sie diese Eigenart des Gehirns, indem Sie rhetorische Stilmittel verwenden, zum Beispiel:
- die Metapher
- die Wiederholung
- die Anapher
- die Anadiplose
- die Epipher
- die rhetorische Frage
- Wortspiele und Verfremdungen
- Kontraste
- die Antithese
- die Hyperbel

Wichtige Grundregel:
Die Rede ist keine »Schreibe«, sondern eine »Spreche«!

4. Humor und Witz – die Würze jeder Rede
Die Menschen sind dankbar für eine Rede mit Witz und Humor. Diese beiden Formen der Belustigung kann jede/r gut leiden. Einfache Formen von Humor, die jede/r nutzen kann:
- Abkürzungen und Akronyme
- Analogien
- Karikaturen
- »Autoaufkleber-Weisheiten«
- Lustige Definitionen
- Persönliche Anekdoten
- Schiefgegangene Prophezeiungen
- Lustige Zitate

Es gibt aber auch Formen, die nicht gut ankommen:
- Lachen Sie nie über Ihren eigenen Witz!
- Verletzen Sie niemals jemand unter den Zuhörern mit Ihrem Witz!
- Kündigen Sie Ihre Witze nicht an, sondern lassen Sie sie einfließen!

Materialien zum Kapitel »Wirklichkeit«

M 6/7.1 Hoimar von Ditfurth: Wie wirklich ist die Wirklichkeit?

1.

Für den naiven Realisten ist der Gedanke an die Möglichkeit einer »jenseits« unserer Welt existierenden Wirklichkeit bereits durch den Hinweis auf seine unmittelbare Erfahrung widerlegt. Wer nur an das glauben will, was er »anfassen« kann, nur das, von dessen Realität er sich dadurch vergewissern zu können meint, dass er es sehen, hören oder auf andere Weise wahrnehmen kann, für den bezieht sich alles Reden über eine solche Möglichkeit auf ein bloßes Hirngespinst.

Das objektive Fundament jedoch, auf das ein Realist solchen Kalibers sich beruft, ist weitaus weniger solide, als ein so ungebrochenes Vertrauen auf wahrnehmbare Objektivität es für möglich hält. Der »naive Realismus« ist seit mehr als 2000 Jahren, seit Plato, als Illusion durchschaut. Welches sind die Argumente?

Vor einigen Jahren stellte mir jemand die Frage, ob es eigentlich dunkel im Kosmos würde, wenn alle Augen verschwänden? Fragen dieser Art stehen am Anfang aller erkenntnistheoretischen Überlegungen. »Hell« und »dunkel« sind, wie jeder feststellen kann, der sich die Mühe macht, darüber nachzudenken, nicht Eigenschaften der Welt, sondern »Seherlebnisse«: Wahrnehmungen, die entstehen, wenn elektromagnetische Wellen bestimmter Länge – zwischen 400 und 700 Millionstel Millimetern – auf die Netzhaut von Augen fallen. Wir haben allen Grund zu der Annahme, dass das auch für tierische Augen gilt, und wir wissen sogar, dass die Länge der den Eindruck »hell« hervorrufenden Wellen bei manchen Tieren von den Frequenzen abweicht, die für menschliche Augen gelten. [...]

Der wirklichen Situation wird man nur dann gerecht, wenn man annimmt, dass in der Außenwelt elektromagnetische Wellen der verschiedensten Längen (oder, was auf dasselbe herausläuft, »Frequenzen«) existieren, dass unsere Augen auf einen (vergleichsweise außerordentlich kleinen) Ausschnitt dieses »Frequenzbandes« ansprechen und dass unser Gehirn, genauer: der »Sehrinde« genannte Teil unseres Großhirns, die durch das Ansprechen der Netzhaut ausgelösten Signale dann auf irgendeine, absolut rätselhaft bleibende Weise in optische Erlebnisse übersetzt, die wir mit den Worten »hell« oder »dunkel«, mit verschiedenen Farbbezeichnungen usw. beschreiben. [...]

Auf dem ganzen Wege, der zwischen Netzhaut und Sehrinde liegt, wird es nicht hell, auch nicht in der »Endstation«. »Hell« ist erst das optische Erlebnis hinter jener rätselhaft bleibenden Grenze, die körperliche Vorgänge und psychische Erlebnisse für unser Begriffsvermögen voneinander trennt. Hell ist es daher auch nicht in der Außenwelt, nicht im Kosmos, und zwar ganz unabhängig davon, ob es Augen gibt oder nicht.

Ist der Kosmos in Wahrheit also dunkel? Diese Möglichkeit hatte die Frage ja vorausgesetzt. Auch das scheidet aus. Das Eigenschaftswort »dunkel« nämlich bezieht sich aus den gleichen Gründen nicht auf eine Eigenschaft der Außenwelt, sondern beschreibt ebenfalls ausschließlich ein Seherlebnis. Man könnte auch sagen: Da der Kosmos nicht hell sein kann, kann er auch nicht dunkel sein, denn das eine ist nur als das Gegenteil des anderen denkbar. [...]

2.

Man sieht, die scheinbar so simple Frage, ob es in der Welt ohne Augen dunkel wäre, hat es in sich. Wie beiläufig sind wir bei ihrer Erörterung auf alle wesentlichen Voraussetzungen der Problematik der so genannten Erkenntnistheorie gestoßen. Wir haben, erstens, angenommen, dass es außerhalb des Erlebens eine reale Außenwelt tatsächlich gibt. Wir stellten, zweitens, fest, dass das, was wir erleben, nicht ohne weiteres als reale Eigenschaft dieser Außenwelt anzusehen ist. Und schließlich hat sich auch bereits gezeigt, dass es allem Anschein nach reale Eigenschaften dieser von uns vorausgesetzten Außenwelt gibt, die wir, wie zum Beispiel die außerhalb des engen Empfindlichkeitsbereichs unserer Netzhaut liegenden Frequenzen elektromagnetsicher Wellen, gar nicht wahrnehmen können. [...]

Und als ob das alles noch nicht genug wäre: Selbst der – aller Wahrscheinlichkeit nach also nur winzige – Ausschnitt der Außenwelt, den wir überhaupt erfassen können, wird uns von unseren Sinnesorganen und unserem Gehirn nun keineswegs etwa so vermittelt, »wie er ist«. In keinem Fall ist das, was in unserem Erleben schließlich auftaucht, etwa ein getreues »Abbild«. Auch das wenige, was wir überhaupt wahrnehmen, gelangt vielmehr nicht ohne komplizierte und im einzelnen völlig undurchschaubar bleibende Verarbeitung in unser Bewusstsein. Unsere Sinnesorgane bilden die Welt nicht etwa für uns ab. Sie legen sie für uns aus. Der Unterschied ist fundamental.

Wenige Hinweise genügen, um sich davon zu überzeugen. Ein Fall wurde schon genannt: die Tatsache, dass Auge und Gehirn elektromagnetische Wellen in das Erlebnis »Licht« verwandeln und in verschiedene Farbeindrücke, je nach der Länge der am Augenhintergrund eintreffenden Wellen. Die Natur einer elektromagnetischen Welle hat nur das geringste zu tun (Mit der einen entscheidenden Ausnahme, dass das eine die Ursache des anderen darstellt, sobald Augen und Gehirne mit im Spiele sind.) Helligkeit und elektromagnetische Wellen haben überhaupt keine Ähnlichkeit miteinander.

Das gleiche gilt für die verschiedenen Farben. Eine Wellenlänge von 700 Millionstel Millimetern hat mit dem Farberlebnis »Rot« genauso wenig zu tun wie die Wellenlänge 400 Millionstel Millimeter mit dem Farberlebnis »Blau«. Keinerlei Ähnlichkeit besteht hier auch zwischen dem Unterschied von nur 300 Millionstel Millimetern, wie er auf der einen, der körperlichen Seite zwischen beiden Längenbereichen liegt (und der sich im Gesamtspektrum verschwindend winzig ausnimmt), und dem sich auf der anderen, psychischen Seite aus diesem Unterschied ergebenden Kontrast zwischen den Farben Rot und Blau.

Ein letztes Beispiel: Es hatte eben geheißen, dass wir nicht fähig sind, elektromagnetische Wellen außerhalb des schmalen Bandes des optisch sichtbaren »Lichts« unmittelbar wahrzunehmen. Das stimmt nicht ganz, wenn man es genau nimmt. Die Ausnahme macht die ganze Angelegenheit aber nur noch verwirrender. Denn an einer etwas anderen, etwas langweiligeren Stelle des gleichen Spektrums, und zwar etwa zwischen einem tausendstel und einem ganzen Millimeter Wellenlänge, sprechen aus sie nicht unsere Augen, sondern Sinnesrezeptoren in unserer Haut an. Wir sehen diese Wellen nicht, fühlen sie aber. Wir nehmen sie als Wärmestrahlung wahr.

Man muss sich klarmachen, was das bedeutet. Alle elektromagnetischen Wellen sind wesensgleich. Immer die vollkommen gleiche Art der Strahlung. Der einzige Unterschied besteht in der Wellenlänge. Je nach der spezifischen Anpassungsform unserer Sinneszellen erleben wir bestimmte Frequenzen dieser Wellen dann als Licht oder verschiedene Farben – oder aber als strahlende Wärme. Von der »Abbildung« einer realen Welt, »so wie sie ist«, kann da ganz offensichtlich nicht mehr die Rede sein.

Man sieht, der »naive Realist« ist in der Tat naiv. Das von ihm für so grundsolide gehaltene Konzept einer durch sinnliche Wahrnehmung überprüfbaren (objektivierbaren) Realität erweist sich im Handumdrehen als reine Illusion. So einfach liegen die Dinge nicht.

Hoimar von Ditfurth: Wir sind nicht nur von dieser Welt. Naturwissenschaft, Religion und die Zukunft des Menschen. Hoffmann und Campe Verlag Hamburg, 2. Aufl. 1981, S. 153–157 (Text geringfügig umgestellt und geglättet).

M 9.1 Die Petrus-Apokalyse

»(...) Dann werden Männer und Weiber an den ihnen bereiteten Ort kommen. An ihrer Zunge, mit der sie den Weg der Gerechtigkeit gelästert haben, wird man sie aufhängen. Man bereitet ihnen ein nie verlöschendes Feuer. Und siehe wiederum ein Ort: da ist eine große volle Grube. Darin die, welche verleugnet haben die Gerechtigkeit. Und Strafengel suchen (sie) heim, und hier in ihr zünden sie das Feuer ihrer Strafe an. Und wiederum zwei Weiber: Man hängt sie an ihren Nacken und Haaren auf, in die Grube wirft man sie. Das sind die, welche sich Haarflechten gemacht haben nicht zur Schaffung des Schönen, sondern um sich zur Hurerei zu wenden, damit sie fingen Männerseelen zum Verderben. Und die Männer, die sich mit ihnen in Hurerei niedergelegt haben, hängt man an ihren Schenkeln in diesen brennenden Ort und sie sagen untereinander: ›Wir haben nicht gewusst, dass wir in die ewige Pein kommen müssten.‹ Und die Mörder und die mit ihnen gemeinschaftliche Sache gemacht haben, wirft man ins Feuer, an einen Ort, der angefüllt ist mit giftigen Tieren, und sie werden gequält ohne Ruhe, indem sie ihre Schmerzen fühlen, und ihr Gewürm ist so zahlreich wie eine finstere Wolke, und der Engel Ezrael bringt die Seelen der Getöteten herbei (...)«.

Ausschnitt aus der »Petrus-Apokalypse«, zitiert nach: Herbert Vorgrimler: Geschichte der Hölle, München 1993, S. 79–82, hier: 80; vgl. die wissenschaftliche Bearbeitung des Textes bei Ch. Maurer, Die Apokalypse des Petrus. Übersetzung des äthiopischen Textes durch H. Duensing, in: Edgar Hennecke/Wilhelm Schneemelcher: Neutestamentliche Apokryphen in deutscher Übersetzung, 4. Aufl. Tübingen 1971, Band II: Apostolisches, Apokalypsen und Verwandtes, S. 168–183.

M 9.2 Konzeptionen des »Jüngsten Gerichts« und der Hölle im Neuen Testament und im Mittelalter

Konzeptionen des »Jüngsten Gerichts« und der Hölle im Neuen Testament und im Mittelalter

Die biblischen Vorstellungen von einem Jüngsten Gericht stimmen darin überein, dass Christus am Ende aller Zeiten die Guten belohnen und die Schlechten bestrafen wird. Die Frage, wann der Gerichtsprozess erfolgt und wie er vonstatten geht, findet jedoch ganz unterschiedliche Antworten:

Das Weltgericht bei Matthäus (Mt 25,31–46)

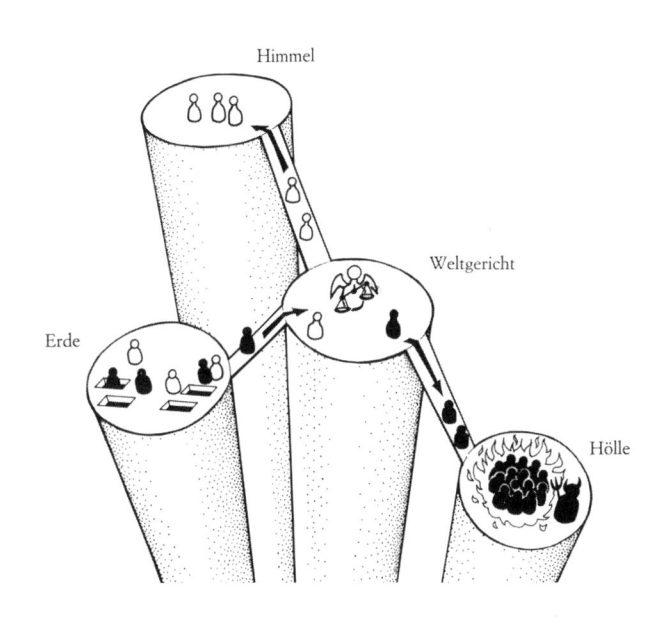

Im Matthäus-Evangelium müssen alle Menschen vor den göttlichen Richter treten:

»Wenn aber der Menschensohn in seiner Herrlichkeit kommen wird und alle Engel mit ihm, dann wird er sich auf den Thron seiner Herrlichkeit setzen, und vor ihm werden alle Völker versammelt werden, und er wird sie voneinander scheiden, wie der Hirt die Schafe von den Böcken scheidet. Und er wird die Schafe zu seiner Rechten stellen, die Böcke aber zu seiner Linken. Dann wird der König sprechen: Kommet her, ihr Gesegneten meines Vaters, nehmt das Reich in Besitz, das euch seit Grundlegung der Welt bereitet ist! (...) Alsdann wird er auch zu denen auf seiner Linken sprechen: Hinweg von mir, Verfluchte, in das ewige Feuer, das dem Teufel und seinen Engeln bereitet ist«.

Somit gibt es nur Gute und Böse (Schafe und Böcke). In einem Gerichtsverfahren, das für alle gilt, werden die Erwählten von den Verdammten geschieden. In dieser Art sind auch die meisten Weltgerichtsdarstellungen der Kunstgeschichte aufgebaut.

275

Die Hölle bei Lukas (Lk 16,19–31)

Dieser klaren Konzeption mit der deutlichen Scheidung der Guten von den Bösen steht bei Lukas eine eher transparente Konstruktion gegenüber. In der Erzählung »Vom reichen Mann und armen Lazarus« (Lk 16,19–31) gibt es – wenn nicht »Verbindungswege« – so doch Kommunikationsmöglichkeiten zwischen Himmel und Hölle.

19 Es war aber ein reicher Mann, der kleidete sich in Purpur und kostbares Leinen und lebte alle Tage herrlich und in Freuden. 20 Es war aber ein Armer mit Namen Lazarus, der lag vor seiner Tür voll von Geschwüren 21 und begehrte, sich zu sättigen mit dem, was von des Reichen Tisch fiel; dazu kamen auch die Hunde und leckten seine Geschwüre. 22 Es begab sich aber, dass der Arme starb, und er wurde von den Engeln getragen in Abrahams Schoß. Der Reiche aber starb auch und wurde begraben. 23 Als er nun in der Hölle war, hob er seine Augen auf in seiner Qual und sah Abraham von ferne und Lazarus in seinem Schoß. 24 Und er rief: Vater Abraham, erbarme dich meiner und sende Lazarus, damit er die Spitze seines Fingers ins Wasser tauche und mir die Zunge kühle; denn ich leide Pein in diesen Flammen. 25 Abraham aber sprach: Gedenke, Sohn, dass du dein Gutes empfangen hast in deinem Leben, Lazarus dagegen hat Böses empfangen; nun wird er hier getröstet, und du wirst gepeinigt. 26 Und überdies besteht zwischen uns und euch eine große Kluft, dass niemand, der von hier zu euch hinüber will, dorthin kommen kann und auch niemand von dort zu uns herüber. 27 Da sprach er: So bitte ich dich, Vater, dass du ihn sendest in meines Vaters Haus; 28 denn ich habe noch fünf Brüder, die soll er warnen, damit sie nicht auch kommen an diesen Ort der Qual. 29 Abraham sprach: Sie haben Mose und die Propheten; die sollen sie hören. 30 Er aber sprach: Nein, Vater Abraham, sondern wenn einer von den Toten zu ihnen ginge, so würden sie Buße tun. 31 Er sprach zu ihm: Hören sie Mose und die Propheten nicht, so werden sie sich auch nicht überzeugen lassen, wenn jemand von den Toten auferstünde.

Trotz dieser Kommunikation wird aber zweierlei deutlich:
1. eine Verbindung zwischen Hölle und Himmel gibt es ebenso wenig wie
2. eine Verbindung zwischen Hölle und Erde.

Das Weltgericht bei Johannes (Joh 5,24–29)

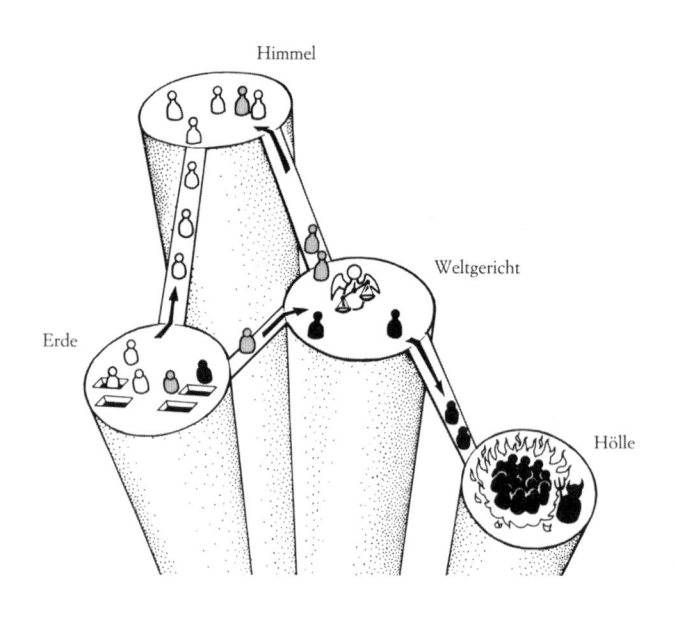

Im Johannesevangelium sieht die Sache anders aus: hier tritt eine Differenzierung ein, die überrascht: im Gegensatz zu Mt entgehen bei Joh die Guten dem Gericht:

»Wahrlich, wahrlich ich sage euch, wer mein Wort hört und dem glaubt, der mich gesandt hat, der hat das ewige Leben, und kommt nicht ins Gericht, sondern ist vom Tode zum Leben übergegangen (...) Verwundert euch nicht darüber; denn es kommt die Stunde, in der alle, die in den Gräbern sind, die Stimme des Sohnes Gottes hören werden. Und es werden hervorgehen, die Gutes getan haben, zur Auferstehung des Lebens; die aber Böses getan haben, zur Auferstehung des Gerichts (Joh 5,28f.).

Neben den Guten, die sofort in den Himmel kommen, gibt es bei Johannes noch »Halbgute«, die *non valde boni*. Sie besitzen noch eine Chance, wenn sie vor den Richter treten, denn sonst würde das Gericht keinen Sinn mehr machen.

Der Umstand, dass das Weltgericht erst am Ende der Zeit stattfinden soll, hat all jenen, die um eine kohärentes Jenseitssystem bemüht waren, immer große Schwierigkeiten verursacht. Zwischen dem Tod des Einzelnen und seinem Gerichtstermin vergeht eine lange Zeit, über die die Bibel nur ungenügend Auskunft gibt. Unweigerlich stellt sich die Frage nach dem Verbleib der Verstorbenen bis zu ihrer Auferstehung. Sind Gute und Böse beisammen, oder erwarten sie die Auferstehung des Fleisches getrennt? Die erste Möglichkeit erscheint ungerecht, die zweite verlangt nach einem Vorgericht gleich nach dem Tod, welches die Entscheidung des Endgerichts vorweg nimmt. Der Lauf der Geschichte sollte der zweiten Lösungsmöglichkeit den Vorzug geben, und es kam im Hochmittelalter zu der sich in zunehmendem Maße festigenden **Fegfeuer-Lehre** und der damit zusammenhängenden Vorstellung eines sog. **Partikulargerichts.**

Fegfeuer-Lehre und Partikulargericht (Mittelalter)

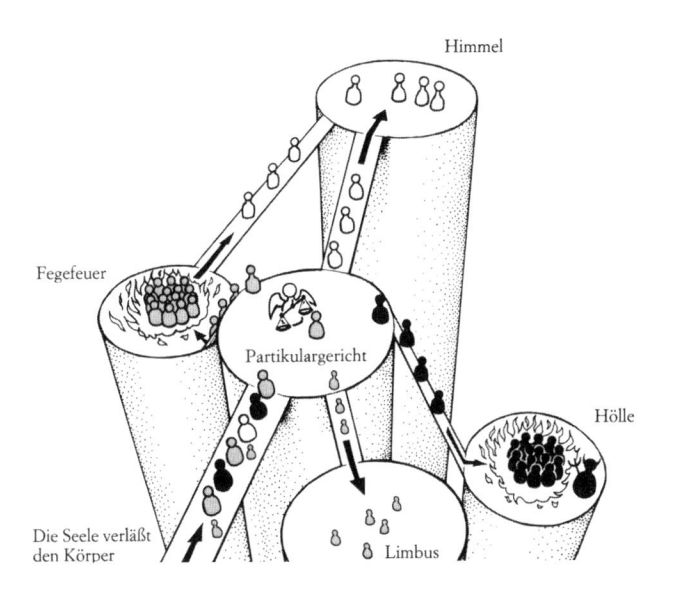

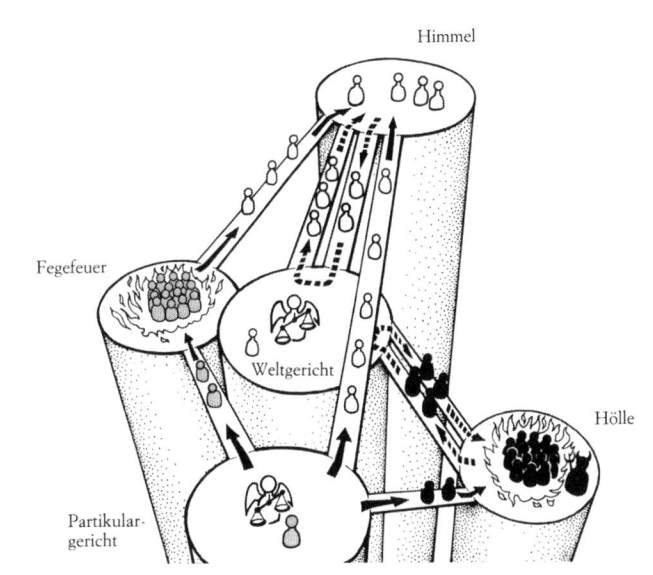

Das Fegefeuer unterscheidet sich von der Hölle darin, dass es endlich ist und nur einen einzigen Ausweg kennt, den Weg in den Himmel. Wer lange genug für seine Schuld gebüßt hat (und wer hätte keine Schuld und müsste deshalb nicht büßen?), wird erlöst und von den Engeln ins Paradies geführt. Das Fegefeuer ist somit der Vorhof zum Himmel, nicht, wie landläufig häufig geglaubt wird, der Vorhof zur Hölle. Nicht selten erscheinen deshalb in Fegefeuer-Bildern die armen Seelen zwar leidend, aber zugleich mit hoffnungsvoll in die Höhe gereckten Armen.

Die Hölle dagegen dauert ewig, sie ist eine Sackgasse, aus der es kein Zurück gibt.

Ein besonderes Problem stellten die ungetauft verstorbenen Kinder dar: für sie wurde der »Limbus« geschaffen, ein separater Ort, der weder Himmel noch Hölle ist und in dem sie gleichsam neutralisiert werden und sich weder an himmlischen Freuden ergötzen noch höllische Qualen erleiden.

Bei solchen Vorgaben musste sich also schon kurz nach dem Tode eines Menschen entscheiden, wer die Bußzeit im Fegefeuer überhaupt antreten »darf« und wem der Weg in den Himmel endgültig versperrt bleiben sollte. So kam es zur Vorstellung eines »Individualgerichts« oder »Partikulargerichts«, welches das Urteil – Himmel oder Hölle – quasi präjudiziert.

Diese Überlegungen haben im Laufe der Zeit die »Jenseitstopographie« ziemlich komplex erscheinen lassen. Wenn man die Fegefeuerlehre mit der vom Weltgericht zusammen zu denken versucht, wird es immer komplizierter.

Die Lehre vom Fegfeuer und vom Partikulargericht hat im Hochmittelalter eine zentrale Bedeutung gewonnen. So wird auch erklärbar, wie es zu weiteren Ausdifferenzierungen kommen konnte, die aus heutiger Perspektive nur noch als Skurrilitäten aufgefasst werden können.

Die Lehre vom Fegfeuer wurde dahingehend verfeinert, als den noch Lebenden eine Verkürzung der Qualen ihrer lieben Verstorbenen im Fegfeuer durch eine Zahlung eines Geldbetrages an die Kirche ermöglicht wurde – ein sicherlich äußerst lukratives Geschäft, das dem (späteren) Ablass in nichts nachstand und sich die Ängste des Volkes gewinnbringend nutzbar machte.

Nach: Peter Jezler: Jenseitsmodelle und Jenseitsvorsorge – eine Einführung, in: Ders. (Hg.), Himmel – Hölle – Fegefeuer. Das Jenseits im Mittelalter, 2. Auflage, Zürich 1994, S. 13–26. Bilder: Historisches Museum Bern.

M 11.1 Michael Welker: Immanuel Kants Kritik der reinen Vernunft

Immanuel Kants Buch »Kritik der reinen Vernunft« (1781, 2., maßgebliche Aufl. 1787) hat nicht nur den Zeitgenossen damals Kopfzerbrechen bereitet. Michael Welker, Professor für Systematische Theologie an der Universität Heidelberg, versucht die wesentliche Erkenntnis aus diesem Buch in allgemein verständlicher Form zusammen zu fassen. Unten angefügt sind Zitate aus der »Kritik der reinen Vernunft« zu den beiden Begriffen »Raum« und »Zeit«.

Das Mannigfache der Sinnlichkeit muss nicht nur den Formen der Anschauung, nämlich Raum und Zeit, entsprechen [siehe dazu unten], es muss sich auch dem geregelten Handeln des Verstandes fügen, wenn es für uns zur Erkenntnis werden soll. Wir erkennen nur, was den Bedingungen unserer Sinnlichkeit und den Funktionen unseres Verstandes entspricht. Was die Dinge an sich sind, was sie unabhängig von unserer Erkenntnis sind, können wir nicht wissen.
Die konventionelle Annahme, »alle unsere Erkenntnis müsse sich nach den Gegenständen richten«, wird also abgelöst von der philosophischen Grundoption: »die Gegenstände müssen sich nach unserer Erkenntnis richten«. Dieses kopernikanische Wende im Bereich der Philosophie und deren Folgethese, wir könnten nicht wissen, was die Dinge unabhängig von unserer Erkenntnis sind, haben zu Kants Zeiten einen kulturellen Schock ausgelöst. *Heinrich von Kleist* bringt diese Erschütterung in einem Brief an seine Verlobte zum Ausdruck: »Wenn alle Menschen statt der Augen grüne Gläser hätten, so würden sie urteilen müssen, die Gegenstände, welche sie dadurch erblickten, *sind* grün – und nie würden sie entscheiden können, ob ihr Auge ihnen die Dinge zeigt, wie sie sind, oder ob es nicht etwas zu ihnen hinzutut.« Und so ergeht es uns, klagt Kleist, so sehen wir nur durch die Brille von Sinnlichkeit und Verstand. »Wir können nicht entscheiden, ob das, was wir Wahrheit nennen, wahrhaft Wahrheit ist oder ob es uns nur so scheint.«
Mit dieser Reaktion, mit diesem krisenhaften Empfinden hat Kant durchaus gerechnet. Wir müssen uns damit abfinden, dass unsere Erkenntnis nur auf Erscheinungen geht, nicht auf Dinge an sich. Doch ist damit nicht der Beliebigkeit, einem schrankenlosen Subjektivismus Tür und Tor geöffnet, denn wir können unsere Erkenntnisart von Gegenständen erforschen, wir können die Bedingungen, unter denen überhaupt Gegenstände in menschlicher Erfahrung auftreten bzw. gebildet werden können, erfassen und beurteilen. Über Gebilde, die nicht in den so absteckbaren Bereich möglicher Erfahrung fallen, können wir allerdings nichts wissen. Aus reinen Gedanken, aus bloßen Ideen gewinnen wir ebenso wenig Erkenntnisse wie aus dem Bemühen, doch an die Dinge, wie sie unabhängig oder jenseits von menschlicher Erfahrung sein mögen, heranzukommen. Einer Metaphysik ist damit der Boden entzogen.
Schon diese Befunde haben Kant in den Ruf gebracht, ein Gottesleugner und Verderber der Religion zu sein. Ausgehend von der Meinung, dass Gott gerade außerhalb des Bereichs möglicher Erfahrung seinen Ort habe und dass Religion gerade auf das Wissen gründe, das Kants Kritik in Abrede stellt, sah man in Kant einen gefährlichen Gegner des Glaubens. Kant hat dem widersprochen und z. B. bemerkt, dass Gott eine »in mancher Absicht sehr nützliche Idee« bleibe. Eine Erläuterung dieser Behauptung gibt Kants Ethik; eine Begründung finden wir in Kants Theorie der Religion [zwei weitere Werke von Kant].

Michael Welker: Immanuel Kant, in: K. Scholder/D. Kleinmann (Hg.): Protestantische Profile, Athenäum-Verlag, Bodenheim 1983, S. 193–209, hier: S. 202f.

Die von Welker benutzten Begriffe »Raum« und »Zeit«, innerhalb derer nach Kant überhaupt nur menschliche Erkenntnis möglich sei, hat Kant selbst folgendermaßen definiert. In der für uns Heutige manchmal orthographisch recht mühsamen und schwer verständlichen Sprache Kants, hier aber schon geglättet, hört sich das folgendermaßen an:

Von dem Raume:
»Vermittelst des äußeren Sinnes (einer Eigenschaft unsres Gemüts) stellen wir uns Gegenstände als außer uns, und diese insgesamt im Raume vor. [...] Der Raum stellet gar keine Eigenschaft irgend einiger Dinge an sich, oder sie in ihrem Verhältnis aufeinander vor, d.i. keine Bestimmung derselben, die an Gegenständen selbst haftete, und welche bliebe, wenn man auch von allen subjektiven Bedingungen der Anschauung abstrahierte. Denn weder absolute [losgelöste], noch relative [in Beziehung gesetzte] Bestimmungen können vor dem Dasein der Dinge, welchen sie zukommen, mithin nicht a priori [vor aller Erfahrung] angeschaut werden.
Der Raum ist nichts anders, als nur die Form aller Erscheinungen äußerer Sinne, d.i. die subjektive Bedingung der Sinnlichkeit, unter der allein uns äußere Anschauung möglich ist. [...] Wir können demnach nur aus dem Standpunkte eines Menschen vom Raum, von ausgedehnten Wesen etc. reden.«

Von der Zeit:
»Die Zeit ist kein empirischer Begriff, der irgend von einer Erfahrung abgezogen worden. Denn das Zugleich sein oder Aufeinanderfolgen würde selbst nicht in die Wahrnehmung kommen, wenn die Vorstellung der Zeit nicht a priori zum Grund läge. Nur unter der Voraussetzung kann man sich vorstellen: dass einiges zu einer und derselben Zeit (zugleich) oder in verschiedenen Zeiten (nach einander) sei.
Die Zeit ist eine notwendige Vorstellung, die allen Anschauungen zum Grunde liegt. Man kann in Ansehung der Erscheinungen überhaupt die Zeit selbsten nicht aufheben, ob man zwar ganz wohl die Erscheinungen aus der Zeit wegnehmen kann. Die Zeit ist also a priori gegeben. In ihr allein ist alle Wirklichkeit der Erscheinungen möglich. [...]
Die Zeit ist kein diskursiver, oder, wie man ihn nennt, allgemeiner Begriff, sondern eine reine Form der sinnlichen Anschauung.«

Immanuel Kant: Critik der reinen Vernunft, von Immanuel Kant, Professor in Königsberg, der Königl. Academie der Wissenschaften in Berlin Mitglied. Zweyte hin und wieder verbesserte Auflage, Riga 1787, in: Wilhelm Weischedel (Hg.): Immanuel Kant. Werke in zehn Bänden, Bd. 3: Kritik der reinen Vernunft, erster Teil, Sonderausgabe 1983, Wissenschaftliche Buchgesellschaft Darmstadt 1983, Bd. 3, S. 71-75/78-79.

M 11.2 Cord-Hendrik Urbild: Begrenzte Kommunikation

Einfaches Kommunikationsmodell

S(ender) —— Botschaft ——→ E(mpfänger)

Der Empfänger erhält die Botschaft genau so, wie sie vom Sender gemeint war.

Bsp.: Ich mag dich. ——→ Ich mag dich.
(S) (E)

Beide (Sender und Empfänger) verstehen unter ›mögen‹ dasselbe.

Erweitertes Kommunikationsmodell

S —— Botschaft ——→ E
Außeneinflüsse (Geräusche, Gesten etc.)
Eigene Interpretation (Vorverständnis)

Mehrere, nicht unbedingt beeinflussbare Faktoren beeinflussen die Botschaft auf ihrem Weg vom Sender zum Empfänger, sodass für Letzteren der Sinn der Botschaft verfälscht oder nicht eindeutig ankommt.

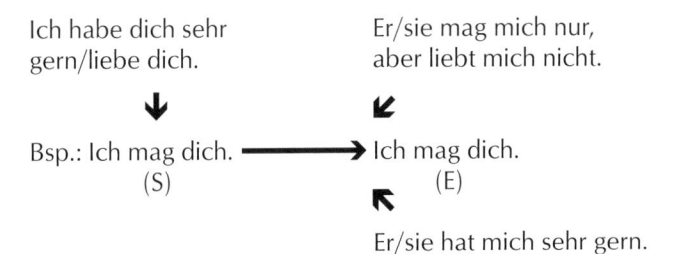

Ich habe dich sehr gern/liebe dich. ↓
Bsp.: Ich mag dich. ——→ Ich mag dich.
(S) (E)
Er/sie mag mich nur, aber liebt mich nicht. ↙
Er/sie hat mich sehr gern. ↖

Wichtig:
Während die Botschaft im einfachen Kommunikationsmodell nahezu kontextunabhängig begriffen wird, spielt beim erweiterten Kommunikationsmodell der Kontext, in dem eine Botschaft gesendet wird, eine entscheidende Rolle! So ist in unserem Beispiel für das ›richtige‹ Verstehen der Botschaft auf Empfängerseite z.B. wichtig, a) wie die beiden Personen zueinander stehen, b) in welchem situativen Kontext (Liebesnacht, zufällige Begegnung) diese Botschaft geäußert wird, c) wie ihr bisheriges Verhältnis von beiden bewertet wurde, d) ob die Botschaft ›störungsfrei‹ übertragen wurde (durch Außeneinflüsse könnte z.B. das Personalpronomen ›dich‹ vom Hörer als Reflexivpronomen ›mich‹ verstanden und somit falsch gedeutet (Egoismus statt Sympathie-/Liebesbezeugung) werden usw.
Die wichtige Erkenntnis, die in diesem Kommunikationsmodell enthalten ist, ist folgende: Sprache findet nicht im luftleeren Raum statt; sie ist immer schon an das Vorverständnis, die Kultur, die persönlichen Verhältnisse etc. der Kommunizierenden gebunden. Das bedeutet einerseits: Ein ›wirkliches‹ Verstehen ist eigentlich so gut wie unmöglich (was auch den einen oder anderen Ehestreit erklären dürfte) bzw. eher zufällig oder durch sehr günstige Rahmenbedingungen erst ermöglicht worden. Für ein ›wirkliches‹ Verstehen ist es daher unerlässlich, die ›Umgebung‹, in der Kommunikation stattfindet, möglichst ›keimfrei‹ zu halten, sich also auf die von Sender zu Empfänger divergierenden Voraussetzungen einzulassen und so gut es geht vorzubereiten. Geschieht dies nicht, sind Missverständnisse vorprogrammiert und können verheerende Folgen zeitigen, etwa wenn Diplomaten unterschiedlicher Kulturen, die sich nun einmal auch unterschiedlich ausdrücken, eine eigentlich höflich gemeinte Geste des Anderen als Angriff auf sich interpretieren (lachen Sie nicht, aufgrund von Fehl- oder ungenauen Übersetzungen wäre es z.B. bei UNO-Tagungen schon öfters fast zum Eklat gekommen).

Neueres Kommunikationsmodell (Konstruktivismus)
Dass Kommunikation, genau so wenig wie alle andere Erfahrung, im luftleeren Raum vonstatten geht, hatte man auch schon vor Kant (der diese Dinge ja bewusst a posteriori ansieht) erkannt. Um sich untereinander überhaupt verständigen zu können, ist der Mensch auf die Sprache oder zumindest auf Zeichen angewiesen.
Sprache ist laut dem Linguisten de Saussure dasjenige **System von Konventionen**, das regelt, **wie Zeichen gehandelt werden**. Was sich zunächst einfach nur kompliziert anhört, bedeutet Folgendes: Der Mensch hat sich im Laufe seiner Geschichte durch die Sprache ein System entwickelt, mit dem er die Dinge, über die er kommunizieren möchte, benennen und ausdrücken kann.
Dabei hat er unterschiedliche Möglichkeiten: Er kann den Dingen Namen verleihen, die einer Sache oder Handlung gewisse typische Laute zuordnet (onoma-poetische Zeichen), die ein Kommunikationspartner auch dann verstehen kann, wenn er weder des Zeichensystems ›Buchstaben‹ noch abstrakter Zeichen (Symbole) mächtig ist. Wenn z.B. ein Kleinkind den Schmerz, den es empfindet, als ›Aua‹ ausdrückt, so weiß jeder in der betreffenden Kultur, was gemeint ist, weil ›Aua‹ bei uns der Ausruf des Schmerzes ist. Andere Beispiele, wie z.B. ›Wauwau‹ für Hund sind geradezu international.
Der Mensch kann jedoch auch Dinge, die er bezeichnen möchte, mit ›abstrakten‹ Lautfolgen versehen. So sagt der Begriff ›Baum‹ eigentlich überhaupt nichts über das derart bezeichnete Objekt an sich aus. Erst anhand kultureller Erfahrung und aufgrund der Fähigkeit zu abstrahieren sind wir in der Lage aus der Lautfolge B-a-u-m uns eine Vorstellung darüber zu bilden, dass mit diesem Wort ein Lebewesen gemeint ist, und zwar eines, das in der Regel unbeweglich ist, das wächst, Blätter oder Nadeln trägt, unter der Erde Wurzeln zur Nahrungsaufnahme ausbildet, das aus Holz besteht, das oftmals sehr groß und alt werden kann usw. Wenn man nun sagt: »Der Baum ist schnell gewachsen«, gibt man damit seinem Gegenüber zu verstehen, dass der Baum (dessen lautlichen Symbolgehalt das Gegenüber natürlich kennen muss) eine ›Tätigkeit‹ vollzogen hat (er hat ›gehandelt‹). Damit dürfte auch klar sein, was es mit dem Satz von de Saussure auf sich hat. Zeichen existieren nicht nur um ihrer selbst willen, sie be*zeichnen*, dass es auf dieser Welt Dinge gibt, die etwas *tun* (handeln). Müsste man im obigen Satz allein das »Zeichen« Baum derart kompliziert umschreiben, dass man bei dieser Umschreibung alle denkbaren ›Wesensmerk-

279

male‹ des Lebewesens Baum berücksichtigt, würde das sehr lange dauern. Daher hat Sprache auch einen absolut **rationalisierenden Charakter**, d.h., je einfacher unsere sprachlichen Zeichen aufgebaut sind, desto ökonomischer können wir mit unserem Zeichensystem umgehen und desto mehr Zeit sparen wir uns.
Genau hier liegt aber auch der entscheidende Nachteil unseres Kommunikationssystems, auf welchen auch der Konstruktivismus rekurriert: Dadurch, dass ich mit dem sprachlichen Zeichen ›Baum‹ nicht alle Eigenschaften des gemeinten Objekts detailliert erfassen kann, ist es durchaus möglich (und mathematisch sogar wahrscheinlich), dass der Empfänger meiner Botschaft diese wenigstens teilweise missversteht. Andererseits ist es kaum möglich, in jedem Gespräch die betreffenden Details derart ausführlich abzuklären, dass Missverständnisse vollkommen ausgeschlossen sind. Dieser Einsicht hat sich der Konstruktivismus gewidmet: Diese philosophische Erkenntnistheorie treibt das oben Gesagt auf die Spitze und geht davon aus, dass jeder Mensch sich seine eigene Wirklichkeit ›konstruiert‹. Zwar werden mit dieser Theorie die Individualität des Menschen und auch die Unzulänglichkeiten, welche die menschliche Sprache beinhaltet, berücksichtigt; andererseits aber macht dies, denkt man das System zu Ende, gelingende menschliche Kommunikation nahezu unmöglich. Auch in der neueren Lernpsychologie werden konstruktivistische Ansätze diskutiert: Kann ein Kind überhaupt noch im klassischen Sinne ›lernen‹, wenn es unmöglich ist, dass das vom Lehrenden Vermittelte auch unverfälscht beim Lernenden ankommt? Oder muss man den Kindern statt der klassischen ›Bildung‹ nicht eher die Möglichkeit einräumen sich eigene ›Lernwelten‹ zu gestalten, in denen sie auf ihre persönlichen Bedürfnisse und Fähigkeiten hin optimal lernen können?
Die Probleme dabei liegen auf der Hand: Was kann, wenn die Konstruktivisten Recht haben, überhaupt noch als verbindlich gelten? Was ist überhaupt noch ›wirklich‹? Wie soll sich der Mensch in einer Welt zurechtfinden, in der er keine festen Orientierungspunkte mehr vorfindet? Wie sollen Gesetze weiterhin als normativ angesehen werden? Und, auf den Glauben bezogen: An welchen Kriterien orientiert sich der Mensch in Bezug auf Gott? Hat Jesus von Nazareth vielleicht nur in seiner eigenen, konstruierten Wirklichkeit gelebt, die für mich keinerlei Bedeutung hat, weil sie nicht die meinige ist? Wie soll und kann ich meinem Nächsten dienen (nützen) und ihm meine Liebe erweisen, wenn ich ihm mit dem, was ich ihm Gutes tun möchte, in ›seiner‹ Welt vielleicht schade?

M 11.3 »Matrix« – Szenenprotokoll

Szene	Zeit	Inhalt
1	0:00	**Eine Welt ohne Naturgesetze** Eine Frau (Trinity) sitzt in einem Raum und soll von einer Gruppe Polizisten verhaftet werden. Sie verfügt über scheinbar übernatürliche Kräfte und tötet die Beamten, flüchtet aber vor sogenannten Agenten. Ob sie sich aus einer Telefonzelle gerettet hat, bleibt zunächst unklar.
2	0:06	**Der Held** Ein Hacker (Th. Anderson, alias Neo) bei seiner »Arbeit«, ein Kunde erhält von ihm eine Disc und lädt ihn ein auf eine Party mitzukommen. Neo nimmt an.
3	0:09	**»Ich weiß, was du suchst …«** Trinity spricht Neo auf der Party an und offenbart ihm ein Wissen über sich selbst, das ihn verwirrt.
4	0:11	**Mister Anderson, Sie haben ein Problem** Neo wird von seinem Vorgesetzten hinsichtlich seiner Arbeitsmoral kritisiert und von Agenten an seinem Arbeitsplatz gesucht. Er entkommt zunächst, von Morpheus durch ein Handy gelenkt, scheut aber vor einem waghalsigen Klettermanöver an der Fassade des Hochhauses zurück. Die Agenten führen ihn ab.
5	0:16	**Das Verhör** In einem kahlen Raum wird Neo von drei Agenten verhört und gefoltert. »Ich möchte telefonieren!« – »Was nutzt schon ein Telefonat, wenn man nicht im Stande ist zu sprechen?« antwortet der Agent. Neos Mund zerfließt und überzieht sich in einer Trickaufnahme mit Haut. Ihm wird eine Art »Wanze« – ein Sender – durch den Bauchnabel implantiert.
6	0:20	**Ich bin schon mein ganzes Leben auf der Suche nach dir** Neo erwacht aus einem scheinbaren Alptraum und wird von Morpheus – dem »Terroristen« angerufen. Er entschließt sich, der Einladung zu folgen und steigt zu Trinity in ein Auto. Dort wird er bedroht, letzlich aber überzeugt »Du kennst die Welt da draußen, ihre Irrwege« (Trinity) und unter großen Schmerzen von der Wanze befreit.
7	0:24	**Sei ehrlich, er weiß mehr als du dir vorstellen kannst** Die erste Begegnung mit Morpheus, der Neo eröffnet, dass die Welt ein Trugbild ist. Auf die Frage, ob Neo an das Schicksal glaube, antwortet dieser »Nein, mir missfällt der Gedanke, mein Leben nicht unter Kontrolle zu haben«. Morpheus stellt Neo vor die Wahl. Nimmt dieser eine blaue Kapsel zu sich, wird er wieder, als sei nichts geschehen, in die Welt eintauchen, die er kennt. Nimmt er dagegen die rote Kapsel, wird Neo die Matrix erkennen und die Wahrheit finden. Neo entscheidet sich für die Rote, obwohl ihn Morpheus ihn mit den Worten: »Bedenke, alles, was ich dir anbieten kann, ist die Wahrheit« warnt.
8	0:29	**Die wahre Existenz des Menschen** Neo wird »wiedergeboren«. Er erwacht in der Matrix und erkennt die wahre Existenzform des Menschen als Energielieferant für die Maschinen. Nach seinem Aufwachen wird er von einer Maschine registriert, von den Leitungen genommen und in den »Nahrungskreislauf« geworfen. Dort wird er von der Besatzung der Nebukadnezar gerettet und an Bord gebracht.
9	0:33	**Ruhe vor dem Sturm** »Bin ich tot?« fragt Neo noch im Delirium – »Weit davon entfernt.« antwortet Morpheus. Am Ende Neos anschließender Ruhephase erkennt er sich selbst und löst sich von seinen Infusionen.
10	0:36	**Die Gerechten** Morpheus führt Neo durch das Schiff Nebukadnezar und stellt die Besatzung vor. Trinity, Cypher, Tank, Apoc, Mouse, Switch, Dozer.
11	0:37	**»Du wolltest wissen, was die Matrix ist …«** Erklärung der Geschichte der Matrix. Am Beginn des 21. Jh. Erschaffung der KI (künstliche Intelligenz). »Wir wissen nicht, wer den Krieg begonnen hat, wir wissen aber, dass wir es waren, die den Himmel verdunkelten …« Morpheus rechnet Neo den Energiegewinn eines Menschen vor, worauf dieser erneut zusammenbricht. »Ich glaub das nicht …« »Die Matrix ist eine computergenerierte Traumwelt, die geschaffen wurde, um uns unter Kontrolle zu halten.«
12	0:41	**Neos Erwachen** »Ich kann nicht mehr zurück!« – »Nein, wenn du es könntest, würdest du es wollen?« Morpheus weiht Neo in seine Vision ein, nach der Neo der Auserwählte ist, dessen Aufgabe darin besteht, die Menschheit aus der Matrix zu retten. »Als die Matrix erschaffen wurde, wurde ein Mann geboren, der alles verändern konnte. Als er starb, prophezeite das Orakel seine Wiederkunft. … Solange die Matrix existiert, wird die Menschheit niemals frei sein!«
13	0:44	**Neos Training** Tank (»garantiert biologischer Anbau aus Zion – der Stadt im Erdinnern«) lässt Neo durch Computersimulationen alle möglichen Kampfsportarten erlernen.

14	0:46	**Neos und Morpheus Kampf** Die Besatzung verfolgt am Bildschirm den Kampf zwischen Neo und Morpheus »denkst du, das ist Luft, die du atmest?« Neo lernt, dass sein Geist die alles entscheidende Waffe ist. Morpheus beschreibt seine eigene Aufgabe: »Ich will deinen Geist befreien, aber ich kann dir nur die Tür zeigen, durchgehen musst du ganz allein«
15	0:51	**Der Sprung** »Beim ersten Mal hat es noch keiner geschafft« Auch Neo ist in seiner Entwicklung noch nicht so weit und stürzt beim Versuch von einem Hochhaus zum andern zu fliegen ab. »Was geschieht, wenn ich in der Matrix sterbe?« fragt er Morpheus, nachdem er sich in der Matrix verletzte. Die Antwort ist einfach: »In deinem Kopf wird es real. Dein Körper kann ohne Geist nicht leben«.
16	0:53	**Trinity und Cypher** Eine Szene der Eifersucht, denn Trinity behandelt Neo anders als andere Besatzungsmitglieder.
17	0:54	**Die Feinde der Besatzung** Agenten und die Killermaschinen (sogenannte Wächter). Die Kraft und Schnelligkeit der Agenten kommt aus einer Welt, die auf Naturgesetzen beruht, deshalb sind sie zu besiegen. Die Killermaschinen suchen dagegen nach dem Raumschiff und sind eine ständige existentielle Bedrohung.
18	0:58	**Cypher und Neo** Während sich Cypher in einer ruhigen Stunde die endlosen Zahlencodes der Matrix am Bildschirm betrachtet, kommt Neo ins Cockpit der Nebukadnezar. »Wieso habe ich Idiot nicht die blaue Kapsel gewollt?« Cypher offenbart Neo seine Verunsicherung und seine Zweifel an Neos Bestimmung. »Wenn du einen Agenten siehst, tu das Gleiche wie wir: renn!«
19	1:00	**Unwissenheit ist ein Segen** Cypher sitzt mit Agent Smith in einem Lokal und isst ein Steak. Sein Name in der Matrix ist Reagan. Er weiß um die Illusion, doch sein Wunsch nach Freiheit und Wissen ist schwächer als der nach Anerkennung und Sicherheit, denn er möchte berühmt werden und bekannt, genug Geld und ein schönes Leben. »Ihr gliedert meinen Körper wieder in die Matrix ein und befreit mich vom Wissen!«. Dafür ist er bereit Morpheus zu verraten.
20	1:04	**Das Orakel** Beim Eintritt in die Matrix vollendet Cypher den Verrat, indem er den Agenten den exakten Aufenthaltsort und die geeignete Zugriffszeit auf Morpheus durch ein eingeschaltetes Handy anzeigt. Morpheus, Trinity und Neo gehen während dessen zum Orakel (Gloria Foster) einer Frau, die die Zukunft sieht und den Auserwählten erkennen kann. »Erkenne dich selbst ...« – Neo äußert seine Zweifel an der Tatsache dass er der Auserwählte sei und wird bestätigt. »Leider nicht, du hast die Gabe, aber du wartest auf etwas. Armer Morpheus, ohne ihn sind wir verloren. Er glaubt an dich, Neo. Er wird eines Tages sein Leben opfern, um deines zu retten. Du hast die Wahl, Neo. Auf einen von euch wartet der Tod. Wer das sein wird, hängt allein von dir ab.« Neo verlässt das Orakel und wird von Morpheus begleitet.
21	1:14	**Morpheus Gefangennahme** Am Treffpunkt der Gruppe wurden von den Agenten Veränderungen vorgenommen, die so nicht planbar waren. Ein Déjà-vu Neos lässt diese Erkenntnis noch zu, ehe es zum Kampf kommt in dessen Verlauf sich Morpheus für die Gruppe, v.a. aber für Neo opfert. Er wird von Agent Smith besiegt und festgenommen.
22	1:22	**Cyphers Rache** Nachdem Cypher als erster wieder an Bord der Nebukadnezar ist, tötet er Tank und setzt sich an den Platz des »Operators«. Beim Anruf Trinitys offenbart er sein wahres Gesicht. Er zieht die »Nabelschnur« aus Apoks und Switchs Gehirnen und tötet damit diese beiden in der Matrix. »Ich habe es satt, ich will nicht mehr kämpfen. Wenn er uns die Wahrheit gesagt hätte ... Wenn Morpheus Recht hat, kann Neo der Auserwählte sein, wenn er tot ist? Trinity, sieh noch einmal in seine Augen, die großen, schönen Augen ... Es müsste ein Wunder geschehen ...« Das Wunder geschieht, kurz bevor Cypher Neo töten kann, wird er von Tank, der schwer verwundet – aber nicht getötet – wurde, seinerseits umgebracht. Tank holt Trinity und Neo aus der Matrix zurück in die Wirklichkeit des Raumschiffes. Die Besatzung besteht nur noch aus diesen drei, da Morpheus in der Gewalt der Agenten ist und alle anderen von Cypher getötet wurden.
23	1:27	**Morpheus Verhör** Agent Smith klärt Morpheus im Hauptquartier der Matrix (ein Wolkenkratzer) über seine Sicht der Welt auf. »Die erste Matrix war ein rundum glückliches Leben, doch die perfekte Welt war nur ein Traum, aus dem euer primitives Gehirn die Spezies Mensch aufwachen wollte ... Sieh aus dem Fenster! Eure Zeit ist abgelaufen, die Zukunft gehört den Maschinen – unsere Zukunft ist angebrochen.« Die Agenten versuchen in Morpheus Gehirn einzubrechen, um den Code zur geheimen Stadt Zion zu erhalten. Es gelingt ihnen nicht, da inzwischen von Tank die Telefonverbindung abgebrochen wurde. Ihr Kommentar: »Nimm nie einen Menschen, wenn du auch eine Maschine nehmen kannst!«

24	1:29	**Gewissensfrage an Bord der Nebukadnezar** Laut Tank gibt es zur Sicherheit von Zion – und damit der Menschheit – nur die Möglichkeit Morpheus ebenfalls zu töten »Du warst mehr als unser Kommandant, du warst uns ein Vater, du wirst uns fehlen..« Neo stoppt die Aktion. »Morpheus glaubt an etwas und dafür war er bereit sein Leben zu opfern und ich verstehe ihn jetzt. – Warum (Trinity)? – Weil ich selbst an etwas glaube – Woran (Trinity)? – Dass ich ihm das Leben retten kann. Ich gehe in die Matrix.« Trinity setzt durch, dass sie Neo begleitet, die beiden werden von Tank in die Matrix befördert. »Was braucht ihr, außer einem Wunder?« fragt er. »Waffen, jede Menge Waffen« antwortet Neo.
25		**Das Geständnis des Agent Smith** Agent Smith nimmt seinen Ohrstöpsel heraus –Zeichen des eigentlichen Verständnisses oder Verhörtaktik? – und gesteht Morpheus unter vier Augen die Beweggründe seines Tuns. »Ich hasse diesen Planeten, ich bin seiner überdrüssig, ich hasse seinen Geruch ... ich will endlich frei sein. Sobald Zion zerstört ist, werde ich hier nicht mehr gebraucht!« Morpheus geht nicht auf das Werben des Agenten ein.
26		**Neo und Trinitys finaler Kampf** Neo betritt die Eingangshalle und muss beim Metalldetektor seinen Mantel öffnen – er ist schwer bewaffnet und eröffnet sofort das Feuer auf die Beamten. In der nachfolgenden Szene töten Trinity und Neo eine Unzahl von Beamten und kämpfen sich ihren Weg in die oberen Stockwerke frei.
27	1:41	**Mensch gegen Maschine** Neo wird von einem Agenten auf dem Dach des Gebäudes fast getötet. Trinity rettet ihn, indem sie dem Agenten mit den Worten »Nur ein Agent« ins Gehirn schießt – auch in den Agenten gibt es offenbar ein »lebenswichtiges Zentrum«, das ohne Konsequenzen für deren Weiterleben nicht zerstört werden darf. Trinity und Neo befreien Morpheus mit einem Helikopter, der bei der anschließenden Flucht abstürzt. Im letzten Moment kann Neo auch Trinity das Leben retten. Morpheus und Trinity entkommen im U-Bahnhof ihren Verfolgern. Neo bleibt allein zurück.
28	1:49	**Neos Endkampf** Agent Smith und Neo kämpfen im U-Bahnhof gegeneinander. Neo kann den Kampf zwischenzeitlich gewinnen und versucht einen anderen Ausgang zu erreichen, der ihm von Tank gemeldet wird. Er wird von den Agenten verfolgt. Das rettende Telefon klingelt, als Neo getötet wird. Trinity »reanimiert« Neo an Bord der von »Wächtern« heftig angegriffenen Nebukadnezar und beseelt Neo erneut mit Mut und Selbstvertrauen. Er erhebt sich wieder und ist in der Lage, auf ihn abgefeuerte Kugeln abzufangen. Neo tötet den Agenten Smith, die beiden anderen Agenten flüchten vor dem Auserwählten. Zurück an Bord der Nebukadnezar gesteht Trinity Neo ihre Liebe. Die Matrix erlöscht.
29	2:02	**Neos Botschaft an die Welt** »Ich weiß, dass ihr irgendwo da draußen seid. Ich kann euch jetzt spüren. Ich weiß, dass ihr Angst habt, Angst vor uns, Angst vor Veränderungen. Wie die Zukunft wird, weiß ich nicht. Ich bin nicht hier, um euch zu sagen, wie die Sache ausgehen wird. Ich bin hier, um euch zu sagen, wie alles beginnen wird. Ich werde den Hörer auflegen und den Menschen zeigen, was sie nicht sehen sollen. Ich zeige ihnen eine Welt ohne euch, eine Welt ohne Gesetze, ohne Kontrollen, ohne Grenzen. Eine Welt, in der alles möglich ist. Wie es dann weitergeht, das liegt ganz an euch.«
30	2:03	Abspann

M 12.1 Zwölf Aphorismen zum Thema Wahrheit

Wahrheit ist die Art von Irrtum, ohne welche eine bestimmte Art von lebendigen Wesen nicht leben könnte.
Friedrich Nietzsche (1844–1900), dt. Philosoph

Wahrheit ist eine Halluzination, auf die sich die Mehrheit verständigt hat.
Quelle unbekannt

Alles, selbst die Lüge, dient der Wahrheit; Schatten löschen die Sonne nicht aus.
Franz Kafka (1883–1924), österreichischer Schriftsteller

Am Ende siegt immer die Wahrheit. Doch leider sind wir erst am Anfang.
Zarko Petan (geb. 1944), slowenischer Aphoristiker

Auch wenn ein Dummkopf sein ganzes Leben in der Gesellschaft eines Weisen verbringt, wird er die Wahrheit sowenig erkennen wie der Löffel den Geschmack der Suppe.
Dhammapada, buddhistische Spruchsammlung von 423 Strophen

Der Irrtum wiederholt sich immerfort in der Tat. Deswegen muss man das Wahre unermüdlich in Worten wiederholen.
Johann Wolfgang von Goethe (1749–1832), dt. Dichter

Der Strom der Wahrheit fließt durch Kanäle von Irrtümern.
Rabindranath Tagore (1861–1941), indischer Dichter und Philosoph

Die Art der Beleuchtung einer Sache ändert nichts an ihrem Wesen.
Stanislaw Jerzy Lec (1909–1966), polnischer Schriftsteller

Die Wahrheiten der Menschen sind die unwiderlegbaren Irrtümer.
Friedrich Nietzsche (1844–1900), dt. Philosoph

Die Wahrheit hat keine Stunde. Ihre Zeit ist gerade dann, wenn sie am unzeitgemäßesten erscheint.
Albert Schweitzer (1875–1965), elsässischer evang. Theologe, Musiker, Arzt und Philosoph, 1952 Friedensnobelpreis

Die Wahrheit ist, dass es keine Wahrheit gibt.
Isaac Bashevis Singer (1904–1991), amerikanischer Schriftsteller, 1978 Nobelpreis für Literatur

Die Wahrheit ist dem Menschen zumutbar.
Ingeborg Bachmann (1926–1973), österreichische Lyrikerin, 1964 Georg-Büchner-Preis

M 12.2 Was ist eine Metapher?

Definition
Das Wort »Metapher« ist abgeleitet vom griechischen meta-phero »hinübertragen«, die meta-phora ist die »Übertragung«. In dieser Etymologie deutet sich an, worum es geht: *die Metapher bezeichnet eine Stilfigur, in der mittels eines (sprachlichen) Bildes, d.h. in einem übertragenen Sinne, auf einen Sachverhalt Bezug genommen wird.*

1. Metapher – literaturwissenschaftlich
Die Metapher ist das sprachliche Ausdrucksmittel der uneigentlichen Rede: das eigentliche Wort wird ersetzt durch ein anderes, das eine sachliche oder gedankliche Ähnlichkeit oder dieselbe Bildstruktur aufweist, z.B. »Quelle« für »Ursache«. Man unterscheidet verschiedene Formen:

a) Notwendige Metaphern: Sie treten ein, wenn die Sprache für die bezeichnete Sache eigentlich kein Wort kennt: z.B. Fluss*arm*, Stuhl*bein*. Weder hat ein Fluss einen »Arm«, noch ein Stuhl ein »Bein« – aber unsere Sprache kennt keine andere Bezeichnung für diese beiden Teile. Notwendige Metaphern entstehen auch neu, wenn es eben not-wendig und sprachlich angemessen erscheint, z.B. Glüh-*Birne*, Atom-*Kern*.

b) Selbstverständliche Metaphern: Sie werden auch konventionalisierte, verblasste oder erstarrte Metaphern genannt. Diese sind meist in Formulierungen zu finden, die in unseren Sprachgebrauch übergegangen sind und Sachverhalte mit Eigenschaften versehen, die aus anderen Kontexten bekannt sind: z.B. »das kalte Herz«, »schreiende Farben«, »faule Ausreden«. Weder können Ausreden »faulen«, noch können Farben »schreien« – dennoch sind diese Eigenschaften diesen Sachverhalten zugeordnet und fügen aus einem anderen Kontext (faul – Obst; schreien – Stimmen) den Sachverhalten neue Eigenschaften hinzu.

c) Neue Metaphern: Sie werden auch kühne oder absolute Metaphern genannt, da sie häufig Übertragungen bieten, die nicht unmittelbar nachzuvollziehen sind. Diese Metaphern strapazieren die Differenz von Bild- und Sachbereich dermaßen, dass oft nicht mehr von Übertragungen, sondern von Überlagerungen gesprochen werden muss, z.B.: »Die schwarze Milch der Frühe« (Gedicht von Paul Celan).

2. Metapher – philosophisch
Nach Aristoteles ist eine Metapher eine Sprachfigur, die »die Anwendung eines anderen als des gebräuchlichen Wortes« gemäß einer Analogie verwendet. Die Metapher gemäß der Analogie ist ein verkürzter Vergleich: Weil sich das Alter zum Leben verhalte wir der Abend zum Tag, könne das alter der Abend des Lebens genannt werden.
Da die Metapher einen Sachverhalt nicht präzise, sondern in der Regel in einem (Sprach)-Bild ausdrückt, hat sie philosophisch als zweifelhaft erscheinen lassen: sie galt als ungenau und verwirrend und mit dem Anspruch klarer philosophischer Präzision nicht zu vereinbaren. Demgegenüber wird aber häufig auch die sprachschöpferische Rolle der Metapher betont und der Zugewinn betont, der

durch die Verwendung einer Metapher erst entsteht, und der, mit Jüngel gesprochen, der Wirklichkeit eine neue Möglichkeit erst hinzufügt und diese »reicher« werden lässt. So kann Paul Ricœur formulieren:

»Die wahren Metaphern sind unübersetzbar. [...] Dass sie unübersetzbar sind, heißt nicht, dass man sie nicht umschreiben kann; aber die Umschreibung ist unendlich und erschöpft die Neueinführung von Sinn nie. [...] Die Metapher ist keine Ausschmückung der Rede; sie hat nicht bloß emotionalen Charakter: sie bringt eine neue Information mit sich«, [...] »eine neue Vision der Wirklichkeit«, die sich nicht an dem üblichen Wortgebrauch festmachen lasse, sondern diesen überschreitet und erweitert. Deshalb kann man nach Ricœur von »metaphorischer Wahrheit« sprechen.
Andreas Reinert

M 13.1 Was ist ein Symbol?

Definition
Der Begriff »Symbol« kommt aus dem Griechischen: *symballein* bedeutet »zusammenwerfen, zusammenfallen«, *das Symbol ist* deshalb *das Zusammenfallende, Zusammengefügte, nämlich aus einem anschaulichen Symbolträger und einem dadurch Bezeichneten*. Symbole sind Zeichen, die zugleich den Charakter eines Hinweises (auf das Bezeichnete) wie auch den Charakter einer Repräsentanz (des Bezeichneten) haben. Diese Zusammengehörigkeit ist im »Symbol« als dem tertium comparationis (»das Dritte der Vergleichung« = der »link«) zwischen beiden Hälften eines Auseinandergebrochenen, aber wesensmäßig Zusammengehörigen veranschaulicht.

Enge und weite Definition von »Symbol«

1. Symbole im engeren Sinne
Symbole im engen und strengsten Sinne sind die *religiösen und kultischen Symbole*, in denen sich »das Heilige« re-präsentiert. In diesen Symbolen (zum Beispiel in christlichem Kontext: im Symbol »Kreuz«) fließen im Unterschied zum bloß äußeren Zeichen (zum Beispiel: rote Verkehrsampel: Bedeutung: Anhalten!), die Bedeutung des Bezeichneten *und* die *Repräsentanz* des Bezeichneten zusammen. Deswegen wird im christlichen Kontext der Begriff »Symbol« auch zur Bezeichnung der Entscheidung der Zugehörigkeit zum Christentum – im Glaubensbekennt-nis, mit dem Titel »Symbolon« (griech. »Erkennungs-/Beglaubigungszeichen«) versehen. Nach *Paul Tillich* (unser Text) tragen religiöse Symbole einen vierfachen Charakter. Sie haben

- Hinweis-Charakter: Symbole besitzen die Eigenschaft, über sich hinauszuweisen
- Repräsentanz-Charakter: Symbole nehmen teil an der Wirklichkeit, die sie repräsentieren
- Wesens-Charakter: Symbole sind Artikulationen des Wesens des Bezeichneten und können deshalb nicht einfach »erfunden« werden
- Erschließungs-Charakter: Symbole haben die Macht Dimensionen der Wirklichkeit zu erschließen, die gewöhnlich durch die Vorherrschaft anderer Dimensionen verdeckt sind.

2. Symbole in weiteren Sinne
Die philosophische Auseinandersetzung mit dem durch religiöse Traditionen getragenen Symbolbegriff ließen diesen auch in die *Philosophie*, vor allem zunächst in die Religionsphilosophie Eingang finden. Im Laufe der Philosophiegeschichte hat sich dabei ein weiterer Gebrauch des Wortes herausgebildet, sodass *Paul Tillich* schließlich beklagt, dass der »Begriff Symbol heute auf Dinge angewandt wird, die nicht als Symbol bezeichnet werden sollten, z. B. Zeichen« (unser Text S. 13, Z. 16-18). Bei *Karl Jaspers* (1895-1969) kommt die »Transzendenz« (das Übernatürliche), im deutenden und im deutbaren Symbol zum Ausdruck (Lehre von der universalen Kommunikation), zum zentralen philosophischen Begriff wird der Symbolbegriff in der Philosophie *Ernst Cassirers* (1874-1945). In seinem Hauptwerk »Philosophie der symbolischen Formen« versteht er unterscheidet er vier »symbolische Formen« des geistigen Lebens: die Kunst, die Sprache, die Wissenschaft und den Mythos (vgl. M 14.1). Nach Cassirer ist die im Symbol ausgedrückte Repräsentation die »Grundfunktion des Bewusstseins« (des Menschen). So dient auch jedes Wort, das ein Mensch spricht, »nicht der Mitteilung eines fertig gegebenen Gedankeninhalts, sondern ist ein Instrument, kraft dessen dieser Inhalt selbst sich herausbildet und erst seine volle Bestimmung gewinnt« – mit anderen Worten: alle Wirklichkeit ist nicht einfach »da«, sondern wird erst dadurch zur (gedeuteten) Wirklichkeit, dass sie in der Sprache sich herausbildet. Alles Denken in sprachlichen Formen ist deshalb für Cassirer »symbolisch«. Dies ist die wohl größtmögliche Denkform für die Definition von »Symbol« überhaupt.

Eine besondere Bedeutung hat der Symbolbegriff in der *Psychologie*, genauer gesagt in der Tiefenpsychologie und hier in der Traumdeutung angenommen: Hier wird der weite Symbolbegriff etwa von *Sigmund Freud* im Sinne der Repräsentanz/Stellvertretung eingesetzt (»etwas steht für etwas«), ungeachtet der Verwendung auch den engen Symbolbegriffs. Viele der von Freud in Träumen seiner Patienten entdeckten Symbole (vor allem Sexualsymbole) sind unmittelbar verstehbar (etwa: Stab, Schlange, Schwert, Feuer). Sein Schüler *Carl Gustav Jung* hat in seiner Nachfolge, aber auch in der Kritik der Freudschen Psychoanalyse die »Symbolik des Unbewussten« stark ausgebaut und differenziert. Er unterscheidet zwei Deutungsstufen: Die Subjektstufe, von der aus ein Bezug zur Lebensrealität des jeweiligen Träumenden hergestellt werden kann (subjektiver, persönlicher Zugang) und die Objektstufe, von der aus der Gehalt an menschheitsgeschichtlichen »Urbildern« (sog. Archetypen), oder, wie Jung sagt, das »kollektive Unbewusste« eruiert werden kann (objektiver, allgemeiner Zugang).

Schließlich hat der Symbolbegriff in der *Mathematik* und in den *Naturwissenschaften* Eingang gefunden. Hier werden Zahlen und Zeichen als »Symbole« angesprochen, nicht um damit eine bestimmte Bedeutung auszudrücken, sondern um den Grad angestrebter Abstraktion und Formalisierung zu verdeutlichen.

Andreas Reinert

M 14.1 Was ist ein Mythos?

Definition
Das griechische Wort »mythos« (lateinisch: mythus) bedeutet ursprünglich (bei *Homer*: 8. Jh. v. Chr.) »Rede, Wort, Erzählung, Nachricht, Gedanke, Sage«. Ausgedrückt werden sollte mit diesem Begriff ein Gegenstück zur »Tat«. Die griechischen *Sophisten* (5./4. Jh. v. Chr.) stellen dem Begriff »mythos« den Begriff »logos« (»Rede, Wort, Spruch«, dann aber auch »Rechnen/Berechnung, Erwägung, Bedeutung, Denkvermögen und v.a. Vernunft«) gegenüber. Während der Mythos hier die Bedeutung einer »bloßen Erzählung«, einer »Sage« ohne Beweisführung und Beweiskraft annimmt, die er im Folgenden im Wesentlichen beibehält, ist der Logos das im Verstand und in der Vernunft fußende Denken, das »logisch« (daher der Ausdruck) nachvollzogen werden kann und beweiskräftig ist. Während »logos« durch Argumentieren und Begründen gekennzeichnet ist, nimmt »mythos« mehr und mehr die Konnotation von »Unverbindlichkeit« und »Sagenhaftigkeit« an. Bei *Aristoteles* (4. Jh. v. Chr., vgl. Personenregister SB S. 234) bezeichnet »mythos« das »Verschwommene, das Unklare, die Fabelei«. Da das abendländisch-christliche Denken sehr weitreichend von der aristotelischen Philosophie beeinflusst ist, haftet dem Begriff »Mythos« seit dieser Zeit eine negative, abwertende Aura an.

Die (Schöpfungs-)Mythen
Ein Mythos ist der Form nach zunächst ein *narrativer (erzählender) Text*. Zwar sind ältere mythologische Texte (etwa bei Homer) in Poesie geschrieben, sie erzählen aber dennoch eine Geschichte. Weitgehend sind sie in Prosa aufgezeichnet. Will man der Bedeutung eines Mythos in vorchristlicher Zeit, etwa an die babylonischen, assyrischen, hethitischen und ägyptischen, aber auch die späteren griechischen und alttestamentlichen Mythen näher kommen, sollte man die oben beschriebene, erst später einsetzende negative Prägung des Begriffs zunächst ablegen bzw. schlicht vergessen. Mythen aus dieser frühen Zeit sind keine primitiven Göttergeschichten – auch wenn sie uns »aufgeklärten« Menschen heute als solche erscheinen –, sondern Erzählungen über Grundkonstellationen und Grunddimensionen des menschlichen Lebens, mit denen sich Menschen damals ihre Welt verständlich und plausibel gemacht und damit erschlossen haben.

Einen prominenten Platz nehmen in fast allen frühen Kulturen der Erde (jedenfalls in denen, die wir kennen, auch in Mittelamerika, Afrika, Ozeanien und China) die *Schöpfungs*mythen ein. Diese erzählen vom Werden der Götter (Theogonien), der Menschen (Anthropogonien) und der »Welten« (Kosmogonien), oft in Kombination dieser drei Erzählungen. Die *Schöpfung* selbst (in der Regel durch eine oder mehrere Gottheit/en) kann durch Formen von vorgegebener Materie geschehen (ohne dass dabei reflektiert würde, woher diese Materie kommt), z. B. in Mesopotamien oder im AT (2. Schöpfungstext: Lehm), durch Trennung und/oder Zerteilung (Mesopotamien: durch die Ermordung und Spaltung der Göttin Tiamat, Ägypten, AT: 1. Schöpfungstext: Schöpfung durch Trennung (bipolar: Licht-Finsternis usw.)), durch Zeugung (Mesopotamien, Ägypten), oder durch das Wort (AT: 1. Schöpfungstext: »Und Gott sprach ...« »... da ward ...«; NT: Johannes-Evang.: »Im Anfang war das Wort ...«), ja selbst aus dem »Nichts« heraus (AT: 1. Schöpfungsbericht, sog. »creatio ex nihilo« = »Schöpfung aus dem Nichts«) oder durch Ekstase (z. B. durch Tanz: Schamanismus und Altindien) oder durch Askese (Hinduismus) erfolgen.

Mythen in naturwissenschaftlichem Denken
Anknüpfend an den negativ und abwertend geprägten Begriff von Mythos (s. o.) war für die entstehenden Naturwissenschaften der Mythos »vorwissenschaftlich« und damit in das Reich der Fabelei zu verdammen. Diese im Namen der »reinen Wissenschaft« im Gefolge der Aufklärung (18. Jh.) vorgenommene, sehr undifferenzierte Mythenkritik mag ihre Legitimität gehabt haben (und ist landläufig leider noch sehr verbreitet), scheint aber inzwischen – jedenfalls in wissenschaftlichem Kontext – der Vergangenheit anzugehören, zumal die Naturwissenschaften in zunehmendem Maße ihre eigenen »Mythen« entdecken.

Mythen in religionswissenschaftlichem Denken
In der Religionswissenschaft lassen sich zwei große, sich ergänzende Grundtendenzen ausmachen. Während die *evolutionistisch* orientiert Religionswissenschaft in den Mythen schlicht einen Versuch der vorwissenschaftlichen Welterklärung sah, konnte die *funktionalistische* Schule der Religionswissenschaft in Zusammenarbeit mit der *Soziologie* dem Mythos wenigstens insofern etwas Nützliches abgewinnen, als ihm eine die bestehende soziale Ordnung legitimierende und stabilisierende Wirkung zugeschrieben wurde (z. B. *Niklas Luhmann*: Funktion der Religion). Neben dem Mythos sah die so genannte *Uppsala-Schule* den Ritus als stabilisierenden Faktor einer Gesellschaft und Mythus und Ritus als »Manifestationen« von Religion.

Andreas Reinert

M 14.2 Die zwei wichtigsten Fragen der Welt

In Jostein Gaarders Buch »Sofies Welt« erhält die kleine Sofie mysteriöse Briefe. Als sie den Briefkasten öffnet, findet sie eine Frage, die sie fortan nicht mehr loslässt:

Wer bist du?

Bald darauf – sie hat sich von der ersten Frage noch nicht erholt, geschweige denn eine Antwort gefunden – kommt schon die nächste Frage auf sie zu:

Woher kommt die Welt?

Diese beiden philosophischen Grundfragen machen nicht nur Sofie zu schaffen, sondern Menschen aller Zeiten und Kulturen. Die Beantwortung dieser Fragen, das sei vorweggeschickt, ist letztlich unmöglich. Niemand kann mit absoluter Sicherheit wissen und sagen, wer er ist und woher diese Welt kommt. So ist die Frage, warum es überhaupt etwas gibt und nicht vielmehr nichts zur Grundfrage aller Erkenntnistheorie geworden und es gibt Antworten auf diese Fragen. Weil alle Menschen diese Fragen umtreiben, sind auch alle aufgefordert, nach Antworten zu suchen.

Die verschiedenen religiösen und kulturellen Systeme geben höchst unterschiedliche Antworten auf diese Fragen. Wir werden uns die Sache nicht leicht machen, sondern viele Antwortversuche auf ihre Tauglichkeit für unser Leben hin befragen. Das ist Ziel und Inhalt der Unterrichtseinheit »Wirklichkeit«:

- Welche Weltbilder bestimmen unser Leben?
- Von welcher Wirklichkeit wollen wir unser Leben bestimmen lassen?

Andreas Reinert

Aufgabe: Versuchen Sie in einem ersten Anlauf in Einzelarbeit provisorische Antworten für die beiden wichtigsten Fragen der Welt zu formulieren.

M 16–20.1 Merkmale des altorientalisches Weltbildes und unser naturwissenschaftliches Weltbild

Als von unserem naturwissenschaftlichen Weltbild geprägte Menschen neigen wir dazu, die mythologischen Weltbilder der frühen Kulturen lächerlich zu machen, ohne sie wirklich verstanden zu haben. Folgende Merkmale sind wichtig:

1. Es gibt aus dem Alten Orient keine »Zeichnung«, kein Bild der Welt. Die dreigliedrigen »Weltbilder« (Himmel, Erde, Unterwelt), die wir uns vorstellen, sind falsch, weil die Menschen damals sich nicht außerhalb dieser Welt denken konnten, diese Bilder diese Abstraktion aber voraussetzen. Zwar gibt es diese »Vorstellungen«, aber die ao. Menschen hüteten sich davor, diese festzuschreiben.

2. Es gibt neben »Landkarten« aber dennoch »Darstellungen« der Welt, die aber mythologisch geprägt sind (z. B. in Ägypten, Mesopotamien und Griechenland).

   Dabei ist folgendes wichtig:
   a. Den Mythen geht es nicht um den Ursprung der Welt im allgemeinen, sondern um den Ursprung ihrer besonderen Welt, die, wenngleich nicht als die einzig existierende, so doch als die einzig maßgebliche empfunden wurde. Die Mythen geben spezifische und partikulare Antworten. Insofern sind sie »geschlossene Systeme«.
   b. Den Mythen geht es auch deshalb nicht um den Ursprung der Welt, weil ihr erstes und vorrangiges Ziel darin besteht, die *gegenwärtige*, nicht die entstehende Welt zu erklären.
   Sie sind Ätiologien für die jetzige Welt! Sie sind Ausdruck für etwas, das immer schon war und niemals ist und geben Zeugnis von den Ur-Anfängen im Sinne der zugrunde-liegenden Dinge (nach dem Wesen), nicht der grund-gelegten Dinge (nach der Zeit). Deshalb sind sie »plausible Geschichten«, die die vorfindliche Welt erklären helfen. Diese Plausibilität kann sich verschieden darstellen, weil alle Mythen an das Welt- und Menschenbild ihrer Autoren gebunden sind.
   c. Den Mythen geht es deshalb darum, gegenwärtige Dinge mit alten (und doch aktuellen) Geschichten zu erklären. Dabei spielt der Zusammenhang von Göttern und Menschen eine herausragende Rolle. Die Mythen gaben den Menschen zu verstehen, dass die Welt sie als die von den Göttern geschaffenen Wesen braucht.
   d. Die Mythen verstehen zu können bedeutet, sich auf ihre »Denkwelt« einzulassen, um so den komplizierten Zusammenhang ihrer Systeme, die Frömmigkeit und das umfassende Denken zu verstehen.

3. Auch unser heutiges Weltbild ist an unsere Verstehensvoraussetzungen gebunden. Insofern sind wir keinen Schritt weiter als die ao. Menschen. Unsere Erklärung der Welt mag später einmal ebenso »beschränkt« erscheinen wie die Weltbilder der frühen Kulturen – wobei die Menschen damals wussten, dass ihr Weltbild »beschränkt« ist, wir aber, wenn wir unser Weltbild absolut setzen, als in unserer Wahrnehmung »beschränkt« gelten müssen. Innerhalb der wissenschaftlichen Forschung ist es deshalb unumgänglich, ein gänzlich »offenes« Weltbild zu haben.

Andreas Reinert

M 21.1 Naturwissenschaft und Theologie – Positionen

1	»Wer sollte nicht durch die Beobachtung und den sinnenden Umgang mit der von der göttlichen Weisheit geleiteten herrlichen Ordnung des Weltgebäudes zur Bewunderung des allwirkenden Baumeisters geführt werden!« *(Der Astronom Nikolaus Kopernikus, 1473–1543)*
2	»Wir beginnen nur langsam, die Welt zu verstehen und sie zu meistern, mit Hilfe einer Wissenschaft, die sich gewaltsam Schritt für Schritt ihren Weg gegen die christliche Religion, gegen die Kirchen und im Widerspruch zu den überlieferten Geboten erkämpft hat. Die Wissenschaft kann uns helfen, die feige Furcht zu überwinden, in der die Menschheit seit so vielen Generationen lebt.« *(Der Philosoph Bertrand Russell, 1872–1970)*
3	»Wissenschaft ohne Religion ist lahm, Religion ohne Wissenschaft ist blind.« *(Der Physiker Albert Einstein, 1879–1955)*

M 23.1 Bildinformation zu »Der Schöpfer als Architekt«

1. Der Schöpfer
Was den *Bildaufbau* und die *Farben* angeht, so fällt zunächst die dominierende Gestalt in der Mitte des Bildes auf: Sie scheint zu groß für dieses Bild zu sein, denn Fuß und Mantel (Obergewand) müssen über den angedeuteten Rahmen hinausreichen. Dies ist kein Zufall: Gott ist größer als das Bild, das ihn bannen könnte, er ist, obwohl er sich in die mit dem Rahmen angedeutete Wirklichkeit hineinbegibt, dennoch größer als sie und bleibt auch in dieser Immanenz transzendent. Die herabbeugende Haltung ist Ausdruck seiner Zuwendung zur erschaffenen Welt, der seine ganze Aufmerksamkeit gilt. Vermutlich aufgrund des Bilderverbotes ist Gott in der Gestalt Jesu Christi dargestellt, wie an dem Nimbus, der mit einem goldbraunen Kreuz hinterlegt ist, gut zu erkennen ist. Auch die Barfüßigkeit, die Gesichtszüge und die Haare verstärken den Eindruck eines ca. 30-jährigen Mannes, ebenso das Gewand. Das Unterkleid in Blau (Innenseite Rot) und das Obergewand in Rot unterstreichen die Majestät Gottes, die Ränder sind in Gold abgesetzt. Der unterhalb des Halses angedeutete Halbkreis scheint eine Entsprechung zum Nimbus zu sein, die Rundungen des roten Obergewandes erinnern an eine die gesamte Gestalt in ihrer Heiligkeit einhüllenden Mandorla.

2. Der Schöpfungsakt
In seiner linken Hand hält er die im Entstehen begriffene Welt nicht wirklich, vielmehr scheint die Geste darauf hinzudeuten, dass Gott diese Scheibe (Kugel?) gleich ins Rollen bringen wolle. Jedenfalls ist eine große Leichtigkeit in dieser Bewegung, die Dynamik und Halt zugleich auszudrücken imstande ist. Die rechte Hand hält noch den ebenfalls goldenen Zirkel, mit dem die Welt genau abgemessen wird, indem ihr Radius von der Mitte zum äußeren Rand definiert wird.

3. Der erschaffene Kosmos
Die Welt selbst ist offenbar im Augenblick ihrer Entstehung geschildert: Dargestellt ist der gesamte Kosmos, der wie der Nimbus Christi in Grün gehalten ist und damit die »kosmische Größe«, das »kosmische Ausmaß« dieses Schöpfungsaktes andeutet. Die Größe, die sich im Nimbus des »Kosmos Christi« versinnbildlicht, wiederholt sich im Schöpfungsakt in der Darstellung des Kosmos – deshalb sind beide kreisrund, deshalb sind beide Grün. Man fühlt sich unwillkürlich am Johannes 1,10 erinnert: »Er war im Kosmos, und der Kosmos ist durch ihn geworden, und der Kosmos hat ihn nicht erkannt«. Von außen nach innen beschrieben fällt zunächst der nach außen abgemessene und abgegrenzte Rand des Kosmos auf, definiert durch den Radius des Zirkels. Klar wird dadurch: Gott hätte, wie der rote Führungsstab des Zirkels andeutet, den Kosmos auch noch wesentlich größer gestalten können, hätte er nur den Zirkel weiter aufgezogen. Ausgedrückt werden soll: Selbst durch die Erschaffung dieses unendlich großen, sich über unseren Köpfen wölbenden Kosmos sind die Möglichkeiten Gottes noch lange nicht erschöpft. Innerhalb des Kosmos befindet sich die Erde, abgegrenzt nach außen durch eine feine weiße Linie, darunter das Blau des Himmels, an dem sich Wolken bewegen. Innerhalb dieses Kreises scheint noch einiges im Fluss zu sein, wie der schwarze Grundton mit den daran schon befindlichen Sternen zeigt. Auffallend ist der rote Planet (der Mars?, wahrscheinlicher aber die Sonne – siehe die Inschrift unten), der auch weiter differenziert ist durch weiße Striche, während der kleine goldene, kreisrunde Kreis wohl den zur Erde gehörenden Mond (deshalb ist er auch golden) andeutet. Die Schwärze der die Erde umgebenden, noch ungestalteten Größe lässt ahnen, dass das Ungestaltete, das Chaos, die Elemente (vgl. Inschrift unten) die Grundlage und der Hintergrund ist, auf dem die Erde entsteht. Diese selbst ist noch nicht weiter differenziert, auch noch nicht in ihrer kreisrunden Form angelegt (wie der Mond), sondern noch ungeformt. Man ahnt aber schon die spätere Gestalt. Als gutes Schöpfungswerk Gottes ist sie natürlich Gold gehalten.

Die *Überschrift des Bildes* ist auf dieser Abbildung nicht zu sehen. Über dem Bild steht in mittelalterlichem Französisch »ICI CRIE DEX [= DEUS] CIEL ET TERRE SOLEIL ET LUNE ET TOZ ELEMENZ«. Übersetzt bedeutet dies: »Hier erschafft Gott Himmel und Erde, die Sonne, den Mond und alle Elemente«.

Andreas Reinert

M 26.1 Schöpfung oder Evolution – Arbeitstext

W. Bange: Schöpfung oder Evolution?

Eine vieldimensionale und komplexe Wirklichkeit, die für uns nie voll fassbar sein kann, wird – bedingt durch die gewählte Methode – auf eine niedrigere Ebene hinunterprojiziert, so etwa, wie wenn ein Zylinder vertikal und horizontal projiziert wird und wir als Abbild dieses Zylinders ein Quadrat bzw. einen Kreis bekommen. Es kann dabei sogar zu (scheinbar) widersprüchlichen Aussagen kommen, weil hier ein Phänomen aus einer höheren Ebene (Raumdimension auf eine niedrigere Ebene (Ebenendimension) projiziert und abgebildet wird.
Dieses erkenntnistheoretische Problem auf die Vieldimensionalität des Menschen angewandt, findet gerade in der Auseinandersetzung zwischen Evolution und Schöpfung ein Paradebeispiel, weil es sich auch von der methodischen Seite her schön veranschaulichen lässt. [...]
Die einzelnen Fachwissenschaften beleuchten eine bestimmte Seite des Menschen. Z.B. fragt die Evolutionstheorie nach der Entwicklungsgeschichte des Menschen und den dabei wirksamen Faktoren. [...] Dem scheint die biblische Aussage, der Mensch sei von Gott geschaffen, zu widersprechen. Der Widerspruch ist aber nur scheinbar und liegt in den oben aufgezeigten verschiedenen Perspektiven einer komplexen Wirklichkeit: auf der einen Seite die kausalanalytische Frage: »wie wurde der Mensch?« (Evolutionsperspektive), auf der anderen Seite die existenzielle Wesensfrage: »was ist der Mensch?« – eine Frage, die um metaempirische Überlegungen nicht herumkommt (Glaubensperspektive). So haben wir in der Gegenüberstellung beider Sichtweisen, der Mensch als Geschöpf Gottes und als Produkt der Evolution, keinen Widerspruch, wohl aber eine notwendige komplementäre Sichtweise, die dem Geheimnis Mensch eher gerecht wird und einem biologischen Reduktionismus vorbeugen kann.

Aus: Praxis der Naturwissenschaften, Biologie 8/38, 1989, S. 40f.

M 27.1 Das Netz des Physikers

Informationen aus dem Text (Z. 25–32)	Experimentaufbau	Kommentar zum Experiment
1. Der Forscher wirft sein Netz im Meer aus, um Fische zu fangen.	Experiment	Klare Versuchsanordnung: Beschränkung auf klare Vorgaben und Zielsetzungen
2. Er zieht Fische an Land und prüft seinen Fang.	Überprüfung des Experimentes und Feststellung eines Ergebnisses (Ergebnis 1)	Klares Ergebnis, Prägnanz der Aussagen
3. Er wiederholt diesen Vorgang sehr oft (viele Fischzüge) und überprüft gewissenhaft jeden Fang.	Wiederholung des Experimentes (sehr oft), jeweils erneute Überprüfung und Feststellung des Ergebnisses	Klare Bestätigung durch Wiederholung
4. Er stellt ein Ergebnis fest: • Alle Fischer sind größer als 5 cm • Alle Fische haben Kiemen.	Schlussfolgerung aus der Versuchsanordnung	Klares Ergebnis, hohe Prägnanz, praktische Verwertbarkeit

M 29.1 Was heißt glauben? – Arbeitstext

»Einen Gott, den es gibt, gibt es nicht«, sagte der evangelische Theologe und Widerstandkämpfer Dietrich Bonhoeffer einmal zu Recht. Denn: Gott [...] kann nie einfach Objekt, ein Gegenstand sein. [...] Gott ist per definitionem das Un-definierbare. [...] Ja, er ist nicht irgendeine weitere Dimension unserer vieldimensionalen Wirklichkeit, sondern ist die Dimension Unendlich, die in all unserem alltäglichen Rechnen verborgen präsent ist, auch wenn wir sie nicht wahrnehmen. [...] Deshalb gilt: Niemand ist rein denkerisch-philosophisch dazu gezwungen, die Existenz Gottes anzunehmen. Wer die Existenz einer meta-empirischen Wirklichkeit »Gott« annehmen will, hat gar keine andere Möglichkeit, als sich ganz praktisch auf sie einzulassen. Auch für Kant ist die Existenz Gottes ein Postulat der praktischen Vernunft. Ich möchte lieber von einem Akt des Menschen insgesamt reden, des Menschen mit Vernunft (Descartes!) und Herz (Pascal!), genauer: ein *Akt vernünftigen Vertrauens,* das zwar keine strengen Beweise, aber gute Gründe hat. [...]
Insofern also ist des Menschen Glaube an Gott weder ein rationales Beweisen noch ein irrationales Fühlen noch ein dezisionistischer Akt des Willens, sonder nein begründetes und in diesem Sinn eben vernünftiges Vertrauen. Dieses vernünftige Vertrauen, das Denken, Fragen und Zweifeln einschließt und das zugleich Sache des Verstandes, des Willens und des Gemütes ist: dies heißt im biblischen Sinn »*Glauben*«. Kein bloßes Fürwahrhalten von Sätzen also, sonder nein Sicheinlassen des ganzen Menschen, und zwar nicht primär auf bestimmte Sätze, sondern auf die Wirklichkeit Gottes selbst. Wie es schon der große Lehrer der lateinischen Kirche Augustinus von Hippo unterschieden hat: nicht nur ein »etwas glauben« (»credere aliquid«), auch nicht nur »jemandem glauben« (»credere alicui«), sondern »an jemand glauben« (»credere in aliquem«). Dies meint das Urwort »Credo«: »Ich glaube«
- nicht an die Bibel (das sage ich gegen den protestantischen Biblizismus), sondern an den, den die Bibel bezeugt;
- nicht an die Tradition (das sage ich gegen den östlich-orthodoxen Traditionalismus), sondern an den, den die Tradition überliefert;
- nicht an die Kirche (das sage ich gegen den römisch-katholischen Autoritarismus), sondern an den, den die Kirche verkündet;
- also, und das ist unser ökumenisches Bekenntnis: »Credo in Deum«: ich glaube an Gott!

Auch das Glaubensbekenntnis ist nicht der Glaube selbst, sondern ist nur Ausdruck, Ausformulierung, Artikulation des Glaubens; deshalb spricht man von »Glaubensartikeln«.

Hans Küng: Credo. © *Piper Verlag, München 1993*

M 30.1 Was ist Theologie? – Arbeitstext

Ich lade ein zu dem Versuch, Gott zu denken. Damit komme ich schon in die erste Schwierigkeit. Es gibt Mineralogie, weil Mineralien vorhanden sind und Forscher sich über sie kundig und wissend machen. So leitet sich auch Theologie von den Wörtern *theos* (Gott) und *logos* (Lehre) her. Aber kann es überhaupt einen Logos, eine systematische und rationale Erhellung von Gott geben? Wenn Theologie einfach »Lehre über Gott« wäre, analog zu Ossologie (Knochenkunde), dann wäre sie eine Lästerung Gottes, eine Blasphemie. Der Gegenstand der Theologie kann nur die Beziehung zwischen Gott und den Menschen sein, das bedeutet Reflexion der Erfahrungen, die Menschen dazu gebracht haben, von so etwas wie »Gott« reden zu müssen. [...]
Aber braucht es dazu Theologie und ihre methodische Bemühung und nicht eher eine andere Sprache, die der Erzählung und des Gebets? Ich denke, dass der Glaube nicht aus der Theologie, der reflektierenden Selbstverständigung kommt, sondern umgekehrt, dass der Glaube, die Erfahrung mit Gott, das erste ist und die reflektierende Selbstverständigung ein zweiter Schritt. Dieser zweite Schritt ist allerdings notwendig aus mehreren Gründen. Die Erfahrung des Glaubens muss nach innen, unter den Glaubenden kritisierbar bleiben, damit nicht alles und jedes als Erfahrung des Göttlichen auftritt. [...] Ein anderer Grund, der Theologie nötig macht, ist das Verhältnis der Glaubenden zur Außenwelt, mit der sie kommunizieren. Es ist notwendig, die Erfahrung mit Gott zu bezeugen. [...] Aber rückt damit die Theologie nicht ganz nahe an den Glauben? In der Tat! Sie *ist* ein Akt des Glaubens. Wie soll sie sich vom Glauben unterscheiden? Die klassische Antwort auf diese Frage ist in der scholastischen Formel von der *fides quaerens intellectum* (»der Glaube, der nach dem Verstehen fragt«) gegeben. Der Glaube ringt um die Einsichtigkeit seiner Sache. Diese Definition der Theologie enthält drei Elemente, eine Voraussetzung (*fides*), ein reflektierendes Handeln (*quaerens*) und ein Resultat (*intellectum*). Voraussetzung der Theologie ist, dass sie vom Glauben getrieben wird. Theologie ist nicht gleich Religionswissenschaft. [...] »Quarens« (auf der Suche nach) bedeutet auch, dass der Glaube ohne seinen Schatten, den Zweifel, nicht sein kann. Glaube ohne Zweifel ist nicht stärker, sondern bloß ideologischer. [...]
Und wie der Glaube auf der Suche nach Selbstverständigung Theologie braucht, so braucht die Praxis des Lebens immer wieder Unterbrechung, Innehalten, Theorie, intellektuelle Vergewisserung. Klärung, Selbstkritik, die dann zu bewussterer Praxis führen. Es gibt eine kreisende Bewegung von der Praxis zur theoretischen Reflexion und wieder hin zur veränderten Praxis. [...] Die Theologie ist nicht um ihrer selbst willen da, sondern um uns beim Hineinwachsen in den Glauben zu helfen. Das Denkmodell der Theologie beginnt und endet mit Praxis, gelebtem Glauben.

Dorothee Sölle: Gott denken. © Piper Verlag, München 1990

M 31.1 Biblische Texte verfremdet

Wenn das Vollkommene kommt
Von Arnim Juhre

Die Hirten auf dem Feld der Arbeit,
bei den Hürden der Fabriken,
hörten die Botschaft wie von fern:
Ehre sei Gott nicht nur in der Höhe.
Und sie wanderten los, nichts konnte sie halten,
und sie sangen im Gehen:

Wenn das Vollkommene kommt,
lass fahren das Unvollkommene,
wenn Unbegreifliches einleuchtet,
lass fahren das allzu Begreifliche,
lass fahren, was dein war.

Die Opfer auf dem Feld der Fehden,
beiden Hürden zwischen den Friedensfronten,
hörten die Botschaft durch Kriegslärm hindurch.
Und die Hungernden zu Füßen der Brotherren,
sie wanderten los, nichts konnte sie halten,
und sie sangen im Gehen:

Wenn das Vollkommene kommt,
lass fahren das Unvollkommene,
wenn Unbegreifliches einleuchtet,
lass fahren das allzu Begreifliche,
lass fahren, was dein war.

Die Kranken auf dem Feld der Leiden,
vor den Hürden der Behörden,
hörten die Botschaft, jeder für sich.
Und die Krüppel und die Lebensmüden,
sie wanderten los, nichts konnte sie halten,
und sie sangen im Gehen:

Wenn das Vollkommene kommt,
lass fahren das Unvollkommene,
wenn Unbegreifliches einleuchtet,
lass fahren das allzu Begreifliche,
lass fahren, was dein war.

Aus: Ders., Wir stehen auf dünner Erdenhaut. © Lutherisches Verlagshaus, Hamburg 1979

Raum für Notizen

Arbeitsaufgaben
Nachdem Sie den Text auf S. 31 gelesen, in der Kleingruppe darüber diskutiert und sich den Hermeneutischen Zirkel mit Hilfe der Grafik vertraut gemacht haben:
1. Lesen sie zunächst innerhalb Ihrer Kleingruppe die Weihnachtsgeschichte Lk 2,1–20.
2. Machen Sie sich dazu Notizen: Was habe ich verstanden, was nicht? – am besten auf einem DIN A 4-Blatt in zwei Spalten.
3. Lesen Sie dann das Gedicht von Arnim Juhre. Machen Sie sich Notizen neben dem Gedicht: welche Stellen der Weihnachtsgeschichte werden im Gedicht aufgenommen? Verstehen Sie die Weihnachtsgeschichte jetzt besser/anders/gar nicht mehr?
4. Stellen Sie sich dann in der Kleingruppe Ihre Ergebnisse vor. Vergleichen Sie die Ergebnisse.
5. Bereiten Sie sich auf das Plenum vor: kann ein hermeneutischer Prozess überhaupt »objektive« Ergebnisse hervorbringen?

M 32/33.1 Die Schritte der Historisch-Kritischen Methode(n) (vgl. dazu die Übersicht auf S. 33 des Schülerbandes)

Von der Gegenwart zurückblickend versucht man über die uns vorliegende schriftliche Überlieferung in Form von Handschriften und Drucken bis in die mündliche Überlieferungsstufe der Texte zurückzufragen. Dabei wendet man folgende Methoden an:

Die Textkritik (TK)

Mit dieser ersten Methode wird zunächst der schriftlich vorliegende Text (griechisches NT, hebräisches AT) auf verschiedene Lesarten verschiedener Handschriften etc. untersucht und die wahrscheinlich älteste Formulierung eruiert. Man erhält dann den schriftlich vorliegenden »Urtext«, d.h. den ältesten erreichbaren Text. Die TK geht rein analytisch vor.

Die Wirkungsgeschichte (WG)

Die WG fragt nach der Wirkung, die ein Text nicht nur über die biblische, sondern die ganze Geschichte hinweg gehabt haben mag und versucht unser heutiges Verständnis von dort her zu erhellen (z.B. die Wirkung des Sätzchens »Machet euch die Erde untertan!«).

Hat man diesen »Urtext« festgestellt, führt man eine »*Grundlegende Analyse*« durch, die aus Literarkritik, Formgeschichte und Traditionsgeschichte besteht.
Diese wird ergänzt durch eine »*Historische Information*«, die die Zeitgeschichte und Redaktionsgeschichte umfasst.

Grundlegende Analyse des ermittelten Textes

Die Literarkritik (LK)

Die LK fragt nach der Einordnung des Textes in einen übergreifenden schriftlich-literarischen Zusammenhang. Ganze biblische Bücher werden daraufhin untersucht, ob sie aus einzelnen, ursprünglich selbstständigen Einheiten oder gar Quellenschriften zusammengesetzt sind. Im Neuen Testament führt man dazu z.B. einen sog. »Synoptischen Vergleich« zwischen Mk, Mt und Lk durch, um herauszufinden, welche Quellen dem Text zugrunde liegen (Mk, Q, Sondergut ...).
Außerdem beschäftigt sich die Literarkritik damit, Brüche und »Unebenheiten« im Text (logischer, semantischer und syntaktischer Art) festzustellen. Sie geht analytisch vor.

Die Formgeschichte (FG)

Einzelne Textstücke werden nach ihrer Form (auch Gattung oder Textsorte genannt) befragt: Um welche Form handelt es sich (z.B. Brief, Gebet, Prosa, Poesie ...)? Wo wurde sie benutzt (z.B. Gottesdienst, Gerichtsverfahren, Diskussion ...)? Anders ausgedrückt: Wo hatte der Text seinen »Sitz im Leben«? Sie geht analytisch vor.

Die Traditionsgeschichte (TG)

Die TG (manchmal auch Begriffs- oder Motivgeschichte genannt) fragt nach Herkunft, Geschichte und Anwendung der im Text vorkommenden Begriffe/Motive/Traditionen. Dabei sollen durch Vergleich mit literarisch nicht abhängigen Texten theologie- und geistesgeschichtliche Zusammenhänge aufgezeigt werden. Sie ist sowohl der »Grundlegenden Analyse« als auch der »Historischen Information« zuzuordnen, weil sie einerseits bestimmte Termini (Ausdrücke) und Motive im Text untersucht und diese andererseits in ihrer zeitgeschichtlichen Situation zu bestimmen versucht (vgl. das Bsp. des »gemeinen, niederträchtigen Frauenzimmers«). Von ihr sind immer wichtige Erkenntnisse zum Verstehen des Textes zu erwarten. Sie geht analytisch vor.

Historische Informationen über Hintergründe des Textes

Die Zeitgeschichte (ZG)

Die ZG gibt Auskunft über die zeitgeschichtliche Situation (politisch, sozial, ökonomisch etc.), in der der Text entstand. Auch von hier aus können wichtige Erkenntnisse für das Verstehen des Textes gewonnen werden.

Innerhalb der ZG wird häufig noch eine Unterscheidung getroffen und ein Religionsgeschichtlicher Vergleich (RV) ausgesondert, wenn sich dies bei bestimmten Texten besonders anbietet (z.B. Schöpfungsgeschichte mit babylonischen Schöpfungsvorstellungen). Beide Methoden gehen synthetisch vor.

Die Redaktionsgeschichte (RG)

Viele biblische Bücher wurden durch Redaktoren zusammengefügt – 1.Mose ebenso wie die Evangelien. Die RG untersucht, wie diese Redaktoren bei ihrer Arbeit vorgingen (rein mechanisch anreihend nach bestimmten Aufbauschemata; die einzelnen Texte belassend oder sie verändernd) und was ihnen wichtig war (z.B. theologische Lieblingsausdrücke etc.). Sie geht synthetisch vor.

Hat man diese Verfahren durchgeführt, ist man auf der ältesten schriftlichen Stufe des Textes angelangt und fragt nun hinüber in die mündliche Überlieferungsstufe des Textes. Dies geschieht mit der

Überlieferungsgeschichte (ÜG)

Die ÜG führt zum Ursprung der Überlieferung zurück. Sie fragt danach, aus welchem Anlass die Überlieferung entstand und wie sie sich in ihrer mündlichen Überlieferung verändert hat. Sie fragt also nach dem Wachsen und nach den Veränderungen des Textes vom (mündlichen) Ursprung bis zu seiner Verschriftung. Sie geht analytisch vor, indem sie die Fragen der LK weiterverfolgt in die Phase mündlicher Überlieferung, und synthetisch, indem sie die Wachstumsprozesse des Textes festzuhalten versucht.

Andreas Reinert

M 32/33.2 Die Entstehungsgeschichte von Texten

Die Historisch-Kritische Methode

Textkritik → Wirkungsgeschichte → [Formgeschichte / Religionsgeschichtl. Vergleich / Redaktionsgeschichte] → Literarkritik → Traditionsgeschichte → Überlieferungsgeschichte

Erleben → Weitersagen → Verschriftung → Bearbeitung → Sammlung → Weitergabe → Aufnahme

Die Entstehung von Texten

- Vorgang/Ereignis
- Text 1 (mündlich) — Hörer — Lebenswelt des Hörers
- Text 2 (schriftlich) — Autor — Lebenswelt des Autors
- Text 3 (überarbeitet) — Redaktor — Lebenswelt des Redaktors
- Text 4 (fortgeschrieben) — Sammler — Lebenswelt des Sammlers
- Text 5 (weitergegeben) — Tradent — Lebenswelt des Tradenten

»Garstiger Graben«

- Text 6 (übersetzt) — Leser — Lebenswelt des Lesers in der Gegenwart

M 34.1 Glaube und Vernunft in der katholischen Theologie – Informationen und Anfragen

A. Informationen

1. Der Glaube als Geschenk und als menschlicher Akt
Der Glaube ist, wie im protestantischen Christentum, nach Mt 16,17 zunächst ein *Geschenk* Gottes. Als Petrus bekennt, dass Jesus der Messias ist, sagt Jesus zu ihm: »Nicht Fleisch und Blut haben dir das offenbart, sondern mein Vater im Himmel«. »Damit dieser Glaube geleistet werden kann, bedarf es der zuvorkommenden und helfenden Gnade Gottes und der inneren Hilfen des Heiligen Geistes, der das Herz bewegen und zu Gott umkehren, die Augen des Verstandes öffnen und allen die Freude verleihen soll, der Wahrheit zuzustimmen und zu glauben«. Dennoch ist der Glaube – hier unterscheiden sich katholische und evangelische Theologie fundamental – »*wahrhaft menschlicher Akt*«, denn es widerspricht weder der Freiheit noch dem Verstand des Menschen, Gott Vertrauen zu schenken.

2. Der Glaube und der Verstand
Nach katholischer Auffassung glauben Christen nicht deshalb, weil die Wahrheit Gottes im Licht unserer natürlichen Vernunft wahr und einleuchtend erscheint, sondern allein »wegen der Autorität des offenbarenden Gottes selbst«. Der Glaube ist nach dieser Auffassung gewiss, gewisser als jede menschliche, aus Vernunft gewonnene Erkenntnis, denn er gründet auf dem Wort Gottes, nicht auf Wahrnehmung. Zwar können die geoffenbarten Wahrheiten des Glaubens der menschlichen Vernunft und Erfahrung als dunkel und nicht zutreffend erscheinen, aber die »Gewissheit durch das göttliche Licht ist größer als die Gewissheit durch das Licht der natürlichen Vernunft«. Glaube und Vernunft widersprechen sich also nicht, der Glaube ist nur größer. Dennoch braucht das eine das andere. Augustinus sagt: »Ich glaube, um zu verstehen, und ich verstehe, um besser zu glauben«.

3. Der Glaube und die Wissenschaft
Ausgehend von diesen Überlegungen wird im 1. Vatikanischen Konzil folgende Verhältnisbestimmung formuliert: »Auch wenn der Glaube über der Vernunft steht, so kann es dennoch niemals eine wahre Unstimmigkeit zwischen Glauben und Vernunft geben: Denn derselbe Gott, der die Geheimnisse offenbart und den Glauben eingießt, hat in den menschlichen Geist das Licht der Vernunft gelegt; Gott aber kann sich nicht selbst verleugnen, noch [kann] jemals Wahres Wahrem widersprechen«. »Deshalb wird die methodische Forschung in allen Disziplinen, wenn sie in einer wirklich wissenschaftlichen Weise und gemäß den sittlichen Normen vorgeht, niemals dem Glauben wahrhaft widerstreiten, weil die profanen Dinge und die Dinge des Glaubens sich von demselben Gott herleiten. Ja, wer bescheiden und ausdauernd die Geheimnisse der Dinge zu erforschen versucht, wird, auch wenn er sich dessen nicht bewusst ist, gleichsam an der Hand Gottes geführt, der alle Dinge trägt und macht, dass sie das sind, was sie sind«.

B. Anfragen
Aufgabe
Sammeln Sie in einer Kleingruppe Argumente für und gegen diese Thesen. Hier ist der Ort, an dem Sie Erkenntnisse der ganzen Unterrichtseinheit einbringen können:

1. Was bedeuten die Thesen des Papstes hinsichtlich der Möglichkeit zur Erkennbarkeit von Wirklichkeit? – Sollen hier Erkenntnismöglichkeiten beschnitten werden?
2. Was bedeuten die Thesen des Papstes hinsichtlich der sich damit verbindenden Weltbilder? – Sollen hier Festlegungen auf ein bestimmtes Weltbild vorgenommen werden?
3. Was bedeuten die Thesen des Papstes hinsichtlich der durch die Methoden der Naturwissenschaften und der Theologie vorgegebenen Forschungswege? – Sollen hier Beschränkungen eingeführt werden, die sich weder die Naturwissenschaft noch die Theologie leisten können, wenn sie sich selbst ernst nehmen wollen?

Andreas Reinert

Materialien zum Kapitel »Kirche«

M 38/39.1 Grundriss des Freiburger Münsters

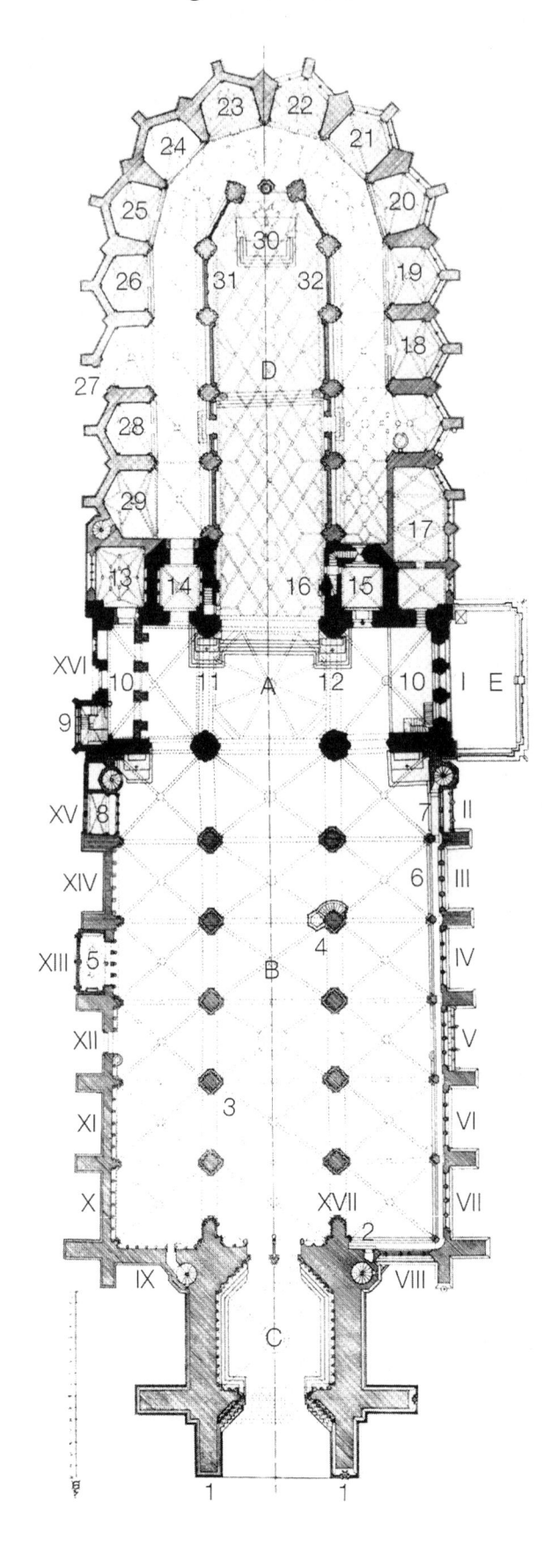

M 41.1 Shell-Studie I

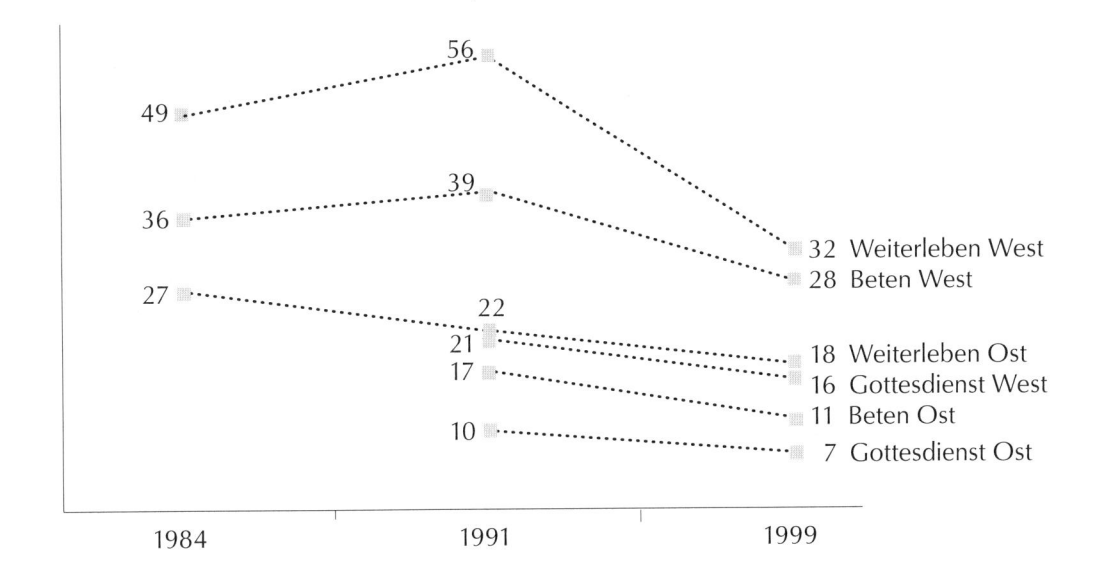

	1984	1991	1999	
	49	56	32	Weiterleben West
	36	39	28	Beten West
	27	22	18	Weiterleben Ost
		21	16	Gottesdienst West
		17	11	Beten Ost
		10	7	Gottesdienst Ost

M 41.2 Religionsgemeinschaften (nach Geschlecht) und religiöse Praktiken und Einstellungen

	keine Religionsgemeinschaft genannt		katholisch		evangelisch		islamisch		Hauptstichprobe
	männl. n=619	weibl. n=518	männl. n=716	weibl. n=789	männl. n=744	weibl. n=765	männl. n=153	weibl. n=129	n=4546
Weiterleben nach dem Tod: ja	13	21	28	43	32	43	46	43	31
Gottesdienst: ja	1	2	21	29	13	14	46	38	17
Beten: ja	2	8	26	44	22	34	49	55	27
religiöse Bücher: Ja	7	9	18	24	17	22	31	35	19
Hochzeit religiös: ja	10	16	70	84	65	77	78	80	60
Kinder religiös erziehen: ja	3	6	44	53	36	43	73	72	36
ich bin nicht religiös: trifft überhaupt nicht zu	8	11	54	66	52	62	75	80	48

Angaben in Prozent

M 46.1 Was Christen dürfen

Dürfen Christen in einem Staat, der den christlichen Glauben bekämpft, ein politisches Amt übernehmen?	Dürfen Christen Soldat werden?
Dürfen Christen Aktien einer Firma erwerben, die ihr Geld durch das Betreiben von Nachtclubs verdient?	Dürfen Christen in einem Rüstungsbetrieb arbeiten?

M 46.2 Römischer Denar

Vorderseite: Bild des Tiberius mit der Aufschrift: »Ti(berius) Caesar Divi Augustus«

Rückseite: »Pontifex Maximus«, Darstellung der Göttermutter Livia, auf dem Götterthron sitzend, mit einem Ölzweig, in der Rechten das olympische Langzepter

M 46.3 Zusammenfassung Tafelanschrieb

»Gebt dem Kaiser, was des Kaisers ist und Gott, was Gottes ist«

1	2	3	4
Wer dem Kaiser gehorcht, gehorcht automatisch auch Gott.	Gebt dem Kaiser nicht mehr als ihm zusteht. Im Zweifel ist Gottes Anspruch höher als der einer weltlichen Autorität.	Gebt Gott nicht mehr als ihm zusteht. Der Anspruch der Religion endet, wo Religion mit staatlichen Forderungen kollidiert.	Staat und Religion können nicht kollidieren, weil Religion Privatsache ist und mit Politik nichts zu tun hat.

M 47.1 Tafelbild zu Röm 12–13

Römer 12–15	Paränesen
12–13	Allgemeinere Paränesen über das zwischenmenschliche Verhalten
12,1–12,16	
12,1–2	Überschrift (Gegensatz »diese Welt«/»Geist der Erneuerung«)
12,3–8	Die Gnadengaben (Charismen) im Dienst der Gemeinde
12,9–16	Das Leben der Gemeinde – untereinander (9–11) und im Gegenüber zu Feinden (12–16)
12,15–16	Verhalten im Miteinander: mitfreuen, mitleiden, miteinander
12,17–13,10	Gutes tun und Böses meiden: Paulus' bessere Gerechtigkeit. Leitwörter, die die Verse miteinander verbinden und in Beziehung setzen: Böses (tun)/Gutes (tun) → 12,17–21; 13,3.4.10
12,17–20	Verhalten im Gegeneinander: Vergeltet niemandem Böses mit Bösem, auf Frieden bedacht sein, keine Rache, denn: Gott selbst ist der Rächer.
12,21	Schlussregel
14–15	Speziellere Paränesen über die Einheit in der Gemeinde: Die Starken und die Schwachen

Der Christ und die Obrigkeit (Römer 13,1–10)

I. 13,1–2
Das Wesen der Obrigkeit: Sie ist eine von Gott eingesetzte Institution.

II. 13,3–5
Die Aufgabe der Obrigkeit: Sie kämpft gegen das Böse durch Lob und Rache mit dem Schwert. Durch das Schwert nimmt sie eine Aufgabe Gottes wahr (vgl. 12,19).

III. 13,6–7
Folgen für die Obrigkeit: Man muss ihr Steuern und Zoll zahlen

IV. 13,8–10
Zusammenfassung: Nächstenliebe als Erfüllung des Gesetzes (vgl. Galater 5,14).

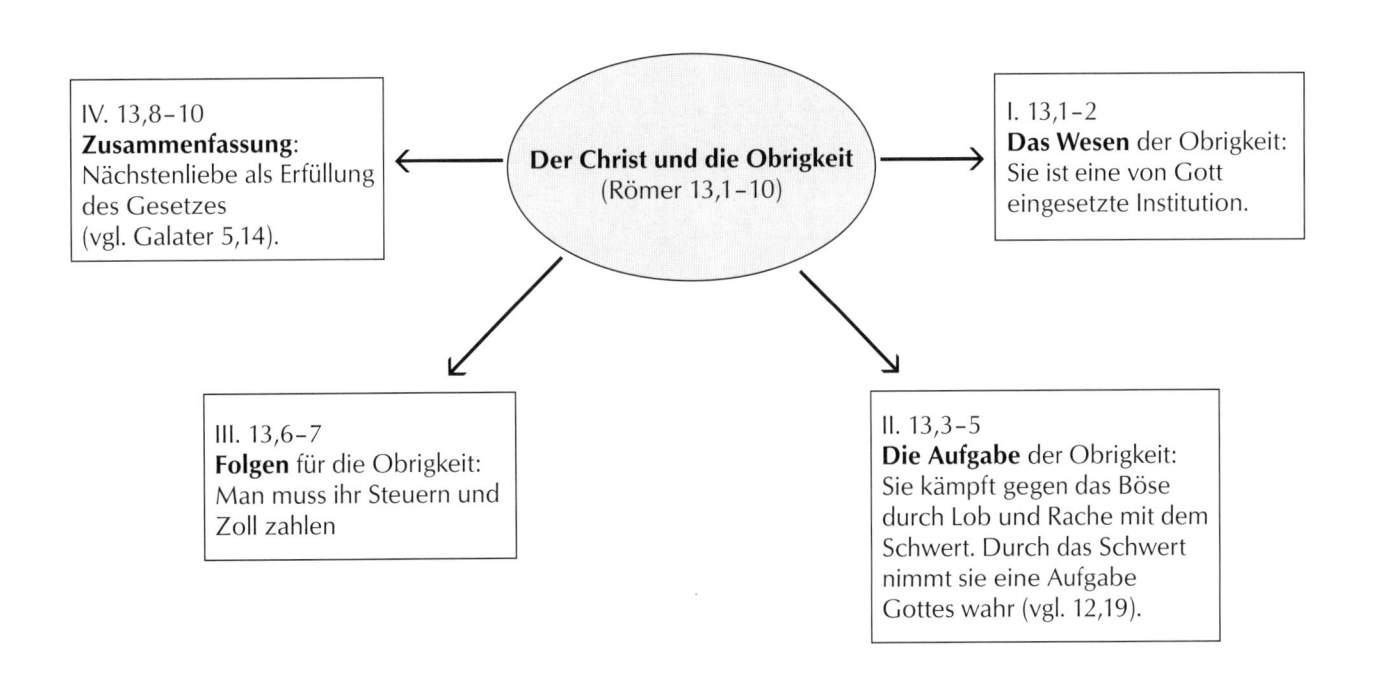

M 47.2 Das Verhältnis zum Staat in biblischen Texten

Kategorien	Mk 12,13–17	Röm 13,1–7	Apg 5,17–29	Offb 13,1-10
Leitworte	»Gebt dem Kaiser was des Kaisers und Gott, was Gottes ist« Mk 12,17	»Seid untertan der Obrigkeit ... denn es ist keine Obrigkeit ohne Gott« Röm 13,1	»Man muss Gott mehr gehorchen als den Menschen« Apg 5,29	»Hier ist Geduld und Glaube der Heiligen« Offb 13,10
Form	Streitgespräch	Brief von Paulus an die Gemeinde in Rom	Erzählung	Chiffrierte Mahn- und Trostworte (Untergrund- und Widerstandsliteratur)
Situation	* Brutale Römerherrschaft durch rigide Steuern und Zölle * Zeloten fordern Steuerverweigerung, Sadduzäer neigen zu Kollaboration * Steuermünze als Ausdruck von Gotteslästerung	* Es geht nicht um das Verhältnis zur Obrigkeit, sondern um das Verhalten der Christen in der Gemeinde: Hier soll auf gegenseitiges Richten verzichtet werden (12,17ff). Die Obrigkeit hilft bei diesem grundsätzlichen Anliegen (→ Alternative zum »Faustrecht«) * Paulus hat (bis hierher) durchgehend positive Erfahrungen mit der römischen Verwaltung gemacht	* Angriffe der jüdischen Obrigkeit gegenüber Judenchristen; Folge: Verbot der öffentlichen Verkündigung * Vorausgesetzt ist: Es herrscht Theokratie, d.h. religiöse Fragen sind öffentliche Fragen	* Kaiser verlangt göttliche Verehrung → Ausdruck eines totalitären Staates * Lokale Christenverfolgungen * Christen bilden eine Minderheit im Staat
Intention	* Auflösen der Zwickmühle * Kritik einer unkritischen Anpassung wie eines Befreiungskrieges * Abweisung einer göttlichen Verehrung staatlicher Macht	Jurisdiktion etc. besteht zu Recht, denn die Welt braucht Ordnung. Der Gehorsam gegenüber staatlichen Instanzen ist ein Stück vernünftiger Gottesdienst in dieser Welt (Röm 12,1).	Aufruf, sich trotz Polizei, Verfolgung und Gefängnis furchtlos zu Gott und zum Glauben zu bekennen	* Ablehnung einer religiösen Verehrung des Staates * Ermutigung zum Durchhalten
Verhältnis zu staatlicher Macht	Kritische Loyalität: Respektieren des Kaisers in den Grenzen, die von Gott gesetzt sind	Loyalität gegenüber einer von Gott gesetzten Ordnung	Grundsätzliche Loyalität, aber gewaltloser Widerstand in Fragen des persönlichen Glaubens	Radikale Ablehnung des (römischen) Staates, weil dieser sich selbst für absolut setzt
Einwände, Fragen	Wird hier Innerlichkeit und Passivität gefördert? Kann man bei dem Staat mitwirken?	Gibt es Grenzen der Loyalität? Sollen Christen Mitverantwortung übernehmen?	Was sollen Christen tun, wenn der Staat dämonisch wird?	Wann ist aktiver Widerstand nötig?

Gibt es bei den vier Texten trotz augenscheinlicher Differenzen eine einheitliche Tendenz?

M 48.1 Tafelbild zu 1. Korinther 12

Was Paulus will	Was Paulus nicht will
– Korinther sollen verstehen, was die Taufe als gemeinschaftsstiftendes Element bedeutet: Einheit im Geist – jeder soll sich der Gemeinde zugehörig fühlen – jeder soll unterschiedliche Begabungen wahrnehmen – Anerkennung der sog. niederen Aufgaben – Solidarität: wenn einer leidet, leiden alle mit	– Zersplitterung der Gemeinde – Ausgrenzung wegen fehlender Leistungsfähigkeit – Hierarchie: Einer ist »besser«, weil er das und das kann – Neid auf besonders Begabte

M 48.2 Leitsätze der Evangelischen Kirche in Baden

Wir suchen Wahrheit und erfülltes Leben.
Das finden wir durch den heiligen Geist in Jesus Christus.
Wir sind getauft. Die Taufe verbindet uns mit den christlichen Kirchen auf der ganzen Welt.
Wir feiern Gottesdienst: Gebet und Musik, Predigt und Abendmahl stärken uns Gott zu lieben und den Nächsten wie uns selbst.
Wir nehmen Menschen so an, wie sie sind, und begleiten sie in den Höhen und Tiefen ihres Lebens.
Wir ermutigen Menschen, sich mit der Wahrheit Gottes auseinander zu setzen. Unsere Gemeinden sind Oasen zum Auftanken.
Unser Glaube sucht Gemeinschaft und gewinnt auch darin Gestalt, wie wir unsere Kirche organisieren. Zum Profil unserer Kirche gehören die vielen verantwortlich handelnden ehrenamtlichen Mitarbeiterinnen und Mitarbeiter.
Mit Kindern entdecken wir was es heißt heute christlich zu leben.
Wir geben weiter, wovon wir selbst leben: Die gute Nachricht von der Liebe Gottes. Unser Glaube hat Hand und Fuß. Nah und fern helfen wir Menschen in Not, auch durch unsere Diakonische Arbeit
Wir treten in Verantwortung für die zukünftigen Generationen für Frieden, Gerechtigkeit und Bewahrung der Schöpfung ein.
Wir sind eine offen Kirche. In christlicher Verantwortung nehmen wir gesellschaftliche Entwicklungen wahr, greifen Impulse auf und wirken in die Gesellschaft hinein. Für unsere vielfältigen Aufgaben setzen wir das uns anvertraute Geld sinnvoll und effizient ein.

© Evangelische Landeskirche in Baden

M 50.1 Bild: Die Vision Konstantins

Die Darstellung des ersten christlichen Kaisers Konstantin und seiner Gemahlin mit Hofstaat in einer byzantinischen Miniatur (um 885).

Abb. entnommen aus: André Grabar, Byzanz. Die byzantinische Kunst des Mittelalters (vom 8. bis zum 15. Jh.), Reihe Kunst der Welt. Ihre geschichtlichen, soziologischen und religiösen Grundlagen, (1964) ND Baden-Baden 1976, S. 29.

M 51.1 Tafelbild

Franziskus	Innozenz
Die Christen sollen arm sein, wie es Jesus und die Apostel waren.	Der Papst ist Königen und Kaiser übergeordnet. Das erfordert eine machtvolle und reiche Kirche.
Begründung: Jesus hat von seinen Jüngern Armut gefordert. Das gilt auch für uns.	Begründung: Durch allegorische Auslegung von Gen 1.

M 52.1 Mindmap

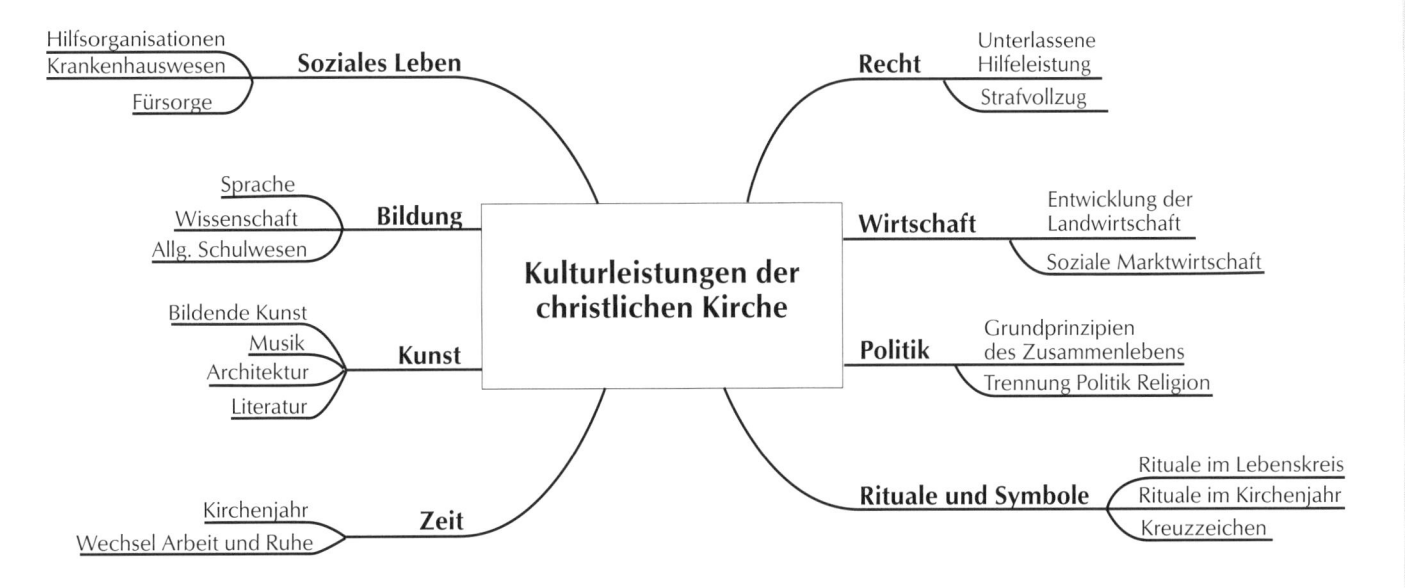

Soziales Leben
- Hilfsorganisationen
- Krankenhauswesen
- Fürsorge

Bildung
- Sprache
- Wissenschaft
- Allg. Schulwesen

Kunst
- Bildende Kunst
- Musik
- Architektur
- Literatur

Zeit
- Kirchenjahr
- Wechsel Arbeit und Ruhe

Kulturleistungen der christlichen Kirche

Recht
- Unterlassene Hilfeleistung
- Strafvollzug

Wirtschaft
- Entwicklung der Landwirtschaft
- Soziale Marktwirtschaft

Politik
- Grundprinzipien des Zusammenlebens
- Trennung Politik Religion

Rituale und Symbole
- Rituale im Lebenskreis
- Rituale im Kirchenjahr
- Kreuzzeichen

M 53.1 Stadtplan von Freiburg (1650)

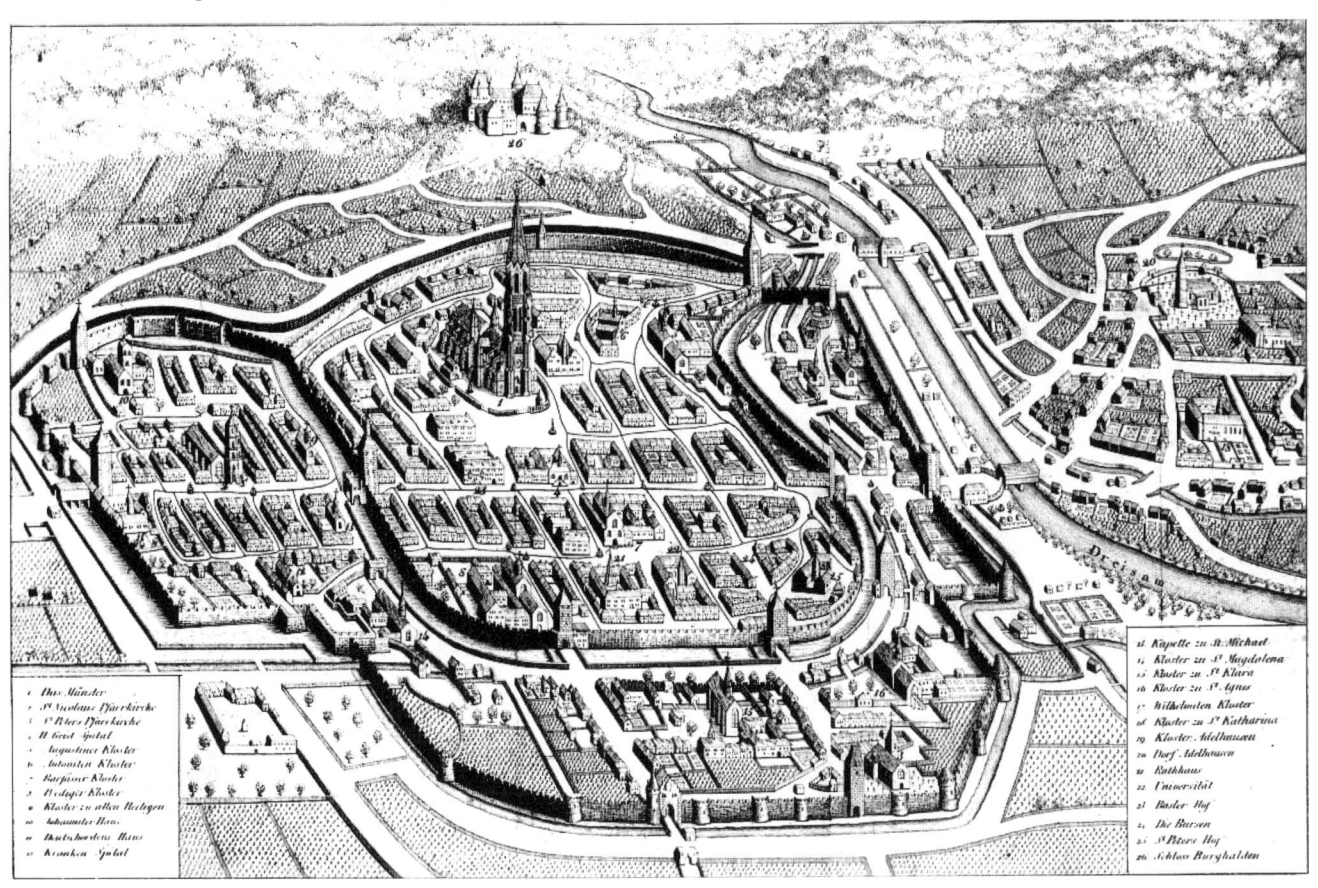

307

M 53.2 Die Geschichte des christlichen Kirchenbaus im westlichen Europa

Phasen	Antike	Frühmittelalter	Mittelalter		Neuzeit		Moderne		
Zeit	100	500	850	1200	1500	1600	1770	1840	1900
Stil	**Frühchristlicher Kirchenbau**	**Vorromanischer Kirchenbau**	**Romanik**	**Gotik**	**Renaissance**	**Barock und Rokkoko**	**Klassizismus**	**Historismus**	**Moderner Kirchenbau**
Merkmale	Hauskirchen Basilika Zentralbau Baptisterien	Einfaches Langhaus Zentralbau Westwerk	Krypta Massives Tonnen- oder Kreuzgewölbe Rundbogen	Hohe Kreuzrippengewölbe oder Netzgewölbe Spitzbogen Maßfenster	Zentralbau nach antikem Vorbild mit Säulenkapitellen	Bewegte Fassade prunkvolle Innengestaltung Ovaler oder elliptischer Grundriss Evangelisch: schlichte Predigerkirchen mit Emporen und Kanzelaltar	Portikus nach dem Vorbild des griech. Tempels	Rückgriff auf Gotik, Romanik und Renaissance	Lösung von früheren Formen Plastische begehbare Raumformen
Bildbeispiele	*Hauskirche in Dura Europos Basilika St. Peter*	*Pfalzkapelle Aachen Abteikirche Corvey*	*Speyer*	*Freiburg Reims*	*Schema Zentralkuppelbasilika*	*Vierzehnheiligen*	*Stadtkirche Karlsruhe Husum*	*Johanniskirche KA Meckesheim*	*Ronchamp Lukaskirche KA*

M 54.1 Konfrontationslinien

Mittelalterliche Kirche
übernimmt Aufgaben öffentlicher Administration
übt durch Rechtssetzung Einfluss auf die Politik aus

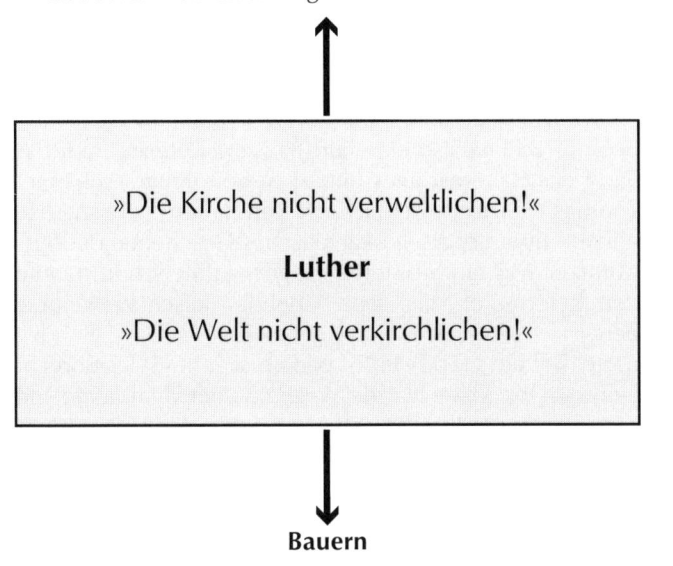

Islamisches Staatsverständnis
- Koran als Rechtsgrundlage für staatliches Handeln
- Geistliche als Rechtsgelehrte

»Die Kirche nicht verweltlichen!«

Luther

»Die Welt nicht verkirchlichen!«

Bauern
Die »Freiheit eines Christenmenschen« (Luther) begründet politische Forderungen

M55/56.1 Gerhard Ebeling: Luthers Zweireichelehre

Die Zweireichelehre lässt sich nicht in einem Diagramm darstellen. Denn hier ist alles Bewegung, Geschehen und Kampf. Der [zu Luthers Zeit] vorzufindende Sachverhalt ist die Vermischung der beiden Reiche. Und es ist Sache nicht einmaliger Erklärung, sondern unablässiger Verkündigung [durch Predigt und theologische Auseinandersetzung], die Unterscheidung der beiden Reiche zu vollziehen. [Luther schreibt:] »Ich muss immer solchen Unterschied dieser Reiche einbläuen und [...] eintreiben.[...] Die weltlichen Herren wollen in des Teufels Namen immer Christum lehren [...] wie er seine Kirche und geistlich Regiment soll führen [= führen soll]. So wollen die falschen Pfaffen (gemeint ist wohl auch Thomas Müntzer, der im Bauernkrieg auf Seiten der Bauern stand) [...] immer lehren [...], wie man solle das weltliche Regiment ordnen.«

Gerhard Ebeling, Luther. Einführung in sein Denken, Verlag Mohr Siebeck, Tübingen 1978, S. 200–201.

M 55/56.2 Kupferstich »Der Welt Lauf«

Das in der Renaissance beliebte Motiv des in der freien Natur ruhenden weiblichen Aktes wurde von Beham zu einem Alptraum umgearbeitet. Die Gesichtszüge der schlafenden Frau sind verzerrt, Handschellen und Fußeisen fesseln sie, die Waage der Gerechtigkeit liegt am Boden. Der Wolf schleppt das Schwert des Richters davon. Ein Kind weint an der Schulter der Gefesselten, ein Lamm kauert zu ihren Füßen.
Ursprünglich stand über dem Bild nur die Jahreszahl 1525. Später wurde der Satz »Der Welt Lauf« eingraviert.
Behams Bild ist also eine künstlerische Reflexion auf das Ende des Bauernkrieges und zwar von einem Anhänger Thomas Müntzers, der sich mit den Bauern solidarisierte und ihren Kampf als apokalyptisches Geschehen deutete. Müntzer war ein erbitterter Gegner Luthers und nannte den Reformator »das sanft lebende Fleisch zu Wittenberg«.
Bartel Beham (1502–1540) bildete sich im Stile Albrecht Dürers. Der Maler wurde wegen seiner Sympathie mit dem Theologen Thomas Müntzer aus seiner Heimatstadt Nürnberg verbannt. Seit 1527 war Beham dann Hofmaler Herzog Wilhelms IV. in München. Hier schuf er vor allem viele Fürstenporträts und Kupferstiche.

Peter Blickle, Der Bauernkrieg, Verlag C. H. Beck, München 1998, S. 105f.

Bartel Beham, Der Welt Lauf. Kupferstich 1525.

M 55/56.3 Schema zu Martin Luthers Lehre von den beiden Regimenten

> Gottes Reich (Macht) steht im Kampf mit dem Reich des Bösen.
> Gott bedient sich dabei zweier Regimente, die beide unter seiner Herrschaft stehen
> Zwei Formen des Liebeshandelns Gottes

1 Das geistliche Regiment Gottes
(= die Handlungsweise Gottes zur Rechten)

zum Schutz gegen die Macht des Bösen in geistlicher Hinsicht. Hier gelten bspw. Mt 5,38–48; Röm 12,19 oder 1. Petr. 3,9.

Vermittelt Glaube, Gewissensfreiheit, lässt Hybris und Unvernunft erkennen. Tröstet in der Anfechtung, macht frei und gibt Kraft zur Nächstenliebe, lässt hoffen auf das Kommen des ewigen Reiches Gottes in der Herrlichkeit und Frieden und Gerechtigkeit

---

Mittel: Das Wort der Verkündigung in Gesetz und Evangelium

2 Das weltliche Regiment Gottes
(= die Handlungsweise Gottes zur Linken

zum Schutz gegen die Macht des Bösen in leiblicher Hinsicht. Hier gelten bspw. Röm 13,1–7 oder 1. Petr. 2,13f.

Dient der Bewahrung der äußeren Freiheit, des äußeren Friedens und des leiblichen Wohls → »Kampf gegen das Chaos«

Mittel: Schwert, Recht, Gewalt, Vernunft

Ziel Gottes mit seinem Liebeshandeln mit den zwei Regimenten:

Die endgültige Aufrichtung und Offenbarung seiner vollkommenen Herrschaft in seinem Reich der Liebe und des Friedens.

> Das Reich des Teufels (Macht des Bösen) versucht, die Geschöpfe von ihrem Schöpfer abzubringen, sodass sie sich und die Schöpfung zerstören.
> Das Reich des Teufels bzw. die Macht des Bösen lässt sich bei Luther auch gut als »Chaos« und Unordnung charakterisieren.

M 57.1 Protestanten und Demokratie

Vor gut einem Dezennium stellte eine Denkschrift der Evangelischen Kirche Deutschlands klar, dass die deutschen Protestanten die demokratischen Strukturen der Bundesrepublik Deutschland in bewusster Verantwortung mittragen. Hier bricht die deutsche evangelische Kirche mit ihrer antidemokratischen Tradition, die sich in der Ablehnung der Weimarer Republik, der ersten Demokratie auf deutschem Boden, in fataler Konsequenz gezeigt hatte. Eine positive Wertung der Demokratie gilt in ideengeschichtlicher Perspektive eher als Folge der reformiert-puritanischen theologischen Tradition denn der lutherischen, weil jene den Gedanken eines Bundes Gottes mit seinem Volk akzentuiert und so die Verantwortung von Regent und Volk eingeschärft habe. Max Weber und Ernst Troeltsch vertraten übereinstimmend die Überzeugung des »calvinischen Ursprungs der Modernität und des konservativen Charakters des Luthertums.« Dagegen stellte der Historiker Thomas Nipperdey die These auf, dass die lutherischen Kirchen in Deutschland ebenso wenig aufgrund ihrer lutherischen Tradition Teil des Obrigkeitsstaates wurden wie die calvinischen Soziallehre zum Vorläufer der modernen Freiheitsbewegungen. Entscheidend seien vielmehr die jeweiligen politischen Umstände. Das bedeutete, dass die deutschen Lutheraner nicht deshalb antidemokratisch agierten, weil sie Lutheraner, sondern weil sie Deutsche waren; die amerikanischen Lutheraner müssten dagegen deshalb Demokraten gewesen sein, weil sie amerikanische Staatsbürger waren.

Angelika Dörfler-Dierken, Luthertum und Demokratie. Deutsche und amerikanische Theologen des 19. Jahrhunderts, © Vandenhoeck & Ruprecht, Göttingen 2000, S. 11f.

57.2 Drei Aussagen zum Irak-Krieg

»Gott hat uns aufgerufen, unser Land zu verteidigen und die Welt zum Frieden zu führen.«

»Ein präventiver Krieg ist eine Aggression, und er kann nicht als gerechter Krieg zur Selbstverteidigung definiert werden.«

»Krieg soll nach Gottes Willen nicht sein.«

M 58.1 Luther und die Aufklärung

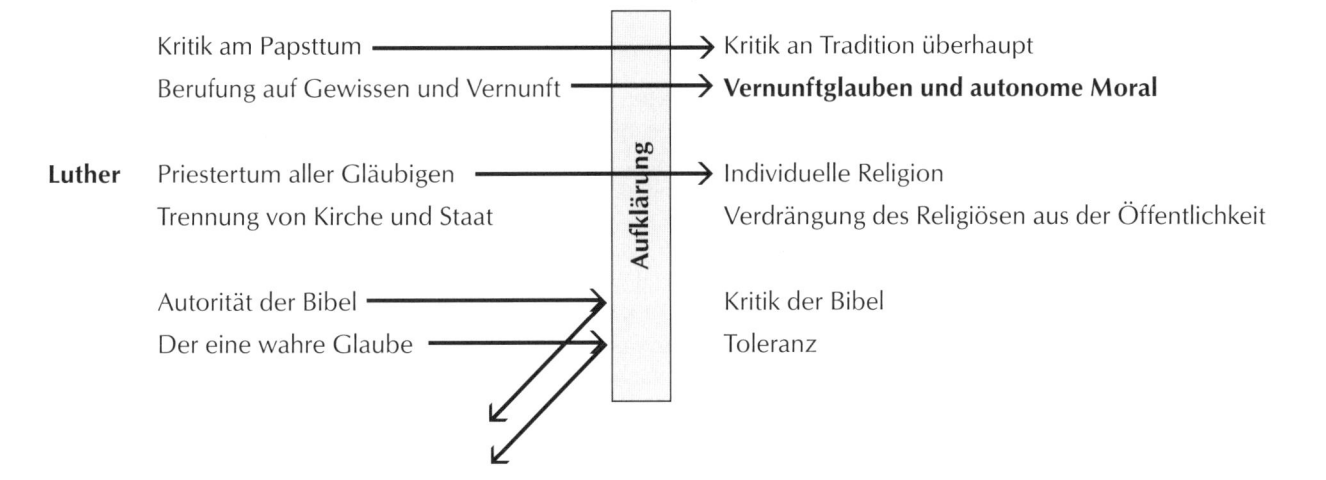

Luther

Kritik am Papsttum → Kritik an Tradition überhaupt

Berufung auf Gewissen und Vernunft → **Vernunftglauben und autonome Moral**

Priestertum aller Gläubigen → Individuelle Religion

Trennung von Kirche und Staat → Verdrängung des Religiösen aus der Öffentlichkeit

Autorität der Bibel → Kritik der Bibel

Der eine wahre Glaube → Toleranz

(Aufklärung)

M 58.2 Plakatvergleich

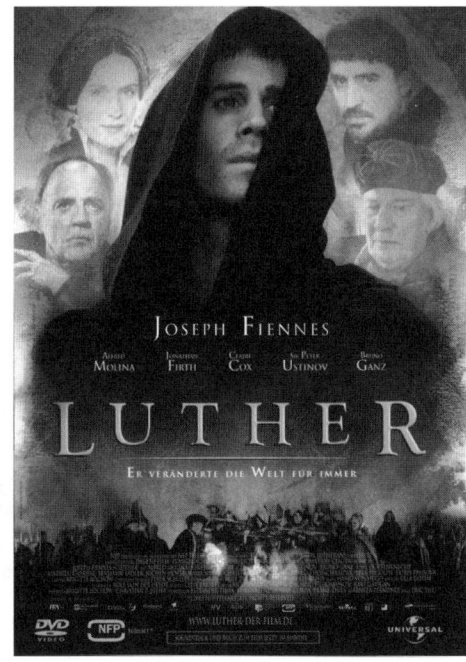

313

M 59.1 Barmer Theologische Erklärung, These 3, 4, 6

3. »Lasset uns aber rechtschaffen sein in der Liebe und wachsen in allen Stücken an dem, der das Haupt ist, Christus, von welchem aus der ganze Leib zusammengefügt ist« (Eph.4, 15–16).
Die christliche Kirche ist die Gemeinde von Brüdern, in der Jesus Christus in Wort und Sakrament durch den Heiligen Geist als der Herr gegenwärtig handelt. Sie hat mit ihrem Glauben wie mit ihrem Gehorsam, mit ihrer Botschaft wie mit ihrer Ordnung mitten in der Welt der Sünde als die Kirche der begnadigten Sünder zu bezeugen, dass sie allein sein Eigentum ist, allein von seinem Trost und von seiner Weisung in Erwartung seiner Erscheinung lebt und leben möchte.
Wir verwerfen die falsche Lehre, als dürfe die Kirche die Gestalt ihrer Botschaft und ihrer Ordnung ihrem Belieben oder dem Wechsel der jeweils herrschenden weltanschaulichen und politischen Überzeugungen überlassen.

4. »Ihr wisset, dass die weltlichen Fürsten herrschen und die Oberherren haben Gewalt. So soll es nicht sein unter euch; sondern so jemand will unter euch gewaltig sein, der sei euer Diener« (Matth.20, 25–26).
Die verschiedenen Ämter in der Kirche begründen keine Herrschaft der einen über die anderen, sondern die Ausübung des der ganzen Gemeinde anvertrauten und befohlenen Dienstes.
Wir verwerfen die falsche Lehre, als könne und dürfe sich die Kirche abseits von diesem Dienst besondere, mit Herrschaftsbefugnissen ausgestattete Führer geben oder geben lassen.

6. »Siehe, ich bin bei euch alle Tage bis an der Welt Ende« (Matth.28,20). »Gottes Wort ist nicht gebunden« (2.Tim.2,9).
Der Auftrag der Kirche, in welchem ihre Freiheit gründet, besteht darin, an Christi Statt und also im Dienst seines eigenen Wortes und Werkes durch Predigt und Sakrament die Botschaft von der freien Gnade Gottes auszurichten an alles Volk. Wir verwerfen die falsche Lehre, als könne die Kirche in menschlicher Selbstherrlichkeit das Wort und Werk des Herrn in den Dienst irgendwelcher eigenmächtig gewählter Wünsche, Zwecke und Pläne stellen.
Die Bekenntnissynode der Deutschen Evangelischen Kirche erklärt, dass sie in der Anerkennung dieser Wahrheiten und in der Verwerfung dieser Irrtümer die unumgängliche theologische Grundlage der Deutschen Evangelischen Kirche als eines Bundes der Bekenntniskirchen sieht. Sie fordert alle, die sich ihrer Erklärung anschließen können, auf, bei ihren kirchenpolitischen Entscheidungen dieser theologischen Erkenntnisse eingedenk zu sein. Sie bittet alle, die es angeht, in die Einheit des Glaubens, der Liebe und der Hoffnung zurückzukehren.
Verbum Dei manet in aeternum.

Kirchliches Jahrbuch für die EKD 1933–1944, S. 71f.

M 59.2 Richtlinien der Deutschen Christen vom 26. Mai 1932 (Auszug)

1. Diese Richtlinien wollen allen gläubigen deutschen Menschen Wege und Ziele zeigen, wie sie zu einer Neuordnung der Kirche kommen. Diese Richtlinien wollen weder ein Glaubensbekenntnis sein oder ersetzen, noch an den Bekenntnisgrundlagen der evangelischen Kirche rütteln. Sie sind ein Lebensbekenntnis.
2. Wir kämpfen für einen Zusammenschluss der im »Deutschen Evangelischen Kirchenbund« zusammengefassten 29 Kirchen zu einer Evangelischen Reichskirche und marschieren unter dem Ruf und Ziel:
Nach außen eins und geistgewaltig, Um Christus und sein Werk geschart, Nach innen reich und vielgestaltig, Ein jeder Christ nach Ruf und Art! (Nach Geibel.)
4. Wir stehen auf dem Boden des positiven Christentums. Wir bekennen uns zu einem bejahenden artgemäßen Christus-Glauben, wie er deutschem Luther-Geist und heldischer Frömmigkeit entspricht ...
7. Wir sehen in Rasse, Volkstum und Nation uns von Gott geschenkte und anvertraute Lebensordnungen, für deren Erhaltung zu sorgen uns Gottes Gesetz ist. Daher ist der Rassenvermischung entgegenzutreten. Die deutsche Äußere Mission ruft auf Grund ihrer Erfahrung dem deutschen Volke seit langem zu: »Halte deine Rasse rein!« und sagt uns, dass der Christusglaube die Rasse nicht zerstört, sondern vertieft und heiligt.
8. Wir sehen in der recht verstandenen Inneren Mission das lebendige Tat-Christentum, das aber nach unserer Auffassung nicht im bloßen Mitleid, sondern im Gehorsam gegen Gottes Willen und im Dank gegen Christi Kreuzestod wurzelt. Bloßes Mitleid ist »Wohltätigkeit« und wird zur Überheblichkeit, gepaart mit schlechtem Gewissen, und verweichlicht ein Volk. Wir wissen etwas von der christlichen Pflicht und Liebe den Hilflosen gegenüber, wir fordern aber auch Schutz des Volkes vor den Untüchtigen und Minderwertigen. Die Innere Mission darf keinesfalls zur Entartung unseres Volkes beitragen. Sie hat sich im Übrigen von wirtschaftlichen Abenteuern fernzuhalten und darf nicht zum Krämer werden.
9. In der Judenmission sehen wir eine schwere Gefahr für unser Volkstum. Sie ist das Eingangstor fremden Blutes in unseren Volkskörper. Sie hat neben der Äußeren Mission keine Daseinsberechtigung. Wir lehnen die Judenmission in Deutschland ab, solange die Juden das Staatsbürgerrecht besitzen und damit die Gefahr der Rassenverschleierung und Bastardierung besteht. Die Heilige Schrift weiß auch etwas zu sagen von heiligem Zorn und sich versagender Liebe. Insbesondere ist die Eheschließung zwischen Deutschen und Juden zu verbieten.
10. Wir wollen eine evangelische Kirche, die im Volkstum wurzelt, und lehnen den Geist eines christlichen Weltbürgertums ab. Wir wollen die aus diesem Geiste entspringenden verderblichen Erscheinungen wie Pazifismus, Internationale, Freimaurertum usw. durch den Glauben an unsere von Gott befohlene völkische Sendung überwinden. Die Zugehörigkeit eines evangelischen Geistlichen zur Freimaurerloge ist nicht statthaft.

Kirchliches Jahrbuch für die EKD 1933–1944, S. 14f.

M 60.1 Tafelbild: Verhältnis von Staat und Kirche im Grundgesetz

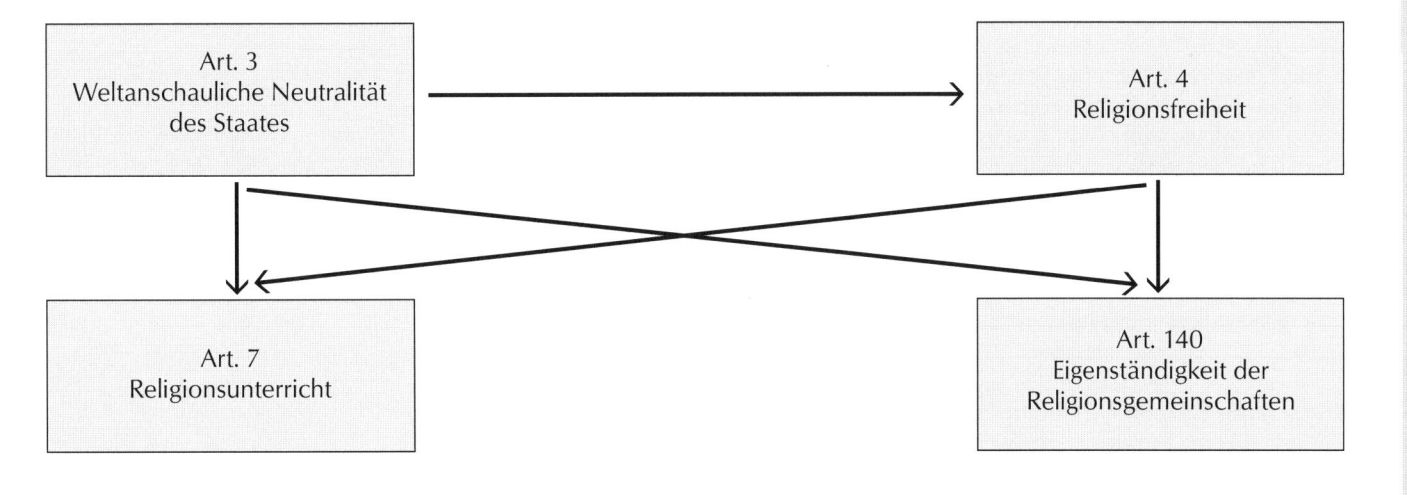

```
┌─────────────────────┐                    ┌─────────────────────┐
│      Art. 3         │ ─────────────────> │      Art. 4         │
│ Weltanschauliche    │                    │  Religionsfreiheit  │
│ Neutralität         │                    │                     │
│ des Staates         │                    │                     │
└─────────────────────┘                    └─────────────────────┘
         │         ╲                        ╱         │
         │          ╲                      ╱          │
         ▼           ╲                    ╱           ▼
┌─────────────────────┐                    ┌─────────────────────┐
│      Art. 7         │                    │     Art. 140        │
│ Religionsunterricht │                    │ Eigenständigkeit der│
│                     │                    │ Religionsgemein-    │
│                     │                    │ schaften            │
└─────────────────────┘                    └─────────────────────┘
```

┌──┐
│   System der Koordination und Kooperation (hinkende Trennung) │
└──┘

M 62.1 Die Augsburger Konfession, Artikel 7

Die Augsburger Konfession. Confessio oder Bekenntnis des Glaubens etlicher Fürsten und Städte überantwortet Kaiserlicher Majestät zu Augsburg Anno 1530.

Über die Kirche und ihre Einheit
Es wird auch gelehrt, dass allezeit die eine, heilige, christliche Kirche sein und bleiben muss. Sie ist die Versammlung aller Gläubigen, bei denen das Evangelium einmütig im rechten Verständnis verkündigt und die Sakramente dem Wort Gottes gemäß gefeiert (ursprünglich *gereicht*) werden. Für die wahre Einheit der christlichen Kirche ist es daher nötig, überall die gleichen, von den Menschen eingesetzten kirchlichen Ordnungen (ursprünglich *Zeremonien*, womit gottesdienstliche, rechtliche Ordnungen, religiöse Gebräuche usw. gemeint sind) einzuhalten – wie Paulus an die Epheser schreibt: »Ein Leib und ein Geist, wie ihr auch durch eure Berufung zu einer Hoffnung berufen seid; ein Herr, ein Glaube, eine Taufe« (Eph 4,4f.).

M 64.1 Tabelle

Kerygma Verkündigung, Predigt, Lehre	Diakonia Dienst, Dienen	Koinonia Gemeinschaft mit Gott und Gemeinschaft untereinander
Vermittlung der Botschaft durch Wort und Sakrament	Hilfeleistung für Menschen in Not	
Konkretion des Willen Gottes	soziale und politische Diakonie statt Theokratie	Gemeindeaufbau neuer Lebensstil
Zeugnis ablegen vom Leben Christi	Für andere da sein	Lob und Feier
Martyria	Orthopraxie	Liturgie

M 65/66.1 Diskussion um den Sonntag

Zwei Milliarden Mark Umsatz macht die Dussmann-Gruppe im Klinik- und Pflegebereich, mit Wach- und Putzdiensten und mit dem »Kulturkaufhaus« in Berlin. Mit Kirchen und Gewerkschaften liegt der Unternehmer im Streit. Ein Disput zwischen Peter Dussmann und Bischof Wolfgang Huber im Deutschen Sonntagsblatt (ds):

ds: Herr Dussmann, Sie möchten in Ihrem Kulturkaufhaus jetzt auch sonntags öffnen. Das würde Ihren Mitarbeitern den Kirchenbesuch und die Sonntagsruhe unmöglich machen ...

Dussmann: Einspruch. Es gibt in unserem Unternehmen, das mit 50.000 Mitarbeitern weltweit tätig ist, viele Bereiche, in denen wir sieben Tage die Woche rund um die Uhr arbeiten müssen. Man kann Kranke und Senioren nicht am Sonntag unbetreut lassen. Und was unser Kulturkaufhaus betrifft, müssen wir nicht unbedingt um zehn Uhr aufmachen. Wir können auch um zwölf öffnen, damit jeder Zeit für seinen Kirchgang hätte.

ds: Bischof Huber, beruhigt es Sie, so etwas zu hören?

Huber: Überhaupt nicht. Es ist absolut unberechtigt, die besondere Arbeitssituation in Krankenhäusern und Seniorenheimen auf andere Dienstleistungsbereiche auszudehnen. Dem Volk Israel, das in der Begegnung mit seinem Gott alle sieben Tage einen Tag lang kollektiv die Arbeit niedergelegt hat, verdanken wir diese großartige Erfindung. Dabei geht es aber nicht nur um individuelle Erholung.

Dussmann: Das kollektive Handeln des Volkes Israel, von dem Sie sprechen, ist jetzt 2000 Jahre her. Heute leben wir in einer globalen Welt. Da gibt es neue Techniken, grenzenlosen Austausch und das Internet.

Huber: Umgekehrt, Herr Dussmann: Wenn wir meinen, wir könnten die großen kulturellen Errungenschaften innerhalb einer Generation einfach kaputtmachen, dann graben wir uns das eigene Grab. Es ist nicht Traditionalismus, wenn ich darauf hinweise, dass zum Leben ein gewisser Rhythmus gehört.

Dussmann: Das ist sehr ehrenwert, dass Sie an Menschen denken, die sonntags arbeiten müssen. Aber wir zwingen doch niemanden dazu. In unserem Kulturkaufhaus fordern wir natürlich nicht die Mutter mit drei Kindern auf, abends zu arbeiten. Wir haben junge Leute, die gerne abends arbeiten. Es gibt auch viele, die sagen: Ich arbeite gerne am Sonntag.

Deutsches Allgemeines Sonntagsblatt, 14. Mai 1999 Nr. 20/1999

Materialien zum Kapitel »Gerechtigkeit«

M 73.1 Zuordnungen von Gerechtigkeitsbegriffen zu elementaren sozialen Konstellationen

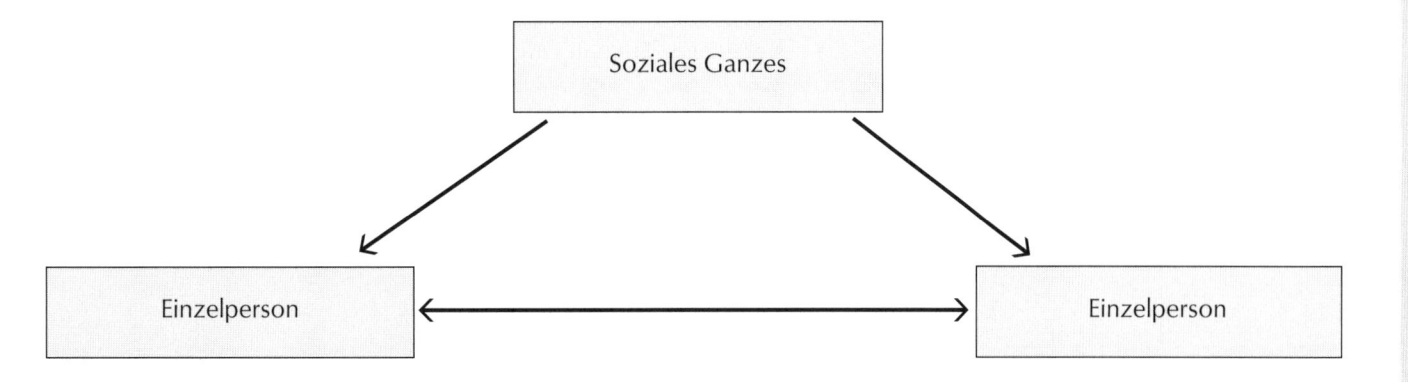

```
                    Soziales Ganzes
                    /            \
                   ↙              ↘
        Einzelperson  ←—————→  Einzelperson
```

nach: Dieter Menath, Recht und Gerechtigkeit, München 1997, S. 73

M 74.1 Zehn Gebote als Bewahrung der Freiheit (Frank Crüsemann)

Adressaten
männliche Vollbürger, aus der Knechtschaft befreite Vollbürger

Gebot 6–7
schützen das Leben des Vollbürgers, ein Verstoß gegen diese Gebote schlägt auf den Täter zurück: Gebote als Grenze

Du sollst nicht töten
Du sollst nicht ehebrechen

Gebot 8–10
Sicherung der Lebensverhältnisse des anderen Vollbürgers

Du sollst nicht stehlen
Du sollst nicht falsch aussagen vor Gericht
Du sollst nicht begehren

Gebot 1–3
Sicherung der Beziehung zu JHWH

Bleibe bei Jahwe
Mach dir keine anderen Götter
Missbrauche nicht den Namen des Herrn

Reichweite
Zehn Gebote sind bezogen auf die Befreiungstat am Anfang

Ich bin der Herr, dein Gott, der dich aus Ägypten, aus der Knechtschaft geführt hat

Gebot 4–5
positiv formulierte Vorschriften Ruhe für alle am Sabbat und materielle Versorgung der Eltern

Du sollst den Feiertag heiligen
Ehre Vater und Mutter

Absicht
Die im Prolog gewährte Freiheit wird bewahrt durch die Forderungen des Minimalkataloges

M 75.1 Unrecht: Motivation/Absicht – Folgen – Normverletzungen

	Motivation/Absicht	Folgen	Regelverletzung
Am 5,11	Bereicherung; Leben im Luxus; Fehlende Einsicht in Folgen	mögliche Schuldsklaverei	zu hohe Zinsen, die legal aber unmoralisch sind
Am 2,6f.	Einschüchterung durch Gewaltanwendung	Verletzung, Demütigung	
	Sexuelle Lust	Demütigung	Ausnutzen von Abhängigen
Am 8,4–7	Gier nach materiellem Gewinn	Erwerb verschmutzter Ware; zu wenig Ware für das bezahlte Geld	Bewusste Täuschung, Betrug

M 75.2 Fallbeispiele

Eine Autofirma hat mit dem Kapital an der Börse spekuliert und so viel Geld verloren, dass der Bestand der Firma gefährdet ist. An Lohnerhöhungen und Dividenden für die Aktionäre ist nicht zu denken.	Junge Menschen laden kostenlos Filme und Musik-CDs aus dem Internet. Die Filmindustrie und die Musikbranche haben Umsatzeinbrüche, die ihren Bestand gefährden.
Firma A. entlässt 50 Mitarbeiter, um den restlichen 200 Mitarbeitern den Arbeitsplatz langfristig zu sichern.	Eine Firma kassiert hohe Gebühren für die Entsorgung von Müll, den sie dann aber illegal ins Meer kippt.
Ein Bankhaus handelt auch mit *Aktien* einer Firma, die wegen undurchsichtiger Waffenverkäufe, möglicherweise auch in Krisengebieten, ins Gerede gekommen ist.	Ein Teppichhändler weigert sich die Teppiche zu kennzeichnen, die nicht durch Kinderarbeit hergestellt wurden, weil er dadurch Umsatzeinbußen befürchtet.

M 76.1 Diskussionskarten

Ich helfe grundsätzlich niemandem. Ich möchte auch nicht, dass andere mir helfen.	Ich bin generell hilfsbereit. Ich fühle mich gut, wenn ich anderen helfe.
Ich versuche nach der Bibel zu leben. Hilfsbereitschaft und Nächstenliebe sind eng mit meinem Glauben verbunden.	Jeder braucht irgendwann die Hilfe anderer, auch ich. Deshalb helfe ich anderen, wenn es mir möglich ist.
Es gibt Gesetze, die uns zur Hilfe an Mitmenschen auffordern. Wer anderen in einer Notlage nicht hilft, macht sich strafbar.	

M 76.2 Rechtssätze und ethische Anweisungen

	Rechtssatz	Ethische Anweisung
Textbeispiel	»Wenn jemand ein Rind oder ein Schaf stiehlt und verkauft es oder schlachtet es, so soll er fünf Rinder für ein Rind und vier Schafe für ein Schaf wiedergeben«. (Ex 21,27)	»Den Fremdling sollst du nicht bedrängen und bedrücken, denn ihr seid auch Fremdlinge in Ägypten gewesen«. (Ex 22,20)
Struktur	Schilderung der Situation Ankündigung der Sanktion bei Verfehlung	Aufforderung oder »wenn-dann-Satz« evtl. Begründung eine Sanktionsankündigung fehlt

M 78/79.1 Urzeitmythos und Endzeitmythos

	Urzeitmythos	**Endzeitmythos**
Inhalt	Vorzeit:	Endgericht:
	Auftrag:	Trennung Schafe und Böcke:
	Verfahren:	Werke der Barmherzigkeit:
	Entscheidend:	Das Entscheidende:
Gerechtes Handeln	Unter Voraussetzung einer ungleichen Verteilung der Lebenschancen kann man Gerechtigkeit nur verwirklichen, wenn bei der Verteilung von Lebensgütern auch die Schwächsten Vorteile daraus ziehen.	Gerechtes Handeln zeigt sich in der Zuwendung zu den Geringsten.
Gemeinsamkeiten	Schleier der Unwissenheit. Kriterium sind die Schwachen.	
Unterschiede	1. Das eigene Geschick wird zum Maßstab der Gerechtigkeit. 2. Menschen erscheinen als Schöpfer der Welt.	Das Geschick der anderen wird zum Maßstab der Gerechtigkeit. Wir finden die Welt vor.

M 78/79.2 Gerechtigkeit als Fairness

Ich behaupte, dass die Menschen im Urzustand zwei Grundsätze wählen würden: einmal die Gleichheit der Grundrechte und -pflichten; zum anderen den Grundsatz, dass soziale und wirtschaftliche Ungleichheiten, etwa verschiedener Reichtum oder verschiedene Macht, nur dann gerecht sind, wenn sich aus ihnen Vorteile für jedermann ergeben, insbesondere für die schwächsten Mitglieder der Gesellschaft. Nach diesen Grundsätzen kann man Institutionen nicht damit rechtfertigen, dass den Unbilden einiger ein größerer Gesamtnutzen gegenüberstehe. Es ist vielleicht zweckmäßig, aber nicht gerecht, dass einige weniger haben, damit es anderen besser geht. Es ist aber nichts Ungerechtes an den größeren Vorteilen weniger, falls es dadurch auch den nicht so Begünstigten besser geht. Die intuitive Vorstellung ist die, dass jedermanns Wohlergehen von der Zusammenarbeit abhängt, ohne die niemand ein befriedigendes Leben hätte, und das daher die Verteilung der Güter jeden, auch den weniger Begünstigten, geneigt machen sollte, bereitwillig mitzuarbeiten. Die beiden soeben erwähnten Grundsätze dürften eine faire Grundlage dafür sein, dass die Begabteren oder sozial besser Gestellten – was beiden nicht als Verdienst angesehen werden kann – auf die bereitwillige Mitarbeit anderer rechnen können, sofern eine funktionierende Regelung eine notwendigere Bedingung für das Wohlergehen aller ist. Sobald man sich für eine Gerechtigkeitsvorstellung entschieden hat, die die Zufälligkeiten der natürlichen Begabung und der gesellschaftlichen Verhältnisse nicht zu politischen und wirtschaftlichen Vorteilen führen lässt, gelangt man zu diesen Grundsätzen. Sie lassen jene Seiten der sozialen Welt aus dem Spiel, die als moralisch willkürlich erscheinen.

John Rawls, Gerechtigkeit als Fairness, © Suhrkamp Verlag, Frankfurt a. M. 1979, S. 31f.

M 80.1 Gerechtigkeit Gottes

Gottes Gerechtigkeit	Anthropologisches Konzept	Folgen
Eigenschaft Gottes (Z. 10)	Sein Leben selbst in die Hand nehmen müssen; den Sinn seines Lebens selbst verwirklichen. (Z. 34–37)	Ambivalenz: Fortschritte und Verbrechen und zugleich Suchen nach Transzendenz. (Z. 35–39)
Gabe Gottes (Z. 11)	Ich bin mehr als ich selber aus mir mache. (Z. 56–57)	Wahrnehmung, dass das Leben des Lebens in umgreifende Zusammenhänge eingebettet ist. (Z. 31–32)

321

M 82/83.1 Karikatur aus einer Straßenzeitung

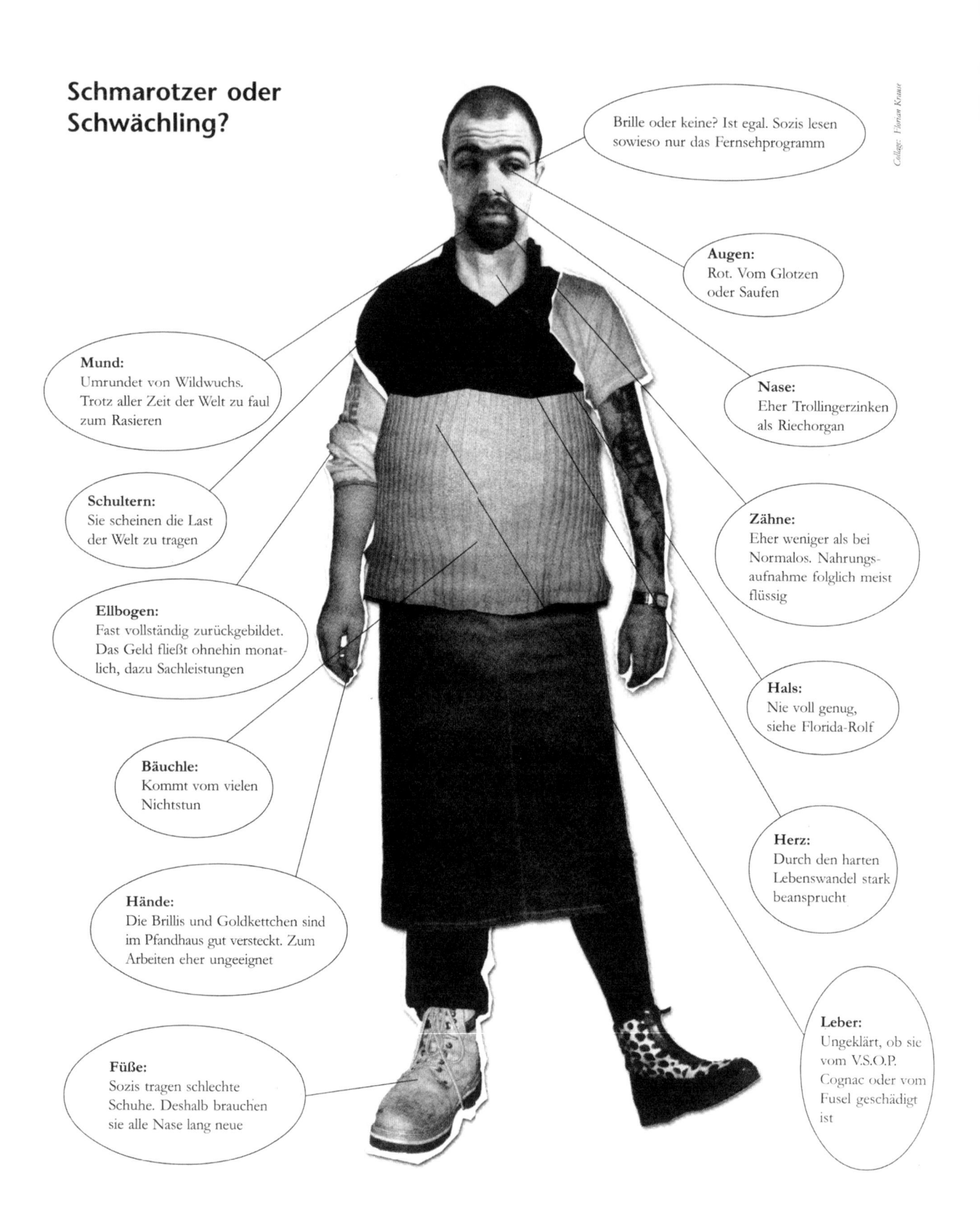

Schmarotzer oder Schwächling?

Brille oder keine? Ist egal. Sozis lesen sowieso nur das Fernsehprogramm

Augen: Rot. Vom Glotzen oder Saufen

Nase: Eher Trollingerzinken als Riechorgan

Zähne: Eher weniger als bei Normalos. Nahrungsaufnahme folglich meist flüssig

Hals: Nie voll genug, siehe Florida-Rolf

Herz: Durch den harten Lebenswandel stark beansprucht

Leber: Ungeklärt, ob sie vom V.S.O.P. Cognac oder vom Fusel geschädigt ist

Mund: Umrundet von Wildwuchs. Trotz aller Zeit der Welt zu faul zum Rasieren

Schultern: Sie scheinen die Last der Welt zu tragen

Ellbogen: Fast vollständig zurückgebildet. Das Geld fließt ohnehin monatlich, dazu Sachleistungen

Bäuchle: Kommt vom vielen Nichtstun

Hände: Die Brillis und Goldkettchen sind im Pfandhaus gut versteckt. Zum Arbeiten eher ungeeignet

Füße: Sozis tragen schlechte Schuhe. Deshalb brauchen sie alle Nase lang neue

Collage: Florian Krause

Aus: trott-war. Die Straßenzeitung im Südwesten, Nr. 2/2004, S. 13.

M 94/95.1 Zusammenhang von Personalität, Solidarität und Subsidiarität

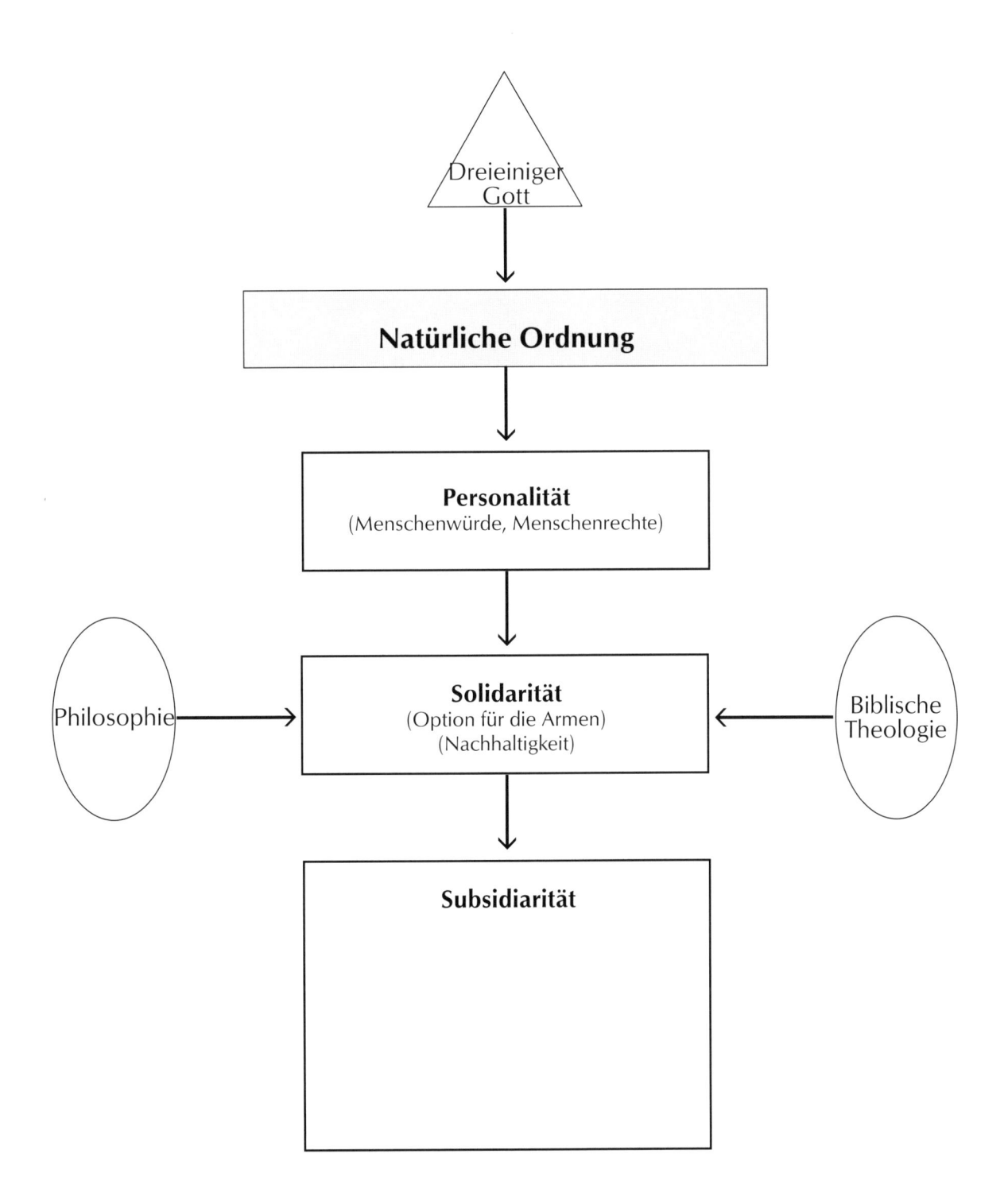

```
                    △
                 Dreieiniger
                    Gott
                     │
                     ▼
          ┌─────────────────────┐
          │  Natürliche Ordnung │
          └─────────────────────┘
                     │
                     ▼
              ┌──────────────┐
              │ Personalität │
              │(Menschenwürde,│
              │ Menschenrechte)│
              └──────────────┘
                     │
                     ▼
   ╭─────────╮  ┌──────────────┐  ╭──────────╮
   │Philoso- │→ │ Solidarität  │ ←│ Biblische│
   │ phie    │  │(Option für   │  │Theologie │
   ╰─────────╯  │ die Armen)   │  ╰──────────╯
                │(Nachhaltigkeit)│
                └──────────────┘
                     │
                     ▼
              ┌──────────────┐
              │ Subsidiarität│
              │              │
              │              │
              └──────────────┘
```

M 96/97.1 Soziale Gerechtigkeit

Kategorien	Inhalte
Soziale Gerechtigkeit	
Verwirklichung sozialer Gerechtigkeit angesichts Armut, Schwäche	
Voraussetzungen für Teilhabe und Teilnahme am gesellschaftlichen und wirtschaftlichen Leben	

M 96/97.2 Sozialhilfe: Situation und Maßnahmen

Situation	Maßnahmen	Begründung
Immer mehr Menschen benötigen Sozialhilfe		
Einfrieren der Sozialhilferegelsätze		
Ersetzen finanzieller Zuwendungen durch Sachleistungen		
Anrechnen von Arbeitseinkommen auf Sozialhilfe		
Praxis der Bedarfsprüfung		

Materialien zum Kapitel »Gott«

M 105.1 Fragekarten

Wie viele Fehlstunden haben Sie im laufenden Schuljahr gehabt?	Wie viele davon waren Sie wirklich krank?
Wie gehen Sie mit Krankheiten um?	Wie haben Sie sich selbst bei Ihrem letzten Arzt- oder Krankenhausbesuch erlebt?
Wie haben Sie die Mitarbeiter/innen der Praxis/des Krankenhauses erlebt?	Hatten Sie (während eines stationären Aufenthaltes) Kontakt mit einem Seelsorger oder einer Seelsorgerin?
Welche Unterschiede erleben Sie zwischen traditioneller und »neuer« (alternativer) Medizin?	Welche Krankenhausserien sehen Sie gelegentlich, regelmäßig, immer im Fernsehen?

M 106.1 Argumentation der Autoren

Wofür	Wogegen
• Vereinbarkeit, Schöpfungsglaube und naturwissenschaftliche Erkenntnis • Gemeinsamkeiten und Differenzen zwischen Schöpfungsgeschichte und naturwissenschaftliche Erkenntnis herausstellen • Wir sind nicht uns selbst überlassen, wir brauchen keine Angst zu haben	• Materialismus (Z. 25) • Pantheismus (Z. 57) • Das Verwechseln von sinndeutendem Weltbild und naturwissenschaftlicher Erkenntnis • Bestreitung naturwissenschaftlicher Erkenntnisse aufgrund biblischer Schöpfungsaussagen

M 106.2 So ist die Welt und das Leben

1. Fragen
Was war bevor alles anfing?
Warum gibt es Menschen? Warum gibt es überhaupt Leben?
Warum gibt es Mann und Frau?
Warum gibt es immer wieder Katastrophen?
Warum gibt es Mord und Totschlag?
Warum essen Menschen Tiere?
Warum müssen Menschen sterben?
Wie geht es weiter?
Gibt es ein Ende?
Ist das, was ist, gut?
Müssen wir Angst haben oder können wir getrost schlafen?
Warum gibt es nicht nichts?

Fragen über Fragen. Fragen, die auf Antwort drängen. Immer wieder. Und immer wieder neu. Wie würden Sie antworten? Denken Sie nach, denn von Ihren Antworten hängt Ihr Leben ab.
Menschen haben schon immer auf diese Fragen Antworten gesucht. Und sie haben Antworten gefunden. Diese Antworten bestehen in Geschichten; Geschichten, die das Herz erfüllen, die Gedanken ordnen, den Füßen Richtung geben und den Händen Aufgaben. Meine Antwort steht in der Bibel und ist viele tausend Jahre alt. Die Bibel erzählt:

2. Der Anfang
Am Anfang ist Gott, nichts als Gott. Es gibt keinen Tag und keine Nacht. Die Zeit ist noch nicht entstanden. Und es gibt noch kein Oben und noch kein Unten. Der Raum ist noch nicht da. Da ist nur Gott.
Doch Gott will ein Gegenüber. Etwas, das anders ist als er, doch ganz mit ihm lebt. Da spricht Gott wie ein König: »Es werde Licht!« Und es wird Licht. Und Gott trennt das Licht von der Finsternis. Und es entsteht die Zeit. Es entstehen Abend und Morgen. Der Untergang der Sonne und ihr Aufgang. Der Takt der Zeit. Der Takt des Tages. Der Takt der Woche, der Takt des Jahres. Die Zeit.
Und Gott sagt: Es werde eine Feste, die da scheide zwischen den Wassern. Da trennt Gott das Oben von dem Unten. Und es entsteht der Raum. Der Raum des Lebens, das Haus des Lebens. Und Gott teilte den Raum in den Luftraum und das Meer, in den Himmel und die Erde.

Und Gott gibt jedem Leben seinen Raum
- den Himmel den Sternen
- den Luftraum den Vögeln
- das Meer den Fischen
- die Erde den Tieren – und denjenigen, die noch kommen sollten.

So ist die Welt gemeint. Jedes Leben soll Raum haben. Raum zum Atmen, Raum zum Leben.

Da sagt Gott zu sich selbst: »Ich will ein Gegenüber, ein Gegenüber, mit dem ich sprechen kann. Ein Geschöpf wie alle anderen, ein Geschöpf wie kein anderes. Ein königliches, aufrechtes Wesen. Ein Wesen, das auf Gemeinschaft angelegt ist. Ein Wesen, das in Gemeinschaft lebt. Ein Wesen, das sich Gemeinschaft verdankt. Ein Geschöpf, das von Anfang nicht allein, sondern nur miteinander lebt. Ein Wesen mit einer besonderen Würde.«

Und so kommt es:
»Und Gott erschafft den Menschen zu seinem Bilde, zum Bilde Gottes erschafft er ihn. Und er erschafft ihn als Mann und Frau« (Gen 1,27).
Und Gott sagt: »Du Mann, du Adam, du Erdling und du Frau, du Eva, du Gebärende, ihr seid Geschöpfe wie die anderen und doch keine Geschöpfe wie alle anderen. Ihr sollt auf der Erde herrschen, in dem Raum, in den ich euch gestellt habe. Ihr sollt handeln so wie ich selbst: Gemeinschaft suchend, die Schwachen schützend, Verantwortung übend. Wer euch sieht, soll eine Ahnung bekommen, wie ich bin. Das ist euer Amt. Das ist eure Berufung. So seid ihr gemeint.«
Und Gott gibt den Tieren das Gras und den Menschen die Früchte zur Nahrung.
Und Gott segnet die Zeit. Gott segnet die Tiere. Gott segnet die Menschen: »Ich gebe euch Lebenskraft. Ich gehe mit euch. Ich bin bei euch alle Tage. Ich helfe euch. Fürchtet euch nicht.«

Gottes Ziel ist Frieden. Frieden zwischen den Geschöpfen. Frieden zwischen den Menschen. Gemeinschaft eben. Gott will für den Menschen ein Leben im Garten, mit lustvoller, partnerschaftlicher Arbeit und Zeit für Ruhe. Mit Zeit füreinander und mit Zeit für Gott. Und jeder soll einmal lebenssatt sterben dürfen. Das ist Gottes Wille.
Doch so ist die Welt nicht. Die Arbeit macht Mühe, Schmerzen gehören zum Leben. Der Tod macht Angst. Zwischen den Tieren und den Menschen herrscht Krieg. Zwischen den Menschen gibt es Neid, Streit, Gewalt und Tod. Warum?

3. Die Vertreibung aus dem Paradies
Gott hatte den Menschen Raum gegeben zum Leben. Hier sollten sie tun und lassen können, was sie wollten. Doch die Freiheit hatte eine Grenze. Mitten im Garten stand der Baum, der Baum der Erkenntnis des Guten und des Bösen. Von ihm hatte Gott gesagt: »Esst nicht davon. Respektiert die Grenze.«
Doch die Menschen beginnen Gott zu misstrauen. Die Schlange sät den Zweifel in ihre Herzen. Das Vertrauen zu Gott zerbricht. Sie greifen nach dem Baum. Sie überschreiten die Grenze. Sie entdecken, was gut und böse ist, doch verlieren sie die Einsicht in das, was sie können und was sie nicht können. Die Menschen werden maßlos.
Das Misstrauen zerstört. Zur Rede gestellt schieben sich die Menschen einander die Schuld zu. »Du bist schuld.« »Nein, du bist schuld.« »Die Schlange ist schuld ... Gott ist schuld ... Was soll eigentlich der Baum hier? Was soll die Grenze?«

In die Schöpfung kommt ein Riss. Und der Riss verändert das Leben. Die Arbeit wird mühevoll und hart. Die Geburt wird lebensgefährlich. Zwischen den Menschen und der Schlange entsteht Angst. Der Paradiesgarten, der Raum sorglosen Lebens, wird verschlossen. Wir leben jenseits von Eden. Doch Gott überlässt die Menschen hier nicht sich selbst. Gegen die Kälte und die Blöße gibt es Kleider.

4. Kain und Abel

Der Riss ist da. Das Misstrauen greift die Gemeinschaft an. Kain, der Ackermann, wird neidisch auf die Erfolge seines Bruders Abel, dem Schäfer. Voller Enttäuschung und Zorn schlägt er ihn tot.

Aus Misstrauen wird tödliche Gewalt. Nein, die Welt ist nicht mehr wie Gott sie gewollt hat. Doch auch jetzt überlässt Gott die Menschen nicht ihrem Schicksal. Kain ist schuldig, doch er muss nicht sterben. Gott will nicht den Tod des Mörders.

Und der Segen, der lebensschaffende Segen, geht weiter. Trotz des Misstrauens, trotz des Risses. Menschen werden geboren. Menschen zeugen Kinder. Menschen sterben. Der Strom, des Lebens fließt. Gott lässt die Menschen nicht.

5. Die Riesen und die Sintflut

Der Riss ist da. Die Angst zu kurz zu kommen macht maßlos. Grenzen werden überschritten. Es kommt zu Übermenschen, zu Wesen, die die Grenzen der Menschen überschreiten.

All dies macht Gott zornig: »So habe ich das nicht gewollt. Ich schicke eine Sintflut. Ich fange noch einmal von vorne an. Wasser soll alles bedecken. Menschen und Vögel, Würmer und Vieh sollen untergehen. Nur Noah und seine Familie sollen verschont bleiben. Wer Gottes Weisung beherzigt, der hat Zukunft.«

Noah baut eine Arche, auf Gottes Befehl, mit Gottes Plan. In diese Arche gehen Menschen und Vögel, Würmer und Vieh. Gott will wieder neu anfangen. Der Tod hat nicht das letzte Wort.

Das Wasser kommt. 40 Tage und 40 Nächte. Eine lange Zeit. Noah und seine Familie werden gerettet. Sie finden wieder Land. Das Leben beginnt von neuem. Noah ist voller Dank. Er opfert Gott. Und Gott spricht zu sich selbst: »Solange die Erde besteht, soll nicht aufhören Saat und Ernte, Frost und Hitze, Sommer und Winter, Tag und Nacht.« Die Rhythmen des Lebens bleiben. Der Segen wirkt.

Gott fängt noch einmal neu an mit der Welt. Gott lässt sich noch einmal auf die Menschen ein. Doch jetzt nach der Sintflut, nach dem Riss, nach dem Misstrauen, nach der Maßlosigkeit, nach der Gewalt, klingen die Worte an die Menschen anders:

»Seid fruchtbar und mehret euch.
Herrscht – wenn es sein muss auch mit Gewalt.
Esst die Kräuter – und wenn es ein muss auch die Tiere.
Doch reduziert eure Gewalt auf ein Minimum.
Tötet nicht, wenn ihr nicht hungert.
Und wenn ihr tötet, dann mit wenig Schmerzen.
Und achtet einen jeden Menschen als mein Ebenbild.
Jeder und jede hat eine unveräußerliche Würde.
Jeder Mensch ist heilig.
Wer Menschenblut vergießt, dessen Blut soll auch
  vergossen werden.«

Und Gott errichtet zwischen Himmel und Erde einen Regenbogen. »Das ist das Zeichen meines Bundes. Ich werde die Welt nicht in einen Abgrund stürzen lassen. Ich bleibe bei euch. Trotz des Risses. Trotz des Misstrauens, trotz der Maßlosigkeit, trotz der Gewalt.«
So spricht Gott. So ist es.

6. Ham und Noah

Noch immer ist der Riss da. Noch immer herrscht das Misstrauen, noch immer gibt es Gewalt. Nicht nur zwischen Mann und Frau, nicht nur zwischen Menschenbrüdern, auch in Familien.

Als Noah trunken von Wein entblößt in seinem Zelt liegt, erzählt es sein Sohn Ham seinen Brüdern. Er spottet über die Schwäche. Er lacht über den Vater. Er zerbricht die Gemeinschaft. Ihm fehlt der Respekt vor den Alten. Die Brüder machen nicht mit. Sie bedecken den Vater. Ham wird verflucht.

Trotz alledem: der Segen, der lebensschaffende Segen, geht weiter. Trotz des Risses, trotz des Misstrauens. Aus den Einzelnen werden Stämme, aus den Stämmen werden Völker. Völker, die die ganze Welt besiedeln.

7. Der Turmbau

Doch auch hier kommt es zum Riss, zur Maßlosigkeit. Die Völker der Welt wollen sich einen Namen machen. Sie bauen einen Turm, der bis an die Spitze des Himmels reicht. Sie wollen hoch hinaus, zu hoch. Sie wollen den Himmel erobern. Sie wollen von sich aus die Verbindung zum Himmel wieder herstellen.

Da verwirrt Gott ihre Sprache. Sie werden uneins. Sie verstehen sich nicht mehr. Die große Gemeinschaft zerbricht. Und so ist es – bis heute.

Doch der Segen, der lebensschaffende Segen, geht weiter. Trotz des Risses, trotz der Maßlosigkeit, trotz der Grenzüberschreitung, trotz der Uneinigkeit. Menschen werden geboren. Menschen sterben. Menschen zeugen und der Strom des Lebens fließt weiter.

Nein, Gott lässt die Menschen nicht. Gott sucht Gemeinschaft. Mit Abraham und Sara fängt er noch einmal ganz neu an.

Hartmut Rupp

M 107.1 Das Tetragram JHWH

Der alttestamentliche Glaube kennt Gott unter dem Eigennamen JHWH. Während aus theologischen Gründen manche Quellen vor der Mosezeit auf den den Namen JHWH verzichten, taucht er in anderen Texten unbefangen von Beginn an auf (vgl. Gen 4,26). Neben JHWH wird das Wort Elohim, das auf die alte Gottesbezeichnung El zurückgeht, verwendet. Die Aussprache des Tetragramms JHWH als »Jahwe« ist umstritten. Sie geht auf die Kirchenväter Theodoret und Clemens Alexandrinus zurück. In der hebräischen Schrift finden sich nur Konsonanten, die ursprüngliche Vokalisation ist nicht mehr zu erheben. Das hängt mit dem Warnung zusammen, den Gottesnamen falsch zu gebrauchen (Ex 20,7; Dtn 5,11). Seit etwa 300 v. Chr. lesen die Juden an der Stelle, wo in der Bibel JHWH steht, »adonaj«, was mit »der Herr« zu übersetzen ist. Im Mittelalter wurden die Vokale von adonaj und die Konsonanten von JHWH zu der Kunstschöpfung »Jehova« kombiniert. Sie findet sich noch in Kirchenliedern und erbaulichen Schriften. Martin Luther übernahm bei seiner Bibelübersetzung streng die hebräische Gottesbezeichnung. Wo im Urtext »Elohim« stand, übersetzte er »Gott«, die Bezeichnung JHWH gab er mit »der Herr« wieder.

Walther Zimmerli: Grundriss der alttestamentlichen Theologie, Kohlhammer Verlag Stuttgart, 7. Aufl. 1999.

M 110.1 Was passiert am Ende?

Theologische Position	Doppelter Ausgang	Annihilatio	Apokatastasis panton
Der Gerichtsvorgang	nur einige Menschen werden gerettet, die anderen erleiden ewige Strafen und Qualen.	nur einige Menschen werden gerettet, die anderen vergehen zu nichts.	alle Menschen werden gerettet.
Erwartung an Gott	Gott sorgt für ausgleichende Gerechtigkeit. Was irdische Gerichte nicht schaffen, schafft Gott.	Gott belohnt die im Leben Benachteiligten.	Gottes Liebe ist stärker als die bösen Taten der Menschen.
Botschaft an die Menschen	Trost für die zu kurz Gekommenen. Mahnung an alle die ewige Strafe zu riskieren.	Trost für die zu kurz Gekommenen.	Vertrauen auf Gottes Liebe.

M 112.1 Gottesbilder

Geschichtsphase	Gottesbild	Zentrale Texte	Glaubensverständnis
Nomadenzeit	Gott der Väter (Monolatrie)	Gen 12; 15	Vertrauen auf Verheißung
Exodus	Gott als Krieger	Ex 15	Hoffnung auf Befreiung
Sinai	Berggott	Ex 19; 1. Kön 19	Gemeinschaftstreue und Gehorsam
Königszeit	Gott als König (Transzendenz) (Polytheismus)	Jes 6; Hes 20	Furcht Hoffnung gegen den Augenschein
Exil	Gott als Schöpfer (Monotheismus)	Ps 121; Jes 65; Gen 1	Vertrauen auf persönliche Hilfe; Hoffnung auf eine Erneuerung der Welt
Jesus	Gott wird Mensch (Immanenz)	Joh 1	Vertrauen auf die Zuwendung Gottes; Hoffnung auf eine gerechte Welt

M 114.1 Dreieinigkeit – Gemeinschaft – Leben

Dreieinigkeit	Gemeinschaft	Leben
Offene, einladende Gemeinschaft, innere Gemeinschaftlichkeit, beziehungsreiche Differenzen beachten, Gemeinschaft stiften.	Netzwerk	Austausch von Lebensmitteln und Energien. Gegenseitige Teilnahme entsteht aus Gemeinschaft mit anderen und ist füreinander da.

M 116/117.1 Modell für einen Tafelanschrieb

Mögliche Zuweisungen von Eigenschaften und *Prädikationen* für Gott und Mensch
(*Die kursiv gedruckten Begriffe sind dem Ausschnitt aus Feuerbachs »Wesen des Christentums« entnommen*)

Gott	Mensch
Schöpfer	**Geschöpf**
Ewig	**Sterblich**
Liebend	**Liebend**
Allmächtig	**Begrenzt machtvoll**
Unsichtbar	**Sichtbar**
Vollkommen	***Unvollkommen***
Heilig	**Sündhaft**
Inbegriff aller Realitäten	***Inbegriff aller Nichtigkeiten***
Das schlechthin Positive	***Das schlechthin Negative***

M 116/ 117.2 Heine zum Pantheismus (1831)

Gott ist identisch mit der Welt. Er manifestiert sich in den Pflanzen, die ohne Bewusstsein ein kosmisch-magnetisches Leben führen. Er manifestiert sich in den Tieren, die in ihrem sinnlichen Traumleben eine mehr oder minder dumpfe Existenz empfinden. Aber am herrlichsten manifestiert er sich in dem Menschen, der zugleich fühlt und denkt, der sich selbst individuell zu unterscheiden weiß von der objektiven Natur, und schon in seiner Vernunft die Ideen trägt, die sich ihm in der Erscheinungswelt kundgeben. Im Menschen kommt die Gottheit zum Selbstbewusstsein, und solches Selbstbewusstsein offenbart sie wieder durch den Menschen. Aber dieses geschieht nicht in dem einzelnen und durch den einzelnen Menschen, sondern in und durch die Gesamtheit der Menschen: sodass jeder Mensch nur einen Teil des Gott-Welt-All auffasst und darstellt, alle Menschen zusammen aber das ganze Gott-Welt-All in der Idee und in der Realität auffassen und darstellen werden. Jedes Volk vielleicht hat die Sendung, einen bestimmten Teil jenes Gott-Welt-Alls zu erkennen und kundzugeben, eine Reihe von Erscheinungen zu begreifen und eine Reihe von Ideen zur Erscheinung zu bringen, und das Resultat den nachfolgenden Völkern, denen eine ähnliche Sendung obliegt, zu überliefern. Gott ist daher der eigentliche Held der Weltgeschichte, diese ist sein beständiges Denken, sein beständiges Handeln, sein Wort, seine Tat; und von der ganzen Menschheit kann man mit Recht sagen, sie ist eine Inkarnation Gottes! Es ist eine irrige Meinung, dass diese Religion, der Pantheismus, die Menschen zum Indifferentismus führe. Im Gegenteil, das Bewusstsein seiner Göttlichkeit wird den Menschen auch zur Kundgebung derselben begeistern, und jetzt erst werden die wahren Großtaten des wahren Heroentums diese Erde verherrlichen.

Aus: Zur Geschichte der Religion und Philosophie in Deutschland, In Heinrich Heine, Windfuhr (Hg.), Gesamtausgabe Band 8/1, Hamburg 1979, S. 60.

M 120.1 Stufenmodell zur Argumentation in der Religionskritik Büchners

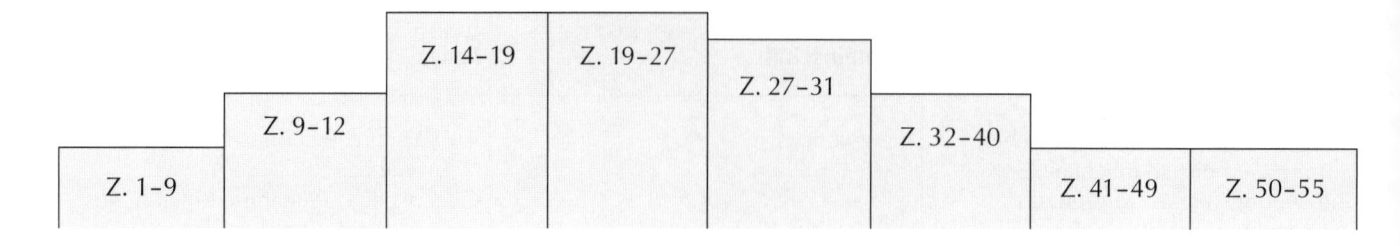

```
                    ┌─────────┬─────────┐
                    │ Z. 14-19│ Z. 19-27│
          ┌─────────┤         │         ├─────────┐
          │ Z. 9-12 │         │         │ Z. 27-31│
┌─────────┤         │         │         │         ├─────────┐
│ Z. 1-9  │         │         │         │         │ Z. 32-40├─────────┬─────────┐
│         │         │         │         │         │         │ Z. 41-49│ Z. 50-55│
```

M 122.1 Martin-Dilemma

Martin, ein junger Lehrer, ist seit einem Jahr glücklich verheiratet. Seine Frau, die er sehr liebt, erwartet ein Kind. Sie freuen sich auf die Geburt ihres Kindes. Martin, der ein gläubiger Christ ist, erteilt in seiner Klasse auch den Religionsunterricht. Eines Tages wird die Frau beim Überqueren der Straße von einem Auto angefahren. Sie ist auf der Stelle tot. Die Nachricht vom Tod seiner Frau und des ungeborenen Kindes stürzt Martin in Verzweiflung. Es ist ihm unverständlich, weshalb Gott dieses Unglück über ihn kommen lässt. Zwei Freunde, die ihn besuchen, sprechen ihm Mut zu. Sie sagen, Gott werde ihm beistehen, wenn er sich im Gebet an ihn wende. Doch Martin schickt sie weg und sagt, er wolle nichts mehr von Gott hören, der solches Leiden zulässt.
Die Freunde wollen Martin in seiner schweren Situation beistehen. Sie fragen sich nun, ob sie mit Martin wieder von Gott sprechen sollen.

Fritz Oser, Wieviel Religion braucht der Mensch? © Gütersloher Verlagshaus GmbH, Gütersloh 1988, S. 97.

M 123.1 Der biblische Hiob: Ein Drama in sechs Aufzügen

Bilder und Gespräche	Texte	Rollen
1. Bild: Hiobsbotschaften	Hiob 1,1–5 Hiob 1,6–2,10	Erzähler Gott, der Herr Satan Hiob/Hiobs Frau Bote 1,2,3,4
Gesprächsrunde I	Kenne ich ähnliche Geschichten aus dem Leben? Was soll Hiob tun?	
2. Bild: Hiobs Freunde Hiob 3	Hiob 4,1–8 (Elifas); Hiobs Antwort: 6,1–4 Hiob 8,1–7 (Bildad); Hiobs Antwort: 10,1–7 Hiob 11,13–18 (Zofar); Hiobs Antwort: 13,1–5	Hiob Elifas Bildad Zofar
Gesprächsrunde II	Was kennzeichnet die Antwort der Freunde? Wie reagiert Hiob?	
3. Bild: Elihu	Hiob 32,12–26; 36,14–24	Elihu
Gesprächsrunde III	Was unterscheidet Elihu von Elifas, Bildad und Zofar?	
4. Bild: Hiob und Gott	Hiob 29,1–25; 30,1.16–20.26.30 Hiob 38,1–11; 39,1–5; 40,6–32;	Hiob Gott
Gesprächsrunde IV	Was sagen meine Gefühle zu der Rede Gottes? Wie könnte diese Rede auf Hiob wirken?	
5. Bild: Hiobs Reaktion auf die Rede Gottes	Hiob 42,1–6	Hiob
Gesprächsrunde V	Kann ich Hiobs Reaktion verstehen? Was hat Hiob getröstet	
6. Bild: Das Ende	Hiob 42,7–8	Gott
Gesprächsrunde VI:	Passt dieses Ende zu der ganzen Geschichte? Wie könnte man die Antwort des Hiobbuches auf die Theodizeefrage formulieren?	

M 123.2 Gottesreden Hiobs

In der zweiten Gottesrede geht es um den Kampf mit Behemot und Leviatan; den Verkörperungen des Bösen schon in der ägyptischen Mythologie. (Das Böse ist konkret und lebendig.) Es ist die Aufgabe Gottes, das chaotische Böse zu bekämpfen. Die Gottesrede zielt darauf ab, von Hiob einen aktiven Beitrag zur Bekämpfung des Bösen, das er beklagt, der Herrschaft der Bösen und dem Leiden der Gerechten, einzufordern. Hiob macht Gott verantwortlich in seinen Klagen, aber er leistet keinen eigenen Beitrag zur Überwindung der Leidstrukturen. Hiob fordert Gott auf, aktiv zu werden, und muss nun erfahren, dass Gott aktiv ist, aber dass Gottes Aktivität eine Entsprechung in menschlicher Aktivität haben muss. Ein Verharren im Leid und im Klagen, ebenso wie ein Schuldigsprechen anderer für die Situation des eigenen Leids, hilft nicht das eigene innere Chaos zu überwinden. Die Gottesrede will Hiob ermutigen, aktiv den Kampf an Gottes Seite gegen alles Chaotische anzunehmen. Und nicht eine starre statische Weltordnung zu erhoffen, sondern zu erkennen, dass der Kampf gegen Chaotisches und Böses ein ständiger Prozess ist. Angesichts dessen erscheint zwar oft alles sinnlos, – es ist kein Ziel und Plan im Weltganzen zu erkennen, in Wirklichkeit ist dies jedoch ein kreativer Prozess, der Leben in ganzer Fülle erst möglich macht.

Jürgen Kegler

M 125.1 Barthold Hinrich Brockes, Irdisches Vergnügen in Gott

»Gott hat, o weise Wundermacht!
die man ohn' Ehrfurcht nicht ermisst,
da, wo das meiste Holz vonnöten ist,
das meiste Holz hervorgebracht.
Wie denn von je und je im kalten Norden
es mehr als anderwärts gefunden worden.«

Aus Barthold Hinrich Brockes, Irdisches Vergnügen in Gott, bestehend in physikalisch- und moralischen Gedichten (1721). Das Gedicht ist zitiert nach: Karl Barth, Die kirchliche Dogmatik, Bd. III/1, ⁴1970, S. 460. AaO. 455–463 finden sich zahlreiche weitere Beispiele dieser im 18. Jahrhundert weit verbreiteten physikotheologischen (teleologischen) Naturbetrachtungen.

M 125.2 Die vier klassischen Gottesbeweise

Beweis	Argument	Gegenargument
kosmologisch	Wenn es keine Erstursache gibt, kann es auch keine Wirkungen geben (die wir doch beobachten können).	Warum sollte es keine unendliche Reihe geben können?
teleologisch	Die zweckmäßigen Zusammenhänge in der Welt lassen auf eine absichtsvolle Erschaffung schließen.	Es gibt auch absolut zweckwidrige, sinnlose Zusammenhänge in der Welt.
ontologisch	Gott kann gar nicht so gedacht werden, dass seine Nicht-Existenz möglich wäre.	Was wir als notwendig denken, muss noch lange nicht notwendigerweise da sein.
moralisch	Wir fühlen die unbedingte moralische Verpflichtung zum Gutsein in uns, die wir jedoch nur erfüllen können, wenn wir annehmen dürfen, dass Gott uns dafür belohnen wird.	Nicht alle Menschen empfinden diese unbedingte Verpflichtung.

M 126.1 Auszug aus dem II. Vatikanischen Konzil zur Offenbarung Gottes

Das II. Vatikanische Konzil umschreibt die Offenbarung Gottes so:
»Gott hat in seiner Güte und Weisheit beschlossen, sich selbst zu offenbaren und das Geheimnis seines Willens kundzutun ... In dieser Offenbarung redet der unsichtbare Gott aus überströmender Liebe die Menschen an wie Freunde und verkehrt mit ihnen, um sie in seine Gemeinschaft einzuladen und aufzunehmen. Das Offenbarungsgeschehen ereignet sich in Tat und Wort, die innerlich miteinander verknüpft sind ... Die Tiefe der durch diese Offenbarung über Gott und über das Heil des Menschen erschlossenen Wahrheit leuchtet uns auf in Jesus Christus, der zugleich der Mittler und die Fülle der ganzen Offenbarung ist.« (DV 2)

Wenn wir uns also fragen oder wenn wir gefragt werden: »Wer ist das eigentlich – Gott?«, dann brauchen wir keine komplizierten Spekulationen anzustellen. Wir müssen uns auch nicht auf ein unbestimmtes Gefühl berufen. Noch weniger ist unser Gottesglaube eine Projektion unserer Wünsche und Sehnsüchte. Er ist die Antwort auf Gottes Geschichte mit den Menschen. Wir können deshalb auf die gestellte Frage nicht anders antworten, als die Geschichte Gottes mit den Menschen zu erzählen und zu sagen: »Seht da, unser Gott!, der Abraham geführt, Israel befreit, Jesus Christus von den Toten auferweckt, uns in seine Gemeinschaft berufen hat und der kommt, uns zu erlösen« (vgl. Lk 21,28). Der Glaube an Gott lebt aus der Erinnerung und Vergegenwärtigung dieser Geschichte, die ein für allemal geschehen ist (vgl. Röm 6,10). Sie ist die Quelle und die Norm unseres Sprechens von Gott und der Grund unserer Hoffnung.

Deutsche Bischofskonferenz (Hg.), Katholischer Erwachsenenkatechismus. Das Glaubensbekenntnis der Kirche, 1985, S. 39.

M 127.1 These 1 der Barmer Theologischen Erklärung

»Ich bin der Weg und die Wahrheit und das Leben; niemand kommt zum Vater denn durch mich.« (Joh 14,6)
»Wahrlich, wahrlich ich sage euch: Wer nicht zur Tür hineingeht in den Schafstall, sondern steigt anderswo hinein, der ist ein Dieb und ein Mörder. Ich bin die Tür; so jemand durch mich eingeht, der wird selig werden.« (Joh 10,1.9)
Jesus Christus, wie er uns in der Heiligen Schrift bezeugt wird, ist das eine Wort Gottes, das wir zu hören, dem wir im Leben und im Sterben zu vertrauen und zu gehorchen haben.
Wir verwerfen die falsche Lehre, als könne und müsse die Kirche als Quelle ihrer Verkündigung außer und neben diesem einen Worte Gottes auch noch andere Ereignisse und Mächte, Gestalten und Wahrheiten als Gottes Offenbarung anerkennen.

Bekenntnissynode der Deutschen Evangelischen Kirche Barmen 1934. Vorträge und Entschließungen, Wuppertal-Barmen o.J.

M 127.2 Aus Karl Barths Kirchlicher Dogmatik

§ 69 Die Herrlichkeit des Mittlers
»Jesus Christus, wie er uns in der heiligen Schrift bezeugt wird, ist das eine Wort Gottes, das wir zu hören, dem wir im Leben und im Sterben zu vertrauen und zu gehorchen haben.«
[...] Dass Jesus Christus das eine Wort Gottes ist, heißt nicht, dass es nicht – in der Bibel, in der Kirche und in der Welt – auch andere, [...] in ihrer Weise auch reale Offenbarungen gebe.
[...] Wir haben dann aber weiter festgestellt, dass es keine ernstlichen Gründe geben könne, nicht auch damit zu rechnen, dass solche anderen wahre Worte auch extra muros ecclesiae[1] und also entweder durch solche Menschen gesprochen sein möchten oder noch gesprochen werden könnten, denen Jesus Christus noch nicht oder nicht wirksam bezeugt worden ist [...].
Wir haben uns dann darauf gefasst zu machen, tatsächlich [...] als Zeichen und Bezeugungen der Herrschaft der einen Prophetie Jesu Christi auch im profanen Weltgeschehen wahre Worte zu vernehmen, die wir als solche, auch wenn sie von dorther kommen, zu hören haben [...] Etwa die Nüchternheit eines wissenschaftlichen oder auch praktisch alltäglichen Fragens nach dem eigentlichen Stand der Dinge oder auch der Enthusiasmus des Einsatzes für das einmal als richtig Erkannte? Etwa die ja auch in der christlichen Gemeinde zu keiner Zeit und an keinem Ort selbstverständliche Einheit von *Glauben* und *Leben*, *Gottes*liebe und *Menschen*liebe? [...] Oder die durch keinen Kompromiss zu stillende *Unruhe* angesichts der kleinen persönlichen nicht nur, sondern angesichts der großen Unordnungen in Staat und Gesellschaft, angesichts der Menschen, die unter ihre Räder kommen mussten und müssen, und dazu vielleicht die eiserne Entschlossenheit eines *Willens*, gerade diesen großen Unordnungen zu Leibe zu gehen. Oder die *Furchtlosigkeit* vor dem Tode: eine Sache, in der Christen oft in beschämender Weise hinter allerlei nahen und fernen Nichtchristen zurückgeblieben sind? Oder die heitere Bereitschaft zum *Verstehen* und *Vergeben*, die auch in evangelisch-christlichen Kreisen vor lauter allzu genauem Wissen um Gut und Böse und trotz aller Bekenntnisse zur Rechtfertigung des Sünders allein durch Glauben nicht eben häufig anzutreffen ist? Überhaupt: eine *Menschlichkeit*, die nicht lange fragt und erwägt, mit wem man es im Anderen zu tun hat, in der man sich vielmehr schlicht mit ihm solidarisch findet und anspruchslos für ihn da ist ... Sind das nicht lauter Phänomene, die nun doch auffallend oft gerade *extra muros ecclesiae*, wo man von Bibel und kirchlicher Verkündigung kaum (vielleicht nur auf größten Umwegen und in stärksten Verdünnungen) oder auch notorisch gar nichts weiß, sichtbar werden? Haben diese Phänomene etwa keine Sprache? Und sollte ihre Sprache nun nicht doch, wie befremdlich das uns erscheinen mag, die Sprache *wahrer* Worte sein – die Sprache von »Gleichnissen des Himmelreichs«?

Aus: Karl Barth, Die Kirchliche Dogmatik, Bd. IV/3, © Theologischer Verlag Zürich.

[1] Außerhalb der Kirchenmauern (die Hg.)

Materialien zum Kapitel »Jesus Christus«

M 135.1 Übersetzung von »Peace on Earth«

Himmel auf Erden
Wir brauchen ihn jetzt

Ich hab' genug von alledem
Genug vom Leid
Genug vom Schmerz
Ich habe genug davon
Immer wieder zu hören:
»Friede auf Erden«.

Da, wo ich groß geworden bin,
Da gab es nur wenige Bäume.
Und die, die da waren,
Wurden umgehauen
Und im Kampf gegen unsere Feinde eingesetzt.

Sie sagen:
Wer dich verspottet,
Der macht dich irgendwann fertig.
Also besser du wirst selbst ein Monster
Damit das Monster dich nicht zerbrechen kann.

Und es geht doch wirklich zu weit,
Wenn sie sagen:
Wenn du nur hart genug zupackst,
Wirst du selber nicht verletzt.

Jesus
Kannst du dir nicht einmal die Zeit nehmen
Einem ertrinkenden Menschen
Ein Rettungsseil hinzuwerfen?
Sag denen,
Die nichts mehr hören
Und deren Kinder auf dem Boden liegen,
Friede auf Erden.

Kein Wer, kein Warum
Niemand weint wie eine Mutter weint
Nach Frieden auf Erden.
Sie hatte keine Gelegenheit Lebwohl zu sagen
Und noch einmal die Farbe seiner Augen zu sehen.
Nun liegt er im Dreck
Friede auf Erden!

Im Radio haben sie die Namen verlesen
Und wir Hinterbliebenen werden sie nicht mehr kennen lernen:
Sean und Julia, Gareth, Ann und Brenda.
Ihre Leben sind viel mehr wert
Als jede große Idee.

Jesus, bei diesem Lied
Bleiben mir die Worte im Halse stecken
Ich höre es zu jedem Weihnachten
Aber Hoffnung und Geschichte passen nicht zueinander
Was bringt's also – Friede auf Erden?

M 138.1 Mara Bar Sarapion: Ein syrischer Stoiker über den »weisen König der Juden«

Wie uns durch den jüdischen Historiker Josephus vermutlich eine wohlwollende Nachricht über Jesus erhalten wurde, so auch durch einen heidnischen Philosophen: Mara bar Sarapion. Sowohl im jüdischen wie im heidnischen Bereich sind dabei die (wahrscheinlich) älteren Aussagen über Jesus positiv getönt – erst später kommen die negativen Gegenstimmen zu Wort. Im Judentum sind dies die rabbinischen Quellen, die Jesus einen Verführer nennen. Das wohl älteste heidnische Zeugnis über Jesus ist nur wenig bekannt. Es findet sich in einem Privatbrief des aus Samosata stammenden syrischen Stoikers Mara bar Sarapion, den dieser aus römischer Gefangenschaft an seinen Sohn schrieb. Mara empfiehlt in diesem Brief seinem Sohn Sarapion die Weisheit als einzig erstrebenswerten Besitz und Lebensinhalt. Zwar werden auch die Weisen in einer Welt voller Gewalttätigkeit und Verleumdung verfolgt, die Weisheit selber ist aber ewig. Zur Illustration dieses Gedankens führt er eine Beispielreihe an, in der neben Sokrates und Pythagoras auch Jesus erscheint, dessen Name allerdings nicht genannt wird:
»... was hatten die Athener für einen Nutzen davon, dass sie Sokrates töteten, was ihnen mit Hungersnot und Pest vergolten wurde? Oder die Samier von der Verbrennung des Pythagoras, da ihr ganzes Land in einem Augenblick verschüttet wurde? Oder die Juden von der Hinrichtung ihres weisen Königs, da ihnen von jener Zeit an das Reich weggenommen war?
Denn gerechtermaßen nahm Gott Rache für jene drei Weisen: die Athener starben Hungers, die Samier wurden vom Meere bedeckt die Juden umgebracht und aus ihrem Reiche vertrieben, leben allenthalben in der Zerstreuung. Sokrates ist nicht tot: wegen Platon, noch Pythagoras: wegen der Herastatue, noch der weise König: wegen der neuen Gesetze, die er gegeben hat.«

M 138.2 Tafelbild »Aussagen über Jesus«

Aussage über Jesus Christus	Nichtchristlicher Autor	NT-Überlieferung
1. Jesus hatte einen Bruder namens Jakobus	Josephus	Vgl. Mk 3,32; 6,3
2. Jesus wirkte Wunder	Josephus (wertneutral)	Vgl. z. B. Mk 2,1–3,6; Mt 8–9; Joh 5; 9; 11
3. Jesus wirkte als Lehrer	Josephus (»weiser Mann«, »Lehrer«), Mara (erwähnt die »neuen Gesetze« des »weisen Königs«	Vgl. z. B. Mt 5–7 (Bergpredigt); Lk 6 (Feldrede); Mk 13 (Endzeitrede); Joh 13,34f.
4. Jesus starb eines gewaltsamen Todes	Tacitus (allein Pilatus ist verantwortlich), Mara (allein die Juden sind verantwortlich), Josephus (die Römer in Kooperation mit den jüdischen Autoritäten sind verantwortlich)	Vgl. Mk 15; Mt 26–27 (mit der Tendenz der Entlastung des P. Pilatus); Lk 22–23 (ähnlich wie Josephus), Joh 18–19 (aggressives jüdisches Volk und »schwacher« Pilatus)
5. Jesus wurden Titel zugeschrieben	Josephus (Christus/ Messias), die römischen Historiker verwenden »Christus« bereits als Eigenname, Mara (»weiser König«)	Vgl. z. B. Mk 8,29 (Christus/Messias); Mk 5,7 (Sohn Gottes); Joh 6,15; 12,15 (König)

M 140.1 Tafelbild

Das Verhältnis von »alter« und »neuer Welt« im traditionellen Judentum und in der Verkündigung Jesu:

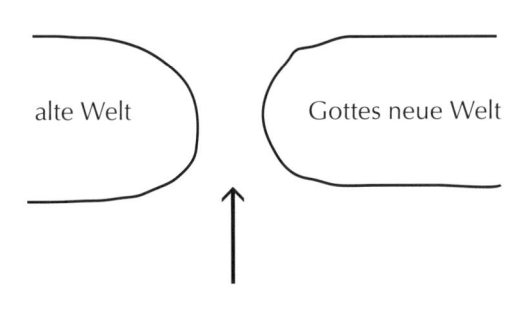

»Weltende«

Erst muss die alte Welt zugrunde gehen, ehe das Reich Gottes kommen kann.

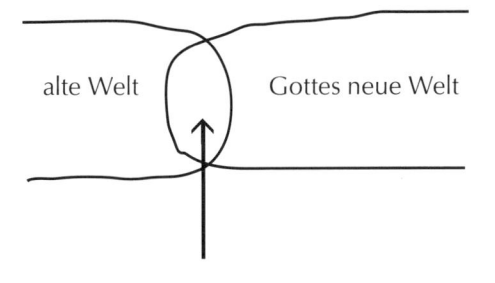

»Schauplatz der Geschichte«

»Alte« und »neue« Welt können friedlich nebeneinander bestehen: Gottes neue Welt beginnt schon jetzt und hier, sie ragt in die Gegenwart hinein.

337

M 142.1 Schizophrenie

Eine schizophrene Person zeichnet sich dadurch aus, dass ihre gesamte Persönlichkeit auf sehr verschiedene Art und Weise fremdgesteuert wird, im Gegensatz zu Neurosen, wo nur Teile der Persönlichkeit einer derartigen Fremdsteuerung unterliegen. Dabei kann sich eine Schizophrenie auf verschiedenen Ebenen äußern: oft steht eine Störung des Realitätsbezugs, die sich in Halluzinationen und Wahn zeigt, im Vordergrund; aber gerade weniger »auffällige« Symptome wie Störungen des Denkablaufs, der Gefühle, der Motorik und des Bezugs zur eigenen Person sind häufige Merkmale der Schizophrenie. Je nach Ausprägung der einzelnen Symptome werden verschiedene Typen der Schizophrenie unterschieden. Bei der Entstehung einer Schizophrenie scheinen biologische Faktoren (Vererbung, Stoffwechselstörung von Gehirnbotenstoffen) eine entscheidende Rolle zu spielen, aber auch lebensgeschichtliche Bedingungen üben einen Einfluss auf die Entstehung und den Verlauf der Erkrankung aus. Bei der Behandlung steht die Therapie durch Psychopharmaka im Vordergrund; häufig wird begleitend die Bewältigung von Alltagsanforderungen und der Umgang mit der Erkrankung psychotherapeutisch unterstützt.

M 144.1 Ergänzendes Tafelbild: Die Sozialstruktur der Gottesherrschaft

In der von Jesus verkündigten Gottesherrschaft setzt sich nicht Israel gegen seine Feinde durch, sondern die Zurückgesetzten in Israel kommen zur Geltung. Es geht nicht um eine außenpolitische Auseinandersetzung (gegen die Römer), sondern um eine »innenpolitische«.
In der Gottesherrschaft kommen primär die zur Geltung, die jetzt ein Defizit haben. Physische, soziale und moralische Werte spielen keine Rolle mehr. Vgl. hierzu:

Physische Werte	Soziale Werte	Moralische Werte
a) Mt 18,1ff. Alter	a) Mt 8,11 Nationalität	a) Lk 9,60 Begräbnis
b) Mt 19,10ff.12 Sexualität	b) Mt 18,4 Macht/Prestige	b) Mt 6,25-31.33 Arbeitsmoral
c) Mk 9,43 Gesundheit	c) Lk 6,20/Mk 10,23 Reichtum	c) Mt 21,31 Wohlständigkeit

In der Tradition vor Jesus wurde die Gottesherrschaft oft mit der Vernichtung der äußeren Feinde Israels verbunden (entsprechend: wenn es zur Gottesherrschaft kommt, kommt es zu einem Krieg gegen die Römer). Neu und singulär bei Jesus ist: Die Gottesherrschaft beginnt schon jetzt! Darüber hinaus meint Jesus – wie andere Juden seiner Zeit auch –, dass die Gottesherrschaft friedlich kommt. Alte und neue Welt können nebeneinander existieren, die alte Welt muss nicht erst zugrunde gehen, ehe Gottes neue Welt anbricht (vgl. z. B. Mk 1,15; Mt 12,28).

M 146.1 Tafelbild zum Text von David Flusser

Forderung des Rabbi Hanina (Z. 19–26.34f.)	Forderung Jesu (Z. 66–38)
Begründung (Z. 26–30)	Begründung (Z. 41–45)
Voraussetzung im Judentum	Voraussetzung?

M 147.1 Grafikvorschlag: Die Ethik Jesu

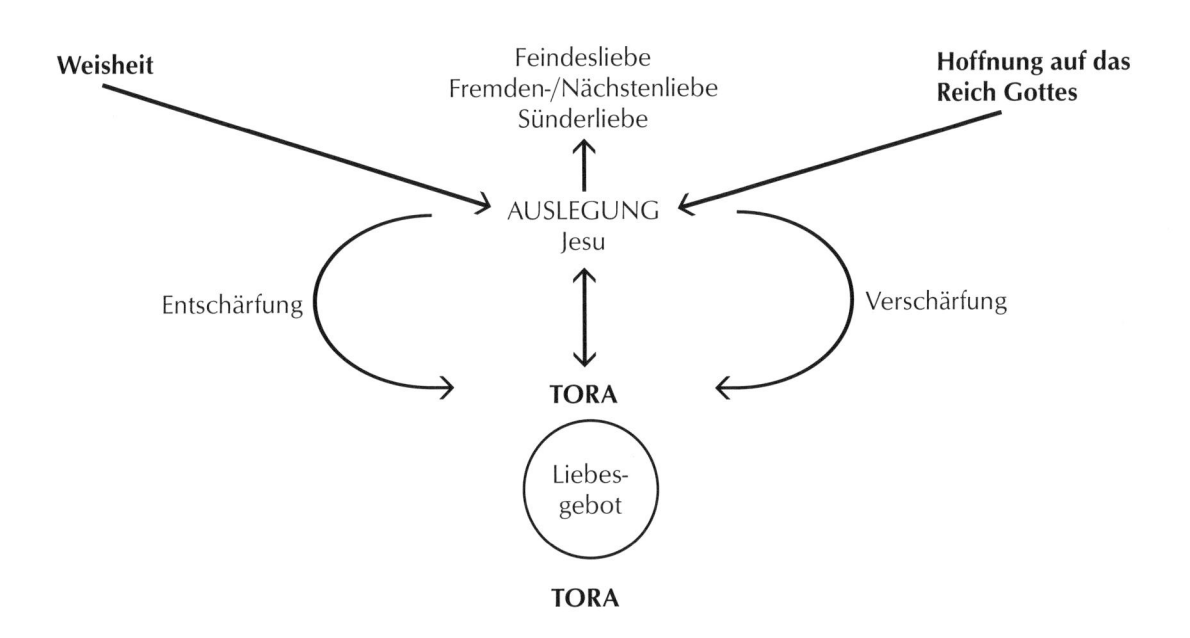

Weisheit → AUSLEGUNG Jesu ← **Hoffnung auf das Reich Gottes**

Feindesliebe
Fremden-/Nächstenliebe
Sünderliebe

Entschärfung — Verschärfung

TORA

Liebesgebot

TORA

M 148.1 Wer war schuld am Tod Jesu – Aussagen des Pilatus-Briefes

Jesus	Führerschaft der Juden	Volk	Pilatus
erfüllt mit seinen Wundern die Verheißungen nach einem Messias.	entwickelt Hass auf Jesus und übergibt ihn an Pilatus, fälscht die Fakten zur Auferstehung.	sieht in Jesus den Messias und provoziert dadurch seine Verhaftung.	wurde getäuscht von den Lügen der Juden.

M 149.1 Die historischen Hintergründe der Vorwürfe gegen die Juden

Das frühe Glaubensbekenntnis – »unter Pontius Pilatus gekreuzigt« – erwähnt die Juden noch gar nicht. Der ältesten Passionserzählung zufolge, wie wir sie aus dem Markusevangelium rekonstruieren können, überstellen die Führer der Juden Jesus zwar an Pilatus, der kurzen Prozess mit ihm macht, aber es sind nicht die Menschen, sondern Gott selbst ist es, der dies Geschehen bestimmt und Jesus an Leiden und Tod ausliefert. Erst die späteren Evangelien, die um die erste Jahrhundertwende geschrieben wurden, stellen die Juden als die eigentlich Schuldigen am Tod Jesu heraus, indem sie zugleich Pilatus, der seine Hände demonstrativ in Unschuld wäscht und sich schließlich dem Druck der Juden beugen muss, zum Fürsprecher Jesu machen.

Wie kommt es zu dieser Entwicklung? Die Mehrzahl der christlichen Gemeinden verblieb in der frühen Zeit im Synagogenverband, der zu jener Zeit noch ganz unterschiedliche jüdische Glaubensrichtungen vereinte, und genoss damit ein nur den Juden vom römischen Kaiser gewährtes Privileg; denn wer die Tempelsteuer entrichtete, von der die Opfer bezahlt wurden, die täglich in Jerusalem für das Wohl des Kaisers dargebracht wurden, war von der Pflicht befreit, öffentlich dem vergöttlichten Kaiser selbst Opfer darbringen zu müssen. Aber nach der Zerstörung des Tempels im Jahre 70 reorganisierte sich das Judentum unter dem bestimmenden Einfluss der Pharisäer und duldete fortan die Christen nicht mehr in der Gemeinschaft ihrer Synagogen.

Die Synagogen waren gehalten, sich von ihren ehemaligen Mitgliedern zu distanzieren und die Grenze zu den christlichen Gemeinden deutlich sichtbar machen, um nicht selbst des Aufruhrs verdächtigt und in die Verfolgung verstrickt zu werden, und so kommt es zur öffentlichen Verleumdung und Anklage der Christen durch die Juden. Im Rahmen solcher Vorwürfe spielte die Tatsache eine herausragende Rolle, dass Jesus durch den römischen Statthalter Pontius Pilatus zum Tode am Kreuz verurteilt worden war, konnte dieser Hinweis doch als Erweis dessen dienen, dass die Christen von Anfang an politische Aufrührer gewesen sind.

Gegen solche Vorwürfe vonseiten der Juden setzen sich die Verfasser der Evangelien zur Wehr. Sie kontern mit der Erklärung, dass die Juden schon immer die Christen verleumdet hätten, wenn sie zum Beispiel Pilatus gegenüber behaupteten, Jesus habe das jüdische Volk zum Aufstand gegen Rom angestiftet, sich selbst zum König gemacht und verboten, dem Kaiser Steuern zu zahlen (Lk 23,2). Pilatus aber habe, so lesen wir in den Evangelien, solchen Verleumdungen keinen Glauben geschenkt. Immer wieder habe er öffentlich erklärt, dass er Jesus mehrmals verhört habe, ohne irgendeine Schuld an ihm zu finden. Wenn er Jesus trotzdem habe kreuzigen lassen, dann nur, weil die Juden gedroht hätten, ihn beim Kaiser zu denunzieren: »Lässt du diesen frei, so bist du des Kaisers Freund nicht mehr; denn wer sich zum König macht, der ist gegen den Kaiser« (Joh 19,12). Es handele sich also bei Jesu Kreuzigung um einen von den Juden verschuldeten Justizmord.

Walter Schmithals, Nicht die Juden, Gott selbst hat Christus ausgeliefert, in: Die Zeit Nr. 10/2004, S. 42.

M 149.2 Vergleich Mt 27,15–26 und Text S. 149

	Mt 27,15–26	Sölle/Schottroff
Rolle des Pilatus		
Rolle des Volkes		

M 150.1 Dialog zu einem Bild

»Schau, da hängt einer am Galgen.« – »Aber das ist doch der Gott!« So reden Kinder. Sie deuten, was sie sehen.
Was ist zu sehen?
Jesus, der Menschensohn, am Kreuz. Übergroß der geschundene Leib. In Haut und Lippen, Händen und Füßen stecken die Qualen. Wie lange kann ein Mensch das aushalten? Ist noch Leben im Körper? Ist jetzt alles vorbei?
Neben dem Kreuz weint und schreit noch das Entsetzen. Maria aus Magdala, eine Jüngerin Jesu.
Neben dem Kreuz ist ein Mensch am Ende seiner Kräfte: Maria, die Mutter Jesu, im Arm des Jüngers Johannes.
Neben dem Kreuz steht Johannes der Täufer. Ein Hingerichteter auch er.
Hier deutet er, mit übergroßem Finger: »Schau!« »Seht das Lamm Gottes, das die Sünde der Welt trägt.«
Neben dem Kreuz: Das Lamm Gottes. Am Kreuz, der Menschensohn – ein geduldiges Lamm?
Was war dieser Tod? Ein Schicksal, unausweichlich?
»Schau, da hängt einer?« Was ist nicht zu sehen?
Der Maler Mathias Grünewald schuf das Bild und den Altar für das Antoniterkloster in Isenheim. Die Klöster der Antoniter waren Hospitäler, die Kirchen Hospital-Kirchen. In Isenheim bekämpfte man das Antoniusfeuer, eine Erkrankung des Blutes. Die Körperteile faulten langsam ab. Die Kranken wurden während der Behandlung zum Beten um den Altar versammelt. Sie sahen den Gekreuzigten. Wen sahen sie?
»Schau, da hängt einer am Galgen.«
Was ist zu sehen?

M 151.1 Zusammenfassender Tafelanschrieb

Bilder	Herkunft und biblische Bezüge	Deutung des Todes Jesu	Angesprochene Lebenssituation
Der leidende Gerechte	Ps 22 Jes 53	Jesus ist ein Märtyrer, der um seines Glaubens Willen leidet und stirbt.	Unterdrückung Verfolgung
Geopfertes Lamm	Auszug aus Ägypten Ex 12 Versöhnungsfest Lev 16 1.Kor 5,7	1. Wer zu Jesus gehört, bleibt von dem Gericht Gottes verschont. 2. Jesus trägt die Sünden der Menschen und versöhnt sie so mit Gott. 3. Zwischen Gott und den Menschen herrscht Frieden.	Verstrickung und Schuld
Loskauf	Sklaverei 1. Kor 7,23 Mk 10,45	Durch den Tod Jesu sind Menschen aus der Herrschaft der Sünde befreit.	Ausweglose Lebenssituationen

M 152.1 Positionen: Was kommt nach dem Tod?

»Mit dem Tod ist alles aus.«	»Ich weiß nicht, was nach dem Tod kommt, also mache ich mir keine großen Hoffnungen.«
»Ich weiß nicht, was nach dem Tod kommt, aber ich glaube an etwas Neues nach dem Tod.«	»Ich vertraue auf die Auferstehung der Toten.«

M 154.1 Herakles

Antonio del Pollaiuolo (1432–1498) © Paolo Tosi – Artothek

M 154.2 Die drei letzten Arbeiten des Herakles (Gustav Schwab)

Als der Held das Wehrgehenk der Königin Hippolyta zu Eurystheus Füßen niedergelegt hatte, gönnte dieser ihm keine Rast, sondern schickte ihn sogleich wieder aus, die Rinder des Riesen Geryones herbeizuschaffen. Dieser besaß auf der Insel Erytheia, im Meerbusen von Gadeira (Cadix), eine Herde schöner braunroter Rinder, die ein anderer Riese und ein zweiköpfiger Hund ihm hüteten. Geryones selbst war ungeheuer groß, hatte drei Leiber, drei Köpfe, sechs Arme und sechs Füße. Kein Erdensohn hatte sich je an ihn gewagt; Herakles sah wohl, wie viele Vorbereitungen dieses beschwerliche Unternehmen erforderte. Es war weltbekannt, dass des Geryones Vater, Chrysaor, der den Namen Goldschwert von seinem Reichtum hatte, König von ganz Iberien (Spanien) war, dass außer Geryones noch drei tapfere und riesige Söhne für ihn stritten, und jeder Sohn ein zahlreiches Heer von streitbaren Männern unter seinem Befehl hatte. Eben darum hatte Eurystheus dem Herakles jene Arbeit aufgetragen, denn er hoffte, auf einem Kriegszuge in ein solches Land werde er sein verhasstes Leben doch endlich lassen müssen. Doch Herakles ging den Gefahren nicht erschrockener entgegen als allen seinen früheren Taten. Er sammelte seine Heere auf der Insel Kreta, die er von wilden Tieren befreit hatte, und landete zuerst in Libyen. Hier rang er mit dem Riesen Antaios, der neue Kräfte erhielt, so oft er die Erde berührte; aber Herakles hielt ihn in die freie Luft empor und drückte ihn da zu Tode. Auch reinigte er Libyen von den Raubtieren; denn er hasste wilde Tiere und ruchlose Menschen, weil er in ihnen allen das Bild des übermütigen und ungerechten Herrschers erblickte, dem er so lange dienstbar gewesen war.

Nach einer langen Wanderung durch wasserlose Gegenden kam er endlich in ein fruchtbares, von Flüssen durchströmtes Gebiet. Hier gründete er eine Stadt von ungeheurer Größe, und nannte sie Hekatompylos (Hunderttor). Zuletzt gelangte er an den Atlantischen Ozean, gegenüber von Gadeira; hier pflanzte er die beiden berühmten Heraklessäulen auf. Die Sonne brannte entsetzlich; Herakles ertrug es nicht länger; er richtete seine Augen nach dem Himmel und drohte mit aufgehobenem Bogen, den Sonnengott niederzuschießen. Dieser bewunderte seinen Mut und lieh ihm, um weiter zu kommen, die goldene Schale, in welcher der Sonnengott selbst seinen nächtlichen Weg vom Niedergang bis zum Aufgang zurücklegt. Auf dieser fuhr Herakles mit seiner nebenher segelnden Flotte nach Iberien hinüber. Hier fand er die drei Söhne des Chrysaor mit drei großen Heeren, einen nicht weit vom anderen gelagert, er aber erlegte die Anführer alle im Zweikampfe und eroberte das Land. Dann kam er nach der Insel Erytheia, wo Geryones mit seinen Herden hauste. Sobald der doppelköpfige Hund seiner Ankunft inne wurde, fuhr er auf ihn los; allein Herakles empfing ihn mit dem Knüppel, erschlug ihn und tötete auch den riesigen Rinderhirten, der dem Hunde zu Hilfe gekommen war. Dann eilte er mit den Rindern davon, aber Geryones holte ihn ein, und es kam zu einem schweren Kampf. Hera selbst erschien, dem Riesen beizustehen; doch Herakles schoss ihr einen Pfeil in die Brust, dass die Göttin verwundet entfliehen musste. Auch der dreifache Leib des Riesen, der in der Gegend des Magens zusammenlief, fing hier den tödlichen Pfeil auf und musste erliegen. Unter glorreichen Taten vollbrachte Herakles seinen Rückweg, indem er zu Lande die Rinder durch Iberien und Italien trieb. Bei Rhegion in Unteritalien entlief ihm einer seiner Ochsen, setzte über die Meerenge und entkam so nach Sizilien. Sogleich trieb er auch die anderen Ochsen ins Wasser und schwamm, indem er einen Stier am Horn fasste, glücklich nach Sizilien hinüber. Unter mancherlei Taten kam der Held nun glücklich über Italien, Illyrien und Thrakien nach Griechenland zurück und in dem Isthmos an. Jetzt hatte Herakles zehn Arbeiten vollbracht; weil aber Eurystheus zwei nicht gelten ließ, so musste er sich bequemen, noch zwei weitere zu verrichten.

Einst, bei der feierlichen Vermählung des Zeus mit Hera, als alle Götter dem erhabenen Paar ihre Hochzeitsgeschenke darbrachten, wollte auch Gaia, die Erde, nicht zurückbleiben. Sie ließ am Westgestade des großen Weltmeeres einen ästereichen Baum voll goldener Äpfel hervorwachsen. Vier Jungfrauen, Hesperiden genannt, Töchter der Nacht, waren die Wächterinnen dieses heiligen Gartens, den außerdem noch ein hundertköpfiger Drache bewachte, Ladon, ein Sprössling des Phorkys, des berühmten Vaters so vieler Ungeheuer, und der erdgeborenen Keto. Kein Schlaf kam je über die Augen dieses Drachen, und ein fürchterliches Gezisch verkündete seine Nähe; denn jede seiner hundert Kehlen ließ eine andere Stimme hören. Diesem Ungeheuer, so lautete der Befehl des Eurystheus, sollte Herakles die goldenen Äpfel der Hesperiden entreißen. Der Halbgott machte sich auf den langen und abenteuervollen Weg, auf welchem er sich dem blinden Zufall überließ, denn er wusste nicht, wo die Hesperiden wohnten. Zuerst gelangte er nach Thessalien, wo der Riese Termeros hauste, der alle Reisenden, denen er begegnete, mit seinem harten Hirnkasten zu Tode rannte. Aber an des göttlichen Herakles Schädel zersplitterte das Haupt des Riesen. Weiter vorwärts, am Flusse Echedoros, kam dem Helden ein anderes Ungetüm in den Weg, Kyknos, der Sohn des Ares und der Pyrene. Dieser, von dem Halbgott nach den Gärten der Hesperiden befragt, forderte statt aller Antwort den Wanderer zum Zweikampf heraus und wurde von Herakles erschlagen. Da erschien Ares, der Gott selbst, den getöteten Sohn zu rächen, und Herakles sah sich gezwungen, mit ihm zu kämpfen. Aber Zeus wollte nicht, dass seine Söhne Bruderblut vergössen, und ein plötzlich mitten zwischen beide geschleuderter Blitz trennte die Kämpfer. Herakles schritt nun weiter durchs illyrische Land, eilte über den Fluss Eridanos und kam zu den Nymphen des Zeus und der Themis, die an den Ufern dieses Stromes wohnten. Auch an sie richtete der Held seine Frage. »Geh zu dem alten Stromgott Nereus«, war die Antwort, »der ist ein Wahrsager und weiß alle Dinge. Überfall ihn im Schlafe und binde ihn, so wird er gezwungen den rechten Weg dir angeben.« Herakles befolgte diesen Rat und bemeisterte sich des Flussgottes, obgleich dieser nach seiner Gewohnheit sich in allerlei Gestalten verwandelte. Er ließ ihn nicht eher los, bis er erkundet hatte, in welcher Weltgegend er die goldenen Äpfel der Hesperiden antreffen werde. Hierüber belehrt, durchzog er weiter Libyen und Ägypten. Über das letztere Land herrschte Busiris, der Sohn des Poseidon und der Lysianassa. Ihm war bei einer neunjährigen Teuerung durch einen Wahrsager aus Kypros das grausame Orakel geworden, dass die Unfruchtbarkeit aufhören sollte, wenn dem Zeus jährlich ein fremder Mann geschlachtet würde. Zum Danke machte Busiris den Anfang mit dem Wahrsager selbst; allmählich fand der Barbar einen Gefallen an dieser Gewohnheit und schlachtete alle Fremdlinge, welche nach Ägypten kamen. So wurde denn auch Herakles ergriffen und zu den Altären des Zeus geschleppt. Er aber riss die Bande, die ihn fesselten, entzwei und erschlug den Busiris mitsamt seinem Sohn und dem priesterlichen Herold. Unter mancherlei Abenteuern zog der Held weiter, befreite, wie schon erzählt worden ist, den an den Kaukasos geschmiedeten Titanen Prometheus, und gelangte endlich, nach der Anweisung des Befreiten, in das Land, wo Atlas die Last des Himmels trug und in dessen Nähe der Baum mit den goldenen Äpfeln von den Hesperiden gehütet wurde. Prometheus hatte dem Halbgott geraten, sich nicht selbst dem Raube der goldenen Früchte zu unterziehen, sondern den Atlas auf diesen Fang auszusenden. Er selbst erbot sich dafür diesem, solange das Tragen des Himmels auf sich zu nehmen. Atlas bezeugte sich willig, und Herakles stemmte die mächtigen Schultern dem Himmelsgewölbe unter. Jener dagegen machte sich auf, schläferte den um den Baum sich ringelnden Drachen ein und tötete ihn, überlistete die Hüterinnen und kam mit drei Äpfeln, die er gepflückt, glücklich zu Herakles. »Aber«, sprach er, »meine Schultern haben nun einmal empfunden, wie es schmeckt, wenn der eherne Himmel nicht auf ihnen lastet. Ich mag ihn fürder nicht wieder tragen.« So warf er die Äpfel vor dem Halbgott auf den Rasen und ließ diesen mit der ungewohnten, unerträglichen Last stehen. Herakles musste auf eine List sinnen, um loszukommen. »Lass mich«, sprach er zu dem Himmelsträger, »nur einen Bausch von Stricken um den Kopf winden, damit mir die entsetzliche Last nicht das Gehirn zersprengt.« Atlas fand die Forderung billig und stellte sich, nach seiner Meinung auf wenige Augenblicke, dem Himmel wieder unter. Aber er konnte lange warten, bis Herakles ihn wieder ablöste, und der Betrüger wurde zum Betrogenen. Denn jener hatte kaum die Äpfel vom Rasen aufgelesen, als er mit den goldenen Früchten sich aus dem Staube machte. Er brachte diese dem Eurystheus, der sie, da sein Zweck, den Herakles aus dem Wege zu räumen, doch nicht erreicht war, dem Helden wieder als Geschenk zurückgab. Der legte sie auf dem Altar Athenes nieder; die Göttin aber wusste, dass es der heiligen Bestimmung dieser göttlichen Früchte zuwider war, irgendwo anders niedergelegt zu werden, und so trug sie die Äpfel wieder in den Garten der Hesperiden zurück.

Statt den verhassten Nebenbuhler zu vernichten, hatten die bisher ihm von Eurystheus aufgetragenen Arbeiten den Herakles nur in dem Berufe verherrlicht, der ihm vom Schicksal angewiesen war, sie hatten ihn als Vertilger jeder Unmenschlichkeit auf Erden, als den echt menschlichen Wohltäter der Sterblichen dargestellt. Das letzte Abenteuer aber sollte er in einer Region bestehen, wohin ihn – so hoffte der arglistige König – seine Heldenkraft nicht begleiten würde; ein Kampf mit den finsteren Mächten der Unterwelt stand ihm bevor: er sollte Kerberos (Cerberus), den Höllenhund, aus dem Hades heraufbringen. Dies Untier hatte drei Hundsköpfe mit grässlichen Rachen, aus denen unaufhörlich giftiger Geifer träufelte; ein Drachenschwanz hing ihm vom Leibe herunter, und das Haar der Köpfe und des Rückens bildeten zischende geringelte Schlangen. Sich für diese Grausen erregende Fahrt vorzubereiten, ging Herakles in die Stadt Eleusis im attischen Gebiet, wo eine Geheimlehre über göttliche Dinge der Ober- und Unterwelt von Priestern gehegt wurde, und ließ sich von dem Priester Eumolpos in die dortigen Geheimnisse einweihen, nachdem er an heiliger Stätte vom Morde der Kentauren entsündigt worden war. So mit geheimer Kraft, den Schrecken der Unterwelt zu begegnen, ausgerüstet, wanderte er in den Peloponnes und nach der lakonischen Stadt Tainaros, wo sich die Mündung der Unterwelt befand. Hier stieg er, von Hermes, dem Begleiter der Seelen, geleitet, die tiefe Erdkluft hinab und kam zur Unterwelt vor die Stadt des Königs Pluton. Die Schatten, die vor den Toren der Hadesstadt traurig lustwandelten – denn in der Unterwelt ist kein heiteres Leben wie im Sonnenlicht – , ergriffen die Flucht, als sie Fleisch und Blut in lebendiger Menschengestalt erblickten; nur die Gorgo Medusa und der Geist Meleagros hielten stand. Nach jener wollte Herakles einen Schwertstreich führen, aber Hermes fiel ihm in den Arm und belehrte ihn, dass die Seelen der Abgeschiedenen leere Schattenbilder und vom Schwerte nicht verwundbar seien. Mit der Seele des Meleagros dagegen unterhielt sich der Halbgott freundlich und empfing von ihm sehnsüchtige Grüße für die Oberwelt an seine geliebte Schwester Deianeira. Ganz nahe zu den Pforten des Hades gekommen, erblickte er seine Freunde Theseus und Peirithoos; der letztere hatte sich in der Unterwelt, vom anderen begleitet, als Freier der Persephone eingefunden, und beide waren wegen dieses frechen Unterfangens von Pluton an den Stein, auf den die Ermüdeten sich niedergelassen hatten, gefesselt worden. Als beide den befreundeten Halbgott erblickten, streckten sie flehend die Hände nach ihm aus und zitterten vor Hoffnung, durch seine Kraft die Oberwelt wieder erklimmen zu können. Den Theseus ergriff auch Herakles wirklich bei der Hand, befreite ihn von seinen Banden und richtete ihn vom Boden, an dem er gefesselt gelegen hatte, wieder auf. Ein zweiter Versuch, auch den Peirithoos zu befreien, misslang, denn die Erde fing an, ihm unter den Füßen zu beben. Vorschreitend, erkannte Herakles auch den Askalaphos, der einst verraten hatte, dass Persephone von den Rückkehr verwehrenden Granatäpfeln des Hades gegessen; er wälzte den Stein ab, den Demeter in Verzweiflung über den Verlust ihrer Tochter auf ihn gewälzt hatte. Dann fiel er unter die Herden des Pluton und schlachtete eines der Rinder, um die Seelen mit Blut zu tränken; dies wollte der Hirt dieser Rinder, Menoitios, nicht gestatten und forderte deswegen den Helden zum Ringkampf auf. Herakles aber fasste ihn mitten um den Leib, zerbrach ihm die Rippen und gab ihn nur auf Bitten der Unterweltsfürstin Persephone selbst wieder frei. Am Tore der Totenstadt stand der König Pluton und verwehrte ihm den Eintritt. Aber das Pfeilgeschoss des Heroen durchbohrte den Gott an der Schulter, dass er Qualen der Sterblichen empfand und, als der Halbgott nun bescheidentlich um Entführung des Höllenhundes bat, sich nicht länger widersetzte. Doch forderte er als Bedingung, dass Herakles desselben mächtig werden sollte, ohne die Waffen zu gebrauchen, die er bei sich führe. So ging der Held einzig mit seinem Brustharnisch bedeckt und mit der Löwenhaut umhangen aus, das Untier zu fangen. Er fand es an der Mündung des Acheron hingekauert, und ohne auf das Bellen des Dreikopfes zu achten, das wie ein sich in Widerhallen vervielfältigender dumpfer Donner tönte, nahm er die Köpfe zwischen die Beine, umschlang den

345

Hals mit den Armen und ließ ihn nicht los, obgleich der Schwanz des Tieres, der ein lebendiger Drache war, sich vorwärts bäumte, und der Drache ihn in die Weiche biss. Er hielt den Nacken des Ungetüms fest und schnürte ihn so lange zu, bis er über das ungebärdige Tier Meister ward, hob es dann auf und tauchte durch eine andere Mündung des Hades bei Troizen im argolischen Lande glücklich wieder zur Oberwelt auf. Als der Höllenhund das Tageslicht erblickte, entsetzte er sich und fing an, den Geifer von sich zu speien; davon wuchs der giftige Eisenhut aus dem Boden hervor. Herakles brachte das Ungeheuer in Fesseln sofort nach Tiryns und hielt es dem staunenden Eurystheus, der seinen eigenen Augen nicht traute, entgegen. Jetzt verzweifelte der König daran, jemals des verhassten Zeussohnes los zu werden, ergab sich in sein Schicksal und entließ den Helden, der den Höllenhund seinem Eigentümer zurück in die Unterwelt brachte.

Gustav Schwab, Die schönsten Sagen des klassischen Altertums, Philipp Reclam Verlag, Stuttgart 1986, S. 191–199.

M 154.3 Schaubild

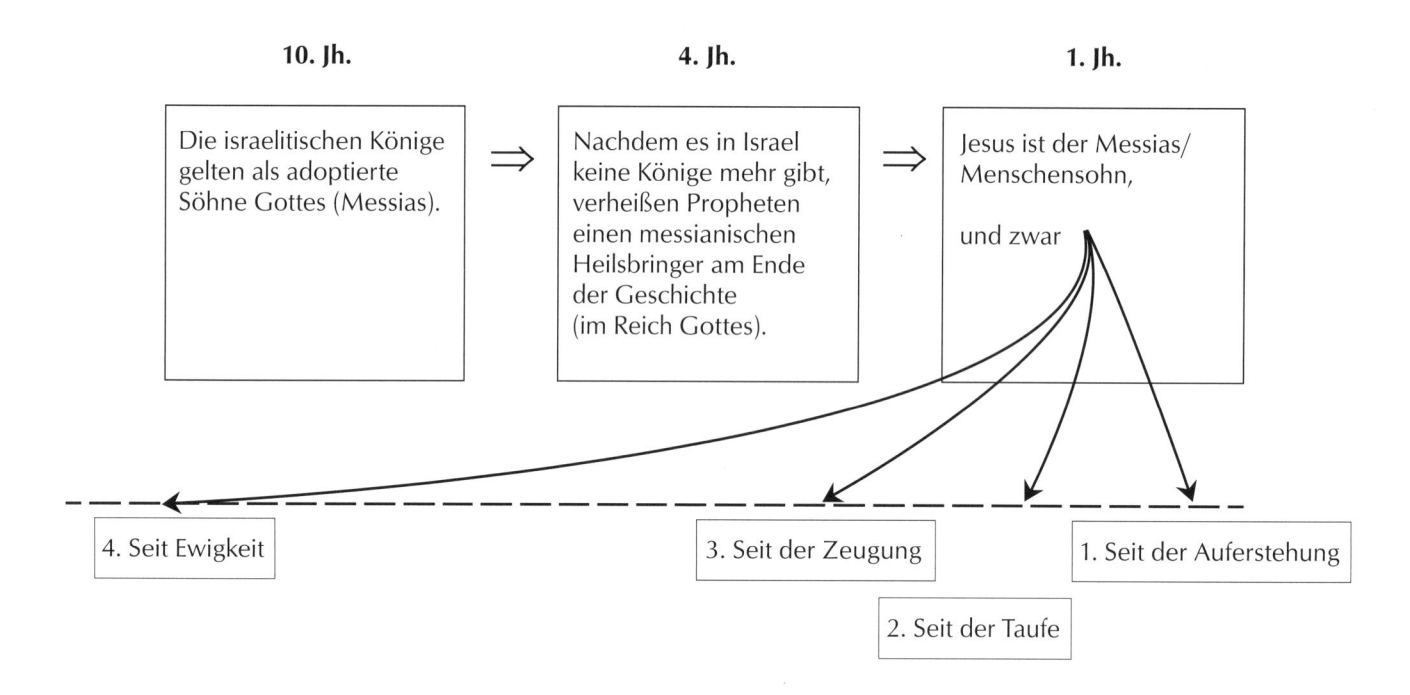

10. Jh.	4. Jh.	1. Jh.
Die israelitischen Könige gelten als adoptierte Söhne Gottes (Messias).	⇒ Nachdem es in Israel keine Könige mehr gibt, verheißen Propheten einen messianischen Heilsbringer am Ende der Geschichte (im Reich Gottes).	⇒ Jesus ist der Messias/ Menschensohn, und zwar

4. Seit Ewigkeit

3. Seit der Zeugung

2. Seit der Taufe

1. Seit der Auferstehung

M 155.1 Jesus Christ Superstar

Every time I look at you I don't understand
Why you let the things you did get so out of hand.
You'd have managed better if you'd had it planned.
Why'd you choose such a backward time and such a strange land?
If you'd come today you would have reached the whole nation.
Israel in four B.C. had no mass communication.
Don't you get me wrong,
I only want to know.

Jesus Christ, Jesus Christ,
Who are you? What have you sacrificed?
Jesus Christ, Superstar,
Do you think you're what they say you are?

Tell me what you think about your friends at the top.
Who d'you think beside yourself's the pick of the crop?
Buddha, was he where it's at? Is he where you are?
Could Mohammed move a mountain, or was that just P.R.?
Did you mean to die like that? Was that a mistake, or
Did you think your messy death would be a record breaker?
Don't you get me wrong,
I only want to know.

Jesus Christ, Jesus Christ,
Who are you? What have you sacrificed?
Jesus Christ, Superstar,
Do you think you're what they say you are?

Text: Tim Rice (1973)

M 156.1 Christologie von unten und Christologie von oben

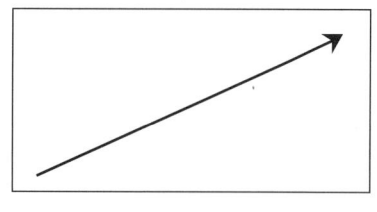

Christologie von unten

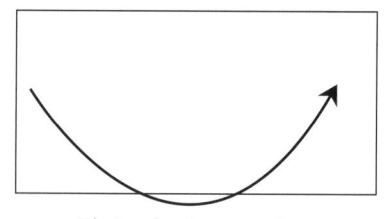

Christologie von oben

M 156.2 Argumentationsfigur im Text

Überlegungen		Schlussfolgerungen
(1) Jesus wird wie Gott verehrt. (2) Es gibt aber nur einen Gott.	$\Rightarrow$	Entweder: (3) Jesus und Gott ist Einer oder: (4) Jesus ist ein Geschöpf.
(5) Folgerung (3) ist unmöglich: sonst wäre Gott am Kreuz gestorben. (6) Folgerung (4) ist unmöglich: ein Geschöpf kann uns nicht erlösen.	$\Rightarrow$	Definition mit Einführung einer Paradoxie: (7) Der Vater und Jesus sind gleichzeitig einer *und* zwei (ein Wesen und zwei Personen).
(7) Wenn aber der Vater und Jesus sind gleichzeitig einer *und* zwei (ein Wesen und zwei Personen).	$\Rightarrow$	Dann: (8) Jesus ist ganz Gott.
(9) Jesus kann nicht ganz Mensch sein (denn Gott ist ewig, der Mensch sterblich; Gott ist leidensunfähig, der Mensch leidet etc.).	$\Rightarrow$	Aber: (10) Jesus kann uns nicht erlösen, denn wenn er nicht Mensch war wie wir, dann können wir auch nicht auferstehen wie er.
(10) Jesus kann uns nicht erlösen, denn wenn er nicht Mensch war wie wir, dann können wir auch nicht auferstehen wie er.	$\Rightarrow$	Definition mit Einführung einer neuen Paradoxie: (11) Jesus ist ganz Mensch und ganz Gott, ist gleichzeitig sterblich und unsterblich, leidensfähig und leidensunfähig.

M 156.3 Die Heilige Dreifaltigkeit als Dreigesicht

*Die Heilige Dreifaltigkeit als Dreigesicht, Hinterglasbild, Niederbayern (?), 18. Jh.
Sammlung Rudolf Kriss, Museum Straubing (www.stmwfk.bayern.de/kunst/zweigmuseen/straubing.html)*

M 160.1 Das Wesen des Christentums

	Hans Küng	Adolf von Harnack	Ev. Theologen des 20. Jahrhunderts
Definition von »Wesen«	Das Unterscheidbare und Unverwechselbare	Das Unveränderliche und stets gleich Bleibende	Das Unaufgebbare und Unverzichtbare
Das Wesen des Christentums	Prophetische Religion mit einem leidenschaftlichen Streben nach der Verwirklichung von Werten und Aufgaben Kennzeichnend ist: 1) Vergebungsbereitschaft ohne Grenzen 2) Dienst ohne Rangordnung 3) Freiwilliger Verzicht ohne Gegenleistung	1) Schlichtes Vertrauen auf den Vater im Himmel 2) Gewissheit, dass jeder Mensch von Gott gewollt und deshalb unendlich wichtig ist 3) Bereitschaft Nächstenliebe gegen jedermann zu üben	1) Immer wieder neue Auseinandersetzung mit dem Evangelium von Jesus Christus. Konfrontation des eigenen Lebens mit der Botschaft Jesu von der herbeigekommenen Gottesherrschaft und dem Bekenntnis, dass sich im Leben, Sterben und Auferstehen Jesu Christi Gott gezeigt hat
Beispiel/Belege			

Materialien zum Kapitel »Mensch«

M 165.1 Andreas Reinert: Das utilitaristische Menschenbild in der Interpretation Peter Singers[1]

1. Die Voraussetzungen (»Indikatoren«) des Menschseins
Was in den bekannt gewordenen Abschnitten der Bioethik-Konvention deutlich wird, ist zunächst, dass der Begriff »Mensch« durch den Begriff »Person« ersetzt wurde. Das mag zunächst ganz harmlos erscheinen. Ein Zufall vielleicht. Doch hat die Nicht-Verwendung des Begriffs »Mensch« durchaus ihren Sinn. Beim Begriff Mensch fallen uns nämlich automatisch andere Begriffe wie »Menschenwürde« und »Menschenrechte« ein. Für den Begriff »Person« fehlt eine solche Assoziation. Diese Nicht-Verwendung des Begriffs »Mensch« findet sich auch in einem Buch von Peter Singer, einem australischen Ethiker. Es heißt »Praktische Ethik« und ist 1994 in 2. Auflage erschienen. Singer wie die Bioethik-Konvention vermeiden den Begriff »Mensch«, weil er ihnen zu ungenau erscheint. Wenn bei Singer von einem »menschlichen Wesen« gesprochen wird, wird eine Unterscheidung eingeführt:

a) kann ein menschliches Wesen »als Äquivalent zu ›Mitglied der Spezies Homo sapiens‹«[2] aufgefasst werden (»Homo sapiens« = der einsichtsvolle, weise Mensch). Dann sind alle Lebewesen, die von Menschen geboren sind, auch wirklich als »menschliche Wesen« anzusprechen, ein »von menschlichen Eltern gezeugter Fötus [ist] vom ersten Moment seiner Existenz an ein menschliches Wesen [...]; und dasselbe trifft zu für das schwerst und unheilbar geistig behinderte menschliche Wesen«[3]. Für diese erste Deutung verwendet Singer – wie er selbst sagt – »den schwerfälligen, aber präzisen Begriff ›Mitglied der Spezies Homo sapiens‹«[4].

b) Diese Deutung sagt Singer aber nicht zu. In Anlehnung an eine von Joseph Fletcher, »einem protestantischen Theologen«, vorgeschlagene Definition sollte ein menschliches Wesen gewisse charakteristische Eigenschaften besitzen. Fletcher nennt diese Eigenschaften »Indikatoren des Menschseins«[5], und Singer zählt sie auf: »Selbstbewusstsein, Selbstkontrolle, Sinn für Zukunft, Sinn für Vergangenheit, die Fähigkeit, mit anderen Beziehungen zu knüpfen, sich um andere zu kümmern, Kommunikation und Neugier«. Singer weiter: »Diese Bedeutung des Begriffs haben wir vor Augen, wenn wir von jemand sagen, er sei ein ›wirklich menschliches Wesen‹ oder zeige ›wahrhaft menschliche Eigenschaften‹«[6]. Alle Lebewesen, die diese Eigenschaften nicht besitzen, sind für Singer keine »wirklichen menschlichen Wesen«. Für diese zweite Deutung verwendet Singer den Begriff »Person«[7].

Dieses »selbstbewusste Wesen« nun ist aufgrund dieser Eigenschaften – wie Singer sagt – »sich seiner selbst als einer *distinkten Entität* bewusst«[8], d.h. als einer Person, die sich wahrnimmt als eine von anderen unterschiedene Einheit. Diesen Begriff »distinkte Entität« – wir übersetzen ihn wohl am besten »unterscheidbare Einheit« – übernimmt Singer von einem zeitgenössischen amerikanischen Philosophen namens Michael Tooley – mit beträchtlichen Folgen. Dieser Michael Tooley nämlich argumentiert (Zitat Singer), »die einzigen Wesen, die ein Recht auf Leben hätten, seien jene, die sich selbst als ›distinkte Entitäten‹ begreifen könnten [...], mit anderen Worten: Personen in dem Sinn, wie wir den Begriff verwendet haben«[9].
Damit sind wir beim zweiten Punkt angelangt, der notwendig mit dem ersten zusammenhängt:

2. Lebenswertes und lebensunwertes Leben
Nachdem Singer festgelegt hat, was einerseits unter einem »Mitglied der Spezies Homo sapiens« und andererseits unter »Person« zu verstehen ist, schreibt er in Anlehnung an Michael Tooley, »dass die Tatsache, dass ein Wesen ein menschliches Wesen im Sinne der Zugehörigkeit zur Spezies Homo sapiens ist, für die Unrechtmäßigkeit seiner Tötung ohne Bedeutung ist; entscheidend sind vielmehr Eigenschaften wie Rationalität, Autonomie und Selbstbewusstsein«[10].
An das Menschsein des Menschen werden nach Peter Singer also ebenfalls bestimmte Voraussetzungen – Fletcher nannte sie »Indikatoren des Menschseins« – geknüpft: ein Mensch ist nach Singer nur dann ein »wirkliches menschliches Wesen, eine Person«, wenn er über die Eigenschaften »Rationalität«, also Vernünftigkeit, »Autonomie«, also Unabhängigkeit[11] und »Selbstbewusstsein« verfügt. Alle Menschen, die diese Eigenschaften nicht besitzen, können nicht als – wie Singer sagt – »normale/wirkliche menschliche Wesen« angesehen werden.
Nun verfügen »incapacitated persons«, also Kinder, Behinderte, Drogenabhängige, Schwerkranke und verwirrte alte Menschen nur zeitweise oder nur in eingeschränktem Sinne über diese Fähigkeiten. Werden diese Fähigkeiten aber als Voraussetzungen des Menschseins und als »normal«, das heißt: der Norm entsprechend, definiert, dann sind alle Menschen, die diese Voraussetzungen nicht oder zeitweise nicht besitzen, anormal und abartig. Das Recht, als Mensch behandelt zu werden, steht deshalb ihnen nicht zu. Und so denkt Peter Singer im direkten Anschluss an die zuvor zitierten Sätze auch folgerichtig weiter: »dass die Tatsache, dass ein Wesen ein menschliches Wesen im Sinne der Zugehörigkeit zur Spezies Homo sapiens ist, für die Unrechtmäßigkeit seiner Tötung ohne Bedeutung ist; entscheidend sind vielmehr Eigenschaften wie Rationalität, Autonomie und Selbstbewusstsein«[12]. Dann formuliert er weiter: »Missgebildete Säuglinge [z.B.] haben diese Eigenschaften nicht. Sie zu töten kann daher nicht gleichgesetzt werden mit dem Töten normaler menschlicher Wesen«[13]; oder an anderer Stelle: »Die Tötung eines behinderten Säuglings ist nicht moralisch gleichbedeutend mit der Tötung einer Person. Sehr oft ist sie überhaupt kein Unrecht« [...] »Weder der Fötus, noch das ungeborene Kind ist ein Individuum, fähig, sich selbst als distinkte Entität [also als ein von anderen unterschiedenes

351

Wesen] zu betrachten«[14]. Solange sich ein Mensch mittels Rationalität, Autonomie und Selbstbewusstsein nicht als von anderen sich unterscheidende Größe wahrnimmt, ist er also keine Person. Das heißt: diese Menschen haben, so Singer, kein »Recht auf Leben« mehr. Singer formuliert: »Um ein Recht auf Leben zu haben, muss man – wenigstens irgendwann – die Vorstellung einer fortdauernden Existenz (gehabt) haben«[15].

Was aus den Singerschen Gedanken neben dieser Definition des Menschseins herauszulesen ist, ist die Folgerung, dass es *lebenswertes und lebensunwertes Leben* gibt. Lebenswertes Leben ist durch die beschriebenen Eigenschaften »normaler menschlicher Wesen«, die sich selbst als von anderen unterscheidbare Einheiten wahrnehmen, geprägt. Alles andere menschliche Leben ist lebensunwert.

Die Tötung des so genannten »lebensunwerten Lebens« war auch eine der Folgerungen, die in der Zeit des Nationalsozialismus in Deutschland gezogen wurde – mit den bekannten Folgen. Das »Gesetz zum Schutze des deutschen Blutes und der deutschen Ehre« vom 15. September 1935, das so genannte »Nürnberger Rassegesetz«, war der Auftakt und die denkerische Voraussetzung zur schließlichen Massenvernichtung von Juden und anderen »nichtarischen« Menschen, deren Leben als lebensunwert erachtet wurde. Damals war es ein angeblicher Blutsunterschied, der den antisemitischen Rassismus möglich machte und der das »normale menschliche Wesen« als »arischen Menschen« definiert hat. Nachdem dies einmal festgelegt worden war, war klar, dass die anderen Menschen Untermenschen sein mussten. Ich möchte Peter Singer nun nicht in die Nähe von Rassisten rücken. Wir können allerdings auch nicht übersehen, dass hier wie dort bestimmte *Eigenschaften oder Fähigkeiten* (dort das »Blut«, hier »Rationalität, Autonomie und Selbstbewusstsein«) zur Voraussetzung des Menschseins gemacht werden.

3. Die Nützlichkeits-Forderung

Damals wie heute fällt auf, dass die Entscheidung darüber, wer ein »normales menschliches Wesen« ist und wer nicht, wessen Leben als lebenswert und wessen Leben als lebensunwert erachtet wird, immer von denen getroffen wird, die sich sicher sein können, nicht zu denen zu gehören, deren Leben nach der Überprüfung als lebensunwert eingestuft werden müsste. Was sich aber hinter diesen Gedanken noch versteckt ist m.E. die Auffassung darüber, dass das lebensunwerte Leben nur deshalb nicht lebenswert ist, weil es für eine Gesellschaft *nicht nützlich, sondern belastend* ist. Menschen, die weder über Rationalität, noch über Autonomie und Selbstbewusstsein verfügen, sind für eine Gesellschaft nicht nützlich, sondern belastend. Sie sind teuer. Nun gibt es eine philosophische Lehre, die im Nützlichen die Grundlage des sittlichen Verhaltens sieht und Werte nur anerkennt, sofern sie dem einzelnen oder der Gemeinschaft nützen. Man nennt diese philosophische Richtung »*Utilitarismus*«. Das Wort kommt vom lateinischen »uti« – nützen; »utilitär« bedeutet »auf die bloße Nützlichkeit gerichtet«. Diese Forderung nach der *Nützlichkeit des Menschen* steckt m.E. hinter den Erwägungen darüber, wer ein »normales menschliches Wesen« ist und wer nicht. Die beschriebenen Menschengruppen, die von der Bioethik-Konvention betroffen wären, sind Menschen, das ist unumstritten, die eine Gesellschaft belasten: behinderte Menschen, drogenabhängige Menschen, alte und kranke Menschen belasten vom Nützlichkeitsstandpunkt aus unsere Gesellschaft. Nun soll gar nicht verschwiegen sein, dass der Utilitarismus »das größte Glück der größten Zahl« von Menschen auf seine Fahnen geschrieben hat. An sich ein lobenswertes Ziel, »das größte Glück der größten Zahl« anzustreben. Doch ist mit diesem Ziel, so formuliert, gleichzeitig gesagt, dass nicht alle an diesem Glück partizipieren werden können, sondern eben nur »die größtmögliche Zahl« von Menschen. Nicht alle. Der Utilitarismus reduziert deshalb m.E. das Menschsein des Menschen auf seine bloße Nützlichkeit für den Einzelnen und die Gesellschaft und verliert andere Erwägungen aus dem Blick.

Sollen wir aber den Menschen nur unter dieser Maßgabe beurteilen und bewerten? Sollen wir es zulassen, dass das Menschsein des Menschen zuerst durch die Schlagworte »Rationalität, Autonomie und Selbstbewusstsein« definiert wird? Dass das Menschsein des Menschen von seiner Nützlichkeit abhängt?

Das biblisch-reformatorische Menschenbild

Wenn wir als Christinnen und Christen auf diese Fragen eine Antwort geben wollen, müssen wir darüber Klarheit gewinnen, wie denn der Mensch in biblisch-reformatorischer Sicht zu bewerten ist. Denn die Frage »Was ist der Mensch?« ist die Grundfrage aller Anthropologie, aller Lehre vom Menschen, und diese Frage wird in den verschiedenen philosophischen und religiösen Systemen sehr unterschiedlich beantwortet.

Nun redet die Bibel vom Menschen nicht wie ein Lehrbuch der Anthropologie. Die Bibel entfaltet ein Menschenbild, das an Grundsituationen und Einzelbeispielen des menschlichen Lebens zu beschreiben versucht, wie Gott den Mensch gemeint hat. Die Bibel bietet so eine ganze Sammlung und einen großen Schatz von Beiträgen zu einem Gespräch, das innerbiblisch geführt wurde und über den Kanon der Bibel hinausreicht bis in unsere Zeit, in der auch wir diese Frage aus Psalm 8 neu formulieren: »Was ist der Mensch?« In allem Befragen der biblischen Texte und in aller Unabgeschlossenheit des Gesprächs über dieses Thema gibt es m.E. aber doch einige Axiome, einige Feststellungen, die für die biblischen Aussagen über den Menschen prägend wurden. Aus der Vielzahl greife ich die m.E. wichtigsten heraus und möchte im folgenden vor allen Dingen zwei [drei] Themenfelder in Betracht ziehen:

1. Die Geschöpflichkeit des Menschen
2. Die Gottebenbildlichkeit des Menschen
[3. Der Mensch als Sünder und Gerechtfertigter (»simul iustus et peccator«)]

1. Die Geschöpflichkeit des Menschen

Peter Singer hat in seiner »Praktischen Ethik« richtig erkannt, dass die Geschöpflichkeit des Menschen das Christentum veranlasst habe, eine Rede von der Heiligkeit des Lebens auszubilden. Singer schreibt, dass man herkömmlicherweise argumentiere, dass wir keinen Menschen töten dürften, weil wir, »von Gott geschaffen, sein Eigentum sind; einen Menschen töten aber hieße sich ein Recht Gottes anmaßen, nämlich darüber zu entscheiden, wann wir leben und wann wir sterben. Während der jahrhundertelangen christlichen Vorherrschaft im europäischen Denken wurden die moralischen Auffassungen, die sich auf diese Lehren gründeten, Bestandteil der unangefochtenen moralischen Orthodoxie europäischer Zivilisation«. Dann fügt er lapidar hinzu: »Heute sind diese Lehren nicht mehr allgemein anerkannt«[16]. Weil sie nun nicht mehr allgemein anerkannt seien, müsse man nach neuen Wegen suchen. Ich meine hingegen, wir hätten die alten Wege noch gar nicht richtig abgegangen, den reichen Schatz an Erfahrung, den unsere alten Texte der Bibel bieten, noch gar nicht ausgeschöpft, denn:

Die biblische Grundaussage über den Menschen, die allen weiteren Aussagen zugrunde liegt, ist die Aussage, dass der Mensch ein *Geschöpf Gottes* ist, dass Gott der Schöpfer der Welt ist. »Im Anfang schuf Gott Himmel und Erde« ist der erste Satz unserer jüdischen und christlichen Bibel. Unser Glaubensbekenntnis beginnt mit dem Satz: »Ich glaube an Gott, den Vater, den Allmächtigen, den Schöpfer des Himmels und der Erde«. Karl Barth, ein großer Theologe unseres Jahrhunderts, hat von diesen Worten – »Schöpfer des Himmels und der Erde« – zurecht gesagt, sie seien »in einfachster und umfassendster Form die Lehre der christlichen Kirche von der Schöpfung«[17], mit dem wir ausdrücken, was wir meinen, wenn wir sagen: »Credo – Ich glaube«. Es ist ja ein Bekenntnis des Glaubens, das so spricht, und das die ganze Welt als aus Gottes Hand stammend definiert. Denn mit dem Merismus, dem Doppelbegriff »Himmel und Erde« sind im Hebräischen nicht nur die beiden genannten Bereiche, sondern die ganze Schöpfung, der Kosmos, das All, umfasst. Tatsächlich kennt das Hebräische keinen Begriff für »Kosmos« oder »All«, und möchte man von der ganzen Welt sprechen, so sagt man »Himmel und Erde«.

Zu diesem Himmel und zu dieser Erde gehört nun nach dem 1. Kapitel unserer Bibel auch der Mensch als letztes der Geschöpfe Gottes. »Der Schöpfungsglaube unterscheidet aber scharf zwischen Schöpfer und Geschöpf und stellt deshalb die Menschen in die große Familie von Lebewesen hinein, die alle aus demselben Ursprung hervorgegangen und so aufeinander angewiesen sind. Wenn der Mensch seinen Platz in der Schöpfung *so* versteht, muß er jedem Mitgeschöpf mit Solidarität und Respekt begegnen, denn es hat sein eigenes Daseinsrecht von Gott. Der Mensch als Geschöpf kann sich nicht selbst zum Mittelpunkt der Welt und seinen Nutzen nicht zum alleinigen Maßstab machen. Er ist kein Gott und er erfährt – oft in sehr schmerzlicher Weise –, dass sein Leben endlich und seine Möglichkeiten begrenzt sind. [...] Gott, der Schöpfer, ist nicht Bestandteil der Welt, auch nicht als Inbegriff ihrer Ganzheit, sondern er steht ihr frei gegenüber; er ist transzendent, überweltlich. Für den Menschen kann deshalb weder die Natur selbst, noch eine ihrer Erscheinungsformen heilig und verehrungswürdig sein. Das hieße Schöpfer und Geschöpf zu verwechseln. Die Welt und die Natur [...] sind nichts Absolutes, nichts, das seinen Sinn in sich selbst hätte, sondern entspringen dem Willen Gottes und bestehen nur, solange seine überfließende Kraft sie erhält. Zieht er sie ab, sinkt die Welt zurück ins Nichts«[18].

Man kann sich das sehr einfach klarmachen anhand des ersten Schöpfungsberichtes unserer Bibel: (Gen 1,2) »die Erde aber war wüst und leer« – oder, wie es im Hebräischen heißt: »tohuwabohu«, »und Finsternis [im Hebräischen Choschäch, eine Todesmetapher] lag über der Urflut« (im Hebräischen: T°hom, das wir heute mit Chaos übersetzen würden). In dieses Chaos hinein baut nun Gott eine Feste, ein Firmament, das die chaotischen Wasser über der Erde von den Chaoswassern unter der Erde trennt. Das Trockene ist die Erde, der Himmel entsteht. Zöge nun Gott diese Feste weg, bzw. öffnete er – wie bei der Sintflut – ihre Schleusen, stürzten die Chaoswasser wieder auf die Erde und alle Schöpfung wäre dahin, der Tohuwabohu-Zustand des Anfangs, das Chaos, wieder hergestellt. Die Lehre von der Vorsehung, die der Schöpfungslehre korrespondiert, bringt dies zum Ausdruck: Die Schöpfung ist Werk Gottes, von ihm täglich am Leben erhalten. Und innerhalb dieser von Gott ins Leben gerufenen Welt ist der Mensch als von ihm geliebtes Geschöpf nur aus diesem andauernden Schutz Gottes lebensfähig.

Aus diesem ersten Abschnitt »Die Geschöpflichkeit des Menschen« können wir deshalb für das Menschenbild in der Bioethik-Konvention folgende *Schlussfolgerung* ziehen[19]:

- Nach biblischer Darstellung und christlichem Glauben gilt: Die »Geschöpflichkeit des Menschen ist nicht eine Wesensaussage über den Menschen, sondern ist eine Verhältnisbestimmung von Gott und Mensch«[20]. Jedes Lebewesen hat sein eigenes Daseinsrecht von Gott, nicht von anderen Menschen. Kein Mensch muss sich für sein Dasein, für seine Existenz rechtfertigen. Das Lebewesen Mensch ist von Gott gewollt, Menschen müssen nicht – ja mehr noch: *können* nicht – ihr Leben gegenüber anderen Menschen legitimieren. Wert und Würde eines Menschen kommen nicht aus ihm selbst, sondern von Gott her. Leben heißt: von Gott her und zu Gott hin leben: »Fecisti nos ad te, et inquietum est cor nostrum, donec requiescat in te«[21] – »Du hast uns zu dir hin geschaffen, und unruhig ist unser Herz, bis daß es ruht in dir« (Augustinus). Wert und Würde eines menschlichen Lebens sind auch nicht von Rationalität, Autonomie und Selbstbewusstsein abhängig, sondern sind begründet im Willen Gottes, uns Menschen das Leben zu schenken. »Gott liebt uns nicht, weil wir so wertvoll sind, sondern wir sind so wertvoll, weil Gott uns liebt« (H. Thielicke).

2. Die Gottebenbildlichkeit des Menschen

Die zweite große Aussage über den Menschen sind die Sätze über seine Gottebenbildlichkeit. Ich lese sie zunächst in der Übersetzung Martin Luthers (Gen 1,26–28): »Und Gott sprach: Lasset uns Menschen machen, ein Bild, das uns gleich sei, die da herrschen über die Fische im Meer und über die Vögel unter dem Himmel und über das Vieh und über alle Tiere des Feldes und über alles Gewürm, das auf Erden kriecht. Und Gott schuf den Menschen zu seinem Bilde, zum Bilde Gottes schuf er ihn; und schuf sie als Mann und Weib. Und Gott segnete sie und sprach zu ihnen: Seid fruchtbar und mehret euch und füllet die Erde und machet sie euch untertan und herrschet über die Fische im Meer und über die Vögel unter dem Himmel und über das Vieh und über alles Getier, das auf Erden kriecht.«

Wenn Sie nun diese Übersetzung mit einer wörtlichen Wiedergabe des hebräischen Textes vergleichen, werden Ihnen sicher manche Unterschiede auffallen, aus denen ich nun zwei herausgreifen möchte:

a. Zunächst ist es wohl diese seltsame Formulierung, mit der die Gottebenbildlichkeit des Menschen umschrieben ist: »in unserem Bild wie eine Ähnlichkeit/ein Gleichnis von uns«. Das ist eine Formulierung, die Generationen von Theologen schon Kopfzerbrechen bereitet hat. Was soll das eigentlich bedeuten?

Der erste Begriff – »Bild« – ist die Wiedergabe eines hebräischen Wortes, das so viel wie Statue, Abbild, Kultstatue bedeutet. Es ist eine sehr handgreifliche Vorstellung, die hinter diesem Wort steckt. Es meint tatsächlich die Statue, die man anfassen kann. Der Begriff kommt aus dem altorientalischen Raum, wo die Gottheit in Kultstatuen abgebildet war. Wir kennen solche Statuen aus Ägypten, aber auch aus Mesopotamien. Diese Kultstatuen hatten die Funktion, die Gottheit auf Erden zu repräsentieren. Sie waren die Stellvertreter der Gottheit auf der Erde. Die Statuen waren nicht selbst die Gottheit – ein weit verbreitetes Missverständnis – sondern sozusagen Statthalter, Stellvertreter der Gottheit. Deshalb wurden sie verehrt und umsorgt. Oft wird auch der König oder der Pharao das »Bild Gottes auf Erden« genannt. Der König war der Stellvertreter Gottes auf Erden. Wenn es nun heißt »Lasst uns Menschen machen in unserem Bild«, so ist nicht mehr nur *der* König das Bild, der Stellvertreter Gottes auf Erden, sondern *alle* Menschen. Es findet sozusagen eine Demokratisierung dieser Vorstellung statt, man könnte auch sagen: eine Royalisierung des Menschen. Der Mensch wird königlich in dem Sinne, dass er als Stellvertreter Gottes auf Erden fungiert.

Der zweite Begriff – »Ähnlichkeit/Gleichnis« – ist die Wiedergabe eines hebräischen Wortes, das von einem Verb »ähnlich sein/gleichen« gebildet ist. Es ist am besten mit »Ähnlichkeit« wiederzugeben. Dieses zweite Wort soll die erste, handgreifliche Vorstellung, die Menschen wären sozusagen die Abbilder Gottes, wieder etwas zurechtrücken. »Wie eine Ähnlichkeit/ein Gleichnis will sagen: Gott sieht nicht so aus, wie die Menschen aussehen. Diese Vorstellung ist in Israel schon wegen des 2. Gebotes – »Du sollst dir kein Bildnis, noch irgendein Gleichnis machen« – unmöglich. Mit diesem Begriff »Ähnlichkeit/Gleichnis« soll der Abstand des Menschen gegenüber Gott gewahrt bleiben. Das Geheimnis Gottes. Nicht die Gleichheit des Menschen mit Gott ist mit Gottebenbildlichkeit gemeint, sondern eine Beziehung des Stellvertreters, des Abbildes, zum Urbild, zu Gott.

Gottebenbildlichkeit bedeutet also: alle Menschen, nicht mehr nur der König, sind Stellvertreter Gottes auf Erden. In unserer Funktion, über alles auf der Erde zu herrschen, sind wir Gott ebenbildlich, man könnte auch sagen: ebenbürtig. Dennoch, trotz dieser Funktion, bleibt der Abstand zwischen Gott und uns gewahrt: wir sind zwar seine Stellvertreter, doch sind wir ihm in dieser Funktion nur ähnlich, wie ein Gleichnis von ihm.

b. Luther übersetzt: »... und füllet die Erde und machet sie euch untertan und herrschet über die Fische usw.«. Wörtlich übersetzt: »... und füllet die Erde und nehmt sie in Besitz und herrschet über die Fischbrut usw.«. »Untertan machen« – »In Besitz nehmen«, das sind zwei Paar Stiefel. Ich kann jetzt nicht ausführlich erklären, wie es zu dieser unterschiedlichen Übersetzung des zugrunde liegenden Verbs gekommen ist. Dieses Verb ist das gleiche wie in Psalm 8: »die Füße auf etwas stellen, um es in Besitz zu nehmen«. Wir haben dort gesehen, dass dieses Verb nicht im Sinne von »niedertreten, trampeln, untertan machen« zu interpretieren ist, sondern im Sinne von »etwas in Besitz nehmen, die Hand auf etwas legen«. So soll die Herrschaft des Menschen über die Erde, so soll seine Herrschaft über die Tierwelt aussehen: seine Funktion als Stellvertreter Gottes besteht darin, die Erde und die Tierwelt in Besitz zu nehmen, um sie zu schützen, oder, wie es später in Kap. 2,15 heißt: »Und Gott nahm den Menschen und setzte ihn in den Garten Eden, dass er ihn bebaute und bewahrte«.

Verlassen wir nun den Text und gehen noch einen Schritt weiter: dieser Auftrag, als Stellvertreter Gottes aus Erden zu wirken, die Erde zu bebauen und die Tierwelt zu bewahren, setzt uns Menschen in Lebenszusammenhänge hinein, über die wir zwar herrschen sollen, die wir uns auch mühen sollen zu *beherrschen*, von denen uns aber zugleich gesagt ist, dass wir sie bebauen und bewahren sollen. Es steht in diesen ersten Kapiteln der Bibel übrigens nichts davon, dass diese Lebenszusammenhänge unvollkommen seien und wir uns bemühen müssten, sie gentechnologisch zu verbessern. Im Gegenteil: nach jedem Schöpfungstag wird eigens bestätigt: »Und Gott sah, dass es gut war«, und nach dem letzten Schöpfungstag sogar: »Und Gott sah an alles, was er gemacht hatte, und siehe, es war *sehr* gut«. Die gentechnologische Forschung scheint mir zu einem guten Teil von dem Satz »siehe, es ist alles unvollkommen« zu leben und daraus die Konsequenz zu ziehen, wir müssten nichts bewahren, sondern alles verbessern. Dies aber scheint mir mit dem biblischen Auftrag und der Bedeutung der Gottebenbildlichkeit des Menschen unvereinbar zu sein. Schlussfolgerung dieses Abschnittes:

- Das Handeln und das Entscheiden des Menschen als Ebenbild Gottes und somit als Stellvertreter Gottes meint zunächst, über die Erde und die Tierwelt eine Herrschaft auszuüben, die diese schützt. Diese Herrschaft auf Erden geschieht nicht in einem luftleeren Raum, sondern in Lebenszusammenhängen, deren Existenz von uns Menschen respektiert werden müssen, weil wir wissen, dass sie nicht aus uns heraus ihren Bestand haben, und weil wir glauben, dass sie »sehr gut« und nicht »unvollkommen« sind. Von diesem Glauben her leitet christliche Ethik dazu an, zu unterscheiden zwischen dem, was Menschen verantworten können, und dem, was nicht in der Macht des Menschen steht oder stehen sollte. Mit anderen Worten: mit dem Menschsein des Menschen als Geschöpf Gottes sind dem Menschen Grenzen gesetzt, die spätestens am Lebensrecht jedes anderen Menschen halt machen müssen. Noch deutlicher: kein Mensch hat das Recht, einem anderen Menschen das Leben zu nehmen.

3. Der Mensch als Sünder und Gerechtfertigter (»simul iustus et peccator«)

Die beiden ersten wesentlichen Aussagen über den Menschen haben wir dem Alten Testament entnommen: der Mensch ist Geschöpf; der Mensch ist Gottes Ebenbild. Als Geschöpf und als Ebenbild Gottes ist er aber nach den Erfahrungen des Alten und Neuen Testaments nicht vor

Verfehlungen gefeit: der Mensch entfernt sich von seinem Schöpfer, er entspricht nicht seiner Gottebenbildlichkeit. Gemeinhin nennen wir diesen Zustand »Sünde«.

Dass der Mensch Sünder ist und sich von seinem Schöpfer entfernt, beginnt in der Bibel unmittelbar nach diesen ersten Bestimmungen des Menschen, die in 1. Mose 1 und 2 stehen. Schon ab 1. Mose 3, der so genannten Paradiesesgeschichte, kommt zum Ausdruck, dass der Mensch – wie es dann in der Sintflutgeschichte heißt – »böse von Jugend auf« ist. Alle Erfahrungen, die Menschen im Alten Testament mit Gott gemacht haben, stehen deshalb unter dem Leitbegriff der *Gerechtigkeit*; in der Gerechtigkeit erreicht der Mensch eine Abkehr von der Sünde und eine Zuwendung zu Gott – und damit seine Bestimmung. Gott und seiner Bestimmung für den Menschen zu entsprechen hieße, ein gerechter Mensch zu werden. Der *Weg* dazu ist im Alten Testament, die Weisungen Gottes, oder wie es Paulus nennt: das Gesetz, einzuhalten. »Wenn im Neuen Testament Jesus Christus als ›der Weg‹ bezeichnet wird, so ist klar, dass die Bedeutung des alttestamentlichen Gesetzes eine entscheidende Veränderung erfahren hat. Zu Beginn der neutestamentlichen Zeit, bei Paulus, wird die Auseinandersetzung um das richtige Verständnis des Gesetzes sogar zum Dreh- und Angelpunkt der Auseinandersetzung zwischen dem Judentum und der Christusgemeinde, die sich erst im Laufe dieses Streits«[22] vom Judentum ablöst. Auf den Punkt gebracht (und eine lange theologische Diskussion abkürzend) war es die Frage, ob ein Mensch durch die »Werke des Gesetzes« oder nur durch die »Gnade Gottes« gerecht werden könne[23]. Diese Frage quälte auch den jungen Martin Luther, der rückblickend schrieb:

»Ich aber fühlte mich, obwohl ich als Mönch ein untadeliges Leben führte, vor Gott als einen von Gewissensqualen verfolgten Sünder, und da ich nicht darauf vertrauen konnte, Gott durch meine Genugtuung versöhnt zu haben, liebte ich nicht, sondern ich hasste förmlich jene gerechte, die Sünder strafende Gottheit ... So marterte ich mich in der Strenge und Verworrenheit meines Gewissens«[24].

Bei Luther drückte sich die Frage, was der Mensch sein soll demnach in der Frage aus: »Wie kann ich einen gnädigen Gott bekommen?« In der Suche nach dem »Gerecht-Werden vor Gott« oder dem »Einen-gnädigen-Gott-Haben« suchte Luther im Römerbrief eine Lösung. Dazu schreibt er, wieder rückblickend:

»Ich war von einer gewiss wunderbaren Glut ergriffen gewesen, Paulus im Römerbrief zu verstehen; allein dem war bisher im Wege gestanden nicht das kalte Blut der Brust, sondern ein einziges Wort in Kap. 1 Vers 17: ›Die Gerechtigkeit Gottes wird im Evangelium offenbart‹«[25].

Luther verstand diesen Satz als Bedrohung, weil er trotz seines strengen Mönchslebens vor der absoluten Gerechtigkeit Gottes nicht bestehen zu können glaubte. Auch im Evangelium konnte er so nur eine Angst machende Überforderung erblicken. Seine entscheidende Entdeckung lag schließlich darin, dass er den Kontext der Stelle beachtete und bemerkte, dass Paulus unter Gerechtigkeit gar nicht die beurteilende und richtende Macht Gottes versteht. Wie Luther weiß auch Paulus von der Aussichtslosigkeit des Versuchs, aus eigener Kraft sein Leben zu meistern und »vor Gott gerecht« zu werden. Die neue Gerechtigkeit, die Paulus im Römerbrief als »das Ende des Gesetzes« verkündet, ist das Angebot Gottes an den Menschen, aus dem Glauben an Jesus Christus zu leben, statt aus der Gesetzeserfüllung: aus dem Vertrauen, statt aus der Leistung«[26]. Da war für Luther auch das andere Wort aus dem Römerbrief klar geworden: »Der Mensch wird gerecht, ohne die Werke des Gesetzes, allein durch den Glauben« (Römer 3,28).

Luthers radikale Schlussfolgerung – die nun auch für unser Thema von Interesse ist – war: der Mensch lebt letztlich nur aus der Gnade und der Rechtfertigung Gottes. »Der Mensch kann zu seinem Heil nichts tun, er braucht auch nichts zu tun. Er soll sich in die Arme Gottes fallen lassen wie ein Kind. Jeder Versuch, sich selbst zu sichern, muss misslingen«[27].

Prüft ein Mensch sich also vor seinen eigenen Taten und seinem Glauben, dann muss er sich immer als Sünder erfahren. Sieht er aber von sich ab und vertraut auf Gott, so kommt ihm von dort die vergebende Gnade entgegen und er erfährt sich als freigesprochen und gerecht. So kommt Luther zu der paradoxen Formulierung, der Mensch sei »simul iustus et peccator« – zugleich gerecht gesprochen und Sünder.

- Die *Schlussfolgerung* aus diesem langen Gedankengang für unser Thema ist folgender: Wenn alle Menschen »simul iustus et peccator« sind und kein Mensch nach christlichem Glauben sein Heil ohne die vergebende Gnade in der Rechtfertigung erhalten kann, dann kann sich auch kein Mensch zum Richter über andere Menschen aufschwingen. »Richtet nicht, auf dass ihr nicht gerichtet werdet« (Mt 7,1) bedeutet eben auch, nicht Richter über Leben und Tod anderer Menschen sein zu wollen. Weil Gott es fertig bringt, alle Menschen zu lieben (Joh 3,16), sollte es uns Menschen recht und billig sein, nicht zum Richter über andere werden zu wollen. Wie kein Mensch das Recht hat, anderen Menschen das Leben zu nehmen, weil sich ihre Existenz aus ihrer *Geschöpflichkeit* verdankt, und weil alle Menschen, unabhängig ihrer Gesundheit oder Krankheit, als Gottes *Ebenbilder* gerufen sind, so sind auch alle Menschen Sünder und leben letztlich *alle* aus der *gnädigen Zuwendung Gottes*.

Zusammenfassung

Zusammenfassend lässt sich in wenigen Sätzen folgendes festhalten:

1. Wir haben versucht herauszufinden, welches *Menschenbild* Peter Singer vertritt. Ich habe ich zu zeigen versucht, dass dieses Menschenbild »utilitaristisch« geprägt ist und auf den bloßen Nutzen konzentriert bzw. reduziert wird. Und zwar aus drei Gründen:
   a) Für das Menschsein eines Menschen werden bestimmte Voraussetzungen, so genannte »Indikatoren« festgelegt: bei Peter Singer waren das Rationalität, Autonomie und Selbstbewusstsein. Ohne diese Indikatoren kann nicht von einem »wirklichen / normalen menschlichen Wesen« gesprochen werden.
   b) Die Schlussfolgerung daraus lautet, dass es lebenswertes und lebensunwertes Leben gibt, ja mehr noch: Mitglieder der Spezies homo sapiens, die die

genannten Voraussetzungen nicht haben, haben kein Recht auf Leben. Lebensunwertes Leben »zu töten kann deshalb nicht gleichgesetzt werden mit dem Töten normaler menschlicher Wesen« und ist erlaubt. Erlaubt ist dies

c) aus Nützlichkeitserwägungen: »utilitär« gedacht hätten die beschriebenen Menschengruppen, die, das ist unumstritten, unsere Gesellschaft belasten, kein Recht auf Leben: behinderte Menschen, drogenabhängige Menschen, alte und kranke Menschen belasten vom Nützlichkeitsstandpunkt aus unsere Gesellschaft.

2. Wir haben dann versucht, anhand von zwei Beispielen das biblische Menschenbild diesem utilitaristischen Menschenbild gegenüberzustellen. Wir haben gesehen, dass

a) nach biblischem Verständnis der Mensch ein Geschöpf Gottes ist. Die »Geschöpflichkeit des Menschen ist nicht eine Wesensaussage über den Menschen, sondern ist eine Verhältnisbestimmung von Gott und Mensch«[28]. Jedes Lebewesen hat sein eigenes Daseinsrecht von Gott, nicht von anderen Menschen. Kein Mensch muss sich für sein Dasein, für seine Existenz rechtfertigen. Das Lebewesen Mensch ist von Gott gewollt, Menschen müssen nicht und können nicht ihr Leben gegenüber anderen Menschen legitimieren. Wert und Würde eines Menschen kommen nicht aus ihm selbst, sondern von Gott her.

b) wurde uns deutlich, dass die Aussage über die Gottebenbildlichkeit des Menschen – und damit als Stellvertreter Gottes auf Erden – den Menschen in eine besondere Verantwortung seinen Mitgeschöpfen gegenüber stellt. Diese Verantwortung kann jedenfalls nicht darin bestehen, das Leben anderer Lebewesen als lebensunwert zu erachten und zu vernichten. Leben spielt sich ab in Lebenszusammenhängen, deren Existenz von uns Menschen respektiert werden müssen. Mit anderen Worten: mit dem Menschsein des Menschen als Gottes Ebenbild sind dem Menschen Grenzen gesetzt, die spätestens am Lebensrecht jedes anderen Menschen halt machen müssen. Noch deutlicher: kein Mensch hat das Recht, einem anderen Menschen das Leben zu nehmen.

c) macht die Rede vom Sünder- und Gerechtfertigtsein des Menschen deutlich, dass bei Gott kein Unterschied besteht zwischen den Menschen: alle sind Sünder, alle sind gerechtfertigt. Es gibt keine besseren und schlechteren, keine vollkommene Menschen.

Zum Abschluss möchte ich Ihnen noch einen kurzen, aber eindringlichen Text vorlesen. Er stammt von Leo Alexander[29] und ist 1949 veröffentlicht worden:

»Welche Ausmaße auch immer die [Nazi-]Verbrechen schließlich angenommen haben, es wurde allen, die sie untersucht haben, deutlich, dass sie aus kleinen Anfängen erwuchsen. Am Anfang standen zunächst nur feine Akzentverschiebungen in der Grundhaltung der Ärzte. Es begann mit der Auffassung, die in der Euthanasiebewegung grundlegend ist, dass es so etwas wie Leben gebe, das es nicht wert sei, gelebt zu werden. In ihrem Frühstadium betraf diese Haltung nur die schwer und chronisch Kranken. Nach und nach wurden zu dieser Kategorie auch die sozial Unproduktiven, die ideologisch Unerwünschten, die rassisch Unerwünschten und schließlich alle Nicht-Deutschen gerechnet. Entscheidend ist freilich, sich klar zu machen, dass die Haltung gegenüber den unheilbar Kranken der unendlich kleine Auslöser für einen totalen Gesinnungswandel war.«

Anmerkungen

1. Auszug aus einem Vortrag, gehalten am Studientag des Evangelischen Bildungswerks im Landkreis Esslingen zum Thema »Dürfen wir alles, was wir können? Christliches Menschenbild und Bioethik-Konvention«, 19. Oktober 1996 in Wendlingen.
2. Peter Singer, Praktische Ethik, Stuttgart 1984, 2. Aufl. 1994, S. 118.
3. Dies wäre »wissenschaftlich [zu] bestimmen durch die Untersuchung der Beschaffenheit der Chromosomen in den Zellen lebender Organismen« (ebd).
4. Ebd. S. 119f.
5. Ebd. S. 118.
6. S. 118f. 119 weiter: »wir implizieren [...], dass menschliche Wesen gewisse charakteristische Eigenschaften besitzen und dass die betreffende Person sie in einem hohen Maße besitzt«.
7. S. 120.
8. S. 123.
9. S. 130–134, hier S. 130.
10. S. 232–244 »Entscheidungen über Leben und Tod von behinderten Säuglingen«, Zitat S. 233.
11. Autonomie wird durch Singer folgendermaßen definiert: »Mit ›Autonomie‹ ist die Fähigkeit gemeint, eine Wahl zu treffen, eine Handlung nach eigener Entscheidung zu vollziehen« (S. 134). Dort weiter: »Daher verrät die Tötung einer Person, die sich entscheidet, nicht zu sterben, mangelnden Respekt vor der Autonomie dieser Person; und weil die Wahl zwischen Leben und Tod wohl die fundamentalste Wahl ist, die jemand treffen kann, die Wahl, von der alle weiteren Entscheidungen abhängen, ist die Tötung einer Person, die sich nicht dafür entschieden hat, zu sterben, die denkbar schwerwiegendste Verletzung der Autonomie dieser Person«.
12. Übrigens liegt gerade in diesem entscheidenden Satz eine Veränderung gegenüber der 1. Auflage des Buches; dort hieß es noch: »dass die Zugehörigkeit eines menschlichen Wesens zur Spezies Homo sapiens allein keine Bedeutung dafür hat, ob es verwerflich ist, es zu töten; entscheidend sind vielmehr Eigenschaften wie Rationalität, Autonomie und Selbstbewusstsein«.
13. Ebd. S. 233.
14. Ebd. S. 244.
15. Wieder in Anlehnung an Tooley (S. 133).
16. S. 122.
17. Karl Barth, Kirchliche Dogmatik Bd. III/1, S. 1.
18. Max W. Richardt, Gott wird Mensch. Grundkurs Evangelische Religionslehre, 12. Jahrgangsstufe, ed. von der Gymnasialpädagogischen Materialstelle der Evangelisch-Lutherischen Kirche in Bayern. Arbeitshilfe für den evangelischen Religionsunterricht an Gymnasien, Themenfolge 98, Erlangen 1994, S. 34f.
19. Das Folgende zum Teil aus: Karl Friedrich Haag, Bausteine für eine christliche Ethik, in: Verantwortlich leben Band 1, Themenfolge 99 der Arbeitshilfe für den Evangelischen Religionsunterricht an Gymnasien, ed. von der Gymnasialpädagogischen Materialstelle der Evangelisch-Lutherischen Kirche in Bayern, Erlangen 1995, S. 223.
20. Almut und Klaus Glatz, Grundkurs Evangelische Religionslehre Bd. 1: Nachdenken über Gott und Mensch, Arbeitshilfe der Gymnasialpädagog. Materialstelle der Ev.-Luth.Ki. in Bayern, Erlangen 1995 und Bd. 2: Handeln vor Gott in der Welt, ebd. 1995. Hier: Bd. 1, S. 108.
21. A. Augustinus, Confessiones/Bekenntnisse. Lateinisch und Deutsch, eingeleitet, übersetzt und erläutert von Joseph Bernhart, Insel, Frankfurt a.M. 1987, Liber primus/Erstes Buch I,1.
22. Max W. Richardt, Gott wird Mensch, S. 46.
23. Vgl. ebd. S. 46–52.
24. WA 54, 185, 14ff.
25. Ebd.
26. Max W. Richardt, S. 72f.
27. Ebd.
28. Almut und Klaus Glatz, Grundkurs Evangelische Religionslehre Bd. 1: Nachdenken über Gott und Mensch, Arbeitshilfe der Gymnasialpädagogische Materialstelle der Evangelisch-Lutherischen Kirche in Bayern, Erlangen 1995 und dies., dass. Bd. 2: Handeln vor Gott in der Welt, 1995. Hier: Bd. 1, S. 108.
29. Aus: Leo Alexander, Medical Science under Dictatorship, in: New England Journal of Medicine 241 (1949), S. 39–47.

M 165.2 Voraussetzungen des Menschseins nach Peter Singer / Bioethik-Konvention

»Wirkliches menschliches Wesen«

»Mitglied der Spezies Homo sapiens«	»Person«
Unabhängig der Fähigkeiten von Menschen gilt: Ein »von menschlichen Eltern gezeugter Fötus [ist] vom ersten Moment seiner Existenz an ein menschliches Wesen« (auch schwerstbehinderte Menschen)	»Wirkliche menschliche Wesen« sind nur diejenigen, die folgende Eigenschaften aufweisen können: Joseph Fletcher: »Indikatoren des Menschseins«: • Selbstbewusstsein • Selbstkontrolle • Sinn für Zukunft • Sinn für Vergangenheit • Fähigkeit, mit anderen Beziehungen zu knüpfen • Fähigkeit, sich um andere zu kümmern • Kommunikation • Neugier Michael Tooley: »Distinkte Entität« (Unterscheidbare Einheit) Peter Singer: • Rationalität • Autonomie • Selbstbewusstsein

Folgerung:
Menschen, die die genannten Eigenschaften (etwa schwerstbehinderte Menschen) nicht besitzen und sich selbst nicht als »distinkte Entität« begreifen können, haben kein Recht auf Leben.

M 165.3

Antrag auf Erteilung einer

Daseinsberechtigung

Nennen Sie zumindest *einen* zwingenden Grund, warum es Sie persönlich geben muss:

1. _____

_____

2. _____

_____

3. _____

_____

(Berücksichtigen Sie, dass u. U. die Zahl der Bewilligungen begrenzt werden muss)

Dem Antrag des Antragstellers _____ wird aufgrund nachfolgender Gründe

☐ stattgegeben

☐ nicht stattgegeben.

Begründung: _____

_____

Musterstadt, den

Für die Daseinsbewilligungsbehörde

Dr. Anonymus
Direktor

M 168/169.1 Herrschaftsverhältnisse

HERRSCHEN	AUSBEUTEN
BEWAHREN	LIEBE

M 170/171.1

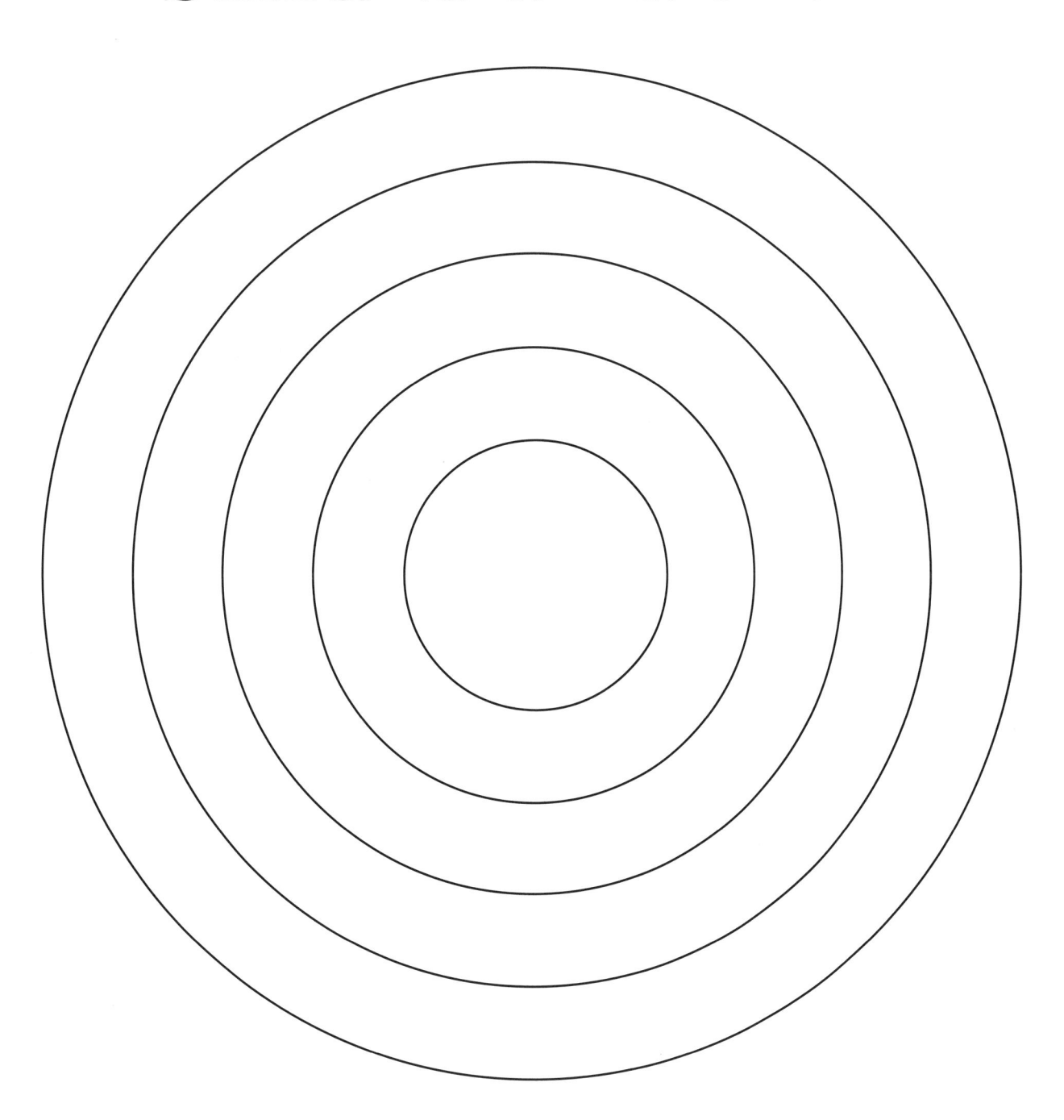

»Alle Menschen sind Sünder!«

M 172.1 Die Heimkehr des verlorenen Sohnes

M 173.1 Martin Luther: Von der Freiheit eines Christenmenschen

»Eyn Christen mensch ist eyn freyer herr über alle ding und niemandt unterthan«.

Argumente dafür / Argumente dagegen:

↕

Argumente dafür / Argumente dagegen:

»Eyn Christen mensch ist eyn dienstpar knecht aller ding und ydermann unterthan«.

M 174/175.1 Gewissensfreiheit im Grundgesetz der Bundesrepublik Deutschland

Artikel 1
Menschenwürde, Grundrechtsbindung der staatlichen Gewalt
(1) Die Würde des Menschen ist unantastbar. Sie zu achten und zu schützen ist Verpflichtung aller staatlichen Gewalt.
(2) Das Deutsche Volk bekennt sich darum zu unverletzlichen und unveräußerlichen Menschenrechten als Grundlage jeder menschlichen Gemeinschaft, des Friedens und der Gerechtigkeit in der Welt.
(3) Die nachfolgenden Grundrechte binden Gesetzgebung, vollziehende Gewalt und Rechtsprechung als unmittelbar geltendes Recht.

Artikel 2
Handlungsfreiheit, Freiheit der Person
(1) Jeder hat das Recht auf die freie Entfaltung seiner Persönlichkeit, soweit er nicht die Rechte anderer verletzt und nicht gegen die verfassungsmäßige Ordnung oder das Sittengesetz verstößt.
(2) Jeder hat das Recht auf Leben und körperliche Unversehrtheit. Die Freiheit der Person ist unverletzlich. In diese Rechte darf nur auf Grund eines Gesetzes eingegriffen werden.

Artikel 3
Gleichheit vor dem Gesetz
(1) Alle Menschen sind vor dem Gesetz gleich.
(2) Männer und Frauen sind gleichberechtigt.
(3) Niemand darf wegen seines Geschlechtes, seiner Abstammung, seiner Rasse, seiner Sprache, seiner Heimat und Herkunft, seines Glaubens, seiner religiösen oder politischen Anschauungen benachteiligt oder bevorzugt werden.

Artikel 4
Glaubens-, Gewissens- und Bekenntnisfreiheit
(1) Die Freiheit des Glaubens, des Gewissens und die Freiheit des religiösen und weltanschaulichen Bekenntnisses sind unverletzlich.
(2) Die ungestörte Religionsausübung wird gewährleistet.
(3) Niemand darf gegen sein Gewissen zum Kriegsdienst mit der Waffe gezwungen werden. Das Nähere regelt ein Bundesgesetz.

M 176.1 Evolution und Schöpfungsglaube

1	In der christlichen Schöpfungstheologie ging man bis in die Neuzeit hinein im Anschluss an Gen 1 von einer differenzierten Erschaffung der biologischen Arten aus und nahm deren eigenständige Konstanz an. Mit dem Wandel des Weltbildes im 16. Jahrhundert und der Ausarbeitung der Evolutionstheorie im 19. Jahrhundert musste sich die theologische Schöpfungslehre neu ausdrücken. Lediglich der fundamentalistische Kreationismus, vor allem in den USA, hält daran fest, dass die bestehenden Arten von allem Anfang an Bestand hatten.
	In der katholischen Theologie wird heute die Evolution selbst als Schöpfungsprozess und Schöpfungsprogress verstanden. Das Ziel dieses Prozesses sei die Vollendung der Schöpfung in der Begegnung mit ihrem Schöpfer, Gott. Die Dynamik dieses Prozesses entspräche der Macht der Liebe, die geradezu als evolutive Energie, zentral inkarniert in Christus, verstanden werden könne.
	In der evangelischen Theologie versucht man die je eigenen Zugänge der Naturwissenschaft und der Theologie zur Wirklichkeit zwar zu unterscheiden, aber nicht voneinander in einer »schiedlich-friedlichen« Trennung auseinander zu dividieren. Man erkennt die je eigene Sprache in den beiden Wissenschaften und ist bemüht, Wege und Brücken zu einem gegenseitigen besseren Verstehen zu bauen. Die eingeschlagenen Wege seien zwar verschieden, sich aber doch auch entsprechend (Komplementarität).
	Der christliche Glaube nimmt die Wirklichkeit dieser Welt, einschließlich des Menschen, seiner Kultur unter der Gnade Gottes als Gottes Schöpfung wahr. Diese Welt befindet sich in einem Prozess, der durch die Vorsehung Gottes (die ständige Erhaltung und Erneuerung der Welt durch Gott) gekennzeichnet ist (Prozesstheologie). Die naturphilosophische und evolutionstheoretische Beobachtung der Wirklichkeit dieser Welt wird nicht als ein Gegensatz zur Schöpfungstheologie gesehen. Sie ist ein integrales Element (das natürlich geschichtlich relativ ist), das aber das Wissen mehrt und so dem schöpfungstheologischen Verstehen hilft.

Jürgen Hübner, Art. Evolution und Schöpfungsglaube, RGG⁴ Bd. 2, Sp. 1753f. Mohr Siebeck Verlag, Tübingen (Text gekürzt und teilweise stark geglättet)

M 179.1 Vergleich Hobbes – Rousseau (Tafelanschrieb)

	Hobbes	Rousseau
Ausgangspunkt	Die Menschen erkennen, dass sie dem anderen Menschen ein Wolf sind (homo homini lupus); sie sind deshalb aber nicht »böse«.	Die Menschen lebten »frei, gesund, gut und glücklich«.
Erkenntnis	Die Menschen müssen sich in einer Welt der Unsicherheit und Gesetzlosigkeit vernünftigerweise bemühen, jedem Angriff zuvorzukommen.	Die Menschen erkennen ihre Abhängigkeit voneinander. Durch das Eigentum entsteht die Ungleichheit und Ungerechtigkeit.
Zielpunkt	Die Menschen müssen eine Einrichtung ersinnen, die zwischen ihnen Frieden stiftet, sodass zivilisatorischer Fortschritt möglich und jeder Mensch dem anderen Menschen zum Gott werden kann – homo homini deus. Diese Einrichtung ist der Leviathan, der Staat, der in einem *Gesellschaftsvertrag* beschlossen wird.	Die Menschen müssen aus der Rückbesinnung auf den ursprüng-lichen Zustand einen »Gesellschaftsvertrag« entwickeln, in dem jeder seine Person und seine ganze Kraft unter die oberste Leitung des Gemeinwillens (volonté générale) stellt (in einem *Gesellschaftsvertrag*).

M 180.1 Die Philosophie Immanuel Kants

Immanuel Kant (22. April 1724 bis 12. Februar 1804) ist der Philosoph, dessen Werk den Höhepunkt der Aufklärung markiert und gleichzeitig den deutschen Idealismus vorbereitet. Wie nur wenige andere Denker hat er auch unsere zeitgenössische Philosophie stark beeinflusst.

Die Philosophie Kants kann man in drei Fragen fassen, die drei Felder des philosophischen Nachdenkens veranschaulichen:
1. Was kann ich wissen?   Erkenntnistheorie
2. Was soll ich tun?   Ethik
3. Was darf ich hoffen?   Religion(sphilosophie)

Die erste Frage beantwortet Kant mit seiner Schrift »Kritik der reinen Vernunft« (A-Fassung 1781, maßgebliche B-Fassung 1787). Der Titel könnte missverständlich sein, denn Kant meint mit »Kritik« nicht eine argwöhnische Betrachtung oder Nörgelei, sondern im Gegenteil eine positive *Prüfung* und *Grenzbestimmung* der Vernunft (Kritik von griech. *krinein* – prüfend betrachten / unterscheiden). Unter *Vernunft* versteht Kant unser oberstes Erkenntnisvermögen, das die übergreifende Einheit unserer Erkenntnisse sucht. *Reine* Vernunft deshalb, weil es Kant nur um solche Erkenntnisse geht, die durch bloßes, reines Nachdenken gewonnen sind, ohne dass wir uns dazu auf Erfahrungen berufen müssten (dieses Wissen nennt Kant ein *Wissen a priori* = vor aller Erfahrung; das Wissen *nach* Erfahrung ist dementsprechend das *Wissen a posteriori*). Dies führt Kant zu der Frage, was für uns Menschen überhaupt erkennbar sei und zu der Erkenntnis, dass *die Dinge an sich* nicht so sind, wie wir sie sehen, sondern nur die Dinge als Erscheinungen, weil wir Menschen als erkennende Subjekte im Erkenntnisprozess immer eine Rolle spielen. Was die Dinge an sich sind, unabhängig von unserer Erkenntnis, können wir nicht wissen (vgl. die moderne Hirnforschung und den »Konstruktivismus« S. 10–11 im Schülerbuch). Dies bedeutet aber nicht die absolute Relativität, denn wir können *unsere Erkenntnisart* von Gegenständen untersuchen, also die Art und Weise, wie wir erkennen.

Die zweite Frage »Was soll ich tun?« beantwortet Kant mit seinen Schriften »*Grundlegung einer Metaphysik der Sitten*« (1785) und später in der »*Kritik der praktischen Vernunft*« (1788). Seine Ausgangsfrage ist: Können wir neben der Erkenntnis auch eine Ethik entwickeln, die nicht nur auf Handlungen, die bereit geschehen sind (*a posteriori*), basiert, sondern eine Ethik *a priori* (vor aller Erfahrung)? Kant will die Bedingungen ausfindig machen, nach denen unser Wille bestimmt ist. Wir handeln bestimmt durch Neigungen und Regeln, die wir uns für unser persönliches Verhalten zum Maßstab nehmen (so genannte *Maximen*). Die Frage lautet: Unter welchen Bedingungen wird der Wille, der Neigungen und Maximen folgt, durch Vernunft bestimmt? Antwort: Nur dann, wenn er zugleich ein allgemeines Gesetz sein kann. Daraus entwickelt Kant seinen »*Kategorischen Imperativ*«: »*Handle so, dass die Maxime deines Handelns jederzeit zugleich als Prinzip einer allgemeinen Gesetzgebung gelten könnte*«. Dies nennt Kant »praktische Vernunft« oder »moralisches Gesetz«. In ihm begegnet sich der Mensch selbst in seinem Wollen. Die kantsche Ethik ist demzufolge eine Ethik der Selbstbestimmung des Menschen, eine *Ethik der Autonomie des Menschen*: Ethik und Moral werden nicht durch ein (theologisch) Transzendentes, ein Gefühl oder eine Erkenntnis abgeleitet, sondern direkt als der selbst bestimmte Wille des handelnden Subjekts definiert (vgl. seine Ausführungen zur Frage »Was ist Aufklärung?« Im moralischen Gesetz des kategorischen Imperativs (im »Sollen«) begegnet der Mensch sich selbst, seinen eigenen Wesen, der autonome Mensch kommt zu sich selbst.

Die dritte Frage »Was darf ich hoffen?« geht von der Beobachtung aus, dass die sinnliche Triebhaftigkeit des Menschen es ist, die dem Sittengesetz des Kategorischen Imperativs entgegenwirkt. Wie kann dann aber das Gesetz sich durchsetzen, da wir doch sinnlich (von unseren Trieben siehe Sigmund Freud) bestimmt sind? Dieses Problem wird in »Die Religion innerhalb der Grenzen der reinen Vernunft« (1793) und schon zuvor in »Kritik der Urteilskraft« (1790) verhandelt. Kant entwickelt aus diesen beiden sich widerstrebenden Bewegungen im Menschen die Lehre des »radikalen Bösen«: Der Mensch nimmt von Natur aus beides, das moralische Gesetz und die sinnlichen Neigungen, auf, wobei die ursprüngliche Anlage der Herrschaft des moralischen Gesetzes über die sinnlichen Neigungen häufig in ihr Gegenteil verkehrt worden sei; dies nennt Kant das »radikal Böse«.
Das moralische Gesetz muss danach, will es sich durchsetzen, den sinnlichen Neigungen Gewalt antun. Die Religion bekommt in diesem Prozess eine klare Funktion innerhalb der Grenzen der reinen Vernunft, die Kirche dient als Lehranstalt der reinen Moralität (Funktionalisierung von Religion). In dieser Hinsicht ist auch »Gott« ein für Immanuel Kant »in mancher Hinsicht nützlicher Gedanke«.

Andreas Reinert

M 180.2 Kants Beantwortung der Frage: Was ist Aufklärung?

1	Aufklärung ist der Ausgang des Menschen aus seiner selbstverschuldeten Unmündigkeit. Unmündigkeit ist das Unvermögen, sich seines Verstandes ohne Leitung eines anderen zu bedienen. Selbst verschuldet ist die Unmündigkeit, wenn die Ursache derselben nicht am Mangel des Verstandes, sondern der Entschließung und des Mutes liegt, sich seiner ohne Leitung eines anderen zu bedienen. »Sapere aude! Habe Mut, dich deines eigenen Verstandes zu bedienen!« ist also der Wahlspruch der Aufklärung.
5	
10	
	Faulheit und Feigheit sind die Ursachen, warum ein so großer Theil der Menschen, nachdem sie die Natur längst von fremder Leitung frei gesprochen [...], dennoch gerne zeitlebens unmündig bleiben; und warum es anderen so leicht wird, sich zu deren Vormündern aufzuwerfen. Es ist so bequem, unmündig zu sein. [...]
15	
	Es ist also für jeden einzelnen Menschen schwer, sich aus der ihm beinahe zur Natur gewordenen Unmündigkeit herauszuarbeiten. Er hat sie sogar lieb gewonnen und ist vorderhand wirklich unfähig, sich seines eigenen Verstandes zu bedienen, weil man ihn niemals den Versuch davon machen ließ. [...]
20	
25	
	Dass aber ein Publikum sich selbst aufkläre, ist eher möglich; ja es ist, wenn man ihm nur Freiheit lässt, beinahe unausbleiblich. Denn da werden sich immer einige Selbstdenkende, sogar unter den eingesetzten Vormündern des großen Haufens, finden, welche, nachdem sie das Joch der Unmündigkeit selbst abgeworfen haben, den Geist einer vernünftigen Schätzung des eigenen Werts und des Berufs jedes Menschen, selbst zu denken, um sich verbreiten werden. [...]
30	
35	
	Zu dieser Aufklärung aber wird nichts erfordert als Freiheit; und zwar die unschädlichste unter allem, was nur Freiheit heißen mag, nämlich die: von seiner Vernunft in allen Stücken öffentlichen Gebrauch zu machen.
40	

Immanuel Kant: Beantwortung der Frage: Was ist Aufklärung?, 1784, zit. nach E. Bahr (Hg.): Was ist Aufklärung?, Philipp Reclam Verlag Stuttgart o.J., S. 9.

Aufgaben
1. Lesen Sie den oben abgedruckten Text genau durch.
2. Streichen Sie mit einem dicken Filzstift alle Worte und Satzteile aus, die Ihnen *nicht* wichtig erscheinen. Reduzieren Sie den Textbestand auf diese Weise auf die zentralen und wichtigsten Aussagen.
3. Fassen Sie die wichtigsten Aussagen in *einem* Satz zusammen.

M 181.1 Karl Marx – Religion als Opium des Volkes

Die Eltern hielten ihn für ein Glückskind und hofften, dass sein Name »einst in hohem Rufe« stehen würde. Das war vor 150 Jahren. Heute scheiden sich an ihm die Geister. Ohne Zweifel steht aber fest, dass Karl Marx wie kaum ein anderer unsere Geschichte mitbestimmt hat.

Biographisches

Karl Marx wurde am 5. Mai 1818 in Trier geboren. Sein Vater, Rechtsanwalt, stammt aus einer Rabbinerfamilie, trat aber schon 1817 aus beruflichen Gründen zum Protestantismus über und ließ auch 1824 seine Kinder taufen. Dennoch hat das Judentum den Denker Karl Marx tief beeinflusst.
Forscher weisen darauf hin, dass die Schärfe und Brillanz seiner Polemik und sein Hang zu Heilsvorstellungen typisch für jüdische Denker sind.
1835 begann er auf Wusch seines Vaters in Bonn Jura zu studieren, brach dieses Studium aber drei Jahre später ab und studierte in Berlin Philosophie und Geschichte bei Hegel. 1842 beendete es sein Studium mit dem Titel »Doktor der Philosophie« und war dann in Köln der leitende Redakteur der neu gegründeten »Rheinischen Zeitung«. In dieser Zeit hatte er viele Kontakte mit Ludwig Feuerbach. Kurz vor seiner Ausweisung heiratete er Jenny von Westphalen, »das schönste Mädchen von Trier«. Mit ihr zusammen zog er nach Paris, gründete dort die Deutsch-Französischen Jahrbücher, lernte Heinrich Heine und Friedrich Engels kennen, beschäftigte sich mit dem Sozialismus und kehrte der deutsch-idealistischen Philosophie Hegels endgültig den Rücken.
Auf Verlangen der preußischen Regierung musste er 1845 Paris verlassen und kam nach Brüssel. Im Revolutionsjahr 1848 veröffentlichte er zusammen mit Friedrich Engels »Das kommunistische Manifest«, was seine erneute Ausweisung zur Folge hatte. Nach einem kurzen Zwischenspiel in Köln, das er zur Gründung der »Neuen Rheinischen Zeitung« nutzte, landete er, wieder ausgewiesen, in London. Dort lebte er unter schwierigen wirtschaftlichen Bedingungen, finanziell unterstützt von Engels, als freier Publizist. Hier entstand auch sein Hauptwerk »Das Kapital«.
1881 starb seine Frau, kurz darauf seine Tochter. Durch den Verlust seiner Familie psychisch gebrochen und geschwächt durch eine Vielzahl von Krankheiten, starb er am 14. Mai 1883 in seiner Londoner Wohnung.

Elemente der Religionskritik von K. Marx[1]

Bei Karl Marx spielt die Religionskritik eine nur untergeordnete Rolle. Er sah Religion durch Feuerbach endgültig widerlegt. Er wollte über ihn hinaus lediglich noch begründen, warum es zur religiösen Entfremdung komme – ein Problem, das dieser offengelassen bzw. durch seinen Verweis auf das angeblich unendliche Wesen der Menschen keineswegs befriedigend gelöst hatte. Darüber hinaus leitete ihn die Absicht, Religion zu überwinden, weil er in ihr einen Feind des gesellschaftlichen Fortschritts, der Freiheit und Würde des Menschen sah.
Den Grund für die religiöse Entfremdung des Menschen findet Marx in seiner gesellschaftlichen und wirtschaftlichen Entfremdung. Diese ist Ursache für die Religion. Weil der Mensch in einem Jammertal lebt, entsteht Religion. Diese ist ihrerseits Ausdruck der wirtschaftlichen Entfremdung. »*Der Staat, diese Sozietät produzieren die Religion, ein verkehrtes Selbstbewusstsein, weil sie eine verkehrte Welt sind.*« Die religiöse Entfremdung kann nach Marx darum nicht unmittelbar durch eine theoretische Kritik der Religion, durch ihre Entlarvung überwunden werden. Es bedarf vielmehr der praktischen Kritik, das heißt der Änderung der Zustände, welche die Religion hervorbringen, und die ihrerseits durch die Religion wieder legitimiert werden.
»*Die Religion ist die allgemeine Theorie dieser Welt, ihre moralische Sanktion, ihre feierliche Ergänzung, ihr allgemeiner Trost und Rechtfertigungsgrund. Sie ist die phantastische Verwirklichung des menschlichen Wesens, weil das menschliche Wesen keine wahre Wirklichkeit besitzt. Der Kampf gegen die Religion ist also mittelbar der Kampf gegen jene Welt, deren geistiges Aroma die Religion ist.*«[2]
Religion wird hier nicht nur negativ gesehen. »*Das religiöse Elend ist in einem der Ausdruck des wirklichen Elends und in einem die Protestation gegen das wirkliche Elend. Die Religion ist der Seufzer der bedrängten Kreatur, das Gemüt einer herzlosen Welt, wie sie der Geist geistloser Zustände ist.*« (S. 208). Religion ist das Selbstbewusstsein eines selbst entfremdeten, einem anderen versklavten Menschen. Religion wächst auf dem Boden des Elends, der Ausbeutung, der Leibeigenschaft, des Feudalismus, des Kapitalismus. Sie ist Ausdruck des wirklichen Elends des Menschen und zugleich der Protest dagegen. Aber dieser Protest bleibt unwirksam und ist deshalb so gefährlich. Er gleicht dem chinesischen Kuli, der seine Lage kennt, aber das Elend seiner Situation betäubt, indem er nach der Opiumpfeife greift. »*Religion ist Opium des Volkes*« (S. 208). Als solche tröstet sie, indem sie die wahren Zustände verschleiert und eine Traumwelt vorgaukelt; als solche macht sie gleichzeitig unfähig, das bestehende Elend zu überwinden.
Religion hat ihren Grund in den sozialen Verhältnissen. Sie gibt eine Gesamtdeutung von Welt, die dem Interesse der herrschenden Klasse dient. Das sachfremde Klasseninteresse verkleidet sich gleichsam in das Gewand der schönen Idee. Religion ist damit »*Ideologie*« wie Marx diesen Begriff definiert, ist »*ideologischer Überbau*«, im Gegensatz zu den Produktivkräften und Produktionsverhältnissen, die für ihn die »*Basis*« darstellen.
Wenn Religion aber als Ideologie entlarvt wird, ist sie auch als Illusion und als Verdrängung erkannt, die ungerechte Herrschaftsverhältnisse legitimieren will. Religion als Illusion, als Verdrängung kann nur dadurch überwunden werden, dass man die sozialen Verhältnisse ändert, die sie ideologisch rechtfertigt. Es hätte keinen Sinn, den Menschen nur ihr Opium wegzunehmen und jene Zustände unverändert zu lassen, die schmerzlindernde Mittel notwendig machen.
»*Die Aufhebung der Religion als des illusorischen Glücks des Volkes ist die Forderung seines wirklichen Glücks. Die Forderung, die Illusion über seinen Zustand aufzugeben, ist die Forderung, einen Zustand aufzugeben, der der Illusion bedarf. Die Kritik der Religion ist also im Keim die Kritik des Jammertals, dessen Heiligenschein die Religion ist*« (S. 208).
Religionskritik ist nach Marx eher eine Sache der Praxis als

369

der Theorie. An Feuerbach kritisiert er: »*Die Philosophen haben die Welt nur verschieden interpretiert; es kömmt darauf an, sie zu verändern*« (S. 341) Marx stellt der Philosophie die Aufgabe, an der Überwindung der Entfremdung mitzuwirken.

»*Es ist also die Aufgabe der Geschichte, nachdem das Jenseits der Wahrheit verschwunden ist, die Wahrheit des Diesseits zu etablieren. Es ist zunächst die Aufgabe der Philosophie, nachdem die Heiligengestalt der menschlichen Selbstentfremdung entlarvt ist, die Selbstentfremdung in ihren unheiligen Gestalten zu entlarven. Die Kritik des Himmels verwandelt sich damit in die Kritik der Erde, die Kritik der Religion in die Kritik des Rechts, die Kritik der Theologie in die Kritik der Politik.* (S. 208)

Nach Marx kann es nicht genügen, Religion zu bekämpfen und auszurotten. Unterdrückung der Religion kann sich nicht auf ihn berufen. Religion ist nach seiner Überzeugung Symptom gesellschaftlicher und wirtschaftlicher Entfremdung. Es gilt, die Entfremdung aufzuheben; dann wird Religion von selbst verschwinden. Jetzt ist es das relative Recht der Religion, Protest zu sein gegen die Zustände, die sie nötig machen; es ist ihr Unrecht, dass sie diesen Kampf mit Mitteln führt, die unfähig machen für die Überwindung der Entfremdung zu kämpfen.

Hermann Nicklas

[1] Aus: Hermann Nicklas, Funkkolleg Religion, Studienbegleitbrief 2, S. 23–25
[2] Zitiert nach Karl Marx: Die Frühschriften. Die folgenden Zitate stammen aus der Einleitung: Zur Kritik der Hegelschen Rechtsphilosophie, S. 207–224, hier S. 208

M 182.1 Sigmund Freud: Religion als infantile Illusion

Sigmund Freud (1856–1939) ist in die Geschichte eingegangen als Begründer der Psychoanalyse. Diese ist ursprünglich eine Methode, unbewusst-unterbewusste Vorgänge im menschlichen Seelenleben aufzuhellen und Neurosen zu heilen. Doch hat die Psychoanalyse diesen Rahmen weit gesprengt. Sie dient als Instrumentarium der Literatur-, Kultur- und Kunstwissenschaft, beeinflusst Pädagogik, Ethik, Religionswissenschaft und Philosophie. Sie ist ein neuer Schlüssel zur Interpretation der Wirklichkeit, auch und nicht zuletzt der
Wirklichkeit der Religion.

Biographisches

Am 6. Mai 1856 wird Sigmund Freud in Freiberg/Mähren geboren, das damals zur Donaumonarchie Österreich-Ungarn gehörte. Freuds Vorfahren waren Juden.

1873 beginnt Freud sein Medizinstudium an der Wiener Universität und schließt es 1883 ab – drei Jahre später als normal. Sein spezielles Interesse gilt der Histologie und der Neurophysiologie: Die Lehre von den organischen Geweben und dem Nervensystem. Er will Wissenschaftler werden, nicht Arzt. 1885 erhält Freud ein kleines Stipendium, um in Paris bei Jean-Martin Charcot zu studieren, dem weltberühmten Neurologen und Direktor der Irrenanstalt Salpetrière. Wieder zurück in Wien eröffnet er eine private Praxis als Neuropathologe und entwickelt in den folgenden Jahren seine Psychologie des Unbewussten, die Psychoanalyse. Wegen seiner Betonung der Sexualität als Hauptfaktor der neurotischen Störungen ist er starken Anfeindungen ausgesetzt, gewinnt aber auch zahlreiche Anhänger und Schüler. Im Mai 1933 verbrennen die Nazis in Berlin seine Bücher. Nach ihrem Einmarsch in Wien emigriert Freud 1938 nach London. Trotz seines sich verschlimmernden Krebsleidens arbeitet er weiter bis zu seinem Tod am 23. September 1939.

Ausgangspunkte seines Denkens

Die Philosophen haben immer Geist und Bewusstsein gleichgesetzt. Freud dagegen sagt etwas anderes: Nur ein kleiner Teil des Psychischen ist bewusst, der Rest ist unbewusst. Er besteht aus unzulässigen und unwillkürlichen Vorstellungen, die das Verhalten motivieren. Die menschliche Vernunft ist nichts Angeborenes, sie muss erkämpft werden. Der Mensch ist also in erster Linie ein Triebwesen. Durch äußere Begrenzungen, vor allem durch die kulturelle Eingebundenheit, wird dem Menschen Triebverzicht auferlegt. Daraus entstehen Konflikte. Falsche oder nicht gelungene Konfliktbewältigung führt zur Neurose, wobei vor allem frühkindliche Konflikte Anlass zu dauernder Neurotisierung werden können. Neurose ist immer eine Flucht weg von der harten Wirklichkeit, die verdrängt werden soll, weil sie nicht verarbeitet wurde und immer noch schmerzt, hin zu Ersatzlösungen, die das Problem scheinbar beheben. Doch der Preis für eine derartige nicht Ich-gerechte Konfliktbewältigung ist hoch: Der Neurotiker ist geplagt von übermäßigem Angstgefühl, unbewusstem Schuldgefühl und dem Verlangen nach

Selbstbestrafung. »*Der Neurotiker läuft ständig seinen eigenen Ohrfeigen hinterher.*« Heilung von Neurosen ist dadurch möglich, dass die Verdrängung aufgedeckt und dann die Verarbeitung geleistet wird, die sich der Neurotiker ursprünglich ersparen wollte.

Elemente der Religionskritik S. Freuds
Religion ist nach Freud »*geboren aus dem Bedürfnis, die menschliche Hilflosigkeit erträglich zu machen*« und ist »*erbaut aus dem Material der Erinnerung an die Hilflosigkeit.*« Entsprechend finden sich bei Freud zwei Ansätze zur Erklärung von Religion.

1. Die ontogenetische Erklärung:
Religion als Illusion aus der Kindheit
Die Hilflosigkeit wird einmal erfahren in den Kindheitserlebnissen des Individuums. Religion entspricht also dem Versuch, angesichts der Härte des Lebens und der Entbehrungen einen Trost zu finden, um so die menschliche Hilflosigkeit erträglicher zu machen. Freud schreibt: »*Religiöse Vorstellungen sind nicht Niederschläge der Erfahrung oder Endresultat des Denkens, es sind Illusionen, Erfüllungen der ältesten, stärksten, dringendsten Wünsche der Menschheit; das Geheimnis ihrer Stärke ist die Stärke dieser Wünsche. Wir wissen, schon der schreckende Eindruck der kindlichen Hilflosigkeit hat das Bedürfnis nach Schutz – Schutz durch Liebe – erweckt, dem der Vater abgeholfen hat.*«...»*Der Vater hat das schwache, hilflose, allen in der Außenwelt lauernden Gefahren ausgesetzte Kind beschützt und bewacht; in seiner Obhut hat es sich sicher gefühlt. Selbst erwachsen geworden, weiß sich der Mensch zwar im Besitz größerer Kräfte, aber auch seine Einsicht in die Gefahren des Lebens hat zugenommen, und er schließt mit Recht, dass er im Grunde noch ebenso hilflos und ungeschützt geblieben ist wie in der Kindheit, dass er der Welt gegenüber noch immer ein Kind ist. Er mag also auch jetzt nicht auf den Schutz verzichten, den er als Kind genossen hat. Längst hat er aber auch erkannt, dass sein Vater ein in seiner Macht eng beschränktes, nicht mit allen Vorzügen ausgestattetes Wesen ist. Darum greift er auf das Erinnerungsbild des von ihm so überschätzten Vaters in der Kindheit zurück, erhebt es zur Gottheit und rückt es in die Gegenwart und in die Realität.*«[1]

Gott ist also nichts anderes als der überhöhte Vater. Wenn der Mensch nicht fähig ist, die Welt in ihrer Härte zu ertragen, wenn er wie ein Kind vom Wunschdenken beherrscht ist und damit im Kindeszustand bleibt, wenn er eine Illusion an die Stelle der Realität setzt, schafft er Religion. Diese ist dann nach Freuds Urteil »eine infantile Illusion«. »*Der letzte Grund der Religion ist die infantile Hilflosigkeit des Menschen.*«

2. Die phylogenetische Erklärung:
Religion als Erinnerung an den Urvater
Dasselbe, was für die Entwicklung des individuellen Menschen gilt, trifft nach Freud auch für die Stammesentwicklung der Menschheit zu. Die Hilflosigkeit und Vatersehnsucht kommt aus den allerersten Anfangszeiten des Menschengeschlechts. Es handelt sich um eine »*archaische Erbschaft*«, um das »*Wiederkehren von längst vergessenen, bedeutsamen Vorgängen in der Urgeschichte der menschlichen Familie*«.

Die Religion entsteht hier aus dem Urvatermord. Der gewalttätige Häuptling der Urmenschenhorde wurde von seinen Söhnen erschlagen und verzehrt um sich so an seine Stelle zu setzten. Die Brüder taten alles, um die Spuren dieses Verbrechens zu verwischen oder es zu sühnen, um mit ihren Schuldgefühlen fertig zu werden. Es bildete sich so die Religion heraus mit ihren Geboten und Verboten, Gedenkfeiern und dem für sie charakteristischen Triebverzicht. Schließlich wurde der Urvater zu einem Gott überhöht. Die Erinnerung an den Urvater hat nach Freud »*Zwangscharakter*«. Sie ist ein »*Wahn*«, enthält aber auch ein »*Stückchen Wahrheit*«, insofern es diesen Gott als Mensch in der Urzeit ja tatsächlich gegeben hat.[2]

3. Die Überwindung der Religion
Freud hat die Religion immer wieder in Zusammenhang gebracht mit der Neurose, einer seelischen Erkrankung mit Zwangscharakter. So entspricht dem Schuldbewusstsein des Zwangsneurotikers das Sündenbewusstsein des Frommen. Hier und dort gibt es Zwangshandlungen, die mit einer peinlichen Gewissenhaftigkeit ausgeführt werden. Religion ist also eine Zwangsneurose. Nur die Befreiung von dieser »*Menschheitsneurose*« lässt den Menschen mündig werden. Erziehung zur Realität, Vernunft und Wissenschaft treten dann an die Stelle der als bedrohend oder beschützend empfundenen Realität. Religion und die Frage nach dem Sinn sind ausgeblendet: »*Im Moment, da man nach dem Sinn und Wert des Lebens fragt, ist man krank; denn beides gibt es ja in objektiver Weise nicht.*«
Der Mensch muss von der Krankheit »Religion« befreit werden, muss seine Illusionen und Wünsche preisgeben, damit er sich sachgerecht der Wirklichkeit stellen kann. »*Dadurch, dass er seine Erwartungen vom Jenseits abzieht und alle freigewordenen Kräfte auf das irdische Leben konzentriert, wird er wahrscheinlich erreichen können, dass das Leben für alle erträglich wird und die Kultur keinen mehr erdrückt.*« (Bd. XIV, S. 373f.)

[1] Freud: Gesammelte Werke Bd. 7, S. 175ff. Zitiert nach: Funkkolleg Religion, Studienbegleitbrief 2, aus dem auch Teile des Textes übernommen wurden.
[2] Übernommen aus: H. G. Pöhlmann: Der Atheismus oder der Streit um Gott, Gütersloher Verlagsanstalt, Gütersloh, S. 132

Begriffserklärungen

Ontogenese: »Individualentwicklung«: die Entwicklung einzelner Menschen (Individuen)

Phylogenese: »Stammesentwicklung«: die Entwicklung von Stämmen

Neurose: (zu griechisch »neuro« = Nerv): Sammelbegriff für eine Vielzahl von psychischen (= seelischen) Störungen mit unterschiedlichen Erscheinungsformen und Ursachen. Allgemein versteht man unter N. störende, länger andauernde psychische Einstellungen oder Verhaltensgewohnheiten (z. B. Angst, Furcht, Unsicherheit, Depression) ohne nachweisbare (organische) Ursache, die den Betroffenen (»Neurotiker«) unverständlich bleiben und von ihnen nicht ausreichend kontrolliert werden können. Die Betroffenen haben jedoch (anders als bei der »Psychose«) ein Bewusstsein von ihrer Störung.

Anfragen an die Religionskritik S. Freuds

Anfragen an die Psychoanalyse Freuds
Freud verwendet die Psychoanalyse als Methode – nicht nur zur Erforschung des Seelenlebens, sondern als Schlüssel zur Erkenntnis verschiedenster Formen der menschlichen Weltgestaltung. »*In Wirklichkeit ist die Psychoanalyse eine Forschungsmethode, ein parteiloses Instrument, wie etwa die Infinitesimalrechnung.*« Als Methode ist sie zunächst neutral. Freud stellt Analogien auf zwischen seelischen Erkrankungen und menschlichem Schaffen. Dabei kommt es zu einer zumindest partiellen Identifizierung von Kunst und Hysterie, von Philosophie und Paranoia (Wahndenken) und eben von Religion und Zwangsneurose. Freud kann mit seiner Methode nur die krankhaften Formen erkennen, er kritisiert und heilt abnorme Verhaltensweisen. Aber wie es absurd wäre, Kunst insgesamt auf Hysterie, Philosophie insgesamt auf Paranoia, so ist es nicht zulässig, Religion als Zwangsneurose zu verstehen. Was Freud kritisiert, ist keineswegs die rechte gültige Form der Religion, sondern es sind die krankhaften Phänomene, die sich seinem Ansatz erschließen. Es ist nicht zu bezweifeln, dass es auch in der Religion krankhafte Erscheinungen gibt, ebenso wie in der Kunst. Hier kann die Psychoanalyse helfen. Aber es ist zu bestreiten, dass durch Freuds Kritik Religion insgesamt getroffen wird und in all ihren Formen als Krankheitsphänomen widerlegt ist.

Dass Psychoanalyse nicht zu den atheistischen Folgerungen Freuds kommen muss, zeigt eindrucksvoll die Haltung seines Freundes und späteren Gegners C. G. Jung, der das gleiche Instrumentarium anwendet, aber zu gegenteiligen Schlüssen kommt. Nach Jung gilt: »*Der Ausfall der religiösen Dimension kann Grund und Ursache für Neurose werden. Die Religion gehört zum Archetypus des Menschen. Die Erscheinungsweisen der Religionen entsprechen den Motiven, Inhalten und Gestalten, die sich archetypisch im Menschen finden.*« Nach Jung ist Religion nicht Neurose; vielmehr birgt der Ausfall von Religion die Gefahr der Neurotisierung. Der Wiener Psychotherapeut Viktor Frankl zeigt die Erfahrung von Sinn als Weg zur Heilung von Neurosen auf.

Anfragen an den Religionsbegriff Freuds
In seinem phylogenetischen Erklärungsversuch für das Entstehen von Religionen ist Sigmund Freud ein Kind seiner Zeit. Die Suche nach dem Ursprung von Religion kennzeichnet das gesamte religionswissenschaftliche Denken des 19. Jahrhunderts. Am erfolgreichsten erschien lange Zeit der sog. **Animismus** zu sein, dessen Begründer Edward B. Tylor (1832–1917) den Ursprung aller Religionen aus dem Glauben an die Beseeltheit der Natur herleitet. »Allen diesen animistischen Theorien über die Entstehung von Religion ist gemeinsam, dass sie evolutionistischem Denken verpflichtet waren. Wie im biologischen Evolutionismus glaubte man auch in der Geschichte der Religion eine Entwicklung von undifferenzierten Anfängen zu immer komplexeren und differenzierteren Religionsformen erkennen zu können. Aus wenig konkreten Seelenvorstellungen entwickelten sich erst rohe, dann ausgearbeitete Göttervorstellungen. Das Verhältnis dieser Götter zu den Menschen wurde immer präziser bestimmt, bis man zu den hochkomplexen polytheistischen und monotheistischen Religionen gelangte, in denen ethische Normen einen hohen Stellenwert einnehmen« (Funkkolleg Der Mensch, Anthropologie heute, S. 30).

Obwohl diese Theorie schon Ende des vorigen Jahrhunderts überholt war, hielt sich im Begriff der »Naturreligion« diese Vorstellung im populären Denken bis heute. In der neueren Forschung aber werden keine Überlegungen mehr über den Ursprung der Religion angestellt, da keinerlei Material über die Anfänge der Religion zur Verfügung steht und sich auf der Grundlage der Theorien des 19. Jahrhunderts methodologisch kaum eine gehaltvolle empirische Untersuchung durchführen lässt.

Trotz aller Kritik an Freuds Auffassung der Religion darf aber nicht übersehen werden, welche Bedeutung seine Methode für die Läuterung des Glaubens hat. Bisher hat die Psychoanalyse zwar den »Glauben« der Ungläubigen gestärkt, aber sie hat noch wenig beigetragen, den Glauben der Gläubigen zu reinigen.

Entnommen aus: Hermann Nicklas, Funkkolleg Religion, Studienbegleitbrief 2, S 38f. (leicht gekürzt)

M 183.1 Alfred Adler: Der Wille zur Macht

Die Anfänge
Alfred Adler wurde am 7. Februar 1870 in der Nähe von Wien geboren. Als Kind scheint er an »Organminderwertigkeit« gelitten zu haben, sodass sein späteres theoretisches Konzept auch aus dem eigenen Erleben stammt. Er überwand jedoch mutig physische und psychische Handicaps. 1888 immatrikulierte er in Wien für das Fach Medizin, ein Studium, das er 1895 abschloss. Adler ließ sich zum Augenarzt, Internisten und Neurologen ausbilden. 1902 kam es zur Begegnung mit Sigmund Freud. Die Zusammenarbeit mit Freud war sehr intensiv und dauerte bis 1911. Adler gilt als der prominenteste und eigenständigste Mitarbeiter des Freud-Kreises. 1907 publizierte Adler seine »Studie über Minderwertigkeit von Organen«. Damit schuf er ein biologisches Fundament für die Tiefenpsychologie und auch einen eigenständigen Beitrag zur Psychosomatik. Diese Schrift ist beherrscht vom Gedanken der Kompensation und Überkompensation von körperlichen und geistigen Unzulänglichkeiten, was später in Adlers Lehre eine zentrale Stellung einnimmt. Freud begrüßte diesen originellen Ansatz und versuchte, die Adlerschen Gedankengänge in sein psychoanalytisches System zu integrieren.

Der Bruch mit Freud
Aber sowohl im Charakter als auch in ihrer Weltanschauung divergierten die beiden Gründerväter der Tiefenpsychologie. Das zeigte sich spätestens 1911, als Adler wichtige Elemente der Psychoanalyse in Frage stellte. Er zweifelte an der Allgegenwart des Ödipus-Komplexes, an der Libido-Theorie, am psychischen Determinismus, an der Wunscherfüllungs-Theorie der Träume usw. So kam es zum Bruch mit Freud; zusammen mit mehr als einem Dutzend seiner Anhänger verließ Adler die Freud-Gesellschaft und gründete seine »Individualpsychologische Vereinigung«.

Die individualpsychologische Theorie
Seine neuartigen Thesen fasste er 1912 in seinem Hauptwerk »Über den nervösen Charakter« zusammen. Dieses bedeutende Buch steht nicht nur in der Nachfolge von Freud, sondern noch viel mehr von Nietzsche. Es rückt das menschliche Machtstreben in den Mittelpunkt der Psychopathologie. Nicht das Verlangen nach Lust ist der Motor der Psyche, sondern das Selbstwertstreben, welches unter dem Einfluss von Angst und Minderwertigkeitskomplexen in Machtambition ausartet. Dieser Text ist der Ursprung der so genannten »Ich-Psychologie«, auf die nachher auch viele Freudianer einschwenkten.
Im Ersten Weltkrieg leistete Adler Dienst als Militärarzt. Er war tief erschüttert durch den Massenwahnsinn der Kriegshandlungen, die er im Sinne seiner sozialistischen Weltanschauung als ein Versagen der herrschenden Schichten in Europa verstand. Nach dem Krieg ging er mit Energie an den weiteren Ausbau seiner individualpsychologischen Theorie und Praxis, die er immer mehr als ein Heilmittel für die an Machtwahn erkrankte Welt verstand. Damals rückte er den Begriff »Gemeinschaftsgefühl« ins Zentrum seiner Überlegungen. Er war der Meinung, dass nur der Mensch in Bedrängnissen seelisch erkrankt, der durch Verwöhnung und Vernachlässigung in der Kindheit nicht zum Mitleben und Mitarbeiten disponiert ist. Heilen von Seelenkrankheit bedeutet das Erwecken der Kooperations- und Kommunikationsfähigkeit, eine Schulung im Mitmensch-Sein. Dieser soziale Einschlag der Individualpsychologie schuf ihr viele Freunde.
Mit Feuereifer machten er und seine Mitarbeiter sich daran, das Wiener Schulwesen zu reformieren, die starre Autorität in der Schule abzubauen und die Schule zu einer Lerngemeinschaft zu machen, die auf dem Prinzip der gegenseitigen Unterstützung beruht. In Dutzenden von Erziehungsberatungsstellen wurden Eltern, Lehrer, Ärzte und Sozialarbeiter anhand von Beispielen Möglichkeiten eines freieren Umgangs mit Kindern aufgezeigt.

Weltweite Wirkung Adlers
1926 besucht Adler erstmals die USA, wo seine optimistische Lehre von der Lernfähigkeit des Menschen und von der Notwendigkeit der Kooperation großen Anklang fand. Mit Nachdruck setzte sich Adler für die Verbesserung ehelicher Beziehungen mit Hilfe von psychologischem Verständnis ein. Er hatte Mühe mit seinem Englisch, aber trotzdem Erfolg als Vortragender an vielen wichtigen Universitäten Nordamerikas.
Ab Mitte der Zwanziger Jahre hatte Adler als führende Persönlichkeit auf dem Gebiet der Kinderpsychologie und der Beziehungspsychologie innerhalb von Familien in Mitteleuropa und den USA wachsende Anerkennung gefunden. Es wurde die »Internationale Zeitschrift für Individualpsychologie« gegründet, die bis 1937 herauskam. Adler war als unermüdlicher Vortragsredner und Organisator in Europa und den USA für die Ausbreitung seines Konzeptes tätig. Es gab individualpsychologische Ortsgruppen in fast allen größeren Städten des Kontinents.

Wirksamkeit in den USA
In dem kommenden Jahrzehnt, in dem Adler in den Vereinigten Staaten lebte, gewann er große Popularität, teilweise auch aufgrund großzügiger finanzieller Unterstützung durch die Millionäre Edward Filene und Charles Henry Davis, wohingegen Freud sich nur verächtlich oder sarkastisch über die USA äußern konnte.
Fast ein Dutzend Bücher wurden im Zeitraum von 1914 bis 1933 publiziert. Herausragend unter ihnen sind »Praxis und Theorie der Individualpsychologie« (1920), »Menschenkenntnis« (1927), »Die Technik der Individualpsychologie« (1928/1930), »Religion und Individualpsychologie« (1933) und »Der Sinn des Lebens« (ebenfalls 1933). In den späteren Werken Ende der zwanziger, Anfang der dreißiger Jahre, tilgte Adler jeglichen Bezug zu einem marxistischen oder materialistischen Gedankengut und konzentrierte sich ganz auf die Beziehungen zwischen Eltern und Kindern und zwischen Mann und Frau.
Adlers Leben geriet in jenen Jahren in eine gewisse Hektik hinein. Er sah sehr unglückselige Entwicklungen in Politik und Kultur voraus, die er durch seine humanistische und demokratische Lehre abwehren wollte. Schon 1919 hatte er den Bolschewismus als eine Entartung des sozialistischen Gedankens bezeichnet und ihm keine Zukunft gegeben. Er sagte ein Scheitern des Kommunismus voraus, da dieser ein zügelloses Machtstrebens einschlug. Auch

der heraufkommende Faschismus ängstigte Adler, der in dieser barbarischen Ideologie einen Rückfall ins Mittelalter diagnostizierte.

Der unbeugsame Optimist und Menschenfreund richtete seine Blicke auf die USA, wo er ein Refugium für seine neuartige Erziehungslehre, Psychotherapie und ärztliche Heilkunst erhoffte und fand. Um 1930 verlegte er seinen Wohnsitz dorthin. Seine russische Frau Raissa, die nach wie vor mit der russischen Revolution sympathisierte, folgte ihm zusammen mit drei seiner vier Kinder (Alexandra, Nelly und Kurt) erst spät und unter dem Druck der Nazis. Die Tochter Valentine, die mit ihrem Gatten nach Russland ging, verschwand in Stalins Konzentrationslagern.

Wiewohl der Faschismus bereits in einigen Staaten an der Macht war, reiste der kränkelnde Adler öfter nach Europa, um dort Vorträge und Schulungskurse abzuhalten. Bei einem solchen Vortrag in Aberdeen/Schottland erlag einem Herzversagen. Er wurde am 28. Mai 1937 in der schottischen Stadt begraben. Er hat nur das Alter von 67 Jahren erreicht. Freud wurde 83 und Jung wurde 86 Jahre alt.

Bei Adlers Tod hieß es, er sei ein einzigartiger Denker, dessen Theorien ebenso viele begeisterte Anhänger wie erbitterte Gegner gefunden haben. In England und besonders in Amerika gilt er als einer der berühmtesten gelehrten Österreicher. Mit Freud gehörte er zu den größten Psychologen der Welt. Zusammen mit Freud und Jung, dem einflussreichen Dreigestirn der Tiefenpsychologie (»Wiener Schule der Psychologie«), hinterließ er in der Zivilisation eine nachhaltige Wirkung.

Andreas Reinert

M 186.1 Präparierte Menschen im Museum? – Argumente pro und contra

Das Selbstbestimmungsrecht jedes Menschen über seinen Körper Die ausgestellten Körper gehen zurück auf Körperspenden. Die Menschen, die sich für eine Plastination zur Verfügung stellten, taten dies freiwillig, ohne Zwang und ohne finanzielle Interessen. Durch die Körperspende verwirklichen sie ihr Recht auf Selbstbestimmung, das ihnen für ihr ganzes Leben von Gott gegeben ist.	**Das Leben als ein Geschenk Gottes** Wenn das Leben als ein Geschenk Gottes angesehen und Gott als Schöpfer begriffen wird, dann kann das Geschöpf sein Leben nicht unabhängig von diesem Schöpfer verwirklichen wollen.
Der Schutz der Person Die präparierten Körper weisen keinerlei Merkmale auf, anhand derer sie identifizierbar wären. Der Schutz der Person ist durch diese Anonymität gewahrt.	**Verantwortung für Hinterbliebene** Das Selbstbestimmungsrecht jedes Einzelnen hat eine Grenze in der Freiheit und Verletzlichkeit eines Anderen. Es besteht die Gefahr, dass durch eine notariell beglaubigte und nicht rückgängig zu machende Erklärung des Verstorbenen Angehörige in große Gewissensnöte gestürzt werden. Die Anonymisierung des Menschen steht der Deutung des Menschen als von Gott Gerufenem gegenüber (Jes 43,1).
Bewahrung der Menschenwürde Die Ausstellung regt in besonderer Weise an, über Leben und Tod, aber auch über das Menschsein an sich nachzudenken. Durch den verantwortlichen Umgang des wissenschaftlichen Teams mit den toten Körpern wird die Menschenwürde nicht verletzt, sondern unterstrichen.	**Verletzung der Menschenwürde** Die menschliche Würde endet nicht mit dem Tod, wie viele Bestattungsriten und der ehrfurchtsvolle Umgang mit toten Körpern nahe legen. Die Plastinierung von Leichnamen, das Auseinandersägen
Aufklärung Erstmals ist es möglich, nicht nur einem Fachpublikum, sondern einer breiten Öffentlichkeit die faszinierende »Körperwelt« des Menschen zu erschließen. Die Ausstellung leistet damit einen Beitrag zum besseren Verständnis des Menschen in biologischer Sicht.	**Bestätigung der Ausstellung durch das enorme Interesse** Die Ausstellung trifft auf ein Desiderat: die Anzahl der Besucher verdeutlicht das breite Interesse an Aufbau und Funktionsweise des menschlichen Körpers (bestbesuchte Ausstellung Deutschlands aller Zeiten!).
Ehrfurcht vor den toten Körpern Die Besucher der Ausstellung hatten kein voyeuristisches Interesse, sondern ein zutiefst menschliches Interesse an ihrem eigenen Dasein. Die Ausstellung hat einen wichtigen Beitrag zu einer »Ehrfurcht vor dem Leben« beigetragen.	**Anknüpfung an Bräuche anderer Völker** Schon immer haben Menschen ihre Toten in besonderer Weise geehrt, davon zeugen weltweit viele höchst unterschiedliche Bestattungsarten. Die Plastination ist eine neue, moderne Form dieser Verehrung. Auch hat es schon immer Versuche der Konservierung menschlicher Körper gegeben, z. B. die Mumifizierung im Alten Ägypten.

M 187.1 Risiken und Nebenwirkungen

Zu Risiken und Nebenwirkungen fragen Sie ...

Zu den riesigen Nebenwirkungen fragen Sie ...

M 192.1 Immanuel Kant: Der kategorische Imperativ

»Der kategorische Imperativ ist [...] nur ein einziger und zwar dieser: Handle nur nach derjenigen Maxime, durch die du zugleich wollen kannst, dass sie ein allgemeines Gesetz werde.«

Immanuel Kant: Der kategorische Imperativ, in: Ders.: Grundlegung zur Metaphysik der Sitten, Reclams Universal Bibliothek Nr. 4507/07a, Stuttgart 1952, S. 68–70, hier: S. 70.

Worterklärung
Maxime: Eine Maxime ist ein subjektives Prinzip, dem man folgt, im Unterschied etwa zur Norm, der alle folgen müssen (etwa einem Gesetz).

Materialien zum Kapitel »Bibel«

M 196.1 Bibelvergleich

Hebräische Bibel (Tanach)	Septuaginta (LXX)	Luther-Bibel
Tora (Fundament) Genesis, Exodus, Leviticus, Numeri, Deuteronomium	**Geschichtsbücher** (Vergangenheit) Genesis, Exodus, Leviticus, Numeri, Deuteronomium Josua, Richter, Rut, 1.+2. Samuel, 1.+2. Könige, 1.+2. Chronik, Esra (I Esra), Nehemia (II Esra), Ester, Judit, Tobit, 1–4 Makkabäer	**Geschichtsbücher** (Vergangenheit) Genesis, Exodus, Leviticus, Numeri, Deuteronomium Josua, Richter, Rut, 1.+2. Samuel, 1.+2. Könige, 1.+2. Chronik, Esra, Nehemia, Ester
Propheten (Tora-Kommentare) »Vordere Propheten«: Josua, Richter, 1.+2. Samuel, 1.+2. Könige »Hintere Propheten«: Jesaja, Jeremia, Ezechiel Hosea, Joel, Amos, Obadja, Jona, Micha, Nahum, Habakuk, Zephania, Haggai, Sacharja, Maleachi	**Lehrbücher** (Gegenwart) Psalmen, Oden, Sprüche, Prediger, Hohes Lied, Hiob, Weisheit, Sirach, Psalmen Salomos	**Lehrbücher** (Gegenwart) Hiob, Psalter, Sprüche, Prediger, Hohes Lied
Schriften (»Die Übrigen«) Psalmen, Hiob, Sprüche, Rut, Hohes Lied, Prediger, Klagelieder, Ester, Daniel, Esra, Nehemia, 1.+2. Chronik	**Prophetenbücher** (Zukunft) Hosea, Joel, Amos, Obadja, Jona, Micha, Nahum, Habakuk, Zephania, Haggai, Sacharja, Maleachi, Jesaja, Jeremia, Baruch, Klagelieder, EpJer, Ezechiel, Susanna, Daniel, Bel et Draco	**Prophetenbücher** (Zukunft) Jesaja, Jeremia, Klagelieder, Hesekiel, Daniel, Hosea, Joel, Amos, Obadja, Jona, Micha, Nahum, Habakuk, Zephania, Haggai, Sacharja, Maleachi

Nach: Matthias Albani/Martin Rösel, Theologie kompakt: Altes Testament, Calwer Verlag Stuttgart 2002, S. 14.

M 200/201.1 Merkmale und Intention von Textgattungen

Formen	Formale Merkmale	Intention
Werbung		Preist ein Produkt an, um zum Kaufen zu motivieren
Klassenarbeit		Überprüft den Erfolg von Lernprozessen
Liebesbrief		Drückt Gefühle aus, um eine Partnerschaft zu initiieren oder zu stabilisieren
Wetterbericht		
Speisekarte		

379

M 200/201.2 Kategorientafel

Gattung	Beschreibung	Beispiele
Mythen	Götter (oder sonstige übermenschliche Wesen) handeln im Ursprung der Zeit, und ihr Handeln legt die Struktur der Welt fest.	
Geschichts-darstellungen	Berichten von geschichtlichen Ereignissen, in denen Gott gehandelt hat.	
Weisung	Anweisungen zu einem menschenwürdigen Leben in der Gesellschaft und vor Gott.	
Weisheit	Ausdruck von typischen Lebenserfahrungen.	
Prophetenworte	Eine Gemeinschaft wird unter Androhung von göttlicher Strafe zu Verhaltensänderungen aufgefordert (Unheilsprophetie) bzw. es werden ihr göttliche Verheißungen zugesprochen, die zu einem Neuanfang führen (Heilsprophetie).	
Psalmen	Gebete bzw. Lieder für den Gottesdienst bzw. für die private Andacht in verschiedenen Situationen (Klage, Bitte, Dank).	
Briefe	Es gibt im NT u. a. Lehrbriefe, Privatbriefe, Geschäftsbriefe und Empfehlungsbriefe.	
Apokalypsen	Bild- und symbolreiche Schilderungen von jenseitigen oder zukünftigen Realitäten.	
Metapher (S. 12 und 145)	Uneigentliche Rede, die zwei unabhängige Größen miteinander in Beziehung setzen und der Wirklichkeit etwas zuspricht, was sich widerspricht, aber dennoch wahr ist.	
Gleichnis (S. 145)	Das Gleichnis arbeitet mit vertrauten Bildern, die jedoch über sich selbst hinaus auf etwas anderes, biblisch Gott bzw. das Reich Gottes, verweisen und will Menschen gewinnen, mit sich selbst neue Erfahrungen zu machen.	

M 206/207.1a Auslegungsmodelle

Die Bibel	Das Wort Gottes	Auslegungsmodelle
Z. 9–29		
Z. 30–56		
Z. 56–83		
Z. 84–122		

M 206/207.1b

Die Bibel	Das Wort Gottes	Auslegungsmodelle Mit Hinweisen auf Beispiele
Bericht über tatsächliche Ereignisse Z. 9–29	Die biblischen Worte sind unmittelbare Eingebungen des Geistes Gottes	1. Fundamentalistische Bibelauslegung (vgl. auch S. 215 zum Koran)
Sammlung antiker Schriften Z. 30–56	Das Wort Gottes begegnet in den geschichtlichen Äußerungen uns fremder Menschen aus ganz verschiedenen Zeiten	2. Historisch-kritische Bibelauslegung (z. B. S. 140) 3. Sozialgeschichtliche Bibelauslegung
literarisches Kunstwerk Z. 56–83	Das Wort Gottes zeigt sich in der literarischen Endgestalt und der darin aufgehobenen Sprachwelt	4. Linguistische Bibelauslegung 5. Auslegung der literarischen Gesamtkomposition 6. Kanonische Bibelauslegung 7. Tiefenpsychologische Bibelauslegung (z. B. S. 142)
offener Text Z. 84–122	Das Wort Gottes begegnet in der aktiven personalen Aneignung des Bibeltextes	8. Jüdische Bibelauslegung (z. B. S. 146) 9. Wirkungsgeschichtliche Bibelauslegung (z. B. S. 82f., 52f., 208–211) 10. Feministische Bibelauslegung 11. Bibliodrama

M 206/207.2 Textauszug Ingrid Grill

»Die Frage nach der Autorität der Bibel beschäftigt Protestanten in besonderer Weise. Es war ja ein Hauptanliegen der Reformation Martin Luthers, die Schrift als verbindliche Norm *kritisch* gegen die herrschende Kirche anzuwenden (»sola scriptura« = »allein die Schrift«). Luther wollte dabei nicht sklavischer Buchstabengläubigkeit das Wort reden, sondern einer Orientierung am Inhalt der Bibel [...] Nun akzeptierte allerdings auch die katholische Kirche seiner Zeit die Heilige Schrift durchaus als ihre Grundlage, doch de facto meinte sie damit die im Sinne des kirchlichen *Lehramtes* ausgelegte Bibel, der außerdem viele andere, nichtbiblische Glaubensinhalte zur Seite getreten waren. Das (gegenreformatorische) Konzil von Trient (1545–1563) dogmatisierte schließlich diese doppelte Autorität einerseits der Bibel und andererseits der mündlichen Lehre, die von den Aposteln an ihre Nachfolger (also an die Amtsträger der Kirche) weitergegeben wurden. Im Gegenzug systematisierte die protestantische Kirche nach Luthers Tod die Lehre von der unhinterfragbaren Vorrangstellung der Heiligen Schrift: Jeder Buchstabe, ja jedes Pünktchen darin sei göttlich inspiriert und den biblischen Autoren direkt von Gott »diktiert«.

Diese [...] Zuspitzung ist vielleicht aus der Kontroverssituation gegenüber der katholischen Kirche besser zu verstehen. Um kirchenkritisch wirksam zu sein, musste die Bibel eben widerspruchsfrei und vollkommen sein.

Ingrid Grill: »Aber meine Augen werden ihn schauen. HIOB«, Themenfolge 97 der Gymnasialpädagogischen Materialstelle Erlangen, 1994, S. 124.

M 212/213.1 Bibelteilen

Die Schritte	Das Vorgehen
1. Einladen	*Wir werden uns bewusst, dass Jesus Christus in unserer Mitte ist. Wer möchte dies in einem Gebet zum Ausdruck bringen?*
2. Lesen	(Ein Teilnehmer/eine Teilnehmerin liest den Text laut vor, den die Gruppe betrachten will. Die anderen lesen leise mit. Alternativ kann der Text versweise reihum vorgelesen werden.) *Wir schlagen in der Bibel das Buch/das Evangelium/den Brief ... Kapitel ... auf. Wer möchte die Verse ... bis ... vorlesen?*
3. Verweilen	*Wir suchen nun Worte oder kurze Sätze aus dem Text heraus und sprechen sie mehrmals laut betrachtend aus. Dazwischen legen wir kurze Besinnungsphasen ein.* (Danach:) *Wer möchte den Text noch einmal im Zusammenhang vorlesen?*
4. Schweigen	*Nun werden wir für einige Minuten ganz still und lassen in der Stille Gott zu uns sprechen.*
5. Austauschen	*Wir tauschen uns darüber aus, was uns berührt hat. Welches Wort hat uns persönlich angesprochen?* (Danach gegebenenfalls:) *Ist uns in diesem Text ein Wort begegnet, das uns in den kommenden Wochen als »Wort des Lebens« begleiten könnte?*
6. Handeln	(Was heißt das konkret für unseren Glauben und unser Leben im Alltag:) *Wir sprechen jetzt über eine Aufgabe, die sich unsere Gruppe als nächstes stellt. Wie weit sind wir mit früheren Aufgaben? Welche neue Aufgabe stellt sich uns? Wer soll was wann tun?* (Und gegebenenfalls:) *Welche Erfahrungen haben wir in den vergangenen Wochen mit unserem »Wort des Lebens« gemacht?*
7. Beten	*Wir beten miteinander. Alle sind eingeladen, ein freies Gebet zu sprechen.* (Danach:) *Wir schließen mit dem Vaterunser oder einem gemeinsamen Lied.*

M 214/215.1 Gemeinsamkeiten und Unterschiede heiliger Schriften

Heilige Schriften in anderen Religionen	Gemeinsamkeiten mit der Bibel	Unterschiede zu der Bibel
Babylonische Volksreligion: Enuma elisch		
Ägyptische Volksreligion: Ägyptisches Totenbuch		
Hinduismus: Veden, Upanischaden, weitere		
Buddhismus: Hinayana Schriften Mahayana Schriften		
Koran		